Acordos Administrativos no Brasil

TEORIA E PRÁTICA

2020

Coordenação
Gustavo Justino de Oliveira

Organização
Wilson Accioli de Barros Filho

ACORDOS ADMINISTRATIVOS NO BRASIL
TEORIA E PRÁTICA
© Almedina, 2020
organização Wilson Accioli de Barros Filho
DIAGRAMAÇÃO: Almedina
DESIGN DE CAPA: FBA
ISBN: 9788584936281

Dados Internacionais de Catalogação na Publicação (CIP)
(Câmara Brasileira do Livro, SP, Brasil)

Acordos administrativos no Brasil : teoria e prática / coordenação Gustavo Henrique Justino de Oliveira ; organização Wilson Accioli de Barros Filho. -- São Paulo : Almedina, 2020.
Vários autores.

Bibliografia.
ISBN 978-85-8493-628-1

1. Contratos administrativos 2. Contratos administrativos - Brasil 3. Direito administrativo I. Oliveira, Gustavo Henrique Justino de. II. Barros Filho, Wilson Accioli de.

20-33626 CDU-35

Índices para catálogo sistemático:

1. Direito administrativo 35

Cibele Maria Dias - Bibliotecária - CRB-8/9427

Este livro segue as regras do novo Acordo Ortográfico da Língua Portuguesa (1990).

Todos os direitos reservados. Nenhuma parte deste livro, protegido por copyright, pode ser reproduzida, armazenada ou transmitida de alguma forma ou por algum meio, seja eletrônico ou mecânico, inclusive fotocópia, gravação ou qualquer sistema de armazenagem de informações, sem a permissão expressa e por escrito da editora.

Abril, 2020

EDITORA: Almedina Brasil
Rua José Maria Lisboa, 860, Conj.131 e 132, Jardim Paulista | 01423-001 São Paulo | Brasil
editora@almedina.com.br
www.almedina.com.br

Acordos Administrativos
no Brasil

SOBRE O COORDENADOR

Gustavo Justino de Oliveira
Professor Doutor de Direito Administrativo na Faculdade de Direito da USP (Graduação, Mestrado e Doutorado). Professor de Direito Administrativo no IDP (Brasília). Professor de Direito Administrativo na Escola de Direito do Brasil – EDB (São Paulo). Doutor em Direito do Estado pela Universidade de São Paulo (USP, 2005). Ex-Procurador do Estado do Paraná (1992-2007). Advogado e Consultor Jurídico em São Paulo (Justino de Oliveira Advogados Associados). Atuação especializada em Direito Administrativo, especialmente em contratos administrativos e concessões nas áreas de energia elétrica, petróleo, gás natural, portos, rodovias, ferrovias, saneamento básico, obras e serviços de engenharia em geral, tecnologia da informação e terceirização de serviços; terceiro setor, regulação, anticorrupção e *compliance*. Pós-Doutor em Arbitragem Internacional pelo Max-Planck-Institut für ausländisches und internationales Privatrecht (Hamburgo-Alemanha) com o tema *"Comparative Study on International Arbitration involving states and state entities – application of international standards to Brazilian domestic state arbitration practice"* (Bolsa CAM -CCBC; 2013-14) e em Direito Administrativo pela Faculdade de Direito da Universidade de Coimbra (Portugal, Bolsa CAPES; 2007-08). *Visiting Researcher* no Amsterdam Center for International Law da Universidade de Amsterdam (Holanda, 2017-18). Certificate Program in Global Arbitration Law and Practice: National and Transborder Perspectives – Queen Mary, University of London (Inglaterra). International Arbitration & Mediation Training and Assistance Institute (IATAI), Fordham Law School (New York, USA). Program on Negotiation, Harvard Law School (Boston, USA). Fundador e Coordenador do Grupo de Estudos "Arbitragem e Administração Pública"

desenvolvido junto ao Comitê Brasileiro de Arbitragem – CBAr (2012 – 2016). Associado à Câmara de Comércio Internacional – CCI. Árbitro especializado em Direito Público, atuante na CCI, CAM-CCBC, CAM-BOVESPA, Câmara FGV de Conciliação e Arbitragem, CAMARB, CAESP e CBMAE.

SOBRE O ORGANIZADOR

Wilson Accioli de Barros Filho
Mestre em Direito do Estado (USP), aprovado com louvor e distinção. Especialista em Direito Administrativo (Instituto de Direito Romeu Felipe Bacellar). Bacharel em Direito (PUCPR). Pesquisador acadêmico. Professor. Advogado. Autor da obra "Acordos Administrativos Público-Privados: delineamentos teóricos e prática nos Precatórios", publicada pela Editora Lumen Juris. Autor de diversos artigos científicos na área de Direito Administrativo.

SOBRE OS AUTORES

Adriana Laporta Cardinali Straube
Doutora em Direito do Estado pela USP. Graduada e Mestre em Direito do Estado pela PUC-SP. Visiting Researcher e Visiting Fellow na King's College London Professora e Palestrante. Advogada.

Alex Bonini
Advogado e pós-graduado em Direito Tributário pelo CEU Law School, aluno especial da disciplina "Acordos Administrativos", do Programa de Pós-graduação da Faculdade de Direito da Universidade de São Paulo, ministrada pelo Professor Doutor Gustavo Justino, no primeiro semestre de 2019.

Alexandre Augusto Olmacht
Especializando em Direito Administrativo e Licitações pela Fundação Arcadas (Direito-USP) em parceria com o IASP. Graduado pela Faculdade

de Direito da Universidade de São Paulo. Diretor de Compliance para a América Latina, membro de comitês de ética e integridade empresarial, e de grupos de estudo e trabalho anticorrupção em organismos brasileiros e internacionais. Ex-sócio em escritórios de advocacia e gestor de departamento jurídico em empresas.

André Castro Carvalho
Professor de compliance no Ibmec-SP e Insper. Pós-doutorado no Massachusetts Institute of Technology – MIT (2016). Bacharel, Mestre, Doutor e Pós-Doutor em Direito pela USP. Vencedor do Prêmio CAPES de Tese 2014 (Direito).

André Rodrigues Junqueira
Procurador do Estado de São Paulo. Mestre em Direito do Estado pela USP. Bacharel em Direito pela USP.

Bianca Soares Silva Correia
Bacharel em Direito pela Universidade de São Paulo (USP). Aluna ouvinte na matéria "Acordos Administrativos", ministrada pelo Professor Gustavo Justino, no programa de pós-graduação da FDUSP (1º semestre de 2019). Participante do Curso de Extensão de "Direito Administrativo atual das licitações e contratos da Administração", promovido pelo IASP e USP – Fundação Arcadas (2º semestre de 2019). Autora de diversos artigos jurídicos. Advogada em São Paulo.

Bruno Menezes Brasil
Mestre pela PUC/SP em Direito Empresarial. Especialista em Direito Administrativo, Tributário e Empresarial. Mestrando em Direito Processual Penal pela USP.

Caio de Souza Loureiro
Doutorando em Direito do Estado pela Faculdade de Direito da USP. Mestre em Direito do Estado pela PUC/SP. Advogado em São Paulo.

Caroline Gonçalves Guerini
Especialista em Direito Ambiental pela Universidade Federal do Paraná (UFPR). Pós-graduanda em Gestão de Resíduos Sólidos pelo Centro

Universitário SENAC. Graduada em Direito pela PUC/SP. Advogada em São Paulo.

Christiana Beyrodt Cardoso
Advogada empresarial e mediadora. Coordenadora e fundadora do grupo Café com Mediação, COO e fundadora da empresa DSD 2B.

Cláudio Cairo Gonçalves
Mestre em Direito Econômico (UFBa). Doutorando em Direito do Estado (USP). Procurador do Estado da Bahia e Advogado.

Conrado Tristão
Mestrando em Direito pela FGV Direito SP. Bacharel em Direito pela USP. Pesquisador do Grupo Público da FGV Direito SP e da Sociedade Brasileira de Direito Público (sbdp).

Daniel Ribeiro Barcelos
Graduado em Administração Pública pela Escola de Governo do Estado de Minas Gerais (2001) e em Direito pela Universidade Federal do Estado de Minas Gerais-UFMG (2004). Trabalha como Auditor Federal de Finanças e Controle na Controladoria-Geral da União desde 2006. Atualmente lotado no Núcleo de Ações de Ouvidoria e Prevenção na Controladoria Regional da União no Estado de São Paulo. Ex-Chefe da Coordenação de Auditoria Interna e Ex-Chefe da Assessoria Técnica do Gabinete do Controlador Geral, ambos, da Controladoria Geral do Município de São Paulo – CGM (2017-2018).

Daniel Santa Bárbara Esteves
Mestre em Direito do Estado pela PUC/SP, MBA pela FGV/SP. Advogado em São Paulo.

Daniel Kalansky
Professor do Instituto de Ensino e Pesquisa – Insper. Mestre em Direito pela USP. Presidente do Instituto Brasileiro de Direito Empresarial – IBRADEMP.

SOBRE OS AUTORES

Eli Loria
Doutor em Direito pela USP. Mestre em Direito pela USP. Pós-graduado em Administração pela Coppead/UFRJ. Bacharel em Administração Pública pela EBAP/FGV. Ex-diretor da Comissão de Valores Mobiliários.

Elisa Eidt
Doutoranda em Direito pela Universidade Federal de Santa Catarina (UFSC). Procuradora do Estado do Rio Grande do Sul. Professora. Autora do livro Autocomposição na Administração Pública (2016, Editora Essere nel Mondo).

Evian Elias
Mestre em gestão e políticas públicas pela FGV-EAESP, Mestre em Direito do Estado, subárea de concentração em Direito Urbanístico, pela Pontifícia Universidade Católica de São Paulo –PUC-SP, Especialista em Direito Administrativo PUC-COGEAE e aluna especial da disciplina "Acordos Administrativos", do Programa de Pós-graduação da Faculdade de Direito da Universidade de São Paulo, ministrada pelo Professor Doutor Gustavo Justino, no primeiro semestre de 2019.

Igor Sant'Anna Tamasauskas
Bacharel e Mestre em Direito do Estado pela USP. Advogado. Sócio do Bottini & Tamasauskas Advogados.

João Eduardo Lopes Queiroz
Mestre em Soluções Alternativas de Controvérsias Empresariais pela Escola Paulista de Direito. Professor e Coordenador do Curso de Direito do Centro de Ensino Superior de São Gotardo. Professor do INSPER. Procurador Público junto à Universidade Estadual Paulista "Júlio de Mesquita Filho" (UNESP). Autor e Organizador de diversas obras jurídicas, entre as quais se destacam: Curso de Direito Administrativo, Tomos I, II e III (Ed. Malheiros); Direito Administrativo Econômico (Ed. Atlas); Direito Administrativo (Ed. Forense); Direito Administrativo das Agências Reguladoras (Ed. Lumen Juris) e Direito do Agronegócio (Ed. Fórum).

Jônatas Henriques Barreira
Mestre em Direito Constitucional pela Universidade Federal Fluminense. Bacharel em Direito pela PUC – Campinas. Advogado inscrito na OAB/SP.

Kaíque Jacinto C. Almeida
Bacharelado em Direito, com ênfase em Direito do Estado pela PUC-Campinas. Pós-graduando em Direito Constitucional pela ABDConst. Assistente da Profª Renata Fiori Puccetti na PUC-SP e Advogado em Direito Administrativo.

Laura Mendes Amando de Barros
Doutora e Mestre em Direito do Estado pela Universidade de São Paulo. Especialista em Autoridades Locais e o Estado pela École Nationale d'Administration de Paris; em Direito Público pela Escola Paulista da Magistratura; e em Processo Civil pela Pontifícia Universidade Católica de São Paulo. Ex-Controladora-Geral do Município de São Paulo. Procuradora do Município de São Paulo.

Leticia Lins de Alencar
Doutoranda e Mestre em Direito do Estado pela Faculdade de Direito da USP. Advogada em São Paulo.

Marcela Roza Leonardo Zen Imbelloni
Pós-Graduanda em Direito à Cidade e Gestão Urbana pela Universidade Positivo. Pós-Graduada em Direito Administrativo pelo Instituto de Direito Romeu Felipe Bacellar. Graduada em Direito pela Unibrasil. Advogada.

Marçal Justen Filho
Advogado.

Milton Fujimoto
Advogado, mestrando em direito (USP), mestre em direito empresarial (Unifran), especialista em direito da empresa e da economia (FGV/EPGE) e em direito do comercio internacional (CEU/IICS).

Newton Antônio Pinto Bordin
Bacharel em Direito pela PUC/SP, é Assessor Jurídico (Agente de Fiscalização) no Tribunal de Contas do Município de São Paulo (TCM/SP) e aluno especial na disciplina "Acordos Administrativos", ministrada pelo Prof. Dr. Gustavo Justino de Oliveira e pelo Prof. Dr. Elton Venturi no Programa de Pós-Graduação em Direito da USP.

SOBRE OS AUTORES

Otávio Ribeiro Lima Mazieiro
Advogado, graduado pela PUC/SP, especialista em Direito Processual Civil pela PUC/SP, aluno ouvinte da Pós-Graduação de Direito do Estado da USP.

Paulo José Ramalho Abe
Advogado em São Paulo. Graduado em Direito pela FMU, LL.M. em Direito Empresarial pelo IBMEC/SP com módulo internacional pela Loyola University/Chicago. Cursou pós-graduação em Direito Bancário pela Universidade de Coimbra. É membro da European Association of Law & Economics e da American Law and Economics Association.

Pedro Ivo Biancardi Barboza
Advogado e doutorando em Saúde Global e Sustentabilidade pela Faculdade de Saúde Pública da USP.

Rafael Wallbach Schwind
Doutor e Mestre em Direito do Estado pela USP. *Visiting scholar* na Universidade de Nottingham. *ACIArb*. Advogado.

Sílvia Helena Johonsom Di Salvo
Doutoranda e Mestre summa cum laude em Direito Administrativo pela Universidade de São Paulo. Especialista em arbitragem e mediação na Escola de Direito da Fundação Getúlio Vargas GVLaw e Faculdade de Direito da Universidade de Harvard. Autora do livro "Mediação na Administração Pública Brasileira: O Desenho Institucional e Procedimental". Advogada em São Paulo.

Thiago Guimarães de Barros Cobra
Advogado atuante em direito civil e regulatório. Graduado em Direito pelo Mackenzie, Especialista em Direito Constitucional e Administrativo pela Escola Paulista de Direito, Especialista em Direito Processual Civil pela Escola Superior da Advocacia de São Paulo, MBA em Gestão de Políticas Governamentais pela Escola Paulista de Direito.

Thiago Marrara
Professor de direito administrativo da USP na Faculdade de Direito de Ribeirão Preto (FDRP). Livre-docente, mestre e bacharel em direito pela

USP. Doutor pela Universidade de Munique (LMU). Advogado consultor, árbitro e parecerista.

Vinicius de Freitas Giron
Professor de compliance do COGEAE da PUC-SP. Bacharel e Mestre em Direito pela USP

Vivian Cristina Lima López Valle
Professora Titular de Direito Administrativo da PUC-PR. Doutora e Mestre em Direito do Estado pela Universidade Federal do Paraná. Especialista em Contratação Pública pela Universidade de Coimbra. Especialista em Direito Administrativo pelo IBEJ. Coordenadora Adjunta do Curso de Direito da PUCPR. Coordenadora do Curso de Especialização em Licitações e Contratos da PUCPR. Advogada especializada em Direito Público.

Yahn Rainer
Mestre em Direito do Estado (Direito Administrativo) pela Faculdade de Direito da USP. Especialista em Regulação de Mercados pela Fundação Instituto de Pesquisas Econômicas da USP (FIPE/USP). Graduado em Direito pela PUC/SP. Advogado em São Paulo.

"Concordo, discordo
Concordo, discordo
Concordo, discordo...
Acordo...
Acordo...
Acordo."

Arnaldo Antunes

> "

DEDICATÓRIAS

Para Marisa, suave e enérgica, doce e exigente, amiga e contestadora: quem eu seria sem você, meu "segundo coração"?

Para Marleth, um ponto de luz na minha vida.

(Gustavo Justino de Oliveira)

À Adriana, por tudo. Ao Wilson Accioli de Barros, pela vida.

(Wilson Accioli de Barros Filho)

APRESENTAÇÃO

A presente obra, coordenada pelo Prof. Gustavo Justino de Oliveira, meu colega no Departamento de Direito do Estado da Faculdade de Direito da Universidade de São Paulo, vem trazer uma fundamental contribuição para a compreensão de um fenômeno cada vez mais presente na realidade da administração pública, não apenas no Brasil: os acordos administrativos.

A relevância dessa iniciativa pode ser identificada por diversos aspectos da obra. Destaco especialmente três.

Em primeiro lugar, pela coordenação dos trabalhos. Com efeito, o Prof. Gustavo Justino tem se notabilizado como especialista no tema dos acordos administrativos, produzindo resultados de excelência, seja em sua atuação acadêmica, seja em sua atuação profissional de advogado e consultor. A moderna visão sobre uma administração pública democrática, lastreada em preceitos éticos, e valorizando em seu agir mecanismos que configuram diversas formas de acordos, está presente em praticamente toda a produção acadêmica do Prof. Gustavo Justino – atualmente contando uma dezena de livros, publicados individualmente ou organizados sob a forma de obra coletiva, e mais de cem artigos de periódicos ou capítulos de livros.

Em segundo lugar, pela origem dos artigos que a integram. Trata-se de quase trinta artigos, produzidos por alunos de disciplinas do programa de doutorado e mestrado, da Faculdade de Direito da USP, aos quais se acrescem alguns artigos de ilustres professores convidados. As disciplinas em questão – intituladas justamente "Acordos administrativos" – foram ministradas em 2017 e 2019 pelo Prof. Gustavo Justino.

Daí resulta que os artigos publicados são fruto de discussões aprofundadas entre especialistas, com sensibilidade para apreender e expressar o estado da arte na matéria.

Em terceiro lugar, pela importância específica do tema. Tomando-se como exemplo o caso do Brasil, especialmente desde a adoção da ordem constitucional hoje vigente, de índole democrática, verifica-se que vem crescendo enormemente a aplicação, pela administração pública, de instrumentos jurídicos fundados em acordos de vontades. Esses meios contratuais – empregando-se aqui "contratos" em um sentido genérico – (i) incluem os mais básicos contratos instrumentais, pelos quais a administração operacionaliza os meios de sua ação quotidiana; (ii) contemplam os tradicionais contratos de concessão, pelos quais a administração busca aliar-se a empreendedores privados no desempenho de seus serviços ou na exploração de seus bens, e aos quais mais recentemente foram acrescidas as variações conhecidas como parcerias público-privadas, além de diversas formas específicas de concessões, aplicáveis a outros campos da ação administrativa que não propriamente caracterizam serviços públicos (como urbanismo e gestão ambiental); (iii) enriquecem-se com uma nova gama de acordos em que a administração se aproxima de parceiros privados do terceiro setor, para juntos desempenharem atividades de interesse social; (iv) e chega até mesmo a novas formas contratuais, pelas quais a administração, voluntariamente e em busca de maior eficiência, substitui o uso de mecanismos de ação unilateral (notadamente em matéria de poder de polícia ou de sanções disciplinares) por acordos que fixam modos de correção, por parte de indivíduos ou empresas, de condutas indesejadas.

Desse modo, a comunidade jurídica, atuante nos meios acadêmico e de aplicação do direito, poderá encontrar nesta obra uma relevante fonte de reflexões altamente qualificadas sobre um dos principais – senão o principal – vetor de evolução do direito administrativo contemporâneo.

Fernando Menezes de Almeida
Professor titular da Faculdade de Direito da Universidade de São Paulo

PREFÁCIO

Conheci o Prof. Doutor Gustavo Justino de Oliveira, em 2008, quando ele realizava o seu pós-doutoramento na Faculdade de Direito da Universidade de Coimbra, e me veio fazer uma visita à Faculdade de Direito da Universidade de Lisboa, para uma troca de impressões sobre Direito Administrativo. Desde então, tenho acompanhado de perto a sua carreira, tendo-o convidado para fazer palestras e para participar em júris académicos na Faculdade de Direito da Universidade de Lisboa, assim como aceitei convites seus para fazer palestras na USP, não podendo deixar de recordar aqui a minha participação, com uma conferência, na inauguração do seu «Núcleo de Estudos e Pesquisas em Direito Administrativo Democrático da Universidade de São Paulo».

O livro, para o qual o Prof. Gustavo Justino de Oliveira me pediu que escrevesse o presente prefácio, é uma obra coletiva por si coligida, que versa sobre os «Acordos Administrativos no Brasil: Teoria e Prática». Nele se encontram os mais diversos estudos de reputados autores brasileiros sobre a contratação pública, matéria que foi sempre da predileção do coordenador desta obra monumental.

Julgo bem que há muitas e boas razões para tratar da contratação pública, que adquiriu uma importância crescente no Direito Administrativo dos nossos dias. Em Portugal, e nos países que adotaram o sistema administrativo de tipo francês (como é também o caso do Brasil), este domínio foi durante muito tempo caracterizado pela esquizofrenia, em razão da dualidade vigente entre os contratos ditos administrativos e os contratos ditos privados da Administração, que nascera com o intuito de proteger a Administração, ao tempo da "infância difícil" do Direito

Administrativo. Na verdade, tendo sido inicialmente criado um regime jurídico "privilegiado" para os atos administrativos, tanto em termos de foro como de direito substantivo, num determinado momento do século XIX, em França, passou a entender-se também que alguns dos contratos em que intervinha a Administração deveriam igualmente beneficiar desse estatuto de privilégio, em razão da sua importância e do seu valor.

A criação desta realidade esquizofrénica começou por ser determinada apenas por uma razão processual, a de submeter certos contratos ao privilégio de foro, de serem julgados por um juiz que não o era verdadeiramente, pois era órgão da Administração. Mas, logo de seguida, a doutrina clássica pretendeu elevar essa diferenciação processual de certos contratos a uma distinta realidade substantiva, procurando inventar qualidades supostamente exorbitantes, que permitissem distinguir esses contratos ditos administrativos dos demais. Assim surgiu a orientação esquizofrénica de distinguir, no domínio do Direito Administrativo, entre os contratos ditos administrativos, que seriam objeto de julgamento pelos tribunais administrativos e seguindo um regime substantivo também administrativo, e os contratos ditos privados, que eram julgados pelos tribunais comuns e que estavam submetidos às regras jurídico-privadas.

Esta dualidade esquizofrénica não fazia qualquer sentido em termos teóricos, pois nem os contratos ditos administrativos correspondiam a quaisquer privilégios ou normas exorbitantes (antes as suas cláusulas decorriam da lei ou do acordado pelas partes e quase não se distinguiam das estabelecidas em contratos de tipo idêntico celebrados entre particulares); nem os contratos ditos privados da Administração deixavam de estar submetidos a regras e princípios de Direito Público, nomeadamente aos princípios gerais da atuação administrativa, às regras definidoras de fins públicos concretos a prosseguir, a regras de contabilidade pública. Em qualquer dessas categorias contratuais, o que estava em causa era sempre o exercício da função administrativa através de formas bilaterais, de forma a obter a satisfação das necessidades coletivas, o que deveria dar origem à criação de regimes jurídicos comuns destinados à realização desses desideratos, bem como à unidade de julgamentos de todos esses contratos, cada vez mais importantes para o exercício da função administrativa.

No direito português, esta discussão teve lugar nos anos 80/90, do século passado, tendo a doutrina unitária em matéria de contratação administrativa sido defendida inicialmente por MARIA JOÃO ESTORNINHO, a que se juntaram depois JOÃO CAUPERS, MARCELO REBELO DE SOUSA, ANDRÉ SALGADO MATOS, e eu próprio. Mas não foi apenas por influência deste importante setor doutrinário, mas sobretudo em resultado da europeização do Direito Administrativo, que foram criadas as condições para o desaparecimento desta esquizofrenia.

Na verdade, aquilo que o Direito Europeu fez, foi superar os termos da distinção entre contratos administrativos e contratos privados da Administração, que só era utilizada nos países de influência francesa (Itália, Espanha, Portugal, mas já não na Alemanha) sendo totalmente desconhecida dos países de sistema anglo-saxónico, estabelecendo regras comuns para todos os tipos de contratos relevantes para o exercício da função administrativa. A criação da figura dos contratos públicos, através das Diretivas europeias, correspondia assim à criação de um regime jurídico unificado para toda a contratação no domínio da função Administrativa.

No direito português, o Estatuto dos Tribunais Administrativos e Fiscais integrou no respetivo âmbito de aplicação toda a contratação pública (vide o artigo 4º, nº 1, alínea e), enquanto que o Código dos Contratos Públicos estabeleceu regras comuns para todos os contratos realizados no exercício da função administrativa – mesmo se o legislador português ainda não se libertou inteiramente dos velhos traumas do passado e continua a falar em contratos administrativos (que agora são apenas uma das várias espécies de contratos públicos).

Desta forma, o Código da Contratação Pública, fica a meio-caminho entre a adoção de um conceito genérico de "contrato público", em sentido europeu, e a manutenção (de uma, e só uma, das denominações) da terminologia esquizofrénica anterior. Por um lado, o legislador estabelece, pela primeira vez no Direito Administrativo nacional, uma disciplina geral completa (tanto procedimental como material) de todos os contratos em que intervém a administração, por outro lado, o legislador nacional persiste em continuar a chamar contratos administrativos a uma certa categoria de contratos públicos, mesmo se isto hoje já não corresponde mais a uma dualidade de regimes jurídicos, muito menos de distintas jurisdições competentes.

Por esta razão, e por todas as outras escolhidas pelos autores brasileiros participantes deste livro, é essencial investigar e escrever sobre a nova problemática da contratação pública. Mas, no livro que agora prefacio, pretende-se ainda conjugar a teoria e a prática da contratação pública, o que faz dele um instrumento indispensável, tanto para o estudioso do Direito Administrativo, como para o jurista prático, que se preocupa em melhor conhecer a realidade com que trabalha. É por isso que, para mim, constitui uma honra e um prazer prefaciar este livro e recomendar a sua leitura.

Lisboa, 12 de fevereiro de 2020.

Vasco Pereira da Silva
Prof. Catedrático da Faculdade de Direito da Universidade de Lisboa
Prof. Catedrático-Convidado da Universidade Católica Portuguesa

SUMÁRIO

INTRODUÇÃO 27

PARTE I. A TEORIA DOS ACORDOS ADMINISTRATIVOS 33

1. A Indisponibilidade do Interesse Público e a Disponibilidade dos Direitos Subjetivos da Administração Pública
   MARÇAL JUSTEN FILHO 35

2. O Acordo Administrativo entre o Direito Público e o Direito Privado: Emergência de uma Racionalidade Jurídico – Normativa Público – Privada?
   VIVIAN CRISTINA LIMA LÓPEZ VALLE 63

3. Inquérito Civil Público e Acordo Administrativo: apontamentos sobre Devido Processo Legal Adequado, Contraditório, ampla Defesa e Previsão de Cláusula de Segurança nos Termos de Ajustamento de Conduta (TACS)
   GUSTAVO JUSTINO DE OLIVEIRA e WILSON ACCIOLI DE BARROS FILHO 91

4. O que fazer quando o "Fiscalizador-Controlador" assume a Gestão Pública no Lugar do Gestor? O Acordo Administrativo "sitiado" e o Problema da Ineficiência e da Responsabilização na Administração pelo Ministério Público
   LAURA MENDES AMANDO DE BARROS 127

5. Acordos na Lei de Introdução às Normas do Direito Brasileiro – LINDB: Normas de Sobredireito sobre a Celebração de Compromissos pela Administração Pública
   RAFAEL WALLBACH SCHWIND 157

6. **Três Desafios para o Acordo Administrativo em Processo de Supervisão no Sistema Financeiro Nacional**
   ELI LORIA, DANIEL KALANSKY e CONRADO TRISTÃO 177

7. **Acordos no Direito da Concorrência**
   THIAGO MARRARA 197

8. **Acordos Administrativos no Direito Concorrencial Brasileiro e o Impacto da "Operação Lava Jato"**
   ADRIANA LAPORTA CARDINALI STRAUBE 231

9. **Acordo de Leniência e Investigações Internas como Mecanismos Eficazes de Enfrentamento da Corrupção**
   IGOR SANT'ANNA TAMASAUSKAS 257

10. **Consensualidade no Combate à Corrupção: Pluralidade de Agentes Legitimados e Necessidade de Adequação Institucional**
    OTÁVIO RIBEIRO LIMA MAZIEIRO 271

11. **Regime dos Programas de Incentivo à Colaboração (PICs) no Brasil**
    ANDRÉ CASTRO CARVALHO e VINICIUS DE FREITAS GIRON 291

12. **Acordo de Leniência na Controladoria Geral do Município de São Paulo**
    DANIEL RIBEIRO BARCELOS 311

13. **Acordo no Âmbito da Arbitragem com a Administração Pública**
    ANDRÉ RODRIGUES JUNQUEIRA 339

14. **A Concertação Administrativa e os Dilemas na Efetivação dos Acordos Ambientais no Brasil**
    CAROLINE GONÇALVES GUERINI e YAHN RAINER 357

15. **Da Viabilidade Jurídica da Utilização de Termos de Ajustamento de Gestão (TAG) por Tribunais de Contas**
    NEWTON ANTÔNIO PINTO BORDIN 389

16. **Acordos Administrativos: Transação Tributária e Cláusula Compromissória de Arbitragem em Incentivos Fiscais**
    CLÁUDIO CAIRO GONÇALVES 405

SUMÁRIO

17. **Concertação Urbanística: Propostas para a Resolução de Conflitos no Âmbito do Conjunto Residencial Graciosa (Município de Pinhais-PR)**
    Marcela Roza Leonardo Zen Imbelloni 443

18. **Análise dos Modelos de Regulamentação sobre Acordos Administrativos no Direito Comparado**
    Caio de Souza Loureiro; Christiana Beyrodt Cardoso; Gustavo Justino de Oliveira; Jônatas Henriques Barreira; Leticia Lins de Alencar; Newton Antonio Pinto Bordin; Sílvia Helena Johonsom Di Salvo e Wilson Accioli de Barros Filho 473

PARTE II. OS ACORDOS ADMINISTRATIVOS NA PRÁTICA 495

1. **Acordo entre Bancos e Poupadores – Prática Vencedora do Prêmio Innovare**
    Christiana Beyrodt Cardoso; Daniel Santa Bárbara Esteves; Jônatas Henriques Barreira e Newton Antônio Pinto Bordin 497

2. **O "Não-acordo" da Linha 17 do Metrô de São Paulo**
    Caio de Souza Loureiro; Leticia Lins de Alencar e Pedro Ivo Biancardi Barboza 511

3. **Acordo sobre o "Parque Augusta"**
    Alex Bonini; Bruno Menezes Brasil; Evian Elias; Igor Sant'Anna Tamasauskas; Milton Fujimoto e Sílvia Helena Johonsom Di Salvo 523

4. **Acordos no Direito Antitruste Brasileiro (CADE e Lei Federal nº 12.529/2011)**
    Alexandre Augusto Olmacht; Bianca Soares Silva Correia; João Eduardo Lopes Queiroz; Kaíque Jacinto C. Almeida; Otávio Ribeiro Lima Mazieiro; Paulo José Ramalho Abe e Thiago Guimarães de Barros Cobra 553

5. **Conciliação CCAF NUP: 00895.000385/2017-34 de 2018 – Repasse de Recursos Públicos ao Hospital São Paulo da Unifesp**
    Christiana Beyrodt Cardoso; Elisa Eidt; Pedro Ivo Biancardi Barboza e Sílvia Helena Johonsom Di Salvo 567

6. **Estudo de Caso Envolvendo Aspectos Urbanísticos e Ambientais: Acordo Administrativo Voltado ao Encerramento das Atividades de Distribuidoras em Mucuripe, Fortaleza/CE**
   ALEX BONINI; EVIAN ELIAS; LETICIA LINS DE ALENCAR e
   MILTON FUJIMOTO 583

7. **Termos de Compromisso e Acordos de Supervisão do BACEN e na CVM (Lei federal n. 13.506/17)**
   JÔNATAS HENRIQUES BARREIRA e NEWTON ANTÔNIO
   PINTO BORDIN 597

8. **Estudo de Caso: Acordos de Leniência na Lei Federal n. 12.846/13**
   BRUNO MENEZES BRASIL; CAIO DE SOUZA LOUREIRO;
   DANIEL SANTA BÁRBARA ESTEVES e IGOR SANT'ANNA
   TAMASAUSKAS 611

Introdução

Nos idos de 2000, ainda doutorando em Direito do Estado no Programa de Pós-Graduação da Faculdade de Direito da Universidade de São Paulo (USP), fui totalmente capturado pela temática dos "acordos administrativos". Minha intenção original era a de dedicar minha pesquisa de doutoramento tendo os acordos administrativos como tema central. Contudo, à época este ainda era considerado um assunto extremamente novo, com uma legislação ínfima e difusa e, salvo poucas e honrosas exceções – Diogo de Figueiredo Moreira Neto, Odete Medauar, Edmir Netto de Araújo e o precursor Hely Lopes Meirelles – a doutrina brasileira ainda não havia demonstrado a seu respeito um interesse mais detido, científico e sistematizador.

Apoiado como substrato teórico e dogmático nos acordos administrativos, acabei escrevendo minha tese sobre as especificidades do "Contrato de Gestão", aquele de base constitucional, previsto no parágrafo 8º do artigo 37 da Constituição Brasileira. Tal preceito fora inserido na Lei Maior pela Emenda Constitucional nº 19/98, e certamente por se tratar de matéria tão inovadora, somente muito recentemente foi regulamentado pela Lei federal nº 13.934, de 11 de dezembro de 2019, a qual disciplina o "contrato de desempenho" no âmbito da administração pública federal direta de qualquer dos Poderes da união e das autarquias e fundações públicas federais.

Em 2008, a tese de doutorado converteu-se no livro Contrato de Gestão (Editora Revista do Tribunais), ano em que também me tornei Professor Doutor em Direito Administrativo na Faculdade de Direito da USP. Desde então venho enfrentando o tema em pesquisas e artigos científicos, e instituí e lecionei por duas edições a disciplina "Acordos Administrativos" para o Mestrado e Doutorado.

Este singelo resgate histórico mostra-se pertinente para expressar minha intensa felicidade em coordenar "Acordos Administrativos no Brasil: teoria e prática". Esta obra coletiva é composta por artigos e estudos jurídicos que buscam contribuir para o conhecimento e a difusão dos acordos administrativos como verdadeiros institutos contemporâneos do direito administrativo no Brasil. Esta já é uma realidade em outros países, e embora focado na experiência brasileira, o livro também apresenta um rápido panorama do estado da arte do instituto em ordenamentos estrangeiros.

O consensualismo na Administração pública e o novo contratualismo administrativo são dois movimentos presentes em diversos países ocidentais que retratam um novo eixo da dogmática do direito administrativo, o qual sinaliza novas rotas evolutivas do modo de administrar no Estado do século XXI. Tradicionalmente orientado pela lógica da autoridade, imposição e unilateralidade, o direito administrativo contemporâneo passa a ser permeado e combinado com a lógica do consenso, da negociação e da multilateralidade. O modelo burocrático – baseado na hierarquia e racionalização legal das competências – passa a coexistir com outros modelos que prestigiam de modo mais acentuado a eficiência e resultados (gerencialismo) e também a democraticidade e legitimidade das relações jurídico-administrativas (nova governança pública e Administração pública paritária).

Nesse cenário, imprescindível é enfrentar e desenvolver a figura do acordo administrativo, como uma nova categoria jurídica do direito administrativo brasileiro, a ele conferindo tratamento normativo e dogmático adequados (OLIVEIRA, 2008). Geralmente apresentados como novidade, no Brasil os acordos administrativos como instrumentos de ação pública remontam ao menos ao Decreto-lei n. 200/67, na figura emblemática dos convênios, inicialmente previstos para selar entendimentos mantidos entre entes federativos e órgãos públicos entre si. De lá para cá, não somente os convênios tiveram ampliados seus usos – inclusive passando a disciplinar relações entre órgãos públicos e entes privados – como foram surgindo diversos outros tipos de acordos administrativos, nominados e inominados, endoprocessuais e endocontratuais, e geradores de direitos, deveres e obrigações entre órgãos e entes públicos entre si, ou entre estes e os particulares.

A despeito disso, e em que pese profícua e variada previsão legislativa já a partir de 1940 com os acordos expropriatórios, até os dias de hoje – Termos de Ajustamento de Conduta (TACs), Protocolos de Intenção, Contratos de gestão, Termos de Parceria, Acordos concorrenciais no âmbito do CADE, Acordos no âmbito de Agências Reguladoras, Acordos de leniência, Termos de fomento e de colaboração, Acordos no âmbito da mediação e da autocomposição administrativas – ainda pairam inúmeras dúvidas sobre os acordos administrativos, tais como: o conteúdo dos acordos é realmente negociável, ou trata-se de um "acordo por adesão"?; seus efeitos são vinculantes?; há um procedimento administrativo padrão a ser precedido pelos acordos?; os acordos criam relações jurídico-administrativas, com direitos, deveres e obrigações recíprocos?; como devem ser conduzidas as negociações prévias ao acordo administrativo? Que normas jurídicas disciplinam os diálogos público-privados mantidos entre os agentes públicos, os agentes econômicos e as organizações da sociedade civil?; o direito privado regulamenta os acordos administrativos?; são eles passíveis de revogação unilateral pela Administração?; são os acordos exclusivamente substitutivos dos atos administrativos, ou teriam funções alternativas e integrativas?; há um "espaço" dos acordos, ou persistem sendo uma opção discricionária da Administração para atos e contratos administrativos?; os acordos podem ter conteúdo sancionatório?; qual o papel e limites do Poder Judiciário na revisão jurisdicional dos acordos?

Ancorados (i) em elementos de revisão bibliográfica da literatura estrangeira e brasileira sobre consensualismo, novo contratualismo, Administração pública paritária e acordos administrativos; (ii) legislação e regulamentação normativa estrangeira e sobretudo brasileira produzida a partir da década de 1940 até os dias de hoje, bem como (iii) análise de conteúdo da jurisprudência judicial e do Tribunal de Contas da União, os artigos que compõem esta obra coletiva pretendem contribuir para uma reflexão verticalizada sobre os acordos administrativos, com a finalidade de melhor compreender o instituto enquanto categoria jurídica do direito administrativo brasileiro – seus contornos, funções, limites e extensão – propondo inclusive ajustes ou inovações legislativas para melhor proteção jurídica das posições e esferas jurídicas dos envolvidos, bem como aperfeiçoamento do ordenamento jurídico para conferir melhor segurança jurídica ao instituto e a todos os envolvidos.

Didaticamente, preferiu-se estruturar a obra em duas partes.

A primeira, "A teoria dos acordos administrativos no Brasil", representa um esforço coletivo, de índole teórica combinada com análises pragmáticas, voltado para uma maior e melhor sistematização dos aspectos essenciais dos acordos administrativos, composto por artigos inéditos sobre a forte presença dos acordos administrativos em áreas tão diversas de atuação da gestão pública, como de fato são o direito anticorrupção, o direito ambiental, o direito concorrencial, o direito penal, o direito tributário, o direito financeiro, o direito urbanístico e, obviamente, o próprio direito administrativo. Enfrentam-se igualmente o uso dos acordos no âmbito da gestão pública em geral, do Ministério Público, dos Tribunais de Contas, do CADE, entre outros espaços administrativos.

A segunda parte, "Estudos de casos: os acordos administrativos na prática", para além de divulgar como os acordos administrativos vêm sendo empregados na gestão pública brasileira – bem como suas interfaces e diálogo institucional com o processo judicial – expressa sobretudo como é imprescindível que seja desenvolvida uma teoria própria dos acordos administrativos – em bases e aspectos que inclusive são objeto de análises nos artigos da primeira parte – para que a dogmática possa dar conta dos desafios e problemáticas que o uso dos acordos na prática acaba por suscitar no cotidiano da gestão pública. Os estudos de casos apresentados foram construídos pelos alunos da segunda edição da disciplina "Acordos Administrativos", durante o primeiro semestre de 2019 no Mestrado e Doutorado da Faculdade de Direito da USP. Todos, sem exceção, estão de parabéns pelo êxito alcançado no transcurso da disciplina e com os estudos aqui apresentados.

Finalmente, alguns agradecimentos são indispensáveis.

Em primeiro lugar, como parte significativa dos escritos que compõem esta obra são de autoria de alunos que frequentaram as edições da disciplina Acordos Administrativos, nos anos de 2017 e principalmente, em 2019, destaco o grande empenho de todos em sala de aula, e agradeço muitíssimo pela confiança que depositaram em mim para que os conduzisse nesse percurso científico que se revelou, não somente muito prazeroso, mas verdadeiramente profícuo. Esta obra é resultado de tudo isso, e, portanto, vocês todos estão de parabéns, como alunos e agora também como autores.

A todos os demais autores, meu agradecimento mais sincero, por terem contribuído brilhantemente com artigos altamente inspiradores sobre o nosso tema. Um destaque para o belíssimo artigo de abertura, escrito por um dos nossos mais brilhantes juristas brasileiros, Prof. Marçal Justen Filho, a quem agradeço imensamente pela especialíssima deferência em nos acompanhar nessa empreitada científica.

Ao Dr. Wilson Accioli de Barros Filho, dileto advogado paranaense a quem tive o prazer de orientar no Mestrado em Direito do Estado da Faculdade de Direito da USP, expresso meus mais profundos agradecimentos por organizar esta obra, por estar em permanente contato comigo, com os autores e seus colegas de sala de aula, e que ao final foi crucial para viabilizar este livro coletivo de altíssimo nível científico.

À Almedina Brasil Editora, que abraçou nosso projeto inovador com todo carinho e atenção, meu muito obrigado, não somente por concretizar nossa intenção científica coletiva com muito esmero, mas por fazer história em entregar à comunidade jurídica brasileira o primeiro livro inteiramente dedicado aos acordos administrativos no Brasil, com a extensão e intensidades que os leitores poderão ter agora a oportunidade de conferir. Que esta obra jurídica incentive e represente uma contribuição para o desenvolvimento de uma Agenda de Pesquisa Científica sobre os acordos administrativos no Brasil, este é o meu mais profundo desejo. Força aos acordos administrativos!

Gustavo Justino de Oliveira
Professor Doutor de Direito Administrativo na USP e no IDP (Brasília-DF).
Árbitro, advogado e consultor em Direito Público.

PARTE I
A Teoria dos Acordos Administrativos

1. A Indisponibilidade do Interesse Público e a Disponibilidade dos Direitos Subjetivos da Administração Pública

MARÇAL JUSTEN FILHO

1. A problemática terminológica

Os diversos ramos do direito desenvolvem terminologias próprias e se valem, muitas vezes, de um mesmo e único vocábulo para indicar conceitos distintos. Mas o problema maior reside na ausência de consciência desse fenômeno, propiciada pela crescente especialização do conhecimento jurídico.

O especialista em um ramo do direito tende a desenvolver uma visão de túnel, aprofundando de modo crescente a sua capacidade de examinar o mundo nos limites exclusivos da sua área cognitiva. Isso resulta na ausência de uma visão abrangente, que incorpore os atributos próprios de cada uma das outras abordagens existentes no próprio campo do direito.

Em termos práticos, os administrativistas não dominam os conhecimentos próprios de outros ramos do direito. E os cultores de outros ramos do direito não dominam o direito administrativo. Mas todos compartilham um mesmo vocabulário, recheado de expressões técnicas. Há o risco de pressupor que cada vocábulo apresenta o mesmo significado nos diversos ramos do direito, o que gera distorções e equívocos.

2. A teoria do "interesse público" no Direito Administrativo

Essa problemática ocorre em relação à expressão "interesse público", que envolve temas fundamentais no âmbito do Direito Administrativo.[1] A teoria do "interesse público" foi desenvolvida no Direito Administrativo em contexto determinado e se prestou a uma função própria, especialmente num cenário histórico distinto. A expressão "indisponibilidade do interesse público" se reporta a questões próprias e específicas, cuja compreensão exige entender a própria função atribuída ao dito "interesse público".

2.1 A pluralidade de abordagens jurídicas ao "interesse" (e ao "interesse público")

No plano dogmático e no âmbito filosófico, "interesse" comporta diferentes sentidos, situação que nem sempre é reconhecida pelas diversas correntes que tratam da questão. O aprofundamento sobre "indisponibilidade do interesse público" exige, por isso, uma tarefa preliminar orientada a tornar mais precisa a questão de fundo.

2.2 O afastamento da abordagem processual sobre "interesse"

A primeira etapa nesse estudo envolve o afastamento das concepções processualistas sobre "interesse".

No Direito Processual, a expressão é utilizada para indicar uma relação de adequação-necessidade entre a satisfação de uma pretensão e a obtenção de um provimento jurisdicional.[2]

---

[1] A disputa sobre o conceito e a função do interesse público no direito administrativo brasileiro é um tema clássico, que tem sido versado por uma plêiade de autores. O presente estudo tangencia essa disputa e se preocupa em destacar um aspecto que não tem chamado a atenção dos pensadores. Sobre a polêmica relativa ao tema do interesse público, consultem-se as obras de BANDEIRA DE MELLO, Celso Antônio. *Curso de Direito Administrativo*, 33. ed., São Paulo: Malheiros, 2016; ÁVILA, Humberto, *Teoria dos princípios: da definição à aplicação dos princípios*, 14. ed., São Paulo: Malheiros, 2013; FERRAZ JUNIOR, Tercio Sampaio. Interesse público. *Revista do Ministério Público do Trabalho da 2ª Região*, n. 1, p. 10 e ss., 1995; GORDILLO, Augustín, *Tratado de derecho administrativo* (Parte general, t. II). Buenos Aires: Macchi, 1991; ESCOLA, Héctor Jorge, *El interés publico como fundamento del derecho administrativo*. Buenos Aires: Depalma, 1989.

[2] Para um exame sobre as concepções processualistas do interesse público, consultem-se WAMBIER, Luiz Rodrigues; TALAMINI, Eduardo. *Curso Avançado de Processo Civil – Teoria Geral do Processo e Processo de Conhecimento*, v. 1, 14. ed., São Paulo: RT, 2014, p. 173-174 e SILVA,

No vocabulário do Direito Processual, "interesse" refere-se a uma relação entre a situação de sujeito(s) privado(s) e o aparato jurisdicional. Sob um certo ângulo, o conceito processual de interesse relaciona-se à identificação de requisitos para a atuação jurisdicional.

A expressão "interesse público", tal como incorporada no Direito Administrativo, não apresenta relação com esse enfoque processualista.

2.3 A dimensão privatista e o fundamento do direito "objetivo"

No âmbito do direito material, a figura do "interesse" afirmou-se como relevante no cenário do século XIX, no cenário das disputas sobre a origem e o critério do direito. O tema envolveu uma disputa entre as escolas de Windscheid e de Jhering.[3]

2.3.1 O contexto da ausência da positivação do direito

É fundamental ter em vista que a divergência surgiu num momento anterior à afirmação da autonomia de um direito positivo fundante da ordem jurídica. Envolveu um cenário próprio do direito privado, em que não se cogitava propriamente de relações jurídicas de direito público.

A afirmação da existência de direitos subjetivos conduzia a uma indagação mais profunda, relacionada com a sua origem. Os pensadores questionavam a origem dos direitos subjetivos, num contexto altamente influenciado por enfoques jusnaturalistas.

2.3.2 A concepção do "direito subjetivo" como um senhorio da vontade

A teorização de Windscheid afirmava que o direito subjetivo era um poder de vontade, reconhecido e protegido pelo direito. Esse enfoque centrava-se na afirmação do indivíduo, identificado como um ser dotado de vontade. Nesse enfoque, a construção jurídica se alicerça na figura da vontade, que é o fundamento do surgimento de relações entre os sujeitos e no reconhecimento de direitos subjetivos entre eles.

Ovídio A. Baptista da. *Curso de Processo Civil – Processo de Conhecimento*, v. 1, 7. ed., Rio de Janeiro: Forense, 2005, p. 61 e ss.

[3] Esse tema tem sido examinado tradicionalmente pela teoria geral do direito privado. Para uma exposição dessas disputas, examinem-se REALE, Miguel. *Lições Preliminares de Direito*, 15. ed., São Paulo: Saraiva, 1987, p. 247 e ss.

2.3.3 A teoria de Jhering: a Jurisprudência dos Interesses

Esse enfoque foi rebatido por Jhering, que buscou afastar o conceito de vontade como nuclear. Embora reconhecendo a importância intrínseca do indivíduo como tal, acrescentou que as relações entre os sujeitos fundavam-se em diferentes circunstâncias, inclusive econômicas. Esse conjunto de relações envolvia a existência de interesses, muitos deles versando sobre bens e condutas referidos a outros sujeitos. A chamada Jurisprudência dos Interesses defendeu que a origem do direito subjetivo seria a tutela jurídica a um interesse, reputado como merecedor de proteção.

2.3.4 Ainda a predominância do enfoque privatista

O enfoque de Jhering não excluía a existência de "interesses públicos", mas se relacionava claramente a um enfoque privatista, o que era plenamente compatível com o cenário então existente.

O desenvolvimento do pensamento posterior admitiu a existência de direitos subjetivos públicos, o que envolvia, em última análise, uma ponderação quanto a interesses públicos.

2.4 A afirmação do direito positivo

Essas ponderações estavam sendo produzidas num cenário contemporâneo à própria afirmação do conceito de Estado de Direito. A concepção de que o Estado é subordinado ao direito encontrava-se em seus primórdios.

Em torno ao final do século XIX, foi-se produzindo a positivação do direito, adotada a expressão para indicar a diferenciação entre fontes materiais e fontes formais. Contrapõem-se as concepções entre direito natural e direito positivo, com uma forte preponderância do segundo em face do primeiro.

2.5 Ainda a dicotomia direito público-direito privado

A afirmação do direito positivo foi acompanhada da reafirmação da dicotomia entre direito público e direito privado. Ainda que a distinção sempre tenha sido objeto de questionamento por parcela da doutrina, a sua adoção acompanhou a evolução do pensamento jurídico ao longo do tempo. Tal decorria, de modo específico, em virtude de uma distinção de conteúdo.

2.5.1 A dimensão horizontal das relações entre particulares

Segundo a concepção então vigente, as relações entabuladas entre os sujeitos privados apresentavam uma configuração horizontal. Isso significava uma situação de igualdade "antecedente". Ou seja, os sujeitos privados não se sobrepõem entre si, mas todos são dotados de idênticos poderes jurídicos. No exercício de tais poderes, estabelecem relações jurídicas, que até podem resultar em posições de preponderância. Mas as relações jurídicas partem do pressuposto desse equilíbrio intrínseco entre os partícipes.

Sob o ângulo dessa concepção clássica do interesse, todos esses sujeitos são dotados de interesses merecedores de idêntico respeito por parte da ordem jurídica.

2.5.2 A dimensão vertical das relações entre Estado e "administrado"

Na concepção clássica, as relações de direito público possuem uma dimensão vertical. Assim se passa porque o Estado é um sujeito em sobreposição aos particulares. Enquanto o sujeito privado busca a satisfação de necessidades e conveniências egoísticas, o Estado é uma instituição que busca a satisfação do Bem Comum.

2.5.3 A diferenciação intrínseca entre interesse público e interesse privado

Esse contexto traduzia uma distinção intrínseca entre interesse público e interesse privado. Partindo de um pressuposto genérico, no sentido de que o direito positivo reconhece um direito subjetivo em vista da existência de um determinado interesse merecedor de tutela, a diferença entre direitos subjetivos públicos e privados relacionava-se a uma distinção axiológica entre interesse público e interesse privado. Nesse contexto, encontra-se o núcleo da concepção jurídica sobre a superioridade do interesse público relativamente ao privado.

2.6 O problema da discricionariedade administrativa

No entanto, a distinção intrínseca entre interesse público e interesse privado não era suficiente para gerar um efeito normativo autônomo. Assim se passava porque os direitos subjetivos refletiam essa distinção, mas isso não significava que o direito subjetivo público fosse intrinsecamente superior ao direito subjetivo privado.

No âmbito do Direito Administrativo, a questão adquiriu uma conotação diversa em virtude de controvérsias sobre o então denominado "poder discricionário" do Estado.

2.6.1 O "poder discricionário" como atributo estatal intrínseco

No pensamento administrativista clássico, prevalecia a concepção da existência de "poderes estatais", dotados de uma dimensão intrínseca.[4] Isso significava que tais poderes seriam inerentes por natureza ao Estado. A disciplina jurídica apresentaria uma dimensão declaratória de tais poderes.

Então, aludia-se a um "poder discricionário" para indicar essa fonte estatal de disciplina da conduta própria e de terceiros, independentemente de disciplina legal específica.

Reconhecia-se ao Estado uma posição de preponderância que lhe assegurava a competência para a edição de comandos abstratos e não abstratos, destinados a restringir a autonomia dos particulares, a promover a ordem, a assegurar a paz social e assim por diante.

2.6.2 O "interesse público" como critério da ação estatal

A existência de um "poder" estatal não implica, no entanto, a ausência de critérios de controle da atividade administrativa do Estado. Reconhecia-se que os chamados "atos discricionários" somente seriam considerados válidos se fossem conformes com a ordem jurídica. Mas a ausência de padrões gerais e abstratos dificultava a formulação de padrões de controle. A solução residia, então, na verificação da compatibilidade do ato discricionário com o "interesse público". O interesse transformava-se num critério da ação estatal. Seria válido o ato compatível e inválido o ato incompatível com o interesse público.

2.6.3 "Interesse público" como "fundamento do poder do Estado"

Logo, o interesse público foi transformado em fundamento concreto do poder do Estado. A própria justificativa da verticalidade do relaciona-

---

[4] De modo genérico, a doutrina clássica do Direito Administrativo incorpora a noção de "poderes da Administração", ainda que nem sempre assumindo todas as implicações daí decorrentes. Nesse sentido, confira-se o pensamento de MEIRELLES, Hely Lopes. *Direito Administrativo*, 16. ed., São Paulo: RT, 1991, p. 95 e ss.

mento entre Estado e particular encontra-se no interesse público. Então, supera-se o posicionamento de que o Estado seria intrinsecamente superior ao particular, mas se admite que o interesse público sobrepuja necessariamente o privado.

2.7 O percurso do fascismo italiano

A simplista exposição anterior apresenta generalidade suficiente para expor as circunstâncias dos diversos países a que se filia o Direito Administrativo brasileiro. Há algumas peculiaridades que influenciaram o regime fascista italiano.

2.7.1 "Tudo no Estado, nada contra o Estado, e nada fora do Estado" (Mussolini)

O enfoque fascista leva a concepção do interesse público ao seu paroxismo. Essa visão induz à identificação entre a realidade política e a dimensão estatal. O Estado é reconhecido como núcleo da vida social e econômica, o que torna irrelevante, impertinente, inconveniente – senão ilícita – a existência de interesses privados.

2.7.2 A eliminação dos direitos privados

Daí se segue a eliminação dos direitos privados em face do Estado. A concepção fascista supera a proposta da supremacia do interesse público para admitir a supremacia dos direitos estatais. Nesse enfoque, não existe direito subjetivo oponível ao Estado.

3. A evolução histórica brasileira

A exposição acima evidencia as circunstâncias que condicionaram a trajetória do Direito Administrativo brasileiro, sem que isso implique atribuir à influência estrangeira as mazelas verificadas em nosso país.

3.1 Ainda a insuficiência da experiência democrática

Um ponto destacado pela generalidade dos administrativistas é a reduzida experiência democrática brasileira.

O Brasil experimentou um regime imperial até 1889, cujos fundamentos não foram essencialmente alterados pela Constituição de 1891

– ao menos, não houve alteração substancial no tocante à relação entre autoridade estatal e sujeito privado. As décadas seguintes foram plenas de experiências totalitárias.

No breve período de tempo entre 1946 e 1964, houve a tentativa de construção de uma sociedade democrática – convivendo com o paradoxo da generalidade da legislação de Direito Administrativo produzida em períodos totalitários.

O regime militar de 1964 afastou direitos e garantias individuais e adotou a concepção de supremacia dos interesses estatais sobre a generalidade da sociedade.

3.2 A afirmação do Estado de Direito Democrático e dos direitos fundamentais

A situação se alterou com a CF/88, que consagrou um Estado de Direito Democrático, centrado em torno dos direitos fundamentais. Ainda que essas inovações tenham apresentado uma dimensão parcialmente semântica, o cenário jurídico passou por alterações radicais.

3.2.1 A redução da desigualdade jurídica

Um dos aspectos essenciais do regime constitucional de 1988 reside na redução da desigualdade jurídica, como etapa orientada a promover a atenuação das desigualdades de qualquer natureza. Isso significou a atribuição de posição equivalente inicial a todos os sujeitos.

3.2.2 A proteção às minorias e aos hipossuficientes

Por outro lado, houve o reforço da tutela às minorias e aos hipossuficientes, sob o pressuposto da exigência de proteção diferenciada em favor daqueles que se encontram em situação desvantajosa.

3.2.3 O reconhecimento dos direitos fundamentais em face do Estado

Mas a característica mais relevante da CF/88 reside na consagração de direitos fundamentais oponíveis em face do Estado. Foi afirmada a função promocional do direito, com a finalidade de assegurar as diversas manifestações da dignidade humana. O Estado foi reconhecido como titular de competências orientadas ao atingimento de finalidades e interesses de dimensão coletiva. Mas, além disso, houve a consagração da individualidade em face do Estado, inclusive no tocante aos direitos fundamentais de segunda e terceira geração.[5]

Portanto, não se tratou mais de reconhecer as limitações às competências políticas estatais, mas também de afirmar o dever estatal de promover prestações positivas em favor dos indivíduos.

3.2.4 A tutela reforçada às pretensões privadas contra (inclusive) o Estado

A eficácia dos direitos fundamentais, consagrada constitucionalmente, traduziu-se na tutela a pretensões privadas contra o Estado. Isso significou o reconhecimento de direitos subjetivos do indivíduo contra a Administração Pública.

4. Implicações do regime constitucional de 1988

A sistemática consagrada pela CF/88 produziu uma série de implicações no tocante à temática do interesse público.

4.1 A dissociação da causalidade entre interesse e direito subjetivo

Como visto, a distinção entre "interesse" e "direito subjetivo" constituiu em fundamento da teoria de Jhering. Segundo essa teoria, o fundamento do direito subjetivo reside no interesse protegido pela ordem jurídica.

A afirmação do Estado Democrático de Direito conduz ao reconhecimento de que o direito subjetivo não é uma derivação do interesse. Há uma pluralidade de fatores que conduzem ao reconhecimento de direitos subjetivos. Afirmar que todo direito subjetivo derivaria da proteção a um interesse implicaria adotar uma acepção amplíssima para o vocábulo "interesse", o que resultaria na inutilização da construção teórica.

4.2 A juridicização do "poder" estatal: a competência

Por outro lado, todos os poderes estatais foram juridicizados, na acepção de sua institucionalização por meio do direito. Não há poder estatal "naturalístico", prévio, alheio ou superior à ordem jurídica. Isso significa que o poder jurídico é albergado pela ordem jurídica como uma *competência* por ela instituída e disciplinada.

---

[5] Acerca da concepção generacional dos direitos fundamentais, consulte-se BONAVIDES, Paulo. *Curso de Direito Constitucional*, 33. ed., São Paulo: Malheiros, 2018, p. 574 e ss.

A competência consiste em uma posição jurídica disciplinada pelo direito público, que compreende um conjunto de faculdades (poderes), cuja existência é orientada à satisfação de necessidades de titularidade alheia ao sujeito estatal.

Não se trata de negar a existência de poderes, mas de afirmar que todo poder jurídico é disciplinado pelo direito, que prevê a sua existência, dispõe sobre o seu conteúdo e regula o seu exercício.

Isso significa que a existência de um "interesse" de titularidade do Estado não é suficiente para instituir uma posição jurídica reforçada em face dos particulares. A expressão "interesse público" não indica um fenômeno extrajurídico, mas se refere a uma situação tutelada pela ordem jurídica. Por isso, o "interesse público" é delimitado pelo direito, tal como adiante mais bem exposto.

4.3 A pluralidade das posições jurídicas

A positivação do interesse conduz ao surgimento de direitos subjetivos. Tal como exposto, isso não significa afirmar que todo direito subjetivo reflete a tutela a um interesse. Nem que todo interesse se traduza em um direito subjetivo.

O ponto fundamental reside em que as posições jurídicas reforçadas, consistentes em faculdades de diversa natureza no relacionamento entre os sujeitos, são instituídas pela ordem jurídica.

Algumas dessas posições jurídicas reforçadas configuram direitos subjetivos, cuja característica consiste na determinação da faculdade de exigir conduta específica (objeto determinado) em face de um sujeito individualizado.

4.4 Os direitos subjetivos da Administração Pública

As competências da Administração Pública compreendem uma pluralidade de faculdades e atribuições.

4.4.1 Poderes jurídicos em sentido amplo

Muitas delas são exercitáveis em face do conjunto dos sujeitos, em termos abstratos. Mas a Administração Pública somente dispõe de poder jurídico para impor uma conduta específica e determinada em face de um sujeito também determinado quando se configurar um direito subjetivo.

4.4.2 Os direitos subjetivos

As normas jurídicas instituem poderes, exercitáveis em face de um número determinado ou indeterminado de sujeitos. Esses poderes jurídicos podem configurar direitos subjetivos, que se constituem em posições reforçadas e protegidas pela ordem jurídica. O direito subjetivo configura uma faculdade de atuação em face de terceiros.

4.4.3 A competência administrativa e o direito subjetivo

Ou seja, a competência administrativa apresenta uma dimensão ampla e complexa. A concretização da situação jurídica pode conduzir ao surgimento de direito subjetivo para a Administração Pública. Esse direito subjetivo terá por objeto uma prestação definida e específica (consistente num dar, fazer ou não fazer) em face de um ou mais sujeitos determinados.

Assim, suponha-se a competência para desapropriar bens privados. A ordem jurídica institui e delimita essa competência. Mas isso a previsão abstrata da competência para desapropriar não implica a faculdade de o Estado apropriar-se de bem privado. A extinção do domínio privado sobre um bem específico e o surgimento do domínio público dependerá da instauração de uma relação jurídica própria, que atribuirá direitos subjetivos e deveres jurídicos ao expropriante e ao particular.

4.5 Os direitos subjetivos contra o Estado

Um dos aspectos mais relevantes da afirmação do Estado Democrático de Direito consistiu no reconhecimento aos particulares de direitos subjetivos em face do Estado.

4.5.1 A omissão legislativa e o direito ao suprimento

A preocupação constitucional com os direitos fundamentais traduziu-se na determinação de que "as normas definidoras dos direitos e garantias fundamentais têm aplicação imediata" (art. 5º, § 1º). Foi consagrado o mandado de injunção para assegurar o exercício de direitos e liberdades, tolhidos em virtude da ausência de norma regulamentadora. Houve também o reconhecimento da inconstitucionalidade por omissão. Se o silêncio legislativo não é suficiente para neutralizar a eficácia dos direitos fundamentais tutelados constitucionalmente, então é evidente que tal resultado não pode ser produzido por uma conduta ativa do Estado.

4.5.2 O interesse público e o direito subjetivo do particular

Tornou-se superada a concepção de que o interesse público poderia propiciar a ausência de realização dos direitos fundamentais protegidos constitucionalmente. Mais precisamente, desapareceu a competência estatal unilateral para ponderar conflitos entre interesse público e direitos fundamentais.

Precisamente porque os indivíduos foram investidos de direitos subjetivos relacionados a garantias fundamentais, tendo como sujeito passivo o Estado. Admitiu-se a existência de pretensões privadas em face da autoridade pública.

A mera existência de pretensão não é suficiente para assegurar a satisfação do particular. Mas isso tornou superada a concepção de que a Administração disporia de um "poder" próprio para decidir, no seu exclusivo âmbito interno, sobre a concretização dos direitos e garantias constitucionais. O sujeito privado foi investido de poder para questionar diretamente as ações e omissões do Estado e a efetiva presença de algum interesse público suficiente para neutralizar tais pretensões incumbe ao Poder Judiciário.

4.5.3 A restrição aos poderes do Estado

Em muitos casos, esses direitos subjetivos envolvem tutela e garantia precisamente em face das competências administrativas. Ou seja, a limitação dos poderes públicos faz-se não apenas ao interno da definição do poder estatal, mas também por uma providência externa: o direito reconhece ao particular um conjunto de direitos subjetivos cuja existência acarreta a redução da órbita de poderes estatais.

Assim, por exemplo, o direito assegura ao particular o direito subjetivo de receber uma justa indenização, prévia e (em regra) em dinheiro, nas hipóteses de desapropriação de seu patrimônio. Trata-se de um direito subjetivo, cuja instituição acarreta a redução da órbita dos poderes jurídicos estatais. A competência estatal para desapropriar é delimitada pela existência de direito subjetivo atribuído ao sujeito privado.

4.5.4 Direito subjetivo privado e reconfiguração da competência estatal

Há casos em que a instituição do direito subjetivo privado destina-se a produzir a reconfiguração *positiva* da competência estatal. Não se trata de promover a limitação dos poderes estatais, mas instituir deveres quanto a competências até então não existentes.

Nesses casos, o Estado se torna titular de um poder jurídico para promover a satisfação de direitos subjetivos privados. Assim se passa no tocante aos direitos fundamentais de segunda e terceira geração, relacionados com a atividade administrativa promocional da dignidade humana. Cada sujeito privado é titular de direito subjetivo a obter prestação estatal apta a promover a sua integridade física, moral e espiritual. Como decorrência, o Estado é investido de competências administrativas para desenvolver atividades no âmbito da saúde, do saneamento, da assistência, da previdência e assim por diante.

5. O interesse como fim e o direito subjetivo como meio

Interesse (público ou privado) e direito subjetivo coexistem no ambiente jurídico. São institutos distintos, com eficácia jurídica diversa e regime jurídico inconfundível.

5.1 O interesse como disciplina finalística

O interesse envolve uma disciplina normativa finalística. O conceito de interesse é identificado em vista da finalidade a que se vincula a disciplina jurídica. A expressão "interesse" indica uma necessidade cuja satisfação é propiciada por meio dos poderes instituídos pela ordem jurídica.

5.2 O direito subjetivo como disciplina instrumental

O direito subjetivo é um instituto cuja identidade decorre do conteúdo. Caracteriza-se como atribuição de poderes jurídicos específicos, em favor de um sujeito determinado, tendo por objeto uma prestação individualizada. O direito subjetivo apresenta natureza instrumental, na acepção de se constituir em um meio para o atingimento de fins buscados pelos sujeitos públicos e privados.

5.3 Interesses público e privado

Um interesse é qualificado como público quando as necessidades a serem atendidas apresentam também uma dimensão supraindividual. Tal pode decorrer tanto em virtude de questões quantitativas como em vista de aspectos qualitativos.

5.3.1 O interesse privado

Alude-se a interesse privado para indicar a situação em que existe uma identidade entre a titularidade da condição de parte e das necessidades a serem satisfeitas. Nesse caso, o sujeito é investido da faculdade de determinar não apenas as finalidades a serem buscadas, mas também o modo de exercício das faculdades jurídicas relacionadas.

Em diversas hipóteses, não existe essa identidade. Os poderes jurídicos são atribuídos a um sujeito distinto daquele que é titular da necessidade a ser satisfeita. Esse fenômeno pode ocorrer no próprio direito privado, que admite inclusive soluções para a sua formalização – tal como o contrato de mandato. Mas há outras posições jurídicas de direito privado em que essa dissociação é característica, tal como se passa no tocante à curatela. Em tais hipóteses, no entanto, não se alude a um interesse público.

5.3.2 O interesse público

Em muitas situações, no entanto, as necessidades superam a dimensão puramente individual. O direito atribui poder jurídico para um sujeito promover a satisfação de necessidades que apresentam uma dimensão geral (critério quantitativo) ou que envolvem valores reputados como relevantes para a sociedade em seu conjunto (critério qualitativo).[6] Nesses casos, é usual o reconhecimento da existência de um interesse público, cuja relevância conduz à atribuição da titularidade dos poderes jurídicos a um órgão estatal.

6. Os direitos subjetivos do Estado

---

[6] O critério de identificação do interesse público é um tema muito problemático. Nesse sentido, confira-se o posicionamento de CELSO ANTÔNIO BANDEIRA DE MELLO (*Curso de Direito Administrativo*, cit., p. 59 e ss.). Adota-se o entendimento de que o interesse público resulta tanto de critérios quantitativos como de razões qualitativas. Assim, há interesse público quando existir uma necessidade a ser satisfeita relacionada com parcela significativa da população. Mas também se configura o interesse público quando a necessidade, embora não atingindo um número relevante de sujeitos, relacionar-se com valores essenciais, relacionados com os direitos fundamentais protegidos pela ordem jurídica. Em ambos os casos, o interesse público apenas se configura na medida em que os mecanismos próprios da sociedade sejam insuficientes para a satisfação das referidas necessidades. Essa exposição envolve a evolução do pensamento exposto em minha obra *Curso de Direito Administrativo*, 13. ed., São Paulo: RT, 2018, p. 60 e ss.

Os direitos subjetivos, ainda quando de titularidade estatal e subordinados ao regime de direito público, são disponíveis, desde que observados os pressupostos e os limites da disciplina normativa. Há um regime jurídico próprio e diferenciado, condicionante da disponibilidade.

6.1 A natureza instrumental dos direitos subjetivos

Como visto, os direitos subjetivos apresentam natureza instrumental e envolvem poderes de conteúdo específico, cujo objeto consiste na obtenção de uma prestação consistente em um dar, fazer ou não fazer, a cargo de um sujeito determinado (ou determinável).

6.2 Direitos subjetivos patrimoniais e não patrimoniais

Em muitos casos, a prestação objeto do direito subjetivo apresenta natureza patrimonial, comportando avaliação econômica. Em outros casos, o direito subjetivo não envolve uma prestação economicamente avaliável. Assim se passa também quanto aos direitos subjetivos de titularidade estatal.

6.3 A disponibilidade dos direitos subjetivos (patrimoniais ou não)

Os direitos subjetivos, detenham ou não natureza patrimonial, envolvem poderes jurídicos que, em certas circunstâncias e observados mediante determinados pressupostos, podem ser objeto de renúncia, desistência ou sacrifício. Tal se passa inclusive na hipótese de direitos subjetivos de titularidade do Estado, tenham eles natureza patrimonial ou não.

6.4 Disposição e renúncia

Ainda por cautela, cabe assinalar que disposição não significa renúncia. A renúncia consiste numa modalidade específica de disposição, caracterizada pela ausência de comutatividade e pela eliminação da titularidade de um poder, direito ou bem sem uma contrapartida econômica ou não econômica para o titular.

A expressão "disposição" é dotada de amplitude semântica muito mais ampla. Envolve ação ou omissão voluntária que produza a extinção de poder, direito ou bem. A disposição compreende não apenas a renúncia, mas também e quando menos a alienação e a transação. Portanto e em muitos casos, a disposição não resulta em uma redução patrimonial, eis que a extinção da titularidade de um direito é acompanhada da aquisição da titularidade de outro.

6.5 A submissão ao princípio da legalidade

De modo genérico, a disposição dos direitos subjetivos públicos subordina-se ao princípio da legalidade. Exige-se a autorização legislativa permitindo que a Administração se desfaça do direito de que é titular. Cabe à lei determinar as condições para que tal disposição se aperfeiçoe.

6.6 A questão da disponibilidade em face de direitos subjetivos públicos e privados

A ressalva acima evidencia a distinção do regime jurídico entre direitos subjetivos públicos e privados no tocante à questão da disponibilidade.

6.6.1 *A disponibilidade dos direitos subjetivos privados*

No âmbito privado, o regime jurídico dos direitos subjetivos disciplina a questão da disponibilidade, tomando em vista as condições do titular e do objeto da prestação. Nesse contexto, existem certos direitos cujas características acarretam a sua indisponibilidade. Tal se passa, de modo específico, com os chamados direitos da personalidade.[7] Não seria excessivo (nem implicaria adesão a alguma concepção jusnaturalista) afirmar que certos atributos inerentes ao ser humano são reconhecidos pela ordem jurídica em condições insuscetíveis de renúncia ou disponibilidade.

6.6.2 *A disponibilidade dos direitos subjetivos públicos*

Os direitos subjetivos públicos são instituídos e configurados pelo direito. Uma norma jurídica estabelece a sua disciplina e dispõe sobre o seu exercício – o que abrange inclusive a sua eventual disposição.

Pode-se afirmar que todos os direitos subjetivos públicos são disponíveis **nos limites e nas condições da lei**. Portanto, o direito subjetivo de titularidade estatal não é disponível se inexistir lei autorizadora.

---

[7] Sobre o tema, confira-se SZANIAWSKI, Elimar. *Direitos de personalidade e sua tutela*. 2. ed., São Paulo: RT, 2005.

Mas a lei pode contemplar situações abstratas ou concretas em que será cabível a disposição.

6.6.3 A desnecessidade de autorização legislativa específica

Apenas por cautela, ressalte-se que a submissão da atividade estatal ao princípio da legalidade não significa a exigência de disciplina legislativa específica e especial para cada atuação concreta. Admitem-se autorizações amplas e genéricas, as quais podem implicar, de modo necessário, atos administrativos que importam disposição de direitos.

Assim se passa, por exemplo, no âmbito contratual. A autorização legislativa para a Administração Pública desenvolver atividade contratual implica, de modo inafastável, a previsão da disposição de bens e direitos de sua titularidade.

6.7 As manifestações da disponibilidade dos direitos públicos

Existem diversas manifestações de disponibilidade dos direitos subjetivos públicos patrimoniais. Nessas hipóteses, o direito subjetivo prevê as condições para a extinção de direitos subjetivos estatais, inclusivo por meio de ações ou omissões voluntárias.

6.7.1 A alienação (gratuita ou onerosa) de bens

Uma parcela significativa dos bens públicos comporta alienação, inclusive gratuita, ainda que o regime jurídico não seja idêntico àquele aplicável aos sujeitos privados. Os bens públicos dominicais podem ser alienados, exigindo-se a autorização legislativa correspondente. Há casos em que a alienação se faz de modo oneroso, mediante uma contrapartida econômica a cargo do adquirente. Mas existem diversas situações em que a lei pode autorizar a alienação gratuita dos bens públicos.

6.7.2 A atividade contratual estatal

Uma outra faceta da disponibilidade de direitos subjetivos públicos patrimoniais se relaciona com a atividade contratual do Estado. Nesse caso, admite-se inclusive uma autorização genérica, compreensiva de atividades diversas e heterogêneas. Um dispositivo legal pode outorgar uma autorização ampla para a Administração Pública entabular acordos de diversa natureza com sujeitos privados, em condições muito variadas.

Esses acordos podem compreender a transferência de bens e direitos de titularidade da Administração Pública, usualmente de modo oneroso e comutativo.

6.7.3 A renúncia e a transação

Admite-se que a lei atribua à Administração Pública a faculdade de renunciar a direitos e pretensões, tal como promover transação visando a extinção de litígios e controvérsias. Em muitos casos, a lei determina as condições mínimas e máximas para tais práticas. Em outros casos, a disciplina legal restringe-se a determinar a autoridade competente para implementar a solução.

6.7.4 A anistia e o perdão

Existem situações em que a lei prevê a extinção da ilicitude, a exclusão do ilícito ou autoriza a outorga de perdão aos autores de atos reprováveis. Assim, por exemplo, a anistia quanto a um ilícito tributário acarreta o desaparecimento inclusive do crédito fiscal decorrente.

6.7.5 A prescrição e a decadência

Rigorosamente, prescrição e decadência não se enquadram no conceito de disposição de direitos do Estado, eis que não se caracteriza uma conduta específica como causa extintiva deles. No entanto, é cabível aludir às figuras da prescrição e da decadência como evidência da existência de um modelo normativo que admite a extinção de direitos subjetivos sem a obtenção de um proveito e sem o atingimento do fim que norteou a sua instituição pelo ordenamento jurídico.

Ou seja, a ausência do exercício de faculdades e poderes de titularidade do Estado durante o período de tempo previsto legalmente acarreta a extinção de direitos subjetivos.

7. A distinção entre interesses públicos primários e secundários

A diferenciação entre interesse público e direito subjetivo público conduz a um novo enfoque quanto a própria distinção entre interesse público primário e interesse público secundário.

7.1 A tese de níveis diversos de interesses públicos

Especialmente na doutrina brasileira, difundiu-se a diferenciação entre interesse público primário e interesse público secundário. A distinção é reportada à doutrina estrangeira,[8] mas adquiriu grande prestígio no Brasil.

Segundo esse enfoque, o interesse público primário consiste na dimensão do interesse público em sentido próprio. Envolve a satisfação das necessidades coletivas e transcendentes, que exigem atenção e comprometimento do Estado.

Já o interesse secundário resulta da institucionalização do Estado como uma organização formal, o que produz o surgimento de necessidades e conveniências próprios. O interesse público secundário aproxima-se ao interesse privado, na acepção de refletir uma avaliação das circunstâncias inerentes à organização estatal – em contraposição aos interesses do conjunto da coletividade.

7.2 O interesse público secundário como uma manifestação de direito subjetivo

É muito mais apropriado identificar o interesse público secundário como uma manifestação de direitos subjetivos públicos, especialmente de natureza patrimonial.

Tome-se em vista um exemplo usualmente utilizado para diferenciar interesse público primário e secundário. Afirma-se que a Administração Pública, ao promover a desapropriação de bem privado para fins de utilidade pública, encontra-se imbuída do interesse público primário de pagar o justo preço em favor do expropriado. Mas existiria um interesse público secundário em promover a desapropriação pelo menor preço possível.

É muito mais apropriado reconhecer que o dito interesse "secundário" não consiste propriamente em um interesse público. Trata-se muito mais de um direito subjetivo de titularidade da Administração. Ao promover a expropriação, a Administração busca o interesse público, mas é investida do direito subjetivo de desembolsar o menor valor possível para tanto.

---

[8] O tema foi objeto de análise especificamente por parte de ALESSI na obra *Principi di Diritto Amministrativo*. I soggetti attivi e l'esplicazione della funzione amministrativa (4. ed., Milano: Giuffrè Editore, 1978, p. 228 e ss.). Na doutrina brasileira, consulte-se BANDEIRA DE MELLO, Celso Antônio. *Curso de Direito Administrativo*, cit., p. 59 e ss.

As peculiaridades do chamado interesse público secundário se reportam a uma posição jurídica concreta, que envolve faculdades e poderes em face de um sujeito determinado, versando sobre prestações específicas, usualmente de natureza patrimonial. Por decorrência, o interesse público secundário comporta disposição, segundo a disciplina normativa aplicável.

8. A disponibilidade do direito subjetivo e a questão do interesse público

A tradicional afirmativa da indisponibilidade do interesse público não significa que os direitos subjetivos públicos de titularidade do Estado sejam igualmente indisponíveis. As figuras de interesse público e de direito subjetivo público são distintas e inconfundíveis e o Estado promove, de modo regular e contínuo, a disposição dos direitos subjetivos de que é titular.

8.1 A rejeição a uma concepção essencialista de interesse público

Rejeita-se uma concepção essencialista para todos os institutos e valores jurídicos, inclusive para o interesse público. Isso significa rejeitar a concepção da existência de uma ideia autônoma, de uma figura hipostasiada, de uma entidade dotada de existência própria, que configuraria "o interesse público".

8.1.1 *A presunção da existência autônoma de um "interesse público"*

É usual enfrentar-se essa temática partindo do pressuposto de que existe um interesse público em uma dimensão abstrata e autônoma, a ser descoberto ou revelado pela autoridade pública. Esse posicionamento envolve a negação da atividade inovadora e criativa da autoridade pública que invoca como fundamento de sua decisão a existência do interesse público.

8.1.2 *A inexistência da atividade de "revelação" do interesse público*

O interesse público é uma construção promovida pela autoridade competente, em face das necessidades coletivas e dos valores transcendentes. A autoridade estatal não desenvolve uma atividade passiva, por meio da qual um interesse público abstrato é revelado ao conjunto da população. Ao contrário, a autoridade competente realizar uma atividade criativa e inovadora, dentro dos limites da ordem jurídica e da realidade concreta. Essa atividade é constitutiva do interesse público, comportando discussão e avaliação no contexto dos pressupostos aplicáveis na situação considerada.

8.2 O reenquadramento da "indisponibilidade do interesse público"

O sistema da CF/88 representou a ruptura de uma longa tradição no Direito Administrativo brasileiro, relacionada com aquela dimensão vertical do relacionamento entre Administração Pública e sujeito privado. Mais ainda, a recolocação da disciplina quanto a direitos e a interesses (públicos e privados) impõe a adoção de um novo enfoque relativamente à questão da "disponibilidade".

8.2.1 Ainda a ideia de Bem Comum

A ordem constitucional de 1988 não eliminou o conceito de Bem Comum, mas subordinou-o à concepção da proteção à dignidade humana, a ser protegida em todas as situações. Cabe ao Estado promover o Bem Comum, mas isso não significa a irrelevância ou a secundariedade da dignidade individual.

8.2.2 A ponderação dos diversos interesses no momento pré-legislativo

A CF/88 não eliminou o processo de ponderação dos diversos interesses no momento pré-legislativo – nem isso seria viável. A produção da lei reflete uma avaliação sobre os diversos interesses em jogo, o que pode resultar em soluções de restrição ao interesse privado e proteção do interesse público. No entanto, não existe uma determinação prévia contemplando a superioridade necessária do interesse público sobre o privado.

Mais precisamente, qualquer ponderação sobre os interesses públicos e privados, durante o processo legislativo, é subordinada à eficácia dos direitos fundamentais. Portanto, qualquer solução contemplada em norma infraconstitucional terá a sua validade delimitada pela força impactante dos direitos fundamentais.

8.2.3 A ponderação de interesses no momento regulamentar

Mas também existe uma ponderação de interesses em momento pós--legislativo, especialmente por ocasião da produção normativa regulamentar. A autoridade administrativa formula soluções, inclusive realizando escolhas no exercício de competência discricionária. Os atos administrativos regulamentares resultam de uma avaliação quanto às necessidades supraindividuais e transcendentes a serem satisfeitas, tal como quanto às condições para que tal seja implementado. Isso envolve tomar em vista os interesses públicos envolvidos.

8.2.4 As decisões estatais, os interesses públicos e dos direitos subjetivos

Em todas essas hipóteses, a decisão estatal deve necessariamente refletir a tutela constitucional não apenas aos interesses públicos, mas também aos direitos subjetivos – especialmente aqueles reconhecidos aos sujeitos particulares.

8.2.5 A dimensão delimitada da "supremacia" do interesse público

Então, somente pode ser cogitada da "supremacia" do interesse público quando houver espaço jurídico para tanto. Não existe viabilidade jurídica de sacrifício de direito subjetivo privado, consagrado e protegido pela Constituição ou por norma infraconstitucional (inclusive regulamentar) em favor de um "interesse público".

Essa afirmativa não envolve afirmar que os interesses privados prevalecem sobre os públicos, mas decorre do reconhecimento de que a tutela normativa a um direito subjetivo não pode ser eliminada por meio de um ato administrativo concreto. A supremacia da Constituição e da Lei, que vinculam o ato administrativo, definem e determinam os limites e o conteúdo dos interesses públicos. Portanto, quando a Constituição ou a Lei (ou um Regulamento) reconhecerem a um sujeito privado um direito subjetivo determinado, existirá um impedimento normativo à invocação ao interesse público.

Dito de outro modo, a Administração Pública não é legitimada a invocar um interesse público para restringir, atenuar ou neutralizar as imposições constantes da Constituição, da Lei e do Regulamento.

8.3 A superação da concepção monista de interesse público

Por outro lado, tornou-se superada a concepção monista do interesse público. A alusão a "**um**" (ou a "**o**") interesse público é imprecisa e insuficiente. Assim se passa porque o estabelecimento de um Estado Pluriclasse[9] e de uma sociedade democrática pluralista, produziu a multiplicação de valores e de fins cuja realização incumbe ao Estado.

8.3.1 A multiplicidade de fins a serem buscados

O Estado disciplinado pela CF/88 é um veículo para a realização de finalidades de diversa ordem – algumas delas potencialmente conflitantes entre si. Basta considerar o art. 3º da Constituição para compreender a complexidade da posição jurídica do Estado. Existem finalidades de natureza política, econômica, social e política, todas merecedoras de tutela jurídica equivalente.

8.3.2 A multiplicidade de interesses públicos

Por decorrência, surgem múltiplos e diversos interesses públicos. Assim, por exemplo, existe o interesse público em promover o desenvolvimento econômico. Mas também há o interesse público em proteger o meio ambiente. E há o interesse público em reduzir as desigualdades regionais e eliminar a miséria, tanto quanto há o interesse público em reduzir a violência contra sujeitos em situação de desvantagem.

A ação administrativa estatal envolve um procedimento de "construção harmônica do interesse público no caso concreto", em que o agente público pondera as diversas manifestações de interesses públicos envolvidos para buscar uma solução que preserve, na maior extensão possível, todos os fins a serem realizados pelo Estado.

8.3.3 A produção procedimentalizada da decisão

Não é casual a alusão a um "procedimento". É descabido afirmar a existência não apenas de um interesse público único. Também não se admite

---

[9] O tema foi desenvolvido por Massimo Severo Giannini. *Diritto Amministrativo*. Milano: Giuffrè, 1970, I, p. 45-50. Consulte-se ainda a obra de Sabino Cassese em "Lo Stato Pluriclasse", na retrospectiva *L'Unità del Diritto – Massimo Severo Giannini e la teoria giuridica*. Bologna: Il Mulino, 1994, p. 11-50.

um interesse público abstrato, concebido em termos dissociados da realidade concreta da atuação estatal.

O interesse público é produzido (ou identificado) em vista das características de cada situação fática. Essa produção envolve um procedimento, na acepção de uma sucessão preordenada de atividades administrativas, entre si organizadas de modo lógico, de modo a que a etapa anterior condiciona as subsequentes.

Não se admite, por isso, a determinação do interesse público como uma manifestação impositiva da vontade do administrador. O conteúdo concreto da finalidade buscada pelo Estado é variável em vista das circunstâncias, mas não é o reflexo de uma decisão voluntarista isolada e subjetiva do governante. Não se admite que o interesse público seja aquilo que o governante quer, porque a sua identificação depende de dados objetivos extraídos da realidade política, social, econômica e jurídica.

8.3.4 O dever de justificativa

Isso não implica negar a existência de dimensão política e discricionária à atividade de determinação do interesse público. Mas há um dever de justificativa da autoridade. A justificativa – que condiciona a validade da decisão adotada – compreende a avaliação realizada pela autoridade em vista das diversas circunstâncias, que envolve a observância de um procedimento. A legitimidade jurídica e política da decisão depende da observância desse procedimento e da consistência das justificativas invocadas.

8.4 A indisponibilidade do interesse público

É nesse contexto em que se insere a concepção da indisponibilidade do interesse público.

8.4.1 A indisponibilidade dos interesses públicos em abstrato

Sob um prisma abstrato, todos os interesses públicos são indisponíveis. Isso significa que existem certos fins cuja realização é obrigatória para o Estado. Não é facultado ao Estado ignorar, eliminar ou desmerecer qualquer um desses diversos fins.

No entanto e no plano puramente abstrato, não é viável extrair efeitos jurídicos vinculantes para a conduta do Estado, seja ela isolada, seja ela relacionada com os sujeitos não estatais. Assim, existe um interesse público abstrato em promover o desenvolvimento nacional sustentável, tal como há um interesse público abstrato em garantir a proteção à saúde. Mas isso não permite identificar um padrão concreto de disciplina da conduta do Estado. Uma decisão concreta específica do Estado não é suscetível de uma qualificação como "violação" ao interesse público abstrato.

8.4.2 A indisponibilidade do interesse público em concreto

Uma vez determinado o interesse público concreto, a questão muda de figura. Em tal hipótese, produz-se a redução da complexidade e a harmonização das diversas manifestações de interesses públicos abstratos. Surge um interesse público concreto, que condiciona e delimita a atuação do Estado.

Esse interesse público concreto também é indisponível, na acepção de refletir a ponderação da autoridade competente quanto ao fim a ser atingido.

8.4.3 A dinamicidade do interesse público em concreto

No entanto, uma característica marcante é a dinamicidade do interesse público concreto. Precisamente porque reflete a ponderação de uma pluralidade de circunstâncias concretas, a variação dos dados da realidade propicia a ausência de cristalização definitiva quando ao modo de solução e de atendimento às necessidades identificadas.

Considere-se, como exemplo, a declaração de utilidade pública para fins de desapropriação. O ato administrativo formal resulta de uma avaliação em face de um contexto específico. Mas isso não impede que, em momento posterior, a Administração reconheça (ainda que de modo implícito) a inadequação da desapropriação como providência para atendimento às necessidades buscadas. Por isso, admite-se que a Administração deixe de efetivar a desapropriação, ainda que tenha promovido a declaração de utilidade pública.

A alteração da ponderação quanto à solução mais satisfatória para promover o atendimento dos interesses públicos não configura disposição, renúncia ou descompromisso com a função estatal. Muito pelo contrário, a modificação do entendimento reflete a constatação de que a avaliação anterior não mantém a sua atualidade e adequação. Impõe-se adotar nova orientação para assegurar a efetiva satisfação das necessidades e interesses coletivos e transcendentes.

9. Conclusões

Os interesses públicos apresentam essa dimensão de indisponibilidade, implicada na posição funcional do agente estatal e da proibição ao exercício de poder jurídico para a satisfação de necessidade pessoal. Mas os direitos subjetivos, instituídos e disciplinados pela ordem jurídica como instrumento para o desenvolvimento da atividade administrativa, comportam disposição, nos termos e limites contemplados pela mesma ordem jurídica. Daí se segue uma pluralidade de decorrências.

9.1 A difusão da atividade consensual do Estado

Uma das implicações mais notáveis das considerações anteriores consiste na legitimidade jurídica da atuação consensual do Estado.[10]

9.1.1 *A superação do limite do "contrato administrativo"*

A atividade consensual do Estado ultrapassa largamente os limites da figura do contrato administrativo, entendido como um acordo de vontades entre Administração Pública e um sujeito privado, tendo por objeto a execução de uma prestação consistente em um dar ou fazer algo economicamente avaliável.

A consensualidade indica um conjunto muito mais amplo de situações, em que o exercício de competências administrativas unilaterais é subordinado a um processo de composição de interesses com outros sujeitos. Mediante acordos com os diversos segmentos da sociedade, a Administração atinge soluções consensuais, que adquirem cunho vinculante para os diversos envolvidos.

9.1.2 *Os acordos em tema de competências punitivas*

Uma parcela relevante desses acordos se relaciona a competências sancionatórias. Consumada uma infração, admite-se que o Estado atinja

---

[10] Sobre o tema, confira-se OLIVEIRA, Gustavo Justino de; SCHWANKA, Cristiane. A administração consensual como a nova face da Administração Pública no século XXI: fundamentos dogmáticos, formas de expressão e instrumentos de ação. *A&C. Revista de Direito Administrativo & Constitucional*, v. 32, p. 31-49, 2008.

uma solução negociada com o infrator, versando sobre o reconhecimento da ilicitude e as condições de recomposição da ordem jurídica violada. Essa solução pode envolver concessões recíprocas entre as partes, compreendendo inclusive a dimensão concreta das punições determinadas por comum acordo entre as partes.

9.1.3 *A adoção da arbitragem*

Outra manifestação do processo de consensualização consiste na adoção de arbitragem como solução para composição de litígios. Isso significa que todas as implicações patrimoniais inerentes a um conflito surgido no âmbito de relação jurídica de que participe a Administração Pública podem ser levados à arbitragem. Mas essa solução pode compreender inclusive as decorrências não patrimoniais relacionadas a tais litígios, tal como a lide versando sobre a prática de infrações e seu sancionamento.

9.2 A impertinência da indisponibilidade do interesse público

Em todas essas situações, não há pertinência em cogitar da indisponibilidade do interesse público (abstrato ou concreto), eis que estão em jogo direitos subjetivos de titularidade pública e privada. Ao invés de questionar um atributo intrínseco do interesse público, cabe avaliar o regime jurídico concreto adotado relativamente aos direitos subjetivos envolvidos. A ordem jurídica, mesmo de modo implícito, pode autorizar a Administração Pública a entabular negociações e acordos com os particulares, versando sobre os direitos subjetivos públicos, admitindo que tal solução é um meio para a realização mais adequada e satisfatória dos interesses públicos abstratos e concretos que se constituem no fim buscado pela atividade estatal.

REFERÊNCIAS

ALESSI, Renato. *Principi di Diritto Amministrativo*. I soggetti attivi e l'esplicazione della funzione amministrativa. 4. ed., Milano: Giuffrè Editore, 1978.

ÁVILA, Humberto. *Teoria dos princípios: da definição à aplicação dos princípios*, 14. ed., São Paulo: Malheiros, 2013.

BANDEIRA DE MELLO, Celso Antônio. *Curso de Direito Administrativo*, 33. ed., São Paulo: Malheiros, 2016.

BONAVIDES, Paulo. *Curso de Direito Constitucional*, 33. ed., São Paulo: Malheiros, 2018.

CASSESE, Sabino. Lo "Stato pluriclasse" in Massimo Severo Giannini. In: CASSESE, Sabino; CARCATERRA, Gaetano; D'ALBERTI, Marco; BIXIO, Andrea (Coord.). *L'Unità del Diritto – Massimo Severo Giannini e la teoria giuridica*. Bologna: Il Mulino, 1994.

ESCOLA, Héctor Jorge. *El interés publico como fundamento del derecho administrativo*. Buenos Aires: Depalma, 1989

FERRAZ JUNIOR, Tercio Sampaio. Interesse público. *Revista do Ministério Público do Trabalho da 2ª Região*, n. 1, p. 10 e ss., 1995.

GIANNINI, Massimo Severo. *Diritto Amministrativo*, tomo I, Milano: Giuffrè, 1970.

GORDILLO, Augustín. *Tratado de derecho administrativo* (Parte general, t. II). Buenos Aires: Macchi, 1991.

JUSTEN FILHO, Marçal. *Curso de Direito Administrativo*, 13. ed., São Paulo: RT, 2018.

MEIRELLES, Hely Lopes. *Direito Administrativo*, 16. ed., São Paulo: RT, 1991.

OLIVEIRA, Gustavo Justino de; SCHWANKA, Cristiane. A administração consensual como a nova face da Administração Pública no século XXI: fundamentos dogmáticos, formas de expressão e instrumentos de ação. *A&C. Revista de Direito Administrativo & Constitucional*, v. 32, p. 31-49, 2008.

REALE, Miguel. *Lições Preliminares de Direito*, 15. ed., São Paulo: Saraiva, 1987.

SILVA, Ovídio A. Baptista da. Curso de Processo Civil – Processo de Conhecimento, v. 1, 7. ed., Rio de Janeiro: Forense, 2005.

SZANIAWSKI, Elimar. *Direitos de personalidade e sua tutela*. 2. ed., São Paulo: RT, 2005.

WAMBIER, Luiz Rodrigues; TALAMINI, Eduardo. Curso Avançado de Processo Civil – Teoria Geral do Processo e Processo de Conhecimento, v. 1, 14. ed., São Paulo: RT, 2014.

2. O Acordo Administrativo entre o Direito Público e o Direito Privado: Emergência de uma Racionalidade Jurídico – Normativa Público – Privada?

VIVIAN CRISTINA LIMA LÓPEZ VALLE

> *"É possível evidenciar a modificação paulatina do tradicional regime de direito administrativo em prol de uma disciplina mais aberta aos direitos e interesses do cidadão e da comunidade em geral e mais paritária entre as entidades intervenientes. No termo desse percurso aparece-nos a noção de relação jurídica administrativa, espécie de denominador comum de toda uma evolução do direito administrativo processual, procedimental e até orgânico."*[1]

1. O consensualismo como alternativa ao regime jurídico administrativo de unilateralidade e verticalidade

O Direito Administrativo brasileiro é um direito em transição e mutação. Encontra-se entre uma construção teórica sustentada na unilateralidade e na verticalidade e o aumento significativo da complexidade das relações Estado-Sociedade, com emergência de relações paritárias, que

---

[1] CABRAL DE MONCADA, Luís S. **A relação jurídica administrativa.** Para um novo paradigma de compreensão da actividade, da organização e do contencioso administrativos. Coimbra: Coimbra Editora, 2009, p. 11.

pressupõem novos papéis para o Estado e para a Sociedade Civil Organizada, e novas possibilidades na relação com o Mercado.

Nesse contexto o acordo administrativo passa a ser importante instrumento de desenvolvimento e de realização do interesse público e a reflexão sobre o consensualismo e a definição de um regime jurídico **entre** o direito público e o direito privado, com estabelecimento de uma racionalidade jurídico – normativa público – privada apresenta-se relevante na contemporaneidade.

O consensualismo precisa ser estruturado e desenvolvido na dogmática acerca do regime jurídico dos acordos administrativos no Brasil. A necessidade de segurança jurídica nas relações jurídico administrativas bem como o ambiente de crise e de crítica ao modelo de autoridade, sobretudo no espaço da contratualização administrativa de longo prazo e no regime sancionatório ordenador, direcionam-no como uma alternativa a uma relação jurídica administrativa verticalizada e unilateral que já não se apresenta capaz de atender adequadamente as demandas de interesse público contemporâneas.

O equilíbrio entre autoridade e consenso no regime jurídico administrativo e o deslocamento da verticalidade para situações episódicas, descaracterizando um regime geral de prerrogativas parece ser um caminho possível. Para isso é necessária a afirmação de uma dogmática que imponha limites à utilização de prerrogativas públicas no exercício de função pública, sobretudo na função pública ordenadora, com revisão do modelo de autoridade, de prerrogativas e de supremacia abstrata do interesse público.

Esse repensar sobre o regime jurídico administrativo implica ser possível sustentar um princípio de liberdade de eleição entre o direito público e o direito privado nas relações jurídico administrativas e essa realidade de mudança é exatamente o que precisa ser seriamente enfrentado na dogmática do Direito Administrativo.

A Administração Pública está em mudança. Reflexos da necessidade dessa reformulação da dogmática já estão sendo sentidos nos seus diferentes espaços jurídicos e as Leis de Arbitragem bem demonstram essa realidade.[2] E se trata de uma realidade de interpenetração público-pri-

---

[2] Lei n. 13.129/2015 e Lei n. 13.140/2015.

vado no Direito Administrativo em geral e no ambiente dos Contratos Administrativos e do Regime de função ordenadora em especial.

É um direito que se desenvolve a partir da necessidade de satisfação de direitos num ambiente de incremento quantitativo e qualitativo das demandas sociais e de uma proposta de Administração Pública contratualizada. A contemporaneidade exigiu do Estado uma mudança de papel. De Estado prestador direto de serviços públicos, através de estruturas no primeiro setor (sobretudo a partir da segunda metade do século XX), passa-se a um Estado Garantidor de prestações de interesse público (através de relações no segundo setor e no terceiro setor)[3]. Tais relações pressupõem módulos convencionais[4] capazes de permitir desenvolvimento e controle da prestação dos serviços públicos e das atividades econômicas de relevância para o interesse público.

Nesse contexto o Direito Administrativo deixa de fornecer respostas adequadas e satisfatórias a demandas de diferentes realidades. Alicerçado nas bases da dicotomia público-privado do século XIX, espremido na noção de potestade da Administração Pública sedimentada no Brasil a partir da segunda metade do século XX, desconfiado nas relações Estado-Sociedade.

Trata-se de um Direito Administrativo fundamentalmente preocupado com a manutenção da autoridade e que tem a pretensão utópica de, no ambiente contratual, presentificar o tempo futuro, buscando alocar no contrato administrativo todas as relações jurídicas do porvir, com significativo insucesso e prejuízo ao interesse público e à prestação dos servi-

---

[3] O Primeiro Setor corresponde às estruturas do Estado, englobando a Administração Pública Direta e Indireta, denominado de setor público e responsável pela gestão dos ativos da sociedade, pela tributação e pela promoção da justiça social. O segundo setor é o mercado e corresponde ao conjunto das empresas que exercem atividades privadas com objetivo de obtenção de lucro. Contém o ambiente de concessões, permissões e autorizações e suas relações contratuais com a Administração Pública na prestação de serviços públicos e no exercício de atividades econômicas de interesse público. O terceiro setor corresponde ao espaço reservado às relações públicas, porém não estatais, constituído de organizações sem fins lucrativos, incluindo as Organizações Sociais – OS, a Sociedade Civil de Interesse Público – OSCIP e as demais organizações não governamentais. Trata-se do público não estatal, nem público integralmente e nem privado. O objetivo é o atendimento de finalidades de interesse público.

[4] A expressão "módulos convencionais" é de Fernando Menezes de Almeida. (ALMEIDA, Fernando Menezes. **Contrato administrativo**. São Paulo: Editora Quartier Latin, 2012, p. 236.

ços públicos e, no ambiente ordenador, concentra-se na sanção e não no ajustamento da conduta e não na prevenção de novas situações ilícitas.

Nesse espaço o consensualismo administrativo apresenta-se como fundamento de legitimidade de alternativa ao regime jurídico administrativo de unilateralidade e verticalidade.

2. A resubstancialização do regime jurídico administrativo

A condição de autoridade da Administração Pública foi estabelecida gradualmente na construção do Direito Administrativo a partir do século XIX e impactou significativamente diferentes espaços da relação jurídico administrativa e sobretudo na construção da Teoria Contratual administrativa brasileira.[5]

Trata-se de regime jurídico baseado exclusivamente na dicotomia público-privado, reservando um regime especial e derrogatório ao Estado na prestação dos serviços públicos, com estabelecimento de prerrogativas *a priori* na relação contratual, condicionando desigualdade de posição jurídica entre Poder Público e particulares, com imposição abstrata de supremacia e indisponibilidade do interesse público.

E partindo dessa premissa, no ordenamento jurídico brasileiro as prerrogativas caracterizam o Regime Jurídico Administrativo próprio da Administração Pública, calcado nos princípios da Supremacia do Interesse Público e na indisponibilidade do Interesse Público. A Administração Pública brasileira se organizou sob esses pilares, impondo a sua condição de autoridade em face do particular com a justificativa da proteção do interesse público.

Essas prerrogativas e a posição de desigualdade jurídica da Administração Pública são justificadas axiológica e epistemologicamente pela aplicação do princípio da supremacia do interesse público sobre o pri-

---

[5] *"A ideia da 'exorbitância' dos poderes de que a Administração nos contratos que celebra foi, em grande medida, devida ao facto de o Direito Privado utilizado como ponto de comparação ser ainda, na época, o Direito clássico de inspiração novecentista. Esse direito contratual do século XIX caracterizava-se por partir de premissas individualistas, tais como a liberdade contratual e a igualdade jurídica das partes. Entendidas de uma forma absoluta, essas premissas giravam em torno de ideia fundamental de autonomia privada e eram, de facto, incompatíveis com situações de domínio de uma das partes num contrato. À luz desses cânones tradicionais do Direito contratual privado era, na realidade, impensável que uma das partes pudesse ditar a seu bel-prazer a interpretação das cláusulas contratuais ou qualquer modificação à sua redacção inicial".* (ESTORNINHO, Maria João. **Requiém pelo contrato administrativo**. Coimbra: Almedina, 2003, p. 140).

vado. A questão é que no Brasil a interpretação desse princípio, a partir da segunda metade do século XX, ensejou uma posição de supremacia da Administração Pública, representada pela verticalidade existente nas relações com o particular, com a justificativa de se buscar a satisfação do interesse da coletividade.

No espaço temporal anterior ao regime democrático estabelecido com a Constituição de 1988, é possível identificar interpretações do princípio como uma regra abstrata de supremacia, na qual a Administração Pública poderia restringir direito do particular justificando um abstrato e genérico interesse público, sem relacioná-lo com o caso concreto e sem efetuar a devida ponderação de valores.

O início do século XXI é marcado por forte crítica à ideia de supremacia e ao próprio princípio da supremacia do interesse público sobre o privado, ao qual é atribuído caráter autoritário incompatível com a Constituição Federal.

Apontando uma origem autoritária do Direito Administrativo e baseada nas prerrogativas, Paulo Otero, contudo, entende que, no final do século XX, operou-se uma crise de identidade, em que o Direito Administrativo vivenciou uma progressiva amputação de poder em favor do direito privado.[6]

Mas é relevante destacar a controvérsia doutrinária sobre o tema. Analisando as raízes históricas do Direito Administrativo, Romeu Felipe Bacellar Filho evidencia a inadequação da ideia de que o contencioso administrativo teria sido criado para o exercício de arbitrariedade sem controle judicial, que seria um instituto herdado do Antigo Regime.[7]

---

[6] *"Em termos históricos, o Direito Administrativo nasceu ao arrepio do princípio da separação de poderes, sendo o Direito das prerrogativas de autoridade e não das garantias dos administrados. A evolução do Direito Administrativo operou-se em termos contraditórios, entre constante tentativa de fuga da Administração Pública às vinculações e a paralela preocupação de limitação do seu espaço de liberdade decisória. As últimas décadas do século XX trouxeram uma crise de identidade ao Direito Administrativo, vivendo numa encruzilhada científica pela progressiva amputação do seu espaço de operatividade a favor do Direito Privado, pela emergência das autoridades administrativas independentes e por uma descaracterização do sentido da função administrativa face à função jurisdicional".* (OTERO, Paulo. **Legalidade e administração pública**. O sentido da vinculação administrativa à juridicidade. 2. ed. Coimbra: Almedina, 2011, p. 343).

[7] BACELLAR FILHO, Romeu Felipe. Breves reflexões sobre a jurisdição administrativa: uma perspectiva de direito comparado. **Revista de Direito Administrativo**, Rio de Janeiro, n. 211, jan./mar. 1998, p. 71-72.

Em outro sentido, autores como Humberto Bergmann Ávila, Paulo Ricardo Schier, Marçal Justen Filho, Daniel Sarmento e Gustavo Binembojm buscaram demonstrar a insuficiência das bases que compõem o princípio frente ao regime jurídico administrativo e ao ordenamento constitucional, propondo um redimensionamento do princípio e do próprio conceito de interesse público[8].

Para citar alguns exemplos, sustentando que não se trata nem de norma-princípio nem de postulado, Humberto Bergmann Ávila[9] define a supremacia do interesse público como um axioma. Para o autor não há no ordenamento constitucional fundamento de justificação do referido princípio. Afirma que, embora não se negue a relevância do interesse público, a imposição estatal em face do particular deve ser analisada na medida de sua limitação.

Na mesma linha de desconstrução do princípio, Paulo Ricardo Schier[10] desenvolve um paralelo entre supremacia do interesse público e direitos fundamentais. E aponta que o direito público não pode prevalecer em detrimento do direito privado, e vice-versa, mas devem coexistir em equilíbrio. Compreende a Constituição como unidade e sistema, e afirma a necessidade de se analisar sua completude, apontando que todos os valores possuem vinculação e mesmo nível de

---

[8] ÁVILA, Humberto. Repensando o "Princípio da Supremacia do Interesse Público sobre o Particular". **Revista Eletrônica sobre a Reforma do Estado (RERE)**, Salvador, Instituto Brasileiro de Direito Público, n. 11, set./out./nov., 2007. Disponível em: <http://www.direitodoestado.com.br/rere.asp>. Acesso em: 17/02/2017; BINENBOJM, Gustavo. **Uma teoria do Direito Administrativo.** Direitos fundamentais, democracia e constitucionalização. Rio de Janeiro: Editora Renovar, 2006; SARMENTO, Daniel. Interesses públicos vs. interesses privados na perspectiva da teoria e da filosofia constitucional, In: SARMENTO, Daniel. (Coord.). **Interesses públicos vs. interesses privados**: desconstruindo o princípio da supremacia do interesse público.Rio de Janeiro: Lumen Juris, 2005, p. 23-116; JUSTEN FILHO, Marçal. Conceito de Interesse Público e a "Personalização" do Direito Administrativo. **Revista Trimestral de Direito Público,** n. 26, São Paulo, Malheiros, 1999, p. 115/136; SCHIER, Paulo Ricardo. **Ensaio sobre a supremacia do interesse público sobre o privado e o regime jurídico dos direitos fundamentais.** Curitiba: Cadernos da Escola de Direito e Relações Internacionais – UNIBRASIL, jan./jun. 2003, p. 55-72.

[9] ÁVILA, Humberto. Repensando o "Princípio da Supremacia do Interesse Público sobre o Particular". **Revista Eletrônica sobre a Reforma do Estado (RERE)**, Salvador, Instituto Brasileiro de Direito Público, n. 11, set./out./nov., 2007. Disponível em: <http://www.direitodoestado.com.br/rere.asp>. Acesso em: 17/02/2017.

[10] SCHIER, Paulo Ricardo. *op. cit.*, p. 55-72.

hierarquia, não justificando a relação de superioridade entre os interesses públicos e privados.[11]

No mesmo sentido, propondo uma ressubstancialização do princípio da supremacia a partir da dignidade da pessoa humana e uma personalização do direito administrativo, Marçal Justen Filho propõe um repensar do direito administrativo a partir das ideias de filtragem constitucional, da conformação do direito para orientar e disciplinar as atividade humanas, do questionamento da proposta de que o interesse público deve prevalecer sempre, porque é único e singular.[12]

Marçal Justen Filho afirma a supremacia dos direitos fundamentais e entende que a Administração Pública deve agir em consonância com a sistemática de proteção dos direitos fundamentais, na qual o direito administrativo deve proteger as minorias e seus interesses, com uma processualização da atividade administrativa e um incremento na participação popular no âmbito das decisões da Administração.[13]

O fio condutor desses raciocínios é um suposto caráter autoritário do princípio, ou do relacionamento Estado-cidadão nos séculos XIX e XX, que se incompatibiliza com o conteúdo programático da Constituição de 1988 e exige submissão ao filtro constitucional. Todavia, defendendo a ausência de um caráter autoritário para o Direito Administrativo e para a noção de supremacia do interesse público e sustentando equívocos interpretativos e metodológicos nessa visão Emerson Gabardo e Daniel Wunder Hachem pontuam que o caminho de desenvolvimento dos institutos do Direito Administrativo denota, seja por intermédio da doutrina, seja pela própria jurisprudência do Conselho de Estado Francês, um meio de resistência ao Estado, exemplificando com os temas do serviço público e da responsabilidade civil do Estado, que foram desenvolvidos exatamente para inverter os padrões típicos do Antigo Regime e estabelecer controle do "excesso de poder".[14]

---

[11] *Id.*
[12] JUSTEN FILHO, Marçal. Conceito de Interesse Público e a "Personalização" do Direito Administrativo. **Revista trimestral de Direito Público**, n. 26, São Paulo, Malheiros, 1999, p. 135-136.
[13] JUSTEN FILHO, Marçal. O direito administrativo do espetáculo. *In*: ARAGÃO, Alexandre Santos de; MARQUES NETO, Floriano de Azevedo (Coord.). **Direito Administrativo e seus novos paradigmas**. Belo Horizonte: Fórum, 2012, p. 75-90.
[14] "*A alusão a uma pretensa origem autoritária parece ter como escopo reduzir a força legitimatória de princípios como o do interesse público, ou mais especificamente, da 'supremacia do interesse público'* –

Concluem os autores que a iniciativa de imputar às origens do Direito Administrativo um caráter autoritário e refutar a ideia de supremacia do interesse público não passa muitas vezes de fuga do regime jurídico próprio de direito público, de prerrogativas imprescindíveis à consecução dos interesses sociais.[15]

Os autores sustentam ainda, que o conceito de interesse público, moldado no século XIX, bem como o aperfeiçoamento de suas ferramentas, representou um inegável avanço, principalmente em relação à proteção do cidadão, pois acabou afastando arbitrariedades praticadas pelo Estado, e citam exemplos de responsabilização, como a possibilidade de controle do Poder Público em razão de suas exorbitâncias no exercício do poder político.[16]

Mariana de Siqueira defende que a titularidade do interesse público não é exclusiva da Administração Pública e que a supremacia do interesse público deve ser encarada sob outra perspectiva, que não permite excluir, em situações concretas, que a melhor solução seja a permanência do interesse particular diante de um interesse público específico. Define a função administrativa como a aplicação da lei de ofício e aponta que a validade das condutas administrativas exige a satisfação de mais do que o interesse público abstrato, de simples observância das normas

sem dúvida uma interessante crítica que, por sua vez, merece ser refutada.Trata-se, portanto, de uma interpretação da história cujo fim é conferir às proposições do presente um sentido mais facilmente apreensível e consonante com a mentalidade vigente, que é a de maior liberalização e exibilização da vida. E embora seja uma 'tese' muito atraente para o indivíduo pós-moderno, que é um sujeito por definição voltado à autonomia, à liberdade e à consensualidade negocial, trata-se de uma teoria de precária capacidade explicativa." (GABARDO, Emerson; HACHEM, Daniel Wunder. O suposto caráter autoritário da supremacia do interesse público e das origens do Direito Administrativo: uma crítica da crítica. *In*: BACELLAR FILHO, Romeu Felipe; HACHEM, Daniel Wunder (Coord.). **Direito Administrativo e interesse público:** estudos em homenagem ao Professor Celso Antônio Bandeira de Mello. Belo Horizonte: Fórum, 2010, p. 155-201).

[15] Os autores afirmam que as teorias que procuram refutar a concepção de superioridade do interesse público, defendendo que tal conceito representaria um viés autoritário do Poder Público, representam, na maioria das vezes, uma forma de abandono do regime jurídico próprio do Direito Público, pois este atribui à Administração certas prerrogativas que são necessárias à persecução de seus objetivos. (*Id.*, p. 195-196).

[16] GABARDO, Emerson; HACHEM, Daniel Wunder. O suposto caráter autoritário da supremacia do interesse público e das origens do direito administrativo: uma crítica da crítica. *In*: BACELLAR FILHO, Romeu Felipe; HACHEM, Daniel Wunder (Coord.). **Direito Administrativo e interesse público:** estudos em homenagem ao Professor Celso Antônio Bandeira de Mello. Belo Horizonte: Fórum, 2010, p. 195-196.

legais, e sim de observância do que é o interesse público em concreto. Para a autora o interesse público é fim, fundamento e limite do agir administrativo e precisa ser pensando de forma racional, científica e jurídica.[17]

Esse viés, de uma adequada compreensão do princípio da supremacia e das instituições políticas do Estado, localizada de acordo com a realidade atual e os anseios sociais na contemporaneidade, sem desprezar as conquistas contra o arbítrio do Poder Público praticado no século XIX e nos séculos anteriores, assim como em certa medida ainda presente no século XX e atualmente, é extremamente útil para justificar a resubstancialização do regime jurídico administrativo.

De todo modo, o que se discute é uma alternativa à existência de um regime geral de prerrogativas, estabelecido na lei, estruturando desigualdade jurídica na relação jurídico administrativa, num modelo em que a Administração Pública invoca um interesse público abstrato, não materializado no caso concreto e hipotético para justificar a utilização de suas prerrogativas.

Por tudo que até aqui já se aludiu, é possível afirmar que o estabelecimento das prerrogativas como elemento estruturador da relação jurídico administrativa gera como consequência uma visão do particular como litigante e produz insegurança jurídica e desestabilização.

Thiago Valiati em conclusão acertada sobre o tema e focando em matéria de infraestrutura, assinala que a insegurança jurídica encontra-se difundida no Legislativo, no Executivo e no Judiciário e também arraigada na práxis administrativa brasileira *("insegurança é segurança")*, devendo ser combatida de modo a propiciar desenvolvimento.[18]

---

[17] SIQUEIRA, Mariana de. **Interesse público no Direito Administrativo brasileiro**: da construção da moldura à composição da pintura. Rio de Janeiro: Lumem Juris, 2016, p. 2-10.

[18] *"A insegurança jurídica, em matéria de infraestrutura, encontra-se difundida por todo o lugar: nos três Poderes Públicos (Legislativo, Executivo e Judiciário), na execução dos contratos regulatórios de infraestrutura, na atuação das agências reguladoras e dos órgãos de controle etc. À semelhança do que George Orwell já apregoava em sua clássica obra distópica, "guerra é paz, liberdade é escravidão, ignorância é força", tem-se um verdadeiro panorama de duplipensamento arraigado na práxis administrativa brasileira ("insegurança é segurança"). Insegurança jurídica generalizada no contexto nacional. Mas tal conjuntura de insegurança nos setores de infraestrutura não pode ser aceita como uma realidade imposta pelos Poderes Públicos a ponto de os agentes econômicos e os estudiosos do Direito acomodarem-se com ela. Assim como dois e dois não são cinco, uma realidade de insegurança não configura um cenário aceitável e conforme ao princípio da segurança jurídica. Esta lamentável realidade precisa ser revertida. Vale dizer, a insegurança jurídica não pode ser encarada com normalidade e aceita como uma realidade padroni-*

O Direito Administrativo não pode mais ser um direito de colisão entre interesses públicos e privados, mas sim um direito de distribuição entre interesses privados perante a Administração Pública. A Administração Pública não pode se utilizar de prerrogativas para se posicionar com autoritarismo.

Busca-se um modelo teórico e um regime legal que permita uma Administração Pública constitutiva da sociedade, com equilíbrio das posições jurídicas.[19] A visão do particular como litigante é incompatível com um modelo pautado na ponderação de valores, na razoabilidade e na definição de um interesse público concreto, relacionado à situação fática e justificador de sacrifício individual somente na valoração no caso concreto e na exata medida do indispensável ao interesse público.

O enquadramento do particular como litigante permite a sustentação de um modelo de supremacia abstrata, em que não há níveis de ponderação nem relação com o caso concreto e impede a aplicação de um modelo de prevalência concreta, no qual somente há sacrifício do particular se houver um interesse público bastante e suficiente, que justifique tal sacrifício. Cabe destacar que a Constituição de 1988 não traz em si fundamento axiológico ou epistemológico que justifique essa visão beligerante e, pelo contrário, é permeada pela lógica da igualdade, da segurança jurídica, da boa-fé e do desenvolvimento.

Todo o sentido da Constituição de 1988 comunica-se com a promoção da estabilidade das relações jurídicas, com o desenvolvimento da segurança jurídica nas relações Estado-sociedade, as quais devem estar marcadas pela boa-fé. E a proposta da segurança jurídica e boa-fé é antagônica à posição do particular como litigante.

---

zada. *Os Poderes estatais precisam se mover em direção a um cenário que consolide um maior grau de segurança aos agentes econômicos ou, pelo menos, reduzir esta insegurança a um grau considerado aceitável. Trata-se de um dever constitucional por parte dos Poderes Públicos. E de um direito constitucional dos agentes econômicos e dos cidadãos que usufruem das infraestruturas, à luz do direito ao desenvolvimento, consagrado na Constituição Federal*". (VALIATI, Thiago Priess. **O princípio constitucional da segurança jurídica nos setores de infraestrutura** – a segurança como dever dos Poderes Públicos e como direito dos agentes econômicos. 2016. Dissertação (Mestrado em Direito) Programa de Pós-Graduação em Direito da Universidade Federal do Paraná, 2016, p. 216).

[19] SILVA, Vasco Pereira da. **Em busca do acto administrativo perdido.** Coimbra: Almedina, 2003, pp. 149-297.

3. O acordo administrativo e a possibilidade de eleição entre o direito público e o direito privado

A contemporaneidade traz consigo significativa crítica ao binário autoridade-liberdade e à dicotomia público-privado na estruturação da relação jurídico – Administrativa.[20]

Na contemporaneidade de um Estado de Parcerias é importante um esforço doutrinário e metodológico para a identificação de uma nova racionalidade jurídica, capaz de manter hígidas as garantias ao interesse público e ao mesmo tempo ressubstancializar a relação jurídica administrativa para viabilizar através de um ambiente menos imperativo e mais paritário a satisfação dos direitos sociais.

Essa ressubstancialização exige uma mudança paradigmática, que pressupõe a substituição do paradigma da autoridade por um novo paradigma, focado na paridade e aberto para as diferentes realidades que se comunicam com o Direito Administrativo. A virada paradigmática deve levar em consideração as relações de internalidade e externalidade no Direito Administrativo, especialmente considerando as relações entre Direito, Economia e Política.

É necessário revisar categorias metodológicas. Na realidade europeia, o regime jurídico dos acordos que envolvam a pessoa jurídica de direito público foi inspirado pela submissão ao direito público ou pela submissão ao direito privado.

A submissão ao direito público se fez presente no modelo francês e a submissão ao direito privado se destacou no modelo alemão e no inglês. Atualmente, há uma tendência de convergência dos modelos, especialmente pelo foco no livre mercado do direito europeu, que vem diluindo a relação autoridade-liberdade como tradicionalmente vista na Teoria Contratual Administrativa.

---

[20] No sentido de uma aproximação do regime público e do regime privado, Gustavo Justino de Oliveira se posiciona: *"É inegável que assiste-se hodiernamente a uma aproximação entre o regime de direito público e o regime de direito privado, que aliás constituiu-se em uma das prospecções para a Administração pública contemporânea, apontada por Massimo Severo Giannini em 1980."* (OLIVEIRA. Gustavo Henrique Justino de. **A arbitragem e as parcerias publico-privadas.** Revista Eletrônica de Direito Administrativo Econômico, Salvador, n. 2, Instituto de Direito Público da Bahia, 2015. Disponível em: <http://www.direitodoestado.com/revista/redae-2--maio-2005-gustavo-justino.pdf>. Acesso em: 15/02/2017.

O acordo administrativo não é estático e sim dinâmico e não se pode perder de vista sua essência. O acordo administrativo não pertence a um ou outro ramo específico do Direito e não pertence nem ao direito privado nem ao direito público[21].

Nesse sentido, Fernando Menezes de Almeida, tratando de contratos administrativos em especial e de acordos em geral, apresenta o contrato como superconceito, patrimônio comum de toda a ciência do direito, da teoria do direito e sustenta o equívoco da doutrina tradicional que afirma o contrato administrativo como exceção ao contrato baseado no direito civil.[22]

É a ideia de ir para além das aparências que se apresenta compatível com as atuais necessidades da Administração Pública, que evidenciam uma interpenetração público-privado que não cabe na lógica da unilateralidade das relações administrativas formulada nos séculos XVIII e XIX.

Ao tratar das dimensões público e privado no direito, Maurizio Fioravanti as inclui como princípios fundamentais da Constituição Democrática, ambas necessárias para a vida da democracia, tendo a Constituição Democrática como uma das principais tarefas estabelecer o espaço público, o espaço privado e seus limites. Destaca o autor que o modelo democrático não pressupõe um modelo constitucional flagrantemente publicístico e que a relação público-privado é consagrada nas Constituições Democráticas.[23]

E prossegue o autor afirmando que Público e Privado não são outra coisa senão duas dimensões fundamentais da democracia.[24] Maurizio

---

[21] Mário Masagão já sinalizava nesse sentido na década de 1970. (MASAGÃO, Mário. **Curso de Direito Administrativo**. São Paulo: Revista dos Tribunais, 1977, p. 287).

[22] ALMEIDA, Fernando Menezes. **Contratos administrativos**. São Paulo: Quartier Latin, 2012, p. 12-25.

[23] FIORAVANTI. Maurizio. Público e Privado: os princípios fundamentais da Constituição Democrática. **Revista da Faculdade de Direito UFPR**, Curitiba, n. 58, p. 7-24, 2013.

[24] "*as duas dimensões fundamentais da democracia, ambas necessárias para a própria vida da democracia. Por um lado, a liberdade dos privados e o princípio da livre autodeterminação dos indivíduos, por outro, a força e a autoridade da res publica. Nenhuma democracia é imaginável sem essas duas dimensões. Não é por acaso que uma das principais tarefas das Constituições democráticas é aquela de estabelecer o espaço e a profundidade de um e de outro, do Público e do Privado, e, portanto, de estabelecer também os limites de cada um, o ponto para além do qual o Público tende a exorbitar e a violar arbitrariamente as esferas dos indivíduos, e o ponto para além do qual, na dimensão inversa, a extensão dos*

Fioravanti questiona se existe um modelo constitucional sobre o qual é possível orientar um correto relacionamento entre Público e Privado.[25] O objetivo é demonstrar a existência de um espaço de diálogo Estado--Sociedade mais equilibrado e um relacionamento público-privado sem prevalências *a priori*.

Nesse sentido a total inadequação da dicotomia público-privado já anteriormente apontada. Na Teoria Contratual Administrativa, essa realidade é sobretudo ampliada, com significativas consequências para o interesse público, de ordem econômica (pelo aumento do litígio e das consequências dele decorrentes envolvendo Contratos Administrativos), de ordem social (pela paralização ou não atendimento adequado de serviços públicos através dos Contratos Administrativos), de ordem política (pela perda de legitimidade da ação estatal na satisfação dos direitos fundamentais).

Mário Masagão em 1977 já apontava, quanto à natureza do contrato, que este não era figura peculiar e exclusiva do direito civil.[26] Contemporaneamente e alinhado à noção de que os desafios da Administração Contemporânea necessitam da construção de uma doutrina de interesse público entre as fronteiras do público e do privado está Romeu Felipe Bacellar Filho.

O autor parte da premissa de que o contrato administrativo é instituto de direito, não pertencente especialmente nem ao direito público nem ao direito privado.[27] Tal fato desafia a criação de uma nova regulação, especialmente considerando as deficiências do modelo tradicional unilateral frente às necessidades atuais e a necessária construção de um modelo de consenso e negociação compatibilizado com os pilares de

---

poderes dos privados tende a ameaçar a integridade da res publica". Para o autor, se isso não for claro e comum a crise se instala nas democracias e o espaço Público e o espaço Privado tendem a se exceder e a se ameaçar reciprocamente, entrelaçando-se de modo disfuncional, com prejuízo para ambos e para a sociedade civil. (*Id.*).

[25] *Id.*

[26] *"Realmente, o contrato não é figura peculiar ao direito privado. Seu conceito pertence à teoria geral do direito, e suas manifestações tanto surgem em matéria civil e comercial como no campo do direito público interno e externo."* (MASAGÃO, Mário. **Curso de Direito Administrativo**. São Paulo: Revista dos Tribunais, 1977, p. 283).

[27] BACELLAR FILHO, Romeu Felipe. **Direito Administrativo e o Novo Código Civil**. Belo Horizonte: Editora Fórum, 2007, p.182-183.

supremacia do interesse público e indisponibilidade do interesse público estabelecidos no Regime Jurídico Administrativo.

Na contemporaneidade não faz sentido questionar se o regime é de direito público ou de direito privado. O regime administrativo pode ser de direito público ou de direito privado. Não se parte de uma única forma contratual com um único regime jurídico. A realidade contratual pressupõe diferentes relações contratuais com regimes jurídicos distintos, em que a questão público e privado sequer se coloca, pois elementos dos dois ambientes podem estar presentes.

Parece clara a necessidade de adoção de um regime jurídico de direito nos Acordos Administrativos, nem público nem privado, desafiando a criação de uma nova regulação, que não permita a substituição de prerrogativas por lógicas exclusivas de consenso, mas que permita o equilíbrio entre essas duas realidades. Um regime geral que permita a adoção de vários regimes específicos, distintos entre si, aplicáveis às diferentes estruturas convencionais da Administração Pública. Um regime que não possua a pretensão totalizante de ser único e aplicável a realidades distintas uniformemente.[28]

Fernando Menezes de Almeida desenvolve a proposta do contrato administrativo ser contrato de Direito, o que não significa que o direito que o regula seja fragmentado (seja como um dado da realidade, ou como fenômeno social, ou como fenômeno normativo ou como ciência do direito).[29]

Prossegue o autor afirmando que o conteúdo estabelecido sob a rubrica Direito Administrativo pressupõe uma determinada configuração sócio-política do Estado que só passa a existir em meados do século XVII e XVIII. Isso não quer dizer que o contrato pertença ao Direito

---

[28] Fernando Menezes de Almeida distingue os diferentes módulos convencionais da Administração Pública, demonstrando claramente a necessidade de adoção de diferentes regimes jurídicos. (ALMEIDA, Fernando Menezes. **Contratos administrativos**. São Paulo: Quartier Latin, 2012, p. 231).

[29] O autor assinala que um primeiro pressuposto então é entender que contrato não é uma figura do Direito Civil que foi adaptada pelo Direito Administrativo. Antes de mais nada é uma figura do próprio Direito. Se circunstancialmente por razões históricas aquilo que convencionou-se chamar Direito Civil abrange mais do assunto de contratos isso se explica pelo modo de ser da sociedade humana ao longo dos tempos. A consolidação do Direito Civil precedeu historicamente a consolidação do Direito Constitucional e do Direito Administrativo. (*Ibid.*, p. 174-180.)

Civil porque quando o Direito Administrativo surgiu ele já era trabalhado no Direito Civil.[30]

Partindo dessa perspectiva, discutir regime de Direito nos acordos administrativos é discutir sobre heteronomia e autonomia. A lei é um modo de produção normativa que pressupõe que o destinatário não necessariamente participe com a sua vontade para a formação da norma, expressando o princípio da heteronomia e a obrigatoriedade perante o cidadão.

Mas a Constituição pode optar pelo princípio da autonomia, em que as partes, os indivíduos que estarão sujeitos àquela norma participam eles mesmos com a produção do conteúdo específico da norma. A vontade do destinatário da norma participa da formação da norma. Relevante neste contexto é a reflexão sobre quando cabe o princípio da autonomia e quando cabe a heteronomia. Para Fernando Menezes de Almeida não existe uma regra *a priori*, ideal. Para certas situações um é melhor que o outro, a critério de cada sociedade.[31]

---

[30] Fernando Menezes de Almeida afirma que o ser contrato é o mesmo. Não há uma diferença ontológica. Essa é uma primeira premissa. Usando a palavra contrato num sentido amplo, um segundo elemento é verificar como são produzidas as normas jurídicas que regem a vida em sociedade. Essa pergunta induz a distinguir contrato de outros modos de produção normativa. Porque alguém é obrigado a fazer algo? Por força de lei. O que é a lei na sua essência? É fruto de convenção humana. É ato de vontade. Existe porque alguém quis que aquilo fosse lei. Neste ponto, transita-se por uma teoria de direito que pressupõe a norma como ato de vontade. Para o autor, o direito é fenômeno que essencialmente expressa vontade. Dentre os fenômenos psíquicos há o que é vontade e o que é conhecimento. A postura do conhecimento não é de querer, mas de observação da realidade. A postura do ato de vontade pretende configurar as condutas futuras. Isso dá origem à dicotomia básica em teoria do direito da distinção entre ser e dever ser. Prossegue afirmando que a vontade lida com o dever ser e tem pouco haver com aquilo que é. O fato de alguém ser obrigado a fazer alguma coisa não guarda nenhuma relação com a coisa feita. Opera-se no direito com vontade e decisão volitiva de alguém sobre o que deve e não deve acontecer, existindo dois mecanismos básicos pelos quais a vontade opera na formação do direito em relação aos sujeitos envolvidos. O direito é algo criado pela vontade humana e não é um dado da realidade natural. É algo que o homem decide criar por um ato de vontade. Quem decide criar? Por que a lei decide criar? Por trás do fato da lei obrigar está a decisão de cada um concordar que a lei obrigue. Isso está presente na doutrina ocidental e parte da ideia de um contrato social, metajurídico, *a priori*, fictício. Não é um contrato no sentido do contrato administrativo, mas a ideia de convenção é a mesma. (*Ibid.*, p. 104 e ss.)

[31] ALMEIDA, Fernando Menezes. **Contratos administrativos**. São Paulo: Quartier Latin, 2012, p. 379-385.

Defende-se uma nova relação público-privado, em que um misto de autonomia e heteronomia é necessário para o atendimento das demandas contemporâneas. O Direito Administrativo tradicional surgiu no contexto do Direito Europeu Ocidental estabelecendo submissão dos governantes à lei e impondo-se contra a sobreposição dos governantes à lei. Nesse momento surge a figura da Administração Pública como sujeito de direito. Ela não apenas é sujeito ao direito como se põe nas relações jurídicas como sujeito de direito.

Esse foi o grande problema teórico no século XIX para a concepção do acordo administrativo, com reflexões que concluíam pela impossibilidade de acordo quando se tratava da Administração Pública, vez que esta não poderia livremente fazer acordos de vontade porque suas relações jurídicas reger-se-iam estritamente pelo princípio da heteronomia. Essa visão é própria do Direito Administrativo do século XIX, que posiciona a soberania como atributo da Administração Pública.[32]

E no contexto de heteronomia as prerrogativas nos Acordos Administrativos aparecem como regra geral e essência, o que denota um desperdício do acordo como importante modelo de conformação da sociedade e de desenvolvimento.

A construção de uma doutrina de interesse público que não se fixe na dicotomia público-privado é indispensável para a construção de novos paradigmas na Teoria da Relação Jurídico Administrativa. O Direito Administrativo que justifica os acordos não é nem público nem privado. Rótulos muito estanques segmentam e fracionam as realidades complexas do ambiente consensual administrativo e impossibilitam um olhar para além do direito, substancializado e ressubstancializado pela interpenetração das externalidades da Política, da Economia, do Mercado e da própria sociedade civil.

Não se discute que o regime público possa ser associado a modos heterônomos de ação (a autoexecutoriedade própria do Estado por certo não acompanha as relações individuais) assim como não se discute que o privado possa ser associado a modos autônomos de ação (as lógicas de liberdade e autonomia privadas não repercutem igualmente no espaço público).

[32] *Id.*

Conforme apontado por Santiago Gonzalez-Varas Ibáñez, firmou-se no direito espanhol o princípio da absoluta liberdade de eleição de regime jurídico público ou privado para a regulação dos sujeitos que realizam funções administrativas. Faz-se necessário discutir os limites dessa liberdade. O autor analisa as possibilidades jurídicas sobre a atividade administrativa ser regida por um direito privado e para isso analisa o direito alemão, no qual a liberdade de eleição de regime jurídico entre direito público e direito privado é um princípio característico.[33]

O que se pode afirmar como certo é que não há sentido em se estabelecer rigidamente e de forma estanque, divisora e excludente, uma dicotomia público e privado no regime jurídico dos Acordos Administrativos.[34]

O que é público não é um regime aplicável à Administração Pública. Há relações tipicamente públicas no momento em que a auto-executoriedade aparece[35]. E o contrário também é verdadeiro. Existem situações em que excepcionalmente a Administração Pública não possui autoexecutoriedade e outras situações nas quais excepcionalmente os indivíduos a possuem, como por exemplo legítima defesa, defesa da posse.

Percebe-se, portanto, certa incongruência na afirmação da autoridade dentro de um regime exclusivo de direito público aos Acordos Administrativos. Romeu Felipe Bacellar Filho nesse sentido afirma que o predomínio da autoridade no Direito Administrativo fez com que o "negócio" fosse proibido, estabelecendo a imperatividade do ato administrativo como "sacralização do poder estatal", e, portanto, dificultando

---

[33] No direito alemão também é característico que se a atividade for regida pelo direito privado, sua atuação respeitará os princípios gerais do direito administrativo, donde resultaria um direito administrativo privado. A questão é saber em que medida há a liberdade de eleição de regime jurídico em relação a competências tipicamente administrativas e em que medida o direito privado pode ser regulador dos entes criados para cumprir funções administrativas. (IBÁÑEZ, Santiago González-Varas. **El Derecho Administrativo Privado**. Madrid: Montecorvo, 1996, pp. 87-128).

[34] Essa divisão consolidou-se no Brasil somente na segunda metade do século XX, a partir da década de 1980, com o Decreto Lei n. 2.300/86 e após, com a Lei n. 8.666/93.

[35] O ato administrativo é autoexecutório pela mesma razão que a lei o é. Expressão de ato de vontade heterônomo estatal. Enxergar o regime de direito público como autoexecutório faz sentido, mas isso pouco guarda sentido com afirmar que o Direito Administrativo é necessariamente regulado pelo direito público.

a adoção de uma Administração Pública inserida num panorama de bilateralidade e consenso. E ainda assinala que essa é uma visão monolítica de Administração Pública, fundada num conceito de interesse público "absoluto e homogêneo", que recusa interpretações dissidentes.[36]

Buscando identificar o lugar do acordo administrativo no Direito Administrativo, Casalta Nabais parte da premissa de que a figura contratual foi gradualmente se instalando no Direito Administrativo e no direito público.[37]

Nesse sentido, Marçal Justen Filho aponta que a tendência à contratualização da função administrativa é reflexo da ampliação do Estado Democrático de Direito, na medida em que o exercício das competências públicas torna-se cada vez mais sujeito à negociação com a comunidade. E pontua o autor que nas prestações de fazer a única alternativa é o contrato.[38]

Na linha da redução da autoridade na relação contratual, sustentando consenso e transação novamente cabe a citação de Romeu Felipe Bacellar Filho, que afirma que a Administração Pública está autorizada a

---

[36] BACELLAR FILHO, Romeu Felipe. **Direito Administrativo e o Novo Código Civil**. Belo Horizonte: Editora Fórum, 2007, p.192-193.

[37] Refere que apesar do contrato estar intimamente associado ao direito público, enfrentou sérias dificuldades para assegurar um *campus* próprio e que o tempo estabeleceu lugar ao contrato no direito público, onde hoje sua presença já não é mais contestada. (CASALTA NABAIS, José. **Contratos fiscais**. Coimbra: Ed. Coimbra, 1994, pp. 9-84).

[38] *"Assiste-se em fenômeno muito peculiar, consistente na organização da sociedade civil. Surgem entidades privadas, sem fins lucrativos, que se interpõem entre o Estado e a Comunidade. Os poderes Públicos deixam de ser exercitados autoritariamente e a democracia manifesta-se como concordância das decisões públicas como os interesses concretos da comunidade. Isso se passa no próprio âmbito dos atos unilaterais. Daí a crescente importância do instrumento contratual, que tende a substituir amplamente as figuras unilaterais. Observe-se que, em muitas hipóteses, sequer há alternativa para o Estado, fora contrato. As garantias constitucionais impedem a requisição compulsória da prestação privada consistente em um fazer. O Estado pode apropriar-se compulsoriamente do patrimônio privado, por via da desapropriação. Logo, as prestações de dar, quando houver recusa do particular em aquiescer com a decisão estatal, podem resultar no exercício do poder autoritário do Estado. Mas é inviável o Estado constranger um sujeito a uma prestação positiva, de natureza patrimonial, em benefício dele (Estado). A única via é produzir a colaboração por via negocial. Por todos esses fatores, a relevância do contrato administrativo é cada vez mais intensa. O grande universo das prestações positivas de fazer escapa ao âmago do poder de constrição unilateral do Estado. Somente mediante concordância do particular é que se abre oportunidade para o Estado valer-se dos préstimos dos sujeitos privados.* (JUSTEN FILHO, Marçal. **Teoria geral das concessões de serviço público**. São Paulo: Dialética, 2003, p. 155).

celebrar acordos e transacionar a fim de evitar litígios despropositados que somente prejudicariam suas finalidades.[39]

A verdade é que a doutrina vem identificando a insuficiência e inadequação da dicotomia entre a supremacia do interesse público e a autonomia privada. Giorgio Berti nesse sentido defende o banimento da usual contraposição entre o princípio da supremacia do interesse público e a autonomia privada.[40]

O que se propõe é exatamente a limitação da condição potestativa de intervenção e subordinação na esfera da liberdade individual, justamente pela alteração da posição do Estado na relação jurídica administrativa.

Pretende-se uma alteração qualitativa das posições jurídicas na relação jurídico administrativa. Isso acarretará, necessariamente, uma reorganização do poder e uma heterocontenção deste. De todo modo, não se pode discordar da lógica que exige a prevalência do interesse público (e a utilização de prerrogativas, se necessário) no confronto com interesses privados.

Mas a premissa da relação jurídico administrativa não pode mais ser a autoridade. O consenso aparece como muito mais do que uma fonte de legitimação. Apresenta-se como essência da relação jurídica e vai revelar-se no seu planejamento e na sua execução.

Para isso não se pode partir de um modelo abstrato e teórico de sustentação da relação jurídica, pois as realidades não se justificam através da legitimação de autoridade abstratamente colocada. O ponto de partida pressupõe discussão e não imposição.

---

[39] "*A transação pressupõe a existência de um espaço de conformação que a Lei outorga ao administrador (em outras palavras, discricionariedade) para valorar, no caso concreto, as medidas necessárias para a proteção do interesse público. Transacionar não importa abrir mão do interesse público. A transação existe para permitir a concretização do interesse público, sem excluir a participação dos particulares interessados na solução da contenda.*" (BACELLAR FILHO, Romeu Felipe. **Direito Administrativo e o Novo Código Civil**. Belo Horizonte: Editora Fórum, 2007, p. 192-193). Entretanto, a aplicação da transação implica em dificuldades para a relação jurídico-administrativa e não apenas e especificamente para a teoria dos contratos. Este é um assunto correlato à tese, mas paralelo, que será na sequência abordado, especialmente no enfrentamento da arbitragem na Administração Pública.

[40] "*Deve-se banir a usual contraposição entre princípio da supremacia (esfera do Direito Administrativo) e da autonomia privada (esfera do Direito Privado). Mesmo a autonomia privada não se apresenta mais como liberdade de contratar como direito absoluto em sentido patrimonial.*" (BERTI, Giorgio. **Il Principio Contrattuale Nell'Attività Amministrativa**. *In*: SCRITTI in Onore di Massimo Severo Giannini, Milano: Giuffrè, p. 61).

A legitimação desse novo modelo pode ser buscada através da conciliação dinâmica entre autonomia da vontade e indisponibilidade do interesse público para além da dicotomia público-privado e conduz a reflexão a novos horizontes, especialmente considerando que o princípio da indisponibilidade é fundalmentalmente uma limitação ao Poder Público, não sendo limitante da autonomia da vontade.[41]

Ao mesmo tempo em que é possível afirmar a inadequação do questionamento sobre ser o regime jurídico administrativo de direito público ou de direito privado, é importante destacar que o modelo contemporâneo proposto é estruturalmente diferente deste modelo binário público-privado.

Não apenas circunstancialmente diferente, mas estruturalmente diferente. E é por isso que não se pode falar em publicização do privado e privatização do público, porque pressupõe aceitar a dicotomia público-privado e capitular frente aos novos horizontes, em especial frente à concepção de regime de direito exclusivamente, nem público nem privado, como já afirmado anteriormente.

A ruptura com o paradigma da unilateralidade aparece na eleição do conceito de Relação Jurídica Administrativa, como já dito, enquadrado como elemento central na Teoria Administrativa Contemporânea, conforme pontua Cabral de Moncada[42].

---

[41] Considere-se que o fato de a Administração não poder transigir em algum aspecto que prejudique o interesse público, pode ir contra o interesse de transação de um particular, mas isso não quer dizer que a Indisponibilidade afete o direito do particular (essa afetação indireta está na esfera do ser e não na esfera do dever ser).

[42] E o autor também aponta que foi durante o século XX que nasceu o Estado Social ou Providência, com isso a atuação deste Estado se alterou, passando de uma atuação neutra para um papel calcado na intervenção direta. Essas mudanças impactaram fortemente no Direito Administrativo, pois alteraram a relação entre o indivíduo e o Estado. E, essas alterações também atingiram outras vertentes do direito, abrangendo tanto o âmbito público quanto o privado, ampliando a aplicação do contrato como um meio de realização das atividades administrativas, em substituição ao modelo autoritário, trazendo mudanças no objeto do ato administrativo, bem como aos poderes envolvidos na sua elaboração. Discorre o autor que o renovado modelo se propagou a partir dos anos 1980 e consiste em uma administração pluralista e "policêntrica", que se parece com a desenvolvida no setor privado. Como resultado houve a ruptura do modelo clássico de Estado baseado na centralização e hierarquia no uso de seu poder. (CABRAL DE MONCADA, Luís S. **Autoridade e liberdade na teoria do ato administrativo**. Coimbra: Coimbra Editora, 2014, p. 126-128).

A doutrina da relação jurídica busca na Constituição seu fundamento de aplicabilidade e justificação. A sua legitimidade radica-se na concepção de que a relação entre o Estado e o cidadão é uma relação jurídica e não uma mera ligação de sujeição entre o poder administrativo e um administrado. Não é relação de poder vez que Estado e cidadão estão submetidos ao Direito e a Administração Pública não possui nenhum poder preexistente à Constituição, justificador de uma relação de subordinação pré-jurídica, abstrata e geral.[43]

Entender a relação jurídica como a chave da dogmática do Direito Administrativo significa considerar que a maior e mais importante parcela das situações administrativas corresponde a um esquema relacional mais adequado à compreensão da maior parcela dos fenômenos administrativos da atualidade.[44]

A Administração Pública como função constitutiva da sociedade e de relações administrativas multilaterais modifica a compreensão do processo de tomada de decisão administrativa, a começar pela própria noção de processo, passando pela revisão inclusive dos motivos determinantes da decisão, considerando os diferentes legitimados a intervir.[45]

---

[43] SILVA, Vasco Pereira da. **Em busca do acto administrativo perdido**. Coimbra: Almedina, 2003, pp. 149-297.

[44] Vasco Pereira da Silva aponta vantagens da relação jurídica como conceito central do Direito Administrativo: a) a busca dos interesses públicos por parte da Administração Pública não significa sempre o uso dos poderes de autoridade, sendo cada vez mais frequente formas não autoritárias; b) nos casos em que a Administração Pública goza de autoridade não se trata de uma posição de poder, mas do exercício de um poder jurídico; c) compreensão do posicionamento relativo a diversos sujeitos administrativos tanto nas relações unilaterais como nas consensuais; d) compreensão dogmática das posições ativas e passivas dos particulares e da Administração Pública anteriores e posteriores à pratica do ato; e) explicação dos efeitos das atuações administrativas multilaterais da moderna Administração Pública de infraestruturas (relação jurídica multipolar); f) possibilita melhor entendimento das relações jurídicas duradouras e g) enquadramento do procedimento como espaço em que se desenvolvem relações jurídico-administrativas. (SILVA, Vasco Pereira da. **Em busca do acto administrativo perdido**, Coimbra: Almedina, 2003, pp. 149-297).

[45] Sobre relações jurídicas multipolares: *"Com efeito, a abordagem ao fenômeno negocial não poderá nunca perder de vista o facto de a relação jurídica existente nos procedimentos adjudicatórios se apresentar, em regra, como uma relação jurídica poligonal ou multipolar. Diferentemente das relações jurídico-administrativas, marcadas por 'um esquema referencial binário – de um lado os poderes públicos administrativos e do outro lado um cidadão (particular) ou vários cidadãos com interesses idênticos' – nas relações poligonais é possível identificar mais do que dois polos de interesse. Não raras vezes nestes diversos polos, os sujeitos 'aparecem com posições conflituantes entre si, interessados em actuações dife-*

Essa proposta exige um regime equilibrado de prerrogativas e consensualismo.

4. A construção de uma racionalidade jurídico – normativa público – privada

O ambiente da Administração Pública nesse contexto é de paridade. Luiz Cabral de Moncada, sobre o assunto, afirma que a relação entre a Administração e os cidadãos é uma relação jurídica caracterizada pela tendencial paridade entre a Administração e aqueles na base de direitos e deveres recíprocos e compreende as relações com os cidadãos que estão imersos em relações gerais ou especiais de poder.[46]

Os marcos teóricos ligados às ideias de universalidade, abstração e imperatividade não se sustentam na contemporaneidade. Essas ideias estão de acordo com uma concepção de Estado como centro unitário de poder e isso não se aplica hoje. O Estado é o resultado de vários grupos de poder e o direito necessita se acomodar nesse ambiente sem esquecer que atua em uma área em constante e estrutural mutação.

O Direito Administrativo pode reorganizar-se a partir dessa nova concepção de relação jurídica. Mas para isso necessita abandonar suas bases tradicionais de sustentação, especialmente centradas na dicotomia público-privado, num ambiente hermético de soluções jurídicas aplicáveis, pouco permeável à mutabilidade própria das relações negociais administrativas.

A chamada Administração Pública paritária, consensual, pretende discutir o modelo da autoridade e reorganizar as bases de sustentação da Teoria Do Direito Administrativo, incluindo a transação na essência dos Acordos Administrativos. A proposta sustenta-se na necessidade de

---

rentes (ou até contrárias) da Administração." (SOUSA, Luis Verde de. **A negociação dos procedimentos de adjudicação.** Uma análise do Código nos contratos públicos. Coimbra: Almedina. 2010, p. 44-45).

[46] CABRAL DE MONCADA, Luís S. **Autoridade e consenso na teoria do acto administrativo.** Op. Cit., p. 516. O autor prossegue às fls. 519 apontando que *"A relação jurídica administrativa, como também dissemos já, é a consequência natural da relação jurídica constitucional que vê no cidadão um titular de direitos contra o Estado em geral e a Administração em particular e que pensa o contrato recíproco numa perspectiva tendencialmente paritária. A relação jurídica constitucional não é apenas uma relação entre os cidadãos e a Constituição. É uma relação entre os cidadãos e a lei e os direitos, de acordo com a Constituição."*

reposicionamento da condição e existência de prerrogativas públicas, a partir do conceito de relação jurídica.

Nesse sentido, Francisco Zardo posiciona-se afirmando que o impacto da consensualidade sobre as concepções tradicionais é significativo, e que o uso moderado das prerrogativas especiais da Administração deve ser mitigado sempre que possível pela via consensual, especialmente ao se demonstrar maior vantajosidade ao próprio interesse público.[47]

A consensualidade aparece como elemento decisivo para equilíbrio da relação contratual administrativa complexa, de modo a compatibilizar o ambiente novo da coordenação e cooperação administrativa com a tradicional imperatividade e subordinação da Administração Pública.

Essa Administração Pública negocial tem alterado seu processo de tomada de decisão administrativa, que passa a ser plural, mais igualitário e mais democrático. Nesse ponto Gustavo Justino de Oliveira assinala que a decisão administrativa fica respaldada pela participação popular e terá maior eficácia e efetividade[48].

Gustavo Justino de Oliveira parece acertadamente definir a questão, estabelecendo equilíbrio entre os dois mundos: o do consenso e o da autoridade. O autor afirma que a Administração Pública consensual não estabelece a superação da Administração Pública imperativa. Há uma nova mudança no eixo do Direito Administrativo, que passa a não ser orientado exclusivamente pela lógica da autoridade, mas permeado também pela lógica do consenso.[49]

Defende-se um regime jurídico administrativo, nem público nem privado, que permita a convivência entre prerrogativas públicas e lógicas como a do consenso e da negociação, e possibilite um regime de prerrogativas definido episódica e especificamente, em substituição a um regime geral e unificado.

O que muda é que a imperatividade não mais será o modo principal de atuação do Estado e a solução lógica para os conflitos de interesse.

---

[47] ZARDO, Francisco. **Infrações e sanções em licitações e contratos administrativos**. São Paulo: Revista dos Tribunais, 2014, p.196.

[48] OLIVEIRA, Gustavo Justino de. Participação administrativa. *In*: OSÓRIO, Fabio Medina Souto; VILLELA, Marcos Jurena. **Direito Administrativo:** estudos em homenagem a Diogo de Figueiredo Moreira Neto. Rio de Janeiro: Lúmen JÚRIS, 2006, p. 401-427.

[49] OLIVEIRA, Gustavo Justino. A arbitragem e as Parcerias Público-Privadas. *In*: SUNDFELD, Carlos Ari (Org.). **Parcerias Público-Privadas**. São Paulo: Malheiros, 2005, p. 569.

A imperatividade cede lugar ao consenso como alternativa viável à solução de conflitos. Nesse ponto o reposicionamento das prerrogativas públicas é inevitável.[50] O desafio então é estabelecer estas fronteiras. Identificar o limite da imperatividade em face do consenso. Ou o limite do consenso em face da imperatividade.

Essa lógica que desloca a consensualidade para fora do eixo supremacia-indisponibilidade do interesse público e permite um princípio de eleição entre o direito público e o direito privado, no exercício das relações contratuais, também pode ser sustentada através da análise de Carlos Ari Sundfeld, que defende acordos substitutivos inclusive no ambiente de sanções regulatórias e cita a Lei n. 7.347/85 como permissivo legal, uma vez que esta autoriza que a Administração Pública possa firmar compromisso de ajustamento de sua conduta (TAC) para adequação das condutas dos interessados às exigências legais, mediante cominações, atribuindo a este acordo, inclusive, eficácia de título executivo extrajudicial.[51] No mesmo sentido, adotando a possibilidade de acordos substitutivos e integrativos de decisões sancionatórias está Gustavo Binenbojm.[52]

Esse é o ponto onde a unilateralidade volta-se ao consenso, e o consenso volta-se à unilateralidade. São exemplos como esse, de acordos substitutivos de atos unilaterais, que permitem a construção de uma doutrina de consensualidade para fora do eixo supremacia-indisponibi-

---

[50] De todo modo, Diogo de Figueiredo Moreira Neto afirma que a face imperativa do Poder só deve aparecer quando absolutamente necessário e no que for absolutamente indispensável ao interesse público. (MOREIRA NETO, Diogo de Figueiredo. **Mutações do Direito Administrativo**, Rio de Janeiro: Editora Renovar, 2000, p. 37-48).

[51] Para o autor a aceitação dos acordos substitutivos depende da autorização legal. Aponta que a Lei Geral de Telecomunicações delega para a agência reguladora competências e esta poderia estabelecer por regulamento acordos substitutivos. Prossegue afirmando que o artigo 5º, parágrafo 6º, da Lei da Ação Civil Pública, Lei n. 7.347/85, autoriza a celebração de acordos substitutivos pelas autoridades administrativas (*§ 6º Os órgãos públicos legitimados poderão tomar dos interessados compromisso de ajustamento de sua conduta às exigências legais, mediante cominações, que terá eficácia de título executivo extrajudicial*). (SUNDFELD, Carlos Ari; CÂMARA, Jacintho Arruda. Acordos substitutivos nas sanções regulatórias. **Revista de Direito Público da Economia RDPE**, Belo Horizonte, ano 9, n. 34, p. 133-151, abr./jun. 2011).

[52] BINENBOJM, Gustavo. **Poder de polícia ordenação regulação**. Transformações político--jurídicas, econômicas e institucionais do direito administrativo ordenador. Prefácio de Luis Roberto Barroso. Belo Horizonte: Fórum, 2016, p. 111.

lidade do interesse público e um princípio de eleição entre o direito público e o direito privado no exercício das relações contratuais.

O que se pretende é a discussão de uma nova raiz dogmática para o direito administrativo, especialmente considerando que quando a Administração Pública opta pelo acordo está optando pelo consenso e não pela autoridade, adotando *um princípio da preferência ao consenso*.

E aparece estruturalmente na relação jurídica Estado-Sociedade, o princípio da Colaboração, como elemento estruturador dos relacionamentos público-privados e definidor dos novos arranjos de interesse público. Esse é o espaço da Administração Pública relacional. Esse é o espaço do consensualismo no direito administrativo.

Referências

ALMEIDA, Fernando Dias Menezes de. Mecanismos de consenso no direito administrativo. *In*: MARQUES NETO, Floriano de Azevedo; ARAGÃO, Alexandre Santos de (Coord.) Direito administrativo e seus novos paradigmas. Belo Horizonte: Fórum, 2008.

_____. Contrato administrativo. São Paulo: Editora Quartier Latin, 2012.

ANTUNES, Luis Felipe Colaço. O Direito Administrativo sem Estado. Crise ou fim de um paradigma? Coimbra: Coimbra, 2008.

_____. O Direito Administrativo e a sua justiça no início do século XXI. O esquecimento do interesse público no Direito Administrativo. Coimbra: Editora Almedina, 2001.

ARIÑO ORTIZ, Gaspar. El retorno a lo privado: ante una nueva encrucijada histórica. *In*: _____. (Org.). Privatización y liberalización de servicios. Madrid: Universidad Autónoma de Madrid, 1999.

_____. Estudio Introductorio. *In*: ARIÑO ORTIZ, Gaspar et al. (Org.). Comentários a la Ley de Contratos de las Administraciones Públicas, título I. Granada: Comadres Editorial, 2002.

ÁVILA, Humberto. Repensando o "Princípio da Supremacia do Interesse Público sobre o Particular". Revista Eletrônica sobre a Reforma do Estado (RERE), Salvador, Instituto Brasileiro de Direito Público, n. 11, set./out./nov., 2007. Disponível em: <http://www.direitodoestado.com.br/rere.asp>. Acesso em: 17/02/2017.

BACELLAR FILHO, Romeu Felipe. Breves reflexões sobre a jurisdição administrativa: uma perspectiva de direito comparado. Revista de Direito Administrativo, Rio de Janeiro, n. 211, jan-mar, 1998.

_____. Contrato Administrativo. *In*: BACELLAR FILHO, Romeu Felipe (Coord.). Direito Administrativo Contemporâneo. Belo Horizonte: Fórum, 2004.

_____. Direito Administrativo e o Novo Código Civil. Belo Horizonte: Editora Fórum, 2007.

_____. Reflexões sobre Direito Administrativo. Belo Horizonte: Fórum, 2009.

BINENBJOM, Gustavo. Poder de polícia ordenação regulação. Transformações político-jurídicas, econômicas e institucionais do direito administrativo ordenador. Prefácio de Luis Roberto Barroso. Belo Horizonte: Fórum, 2016.

_____. Uma teoria do Direito Administrativo. Direitos Fundamentais, Democracia e Constitucionalização. Rio de Janeiro: Editora Renovar, 2006.

CABRAL DE MONCADA, Luís S. A relação jurídica administrativa. Para um novo paradigma de compreensão da actividade, da organização e do contencioso administrativos. Coimbra: Coimbra Editora, 2009.

_____. Consenso e autoridade na teoria do contrato administrativo. Lisboa: Quid Juris, 2012.

CASALTA NABAIS, José. Contratos fiscais. Coimbra: Coimbra Ed., 1994.

ESTORNINHO, Maria João. A fuga para o Direito Privado. Coimbra: Almedina, 1999.

_____. Curso de Direito dos contratos públicos. Por uma contratação pública sustentável. Coimbra: Almedina, 2014.

_____. Requiém pelo contrato administrativo. Coimbra: Almedina, 2003.

FIORAVANTI. Maurizio. Público e Privado: os princípios fundamentais da Constituição Democrática. Revista da Faculdade de Direito UFPR, Curitiba, n. 58, 2013.

GABARDO, Emerson; HACHEM, Daniel Wunder. O suposto caráter autoritário da supremacia do interesse público e das origens do direito administrativo: uma crítica da crítica. *In*: BACELLAR FILHO, Romeu Felipe; HACHEM, Daniel Wunder (Coord.). Direito administrativo e interesse público: estudos em homenagem ao Professor Celso Antônio Bandeira de Mello. Belo Horizonte: Fórum, 2010.

GONÇALVES, Pedro Costa. A relação jurídica fundada em contrato administrativo. *In*: SEMINÁRIO DE JUSTIÇA ADMINISTRATIVA 9. Cadernos de Justiça Administrativa. n. 64. jul/ago. 2007.

_____. Direito dos Contratos Públicos. Coimbra: Almedina, 2015.

_____. Entidades Privadas com Poderes Públicos: O exercício de poderes públicos de autoridade por entidades privadas com funções administrativas. Coimbra: Almedina, 2008.

_____. Gestão em contratos públicos em tempo de crise. *In*: GONÇALVES, Pedro Costa (Org.). Estudos de contratação pública – III. Coimbra: Coimbra, 2010.

_____. O contrato administrativo – Uma instituição do Direito Administrativo do nosso tempo. 1. reimp. Coimbra: Almedina, 2004.

_____. Reflexões sobre o Estado regulador e o Estado contratante. Coimbra: Editora Coimbra, 2013.

HACHEM, Daniel Wunder. A dupla noção jurídica de interesse público em direito administrativo. A&C – Revista de Direito Administrativo & Constitucional, Belo Horizonte, ano 11, n. 44, abr./jun. 2011.

_____. A noção constitucional de desenvolvimento para além do viés econômico: reflexos sobre algumas tendências do Direito Público brasileiro. A&C – Revista de Direito Administrativo & Constitucional, Belo Horizonte, ano 13, n. 53, p. 133-168, jul./set. 2013.

_____. Direito fundamental ao serviço público adequado e capacidade econômica do cidadão: repensando a universalidade do acesso à luz da igualdade material. A&C – Revista de Direito Administrativo & Constitucional, Belo Horizonte, ano 14, n. 55, jan./mar. 2014.

IBÁÑEZ, Santiago Gonzalez-Varas. El Derecho Administrativo Privado. Madrid: ed. Montecorvo, 1996.

JUSTEN FILHO, Marçal. Conceito de Interesse Público e a "Personalização" do Direito Administrativo. Revista trimestral de Direito Público, n. 26, 1999. São Paulo: Malheiros, 1999.

_____. Considerações acerca da modificação subjetiva dos contratos administrativos. In: BACELLAR FILHO, Romeu Felipe (Coord.) Direito Administrativo Contemporâneo. Belo Horizonte: Fórum, 2004.

_____. Curso de Direito Administrativo. São Paulo: Saraiva, 2005.

_____. O direito administrativo do espetáculo. In: ARAGÃO, Alexandre Santos de; MARQUES NETO, Floriano de Azevedo (Coord.). Direito administrativo e seus novos paradigmas. Belo Horizonte: Fórum, 2012.

_____. Concessões de rodovias – a experiência brasileira. In: SUNDFELD, Carlos Ari (Coord.) Parcerias Público-Privadas. São Paulo: Malheiros Editores, 2005.

_____. Teoria geral das concessões de serviço público. São Paulo: Dialética, 2003.

MASAGÃO, Mario. Curso de Direito Administrativo. São Paulo: Revista dos Tribunais, 1977.

_____. Natureza jurídica da concessão de serviço público. São Paulo: Saraiva, 1933.

MONCADA, Luis Cabral de. Manual elementar de direito público da economia e da regulação. Uma perspectiva luso-brasileira. Coimbra: Almedina, 2012.

_____. Autoridade e liberdade na teoria do Ato Administrativo. Coimbra: Coimbra Editora, 2014.

MOREIRA NETO, Diogo de Figueiredo. Mutações do Direito Administrativo, Rio de Janeiro: Editora Renovar, 2000.

_____. O futuro das cláusulas exorbitantes no contrato administrativo. In: MARQUES NETO, Floriano de Azevedo; ARAGÃO, Alexandre Santos de (Coord.) Direito administrativo e seus novos paradigmas. Belo Horizonte: Fórum, 2008.

Muniz, Mariana. Lei da Arbitragem abriu caminho para mediação e conciliação. JOTA, 31 ago. 2016. Disponível em: <https://jota.info/consenso/lei-da-arbitragem-abriu-caminho-para-mediacao-e-conciliacao-diz-especialista-31082016>. Acesso em: 01/02/2017.

Oliveira, Gustavo Justino de. Contrato de gestão. São Paulo: RT, 2008.

_____. Participação administrativa. In: Osório, Fabio Medina Souto; Villela, Marcos Jurena. Direito Administrativo: estudos em homenagem a Diogo de Figueiredo Moreira Neto. Rio de Janeiro: Lúmen JÚRIS, 2006.

_____. A arbitragem e as Parcerias Público-Privadas. In: Sundfeld, Carlos Ari (Org.). Parcerias Público-Privadas. São Paulo: Malheiros, 2005.

_____. A arbitragem e as parcerias publico-privadas. Revista Eletrônica de Direito Administrativo Econômico, Salvador, n. 2, Instituto de Direito Público da Bahia, 2015. Disponível em: http://www.direitodoestado.com/revista/redae-2-maio-2005-gustavo-justino.pdf>. Acesso em: 15/02/2017.

Sarmento, Daniel. Interesses públicos vs. Interesses Privados na perspectiva da teoria e da filosofia constitucional. In: Sarmento, Daniel (Coord.). Interesses públicos vs. Interesses Privados: desconstruindo o princípio da supremacia do interesse público. Rio de Janeiro: Lumen Juris, 2005.

Schier, Paulo Ricardo. Ensaio sobre a Supremacia do Interesse Público sobre o Privado e o Regime Jurídico dos Direitos Fundamentais. Cadernos da Escola de Direito e Relações Internacionais, Curitiba, UNIBRASIL, jan./jun. 2003.

Siqueira, Mariana de. Interesse Público no Direito Administrativo Brasileiro: da construção da moldura à composição da pintura. Rio de Janeiro: Lumem Juris, 2016.

Sundfeld, Carlos Ari; Câmara, Jacintho Arruda. Acordos substitutivos nas sanções regulatórias. Revista de Direito Público da Economia RDPE, Belo Horizonte, ano 9, n. 34, abr./jun. 2011.

_____. Direito Administrativo Ordenador – a interferência estatal na vida privada. 2. tir. São Paulo: Malheiros, 1997.

_____. Público e privado no desenvolvimento de empreendimentos estatais. In: Pontes Filho, Valmir; Motta, Fabricio; Gabardo, Emerson (Coord.) Administração Pública: desafios para a transparência, probidade e desenvolvimento. XXIX Congresso Brasileiro de Direito Administrativo. Belo Horizonte: Fórum, 2017.

Valiati, Thiago Priess. O princípio constitucional da segurança jurídica nos setores de infraestrutura – a segurança como dever dos Poderes Públicos e como direito dos agentes econômicos. 2016. Dissertação (Mestrado em Direito) Programa de Pós-Graduação em Direito da Universidade Federal do Paraná, 2016.

Zardo, Francisco. Infrações e sanções em licitações e contratos administrativos. São Paulo: Revista dos Tribunais, 2014.

3. Inquérito Civil Público e Acordo Administrativo: apontamentos sobre Devido Processo Legal Adequado, Contraditório, ampla Defesa e Previsão de Cláusula de Segurança nos Termos de Ajustamento de Conduta (TACS)[1]

Gustavo Justino de Oliveira
Wilson Accioli de Barros Filho

Introdução

Inexiste na doutrina definição do que seja "acordo administrativo". Vários são os autores que se referem às espécies de acordo sem, no entanto, responder, de modo sistematizado, qual é o lugar do instituto no ordenamento jurídico enquanto categoria jurídica. O acordo administrativo pode ser tanto instrumento de ação pública, ao lado do ato e do contrato administrativos, como ferramenta de resolução de um conflito, ocupando lugar no universo dos instrumentos de autocomposição de litígios, junto da mediação, da conciliação e da transação.

O contexto teórico no qual estão inseridos os acordos administrativos é o da consensualidade. Duas são as formas de compreensão do

---

[1] Este trabalho contou com a diligente pesquisa realizada pelo acadêmico Eduardo Dumond Araújo, para quem os autores deixam registrados seus agradecimentos.

consenso na Administração Pública: a) consenso-gestão; e b) consenso-
-jurídico. A primeira tem relação direta com o sentido de governança
pública, alterando a ideia de que a condução dos assuntos do governo
pode se dar ao arrepio e ao contragosto do cidadão, num espectro de
plenitude estatal.[2] O consenso-jurídico, por sua vez, reordena a lógica
privado-súdito/público-soberano; de que o interesse público é sempre
supremo ao interesse privado e os únicos instrumentos jurídicos de ação
pública são o ato e o contrato administrativos, impositivos e unilaterais
em sua essência.[3] Seus efeitos, pois, estão concentrados na busca pelo
equilíbrio de interesses, fazendo com que o resultado – a decisão extraí-
da da relação jurídica – seja expressão da vontade comum das partes.[4]

À luz do consenso-jurídico, inadmite-se a vontade pública como si-
nônima de atuação administrativa impositiva anuladora da vontade privada. Ao contrário, dentro de uma ordem jurídica paritária instituída
pelo Estado de Direito, os interesses das partes pública e privada devem
ser dialogados e negociados sem que isso resulte em ofensa aos princípios da supremacia e da indisponibilidade do interesse público.[5]

Consenso-jurídico, neste sentido, significa direito assegurado, ou
seja, equilíbrio da relação jurídica Estado-sociedade por meio da garantia de respeito aos direitos fundamentais. Quando se fala em consenso-
-jurídico, portanto, quer-se dizer direito assegurado a uma relação jurídica equilibrada.

Não há como se falar em consenso-jurídico sem tratar de negociação.
Por negociação compreende-se o instrumento pelo qual se identifica o
consenso em uma relação jurídica. Negociação envolvendo a Administração Pública é a deliberação conjunta de interesses voltada a atingir
um objetivo público. Consenso e negociação são fenômenos coligados e
indissociáveis. Não são sinônimos, mas complementares. A negociação é

---

[2] CATALÀ, Joan Prats i. **De la burocracia al management, Del management a la gobernanza. Las transformaciones de las Administraciones Públicas de nuestro tiempo.**
Madrid: Instituto Nacional de Administración Pública, 2005, p. 131.

[3] MEDAUAR, Odete. **O direito administrativo em evolução.** São Paulo: Editora Revista dos
Tribunais, 1992, p. 202.

[4] CASSESE, Sabino. **A crise do Estado.** Trad. Ilse Paschoal Moreira e Fernanda Landucci
Ortale. Campinas: Saberes Editora, 2010. p. 141 e 142.

[5] PALMA, Juliana Bonacorsi de. **Sanção e acordo na administração pública.** São Paulo:
Malheiros, 2015, p. 169 e 188.

o substrato principal do consenso, sem o qual ele não terá eficácia jurídica. É ela quem garante efeito jurídico às relações consensuais público-privadas.

A consensualidade não se resume à flexibilização da autoridade impositiva ou exorbitante. É, antes de tudo, respeito e deferência à juridicidade, de modo a tornar a decisão administrativa fruto do respeito aos direitos das partes, vedada a imposição de obrigação sem um adequado processo de negociação ou uma comprovada e motivada necessidade coletiva.

O acordo administrativo representa a materialização do consenso-jurídico na Administração Pública, na medida em que reordena os dogmas do Direito Administrativo ao provocar novos olhares ao indivíduo enquanto sujeito de direitos não mais subalterno de ordens superiores.

O universo dos acordos administrativos pode ser organizado em dois grandes conjuntos: i) os acordos realizados apenas entre pessoas públicas; e ii) os concluídos entre pessoas públicas e privadas. No primeiro se encontram o consórcio, o convênio, o contrato de gestão e o Termo de Ajustamento de Gestão (TAG). No segundo estão os acordos substitutivos de sanção, formados em sua essência pelo Termo de Ajustamento de Conduta (TAC), pelo acordo de leniência, pelo acordo de colaboração e pelos acordos do CADE e demais entidades de fiscalização, controle e regulação brasileiras.[6]

---

[6] Sem pretender esgotar as previsões normativas, vigoram no ordenamento jurídico brasileiro as seguintes disciplinas legislativas: "a) Acordos expropriatórios previstos no Decreto-lei 3.365/1941; b) Termos de ajustamento de conduta, nas Leis federais 6.385/1976, 7.347/1985 e 9.656/1998; c) Acordos no âmbito do CADE, segundo a Lei federal 12.529/2011; d) Acordos de leniência, da Lei federal 12.846/2013; e) Acordos no âmbito da mediação e autocomposição administrativa da Lei federal 13.140/2015; f) Acordos administrativos com o Terceiro Setor, das Leis federais 9.637/1998, 9.799/1999 e 13.019/2014; g) Protocolos de intenção da Lei federal 11.107/2005; h) Acordos administrativos endoprocessuais e endocontratuais das Leis federais 8.666/1993, 8.987/1995 e 11.079/2004; i) Acordos administrativos com empresas no âmbito da Política Nacional de Resíduos Sólidos da Lei federal 12.305/2010; j) Acordos ambientais interfederativos da Lei complementar n. 140/2011.". (OLIVEIRA, Gustavo Henrique Justino de. "Convênio é acordo, mas não é contrato": contributo de Hely Lopes Meirelles para a evolução dos acordos administrativos no Brasil. In: JUSTEN FILHO, Marçal et al. (orgs). **O Direito administrativo na atualidade**: estudos em homenagem ao centenário de Hely Lopes Meirelles (1917-2017), defensor do Estado de Direito. São Paulo: Malheiros, 2017, p. 523 e 524).

Este artigo tratará do acordo visto sob o ângulo de sua espécie, aqui representada pelo TAC. Portanto, o debate está limitado ao acordo administrativo enquanto "instrumento de resolução de conflito".

O principal questionamento a ser respondido por este artigo é o seguinte: considerando o TAC espécie de acordo administrativo, as etapas anteriores e posteriores a sua assinatura estão livres da relação jurídica paritária estabelecida pela consensualidade? Dito de outro modo: é admissível que em um Estado de Direito, no qual vigora o princípio da juridicidade, o devido processo legal seja negado para privilegiar somente a vontade pública, excluindo, desta forma, o interesse privado?

A construção do raciocínio partirá do que se denomina de "pré--acordo" – momento negocial antecedente à formalização do ajuste e representado pelo Inquérito Civil Público (ICP). Aqui o debate envolverá a importância do devido processo legal para a concretização da negociação e do diálogo previamente à assinatura do TAC. Na sequência, o artigo tratará do "pós-acordo" – fase em que o compromisso já foi firmado, mas cuja estabilidade dependerá do respeito à chamada cláusula de segurança ou de não-surpresa. Neste ponto a intenção é defender a deferência ministerial aos princípios da segurança jurídica e da confiança legítima.

1. O pré-acordo. O regime do acordo administrativo, o Inquérito Civil Público e o TAC

Muito se fala de consensualidade na Administração Pública enquanto concretização de um Estado Democrático. Não se desconhecendo a importância do elemento democrático, entende-se que o debate no entorno da atuação administrativa consensual deve evoluir para o Estado de Direito. Tão importante quanto estudar a consensualidade sob o aspecto da democracia é analisá-la sob o viés da juridicidade.

A juridicidade é responsável por submeter todos os atores, sejam eles públicos ou privados, a uma mesma ordem jurídica. Estabelece-se o entendimento segundo o qual as posições jurídicas dos atores sociais devem estar niveladas. A relação jurídica formada em um Estado de Direito é essencialmente formal-igualitária na perspectiva de direitos e sujeições.[7]

---

[7] CABRAL DE MONCADA, Luiz S. **Autoridade e Consenso na Teoria do Acto Administrativo.** Coimbra: Coimbra Editora, 2014, p. 519.

Em outras palavras, a juridicidade conforma a relação jurídica dentro de um espectro de equidistância, isto é, de horizontalidade entre os direitos e as obrigações dos sujeitos. O princípio tem a ver com o fim da estereotipização da supremacia dos direitos e interesses públicos frente aos direitos e interesses privados, por meio de suas vinculações recíprocas. Não há mais direito para a parte pública e menos para a privada. Há uma mesma juridicidade conformadora de toda a relação jurídica que exige, para a indispensável estabilidade do acordo, que as obrigações sejam vinculantes (cogentes), podendo os sujeitos exigir cada qual o respeito aos compromissos assumidos.[8]

Isso não quer dizer, todavia, que a Administração Pública e o particular estejam subjetivamente equiparados. Um Estado de Direito, para manter-se coeso, necessita de uma inevitável diferenciação entre o sujeito público e o privado, como forma de viabilizar a tutela do interesse coletivo. A afirmação feita acima, desta forma, está adstrita à posição jurídica das partes[9]: apesar de o Poder Público dispor de instrumental para garantir o respeito à ordem e ao sistema jurídico, sua atuação está condicionada à observância das garantias fundamentais.[10] Isto passa pela

---

[8] "Não por outra razão, entendemos que o atual momento é pertinente para uma reflexão mais aprofundada sobre o tema, uma vez que a doutrina brasileira começa a perceber que os acordos administrativos não somente são uma realidade, mas produzem efeitos jurídicos e muitas vezes, a depender de seu substrato normativo de referência, acabam por vincular as partes de maneira mais extensa e definitiva.". (OLIVEIRA, Gustavo Henrique Justino de. "Convênio é acordo...". Op. cit., p. 524).

[9] Como exemplo, o Ministério Público jamais será igual o particular. O MP tem poder de *enforcement*, isto é, atribuições para impor a sua visão. Entretanto, quando ele escolhe negociar abdica momentaneamente da autoridade para dialogar. Tal opção, contudo, não desnatura a função institucional do MP, apequenando-o. No acordo as partes não estão niveladas, apenas as posições jurídicas por elas ocupadas. No momento em que se busca o acordo não há mais antagonismos.

[10] "A ideia de uma paridade jurídica cidadão-Estado não deve suscitar equívocos. O que está em causa é a diferença entre a perspectiva autoritária em que o cidadão se encontra sistematicamente numa posição de subordinação à Administração, entendida esta como uma realidade dotada de uma "mais-valia" jurídica – justamente a natureza de poder – que legitima a supremacia das suas decisões, de tal modo que, por princípio, aquelas valem por si mesmas; e uma perspectiva de legalidade democrática em que a Administração, tal como os particulares, apenas pode exercer os poderes jurídicos que normativamente lhe hajam sido concedidos: aquela e estes estão, todos, e em igual medida, subordinados à lei e ao direito. (...). A igualdade ou paridade jurídica da Administração e dos particulares é, por conseguinte, estrutural-formal no sentido de se tratar de uma subordinação ao direito do mesmo tipo,

centralização do cidadão enquanto sujeito de direito e principal destinatário das ações estatais.[11]

Em síntese, pela ótica da juridicidade, Estado e cidadão estão permeados, formal e igualitariamente, por um mesmo círculo jurídico, cujos direitos e obrigações, embora possam admitir normatização material específica, não se sobrepõem.[12] Para ilustrar, no Estado de Direito um direito fundamental não possui menor eficácia normativa que as prerrogativas públicas. Inexiste subordinação normativa formal do direito do particular ao direito da Administração Pública.[13]

O Ministério Público (MP) é um dos principais órgãos do Estado, sendo responsável, dentre outras atribuições, por garantir a proteção do patrimônio público e social, do meio ambiente e de outros interesses difusos e coletivos. Para tanto, antes de propor qualquer medida judicial, o MP dispõe de autorizações normativas que o permitem atuar

tanto no caso daquela, como destes. (...). Para a compreensão de tal posicionamento recíproco, é essencial a subordinação à lei da Administração nas suas relações com os particulares e o reconhecimento de posições constitucionais destes últimos de que aquela não possa dispor – os direitos fundamentais: a Administração já não é um poder; ela desempenha as suas atribuições legais e, sempre que no âmbito das mesmas tenha de interferir com a actuação de particulares determinados, a Administração exerce os poderes e cumpre as obrigações que constitucional e legalmente lhe competem. (...). Não existe, decerto, igualdade jurídico-material, nomeadamente quanto aos poderes que integram a capacidade jurídica da Administração e dos particulares; mas existe seguramente igual subordinação à lei e ao direito e, nessa medida, paridade jurídica no sentido anteriormente defendido. (...). Uma coisa é a igualdade estrutural dos direitos subjectivos nas relações jurídicas (...), outra o conteúdo jurídico-material de tais direitos.". (MACHETE, Pedro. **Estado de Direito Democrático e Administração Paritária.** Coimbra: Almedina, 2007, p. 457, 458, 459, 472, 480 e 481).

[11] "(...) as posições recíprocas do indivíduo e do Estado são necessariamente objeto de normas jurídicas vinculativas de ambos e aquelas posições juridicizam-se: o Estado e o indivíduo apresentam-se um perante o outro como titulares de direitos e deveres recíprocos.". (MACHETE, Pedro. Op. cit., p. 444 e 445).

[12] SILVA, Almiro do Couto e. Os indivíduos e o Estado na realização das tarefas públicas. **Revista de Direito Administrativo,** Rio de Janeiro, v. 209, p. 43-70, jul./set. 1997.

[13] Nas palavras de Bruno Grego dos Santos: "em se tratando de Estado de Direito democrático, este não pode dispor da posição jurídica dos particulares.". (SANTOS, Bruno Grego dos. **Transação extrajudicial na Administração Pública.** Tese (Doutorado em Direito). 2015. 348 f. Faculdade de Direito da Universidade de São Paulo, Universidade de São Paulo, São Paulo, p. 74 e 75). Há quem compreenda, inclusive, que o fim atual do Estado não seja mais o interesse público, mas o direito fundamental do cidadão. (LIMA, Mariana Sciesleski de. Fundamentos para uma Administração Pública dialógica. **Revista Perspectiva,** Erechim, v. 34, n. 126, p. 73-84, junho. 2010).

extrajudicialmente para coletar elementos de prova a fim de concluir pela existência ou não da justa causa.[14] A partir disto, três serão os caminhos possíveis: a) arquivamento da apuração; b) ajuizamento de uma ação judicial; c) proposição da assinatura de um TAC. Toda esta trajetória é pavimentada pelo Inquérito Civil Público.

O ICP é, nas palavras de Hermes Zaneti Júnior e Gustavo Silva Alves, "um procedimento administrativo não-jurisdicional, do qual é titular exclusivo o Ministério Público.".[15] O Inquérito, pois, segundo os mesmos autores, "constitui meio idôneo destinado a coligir material probatório, elementos aptos à formação da convicção do órgão ministerial em sua atuação em juízo e dados para efetivação de soluções extrajudiciais como a mediação, a conciliação, a negociação direta e a transação.".[16]

Com maior ênfase, seguindo a quase unanimidade da doutrina e da jurisprudência, Ronaldo Pinheiro de Queiroz conceitua o Inquérito Civil Público como "procedimento administrativo, de natureza inqui-

---

[14] "Art. 26. No exercício de suas funções, o Ministério Público poderá: I – instaurar inquéritos civis e outras medidas e procedimentos administrativos pertinentes e, para instruí-los: a) expedir notificações para colher depoimento ou esclarecimentos e, em caso de não comparecimento injustificado, requisitar condução coercitiva, inclusive pela Polícia Civil ou Militar, ressalvadas as prerrogativas previstas em lei; b) requisitar informações, exames periciais e documentos de autoridades federais, estaduais e municipais, bem como dos órgãos e entidades da administração direta, indireta ou fundacional, de qualquer dos Poderes da União, dos Estados, do Distrito Federal e dos Municípios; c) promover inspeções e diligências investigatórias junto às autoridades, órgãos e entidades a que se refere a alínea anterior; II – requisitar informações e documentos a entidades privadas, para instruir procedimentos ou processo em que oficie; III – requisitar à autoridade competente a instauração de sindicância ou procedimento administrativo cabível; IV – requisitar diligências investigatórias e a instauração de inquérito policial e de inquérito policial militar, observado o disposto no art. 129, inciso VIII, da Constituição Federal, podendo acompanhá-los; V – praticar atos administrativos executórios, de caráter preparatório; VI – dar publicidade dos procedimentos administrativos não disciplinares que instaurar e das medidas adotadas; VII – sugerir ao Poder competente a edição de normas e a alteração da legislação em vigor, bem como a adoção de medidas propostas, destinadas à prevenção e controle da criminalidade; VIII – manifestar-se em qualquer fase dos processos, acolhendo solicitação do juiz, da parte ou por sua iniciativa, quando entender existente interesse em causa que justifique a intervenção.". (Lei n. 8.625 de 1993).

[15] ZANETI JÚNIOR, Hermes; ALVES, Gustavo Silva. Inquérito Civil, Contraditório e Improbidade Administrativa: um diagnóstico crítico dos precedentes das Cortes Supremas brasileiras. **Revista Eletrônica de Direito Processual – REDP**. Rio de Janeiro. Ano 10. Volume 17. Número 2. Julho a Dezembro de 2016, p. 300.

[16] Idem.

sitorial, instaurado e presidido pelo Ministério Público, destinado a apurar a ocorrência de danos efetivos ou potenciais a interesses que lhe incumba defender, servindo como preparação para o exercício das atribuições inerentes às suas funções institucionais.".[17] De acordo com o referido autor, "a principal finalidade do inquérito civil é a de propiciar a coleta de elementos de convicção para a correta avaliação de um suposto dano, ou perigo de dano, a interesses ou direitos coletivos em sentido amplo.".[18]

As características do ICP, desta forma, são: a) unilateralidade; b) inquisitoriedade; c) facultatividade; d) informalidade; e) natureza procedimental (não processual). Todos estes atributos, reunidos, importam na compreensão de que no Inquérito Civil Público permite-se a inobservância de direitos e garantias fundamentais. O principal direito sufragado pelo Inquérito é o devido processo legal, a partir do qual decorrem o contraditório e a ampla defesa.[19]

O ICP é desobrigado de respeitar os direitos subjetivos da parte investigada, sendo conduzido unilateralmente pelo Ministério Público sob a forma de procedimento inquisitorial. A vontade e os interesses privados são relegados ao segundo plano, sendo supremo o interesse público voltado a buscar elementos de convicção que fundamentem a justa causa da ação civil pública.

Parece evidente que, no contexto anotado na introdução e no início deste tópico, a forma com a qual o Inquérito Civil Público está desenhado atualmente no Brasil contraria as bases jurídicas do Estado de Direito.[20] O Ministério Público é alçado a um lugar de superioridade,

---

[17] QUEIROZ, Ronaldo Pinheiro de. A eficácia probatória do Inquérito Civil no processo judicial: uma análise crítica da jurisprudência do STJ. **Revista de Processo**, São Paulo, v. 32, n. 146, p. 189-204, abr. 2007, p. 190.

[18] Ibidem, p. 191.

[19] "Uma das grandes características do inquérito civil é a sua inquisitividade, ou seja, não se lhe aplica o princípio do contraditório e, por indução lógica, o da ampla defesa. (...). Com efeito, essa garantia não alcança o inquérito civil pelo simples fato de que nele não existem litigantes, tampouco acusados, até porque o procedimento administrativo não é a via adequada para cuidar de tais situações jurídicas, cujo campo próprio é o processo administrativo.". (QUEIROZ, Ronaldo Pinheiro de. Op. cit., p. 192 e 193).

[20] "Ora, parece atentar contra a coerência de um sistema jurídico fundado em um constitucionalismo garantista aceitar a existência de uma relação de exercício de poder (estatal) sem a observância dos direitos fundamentais, especialmente daqueles ligados ao devido processo

possuindo somente direitos, enquanto o particular é rebaixado para a condição de subordinado, assumindo apenas obrigações.[21]

Mas qual é a implicância desta supremacia jurídica do Ministério Público para o universo dos acordos administrativos? Dentre outras finalidades, o ICP é uma medida preparatória para o TAC, ou seja, todas as evidências e as provas coletadas unilateralmente ao longo da investigação poderão servir de fundamento para a propositura de um Termo de Ajustamento de Conduta que extinga o conflito.[22] Isto quer dizer que, pelo regime atual do ICP, o acordo administrativo poderá ser proposto e assinado sem que uma das partes compromissárias tenha apresentado sua visão sobre o objeto do ajuste. A convicção sobre as nuances do ilícito é individualmente concluída pelo MP, de modo que as condições do acordo são impostas ao particular. Inexiste negociação e a vontade privada não é levada em consideração.

Perceba-se como o regime do Inquérito Civil Público tem implicância direta no acordo administrativo. A fase instituída pelo ICP, para o TAC, revela-se como sendo, no mundo ideal, um momento consensual, de interlocução negocial público-privada, voltado a identificar e reparar, com maior concretude e segurança, o dano apurado. Todavia, ao revelar-

---

legal. Ainda mais contraditória se torna essa situação quando esse mesmo sistema determina o respeito a esses direitos nas relações entre particulares, sem a interferência do Estado, em respeito à eficácia horizontal ou objetiva dos direitos fundamentais.". (CARVALHO, Ulisses Dias de. Uma leitura constitucional do inquérito civil. **Boletim Científico ESMPU**, Brasília, a. 13 – n. 42-43, p. 367-402 – jan./dez. 2014, p. 387).

[21] Alguém poderá contrapor esta afirmação dizendo que o MP tem, sim, obrigações. Contudo, basta um olhar atento para a Lei n. 7.347 de 1985, Lei n. 8.625 de 1993 e Resolução n. 23 de 2007 para se concluir que o rol de direitos e prerrogativas do órgão ministerial é muito superior à ínfima quantidade de obrigações e de condições de responsabilização a que ele se submete.

[22] "O inquérito civil, para além de mero procedimento investigatório informal e não contraditório, por meio do qual o Ministério Público angaria elementos de convicção para a celebração de compromisso de ajuste de conduta ou para o ajuizamento de ação civil pública ou coletiva, constitui-se em um importante instrumento de resolução extrajudicial dos conflitos de natureza coletiva, dando ensejo à proteção e efetivação de eventuais direitos fundamentais que sejam objeto de controvérsia, assim como ferramenta legitimadora da atuação do Parquet, na medida em que abre a possibilidade de discussão para tomada da melhor decisão possível em conflitos coletivos e demonstra a inexistência de conflito entre o seu modus operandi e o seu mister constitucional, qual seja, a defesa da ordem jurídica e do regime democrático, evitando-se atuação sistemicamente paradoxal.". (CARVALHO, Ulisses Dias de. Op. cit., p. 369).

-se autoritária, a fase negocial é anulada e o acordo é assinado sob a égide da imposição.

Há uma completa contraposição entre o contexto teórico-normativo do acordo administrativo e a realidade prática brasileira. Enquanto no regime do acordo se fala em paridade, no TAC identifica-se a disparidade. No lugar da bilateralidade, própria do acordo, vigora no Ajustamento de Conduta a unilateralidade. Em sentido contrário ao diálogo, ao consenso e à negociação, essenciais ao regime do acordo administrativo, no TAC está presente a inquisitoriedade.

Nesse sentido, não se pode concordar que o TAC seja classificado como espécie do gênero acordo administrativo. Tudo o que o antecede é o oposto do que preceituam as bases fundantes do acordo estruturadas a partir da juridicidade e da paridade. A reversão deste quadro depende da admissão, pelo regime do ICP, de um devido processo legal adequado.

1.1 Acordo administrativo e devido processo legal adequado: contraditório e ampla defesa no Inquérito Civil Público

Previsto no art. 5º, inciso LIV, da Constituição Federal, o devido processo legal surge, no regime dos acordos, como um desdobramento jurídico-instrumental do princípio da juridicidade. Ele materializa, por meio do processo, o canal de interlocução negocial entre as partes pública e privada, prevendo justa procedimentalização ao debate jurídico que antecede a formalização das obrigações e das demais condições do termo de acordo. Além disso, e principalmente, ele condiciona os efeitos da negociação à observância dos direitos e das garantias fundamentais dos compromissários.[23] É como dizer: a processualidade da fase de debates que antecede a formalização do acordo representa a efetivação de um núcleo de garantias adequadas às partes negociantes.[24]

[23] "A busca por uma negociação efetiva, em que o particular não seja apenas um figurante, permite alcançar soluções mais eficientes para lidar com o problema concreto, além de robustecer os instrumentos consensuais. Para garantia desta negociação efetiva, é fundamental a aplicação do devido processo legal na celebração dos acordos administrativos.". (PALMA, Juliana Bonacorsi de. Devido processo legal na consensualidade administrativa. In: SCHIRATO, Vitor Rhein (coord). **Estudos atuais sobre ato e processo administrativo**. Rio de Janeiro: Lumen Juris, 2017, p. 20). Cf.: SCHWIND, Rafael Wallbach. Processo Administrativo em evolução. **Revista Fórum Administrativo**, Belo Horizonte, ano 14, n. 155, jan. 2014.
[24] PATTI, Loredana. **Gli accordi tra i privati e la pubblica amministratizione**. Tese (Doutorado em Direito). 2011. 230 f. Facoltà di Scienze Politiche, Università degli Studi di Catania, Catania, Itália, p. 76.

Duas são as conotações do devido processo legal: formal e substancial. A primeira oportuniza a abertura das ações públicas para a participação formal do cidadão no processo de tomada de decisão administrativa. A segunda preenche de materialidade o aspecto formal, dando-lhe substância ao garantir que nenhuma decisão administrativa será válida e eficaz sem antes respeitar os direitos fundamentais das partes e considerar os argumentos apresentados pelo particular, acatando-os ou afastando-os, sempre de maneira motivada.[25] Quer-se evitar, com isto, "um simulacro de procedimento, devendo assegurar, no mínimo, igualdade entre as partes.".[26]

De acordo com Juliana Bonacorsi de Palma, "talvez a principal expressão do devido processo legal na consensualidade seja o dever de aderência às obrigações pactuadas ao problema do caso concreto. Isso significa que invariavelmente as obrigações de fazer e de não fazer devem encontrar alguma correlação com o problema concreto.".[27]

Não é novidade que o devido processo legal se desdobra em contraditório e ampla defesa (inciso LV do art. 5º da Constituição). Contraditório, para Odete Medauar, destina-se a permitir: a) informação geral; b) audiência das partes; e c) motivação dos atos.[28] Por sua vez, conforme a mesma autora, ampla defesa é responsável por assegurar: i) caráter prévio; ii) direito de interpor recurso; iii) defesa técnica; iv) direito de ser notificado; v) direito de ter acesso aos documentos do processo; vi) direito de produção de prova.[29]

No âmbito do acordo administrativo, os desdobramentos do devido processo legal em contraditório e ampla defesa importam para assegurar que o particular possa "apresentar propostas e contrapropostas que

---

[25] "No que tange a consensualidade, o procedimento regular pressupõe ao menos quatro deveres: (i) dever de garantia do contraditório e da ampla defesa; (ii) dever de endereçamento das cláusulas consensuais ao problema concreto; (iii) dever de motivar; (iv) dever de publicidade.". (PALMA, Juliana Bonacorsi de. Devido processo legal...Op. cit., p. 22).

[26] LEWANDOWVSKI, Ricardo. **Conceito de devido processo legal anda esquecido nos últimos tempos**. Disponível em: https://www.conjur.com.br/2017-set-27/lewandowski-conceito-devido-processo-legal-anda-esquecido. Acesso em 18 de setembro de 2018.

[27] PALMA, Juliana Bonacorsi de. Devido processo legal...Op. cit., p. 23

[28] MEDAUAR, Odete. **Processualidade no Direito Administrativo**. 2ª ed. São Paulo: Revista dos Tribunais, 2008, p. 110.

[29] Ibidem, p. 122.

sejam verdadeiramente consideradas e analisadas pelo Poder Público.".[30] Ou seja, "se manifestar com qualidade na negociação dos acordos administrativos.".[31] O sentido englobado é evitar abusos de poder e desvios de finalidade, autorizando "que o particular se defenda de eventuais ilegalidades resultantes desta prática.".[32] Em síntese, segundo Juliana Bonacorsi de Palma: "o contraditório e a ampla defesa são assegurados mediante a abertura da negociação para que o particular apresente propostas de acordos e contrapropostas às minutas esquadrinhadas pelo Poder Público. Ainda, propostas e contrapropostas devem ser seriamente estudadas pela Administração, a fim de que as partes construam de modo concertado as cláusulas que definem obrigações.".[33]

No Inquérito Civil Público, contudo, como já se teve a oportunidade de afirmar, o contraditório e a ampla defesa estão afastados. Embora se esteja diante de uma fase antecedente à concretização de um acordo que, em tese, deveria ser negocial, a garantia fundamental do cidadão ao diálogo e à negociação – amparada no devido processo legal – é dispensada.

Esse posicionamento está fundamentado, segundo a maioria da doutrina, no art. 5º, inciso LV, da Constituição Federal que diz: "aos litigantes, em processo judicial ou administrativo, e aos acusados em geral são assegurados o contraditório e ampla defesa, com os meios e recursos a ela inerentes.". Os juristas contrários ao devido processo legal no ICP entendem, a partir do texto constitucional, que no Inquérito não há litigantes e nem acusados, tampouco processo administrativo. Os atributos do ICP, assim, estariam descolados do direito tutelado pela Constituição.

Portanto, a discussão doutrinária havida no entorno da incidência ou não do contraditório e da ampla defesa no Inquérito Civil Público está limitada a aspectos semânticos: a) ICP é processo ou procedimento? b) as partes são litigantes/acusados ou somente investigados?

Quem faz uma interpretação literal do inciso LV do art. 5º da Constituição afirma ser impossível subordinar o regime do Inquérito aos limites impostos pelo devido processo legal.[34] No entanto, para quem realiza

---

[30] PALMA, Juliana Bonacorsi de. Devido processo legal...Op. cit., p. 22 e 23.
[31] Idem.
[32] Idem.
[33] Idem.
[34] MAZZILLI, Hugo Nigro. **O inquérito civil**: investigações do Ministério Público, compromissos de ajustamento e audiências públicas. São Paulo: Saraiva, 1999, p. 48.

uma interpretação sistemática da Constituição, é inaceitável, sob qualquer condição, que em uma relação jurídica subordinada a um Estado de Direito se admita o afastamento do contraditório e da ampla defesa.[35] Esse artigo se filia a segunda corrente.[36]

A primeira razão está no equívoco da manutenção de medidas inquisitoriais no atual contexto de Administração Pública dialógica, paritária e consensual sintonizada com o ordenamento jurídico brasileiro do século XXI. Não é preciso esforço para concluir que o advento do ICP é originário de um período autoritário que justificava, na época, o seu regime impositivo. O Decreto-Lei n. 3.689 de 1941, que serviu de inspiração para a criação do ICP, originou-se de um governo autoritário. Do mesmo modo, a Lei n. 7.347 de 1985, que pela primeira vez previu o Inquérito Civil Público, é fruto de um Estado em transição, ainda sem uma definição clara do que viria a ser um regime democrático.

O segundo motivo está no ultrapassado prestígio à distinção axiológica entre processo e procedimento.[37] Analisando as causas de justi-

---

[35] JORGE, André Guilherme Lemos. **Inquérito civil**: contraditório e ampla defesa – sobre a efetividade dos princípios constitucionais. 1ª ed. 2ª reimp. Curitiba: Juruá, 2011, p. 87 e 88.

[36] "Em decorrência do reconhecimento de uma normatividade forte da Constituição Republicana de 1988, que tem como consequência o princípio da máxima efetividade das normas constitucionais, não é lícito ao intérprete se valer de subterfúgios linguísticos para afastar a incidência de garantias constitucionais do cidadão, razão pela qual o inquérito civil, a partir da edição da referida Carta Constitucional, não pode mais ser entendido como mero procedimento informal, inquisitorial, cuja finalidade é angariar elementos para o ajuizamento de ação civil pública, tal como faz a doutrina nacional majoritária.". (CARVALHO, Ulisses Dias de. Op. cit., p. 369 e 370).

[37] Na certada e suficiente visão de Odete Medauar, "o procedimento se expressa como processo se for prevista também a cooperação de sujeitos, sob o prisma do contraditório.". (MEDAUAR, Odete. Processualidade...Op. cit., p. 43). No mesmo sentido: "postulamos a classificação do inquérito civil como processo administrativo, como meio apto a atingir não só finalidade da investigação, mas principalmente a segurança do processo jurisdicional, com todas as garantias que lhe são inerentes. O que não se pode, na esteira da moderna processualidade administrativa, é amesquinhar a redefinição de processo como direito público subjetivo, e tratá-lo como mero instrumento ou adjetivo, em flagrante descompasso com a marcha ditada pela Constituição Federal, asseguradora dos princípios constitucionais, inclusive ao processo administrativo.". (JORGE, André Guilherme Lemos. Op. cit., p. 73 e 74). Por fim: "por outro lado, devemos ressaltar que a diferenciação de processo e procedimento para efeito de aplicação de garantias fundamentais no inquérito civil pouco importa. Seja o inquérito entendido como processo, seja como procedimento, essas garantias são inafastáveis pela sua própria fundamentalidade constitucional.". (CARVALHO, Ulisses Dias de. Op.

ficação da referida diferenciação[38], outra conclusão não há senão pela criação de uma reserva de autoridade para o Estado agir com imperatividade. Seria algo como um "by-pass" dos limites impostos à Administração Pública pelo Estado de Direito. No "procedimento" tudo se pode enquanto que no "processo" existem freios à livre atuação estatal criados pelos direitos fundamentais. Tais classificações, a história mesmo já cansou de comprovar, apenas contribuem para uma maior polarização entre o Direito Público e o Direito Privado. Faz lembrar a divisão entre os atos de império e os atos de gestão, posteriormente rejeitada pelo amadurecimento da teoria da responsabilidade civil do Estado.

Por fim, a última razão de filiação deste artigo a corrente que defende o devido processo legal no ICP está na obsolescência da visão restritiva empregada às expressões "litigantes" e "acusados", limitando-as exclusivamente para o processo.[39] Ora, litigantes/acusados não são somente aqueles que possuem um interesse oposto e resistido a ser decidido por um terceiro imparcial que colocará fim ao impasse – visão impregnada com cunho jurisdicional, portanto. Litigar é simplesmente possuir interesses divergentes que podem tanto ser resolvidos entre as partes (autocomposição) quanto por um terceiro (heterocomposição). É como assinala Ada Pellegrini Grinover:

---

cit., p. 384). Cf.: Tucci, Rogério Lauria. Devido Processo Penal e alguns dos seus mais importantes corolários. **Revista Da Faculdade De Direito**, Universidade De São Paulo, 88, 463-484, p. 476.

[38] "O que caracteriza o processo é o ordenamento de atos para a solução de uma controvérsia; o que tipifica o procedimento de um processo é o modo específico do ordenamento desses atos. (...) impõe-se distinguir os processos administrativos propriamente ditos, ou seja, aqueles que encerram um litígio entre a Administração e o administrado ou o servidor, dos impropriamente ditos, isto é, dos simples expedientes que tramitam pelos órgãos administrativos, sem qualquer controvérsia entre os interessados. A litigância é que distingue o processo do procedimento.". (Meirelles, Hely Lopes. **Direito Administrativo Brasileiro**. 42º ed. São Paulo: Malheiros, 2016, p. 818 e 819).

[39] "Por outro lado, quando se menciona "acusados em geral", na examinada preceituação constitucional, certamente se pretende dar a mais larga extensão às palavras, com referência óbvia a qualquer espécie de acusação, inclusive a ainda não formalmente concretizada. Assim não fosse, afigurar-se-ia de todo desnecessária a adição "em geral"; bastaria a alusão a "acusados". (Tucci, Rogério Lauria. Op. cit., p. 476). No mesmo sentido: Ferraz, Sérgio; Dallari, Adilson Abreu. **Processo administrativo**. 3ª ed. São Paulo: Malheiros, 2012, p. 55.

Litigantes existem sempre que num procedimento qualquer, surja um conflito de interesses. Não é preciso que o conflito seja qualificado pela pretensão resistida, pois neste caso surgirão a lide e o processo jurisdicional. Basta que os partícipes do processo administrativo se anteponham face a face, numa posição contraposta. Litígio equivale a controvérsia, a contenda, e não a lide. Pode haver litigantes – e os há – sem acusação alguma, em qualquer lide. (...). (...) surgindo o conflito de interesses, as garantias do contraditório e da ampla defesa serão imediatamente aplicáveis.[40]

Quando o MP instaura um Inquérito para apurar suposto dano e o sujeito investigado/acusado[41] discorda do caminho percorrido pelo órgão de acusação, questionando as suas conclusões, é evidente que se está diante de um conflito de interesses. Portanto, frente a um litígio extrajudicial. Enquanto o Ministério Público tem interesse em levantar o máximo de elemento probatório sobre a ocorrência ou não do dano, o particular (litigante ou acusado) tem o interesse de desvincular a sua imagem do ilícito apurado, apresentando as suas razões. Isto tudo independe da denominação que se dê: procedimento ou processo; litigante/acusado ou investigado.[42]

---

[40] GRINOVER, Ada Pellegrini. Do direito de defesa em inquérito administrativo. **Revista de Direito Administrativo**. Rio de Janeiro, 183:9-18, jan./mar. 1991, p. 13. Em outro texto a autora afirma: "embora se reconheça ser voz corrente que esse inquérito civil tem natureza inquisitorial, é inegável que nele se apresenta – ainda que em estado de latência – um conflito de interesses, sem que para isso, conforme ressaltado, seja necessária a existência de uma acusação formal.". (GRINOVER, Ada Pellegrini. Inquérito Civil: contraditório e "prova inequívoca" para fins de antecipação de tutela. **Revista Espaço Jurídico**. Joaçaba, v. 12, n. 2, p. 313-324, jul./dez. 2011, p. 322).

[41] "A Constituição Federal determina que o processo seja contraditório, todo ele, e não somente parte dele. O inquérito civil, como processo administrativo, desta forma deve ser inteiramente realizado sob o pálio do contraditório. Ao interessado, investigado, acusado, indiciado, não importa o nome que se dê, é essencial, ou seja, garantida ao menos a possibilidade de produzir suas provas ou expor suas razões. Além disso, todos os elementos coligidos, bem como os argumentos sustentados pelo Estado, devem ser abertos e franqueados para exame e contestação.". (JORGE, André Guilherme Lemos. Op. cit., p. 96).

[42] "Nesta linha de pensamento, com a locução "acusados em geral" se quer ampliar o espectro de incidência da ampla defesa, conquanto seja aceita também a dispositividade da atuação do investigado, haja vista nenhum dispositivo em nosso ordenamento impor a efetiva atuação defensiva.". (JORGE, André Guilherme Lemos. Op. cit., p. 98).

Acontece que, apesar de tudo isso, a doutrina e a jurisprudência majoritárias compreendem que o Inquérito Civil Público não passa de uma etapa administrativa "soft law", isto é, um momento informal, sem vinculação jurídica, cuja juridicidade somente estará presente ao tempo da judicialização, quando então haverá um processo garantidor de todos os direitos fundamentais das partes. Em outras palavras, é como se o ICP fosse uma medida preparatória fora da órbita jurídica do Estado. Um momento inquisitorial ainda enraizado no pensamento medieval do século XIII.

A preocupação que permeia a cabeça dos estudiosos está relacionada aos impactos do contraditório e da ampla defesa no êxito da apuração dos fatos. Quem é contrário ao devido processo legal no ICP afirma que a abertura dos rumos da apuração importará no fim de uma das atribuições do Ministério Público, que é justamente a de promover a coleta de elementos de prova que evidenciem ou não a presença da justa causa. Ao abrir todos os passos da apuração, as conclusões a respeito da existência ou não de justa causa estariam prejudicadas. A publicidade excessiva, em suma, se contraporia ao sigilo necessário a uma preliminar investigação de um dano.

Contudo, esse temor é injustificado. Reconhece-se a necessidade de equilíbrio entre as atribuições do Ministério Público e os direitos do cidadão. Não há um ativismo cego em defesa exclusiva do devido processo legal em detrimento das garantias funcionais do MP. Tal equilíbrio é necessário justamente para que tanto o MP quanto o cidadão estejam subordinados a um Estado de Direito que os coloque em posição jurídica paritária.

A solução para essa equalização está na inclusão de um devido processo legal adequado ou moderado no Inquérito Civil Público. Adequado no sentido de não abrir totalmente a apuração do dano para a interferência do particular, com ampla publicidade e previsão de infindáveis recursos e impugnações para cada etapa do ICP, inviabilizando a sua razão de existência.[43] Mas, por outro lado, moderado a ponto de não excluir do Inquérito o direito do cidadão de contribuir para o convencimento da existência ou não de justa causa, respeitando o direito do particular de participar dos principais atos do procedimento/processo

---

[43] Um devido processo legal "cheio", portanto.

por meio de autorização para manifestação formal, apresentação de quesitos e nomeação de assistente técnico quando for o caso.[44] Sobretudo por se tratar o ICP, insista-se, de fase preparatória para o TAC. Diálogo e negociação adequados precisam permear a etapa antecedente do acordo para que um eventual Ajustamento de Conduta seja considerado válido e, desta forma, fruto de consensualidade.[45]

Com base nas lições de Egon Bockmann Moreira:

> Atuação adequada, tal como exigida pela Constituição, é aquela que atende às expectativas mínimas de um Estado Democrático de Direito, devendo corresponder e satisfazer o que se espera de uma Administração aberta e participativa, em que se garante ao particular voz ativa, em condição de igualdade com o ente público e sem qualquer espécie de submissão e/ou supressão de expectações. A adequação confere ao cidadão segurança e certeza de que seus direitos serão respeitados. O processo será instalado e conduzido de maneira equitativa, com observância do rol de garantias constitucionais e legais. O núcleo objetivo visado pelo Estado está no prestígio à dignidade da pessoa humana, não à máquina administrativa.[46]

Antes de se detalhar melhor o devido processo legal adequado, uma preliminar contextualização faz-se necessária. Existem no ordenamento jurídico dois tipos de processo[47], os chamados: a) processos adjudicatórios (ex. processo judicial); e os b) processos não-adjucatórios (ex. mediação e conciliação).

---

[44] Um devido processo legal "mínimo", portanto.
[45] "Tem-se, pois, à vista do exposto, como induvidoso que o inquérito civil, instituído pelo §1º do art. 8º da Lei 7.347/85, e institucionalizado pelo art. 129, III, da mesma Lei das Leis nacional, será nulo 'ex radice', quando realizado sem que se propicie, como de mister, a participação ativa e contraditória daquele que deva sofrer os efeitos do aforamento de subseqüente ação civil pública. E até, por necessária coerência, que tal nulidade, a ser declarada de plano, acarretará a inviabilidade de ação nele fundamentada, ou seja, a extinção do processo sem julgamento do mérito, por falta de pressuposto inarredável de sua constituição e desenvolvimento válidos.". (TUCCI, Rogério Lauria. Ação civil pública: abusiva utilização pelo Ministério Público e distorção pelo Poder Judiciário. In: WALD, Arnoldo (coord.). **Aspectos polêmicos da ação civil pública**. 2ª ed. São Paulo: Saraiva, 2007, p. 369).
[46] MOREIRA, Egon Bockmann. **Processo administrativo**. Princípios Constitucionais e a Lei 9784/1999. 4ª ed. Malheiros, 2010, p. 297.
[47] Classificação influenciada pela doutrina norte-americana e pelos sistemas anglo-saxões.

Sobre o processo adjudicatório incide um poder impositivo (um *enforcement* mais profundo). Por ser heterocompositivo, para solucionar o impasse, a decisão, dotada de coercibilidade, é tomada em nome das partes por um terceiro. Os processos adjudicatórios se legitimam a partir de um *right based approach*. O que vai ser avaliado não é quem tem razão, mas quem tem direito.

Já nos processos não-adjudicatórios, também conhecidos como processos mediativos ou conciliatórios, está presente um outro *approach* que é o *interest based approach*. São conhecidos por serem autocompositivos, isto é, desprovidos de coercibilidade (*enforcement*). O terceiro não decidirá pelas partes, avaliando quem possui direito ou não, mas apenas estimulará a solução consensual do impasse pelos próprios sujeitos.[48]

A partir da distinção acima, pergunta-se: considerando os instrumentos outorgados ao MP para conduzir o Inquérito, a fase do pré-acordo está mais próxima do processo adjudicatório ou do não-adjudicatório? Entende-se que mais próxima do adjudicatório. O motivo está nos poderes de coercibilidade inerentes às atribuições do MP.[49]

A teoria do devido processo legal adequado é explicada com didatismo por Richard Ruben.[50] O autor adota a metáfora da gravidade e do sistema solar. Segundo ele, o sol estaria representado pelo poder extroverso (impositivo) do Estado, ao passo que a força gravitacional estaria abarcada pela Constituição e o seu elenco de garantias. Deste modo, quanto mais próximo estiver o processo do sistema solar, maior será a força gravitacional que incidirá sobre ele. Traduzindo, quanto mais próximo e subordinado ao poder extroverso do Estado estiver o processo, maior deverá ser a incidência das garantias constitucionais.

Ao se transportar o pensamento acima para o regime do ICP, um ponto de especial reflexão relaciona-se aos caminhos percorridos pelo MP até se chegar ao TAC. O Inquérito Civil não pode ser compreendido como um ambiente de interlocução autocompositiva no qual um terceiro auxilia o processo consensual de convencimento comum das partes.

---

[48] Para compreender melhor esta distinção, cf.: GABBAY, Daniela Monteiro. **Mediação & Judiciário no Brasil e nos EUA. Condições, Desafios e Limites para a institucionalização da Mediação no Judiciário**. Brasília: Gazeta Jurídica, 2013, p. 29 e ss;
[49] Cf.: rodapé n. 14.
[50] REUBEN, Richard. Constitutional Gravity: a Unitary Theory of Alternative Dispute Resolution and Public Civil Justice. **UCLA. Rev.**, vol. 47, p. 33 e ss.

Como reforçado ao longo deste trabalho, a presença autoritária do Estado, representada pelo MP, é marca inconteste do ICP. Assim, não se pode afirmar, nos termos em que desenhado por Richard Ruben, que a etapa de pré-acordo até a assinatura do TAC esteja distante do "sistema solar", como estão os processos não-adjudicatórios. Em verdade, por conta das prerrogativas funcionais do MP, a realidade concretizada pelo Inquérito Civil aproxima o pré-acordo do processo adjudicatório.

A estabilidade e a segurança do acordo decorrente do ICP estão diretamente dependentes de contraditório e ampla defesa moderados. Especialmente porque ao tempo da judicialização da controvérsia a convicção da justa causa já estará formada e, por conta da inegável aproximação institucional entre MP e Judiciário, as chances de reversão do entendimento formado extrajudicialmente pelo Ministério Público serão muito reduzidas. Em suma, a oportunidade de defesa, latente no ICP, perde forças com a judicialização. Daí a necessidade de resguardo moderado do direito fundamental do particular.

Quanto ao TAC, quando escolhida a sua via pelo Ministério Público, se percorrido o Inquérito sem o contraditório e ampla defesa adequados, a solução, que se espera seja consensual, negociada, paritária e dialógica, se revestirá de um "*arm-twisting effect*"[51] intimidatório, pois o ajuste não passará de um acordo impositivo (por adesão). Por isto a crucial revisão de suas bases teóricas e normativas a fim de: a) incluir na fase de pré-acordo a obrigação do MP respeitar o devido processo legal adequado; b) disciplinar os parâmetros de identificação e controle do contraditório e da ampla defesa adequados na fase antecedente à assinatura do Ajustamento de Conduta. O objetivo final é a introdução do princípio da juridicidade na cultura ministerial.

1.2 O movimento do Poder Legislativo para introduzir o devido processo legal adequado no Inquérito Civil Público

A tese defendida acima, felizmente, tem sido objeto de movimentos legislativos para adequar o Inquérito Civil Público à realidade do Direito

---

[51] Expressão cunhada por Lars Noah, cuja melhor tradução para o português é "efeito torção de braço". Por meio dela o autor procurou ilustrar a ocorrência de ações públicas impositivas e persuasivas transvestidas de consensuais existentes no cenário regulatório norte-americano. Cf.: NOAH, Lars. Administrative arm-twisting in the shadow of Congressional delegations of authority. **Wisconsin Law Review**, 1997, p. 874.

moderno. Ao disciplinar o contraditório e a ampla defesa moderados no ICP, o Congresso tem sido exitoso em compreender a necessidade de superação da atuação ministerial inquisitória. Antes, contudo, serão apresentados alguns comentários preliminares.

Os movimentos legislativos a seguir destacados são motivados pela inexistência de Lei para regular o ICP. Como se sabe, ao tratar do Inquérito Civil Público no art. 129, inciso III[52], a Constituição apenas recepcionou o instituto criado pela Lei n. 7.347 de 1985, em cujo art. 8º, §1º, limitou-se a prever e autorizar a instauração do ICP pelo Ministério Público[53].

Isso significa que os atributos do Inquérito Civil Público não decorrem de Lei, mas de construção doutrinária emprestada da teoria do Inquérito Policial. Nada há na Constituição que justifique dizer ser o ICP inquisitorial e unilateral. Em virtude disto, defende-se que o regime jurídico do Inquérito Civil Público receba tratamento autônomo em relação ao Policial, sendo normatizado em definitivo pelo Poder Legislativo para que as suas bases sejam estruturadas à luz do Estado Democrático de Direito.

O Supremo Tribunal Federal (STF) publicou, em 2009, a súmula vinculante n. 14[54] com o propósito de garantir acesso aos autos do Inquérito pelo advogado. Para muitos, o advento deste enunciado consolidou a introdução do contraditório e da ampla defesa no ICP. Discorda-se, contudo, deste posicionamento porque a garantia declarada pelo STF cinge-se ao direito de acesso aos elementos de prova, não passando, por isto, de um contraditório tímido e meramente formal. Nada há de concreto no direito assegurado pelo Supremo que possa levar à conclusão de um devido processo legal substancial e, como consequência, da definitiva compreensão do cidadão enquanto sujeito de direitos. A inquisitoriedade, a exorbitância e a unilateralidade são mantidas.

---

[52] "Art. 129. São funções institucionais do Ministério Público: (...). III. promover o inquérito civil e a ação civil pública, para a proteção do patrimônio público e social, do meio ambiente e de outros interesses difusos e coletivos.".

[53] "Art. 8º. (...). §1º O Ministério Público poderá instaurar, sob sua presidência, inquérito civil, ou requisitar, de qualquer organismo público ou particular, certidões, informações, exames ou perícias, no prazo que assinalar, o qual não poderá ser inferior a 10 (dez) dias úteis.".

[54] "É direito do defensor, no interesse do representado, ter acesso amplo aos elementos de prova que, já documentados em procedimento investigatório realizado por órgão com competência de polícia judiciária, digam respeito ao exercício do direito de defesa.".

Na busca por superar o devido processo legal formal tutelado pelo STF, em 2017 o Conselho Nacional do Ministério Público (CNMP) publicou a Resolução n. 161 para alterar os artigos 6º e 7º da Resolução n. 23 de 2007 e os artigos 7º e 13 da Resolução n. 13 de 2006, todas do CNMP. A comunidade jurídica aplaudiu a iniciativa da cúpula do MP ao promover a abertura democrática do Inquérito Civil Público e reconhecer a necessidade de concessão de maior garantia jurídica ao cidadão. E os aplausos são, de fato, merecidos. Fica evidenciada a tentativa do próprio MP de superar gradualmente a exorbitância absoluta do Inquérito Civil Público.

Desde logo, nos "considerandos" da Resolução n. 161 é possível denotar a adoção do devido processo legal adequado. Consta no documento que o "diploma legal não tem o condão de afastar a natureza inquisitorial das investigações preliminares, mas sim de outorgar um viés mais garantista à investigação, buscando assegurar os direitos fundamentais do investigado.".[55] Percebe-se haver um discurso de moderação do Ministério Público para que tanto o interesse público quanto o interesse privado sejam adequadamente respeitados.

Muito embora a Resolução n. 161 tenha sido revogada pela n. 181 de 2017, a sua essência foi mantida. A proteção substancial do contraditório e da ampla defesa prevista no art. 7º do antigo ato normativo consta agora no art. 9º da atual Resolução:

Art. 9º O autor do fato investigado **poderá apresentar**, querendo, as **informações que considerar adequadas**, facultado o acompanhamento por defensor.

§ 1º O defensor poderá **examinar**, mesmo sem procuração, **autos** de procedimento de investigação criminal, findos ou em andamento, **ainda que conclusos ao presidente**, podendo copiar peças e tomar apontamentos, em meio físico ou digital.

§ 2º Para os fins do parágrafo anterior, o defensor deverá apresentar procuração, quando decretado o sigilo das investigações, no todo ou em parte.

§ 3º O órgão de execução que presidir a investigação velará para que o defensor constituído nos autos assista **o investigado durante a apura-

---

[55] Disponível em: http://www.cnmp.mp.br/portal/images/Resolucoes/Resolu%C3%A7%C3%A3o-161.pdf. Acesso em 28 de maio de 2019.

ção de infrações, de forma a evitar a alegação de nulidade do interrogatório e, subsequentemente, de todos os elementos probatórios dele decorrentes ou derivados, nos termos da Lei nº 8.906, de 4 de julho de 1994.[56]

Ainda que de caráter infralegal, o movimento normativo-institucional do Ministério Público endossa a preocupação de parcela da doutrina e do Poder Legislativo com a modernização dos atributos autoritários e unilaterais do Inquérito Civil Público.

Encerrados os apontamentos preliminares, a seguir serão apresentados os mais importantes Projetos de Lei em tramitação no Senado Federal e na Câmara de Deputados.

O Projeto de Lei Complementar (PL) n. 233 de 2015, em trâmite no Senado Federal, é a principal proposta sobre a regulamentação do Inquérito Civil Público no Brasil. Ao longo de todo o seu texto, o PL se preocupa com a necessidade de resguardo do direito fundamental do investigado de contraditar os termos da apuração. A intenção final, por meio do reposicionamento jurídico do cidadão, tirando-o da condição de investigado e colocando-o na posição de sujeito de direito, é alcançar a paridade entre as posições jurídicas ocupadas pelo MP e pelo particular.

Em sua fundamentação, o ex-Senador Blairo Maggi, autor do PL, justificou a importância da proposta "como forma de defesa da posição jurídica dos cidadãos perante o Estado, estabelecendo as expectativas que eles devem ter em relação ao comportamento das instâncias estatais.".[57] Tal proteção, segundo Maggi, decorre das consequências práticas prejudiciais ao patrimônio jurídico do investigado causadas, muitas vezes, pela exposição e pelo prejulgamento decorrentes da instauração do ICP.[58] O caráter moderado do devido processo legal ficou claro com a ressalva, anotada no Projeto, de que o resguardo aos direitos

---

[56] Disponível em: https://www.cnmp.mp.br/portal/images/Resolucoes/Resoluo-181-1.pdf. Acesso em 28 de maio de 2019.

[57] Disponível em: https://www25.senado.leg.br/web/atividade/materias/-/materia/120814. Acesso em 27 de maio de 2019.

[58] Idem. Este é o posicionamento defendido por Rogério Lauria Tucci: "embora saibamos que as decisões proferidas no âmbito administrativo não se revestem do caráter de coisa julgada, sendo passíveis portanto de uma revisão pelo Poder Judiciário, não é menos certo, por outro lado, que já dentro da instância administrativa podem perpetrar-se graves lesões a direitos individuais cuja reparação é muitas vezes de difícil

fundamentais não importará em restrição ou prejuízo à atuação do Ministério Público.[59]

Diversos foram os dispositivos que explicitaram a obrigação de respeito ao contraditório e à ampla defesa pelo Ministério Público. Veja-se:

Art. 4º. (...). §5º. A instauração do inquérito civil ou de qualquer procedimento investigatório preparatório em razão de requerimento não identificado **dependerá da prévia manifestação do requerido**, quando a autoria for conhecida, sob pena de responsabilidade pessoal.
Art. 5º. (...). §5º. Do recurso **serão notificados** os demais interessados para, querendo, **oferecer contrarrazões** em prazo.
Art. 14. Sem prejuízo do disposto no art. 18, instaurado o inquérito civil, o membro do Ministério Público ordenará a **notificação do investigado para apresentar esclarecimentos**, por escrito, no prazo de dez dias.
Art. 16. (...). §8º. Ressalvadas as hipóteses de urgência, **as notificações e intimações para o comparecimento e a oitiva do investigado ou de outrem devem ser efetuadas com antecedência mínima de três dias úteis**, respeitadas, em qualquer caso, as prerrogativas legais pertinentes, e devendo constar da notificação ou intimação data, hora e local de comparecimento.
Art. 16. (...). §9º. É facultado ao investigado, no curso do inquérito civil, **requerer a juntada das peças informativas**.
Art. 16. (...). §10º. Os atos de instrução que exijam atuação dos investigados devem realizar-se **do modo menos oneroso para estes**.
Art. 16. (...). §11º. É assegurado aos investigados o direito de **acompanhar o processo pessoalmente ou por intermédio de procurador, produzir provas e contraprovas e formular quesitos, quando se tratar de prova pericial**.
Art. 16. (...). §12º. Os investigados serão **intimados da prova ou da diligência ordenada**, com antecedência mínima de três dias úteis,

---

operacionalização perante o Judiciário.". (Tucci, Rogério Lauria. Op. cit., p. 477). Ainda, segundo André Guilherme Lemos Jorge: "temos, destarte, que todas as vezes em que existir efetiva imputação, mesmo que o indivíduo não seja formalmente tratado como indiciado, haverá lugar para a defesa. Exemplos desta imputação podem ser encontrados em providências como prisão, quebra de sigilo, autorização para busca e apreensão, dentre outras proporcionadas pela legislação aplicável aos inquéritos, policial e civil.". (Jorge, André Guilherme Lemos. Op. cit., p. 93).
[59] Idem.

mencionando-se data, hora e local de realização, para acompanhamento da diligência.

Art. 16. (...). §15º. A parte investigada será intimada para **acompanhar as declarações e os depoimentos**, podendo ser ladeada e representada por seu advogado.

Art. 22. Aplica-se ao inquérito civil o princípio da publicidade dos autos, com exceção das hipóteses em que haja sigilo legal ou em que a publicidade possa acarretar prejuízo às investigações ou ao investigado, casos em que a decretação do sigilo legal deverá ser realizada de forma motivada.

§1º. Salvo quando possa haver prejuízo à eficácia do procedimento, não haverá sigilo para a parte investigada, que poderá requerer a obtenção de certidões ou a extração de cópia de documentos constantes dos autos do inquérito civil ou do procedimento preparatório.

O devido processo legal formal e substancial está evidenciado pelo uso dos verbos: acompanhar, apresentar, formular, manifestar, produzir e requerer. Nos termos do PL n. 233 de 2015, a participação do particular no ICP é efetiva, fato que fortalece e torna eficiente e legítima a convicção ou não pela justa causa. Por mais que se alegue a fragilização do ICP pela participação ativa do cidadão, é inegável que, num juízo de ponderação, os benefícios decorrentes do respeito ao contraditório e à ampla defesa são muito maiores ao interesse público se comparado àqueles advindos da manutenção do caráter inquisitorial do Inquérito.[60]

Pelos artigos mencionados também é possível denotar a escolha do legislador por um devido processo legal adequado ou moderado. As evi-

---

[60] "Com a oitiva dos investigados no IC podemos obter uma série de vantagens para a tutela dos direitos: a) maior celeridade e efetividade, vez que a oitiva prévia facilita os meios de autocomposição e negociação direta, inclusive para o adimplemento espontâneo total ou parcial das obrigações; b) robustecimento do material probatório produzido no IC, com possibilidade de utilizar a prova produzida em contraditório no IC como prova contraditada, invertendo-se o ônus e o custo da prova a ser produzida em juízo, a exemplo da prova pericial, visto que o juiz poderá dispensar a sua produção quando a prova houver sido produzida em contraditório (art. 472, CPC/2015); c) racionalização das demandas do MP, visto que as informações prestadas em contraditório poderão justificar o arquivamento sem o ajuizamento da ação, com economia de tempo e custos para o sistema de justiça e para os investigados.". (ZANETI JÚNIOR, Hermes; ALVES, Gustavo Silva. Op. cit., p. 310).

dências da "moderação" são identificadas quando se impõe o respeito ao devido processo legal desde que não haja a desnaturação da essência investigativa do ICP. A eficácia das diligências é resguardada pela proteção do sigilo e da urgência. Também, as atribuições e as prerrogativas do MP são mantidas. O movimento, portanto, é no sentido de equilibrar garantias e sujeições das partes.

O PL n. 233 de 2015 passou pelo crivo da Comissão de Constituição, Justiça e Cidadania (CCJ) e, em relação ao devido processo legal, uma emenda foi acolhida pelo relator e ex-Senador, Ricardo Ferraço. A obrigatoriedade de manifestação prévia do investigado, como condição para a instauração do ICP, foi afastada. No entendimento do relator, comprovando a escolha pelo caráter moderado do devido processo legal, "a obrigatoriedade de manifestação prévia do requerido pode frustrar o trabalho de captação de elementos probatórios hábeis para a formação da convicção do Ministério Público.".[61] Assim, o §5º do art. 4º do PL foi reformado para constar que a manifestação do requerido será diligência obrigatória no curso do ICP e não condição de sua instauração.

Duas outras emendas, que buscavam limitar o contraditório e a ampla defesa, foram indeferidas pela CCJ. Uma delas tentou suprimir do §11º do art. 16 da proposta a garantia do investigado de acompanhar o processo pessoalmente ou por intermédio de procurador, produzir provas e contraprovas e formular quesitos. A intenção, com a emenda, era flexibilizar a obrigatoriedade de tal direito, que passaria existir "sempre que possível" e "desde que não comprometesse o interesse da investigação". O relator, contudo, indeferiu a proposta de emenda afirmando não ser viável afastar a aplicação do contraditório do ICP.[62] A importância deste correto posicionamento da CCJ está na confirmação do espírito democrático do PL.

Outra emenda rejeitada pela CCJ objetivava retirar do §2º do art. 22 a prévia intimação e o conhecimento antecipado da parte investigada sobre as informações relativas ao inquérito civil que seriam prestadas ao público em geral. Nas palavras do relator, a solicitação deveria ser indeferida porque

---

[61] Disponível em: https://legis.senado.leg.br/diarios/BuscaDiario?codDiario=20317&paginaDireta=00208#diario. Acesso em 27 de maio de 2019.
[62] Idem.

(...) a norma que se busca emendar apenas condiciona a publicidade à prévia intimação da parte investigada, procedimento mais ligado à garantia do contraditório e da ampla defesa do que ao direito à intimidade em si. O conhecimento prévio pela parte investigada das informações que serão prestadas ao público em geral possibilitará, dentre outras medidas, o recurso ao Poder Judiciário para que não sejam divulgadas informações inverídicas, que possam causar danos irreparáveis à honra e à reputação das pessoas sujeitas ao procedimento do inquérito civil. Não se trata de impedir a publicidade, mas de adequar seu momento de forma a proporcionar a melhor convivência entre os direitos fundamentais envolvidos.[63]

Assim, a essência do devido processo legal moderado, inaugurada pelo PL n. 233 de 2015, foi mantida e o projeto encontra-se, ao tempo de redação deste artigo, em virtude da não reeleição de Ricardo Ferraço, aguardando a designação de novo relator pela CCJ.

Merece destaque também o Projeto de Lei n. 218 de 2015, tramitando no Senado Federal, cujo objetivo é alterar a Lei n. 7.347 de 1985 para autorizar a apresentação de reclamações ou recursos em face das decisões dos representantes do Ministério Público.[64]

Ao criar o art. 9-A, o referido Projeto assegura que "das decisões ou atos do Membro do Ministério Público, no presente procedimento, bem como em outras hipóteses que digam respeito ao mesmo assunto, poderão ser apresentadas reclamações ou recursos ao órgão superior da instituição, que deverá ser resolvida em 45 dias.".[65] Na justificativa o

---

[63] Idem.
[64] Disponível em: https://www25.senado.leg.br/web/atividade/materias/-/materia/124521. Acesso em 27 de maio de 2019. Tal previsão não é novidade para o Estado de São Paulo em cujo art. 108 da Lei Complementar n. 734 de 1993 (Lei Orgânica do Ministério do Estado de São Paulo) está previsto o direito de recurso pelo interessado contra a instauração do Inquérito Civil.
[65] Idem. Atualmente, sem qualquer alteração de sua essência, o PL foi modificado pela CCJ e o art. 9-A está redigido da seguinte maneira, com a adição de dois novos parágrafos: "da decisão que o representante do Ministério Público proferir pela instauração de inquérito civil, de outros procedimentos investigatórios prévios ou formalização de notícia de fato poderá ser apresentado recurso ao órgão superior competente, a ser resolvido no prazo de noventa dias. § 1º Igual recurso caberá da decisão pelo declínio de atribuições em inquérito civil, em outros procedimentos investigatórios prévios ou em notícia de fato. § 2º O prazo a que se

ex-Deputado Federal, Bonifácio de Andrada, afirmou que a inserção dos princípios do devido processo legal, do contraditório e da ampla defesa no ICP permitirá criar uma proteção aos direitos fundamentais constitucionalmente garantidos. A intenção é "impedir uma série de deficiências, evitando o questionamento judicial de questões que podem ser sanadas no âmbito do próprio Ministério Público, pela ação de seus órgãos superiores colegiados"[66] e, com isto, aprimorar "o Estado Democrático de Direito elevando o nível de garantias do cidadão.".[67]

Há, ainda, a Proposta de Emenda Constitucional (PEC) n. 89 de 2015, atualmente apensada à PEC n. 423 de 2014, em trâmite na Câmara dos Deputados, que pretende reformar o sistema de persecução penal criando um novo cargo para o Poder Judiciário, chamado de "juizado de instrução e garantia" e provido por "juízes de instrução e garantias". A ideia geral da Emenda é institucionalizar no âmbito do Poder Judiciário o processo de investigação criminal, retirando esta competência da Polícia Civil.

Embora diga respeito ao Inquérito Policial, a menção à PEC n. 89 é relevante por conta da mensagem por ela passada: mesmo em âmbito penal a inquisitoriedade tem sido objeto de questionamento pelo Poder Legislativo. A Proposta visa incluir na Constituição o art. 98-A, cujo §2º assevera que "os juízes de instrução e garantias assegurarão a participação da defesa técnica na fase investigatória de forma a não prejudicar a eficiência da apuração dos fatos, na forma da lei.".[68] Ou seja, para a Emenda, devido processo legal e eficiência são faces de uma mesma moeda.

Igualmente, em âmbito penal há o PL n. 9.768 de 2018, em trâmite na Câmara dos Deputados, que procura alterar o Código de Processo Penal (CPP) para assegurar o contraditório no Inquérito Policial. A observação pertinente é a inovação do Projeto em relação à súmula vinculante n. 14. O conteúdo da proposta consolida a garantia reforçada pelo STF: o investigado tem direito de amplo acesso aos elementos de prova já

---

refere o caput deste artigo é aplicável ao declínio de atribuições, podendo ser prorrogado mediante decisão fundamentada, por igual período.".
[66] Idem.
[67] Idem.
[68] Disponível em: https://www.camara.leg.br/proposicoesWeb/fichadetramitacao?idProposi cao=1570777. Acesso em 27 de maio de 2019.

documentados no Inquérito. Todavia, os diferenciais do PL estão: a) na garantia não apenas de vista dos autos, mas também da possibilidade de o particular requerer diligências; e b) na proibição do juiz exercer a sua convicção exclusivamente com base nas provas colhidas no Inquérito sem a observância do contraditório.[69] Com isto, ultrapassam-se os limites formais do devido processo legal contidos na súmula vinculante n. 14 e caminha-se para o devido processo legal substancial.

Na justificativa do PL n. 9.768 de 2018, ao defender a aplicação do devido processo legal no Inquérito Policial, o Senador Roberto Rocha, autor da proposta, enfatizou necessidade de paridade público-privada por meio da superação da posição de mero enfeito atualmente ocupada pelo particular.[70] Para ele, é passada a hora do reconhecimento do "direito-garantia do investigado a um procedimento investigativo que lhe proporcione mais que apenas o direito de se manifestar no momento mais oportuno.".[71] Segundo o parlamentar, "é preciso avançar no sentido de se promover mais condições para que o indiciado participe do procedimento investigatório, seja indicando meios de prova para que a investigação se aproxime ao máximo da verdade, já que o delegado de polícia, autoridade titular da investigação criminal, não se vincula à tese de acusação ou de defesa, mas a fatos.".[72]

Como se demonstrou, vários são os movimentos legislativos tendentes a reformar a atual compreensão inquisitiva do Inquérito, seja ele Civil Público ou Policial. Espera-se que a doutrina passe a prestigiar com maior entusiasmo o trabalho do Congresso de modo a cooperar para a evolução do tema no Brasil. A saúde jurídica do TAC, enquanto espécie de acordo administrativo, depende da modernização da teoria do Inqué-

---

[69] Proposta muito provavelmente inspirada no pensamento de Ada Pelegrini Grinover, para quem: "ao menos em princípio, não têm eficácia probatória no âmbito jurisdicional os elementos coligidos em procedimentos administrativos prévios ou mesmo em outros processos jurisdicionais, se a colheita não contar com a possibilidade real e efetiva de participação dos interessados, em relação aos quais se pretende editar provimento de caráter vinculante e cuja esfera jurídica possa vir a ser atingida.". (GRINOVER, Ada Pellegrini. Inquérito Civil... Op. cit., p. 320).

[70] Disponível em: https://legis.senado.leg.br/sdleg-getter/documento?dm=4442656&ts=1553275742815&disposition=inline. Acesso em 27 de maio de 2019.

[71] Idem.

[72] Idem.

rito Civil Público, começando pelo incentivo à participação negocial, adequada ou moderada, do cidadão na etapa processual antecedente à assinatura do ajuste.

2. O pós-acordo. O TAC e a cláusula de segurança ou de não-surpresa

Finalmente, o último tópico deste artigo pretende jogar luz sobre o pós-acordo. Compreendida a importância da inclusão participativa e negocial do particular no pré-acordo, materializada por meio da recepção do devido processo legal adequado pelo Inquérito Civil Público, resta saber como deverá ser o comportamento do Ministério Público durante a execução do TAC, fase aqui chamada de "pós-acordo".

Um parâmetro indispensável do regime jurídico do acordo administrativo é a aderência do negócio aos princípios da segurança jurídica e da confiança legítima. Segurança existe para gerar confiança que, por sua vez, é assegurada pelo grau de estabilidade contido no acordo. Quanto maior for a estabilidade, maior será a confiança dos sujeitos no TAC. Consequentemente, maior efetividade será concedida ao princípio da segurança jurídica.

No regime do acordo administrativo a segurança jurídica está ligada ao campo do diálogo e da negociação ao forçar (positivamente) que a ação administrativa se dê por meio de técnicas argumentativas capazes de convencer, deixando de lado a via exclusiva da autoridade. A condição para haver segurança é que a relação jurídica seja, dentro do possível, estável e previsível, de modo que inovações não sejam a ela acrescidas sem uma previsibilidade e uma transparência mínimas acompanhadas de um procedimento prévio que assegure os direitos das partes.

Quando duas ou mais pessoas pública e privada se reúnem para firmar um negócio jurídico guardam consigo expectativas que, se lícitas e diretamente afetas ao objeto do acordo, tornam-se legítimas com a concretização do compromisso.[73] A esta confiança, pensada inicialmente pelos alemães e hoje propagada por todo o mundo, o Direito concede

---

[73] MIRAGAYA, Rodrigo Bracet. **A proteção da confiança legítima como princípio fundamental no Direito Administrativo atual**. Dissertação (Mestrado em Direito). 2010. 221 f. Faculdade de Direito da Universidade de São Paulo, Universidade de São Paulo, São Paulo, p. 11.

proteção, impedindo a sua frustração sem um motivo concreto contido em Lei ou disciplinado no negócio.[74]

Quanto maior a estabilidade maior será a confiança em relação ao cumprimento do acordo. Em outras palavras, estabilidade importa para garantir confiança de que as condições ajustadas serão honradas, isto é, que as promessas negociadas terão efeito jurídico vinculativo, estando os sujeitos obrigados a cumpri-las.[75]

Nesse contexto, fala-se em "cláusula de segurança" ou de "não-surpresa" com a finalidade de sugerir que no TAC seja incluída obrigação

---

[74] "(...) o indivíduo tem o direito de poder confiar em que aos seus actos ou às decisões públicas incidentes sobre os seus direitos, posições ou relações jurídicas alicerçados em normas jurídicas vigentes e válidas por esses actos jurídicos deixado pelas autoridades com base nessas normas se ligam os efeitos jurídicos previstos e prescritos no ordenamento jurídico.". (CANOTILHO, José Joaquim Gomes. **Direito constitucional e teoria da constituição**. 7ª ed. Coimbra: Almedina, 2003, p. 257). No mesmo sentido: "na verdade, o que o direito protege não é a "aparência de legitimidade" daqueles atos, mas a confiança gerada nas pessoas em virtude ou por força da presunção de legalidade e da "aparência de legitimidade" que têm os atos do Poder Público.". (SILVA, Almiro do Couto e. O princípio da segurança jurídica (proteção à confiança) no direito público brasileiro e o direito da administração Pública de anular seus próprios atos administrativos: o Prazo decadencial do art. 54 da lei do processo Administrativo da união (lei nº 9.784/99). **Revista de Direito Administrativo**, Rio de Janeiro, 237, p. 271-315, jul./set. 2004, p. 275).

[75] "Dizer estabilidade quer significar a tendência de manutenção de efeitos, quer dizer, mais especificamente, a vedação de alterações arbitrárias e atabalhoadas, quer dizer, em uma primeira súmula a respeito do tema, respeito pelo cidadão. (...). (...) a estabilidade como expressão da segurança jurídica não significa imobilidade, incapacidade de transformação. Mas que as alterações empreendidas, o devir natural às relações sociais, a própria interpretação evolutiva que deve animar o intérprete do Direito, procedem-se no plano sensível, e não devem descurar da inteligibilidade da estabilidade, de sua ideia.". (Pires, Luis Manuel Fonseca. A estabilidade como atributo do ato administrativo. In: VALIM, Rafael; OLIVEIRA, José Roberto Pimenta; Dal Pozzo, Augusto Neves (Coord.). **Tratado sobre o princípio da segurança jurídica no direito administrativo**. Belo Horizonte: Fórum, 2013, p. 295-309). Almiro do Couto e Silva complementa ao afirmar que: "é certo que o futuro não pode ser um perpétuo prisioneiro do passado, nem podem a segurança jurídica e a proteção à confiança se transformar em valores absolutos, capazes de petrificar a ordem jurídica, imobilizando o Estado e impedindo-o de realizar as mudanças que o interesse público estaria a reclamar. Mas, de outra parte, não é igualmente admissível que o Estado seja autorizado, em todas as circunstâncias, a adotar novas providências em contradição com as que foram por ele próprio impostas, surpreendendo os que acreditaram nos atos do Poder Público. (...).". (SILVA, Almiro do Couto e. O princípio da segurança jurídica...Op. cit., p. 276).

disciplinando o caminho a ser percorrido pelo órgão ministerial para o caso de descumprimento do acordo pelo particular.[76]

A relação consensual não acaba com a assinatura do ajuste, devendo se manter durante toda a relação jurídica. Isto quer dizer que o TAC deverá conter uma "reserva de consenso" que vincule as partes a buscar, durante a execução do acordo e sempre que possível, a via do diálogo e da negociação em detrimento da autoridade e da imposição. Concretamente, tal postura significa que, constatado o inadimplemento, não havendo urgência iminente, antes de qualquer providência autoritária e unilateral, deverá ser o particular intimado para prestar esclarecimentos. Trata-se de uma espécie de "escuta prévia" condicionante da validade e da eficácia da medida sancionatória tomada pelo MP em casos não urgentes e imprevistos.

O fundamento normativo para a inclusão de cláusula de segurança no TAC está contido no §1º do art. 27 da Lei 13.655 de 2018, que prevê: "a decisão do processo, nas esferas administrativa, controladora ou judicial, poderá impor compensação por benefícios indevidos ou prejuízos anormais ou injustos resultantes do processo ou da conduta dos envolvidos. §1º. A decisão sobre a compensação será motivada, ouvidas previamente as partes sobre seu cabimento, sua forma e, se for o caso, seu valor.".

A intenção do legislador foi promover o equilíbrio entre garantismo e eficientismo no âmbito da Administração Pública.[77] A eficiência do regime jurídico do acordo administrativo, com toda a flexibilidade exigida pelo consenso e pela negociação, está circunscrita na aplicação justa e adequada do devido processo legal. Não se imagina uma atuação administrativa eficiente que não seja respeitosa aos direitos do particular. Assim, eficiência e garantia são fenômenos indissociáveis do processo

---

[76] ZANETI JÚNIOR, Hermes; Alves, Gustavo Silva. Op. cit., p. 316.
[77] Gustavo Justino de Oliveira e Gustavo Schiefler trataram deste ponto ao abordarem o tema da improbidade administrativa. Cf.: OLIVEIRA, Gustavo Henrique Justino de; SCHIEFLER, Gustavo Henrique Carvalho. Justa causa e juízo de prelibação (admissibilidade) na ação de Improbidade Administrativa: proteção e preservação dos direitos e garantias dos requeridos frente à busca de maior eficiência judicial no combate à corrupção na era da Operação Lava Jato. **Revista Síntese**: Direito Administrativo, São Paulo, v. 12, n. 141, p. 311-326, set. 2017.

de negociação, o qual, por sua vez, é indisponível ao regime dos acordos administrativos.

O acordo precisa representar uma realidade jurídica célere, objetiva e eficiente, mas ao mesmo tempo observadora dos direitos e garantias individuais. O desafio então é não tornar o garantismo (irrenunciável ao acordo) causa e motivo de ineficiência do seu regime.

É incompatível com o regime jurídico do acordo a adoção de medidas administrativas exorbitantes, alheias aos deveres e obrigações formalizados no ajuste, que não estejam concretamente motivadas em um risco iminente e imprevisível para a coletividade. Em situações que não exijam urgência, todas as hipóteses de ações coercitivas e unilaterais da autoridade precisarão estar previstas no Termo de Ajustamento de Conduta. É esta previsibilidade que evitará surpresas e garantirá confiança e legitimidade para o acordo.

Em suma, o adequado devido processo legal formal e material deve estar presente também no pós-acordo. Ao tempo da execução do TAC, para que a atuação ministerial seja válida e eficaz, o caminho procedimental a ser percorrido pelo MP para responsabilizar o particular pelo inadimplemento do ajuste deverá estar previsto no termo do acordo. Significa dizer: em nome da segurança jurídica e da confiança legítima, é indispensável que o direito ao contraditório adequado, por meio da oitiva prévia do particular, seja garantido.

Conclusões

O ICP é um ato de autoridade e de supremacia do Estado sobre o particular que, não raras às vezes, ultrapassa os limites de garantias fundamentais dos cidadãos impostos pela Constituição ao Estado. Deste modo, da mesma forma que os demais atos de autoridade, como o ato administrativo, o Inquérito também precisa se adaptar ao moderno sistema jurídico-dogmático de aproximação consensual entre o interesse público e o privado e não mais de oposição ou sobreposição de um ao outro.

Os movimentos legislativos tendentes a abrir o Inquérito Civil Público para a participação do cidadão não permitem mais que ele seja considerado "mero procedimento". A inclusão moderada do contraditório e da ampla defesa no rito do ICP torna-o subordinado aos incisos LIV e LV do art. 5º da Constituição Federal. Perde sentido, portanto, o debate semântico sobre a conformação dos atributos do Inquérito às terminologias adotadas pela Constituição.

A consolidação do acordo administrativo no ordenamento jurídico brasileiro impõe a revisão teórica de institutos clássicos do Direito Público, como o Inquérito Civil Público. Assim, considerado como etapa administrativa antecedente ao TAC (fase de pré-acordo), o Inquérito precisa ampliar o seu campo de atuação, deixando de ser mero procedimento probatório voltado a subsidiar eventual ação judicial para assumir protagonismo no âmbito da Administração Pública consensual enquanto momento de diálogo e de negociação público-privada.

Essa nova função do ICP estende-se também ao pós-acordo, na medida em que a participação negocial por ele garantida deverá ser mantida durante a execução do TAC. A reserva de consensualidade, com o reposicionamento da autoridade para os casos em que a busca pelo diálogo houver sido frustrada, exige que no Termo de Ajustamento de Conduta esteja prevista cláusula de não-surpresa contemplando expressamente a vinculação das partes aos princípios da segurança jurídica e da confiança legítima, materializada pela previsão das soluções jurídicas negociais a serem adotadas pelo Ministério Público antes de agir com autoridade para punir eventual inadimplemento.

REFERÊNCIAS

CABRAL DE MONCADA, Luiz S. Autoridade e Consenso na Teoria do Acto Administrativo. Coimbra: Coimbra Editora, 2014.

CANOTILHO, José Joaquim Gomes. Direito constitucional e teoria da constituição. 7ª ed. Coimbra: Almedina, 2003.

CANOTILHO, Ulisses Dias de. Uma leitura constitucional do inquérito civil. Boletim Científico ESMPU, Brasília, a. 13 – n. 42-43, p. 367-402 – jan./dez. 2014.

CASSESE, Sabino. A crise do Estado. Trad. Ilse Paschoal Moreira e Fernanda Landucci Ortale. Campinas: Saberes Editora, 2010.

CATALÀ, Joan Prats i. De la burocracia al management, Del management a la gobernanza. Las transformaciones de las Administraciones Públicas de nuestro tiempo. Madrid: Instituto Nacional de Administración Pública, 2005.

FERRAZ, Sérgio; DALLARI, Adilson Abreu. Processo administrativo. 3ª ed. São Paulo: Malheiros, 2012.

GABBAY, Daniela Monteiro. Mediação & Judiciário no Brasil e nos EUA. Condições, Desafios e Limites para a institucionalização da Mediação no Judiciário. Brasília: Gazeta Jurídica, 2013.

GRINOVER, Ada Pellegrini. Do direito de defesa em inquérito administrativo. Revista de Direito Administrativo. Rio de Janeiro, 183:9-18, jan./mar. 1991.

_____. Inquérito Civil: contraditório e "prova inequívoca" para fins de antecipação de tutela. Revista Espaço Jurídico. Joaçaba, v. 12, n. 2, p. 313-324, jul./dez. 2011.

JORGE, André Guilherme Lemos. Inquérito civil: contraditório e ampla defesa – sobre a efetividade dos princípios constitucionais. 1ª ed. 2ª reimp. Curitiba: Juruá, 2011.

LEWANDOWVSKI, Ricardo. Conceito de devido processo legal anda esquecido nos últimos tempos. Disponível em: https://www.conjur.com.br/2017-set-27/lewandowski-conceito-devido-processo-legal-anda-esquecido. Acesso em 18 de maio de 2019.

LIMA, Mariana Sciesleski de. Fundamentos para uma Administração Pública dialógica. Revista Perspectiva, Erechim, v. 34, n. 126, p. 73-84, junho. 2010.

MACHETE, Pedro. Estado de Direito Democrático e Administração Paritária. Coimbra: Almedina, 2007.

MAZZILLI, Hugo Nigro. O inquérito civil: investigações do Ministério Público, compromissos de ajustamento e audiências públicas. São Paulo: Saraiva.

MEDAUAR, Odete. O direito administrativo em evolução. São Paulo: Editora Revista dos Tribunais, 1992.

_____. Processualidade no Direito Administrativo. 2ª ed. São Paulo: Revista dos Tribunais, 2008.

MEIRELLES, Hely Lopes. Direito Administrativo Brasileiro. 42º ed. São Paulo: Malheiros, 2016.

MIRAGAYA, Rodrigo Bracet. A proteção da confiança legítima como princípio fundamental no Direito Administrativo atual. Dissertação (Mestrado em Direito). 2010. 221 f. Faculdade de Direito da Universidade de São Paulo, Universidade de São Paulo, São Paulo.

MOREIRA, Egon Bockmann. Processo administrativo. Princípios Constitucionais e a Lei 9784/1999. 4ª ed. Malheiros, 2010.

NOAH, Lars. Administrative arm-twisting in the shadow of Congressional delegations of authority. Wisconsin Law Review, 1997.

OLIVEIRA, Gustavo Henrique Justino de. "Convênio é acordo, mas não é contrato": contributo de Hely Lopes Meirelles para a evolução dos acordos administrativos no Brasil. In: JUSTEN FILHO, Marçal et al. (orgs). O Direito administrativo na atualidade: estudos em homenagem ao centenário de Hely Lopes Meirelles (1917-2017), defensor do Estado de Direito. São Paulo: Malheiros, 2017.

OLIVEIRA, Gustavo Henrique Justino de; SCHIEFLER, Gustavo Henrique Carvalho. Justa causa e juízo de prelibação (admissibilidade) na ação de Improbidade Administrativa: proteção e preservação dos direitos e garantias dos requeridos frente à busca de maior eficiência judicial no combate à corrupção na era da Operação Lava Jato. Revista Síntese: Direito Administrativo, São Paulo, v. 12, n. 141, p. 311-326, set. 2017.

Palma, Juliana Bonacorsi de. Devido processo legal na consensualidade administrativa. In: Schirato, Vitor Rhein (coord). Estudos atuais sobre ato e processo administrativo. Rio de Janeiro: Lumen Juris, 2017.

_____. Sanção e acordo na administração pública. São Paulo: Malheiros, 2015.

Patti, Loredana. Gli accordi tra i privati e la pubblica amministratizione. Tese (Doutorado em Direito). 2011. 230 f. Facoltà di Scienze Politiche, Università degli Studi di Catania, Catania, Itália.

Pires, Luis Manuel Fonseca. A estabilidade como atributo do ato administrativo. In: Valim, Rafael; Oliveira, José Roberto Pimenta; Dal Pozzo, Augusto Neves (Coord.). Tratado sobre o princípio da segurança jurídica no direito administrativo. Belo Horizonte: Fórum, 2013.

Queiroz, Ronaldo Pinheiro de. A eficácia probatória do Inquérito Civil no processo judicial: uma análise crítica da jurisprudência do STJ. Revista de Processo, São Paulo, v. 32, n. 146, p. 189-204, abr. 2007.

Reuben, Richard. Constitutional Gravity: a Unitary Theory of Alternative Dispute Resolution and Public Civil Justice. UCLA. Rev., vol. 47.

Santos, Bruno Grego dos. Transação extrajudicial na Administração Pública. Tese (Doutorado em Direito). 2015. 348 f. Faculdade de Direito da Universidade de São Paulo, Universidade de São Paulo, São Paulo.

Silva, Almiro do Couto e. Os indivíduos e o Estado na realização das tarefas públicas. Revista de Direito Administrativo, Rio de Janeiro, v. 209, p. 43-70, jul./set. 1997.

_____. O princípio da segurança jurídica (proteção à confiança) no direito público brasileiro e o direito da administração Pública de anular seus próprios atos administrativos: o Prazo decadencial do art. 54 da lei do processo Administrativo da união (lei n° 9.784/99). Revista de Direito Administrativo, Rio de Janeiro, 237, p. 271-315, jul./set. 2004.

Tucci, Rogério Lauria. Devido Processo Penal e alguns dos seus mais importantes corolários. Revista Da Faculdade De Direito, Universidade De São Paulo, 88, 463-484.

_____. Ação civil pública: abusiva utilização pelo Ministério Público e distorção pelo Poder Judiciário. In: Wald, Arnoldo (coord.). Aspectos polêmicos da ação civil pública. 2ª ed. São Paulo: Saraiva, 2007.

Zaneti Júnior, Hermes; Alves, Gustavo Silva. Inquérito Civil, Contraditório e Improbidade Administrativa: um diagnóstico crítico dos precedentes das Cortes Supremas brasileiras. Revista Eletrônica de Direito Processual – REDP. Rio de Janeiro. Ano 10. Volume 17. Número 2. Julho a Dezembro de 2016.

4. O que fazer quando o "Fiscalizador-Controlador" assume a Gestão Pública no Lugar do Gestor? O Acordo Administrativo "sitiado" e o Problema da Ineficiência e da Responsabilização na Administração pelo Ministério Público

Laura Mendes Amando de Barros

Introdução

A hipertrofia do Executivo[1], resultante inclusive do processo de redemocratização do país pós 1988, acabou por gerar uma série de demandas, tanto por parte dos demais poderes e instituições quanto da população em geral.

Situações que muitas vezes resvalavam em apropriação do público por um governo em particular, com o consequente comprometimento

---

[1] Na lição de Braga: "(...) a ampliação das funções do Estado e a exigência contínua de adoção de medidas no âmbito econômico e social impõem atuação mais rápida, portanto, incompatível com a lentidão do processo legislativo. Daí a supremacia real do Executivo em todos os países na atualidade; o Executivo passou a ter atividade legislativa intensa, inclusive por atribuição constitucional do poder legislativo, como é o caso das medidas provisórias." (2010, p. 110)

da legitimidade e responsividade – e, portanto juridicidade[2] – da atuação administrativa deram azo a diversos movimentos tendentes à limitação, ao controle, à contenção de tal exacerbação.

O uso desmesurado – e desbordante da legalidade – das competências discricionárias atuaram como catalizador para iniciativas e posturas voltadas a uma perene contenção do poder – ainda tido por muitos gestores, de forma equivocada e dissociada dos princípios constitucionais regentes da atividade administrativa –, como ilimitado.

Trata-se de demanda, inclusive, da própria sociedade, cada vez mais exigente de uma participação efetiva com relação às escolhas públicas, à formulação de políticas, sua implementação e conferência de resultados.

Assim ganharam destaque as demandas e mecanismos de transparência, de total abertura não só do governo, mas do Estado.

Avançaram também os órgãos de controle, sempre no sentido de contenção, de limitação da área de livre atuação do administrador/gestor público.

Não obstante a lógica – inclusive contextual – de tais movimentos, constata-se por vezes certo excesso: órgãos e instituições constitucionalmente incumbidos da fiscalização e controle denotando a intenção de se imiscuir, de se adonar das competências constitucional e democraticamente atribuídas ao Executivo, invadindo seu campo de liberdade de escolhas e não raro paralisando a sua capacidade de efetiva e eficientemente governar, desenvolver e implementar políticas públicas.

Diante de tal cenário, imperioso repensar o verdadeiro papel dos órgãos de controle, seus limites de atuação e as consequências de seus eventuais desbordamentos.

Justamente a essas reflexões se presta este artigo, dedicado a incrementar o debate e promover aprofundamento da compreensão de tão importantes questões.

---

[2] "O princípio da juridicidade, como já o denominava Adolf Merkl, em 1927, engloba, assim, três expressões distintas: o princípio da legalidade, o da legitimidade e o da moralidade, para alterar-se como o mais importante dos princípios instrumentais, informando, entre muitas teorias de primacial relevância na dogmática jurídica, a das relações jurídicas, a das nulidades e a do controle da juridicidade O princípio da juridicidade corresponde ao que se enunciava como um 'princípio da legalidade', se tomado em sentido amplo, ou seja, não se o restringindo à mera submissão à lei, como produto das fontes legislativas, mas de reverência a toda a ordem jurídica." (MOREIRA NETO, 2009, p. 85).

1. O papel constitucional do Ministério Público e a sua atuação extrajudicial

Os órgãos de controle em geral – e em especial os órgãos de controle externo – tem por atribuição precípua acompanhar, avaliar e eventualmente reprimir desvios relacionados ao desempenho da função administrativa, de forma tanto preventiva quanto concomitante e *a posteriori*.

Com relação ao Ministério Público, a Constituição Federal atribui-lhe a incumbência de *defesa da ordem jurídica, do regime democrático e dos interesses sociais e individuais indisponíveis* (artigo 127).

Suas funções institucionais estão consagradas no artigo 129 da Carta Maior.

O seu espectro de atuação abarca tanto a esfera judicial quanto a extrajudicial – sendo esta última ainda vista com pouca intimidade por grande parte da sociedade e mesmo dos operadores de Direito e agentes públicos.

As atividades desenvolvidas nesse último âmbito têm natureza jurídica administrativa:

> Os membros do Ministério Público comumente referem-se a essa atuação nomeando-a de extrajudicial. Todavia, a natureza jurídica a atuação extrajudicial nada mais é do que exercício de função administrativa. (RIBEIRO, 2010, p. 342)

Como tal, está sujeita a limites intransponíveis, inclusive nas hipóteses de ação discricionária (RIBEIRO, 2010, p. 343), conforme mais adiante se verá.

Envolvem instrumentos como o compromisso de ajustamento de conduta[3] (artigo 5º, parágrafo 6º da Lei federal n. 7.347/85), a competência para fiscalizar o cadastro de pretendentes à adoção (artigo 50, parágrafo 12 da Lei federal n. 8.069/90), para referendar acordos extrajudiciais (artigo 57, parágrafo único da Lei federal n. 9.099/95) e para defender os interesses dos idosos (artigos 17, 19, 45, 50, XIII, 52, 60 e 74 da Lei federal n. 10.741/09).

---

[3] Dispõe a Resolução n. 23 do CNMP: "Art. 14. O Ministério Público poderá formar compromisso de ajustamento de conduta, nos casos previstos em lei, com o responsável pela ameaça ou lesão aos interesses ou direitos mencionados no artigo 1º desta Resolução, visando à reparação do dano, à adequação da conduta às exigências legais ou normativas e, ainda, à compensação e/ou indenização pelos danos que não possam ser recuperados."

Dignas de destaque, ainda, as recomendações exaradas pelo órgão ministerial a entidades públicas e privadas, com vistas a assegurar direitos e interesses juridicamente protegidos, e que encontram fundamento nos artigos 27 da Lei federal n. 8.625/93[4] (Lei Orgânica Nacional do Ministério Público) e 6º da LC n. 75/93[5] (Lei Orgânica do Ministério Público da União).

Não gozam de caráter coercitivo (seu eventual acatamento tem base consensual), atuando como uma sinalização explícita do entendimento do MP sobre determinados pontos – o que em última análise pode vir a facilitar a caracterização de culpa/dolo em um eventual processo de responsabilização do gestor por desvios ou irregularidades.

Há ainda as notificações (convocações a pessoas físicas ou jurídicas para que prestem esclarecimentos, depoimentos ou declarações) e requisições (determinação coercitiva a pessoas físicas ou jurídicas para entrega de documentos, realização de atos ou adoção de comportamentos), previstas no artigo 129, VI e VIII da CF[6] e regulamentadas pelas já referidas leis orgânicas Nacional do Ministério Público e do Ministério Público da União[7].

---

[4] Art. 27. Cabe ao Ministério Público exercer a defesa dos direitos assegurados nas Constituições Federal e Estadual, sempre que se cuidar de garantir-lhe o respeito: I – pelos poderes estaduais ou municipais; II – pelos órgãos da Administração Pública Estadual ou Municipal, direta ou indireta; III – pelos concessionários e permissionários de serviço público estadual ou municipal; IV – por entidades que exerçam outra função delegada do Estado ou do Município ou executem serviço de relevância pública. Parágrafo único. No exercício das atribuições a que se refere este artigo, cabe ao Ministério Público, entre outras providências: (...) IV – promover audiências públicas e emitir relatórios, anual ou especiais, e recomendações dirigidas aos órgãos e entidades mencionadas no caput deste artigo, requisitando ao destinatário sua divulgação adequada e imediata, assim como resposta por escrito.

[5] Art. 6º. Compete ao Ministério Público da União: (...) XX – expedir recomendações, visando à melhoria dos serviços públicos e de relevância pública, bem como ao respeito aos interesses, direitos e bens cuja defesa lhe cabe promover, fixando prazo razoável para a adoção das providências cabíveis.

[6] Art. 129. São funções institucionais do Ministério Público: VI – expedir notificações nos procedimentos administrativos de sua competência, requisitando informações e documentos para instruí-los, na forma da lei complementar respectiva; VIII – requisitar diligências investigatórias e a instauração de inquérito policial, indicados os fundamentos jurídicos de suas manifestações processuais.

[7] Lei nº 8.625 de 1993: Art. 26. No exercício de suas funções, o Ministério Público poderá: I – instaurar inquéritos civis e outras medidas e procedimentos administrativos pertinentes e, para instruí-los: a) expedir notificações para colher depoimento ou esclarecimentos e, em

Muito em voga nos dias atuais é o instrumento do acordo de leniência, previsto na Lei federal n. 12. 846/15, e que tem como sujeitos pessoas jurídicas que de alguma forma tenham praticado ato contemplado na Lei Anticorrupção[8] (Lei federal n. 12.846/15).

O texto legal que o disciplina já não traz qualquer previsão de formalização pelo Ministério Público[9] [10] – o que não tem sido empecilho

caso de não comparecimento injustificado, requisitar condução coercitiva, inclusive pela Polícia Civil ou Militar, ressalvadas as prerrogativas previstas em lei; b) requisitar informações, exames periciais e documentos de autoridades federais, estaduais e municipais, bem como dos órgãos e entidades da administração direta, indireta ou fundacional, de qualquer dos Poderes da União, dos Estados, do Distrito Federal e dos Municípios; c) promover inspeções e diligências investigatórias junto às autoridades, órgãos e entidades a que se refere a alínea anterior; II – requisitar informações e documentos a entidades privadas, para instruir procedimentos ou processo em que oficie; III – requisitar à autoridade competente a instauração de sindicância ou procedimento administrativo cabível; IV – requisitar diligências investigatórias e a instauração de inquérito policial e de inquérito policial militar, observado o disposto no art. 129, inciso VIII, da Constituição Federal, podendo acompanhá-los. Lei Complementar nº 75 de 1993: Art. 8º. Para o exercício de suas atribuições, o Ministério Público da União poderá, nos procedimentos de sua competência: I – notificar testemunhas e requisitar sua condução coercitiva, no caso de ausência injustificada; II – requisitar informações, exames, perícias e documentos de autoridades da Administração Pública direta ou indireta; III – requisitar da Administração Pública serviços temporários de seus servidores e meios materiais necessários para a realização de atividades específicas; IV – requisitar informações e documentos a entidades privadas; (...) VII – expedir notificações e intimações necessárias aos procedimentos e inquéritos que instaurar; (...) IX – requisitar o auxílio de força policial. (...) § 2º Nenhuma autoridade poderá opor ao Ministério Público, sob qualquer pretexto, a exceção de sigilo, sem prejuízo da subsistência do caráter sigiloso da informação, do registro, do dado ou do documento que lhe seja fornecido. § 3º A falta injustificada e o retardamento indevido do cumprimento das requisições do Ministério Público implicarão a responsabilidade de quem lhe der causa.

[8] Vale registrar a existência de grandes discussões acerca a possibilidade – ou não – de formalização de acordos de leniência no âmbito da Lei de Improbidade Administrativa, às quais nos furtaremos a adentrar, vez que não são objeto do presente.

[9] A única referência ao órgão ministerial em sede do processo administrativo consta de artigo 15 da Lei: "Art. 15. A comissão designada para apuração da responsabilidade de pessoa jurídica, após a conclusão do procedimento administrativo, dará conhecimento ao Ministério Público de sua existência, para apuração de eventuais delitos."

[10] Digna de menção, ainda, "decisão do Tribunal Regional Federal (TRF) da 4ª Regi]ao que afirma que o Ministério Público Federal não tem competência nem legitimidade para sozinho fazer acordos de leniência envolvendo atos de improbidade administrativa vez que é preciso a participação da Advocacia-Geral a União (AGU) e da Controladoria-Geral da União (CGU), pois a instituição não tem poder para dispor do patrimônio público (MOURA; ARAUJO; BULLA, 2017)". (BERNARDINO, 2018, p. 57)

para a sua atuação direta nesse contexto: não são raros os exemplos de acordos dessa espécie formalizados com o órgão ministerial, como se vê, inclusive, da Operação Lava-jato. (OLIVEIRA, 2017)

Tal prática toma por base a teoria dos poderes implícitos, anteriormente invocada como um dos fundamentos para reconhecimento de prerrogativas investigatórias do MP (na medida em que se lhe outorga competência para agir na esfera judicial, inclusive quanto às sanções administrativas – na hipótese de omissão do órgão público em promover a sua aplicação[11] – sua legitimidade para atuação na esfera administrativa seria decorrência natural).

Independente da concordância – ou não – com essa tese, de se considerar que, de forma ainda mais direta, tendo em vista a explícita outorga de competência legal às autoridades máximas de cada órgão ou entidade da Administração Pública para a subscrição desses acordos, não há que se admitir qualquer postura coercitiva ou de ameaça por parte do órgão ministerial: considerada a natureza consensual do ato, a voluntariedade e efetiva aceitação e concordância com as condições estabelecidas devem ser genuínas.

Realmente, a livre manifestação de vontade, o estabelecimento de um efetivo encontro de interesses e entendimentos é essencial a essa classe de atos.

Sua relativização, comprometimento ou a captação da vontade de algum dos partícipes leva à sua inevitável nulidade.

Sob outro ângulo, a nulidade poderá decorrer, ainda, de mais um fator: a ausência de competência da instituição ministerial para a tomada de decisões e prática de atos relacionados a opções originariamente inseridas na esfera de atribuições do gestor público.

Nesse sentido, e considerando ser a competência (ou sujeito competente e capaz) um dos elementos constitutivos dos atos administrativos (juntamente com o objeto, a forma, a finalidade, o motivo e a finalidade[12]),

---

[11] Artigo 20 da Lei Anticorrupção: "Nas ações ajuizadas pelo Ministério Público, poderão ser aplicadas as sanções previstas no art. 6º, sem prejuízo daquelas previstas neste Capítulo, desde que constatada a omissão das autoridades competentes para promover a responsabilização administrativa."
[12] DI PIETRO, 2001, p. 187.

inquestionável da sua ausência decorrer a ilegalidade[13] – e portanto nulidade – do ato.

É o que se dessume, inclusive, do artigo 2º da Lei Federal n. 4.717/65[14], que, ao elencar os motivos determinantes da nulidade dos atos lesivos ao patrimônio público, faz referência expressa e específica justamente à incompetência.

Maculada ou impropriamente exercida a lógica de distribuição de funções, inafastável o comprometimento do ato.

Tal lógica se aplica a toda e qualquer ação consensual do *Parquet* em que se observe coerção ou captação da vontade do agente competente, pela óbvia razão de se fundamentarem, justamente, no consenso – efetivo, palpável, real, nos termos da abordagem desenvolvida no tópico seguinte.

2. Consensualidade – efetiva ou *pro forma*? – e o princípio da separação de poderes

Conforme já assinalado no decorrer do presente, tanto as recomendações quanto os acordos de leniência e os compromissos de ajustamento de conduta encontram fundamento na consensualidade: exatamente em razão da ausência de coercibilidade, imprescindível se faz, para a sua efetivação, uma postura de concordância, de submissão voluntária.

Quanto a esse aspecto, cumpre perquirir se tal consenso efetivamente existe, se tais negócios – e as relações que a partir deles se estabelecem

---

[13] "Será ilegal o ato praticado por quem não seja detentor das atribuições fixadas na lei e também quando o sujeito o pratica exorbitando de suas atribuições." (DI PIETRO, 2001, p. 220).

[14] Art. 2º São nulos os atos lesivos ao patrimônio das entidades mencionadas no artigo anterior, nos casos de: a) incompetência; b) vício de forma; c) ilegalidade do objeto; d) inexistência dos motivos; e) desvio de finalidade. Parágrafo único. Para a conceituação dos casos de nulidade observar-se-ão as seguintes normas: a) a incompetência fica caracterizada quando o ato não se incluir nas atribuições legais do agente que o praticou; b) o vício de forma consiste na omissão ou na observância incompleta ou irregular de formalidades indispensáveis à existência ou seriedade do ato; c) a ilegalidade do objeto ocorre quando o resultado do ato importa em violação de lei, regulamento ou outro ato normativo; d) a inexistência dos motivos se verifica quando a matéria de fato ou de direito, em que se fundamenta o ato, é materialmente inexistente ou juridicamente inadequada ao resultado obtido; e) o desvio de finalidade se verifica quando o agente pratica o ato visando a fim diverso daquele previsto, explícita ou implicitamente, na regra de competência.

– são de fato marcados pela sujeição espontânea do administrador às pretensões do órgão de controle.

Todos os atos praticados a partir do consenso pressupõem a existência de uma liberdade de agir e decidir: somente pode optar por aderir a orientações ou regime quem tem atribuição de gerir o assunto e autonomia para aceder à proposta do Ministério Público.

Ocorre que, em razão das próprias competências institucionais do *Parquet*, muitas vezes a sua proposta finda por assumir a dimensão de verdadeira imposição – sob pena de o agente, em caso de não concordância com os parâmetros apresentados, vir a ser responsabilizado, inclusive pessoalmente.

Colocando de outra forma, a entidade responsável por apresentar as condições, as orientações e eventuais reprimendas é a mesma que goza da faculdade de acionar os agentes públicos com fundamento nos mais diversos sistemas de controle e combate a desvios (improbidade administrativa; combate à corrupção; aspectos criminais etc) – fato esse que, por si só, pode ser interpretado como um fator de intimidação.

E qualquer comprometimento, qualquer perturbação da esfera de liberdade, de livre opção, finda por macular os atos decorrentes de forma insanável pela falta de seu elemento mais fundamental: a liberdade para aceitar – ou não – o que foi proposto[15]:

> Para ser celebrado, o TAC exige uma negociação prévia entre as partes interessadas com o intuito de definir o conteúdo do compromisso, não podendo o Ministério Público ou qualquer outro ente ou órgão público legitimado impor sua aceitação. (FARIAS, 2007, p. 121).

O Superior Tribunal de Justiça já teve oportunidade de consagrar expressamente tal premissa:

> (...) o Termo de Ajustamento, por força de lei, encerra transação para cuja validade é imprescindível a presença dos elementos mínimos de existência, validade e eficácia à caracterização deste negócio jurídico.

---

[15] Nesse sentido: "A consensualidade é imprescindível porque não é dada ao Ministério Público a possibilidade de aplicação direta e imediata de soluções e sanções legais, a não ser pela concordância do interessado e/ou pelo concurso do Poder Judiciário". (PIRES, 2014, p. 144)

(...) Consectariamente, é nulo o título subjacente ao termo de ajustamento de conduta cujas obrigações não foram livremente pactuadas (...). (STJ. RESP n. 802-060/RS. Rel. Min. Luiz Fux)

No caso em tela, o reconhecimento do comprometimento da consensualidade decorreu do fato de o 'convite' para a 'negociação' do compromisso se dar sob pena de crime de desobediência; de a signatária não haver sido acompanhada por advogado; de, uma vez nomeado advogado, a signatária articular a nulidade do 'acordo', justamente pela sua total falta de opção e liberdade em aceitar – ou não – os termos impostos.

Não fosse isso, a consensualidade desponta como condição essencial da adesão, da fiel observância e cumprimento das bases e orientações traçadas: se não houve concordância real como que ficou estabelecido, a chance dos órgãos sujeitos ao controle não cumprirem o acordo são imensas:

> A participação na formação da decisão daqueles que por ela se obrigarão é uma nota relevante para o sucesso dessa justiça consensual. O transgressor ou iminente transgressor tem necessariamente seu ponto de vista considerado na elaboração das cláusulas do ajuste, o que pode ser fundamental para que não venha a descumpri-lo. Ao reconhecer que deve assumir tais obrigações, de forma espontânea e sem uma ordem de autoridade, o sistema o admite na formulação do compromisso, ainda que a margem de conformação da justa forma de conciliação seja pequena, devido às características já anotadas da tutela desses direitos. (RODRIGUES, 2002, p. 131)

Desvios tais constituem, sob outro ângulo, grave ofensa ao princípio da separação de funções, essencial ao bom funcionamento da democracia[16].

---

[16] Nas palavras de ROMANO: "O Ministério Público não tem esse direito, a constituição não lhe dá esse direito – nem poderia. Ele tem como função acompanhar o exercício correto dos Três Poderes e da própria sociedade, mas não tem o direito de ditar normas e ditar caminhos para essa sociedade. Isso é usurpação de soberania. O Ministério Público, muitas vezes, se arroga um poder que não foi conferido pelo voto. (...) Somente quando os três Poderes estão operando juntos, em uma harmonia intensa, é que o resultado será a soberania. O que temos notado é que o Ministério Público tem ido além dessa harmonia tensa. Ele tem caído na

Realmente, ao se aceitar a exacerbada ingerência de um 'poder' sobre o outro, de uma instituição sobre a outra, com sobreposição de suas convicções sobre as do gestor público 'aderente' ao ato conformador, toda a lógica constitucional de freios e contrapesos, de equilíbrio e controle cai por terra.

A devassa do Executivo para além dos parâmetros constitucionais[17], com invasão de suas típicas competências não é somente antijurídica: é também antidemocrática, posto que comprometedora da lógica de ação pública e controle constitucionalmente fixada.

Nessas circunstâncias, e tendo em vista o disposto no artigo 5º, XXXV[18] da CF, poderá sempre o Judiciário ser chamado a interferir para potencialmente declarar a nulidade do ato, justamente em decorrência do comprometimento dos seus elementos basilares, quais sejam, o consenso e a competência para agir.

Será dado ao órgão judicial avaliar não apenas sua legalidade *stricto sensu*, mas também a sua juridicidade, a sua compatibilidade com o ordenamento jurídico como um todo, levando em conta, inclusive, os princípios e postulados. (PIRES, 2014, p. 149)

Foi o que se deu em recentíssimo exemplo em que a atuação do Ministério Público parece haver desbordado das suas funções constitucionais.

O fato se deu no âmbito da Operação Lava Jato, com relação aos problemas e desvios constatados na Petrobrás.

Ocorre que, tendo em vista as repercussões internacionais do escândalo de corrupção, especialmente nos Estados Unidos (cuja legislação

---

tentação de transformar a sua autonomia numa soberania, nessa tutelagem do cidadão." (in BERNARDINO, 2018, p. 60)

[17] "São frequentes as reclamações de agentes públicos (procuradores, secretário, gestores e chefes do Poder Executivo) sobre a atuação incisiva e desproporcional do *parquet* na atuação administrativa, seja pela imposição de inquéritos civis e Termos de Ajustamento de Conduta contra seus atos seja pela propositura de ações civis públicas e de improbidade administrativa quando discorda da implementação de determinadas decisões e da execução de serviços ou obras públicas. O espaço de discricionariedade administrativa conferido ao gestor público está sendo cada vez mais reduzido, pois, não raramente, os critérios de conveniência e oportunidade são questionados ou impostos pelo *parquet* de acordo com o entendimento pessoal e os valores subjetivos do membro, com excesso de poder." (BERNARDINO, 2018, p. 71)

[18] XXXV – a lei não excluirá da apreciação do Poder Judiciário lesão ou ameaça a direito.

anticorrupção alcança indistintamente empresas nacionais e estrangeiras, que atuem diretamente em seu território ou não, bastando para tanto que os reflexos dos desvios se façam de alguma forma sentir naquela jurisdição), a Petrobrás firmou em setembro de 2018 dois acordos com o Departamento de Justiça americano (DOJ) e a Securities and Exchange Commission (SEC, comissão de valores mobiliários): *Non-Prosecution Agreement* e *Cease and Desist Order*.

Por meio de tais instrumentos evitou-se processo contra a estatal nos EUA e ficou estabelecido que a empresa, além de reconhecer as irregularidades perpetradas[19], estaria obrigada ao pagamento de multa pecuniária, da qual oitenta por cento (cerca de 2,5 bilhões de reais) seriam destinados ao Brasil em contrapartida à assunção de compromisso de enviar relatórios periódicos sobre as novas políticas de governança interna e outros documentos eventualmente solicitados pelas autoridades americanas.

Apesar de o destinatário desse montante haver sido claramente fixado no acordo com as autoridades americanas[20] – o Estado brasileiro,

---

[19] "Petrobras accepts responsibility under United States law for the wrongful acts set forth above taken by the Petrobras executives and officers, and admits that those acts meet the vicarious liability and respond at superior standard for corporate criminal wrongdoing under United States law and as a result, Petrobras violated all of the elements of the books and records and internal controls provisions under Title 15, United States Code, Sections 78m, 78ff." (cláusula 52)

[20] O documento faz referência a 'autoridades brasileiras'. Não obstante diversas figuras exerçam internamente esse papel, inconteste que, em um contexto externo, de que participam outros Estados, a única interpretação plausível é aquela que relaciona a expressão com aquelas capazes de representar o país nesse nível, que estejam investidas na capacidade de exercer, em nome do Brasil, os poderes inerentes à sua soberania. "(I) accordingly, after considering (a) through (k) above, the Fraud Section and the Office believe that the appropriate resolution of this case is a non-prosecution agreement with the Company, and a criminal penalty with an aggregate discount of 25% off of the bottom of the U.S. Sentencing Guidelines fine range; that the Fraud Section and the Office will credit 80% of the criminal penalty against the amount the **Company pays to Brazilian authorities, pursuant to their resolution**, and 10% of the criminal penalty against the civil penalty imposed by the SEC. Based on the Company's remediation and the state of its compliance program, the Company's agreement to report to the Fraud Section and the Office as set forth in Attachment C to this Agreement (Corporate Compliance Reporting), and the fact that the Company is based in Brazil and will separately be entering into a resolution with Brazil and will be subject to oversight by Brazilian authorities, including Brazil's Tribunal de Contas da União and omissão de Valores Mobiliários, the Fraud Section and the Office determined that an

corporificado por meio da União, única entidade investida na capacidade de representar o país externamente e exercer os poderes inerentes à soberania nacional –, pretendeu o Ministério Público Federal, por meio da força-tarefa dedicada ao assunto, se arvorar à condição de seu gestor.

Tal pretensão se concretizou em janeiro de 2019 por meio de um Acordo de Assunção de Compromisso – instrumento tipicamente consensual, com as características e ressalvas até aqui apontadas –, homologado pela 13ª Vara Federal de Curitiba em 25 de fevereiro[21].

Segundo esse Acordo, do montante total destinado ao Brasil (ou seja, oitenta por cento do acordado com as autoridades americanas), metade destinar-se-ia a um fundo patrimonial a ser gerido por fundação de direito privado, constituído em parceria com entidades da sociedade civil e voltado, primordialmente, à promoção e implementação de medidas de combate à corrupção.

A outra metade deveria subsidiar o ressarcimento dos acionistas que ingressaram com demandas (judiciais ou arbitrais) até outubro de 2017[22]. Nesta segunda hipótese, caso o valor não tivesse sido integralmente usufruído no prazo de cinco anos, o saldo seria transferido para o fundo.

Ora, tais condições não foram contempladas nos acordos originais, formalizados com as autoridades americanas.

---

independent compliance monitor was unnecessary." Para além desse argumento, vem a diluir todas as eventuais dúvidas outro dispositivo, que faz referência específica e clara a 'Brasil' (mais uma vez, personificado nos agentes da União federal): "The Fraud Section and the Office agree to credit the remaining amount of the Total Criminal Penalty against the amount the Company **pays to Brazil**, up to 80 percent of the Total Criminal Penalty, equal to $682,560,000, and the amount the Company pays to the SEC as a civil penalty, up to 10 percent of the Total Criminal Penalty, equal to $85,320,000."

[21] Em razão de representação apresentada por parlamentares do Partido dos Trabalhadores – PT e do Partido Republicano da Ordem Nacional – PROS, determinou o Corregedor Nacional de Justiça a instauração, pelo Corregedoria-Geral de Justiça do Tribunal Regional Federal da 4ª Região procedimento para apuração dos fatos em face da juíza federal substituta Gabriela Hardt, responsável pela decisão.

[22] "2.3. A destinação do valor depositado no Brasil será a seguinte: (...) 2.3.2. 50% (cinquenta por cento) para a satisfação de eventuais condenações ou acordos com acionistas que investiram no mercado acionário brasileiro e ajuizaram ação de reparação. inclusive arbitragens, até a data de 08 de outubro de 2017, sendo certo que a reserva desse montante para tal finalidade não limita a eventual responsabilidade da PETROBRAS em demandas judiciais e arbitrais decorrentes de possíveis prejuízos ocasionados a seus acionistas;".

Fora de propósito, portanto, e na linha do que se explicitou até o momento, a pretensão do Ministério Público de criar, *a posteriori*, condições a incidirem sobre ato de que não foi parte, e de modo a gerar limitações e condições inéditas à destinação dos valores.

Em 12 de março do corrente, a Procuradoria Geral da República propôs junto ao Supremo Tribunal Federal Arguição de Descumprimento de Preceito Fundamental, com vistas à invalidação da decisão homologatória do acordo e, portanto, em última instância, do próprio ato (ADPF 568-PR)[23].

Os fundamentos invocados foram, em linhas gerais, e justamente, o exercício pelo próprio Ministério Público de *funções estranhas ao seu escopo de função essencial à justiça*, determinante de

> (...) vício de inconstitucionalidade, pois a forma de homologação, constituição e execução da avença afronta a Constituição Federal por descumprir preceitos fundamentais do ordenamento jurídico pátrio; entre esses, e principalmente, a separação de poderes e funções do Estado, a constitucionalidade, a legalidade, a independência e a impessoalidade, que devem pautar as ações dos membros do Ministério Público. (PGR, 2019, p. 15)

Articula ainda como causa comprometedora a higidez do Acordo o fato de que:

> (...) atribui a um órgão do Estado brasileiro – o Ministério Público Federal – o desempenho de função e obrigações que extrapolam os limites constitucionais de sua atuação e que implica verdadeira concentração de poderes entre a atividade de investigar e atuar finalisticamente nos processos judiciais e de executar um orçamento bilionário, cuja receita provém de acordo internacional do qual não é parte nem interessado, viola princípios fundamentais do Estado Democrático de Direito, notadamente o da separação de poderes, além dos demais preceitos fundamentais indicados no preâmbulo desta petição. (Idem, p. 7)

---

[23] Com o mesmo objeto, e fundamentos praticamente idênticos, protocolou a Mesa da Câmara dos Deputados a Reclamação n. 33. 667. Ambas serão analisadas conjuntamente, conforme determinação do Ministro Relator Alexandre de Moraes quando da apreciação do pedido de liminar formulado na ADPF.

Em 15 de março o Supremo Tribunal Federal se manifestou por decisão do Ministro Relator Alexandre de Morais, pela suspensão liminar da decisão homologatória do acordo e eventual criação do fundo, com o congelamento dos valores depositados.

O fundamento foi, uma vez mais, a carência de competência do Ministério Público quanto à criação da fundação e decisões atinentes à destinação dos valores, decisões essas adstritas ao arbítrio da União Federal[24], com a usurpação de prerrogativas.

Não obstante a precariedade da decisão, que pode a qualquer momento vir a ser alterada, trata-se inquestionavelmente de importantíssimo precedente, a ilustrar à perfeição tudo o quanto aqui se discute.

Vale registrar, por fim, que, no mesmo dia 12 de março, o Ministério Público Federal/Força Tarefa apresentou à 13ª Vara Federal de Curitiba petição com o objetivo *de suspensão dos procedimentos para constituição da fundação que daria destinação de interesse público a parte dos recursos depositados judicialmente, suspendendo-se, por consequência, os respectivos prazos de constituição.*

A motivação apresentada foi o *debate social sobre o destino dos recursos, noticiado pela mídia nacional,* juntamente com a ressalva de que *a força tarefa ministerial está em diálogo com outros órgãos na busca de soluções ou alternativas que eventualmente se mostrem mais favoráveis para assegurar que os valores sejam usufruídos pela sociedade brasileira.*

Ao que tudo indica, o próprio Ministério Público convenceu-se da impropriedade das medidas pretendidas.

---

[24] Nas palavras do relator: "Dessa maneira, em princípio, parece ter ocorrido ilegal desvirtuamento na execução do acordo realizado entre a Petrobras e o Department of Justice (DoJ)/Securities and Exchange Commision (SEC), que, primeira e discricionariamente, definiu os Procuradores da República do MPF do Paraná como as únicas autoridades brasileiras previstas no termo internacional, para, na sequência, em desrespeito ao Princípio do Juiz Natural, definir qual seria o juízo competente para a homologação do segundo acordo – 13ª Vara Criminal Federal de Curitiba –, e, por fim, estipulou cláusulas subjetivamente escolhidas pelas partes para destinação dos valores da multa e inexistentes no acordo original. O acordo entre a Petrobras e o Department of Justice (DoJ)/Securities and Exchange Commission (SEC) determinou o pagamento de US$ 682.526.000,00 ao destinatário denominado pelas expressões "Brasil" e "autoridades brasileiras", que, no contexto dos fatos aqui tratados, diferentemente do acordado entre Petrobras e Ministério Público Federal do Paraná, deveriam ser entendidas como remissivas à União, pessoa jurídica de Direito Público interno a quem incumbem as atribuições de soberania do Estado brasileiro."

Em outro episódio digno de menção, ainda no âmbito da Operação Lava-Jato, pretendia o *Parquet* a destinação dos valores recuperados no âmbito do processo que tem como réus o marqueteiro João Santana e sua esposa Mônica Moura para o Ministério da Educação ou ao FUNPEN.

No caso, o ministro Nelson Fachin manifestou-se, em 28 de fevereiro último, pela impossibilidade do Judiciário se envolver nas questões relacionadas à destinação do dinheiro recuperado, as quais se inseririam no âmbito de decisão exclusivo da União (ainda que a destinação específica pretendida dissesse respeito a órgãos integrantes da estrutura desse mesmo ente):

> (...) o valor deve ser destinado ao ente púbico lesado, ou seja, à vítima, aqui compreendida não necessariamente como aquela que sofreu diretamente o dano patrimonial, mas cujo bem jurídico tutelado foi lesado, no caso, a Administração Pública e os princípios que informam o seu regime jurídico, em especial, o da moralidade (CF, art. 37, caput, c/c§4º).
> Em conclusão, a multa deve ser destinada à União, **cabendo a ela, e não ao Poder Judiciário, inclusive por regras rigorosas de classificação orçamentária, definir, no âmbito de sua competência, como utilizar essa receita**. (STF. Pet 6890, Relator Ministro Edson Fachin)

Vale referir, por fim, a outra decisão, relatada pelo Ministro Teori Zavascki, em que pretendia o Procurador-Geral da República a destinação de 79 milhões de reais repatriados graças à delação premiada do ex-diretor da Petrobrás Paulo Roberto Costa conforme os seguintes parâmetros: 80% (oitenta por cento) para a empresa; 20% (vinte por cento) restantes para a União, *para destinação aos órgãos responsáveis pela negociação e pela homologação do acordo de colaboração premiada que permitiu a repatriação*.

Na ocasião, decidiu-se que a integralidade do valor deveria ser destinado à Petrobrás:

> (...) Não se afigura razoável, portanto, limitar a restituição à Petrobras a 80% (oitenta por cento) dos ativos repatriados, direcionando o restante à União. (...) não há justificativa legal para limitar a 80% (oitenta por cento) desse valor a reparação devida à Petrobrás. (STF. PET 5210/DF. Min. Relator Teori Zavascki.

Inconteste a importância da atuação do Ministério Público na fiscalização e controle da destinação de receitas tais como as referidas acima.

Não se pode pretender, porém, determinar onde e em que circunstâncias deverão elas ser empregadas, sob pena de se imiscuir, de usurpar competência constitucionalmente atribuída ao Executivo.

Na atuação consensual deve o Ministério Público despir-se de sua por vezes marcante sanha persecutória e repressiva, e agir de forma a unir esforços e efetivamente contribuir para o mais eficaz e efetivo alcance dos interesses públicos, a partir de um enfoque colaborativo no qual não há oposição de interesses, mas, contrariamente, o comum objetivo de melhor satisfação das necessidades sociais:

> A cotidiana defesa dos direitos transindividuais permite ao Ministério Público dar importantes contribuições para a Administração Pública, de modo a que essa possa atingir melhor os seus objetivos. A promoção de políticas públicas, como já dito em item precedente, pode ser um importante meio de solução e prevenção de conflitos de natureza transindividual. Para o exercício dessa função o Ministério Público deve se demitir do ranço de acusador e compreender que, em muitos casos, a proteção do direito transindividual demanda uma complexa conjugação de esforços, porque as causas de seu desrespeito vão muito além da responsabilidade dos administradores de ocasião. (RODRIGUES, 2002, p. 91)

Até porque, como bem assinala Barros, o *Parquet* "não detém o monopólio do corretamente justo e, sequer, a onipotência de dizer o que é certo e necessário ao cidadão." (2010, p. 218)

O que se deve legitimamente observar em situações tais é o exercício de uma espécie de controle-orientação, em que os envolvidos devem trocar conhecimentos e experiências com vistas a traçar as melhores práticas e estratégias para a consecução das finalidades públicas.

E, aí, quanto maior o número de agentes envolvidos e ouvidos, potencialmente melhores serão os resultados.

Deve-se não apenas franquear, mas verdadeiramente incentivar a participação de diversos interessados, inclusive sociedade civil, imprensa, academia etc.

Imprescindível, portanto, os processos de formalização e acompanhamento de tais instrumentos gozarem de plana transparência e acessibilidade, em respeito, para além do princípio constitucional, ao disposto no artigo 1º, parágrafo único, I da Lei federal n. 12527/11[25].

A sociedade tem a prerrogativa conhecer as tratativas relacionadas a interesses que lhe sejam afetos. O outro lado da moeda é o dever de todos os envolvidos franquearem total e irrestrito acesso às informações correlatas[26].

Retomando o cerne da questão: não obstante a inquestionável legitimidade ministerial para tomar providências voltadas a prevenir e reprimir atos que de alguma forma atentem contra os valores consagrados pelo ordenamento pátrio e os interesses públicos em geral, tal prerrogativa não se confunde com a faculdade de se imiscuir na condição de gestor público, suplantando inclusive a relação de confiança estabelecida entre este e a sociedade, quando de sua escolha nas urnas.

Aos governantes eleitos cabe legitimamente tomar as decisões de cunho político e operacional voltadas ao satisfatório desenvolvimento da ação e políticas públicas.

Para tanto, gozam eles de uma 'proteção', uma reserva de atuação exclusiva correspondente à sua discricionariedade, ao mérito dos atos a serem adotados – os quais inquestionavelmente se sujeitam ao controle, mas nunca de forma a tolher, limitar ou suprimir sua liberdade de atuação.

A legitimidade democrática (ou eleitoral, tomada de forma mais restritiva, somente sob a perspectiva da escolha durante as eleições) dos

---

[25] Art. 1º Esta Lei dispõe sobre os procedimentos a serem observados pela União, Estados, Distrito Federal e Municípios, com o fim de garantir o acesso a informações previsto no inciso XXXIII do art. 5º, no inciso II do par. 3º e no par. 2º do art. 216 da CF. Parágrafo único. Subordinam-se ao regime desta Lei: I – os órgãos públicos integrantes da administração direta dos Poderes Executivo, Legislativo, incluindo as Cortes de Contas, e Judiciário e do Ministério Público;

[26] Cabe aqui uma crítica ao Ministério Público, que vem reiteradamente sendo reconhecido como uma das instituições mais refratárias à transparência: "Não é por outro motivo, aliás, que, no dia 27 de abril de 2011, Cláudio Abramo, Presidente da Transparência Brasil, no Seminário Liberdade e Democracia, realizado em Brasília pela Fundação Assis Chateaubriand, disse: O Ministério Público é a instituição pública menos transparente do país. [...] Das doze páginas de relatório de atividades do Conselho Nacional do Ministério Público, dez são dedicadas a explicações sobre os motivos de os Ministérios Públicos Estaduais não terem fornecido os dados pedidos; as outras duas páginas falam da falta de dados do Ministério Público Federal. Nem o Ministério Público Federal nem os Estaduais dão qualquer informação. Eles não obedecem qualquer hierarquia e sonegam qualquer dado sobre seu desempenho." (in RIBEIRO, 2011, p. 123)

agentes políticos lhes é exclusiva e determinante da inviabilidade de sua susbtituição por quem quer que seja.

Tal desiderato – da legitimidade – deve marcar também, e de forma perene, a atuação do Ministério Público, como condição inclusive da juridicidade – ou legalidade[27].

Esse o tema a ser abordado no tópico seguinte.

3. A legitimidade como valor fundamental e informador da legalidade

A noção de legitimidade representa um dos pilares do Estado Democrático de Direito.

O exercício legítimo das funções estatais condiciona a própria existência da democracia.

Imperioso, portanto, e de plano, o delineamento desse conceito – o qual vem evoluindo de forma marcante nos últimos anos.

Em se falando especificamente das decisões administrativas, tinham em tempos passados sua legitimidade fundada tão somente na escolha dos representantes pelas urnas.

Tratava-se, então, de um contexto em que o aval popular a determinados candidatos outorgava-lhes poder para tomar quaisquer decisões, assumir quaisquer posturas, posto que eleitos, justamente, para falar e agir em nome de seus eleitores (e, em última análise, da sociedade como um todo).

Tal cenário, carente de efetiva representatividade, de real vínculo de sustentação entre eleitores e eleitos, insere-se na noção de democracia delegativa desenvolvida por O'Donnell. (1994, p. 56)

---

[27] A legalidade já não pode ser tomada tão somente como compatibilidade da ação pública com os ditames legais; para muito além disso, engloba também os valores democráticos e republicanos, a fiel observância dos princípios constitucionais (expressos e implícitos), e a compatibilidade com os desideratos da responsividade, da transparência e, o que hora se destaca, a legitimidade. Na lição de Moreira Neto: "O princípio da juridicidade, como já o denominava Adolf Merkl, em 1927, engloba, assim, três expressões distintas: o princípio da legalidade, o da legitimidade e o da moralidade, para altear-se como o mais importante dos princípios instrumentais, informando, entre muitas teorias de primacial relevância na dogmática jurídica, a das relações jurídicas, a das nulidades e a do controle da juridicidade O princípio da juridicidade corresponde ao que se enunciava como um 'princípio da legalidade', se tomado em sentido amplo, ou seja, não se o restringindo à mera submissão à lei, como produto das fontes legislativas, mas de reverência a toda a ordem jurídica". (MOREIRA NETO, 2009, p. 85).

Ocorre quando o voto popular é encarado como um cheque em branco, em que a escolha de determinada pessoa lhe confere poderes quase absolutos de agir conforme suas convicções, sendo os eleitos colocados acima dos partidos políticos e dos grupos de interesse diversos.

Conforme assinala o autor, os Estados marcados por tal lógica de funcionamento não podem ser tidos como democracias consolidadas, encontrando-se estagnados entre o retrocesso em direção ao autoritarismo e a evolução no sentido da democracia representativa (que pressupõe necessariamente a vocalização de interesses por um terceiro e a possibilidade de controle de suas ações).

Assimilada a ideia de que a mera eleição de determinado governante já não é suficiente para outorgar-lhe legitimidade, passou-se a um aprimoramento da compreensão de tal valor, ganhando espaço a noção de legitimidade pelo processo.

Sob esse ponto de vista, uma vez respeitados os aspectos formais de tomada de decisão, não haveria que se questionar sua legitimidade ou validade.

Tendo em vista a absoluta ausência de sopesamento substancial, quanto à matéria do ato, ou quanto ao vínculo de cumplicidade e sustentação entre eleitores e eleitos, essa acepção se mostra igualmente insuficiente.

Essa acepção de legitimidade não é consentânea com o delineamento constitucional das instituições e do próprio Estado e sociedade brasileiros, que consagra não apenas os desideratos de participação e controle social, mas também as noções de representatividade e responsividade, de efetiva correspondência entre os anseios e necessidades coletivos e a ação pública.

Para ser legítima, a ação estatal em geral deve encontrar sustentação na sociedade e nos valores gerais consagrados no ordenamento jurídico.

Nesse sentido, a legitimidade efetiva pode ser traduzida como uma combinação de um sentimento social e difuso de reconhecimento e conforto por parte da população com respeito aos direitos fundamentais e procedimentos prévia e objetivamente estabelecidos e colocados em prática a partir de mecanismos objetivos de consentimento e outorga de licença para esse exercício, capazes de conferir estabilidade à ordem política.

Deve abarcar, ainda, fiel observância aos limites e divisão de competências, os quais se mostram essenciais ao equilíbrio e harmonia entre instituições e ao exercício eficiente das respectivas funções, de forma a garantir, em última análise, a democracia e a juridicidade da ação dos diversos atores envolvidos no cuidado, promoção e realização da função pública.

Nessa esteira, uma ação desbordante da lógica constitucional de divisão de competências não pode ser tida como legítima – fato esse que compromete totalmente a sua juridicidade (ou legalidade *lato sensu*, conforme nota 02 acima).

Trata-se de conceito multidimensional, marcado pela combinação de indicativos subjetivos, relacionais e procedimentais.

Sob esse aspecto, de se falar em legitimidade não apenas das ações do Executivo, mas também do Ministério Público.

O *Parquet*, uma vez invadindo competências constitucionalmente outorgadas a outros entes como forma de garantia ao equilíbrio jurídico-social-institucional, age de modo inquestionavelmente ilegítimo[28] – e portanto antijurídico (ou ilegal), com todos os desdobramentos daí decorrentes.

4. Fundamentos para a transferência/compartilhamento da responsabilidade: cogestão, usurpação de competências e ofensa ao princípio da legalidade

Inconteste, a nosso ver, que o Ministério Público, ao se arvorar na condição de gestor público, subtraindo-lhe e adonando-se de suas competências constitucionalmente fixadas, assume o papel, justamente, de gestor público.

Em situações tais, ainda que não se fale em absoluta transferência de gestão, dá-se, no mínimo, a cogestão da coisa e dos interesses públicos.

E o gestor – ou cogestor – tem, invariavelmente, responsabilidade por suas decisões.

---

[28] "O Ministério Público tem, nesse sentido, inviabilizado ou tomado para si o exercício da administração pública, fazendo às vezes do administrador. Isso gera um efetivo impasse democrático, pois a sua legitimidade como canal técnico-jurídico barra ou altera a implementação de metas prometidas pelos agentes executivos e legislativos, que forma chanceladas pelo eleitorado por meio de seu voto." (BERNARDINO, 2018, p. 71-72)

Nesse sentido, e para além da mácula de nulidade do ato[29], importante verificar qual foi o grau de interferência, de usurpação das competências da Administração, de modo a averiguar se tal providência teve o condão de absolutamente ilidir o nexo causal entre o ato e as consequências dele advindas ou somente relativizá-la, compartilhá-la entre gestor-Administração e gestor-órgão de controle.

Em ambas as hipóteses, haverá reflexos de natureza civil, administrativa, político-administrativa e eventualmente até criminal.

Isso porque, em circunstâncias em que o gestor público se vê despido do seu poder de decisão, com comprometimento de sua autonomia, não pode vir a ser em nenhuma dessas esferas responsabilizado.

As demandas sociais não atendidas – ou não eficaz e eficientemente atendidas – em decorrência de atos resultantes dessa ingerência deverão ser cobradas ao órgão responsável pela decisão potencialmente comprometedora desses interesses.

Isso se aplica, inclusive, ao controle social, a ser exercido pela sociedade – que, nesse caso, se direcionará justamente ao órgão ministerial.

O tratamento objetivo da questão deve se dar, conforme exposto até o momento, a partir de alguns pressupostos:

1. A Constituição Federal traz exata e sistemática divisão de competências, as quais não podem ser surrupiadas por quem quer que seja;
2. A fiel observância dessa divisão é condição para a juridicidade da atuação dos diversos 'poderes' e instituições;
3. A legitimidade dos atos praticados pelo gestor público encontra fundamento, para além da divisão constitucional de competências, no poder-dever outorgado diretamente pelo povo, quando de sua eleição e escolha como representante;

---

[29] "Assim no campo político como no âmbito jurídico, a atribuição de poder gera dever ou responsabilidade em medida proporcional. Pois se é dado ao Ministério Público exercer uma série de atribuições constitucionais e legais que lhe deram patamar institucional diferenciado em nosso país, decorre disso que deve o órgão bem exercê-las, sob pena de sofrer sérias consequências por sua inaptidão. No âmbito jurídico, a consequência primordial seria a invalidade dos atos praticados, se ocorrer afronta aos princípios que devem reger a atuação ministerial." (PIRES, 2014, p. 135)

4. A eleição dos agentes políticos não constitui 'carta-branca' para a sua atuação, a qual deve ser consentânea com os interesses públicos e o programa de governo chancelado nas urnas[30];
5. Qualquer atuação institucional desbordante do sistema constitucional de divisão de atribuições e invasora de competências alheias será necessariamente ilegítima;
6. O conceito de legalidade já não se restringe à mera observância das regras postas, abarcando também o respeito aos princípios e postulados, dentre os quais se destaca a legitimidade;
7. A ausência de legitimidade, portanto, leva ao inexorável comprometimento da juridicidade do atuar público, suplantando, em outras palavras, sua própria legalidade;

---

[30] Nesse sentido, vale referência, pela importância e potencial, ao artigo 69-A da Lei Orgânica do Município de São Paulo: "Art. 69-A. O Prefeito, eleito ou reeleito, apresentará o Programa de Metas de sua gestão, até noventa dias após sua posse, que conterá as prioridades: as ações estratégicas, os indicadores e metas quantitativas para cada um dos setores da Administração Pública Municipal, Subprefeituras e Distritos da cidade, **observando, no mínimo, as diretrizes de sua campanha eleitoral** e os objetivos, as diretrizes, as ações estratégicas e as demais normas da lei do Plano Diretor Estratégico. § 1º O Programa de Metas será amplamente divulgado, por meio eletrônico, pela mídia impressa, radiofônica e televisiva e publicado no Diário Oficial da Cidade no dia imediatamente seguinte ao do término do prazo a que se refere o "caput" deste artigo. § 2º O Poder Executivo promoverá, dentro de trinta dias após o término do prazo a que se refere este artigo, o debate público sobre o Programa de Metas mediante audiências públicas gerais, temáticas e regionais, inclusive nas Subprefeituras. § 3º O Poder Executivo divulgará semestralmente os indicadores de desempenho relativos à execução dos diversos itens do Programa de Metas. § 4º O Prefeito poderá proceder a alterações programáticas no Programa de Metas sempre em conformidade com a lei do Plano Diretor Estratégico, justificando-as por escrito e divulgando-as amplamente pelos meios de comunicação previstos neste artigo. § 5º Os indicadores de desempenho serão elaborados e fixados conforme os seguintes critérios: a) promoção do desenvolvimento ambientalmente, socialmente e economicamente sustentável; b) inclusão social, com redução das desigualdades regionais e sociais; c) atendimento das funções sociais da cidade com melhoria da qualidade de vida urbana; d) promoção do cumprimento da função social da propriedade; e) promoção e defesa dos direitos fundamentais individuais e sociais de toda pessoa humana; f) promoção de meio ambiente ecologicamente equilibrado e combate à poluição sob todas as suas formas; g) universalização do atendimento dos serviços públicos municipais com observância das condições de regularidade; continuidade; eficiência, rapidez e cortesia no atendimento ao cidadão; segurança; atualidade com as melhores técnicas, métodos, processos e equipamentos; e modicidade das tarifas e preços públicos que considerem diferentemente as condições econômicas da população. § 6º Ao final de cada ano, o Prefeito divulgará o relatório da execução do Programa de Metas, o qual será disponibilizado integralmente pelos meios de comunicação previstos neste artigo."

8. A apropriação pelo órgão de controle das competências do gestor público gera uma quebra de nexo causal, entre o ato-causa e as suas consequências, deslocando assim eventual responsabilidade por desvios, irregularidades ou inadequações.

Diante de tal cenário, cumpre perquirir, para além de eventual responsabilização civil (que se encontra de certa forma mais internalizada e assimilada no país), quais as consequências da ilegitimidade\ilegalidade nesses moldes perpetradas.

O cerne da questão é a viabilidade do reconhecimento, nas referidas atuações ministeriais desbordantes da lógica constitucional de divisão de competência e invasão da esfera de atuação do Executivo, da prática de ato de improbidade administrativa.

Nesse ponto, acenamos de pronto para a viabilidade de reconhecimento tal, na hipótese de prática ato assim qualificado pela Lei Federal n. 8.429, de 02 de junho de 1992[31].

É do que trataremos no item seguinte.

5. Consequências da usurpação de funções: improbidade administrativa

A modalidade de responsabilização ministerial mais comumente aplicada e reconhecida é a de natureza civil, normalmente direcionada à instituição (GABARDO; RAZUK, 2009, p. 126) e reflexamente, e eventualmente, o agente responsável pelo ato.

Existe porém a possibilidade de responsabilização do agente que atue em desacordo com os princípios constitucionais regentes da ação administrativa – dentre os quais aqui se destaca o da legalidade, por atuação desconforme à divisão constitucional de competências e por usurpação de prerrogativas alheias – sob um outro viés: o da Lei Federal n. 8.429\92.

Tal diploma encontra fundamento no artigo 37 da Constituição Federal, que em seu § 4º, estabelece que *os atos de improbidade administrativa importarão a suspensão dos direitos políticos, a perda da função pública,*

---

[31] Corroborando esse entendimento, afirma Braga, peremptoriamente: "É certo que os integrantes do Ministério Público podem ser sujeitos passivos em ação de improbidade administrativa, na hipótese de seus atos estarem tipificados entre aqueles constantes nos arts. 9º, 10 e 11 da Lei n. 8.249.92." (2010, p. 115). No mesmo sentido, TERÇAROLLI (2008, p. 101).

a indisponibilidade dos bens e o ressarcimento ao erário, na forma e gradação previstas em lei, sem prejuízo da ação penal cabível.

A regulamentação de tal dispositivo não trouxe nenhuma limitação quanto aos agentes públicos sujeitos ao seu espectro de incidência; contrariamente, outorgou à questão tratamento mais amplo possível.

O ajuizamento das ações de improbidade administrativa, nas situações de usurpação de competência dos entes públicos, poderá ser feito pela própria pessoa política ofendida em suas prerrogativas e competências, conforme expressamente prevê o artigo 17 da LIA[32].

Seus possíveis desdobramentos, sob o ponto de vista do agente praticante do ato de improbidade, são exatamente aqueles referidos na previsão constitucional.

Nesse ponto, vale trazer à baila a discussão, a nosso ver infundada, sobre a possibilidade de aplicação da penalidade de perda do cargo, tendo em vista a garantia de vitaliciedade outorgada aos membros do Ministério Público.

Trata-se de argumentação desprovida de fundamento, vez que a própria legislação de organização interna do *Parquet* das diversas esferas federativas prevê explicitamente tal possibilidade[33].

Quanto ao meio para atingimento dessa consequência, consideramos igualmente indefensável qualquer interpretação limitadora: o fato de haver a previsão de procedimentos específicos para a perda do cargo de Promotor/Procurador de Justiça não implica na inviabilidade de utilização de outras ferramentas processuais que, sob os mesmos ou diversos fundamentos, desemboquem nesse resultado.

Até porque o artigo 12 da Lei de Improbidade traz ressalva expressa nesse sentido:

> Art. 12. Independentemente das sanções penais, civis e administrativas previstas na legislação específica, está o responsável pelo ato de

---

[32] "Art. 17. A ação principal, que terá o rito ordinário, será proposta pelo Ministério Público ou pela pessoa jurídica interessada, dentro de trinta dias da efetivação da medida cautelar."
[33] Conforme Estatuto do Ministério Público da União (Lei Complementar nº 75/1993, artigos 240, V, 'b' – que estabelece a pena de demissão para a prática de improbidade administrativa; e 242 – segundo o qual tal pena somente poderá ser aplicada via sentença judicial proferida em ação civil proposta pelo Procurador-Geral da República). A exigência de ação judicial para a aplicação da pena de perda do cargo está igualmente inserida na Lei federal n. 8.625/93, em seu artigo 38, parágrafo 1º).

improbidade sujeito às seguintes cominações, que podem ser aplicadas isolada ou cumulativamente, de acordo com a gravidade do fato: (...)

Essa visão foi consagrada pela jurisprudência, conforme se vê o acórdão proferido no RESP n. 1.191.613-MG, relator ministro Benedito Gonçalvez:

> ADMINISTRATIVO E PROCESSUAL CIVIL. RECURSO ESPECIAL. AÇÃO CIVIL PÚBLICA. IMPROBIDADE ADMINISTRATIVA. CONTROVÉRSIA A RESPEITO DA POSSIBILIDADE DE APLICAÇÃO DA PENA DE PERDA DE CARGO A MEMBRO DO MINISTÉRIO PÚBLICO. POSSIBILIDADE. 1. Recurso especial no qual se discute a possibilidade de haver aplicação da pena de perda do cargo a membro do Ministério Público, em ação civil pública por ato de improbidade administrativa. (...) 3. Nos termos do art. 37, § 4º, da Constituição Federal e da Lei n. 8.429/1992, **qualquer agente público, de qualquer dos Poderes da União, dos Estados, do Distrito Federal e dos Municípios pode ser punido com a pena de perda do cargo que ocupa, pela prática de atos de improbidade administrativa. 4. A previsão legal de que o Procurador-Geral de Justiça ou o Procurador-Geral da República ajuizará ação civil específica para a aplicação da pena de demissão ou perda do cargo, nos casos elencados na lei, dentre os quais destacam-se a prática de crimes e os atos de improbidade, não obsta que o legislador ordinário, cumprindo o mandamento do § 4º do art. 37 da Constituição Federal, estabeleça a pena de perda do cargo a membro do Ministério Público quando comprovada a prática de ato ímprobo, em ação civil pública específica para sua constatação.** 5. Na legislação aplicável aos membros do Ministério Público, asseguram-se à instituição as providências cabíveis para sancionar o agente comprovadamente ímprobo. Na Lei n. 8.429/1992, o legislador amplia a legitimação ativa, ao prever que a ação será proposta "pelo Ministério Público ou pela pessoa jurídica interessada" (art. 17). Não há competência exclusiva do Procurador-Geral. 6. Assim, a demissão por ato de improbidade administrativa de membro do Ministério Público (art. 240, inciso V, alínea b, da LC n. 75/1993) não só pode ser determinada pelo trânsito em julgado de sentença condenatória em ação específica, cujo ajuizamento foi provocado por procedimento administrativo

e é da competência do Procurador-Geral, como também pode ocorrer em decorrência do trânsito em julgado da sentença condenatória proferida em ação civil pública prevista na Lei n. 8.429/1992. Inteligência do art. 12 da Lei n. 8.429/1992. 7. Recurso especial provido para declarar a possibilidade de, em ação civil pública por ato de improbidade administrativa, ser aplicada a pena de perda do cargo a membro do Ministério Público, caso a pena seja adequada à sua punição. (grifei)

No caso em espécie, justificou a propositura de ação de responsabilidade por ato de improbidade o fato de os dois promotores réus, durante o recesso forense, haverem forjado plantão em que deveriam ter trabalhado juntos.

Tomando por base as circunstâncias sobre as quais se concentra o presente estudo, de invasão, de usurpação de competência, com a devassa da esfera de discricionariedade e proteção de atribuições constitucionalmente delineadas, inclusive por meio de medidas comprometedoras do consenso na formalização de instrumentos típicos da atuação extrajudicial/administrativa do Ministério Público, a subsunção material às normas relativas à improbidade encontra-se igualmente presente.

Conforme assinala o artigo 11 da LIA, configuram atos de improbidade todos aqueles ofensivos aos princípios regentes da ação administrativa, dentre os quais ganha destaque a legalidade.

A prática de atos usurpadores de competência e comprometedores da liberdade de ação e adesão do Executivo macula de ilegítima a atuação do *Parquet*, compromete a sua juridicidade e configura, portanto, frontal ofensa a tal desiderato – atraindo, portanto, a incidência do sistema de combate à improbidade, em especial o artigo 11 da Lei.

Demonstrada a possibilidade, em tese, de configuração de ato de improbidade por usurpação de prerrogativas do Executivo e comprometimento da livre vontade dos agentes públicos competentes para aderir aos métodos extrajudiciais e consensuais de composição, cumpre fazer uma ressalva, de fundamental importância para a efetivação prática das providências voltadas à sua manifestação.

Para além da inexatidão, da vagueza e indefinição muitas vezes observada no tocante aos reais limites de atuação do *Parquet*, assim como da esfera de discricionariedade exclusiva do Executivo, a Lei de Improbidade Administrativa é bastante ampla e pouco concreta ao caracterizar os atos de improbidade – em especial aqueles inquinados de ofensivos aos princípios regentes da atividade administrativa, conforme seu artigo 11.

Necessário, portanto, um aprofundamento dos debates, com vistas a construir balizas mais seguras e exatas para a fixação de limites previsíveis e confiáveis, objetivamente aferíveis, em prestígio, inclusive, da segurança jurídica, igualmente consagrada pela Constituição Federal.

Vale traçar ainda uma ressalva: eventuais ações voltadas à responsabilização de agentes eventualmente faltosos pressupõem a concretização do dano, o consubstanciamento do prejuízo aos interesses públicos – o que, em última análise, é bastante ruim tanto para as instituições quanto para a sociedade, que assim já experimentou injustas privações e consequências deletérias.

Daí deverem os agentes públicos – e a própria sociedade, por meio do controle social – buscar sempre a composição, ou mesmo a invocação da via judicial preventiva, com vistas a evitar a consumação da ilegalidade, da usurpação de competências.

Foi o que se deu nos exemplos colacionados no item 2, os quais representam atualmente importantes precedentes a traçarem um norte de como questões tais devem ser tratadas.

Conclusões

Inquestionável o papel fundamental do Ministério Público para a proteção e promoção dos interesses públicos, assim como para o amadurecimento e garantia do regime democrático.

Trata-se de instituição essencial, com atuação marcada pela alta qualificação de seus membros, e um histórico de efetivas e importantíssimas contribuições para o aprimoramento institucional – e social, e da cultura jurídica brasileira.

Necessário, porém, e diante da força muitas vezes irresistível, da dimensão de intocabilidade que ocasionalmente marca o seu desempenho, discutir e considerar os parâmetros e limites para a sua atuação (considerada, inclusive, a premissa básica de que o regime democrático é absolutamente incompatível com qualquer poder absoluto).

Disso depende o amadurecimento democrático de que o país tão profundamente necessita, e a assimilação da importância e potencialidades da atuação ministerial.

Tais iniciativas conduzirão ao fortalecimento do Ministério Público: certa da legitimidade de sua atuação, tanto a sociedade quanto as demais instituições e poderes estarão muito mais propensos a aderir aos seus reclamos, a reconhecer a sua fundamental importância para o desenvolvimento, arquitetura e implementação de políticas públicas e atendimento aos interesses gerais.

Seu desempenho deve pautar-se pela juridicidade e estrita observância das suas atribuições constitucionais.

O avanço sobre as a prerrogativas constitucionais do Executivo é não apenas indesejável e impróprio, como antijurídica e antidemocrática.

A estrutura constitucional de divisão de competências deve ser fielmente observada – assim como a lógica de atuação consensual, em que o consenso, justamente, é elemento fundamental.

O papel do Ministério Público como defensor e promotor da democracia, do Estado de Direito e dos direitos fundamentais deve ser desempenhado de forma a promover o incremento da qualidade da ação pública, sem incursões nas esferas de competência alheias.

A Constituição Federal de 1988, ao tratar do controle da atividade administrativa, estruturou-o como um sistema integrado por todos os órgãos de controle externo, interno e a sociedade (controle social).

Todos esses atores devem agir de forma harmônica e cooperativa, sob a premissa fundamental de absoluta ausência de hierarquia ou subordinação: trata-se de criteriosa distribuição de competências, com todos no mesmo nível, devendo agir de forma colaborativa.

O efetivo, eficaz e eficiente desempenho da função de controle – a qual deve ter sempre como norte a promoção do interesse geral, a defesa dos valores democráticos e republicanos – depende dessa concertação, desse diálogo e retroalimentação entre as instâncias.

Uma vez compreendida – e assimilada – essa dinâmica, o Ministério Público precisa, ainda, internalizar a sua importante missão de orientação, capaz de enriquecer e aprimorar a ação da Administração Pública, sem a concentração em um viés puramente repressivo-punitivo.

A promoção da integridade pública é também atribuição ministerial, à parte de sua competência para investigar e reprimir.

Cabe à Instituição, neste momento, conscientizar-se dessa também primordial atribuição, sedimentá-la e exercê-la com responsabilidade.

REFERÊNCIAS:

AKAOUI, Fernando Reverendo Vidal. *Compromisso de ajustamento de conduta ambiental*. 4ª ed. rev. atual. e ampl. São Paulo: Revista dos Tribunais, 2012.

BERNARDINO, Talitha Braz. *O abuso de poder na atuação do Ministério Público*. Dissertação de Mestrado. Universidade de São Paulo. São Paulo, 2018.

BRAGA, Carlos Eduardo Faraco. *Transparência e accountability no Ministério Público*. In RIBEIRO, Carlos Vinícius Alves (org.). Ministério Público: reflexões sobre princípios e funções institucionais. São Paulo: Atlas, 2010, pp. 94-118.

CONJUR. Humberto Martins pede que TRF-4 apure criação de fundação da "lava jato".
Revista Eletrônica Conjur de 31 de março de 2019. Disponível em https://www.conjur.com.br/2019-mar-31/cnj-trf-esclareca-criacao-fundacao-lava-jato.

DI PIETRO. Maria Silvia Zanella. *Direito administrativo*. 13ª edição. São Paulo: Atlas, 2001.

FARIAS, Talden. *Termo de Ajustamento e conduta e acesso à Justiça*. Revista Dialética de Direito Processual v.LII, p. 116-124. São Paulo, 2007.

GABARDO, Emerson; RAZUK, Nahima Peron Coelho. A&C Revista de Direito Administrativo & Constitucional. ano 3, n. 11, jan./mar. 2003. Belo Horizonte: Fórum, 2003.

LEONEL, Ricardo de Barros. *Manual do processo coletivo*. 3ª ed. rev. atual. e ampl. São Paulo: Revista dos Tribunais, 2013.

MOREIRA NETO, Diogo de Figueiredo. *Curso de direito administrativo*: parte introdutória, parte geral e parte especial. 15. ed. Rio de Janeiro: Forense, 2009.

O'DONNELL, Guillermo. *Delegative democracy*. Journal of Democracy. V. 5, n. 1, Jan/1994, p. 55-69.

OLIVEIRA, Gustavo Henrique Justino. A insegurança jurídica das empresas e os acordos de leniência na legislação anticorrupção brasileira. Migalhas, informativo n. 4.540. disponível em https://www.migalhas.com.br/dePeso/16,-MI259553,21048-A+inseguranca+juridica+das+empresas+e+os+acordos+-de+leniencia+na

OLIVEIRA, Gustavo Henrique Justino de. *A insegurança jurídica as empresas e os acordos de leniência na legislação anticorrupção brasileira: rumo a maior intervenção do Judiciário diante do caos político-administrativo*. São Paulo: Migalhas, 2017.

PIRES, Gabriel Lino de Paula. *Ministério Público e controle da administração pública: enfoque sobre a atuação extrajudicial do Parquet*. Dissertação de mestrado. Universidade de São Paulo. São Paulo, 2014. Disponível em http://dedalus.usp.br/F/NGRUKTB3D2BL8UP9H1FTDFPD48P6U2PILKUCEQYL-C985B2PIMM-23761?func=find-b&local_base=FD&request=gabriel+lino+-de+paula+pires&find_code=WRD&adjacent=N&pds_handle=GUEST. Acesso em 29/01/2019.

Procuradoria Geral de Justiça. Arguição de Descumprimento de Preceito Fundamental. Inicial ADPF n. 568 MC-PR. Disponível em https://www.miga lhas.com.br/arquivos/2019/3/art20190312-14.pdf.

Ribeiro, Carlos Vinícius Alves. *Funções administrativas e discricionárias do Ministério Público*. In Ribeiro, Carlos Vinícius Alves (org.). Ministério Público: reflexões sobre princípios e funções institucionais. São Paulo: Atlas, 2010, pp. 339-355.

_____. *As funções extrajudiciais do Ministério Público: natureza jurídica, discricionariedade e limites*. Dissertação de Mestrado. Universidade de São Paulo. São Paulo, 2011.

Rodrigues, Geise de Assis. *Ação civil pública e compromisso de ajustamento de conduta: teoria e prática*. Rio de Janeiro: Forense, 2002.

Superior Tribunal de Justiça. RESP n. 802-060/RS. Rel. Min. Luiz Fux.

Superior Tribunal de Justiça. Acórdão proferido no Recurso Especial n. REsp 1.191.613-MG. Relator Ministro Benedito Gonçalvez.

Supremo Tribunal Federal. Decisão proferida na PET 5210\DF. Relator Ministro Teori Zavascki.

Supremo Tribunal Federal. Decisão proferida na Pet 6890, Relator Ministro Edson Fachin.

Terçarolli, Carlos Eduardo. *Improbidade administrativa no exercício das funções do Ministério Público*. 2ª edição. Curitiba: Juruá, 2008.

5. Acordos na Lei de Introdução às Normas do Direito Brasileiro – LINDB: Normas de Sobredireito sobre a Celebração de Compromissos pela Administração Pública

Rafael Wallbach Schwind

Introdução

A atual Lei de Introdução às Normas do Direito Brasileiro – doravante LINDB – está em vigor desde 1942.

Em 2018, a Lei 13.655 acresceu novos dispositivos à LINDB (arts. 20 a 30). Os ajustes tiveram por objetivo estabelecer normas "sobre segurança jurídica e eficiência na criação e na aplicação do direito público", conforme preâmbulo da lei modificadora.

Assim, além de tratar da vigência das normas (arts. 1º e 2º), da obrigatoriedade das leis (art. 3º), da integração das normas (art. 4º), da interpretação das normas (art. 5º), da aplicação da lei do tempo (art. 6º) e da aplicação da lei no espaço (arts. 7º a 19), a LINDB passou a veicular normas de sobredireito também sobre a aplicação do direito público.

Nesse contexto, chama a atenção a previsão do art. 26 da LINDB, que prevê expressamente a possibilidade de celebração de compromisso com os interessados, de modo a eliminar irregularidade, incerteza jurídica ou situação contenciosa na aplicação do direito público.

Neste artigo, pretendemos examinar as previsões contidas no art. 26 da LINDB. Entendemos que tal assunto não poderia deixar de ser examinado em uma obra que trata de acordos envolvendo a Administração Pública.

Inicialmente, faremos algumas considerações a respeito da própria LINDB e do contexto que serviu de base para as alterações introduzidas pela Lei 13.655 de 2018. Depois, analisaremos em detalhes as previsões contidas no art. 26 da LINDB.

1. A relevância de se estabelecer normas sobre acordos administrativos numa lei de introdução

1.1. As leis de introdução

É comum que Códigos Civis sejam acompanhados de leis introdutórias que, embora não constituam parte integrante daquela codificação, formam uma espécie de cobertura, estabelecendo regras para a sua própria aplicação e interpretação[1].

De certo modo, a existência de lei introdutórias com objetivo de disciplinar a aplicação e a interpretação de outras leis decorre da compreensão de que de nada adianta estabelecer normas positivadas se a sua interpretação e aplicação não obedecerem a uma certa rigidez de critérios.

1.2. A LINDB: norma de sobredireito

A LINDB entrou em vigor no ano de 1942. Trata-se do Decreto-Lei 4.657, editado pelo então Presidente Getulio Vargas, na época do Estado Novo, ainda sob a denominação de Lei de Introdução ao Código Civil (LICC)[2,3], em substituição à lei de introdução que entrara em vigor

---

[1] SERPA LOPES, Miguel Maria de. *Comentários à lei de introdução ao Código Civil brasileiro*. Rio de Janeiro: Freitas Bastos, 1959, p. 7.

[2] Cinco anos antes, o mesmo Presidente havia "decretado" a Carta de 1937, justificando que as forças armadas e a opinião pública estavam "apreensivas diante dos perigos que ameaçam a nossa unidade e da rapidez com que se vem processando a decomposição das nossas instituições civis e políticas".

[3] A alteração da denominação de LICC para LINDB, ocorrida em 2010, por meio da Lei 12.376, teve o objetivo de deixar claro que ela se aplica a todos os ramos do direito, e não

juntamente ao Código Civil de 1916 (na época, eram artigos introdutórios no mesmo corpo legal, ainda que numerados separadamente).

A hoje denominada LINDB é o que se convencionou chamar de uma "norma de sobredireito". Isso significa que ela tem por finalidade não a regulação direta das relações entre os sujeitos de direito, e sim dispor sobre regras a serem observadas por outras normas. É uma "lei sobre lei" (*lex legum*).

Na verdade, portanto, sua função sempre foi mais ampla do que a de ser uma mera introdução ao Código Civil. Sempre se tratou de uma introdução a todo o sistema legislativo brasileiro[4]. Uma lei de introdução às leis, verdadeira "metanorma".

1.3. A racionalidade que informa a LINDB

A LINDB retrata, sob um certo ângulo, uma racionalidade tipicamente oitocentista, segundo a qual o direito era um sistema de normas codificadas, consolidadas e compiladas de modo racional e organizado, e ao qual seria dada uma uniformidade de tratamento[5]. O residual seria tratado em leis especiais, mas sempre com o cuidado de não comprometer a racionalidade do ordenamento codificado.

A fonte normativa por excelência seria a lei formal, que deveria ser capaz de dar conta de todas as possíveis relações jurídicas entre os indivíduos. Por isso, a aplicação do direito pelo intérprete não seria, em tese, algo complicado. Caberia apenas "dizer o direito" no caso concreto com base naquele conjunto ordenado de normas. Em caso de lacunas, autorizava-se, sempre excepcionalmente, o recurso aos costumes, à analogia e aos princípios gerais do direito.

---

apenas ao direito privado ou às normas insertas no Código Civil. Sua denominação original demonstrava como o papel principal do direito era visto no direito privado. Ao direito público, conferia-se um papel de menor relevância, possivelmente característico do período não democrático que se vivia na época da sua decretação. O fato é que a LINDB interessa a todos os ramos do direito.

[4] VENOSA, Sílvio de Salvo. *Direito Civil: Parte Geral*. 7.ed. São Paulo: Atlas, 2007, p. 103.

[5] Segundo Caio Mário da Silva Pereira, "A feitura de um Código não é apenas a reunião de disposições legais, relativas a determinado assunto. Exige um trabalho mais amplo, subordinado a uma técnica mais apurada. Codificar o direito é coordenar as regras pertinentes às relações jurídicas de uma só natureza, criando um corpo de princípios, dotados de unidade e deduzidos sistematicamente" (*Instituições de Direito Civil*. Vol. I. 19.ed. Rio de Janeiro: Forense, 1999, p. 52).

E mais, o modelo normativo consagrado pela LINDB era o retrospectivo: só se aplicava a lei vinda do passado e codificada.[6]

1.4. A superação da racionalidade que orientou a LINDB

É evidente que o sistema monolítico, retrospectivo e pretensamente estável não existe mais – se é que algum dia realmente existiu. Três motivos principais levam a esse entendimento.

Primeiro, não se confia mais na existência de um "legislador racional", capaz de positivar na lei todo o conhecimento necessário à resolução dos conflitos entes sujeitos de direito. A crescente complexidade e a célere mutabilidade das relações sociais tornaram ultrapassada a visão de que um sistema codificado daria conta de todos os conflitos.

Segundo, também não se aceita mais a visão de que aplicar a lei seria uma atividade de menor importância, "mera interpretação" daquilo que "o legislador" (figura quase metafísica) "quis dizer". Ninguém mais duvida, por exemplo, do papel relevante dado aos princípios, que, longe de serem meros mecanismos de integração de lacunas e omissões, são vetores interpretativos na própria aplicação da lei positivada – ainda que haja, corretamente, críticas à aplicação "preguiçosa" e despreocupada dos princípios[7].

Terceiro, não se veem mais os campos do direito privado e do direito público como realidades distintas que não se interpenetram. Cada vez mais, relações privadas são atingidas por normas de direito público. Isso sem falar na crescente presença do Estado nos mais diversos campos, não necessariamente como prestador direto de atividades, mas como regulador e controlador.

---

[6] MARQUES NETO, Floriano de Azevedo; MOREIRA, Egon Bockmann. Uma lei para o Estado de direito contemporâneo. In: PEREIRA, Flávio Henrique Unes; ANASTASIA, Antonio Augusto Junho. *Segurança Jurídica e Qualidade das Decisões Públicas*: desafios de uma sociedade democrática. Brasília: Senado Federal, 2015, p. 10.

[7] Carlos Ari Sundfeld, com a perspicácia que lhe é peculiar, escreveu um verdadeiro manifesto (tão incisivo quanto brilhante) contra o que chamou de "farra dos princípios". Segundo ele: "Vive-se hoje um ambiente de 'geléia geral' no direito público brasileiro, em que princípios vagos podem justificar qualquer decisão. O objetivo deste ensaio é opor-se a essa deterioração da qualidade do debate jurídico" (Princípio é preguiça? In? SUNDFELD, Carlos Ari. *Direito Administrativo para Céticos*. 2.ed. São Paulo: Malheiros, 2014, p. 205.

1.5. O estabelecimento de normas de direito público na LINDB

Mas a superação da racionalidade oitocentista e codificadora não tornou a LINDB desnecessária, como poderia parecer à primeira vista.

Por um lado, as normas de sobredireito contidas na LINDB permanecem úteis, ainda que mereçam uma interpretação de certa forma atualizada às novas realidades. Assim, por exemplo, é evidente que não se compreende mais que "basta recorrer à analogia, aos costumes e aos princípios gerais do direito" para se suprir lacunas. Não só a supressão de lacunas é mais complexa do que isso, como também o recurso a essas alternativas, dentre outras, não ocorre apenas em caso de omissões legislativas.

Por outro lado, a crescente presença do Estado nas relações jurídicas, tanto na qualidade de regulador, como aplicador e controlador, demandou que existissem outras normas de sobredireito para estabelecer preceitos básicos a essas situações. Daí a edição da Lei 13.655, que acrescentou os arts. 20 a 30 da LINDB[8].

1.6. A possibilidade de celebração de acordos pela Administração Pública como norma de sobredireito

Nesse contexto, o art. 26 da LINDB tem uma relevância enorme. O dispositivo estabelece a possibilidade de a Administração Pública celebrar compromissos – que, por excelência, são soluções negociadas – com os interessados, de modo a eliminar irregularidades, incertezas jurídicas ou situações contenciosas na aplicação do direito público, inclusive no caso de expedição de licença.[9]

Com a edição da Lei 13.655, portanto, passou a haver uma norma de sobredireito no ordenamento jurídico brasileiro que estabelece uma

---

[8] Consulte-se: SUNDFELD, Carlos Ari; SALAMA, Bruno Meyerhof. Chegou a hora de mudar a velha Lei de Introdução. In: PEREIRA, Flávio Henrique Unes; Anastasia, Antonio Augusto Junho. *Segurança Jurídica e Qualidade das Decisões Públicas*: desafios de uma sociedade democrática. Brasília: Senado Federal, 2015, p. 13-16.

[9] Para comentários sobre o dispositivo, confira-se: GUERRA, Sérgio; PALMA, Juliana Bonacorsi de. Art. 26 da LINDB: novo regime jurídico de negociação com a Administração Pública. Revista de Direito Administrativo – RDA, Rio de Janeiro, Edição Especial: Direito Público na Lei de Introdução às Normas de Direito Brasileiro – LINDB (Lei nº 13.655/2018), p. 135-169, nov. 2018.

regra geral de aplicação de soluções negociadas, acordadas, para todo o âmbito da Administração Pública.

Por um lado, a partir da introdução de novos dispositivos à LINDB, no ano de 2018, deixa, então, definitivamente, de ser possível alegar que a Administração deve apenas aplicar a lei, independentemente de quais forem as consequências de suas decisões, sem a possibilidade de transigir ou de encontrar soluções alternativas de consenso aos conflitos internos e com particulares. O dispositivo admite que podem existir incertezas no direito público – o que por si só já é uma evolução em relação à racionalidade oitocentista que informa a LINDB – ou situações de irregularidade ou contenciosas que podem ser resolvidas de modo consensual.[10]

Por outro lado, o art. 26 da LINDB passa a estabelecer um dever para a Administração Pública de ao menos avaliar concreta e efetivamente a possibilidade de celebrar compromissos com os interessados a fim de buscar uma solução que seja proporcional, equânime, eficiente e compatível com os interesses gerais.

Desde a edição da Lei 13.655, portanto, está sepultado qualquer entendimento no sentido de que a Administração Pública seria refratária à adoção de soluções consensuais. Há, na verdade, o reconhecimento, por meio de uma norma de sobredireito, de que as soluções consensuais podem ser o mecanismo mais eficaz em determinadas situações conflituosas que envolvam a Administração Pública.[11]

---

[10] Acerca da consensualidade na Administração Pública, confira-se: OLIVEIRA, Gustavo Justino de; SCHWANKA, Cristiane. A Administração Consensual como a Nova Face da Administração. In: *Revista da Faculdade de Direito da Universidade de São Paulo*, v. 104, jan./dez. 2009. Disponível em: https://www.revistas.usp.br/rfdusp/article/viewFile/67859/70467. Acesso em 31 de março de 2019.

[11] Para aprofundamento, consultem-se: LIBÓRIO, Daniela Campos. Art. 26 da LINDB – comentário geral. In: CUNHA FILHO, Alexandre Jorge Carneiro da; ISSA, Rafael Hamze; SCHWIND, Rafael Wallbach (coord). *Lei de Introdução às Normas do Direito Brasileiro – Anotada*, vol. II. São Paulo: Quartier Latin, 2019, p. 321-325; NIEBUHR, Karlin Olbertz. O alcance do art. 26 da LINDB. In: CUNHA FILHO, Alexandre Jorge Carneiro da; ISSA, Rafael Hamze; SCHWIND, Rafael Wallbach (coord). *Lei de Introdução às Normas do Direito Brasileiro – Anotada*, vol. II. São Paulo: Quartier Latin, 2019, p. 344-349; e VIANA, Camila Rocha Cunha. O artigo 26 da LINDB e a consolidação do direito administrativo consensual. In: CUNHA FILHO, Alexandre Jorge Carneiro da; ISSA, Rafael Hamze; SCHWIND, Rafael Wallbach (coord). *Lei de Introdução às Normas do Direito Brasileiro – Anotada*, vol. II. São Paulo: Quartier Latin, 2019, p. 339-344.

2. A aplicação do art. 26 da LINDB

Compreendida a importância de se ter no ordenamento jurídico brasileiro uma norma de sobredireito que estabelece o poder-dever da Administração Pública de celebrar compromissos para uma solução consensual, cabe agora verticalizar as regras estabelecidas pelo art. 26 da LINDB.[12]

2.1. O objeto dos compromissos celebrados pela Administração Pública

O compromisso previsto no art. 26 da LINDB, a ser celebrado pela Administração Pública com o interessado, tem por objeto eliminar irregularidade, incerteza jurídica ou situação contenciosa na aplicação do direito público, inclusive no caso de expedição de licença.

Portanto, o compromisso do art. 26 da LINDB pode ter objetos variados.

2.1.1. *Irregularidade*

Irregularidade consiste na existência de uma situação em que há uma contrariedade ao direito. Nesse caso, o compromisso celebrado com o interessado terá por objeto estabelecer um modo de resolver essa irregularidade, de forma que a situação com o particular passe a estar em conformidade com o direito.

O art. 26 da LINDB, portanto, estabelece uma regra de sobredireito pela qual se reconhece claramente que situações de irregularidade não comportam apenas uma solução de invalidação/anulação e sancionamento. O dispositivo impõe o dever de se avaliar se a irregularidade constatada pode ser sanada por meio da celebração de um compromisso com o interessado.

2.1.2. *Incerteza jurídica*

Incerteza jurídica é uma hipótese em que não se sabe ao certo se a situação existente é regular ou não, ou ainda a Administração Pública

---

[12] A respeito do assunto, confira-se: ARAÚJO, Alexandra Fuchs de. Comentários ao artigo 26 da Lei de Introdução às Normas de Direito Brasileiro. In: CUNHA FILHO, Alexandre Jorge Carneiro da; ISSA, Rafael Hamze; SCHWIND, Rafael Wallbach (coord). *Lei de Introdução às Normas do Direito Brasileiro – Anotada*, vol. II. São Paulo: Quartier Latin, 2019, p. 325-332.

reconhece que pode haver dúvidas objetivas. O reconhecimento de que existem situações de incerteza jurídica decorre, sob um certo ângulo, do princípio da boa-fé.

Note-se o art. 26 da LINDB admite que a Administração Pública pode se deparar com situações de incerteza jurídica. Ou seja, reconhece-se que a Administração Pública não necessariamente precisa ter certeza sobre a regularidade ou não de determinada situação. O dispositivo, sob um certo ângulo, procura proteger a boa-fé dos envolvidos, tanto dos agentes públicos quanto dos particulares que se relacionam com a Administração.

2.1.3. *Situação contenciosa*

Situação contenciosa é aquela em que a Administração Pública está em um contexto de discussão, de conflito, com o interessado no tocante à aplicação do direito.

A celebração de compromissos, portanto, é uma possibilidade para a resolução de situações de conflito. O art. 26 da LINDB não apenas suplanta a ideia de que existiria um "interesse público indisponível" e insuscetível de transações, como também admite que a resolução consensual, por meio de um compromisso, pode ser a mais adequada para certas situações conflituosas que envolvam a Administração Pública.

2.1.4. *Casos de expedição de licença*

O art. 26 da LINDB ainda se aplica a casos de expedição de licença.

A menção do dispositivo a situações de expedição de licença consiste no reconhecimento de que a celebração de compromissos é cabível para viabilizar a obtenção de uma licença pelo particular. Nesse caso, o compromisso estabelecerá as obrigações que o interessado deverá assumir para obter a licença almejada.

Também nesse ponto, o art. 26 da LINDB reconhece que uma situação que tipicamente não envolveria transação (como a expedição de licenças) pode ser resolvida de modo mais eficiente por meio da celebração de um compromisso. Assim, por exemplo, situações em que o particular está irregular por não dispor de determinada licença podem ser resolvidas por meio da celebração de compromissos para essa regularização. É o que pode acontecer, por exemplo, quando é necessário obter um alvará para a execução de uma obra ou a licença para o funcionamento de um estabelecimento.

A rigor, o dispositivo nem precisaria mencionar os casos de expedição de licença. Bastaria mencionar as situações de irregularidade, incerteza jurídica ou conflituosas. De todo modo, o art. 26 da LINDB ao mencionar as expedições de licença, torna ainda mais claro o cabimento da celebração de compromissos em casos que envolvam esse tipo de ato.

2.2. Faculdade ou dever de celebração de compromisso?

O art. 26 da LINDB estabelece que a autoridade administrativa "poderá" celebrar compromisso com os interessados, nas hipóteses previstas no dispositivo.

O termo "poderá", empregado pelo dispositivo, leva à conclusão de que a celebração de compromisso com o interessado não será um dever. Há uma margem de discricionariedade na avaliação dos requisitos aplicáveis. No entanto, isso não significa de nenhum modo que a decisão por celebrar ou não um compromisso fique sujeita a uma avaliação puramente subjetiva. A pura e simples subjetividade na relação da Administração Pública com os particulares não pode ser admitida. Há certos parâmetros que o agente público competente deve levar em conta para definir pela celebração ou não de um compromisso destinado a resolver uma situação de irregularidade, incerteza jurídica ou conflituosa.

É impossível estabelecer em tese e de modo exaustivo quais seriam os parâmetros que a Administração Pública deve levar em conta na decisão por celebrar ou não um compromisso na forma do art. 26 da LINDB. De todo modo, podem ser enunciados alguns critérios gerais, boa parte deles prevista na própria LINDB.

2.2.1. Isonomia

Um critério geral será sempre o da isonomia.

A decisão da Administração Pública por celebrar um compromisso na forma do art. 26 da LINDB deve levar em conta o princípio da isonomia. Não é possível que situações idênticas tenham um tratamento diferenciado sem qualquer motivo, sob pena de ofensa grave ao princípio da isonomia.

Evidentemente, cabe compreender adequadamente o princípio da isonomia. O tratamento igualitário deve ser concedido a situações que comportam a mesma solução. Além disso, nada impede que a própria Administração Pública reavalie os seus entendimentos, inclusive tendo em vista uma avaliação de resultados dos próprios compromissos já celebrados.

O aprofundamento acerca do princípio da isonomia, de todo modo, não é objeto deste breve ensaio.

2.2.2. Avaliação das "possíveis alternativas"

A celebração de compromissos com particulares deverá sempre avaliar se a solução consensual é a mais adequada em vista das "possíveis alternativas". A aplicação do art. 26 da LINDB deve ser articulada com o parágrafo único do art. 20 da mesma lei.

Na decisão por celebrar ou não um compromisso, o agente público competente deverá verificar se essa solução será necessária e adequada em face de possíveis outras soluções que também poderiam ser aplicadas.

Evidentemente, a avaliação das "possíveis alternativas" comporta uma avaliação não totalmente objetiva. Até por isso, o ato deverá ser devidamente motivado, e a pertinência dos motivos apontados pode inclusive ser questionada.

2.2.3. Avaliação das "consequências jurídicas e administrativas" da invalidação

Outro fator a ser ponderado na celebração de compromissos na forma do art. 26 da LINDB será a avaliação das "consequências jurídicas e administrativas" de uma eventual invalidação da situação.

Ou seja, caberá à Administração Pública verificar se a invalidação de uma determinada situação de irregularidade, incerteza jurídica ou conflito terá consequências jurídicas e administrativas, e ponderar tais consequências na decisão pela celebração de um compromisso.

Ao final desse processo decisório, é plenamente possível que a Administração conclua que a celebração de um compromisso para a eliminação daquela situação proporciona consequências jurídicas e administrativas mais positivas (ou menos negativas) do que a invalidação da situação por outro meio.

Aplica-se, portanto, o *caput* do art. 21 da LINDB, que determina à Administração Pública avaliar as consequências jurídicas e administrativas de uma invalidação de ato, contrato, ajuste, processo ou norma administrativa. Em certas situações, a celebração de um compromisso na forma do art. 26 da LINDB será a solução mais adequada justamente por afastar certas consequências danosas com as quais a Administração Pública potencialmente não teria condições de lidar de maneira satisfatória. O compromisso pode ser o modo mais racional de se lidar com as consequências jurídicas e administrativas, inclusive evitando certos problemas cujo impacto pode ser altamente danoso à própria Administração Pública.

2.2.4. Proporcionalidade e razoabilidade

A celebração de compromissos com particulares também deve passar por uma avaliação de proporcionalidade e razoabilidade por parte da Administração Pública. Aplica-se o parágrafo único do art. 21 da LINDB, que estabelece o dever de indicação das condições para que a regularização de determinada situação ocorra de modo proporcional e equânime, sem prejuízo aos interesses gerais.[13]

Caso a celebração de um compromisso para a regularização de uma situação de irregularidade, incerteza ou litígio seja a solução mais proporcional e equânime, em princípio será a conduta mas adequada. A simples invalidação de uma determinada situação poderia gerar prejuízos desproporcionais, anormais ou excessivos, que podem ser contornados de modo racional por meio da celebração de um compromisso.

2.2.5. A questão econômica subjacente

Há ainda uma questão econômica subjacente.

A celebração de compromisso com um particular deve passar por uma avaliação de natureza econômica por parte da Administração Pública. Se a celebração de um compromisso gerar uma economia de recursos públicos ou tiver essa potencialidade em comparação com

---

[13] Retomaremos adiante a ideia de "interesses gerais". Para uma verticalização do tema, confira-se: GAROFANO, Rafael Roque; STEIN, Daniel Almeida; ZABLITH, Marc Bujicki. Relevante interesse geral, requisitos para o acordo e vetos. In: CUNHA FILHO, Alexandre Jorge Carneiro da; ISSA, Rafael Hamze; SCHWIND, Rafael Wallbach (coord). *Lei de Introdução às Normas do Direito Brasileiro – Anotada*, vol. II. São Paulo: Quartier Latin, 2019, p. 332-338.

possíveis outras soluções, tal fator não pode simplesmente ser desconsiderado.

Não se está afirmando, evidentemente, que a economia aos cofres públicos deva se sobrepor a qualquer outro valor protegido pelo ordenamento jurídico nem que ela justifique a celebração de qualquer compromisso com um particular, seja qual for o seu conteúdo. A própria previsão de observância dos "interesses gerais" (parágrafo único do art. 21 da LINDB) afasta esse tipo de conclusão. No entanto, é inegável que o impacto aos cofres públicos é algo a ser ponderado, inclusive por ser uma consequência prática da decisão a ser tomada. Portanto, até mesmo por um imperativo de responsabilidade na gestão dos recursos públicos, o aspecto econômico deve ser ponderado pelo gestor público na decisão foi celebrar ou não um compromisso na forma do art. 26 da LINDB. A celebração de um compromisso pode, em tese, gerar uma economia significativa aos cofres públicos ao evitar a litigiosidade de certos conflitos e ao estabelecer uma situação de certeza e regularidade jurídica que antes não existia.

A rigor, o aspecto dos impactos econômicos da decisão pela celebração ou não de um compromisso já está inserta nas avaliações sobre as consequências do ato e na ponderação da razoabilidade e da proporcionalidade. No entanto, é importante ressaltar o aspecto econômico como um dado efetivamente relevante, e que inclusive pode ser decisivo para uma tomada de decisões.

2.3. Procedimento para celebração de compromisso

O art. 26 da LINDB não estabeleceu um procedimento específico e detalhado para a celebração de compromissos entre a Administração e particulares. Nem deveria tê-lo feito. Afinal, na qualidade de norma de sobredireito, não cabe à LINDB estabelecer um procedimento detalhado. Além disso, cada ente que integra a Administração deve estabelecer os seus próprios procedimentos.

A LINDB, no entanto, estabeleceu duas previsões gerais de ordem procedimental: oitiva do órgão jurídico e realização de consulta pública.

2.3.1. Oitiva de órgão jurídico

O art. 26 da LINDB estabelece a necessidade de "oitiva do órgão jurídico" para a celebração de um compromisso.

A ouvida do órgão jurídico é uma previsão salutar. É importante que o agente público solicite uma manifestação jurídica a respeito do cabimento do compromisso e da validade dos termos nele previstos. Evidentemente, a avaliação jurídica não é a única a ser feita, mas é importante que seja realizada previamente à celebração do compromisso, uma vez que sempre existem questões jurídicas a serem equacionadas.

Ademais, a ouvida do órgão jurídico tende a conceder maior segurança aos envolvidos – agente público e particular.

A manifestação do órgão jurídico não necessariamente será vinculante para o administrador público. No entanto, é evidente que eventual discordância em relação à manifestação jurídica acaba por atribuir ao agente público um ônus argumentativo maior.

A ausência de oitiva do órgão jurídico não será necessariamente uma causa de invalidação do compromisso. Seria até contraditório com o próprio espírito que informa a LINDB que houvesse uma situação absoluta de nulidade insanável. A rigor, a ausência de ouvida prévia do órgão jurídico pode ser convalidada posteriormente, ou resolvida de algum modo que não seja necessariamente a decretação de nulidade do instrumento que foi celebrado.

2.3.2. Consulta pública

O art. 26 da LINDB também estabeleceu a possibilidade de realização de consulta pública prévia à celebração de um compromisso. No entanto, não previu a obrigatoriedade de que haja uma consulta pública. A previsão é clara no sentido de que ela deve ocorrer "quando for o caso".

Assim, a LINDB estabeleceu uma margem de discricionariedade à Administração Pública para decidir acerca da necessidade ou não de realização de uma consulta pública prévia à celebração de um compromisso.

Em certos casos, a realização de consulta pública será recomendável. Normalmente, é o que ocorrerá quando estiverem envolvidos direitos de um grupo numeroso de interessados, ou mesmo direitos coletivos ou individuais homogêneos, ou ainda se o impacto da celebração do compromisso tiver alguma relevância especial. Já em outras situações, como, por exemplo, a celebração de um compromisso para a regularização do alvará de um estabelecimento de menor relevância, não fará sentido a realização de uma consulta pública.

Portanto, a realização de consultas públicas não fará sentido em certos casos. Além de serem custosas, acabam por retardar a tomada de decisão, o que pode gerar prejuízos inaceitáveis.

2.3.3. A relevância da procedimentalização da celebração de compromissos

É importante destacar que a procedimentalização da celebração de compromissos será um importante instrumento para se garantir maior transparência e se permitir o controle na aplicação do art. 26 da LINDB.

Uma das grandes dificuldades na celebração de compromissos pela Administração Pública diz respeito ao controle. Na medida em que a Administração procedimentaliza a sua decisão, isso torna a medida mais transparente e compatível com os princípios que regem a atuação do Estado, em especial o da isonomia.

É evidente que a procedimentalização não pode servir de mecanismo dificultador nem como forma de retardar a tomada de decisão. O formalismo excessivo é incompatível com uma Administração Pública eficiente. No entanto, certas formalidades e procedimentos devem ser observados até mesmo em nome do princípio da impessoalidade.

2.4. Requisitos de validade do compromisso

A celebração do compromisso previsto no art. 26 da LINDB deve observar alguns requisitos de validade.

2.4.1. A observância do procedimento

O primeiro requisito de validade é a própria observação do procedimento previsto.

O art. 26 da LINDB exige a oitiva do órgão jurídico e, em certos casos, a realização de consulta pública. A rigor, a observância desses requisitos é necessária para a validade do compromisso. No entanto, a sua ausência pode ser suprida posteriormente ou ainda ser objeto de convalidação. Além disso, a realização de consulta pública não é obrigatória em todos os casos, conforme já exposto.

2.4.2. Presença de razões de relevante interesse geral

Para que o compromisso possa ser celebrado, é necessário que estejam presentes "razões de relevante interesse geral", conforme prevê o art. 26 da LINDB.

A LINDB não define – e nem cabe a ela definir – o que são razões de relevante interesse geral.

De todo modo, ao que parece, a LINDB, ao prever o requisito das "razões de relevante interesse geral", parece ter o objetivo de fazer com que o gestor público não decida por celebrar um compromisso apenas em função da conveniência do particular. É necessário demonstrar que o compromisso a ser celebrado acaba por dar concretude a razões de interesse geral, que não se restringem ao âmbito do particular.

Ao prever o requisito das razões de relevante interesse geral, a LINDB acaba atribuindo um ônus argumentativo ao administrador público, que deverá demonstrar concretamente a presença desse pressuposto como um requisito para a celebração do compromisso.

Note-se que não basta apenas afirmar que estariam presentes razões de relevante interesse geral. Da mesma forma, se o administrador público decidir que não é caso de celebração de compromisso, não pode simplesmente afirmar a ausência de tal requisito. É necessário que a decisão tomada, seja qual for, realmente demonstre a presença ou ausência desse requisito, inclusive porque o art. 20 da LINDB veda a tomada de decisões com base em valores jurídicos abstratos.

2.4.3. Observação da legislação aplicável

O art. 26 da LINDB também determina que seja observada a legislação aplicável.

A rigor, nem seria necessário afirmar isso. É evidente que a celebração de um compromisso pela Administração Pública passa pela necessidade de se observar a legislação que se aplica a esse tipo de ajuste. De todo modo, a previsão acaba tendo dois efeitos concretos que são no mínimo esclarecedores. O primeiro é que se deixa claro que não cabe à LINDB, norma de sobredireito, estabelecer exaustivamente os requisitos a serem aplicados. Outras normas aplicáveis, possivelmente com regras e procedimentos mais detalhados, também deverão ser observadas. O segundo efeito é o de que se recorda que os compromissos não podem ter previsões incompatíveis com o ordenamento. A celebração de um compromisso não se destina a estabelecer privilégios ou exceções inadvertidamente benéficas ao particular.

2.5. Geração de efeitos do compromisso

O art. 26 da LINDB prevê que o compromisso passará a gerar efeitos a partir da sua publicação oficial.

A rigor, trata-se de uma previsão destinada a conferir maior transparência. É necessário que os compromissos – ou ao menos um extrato resumido deles – sejam devidamente publicados. É inadmissível que a Administração Pública celebre compromissos secretos.

2.6. Objetivos da celebração de compromissos

O § 1º do art. 26 da LINDB prevê que o compromisso buscará solução jurídica proporcional, equânime, eficiente e compatível com os interesses gerais.

2.6.1. Solução proporcional

A solução adotada pelo compromisso deverá ser proporcional. Isso significa que o compromisso destina-se a dar uma solução que, ainda que não seja a ideal diante da questão enfrentada, seja a melhor possível, de modo a afastar consequências excessivamente danosas.

Na prática, uma solução proporcional será a decisão mais adequada ao caso concreto, que contenha as medidas necessárias e razoáveis na medida do que for imprescindível para resolver a questão posta.

2.6.2. Solução equânime

Solução equânime será aquela que observe os requisitos da imparcialidade, igualdade e constância. Ao estabelecer que o compromisso deve ser equânime, o § 1º do art. 26 da LINDB tem o objetivo de determinar a aplicação desses valores. Em princípio, se uma solução for caracterizada pela objetividade de julgamento, será equânime. O compromisso não deverá ser um instrumento para a aplicação de soluções inaceitáveis e incompatíveis com a isonomia. Muito menos deverá criar privilégios incompatíveis com o ordenamento jurídico.

2.6.3. Solução eficiente

O compromisso também deverá proporcionar uma solução eficiente. Isso significa não só o dever de buscar uma utilização mais eficiente de recursos públicos – ainda que se reconheça que eficiência administrativa não é sinônimo de eficiência econômica[14] –, mas também que a solução prática deverá ser suficiente para efetivamente eliminar a questão posta. Ou seja, os objetivos buscados com a celebração do compromisso devem ser efetivamente atingidos.

2.6.4. Solução compatível com os interesses gerais

Por fim, o compromisso deverá proporcionar uma solução compatível com os interesses gerais.

A questão dos interesses gerais já foi examinada acima. A LINDB não definiu – nem cabe a ela definir – o que são interesses gerais. De todo modo, o objetivo é estabelecer que o compromisso não se destina a promover privilégios, e sim a atender interesses que não se restringem ao particular que celebrará o compromisso.

2.7. Vedações ao conteúdo do compromisso

O inciso III do § 1º do art. 26 da LINDB prevê que o compromisso não poderá conferir desoneração permanente de dever ou condicionamento de direitos reconhecidos por orientação geral.

A compreensão adequada dessas vedações exige algum esforço de interpretação, dados os termos bastante gerais em que foram expressas pela LINDB.

2.7.1. Desoneração permanente de dever

Não se admite que o compromisso promova uma desoneração permanente de dever. A correta compreensão dessa afirmação é essencial para a aplicação do art. 26 da LINDB.

Por desoneração permanente de dever, deve-se entender que a Administração Pública não pode estabelecer previsões em um compromisso que acabem por fazer com que o particular ou a própria Administração fiquem permanentemente desonerados de certas obrigações.

---

[14] JUSTEN FILHO, Marçal. *Curso de direito administrativo*. 13.ed. São Paulo: RT, 2018, p. 108.

Assim, por exemplo, a Administração Pública, por meio de um compromisso, não pode renunciar à sua competência de realizar fiscalizações sobre o particular. Da mesma forma, o particular não pode ficar eternamente desobrigado de certas obrigações quando isso não fizer sentido no caso concreto.

Outro exemplo esclarecedor é o do estabelecimento de sanções. Deixar de promover o sancionamento do particular não equivale a uma desoneração permanente de dever. A situação é radicalmente diversa de uma hipotética situação em que a Administração simplesmente abra mão de promover eventuais sancionamentos futuros por fatos que vierem a acontecer.

É importante notar que o inciso III do § 1º do art. 26 da LINDB apenas não admite a desoneração *permanente* de deveres. Se a desoneração for provisória, a rigor não está vedada pelo dispositivo.

2.7.2. Condicionamento de direitos reconhecidos por orientação geral

O compromisso também não pode estabelecer condicionamentos para o exercício pelo particular de direitos que sejam reconhecidos por orientação geral.

Assim, por exemplo, a LINDB veda que o compromisso exija do particular o recolhimento de custas para a apresentação de manifestações administrativas (direito de petição). Este exemplo bem ilustra que o compromisso não pode condicionar o exercício de certos direitos ao cumprimento de requisitos inaplicáveis ou impertinentes.

2.8. Requisito adicional: clareza

Por fim, o inciso IV do § 1º do art. 26 da LINDB estabelece que o compromisso deverá prever com clareza (i) as obrigações das partes, (ii) o prazo para seu cumprimento e (iii) as sanções aplicáveis em caso de descumprimento.

A clareza das previsões é essencial para que haja maios segurança jurídica aos envolvidos. Deveria ser observada ainda que não houvesse previsão sobre isso na LINDB.

3. Encerramento

O art. 26 da LINDB estabelece regras bastante amplas sobre a possibilidade de celebração de acordos e compromissos em geral pela Administração Pública. Por se tratar de uma regra de sobredireito, suas previsões aplicam-se a todos os níveis da Federação e orientam a elaboração de outras normas.

Desde a edição da Lei 13.655, pode-se dizer que está definitivamente sepultada qualquer compreensão de que a Administração Pública não pode celebrar transações, acordos e compromissos em geral, o que consagra uma evolução do pensamento jurídico a respeito da indisponibilidade do interesse público.

Referências

Araújo, Alexandra Fuchs de. Comentários ao artigo 26 da Lei de Introdução às Normas de Direito Brasileiro. In: Cunha Filho, Alexandre Jorge Carneiro da; Issa, Rafael Hamze; Schwind, Rafael Wallbach (coord). *Lei de Introdução às Normas do Direito Brasileiro – Anotada*, vol. II. São Paulo: Quartier Latin, 2019, p. 325-332.

Garofano, Rafael Roque; Stein, Daniel Almeida; Zablith, Marc Bujicki. Relevante interesse geral, requisitos para o acordo e vetos. In: Cunha Filho, Alexandre Jorge Carneiro da; Issa, Rafael Hamze; Schwind, Rafael Wallbach (coord). *Lei de Introdução às Normas do Direito Brasileiro – Anotada*, vol. II. São Paulo: Quartier Latin, 2019, p. 332-338.

Guerra, Sérgio; Palma, Juliana Bonacorsi de. Art. 26 da LINDB: novo regime jurídico de negociação com a Administração Pública. Revista de Direito Administrativo – RDA, Rio de Janeiro, Edição Especial: Direito Público na Lei de Introdução às Normas de Direito Brasileiro – LINDB (Lei nº 13.655/2018), p. 135-169, nov. 2018.

Justen Filho, Marçal. *Curso de direito administrativo*. 13.ed. São Paulo: RT, 2018.

Libório, Daniela Campos. Art. 26 da LINDB – comentário geral. In: Cunha Filho, Alexandre Jorge Carneiro da; Issa, Rafael Hamze; Schwind, Rafael Wallbach (coord). *Lei de Introdução às Normas do Direito Brasileiro – Anotada*, vol. II. São Paulo: Quartier Latin, 2019, p. 321-325.

Marques Neto, Floriano de Azevedo; Moreira, Egon Bockmann. Uma lei para o Estado de direito contemporâneo. In: Pereira, Flávio Henrique Unes; Anastasia, Antonio Augusto Junho. *Segurança Jurídica e Qualidade das Decisões Públicas*: desafios de uma sociedade democrática. Brasília: Senado Federal, 2015.

Niebuhr, Karlin Olbertz. O alcance do art. 26 da LINDB. In: Cunha Filho, Alexandre Jorge Carneiro da; Issa, Rafael Hamze; Schwind, Rafael Wallbach (coord). *Lei de Introdução às Normas do Direito Brasileiro – Anotada*, vol. II. São Paulo: Quartier Latin, 2019, p. 344-349.

OLIVEIRA, Gustavo Justino de; SCHWANKA, Cristiane. A Administração Consensual como a Nova Face da Administração. In: *Revista da Faculdade de Direito da Universidade de São Paulo*, v. 104, jan./dez. 2009. Disponível em: https://www.revistas.usp.br/rfdusp/article/viewFile/67859/70467. Acesso em 31 de março de 2019.

PEREIRA, Caio Mário da Silva. *Instituições de Direito Civil*. Vol. I. 19.ed. Rio de Janeiro: Forense, 1999.

SERPA LOPES, Miguel Maria de. *Comentários à lei de introdução ao Código Civil brasileiro*. Rio de Janeiro: Freitas Bastos, 1959.

SUNDFELD, Carlos Ari. Princípio é preguiça? In? SUNDFELD, Carlos Ari. *Direito Administrativo para Céticos*. 2.ed. São Paulo: Malheiros, 2014.

SUNDFELD, Carlos Ari; SALAMA, Bruno Meyerhof. Chegou a hora de mudar a velha Lei de Introdução. In: PEREIRA, Flávio Henrique Unes; ANASTASIA, Antonio Augusto Junho. *Segurança Jurídica e Qualidade das Decisões Públicas*: desafios de uma sociedade democrática. Brasília: Senado Federal, 2015.

VENOSA, Sílvio de Salvo. *Direito Civil: Parte Geral*. 7.ed. São Paulo: Atlas, 2007.

VIANA, Camila Rocha Cunha. O artigo 26 da LINDB e a consolidação do direito administrativo consensual. In: CUNHA FILHO, Alexandre Jorge Carneiro da; ISSA, Rafael Hamze; SCHWIND, Rafael Wallbach (coord). *Lei de Introdução às Normas do Direito Brasileiro – Anotada*, vol. II. São Paulo: Quartier Latin, 2019, p. 339-344.

6. Três Desafios para o Acordo Administrativo em Processo de Supervisão no Sistema Financeiro Nacional

ELI LORIA
DANIEL KALANSKY
CONRADO TRISTÃO

INTRODUÇÃO

A lei 13.506/17 (Lei de Processo Administrativo Sancionador – LPAS) trouxe inovações para o processo administrativo sancionador no âmbito do sistema financeiro nacional, conferindo novos instrumentos de *enforcement* para o Banco Central (BC) e para a Comissão de Valores Mobiliários (CVM). Dentre tais inovações, destaca-se o acordo administrativo em processo de supervisão (APS).

No entanto, por tratar-se de novidade, e em vista de certas características da LPAS e do próprio sistema jurídico brasileiro, a implementação do APS apresentará desafios. Para auxiliar profissionais da área jurídica a compreenderem e usarem esse novo instituto, o presente capítulo tem por intuito apresentar três desses desafios à implementação do APS: a harmonização entre diferentes agentes de *enforcement* diante de um cenário de multiplicidade institucional; o tratamento de casos envolvendo infratores que não tenham agido em conluio; e a ausência de possibilidades e benefícios da celebração do acordo presentes em outras espécies de leniência.

Para tanto, o capítulo busca, inicialmente, apresentar o APS como espécie de acordo de leniência. Na sequência, descrevemos o regime jurídico do APS, com base nas regras comuns ao BC e à CVM presente na LPAS. Por fim, apontamos os três desafios para a implementação do APS no âmbito do sistema financeiro nacional.

1. APS: uma nova espécie de leniência

A positivação do APS está ligada a um movimento de ascensão dos acordos de leniência no Brasil, dando sequência à criação do acordo de leniência antitruste do CADE, hoje previsto na lei 12.529/11 (Lei de Defesa da Concorrência – LDC), e do acordo de leniência para infrações de corrupção, previsto na lei 12.846/13 (Lei Anticorrupção – LA).[1]

A história legislativa da LPAS parece corroborar esse entendimento. Isso porque, antes da elaboração do diploma, houve a tentativa de se introduzir o acordo de leniência no âmbito do sistema financeiro nacional por meio da medida provisória (MP) 784/17.[2] De modo diverso à LPAS, a MP conferia ao acordo justamente a denominação de "acordo de leniência" (art. 30 e ss.).

Diante da iminente perda de eficácia da MP 784/17, pela não conversão em lei dentro do prazo legal, foi proposto o projeto de lei (PL) 8.843/17, que posteriormente foi convertido na LPAS. O PL trazia normas muito semelhantes àquelas da MP, mas inovou ao substituir o nome "acordo de leniência" por "acordo administrativo em processo de supervisão" (art. 30 e ss.).

---

[1] O movimento de ascensão dos acordos de leniência, por sua vez, parece situar-se em panorama mais amplo de expansão da consensualidade na administração pública brasileira. Nesse sentido, cf. Salama e Tristão (2019). Exemplo recente da expansão da consensualidade no Brasil é a reforma realizada pela lei 13.655/18 na Lei Geral de Introdução ao Direito Brasileiro – LINDB (decreto-lei 4.657/42), incluindo no diploma um permissivo geral à celebração de acordos pela administração (art. 26). Sobre tal inovação, cf. Guerra e Palma (2018).

[2] Confira-se excerto da exposição de motivos da MP 784/17: "[u]m ponto que merece destaque é a possibilidade de o BC e a CVM passarem a celebrar acordo de leniência (arts. 30 a 33), comumente utilizado no direito econômico concorrencial para o combate à prática de cartel. Esse instituto consiste em obter a efetiva e plena colaboração de pessoas naturais ou jurídicas na investigação de infrações de que participem mediante o compromisso da autoridade reguladora de extinguir a punibilidade ou reduzir a pena no âmbito do processo administrativo. A aplicação desse instituto tem por objetivo contribuir com a obtenção, pelas autoridades reguladoras, de provas mais robustas para a adoção das medidas coercitivas no âmbito administrativo".

Nesse sentido, vale notar que o art. 32, § 2º, do PL previa que "[n]a hipótese de descumprimento do acordo administrativo em processo de supervisão, o beneficiário ficará impedido de celebrar *novo acordo de leniência* pelo prazo de três anos" (grifo nosso), o que parece reforçar o entendimento de que houve apenas mudança no nome do instituto.

No texto final da LPAS, o termo "acordo de leniência", que constava no art. 32, § 2º, foi substituído por "acordo administrativo em processo de supervisão", mas as normas que regem o acordo permaneceram semelhantes àquelas da MP 784/17 – diferindo-se apenas por especificarem o procedimento de celebração e efeitos do acordo.

Portanto, entendemos que o APS, apesar do nome singular, pode ser tratado como espécie de leniência, ao lado dos acordos de leniência previstos na LDC e na LA.

2. O regime jurídico do APS

Após situarmos o APS na temática dos acordos de leniência, passamos a verificar seu modo de funcionamento. Como mencionado, a LPAS aplica-se tanto ao BC quanto à CVM. Desde que a LPAS entrou em vigor, o BC já editou regulamento disciplinando seu processo administrativo sancionador a partir dos parâmetros conferidos pela nova lei (circular 3.857/17). O capítulo VIII do regulamento disciplina o APS, especificando seu funcionamento no âmbito do BC. No entanto, até a elaboração do presente capítulo, a CVM ainda não editou regulamento com base na LPAS, não havendo, portanto, regras mais específicas sobre o funcionamento do APS no mercado de capitais.

A presente seção tomará como base o texto da LPAS, uma vez que o diploma contém as principais regras sobre o funcionamento do acordo, trazendo a disciplina comum do APS para o BC e para a CVM.

O regime jurídico do APS está previsto nos arts. 30, 31 e 32 da LPAS, que disciplinam o funcionamento do acordo tanto no âmbito do BC quanto da CVM. O APS pode ser celebrado com pessoas físicas ou jurídicas que confessem a prática de infração a normas cujo cumprimento seja fiscalizado por BC ou CVM (art. 30 *caput*), e tem por efeito a extinção da respectiva ação punitiva ou a redução, de um terço a dois terços, da penalidade aplicável (art. 30, *caput*).

A celebração do APS requer a cooperação efetiva, plena e permanente para a apuração dos fatos por parte do proponente, da qual resulte utilidade para o processo sancionador (art. 30, *caput*). A utilidade deve consistir, especialmente, na identificação dos demais envolvidos (art. 30, I), e na obtenção de informações e documentos que comprovem a infração (art. 30, II).

O APS tem por efeito suspender o prazo prescricional no âmbito administrativo relativamente ao proponente signatário (art. 30, § 5º). Mas o acordo não afeta a atuação do Ministério Público, e nem dos demais órgãos públicos no âmbito de suas correspondentes competências (art. 30, § 6º).

O acordo só pode ser celebrado quando forem preenchidos os seguintes requisitos: a pessoa jurídica proponente for a primeira a se qualificar com relação à infração (art. 30, § 2º, I); o envolvimento na infração cessar completamente a partir da data de propositura do acordo (art. 30, § 2º, II); BC e CVM não dispuserem de provas suficientes para assegurar a condenação administrativa do proponente (art. 30, § 2º, III); e o proponente confessar participação no ilícito, cooperar plena e permanentemente com as investigações e com o processo administrativo e comparecer, sob suas expensas, sempre que solicitado, a todos os atos processuais, até seu encerramento (art. 30, § 2º, IV).

O requisito de ser o primeiro a se qualificar não se aplica às pessoas físicas (art. 30, § 3º). Já a pessoa jurídica que não for a primeira a se qualificar poderá celebrar o APS, mas se beneficiará apenas da redução de um terço da penalidade aplicável (art. 30, § 4º).

Caso BC ou CVM declarem o cumprimento do APS, há extinção da ação de natureza administrativa punitiva ou a aplicação do fator de redução à pena (art. 32, § 1º). Para que seja proferida tal declaração, BC ou CVM terão que avaliar: o atendimento das condições estipuladas no acordo (art. 32, I); a efetividade da cooperação prestada (art. 32, II); e a boa-fé do infrator quanto ao cumprimento do acordo (art. 32, III). O descumprimento do acordo resulta no impedimento do beneficiário de celebrar novo acordo pelo prazo de três anos (art. 32, § 2º).

A proposta de acordo deve permanecer em sigilo até que o acordo seja celebrado (art. 30, § 2º). Se a proposta for aceita, o acordo deve ser publicado no site da respectiva autarquia, dentro do prazo de cinco dias (art. 31). Mas se a proposta for rejeitada, não poderá ser feita qualquer divulgação de seu conteúdo, não importando nem em confissão quanto à matéria de fato e nem em reconhecimento de ilicitude da conduta analisada (art. 31, § 1º).

No entanto, o sigilo imposto aos termos da proposta não retira o dever legal de BC e CVM realizarem comunicação aos órgãos públicos competentes, nos termos do art. 9º da lei complementar 105/01.[3] Ademais, a LPAS prevê que o Ministério Público pode requisitar informações ou acesso ao sistema informatizado que contenha informações sobre os APSs celebrados por BC ou CVM (art. 31, § 2º), sem que lhe seja oponível sigilo e sem prejuízo do disposto no já mencionado art. 9º da lei complementar 105/01.

3. Três desafios para o APS

Após verificarmos o regime jurídico do APS segundo a LPAS, passamos a abordar três dos prováveis desafios que permearão o uso de tal acordo no âmbito do sistema financeiro nacional: a questão da multiplicidade institucional, a relação entre o desenho legal do APS e o dilema do prisioneiro, e a modelagem das possibilidades e benefícios relativos à celebração do APS.

3.1. Acordos de leniência e multiplicidade institucional

Questão relevante para os programas de leniência é a distribuição das competências para o *enforcement*. Nos Estados Unidos, país que serviu de referência para o programa de leniência brasileiro, prevalece o modelo de centralização das competências para investigar e punir em uma mesma autoridade.[4] No Brasil, de modo diverso, o poder sancionador frequentemente é compartilhado por órgãos e instituições distintos, situados em diferentes esferas de responsabilização.[5]

---

[3] O art. 9º da lei complementar 105/01 prevê que: "[q]uando, no exercício de suas atribuições, o Banco Central do Brasil e a Comissão de Valores Mobiliários verificarem a ocorrência de crime definido em lei como de ação pública, ou indícios da prática de tais crimes, informarão ao Ministério Público, juntando à comunicação os documentos necessários à apuração ou comprovação dos fatos".

[4] Cf. Canetti (2018), p. 220. Para exemplo de como outros ordenamentos têm lidado com a questão da multiplicidade institucional, cf. Tristão (2019), tratando da jurisdição dos tribunais de contas a partir de comparação entre Brasil e Espanha.

[5] Nesse sentido, confira-se explicação de Sundfeld (2017): "[p]ara combater desvios, nosso direito público se valeu de leis autônomas e sobrepostas para distribuir as competências de investigação e de punição entre muitas autoridades, estas também sobrepostas. A ideia era fazer com que a atuação concomitante de controladores autônomos diminuísse o risco de os infratores escaparem ilesos. O ministério público pode ajuizar ações penais e cíveis, com

Carson e Prado (2016) chamam a esse compartilhamento de competências para o *enforcement* de "multiplicidade institucional", definida pelos autores nos seguintes termos:

> "(...) institutional multiplicity describes any diversification of institutions performing one particular function, such as the simultaneous existence of multiple forms of punishment and different sanctions that reinforce each other. For example, in cases involving political corruption, offenders may face a series of overlapping penalties, including electoral sanctions from the public at the ballot box, political sanctions such as censure or administrative removal from office, and reputational damage from negative media coverage, in addition to formal legal sanctions, such as criminal or civil judgments." (CARSON; PRADO, 2016, p. 59).

A doutrina não é unívoca com relação aos efeitos da multiplicidade institucional. Carson e Prado (2016) entendem que tal arranjo pode ocasionar efeitos positivos para a repressão à corrupção. Segundo os autores, a sobreposição funcional seria capaz de reduzir o risco de falhas em cada etapa do sistema de *accountability*, melhorando a performance institucional:

> "Corruption is a complex, secretive activity and therefore presents unique challenges to accountability institutions. As such, functional overlap may be the best mechanism to ensure that corruption, whether entrenched or opportunistic, is ultimately exposed and sanctioned. Institutional multiplicity could reduce the risk of failures in each step of the corruption accountability process, increase the resources available and/or enhance institutional performance". (CARSON; PRADO, 2016, p. 63).

---

base nas leis penais, na lei da improbidade ou na lei anticorrupção. Essas duas últimas leis preveem indenização, multas e proibição temporária de as empresas infratoras contratarem com a administração. Em paralelo, o tribunal de contas da União (TCU), usando sua própria lei, também pode impor a proibição de contratar. Mas isso não é tudo. A lei anticorrupção e as várias leis de licitação (a 8.666/93, a lei do pregão, a lei do regime diferenciado de contratações e a recente lei das estatais) dão a autoridades administrativas poderes de sancionar particulares, com multas e até inidoneidade."

Em sentido semelhante, Oliveira (2017) entende que a multiplicidade institucional permitiria a complementariedade entre diferentes instituições no combate à corrupção, além de propiciar a correção de eventuais falhas de um órgão por parte de outro:

> "Em relação às vantagens, complementação significa que a multiplicidade institucional abre espaço para uma diversidade de métodos e possibilita a especialização das entidades de controle que se complementam para o deslinde e punição dos atos de corrupção. Por sua vez, compensação significa que a multiplicidade institucional permite a detecção e correção de falhas ou omissões de um órgão de controle sobre a atuação de outro órgão. Em suma, ambas são vantagens da multiplicidade institucional que diminuem as possibilidades de falhas do sistema de combate à corrupção". (OLIVEIRA, 2017, p. 329).

Não obstante, diversos estudos apontam efeitos deletérios ocasionados pela multiplicidade institucional. Canetti (2018), por exemplo, entende que a ausência de harmonização entre as diferentes instituições responsáveis pelo *enforcement* pode ampliar os custos da persecução estatal, dificultando a repressão de ilícitos:

> "A ideia de que a atuação simultânea de diversas autoridades estatais pode otimizar a tutela de determinados bens jurídicos, todavia, (...), não prescinde de uma prévia harmonização entre as atividades de cada uma das instituições pertinentes, sob pena de a confusão entre instâncias incrementar os custos (econômicos, políticos, jurídicos e de capital humano) da persecução estatal, diminuindo as vantagens sociais trazidas pelo combate aos ilícitos contra a Administração". (CANETTI, 2018, p. 224).

Ainda no âmbito dos efeitos negativos da multiplicidade institucional, Marques Neto (2010), tratando do controle da administração, destaca que as sobreposições e excessos gerados pela diversificação dos agentes controladores pode ocasionar ineficiência:

> "Nos últimos anos, assistiu-se a uma fragmentação do quadro normativo e institucional das atividades de controle, o que muitas vezes faz com que as competências sejam exercidas de maneira sobreposta e excessiva.

Nem sempre, no entanto, a multiplicidade de controle gera eficiência, podendo mesmo, se exercido de maneira randômica e sobreposta, constituir entrave ao bom funcionamento da máquina estatal." (MARQUES NETO, 2010, p. 23).[6]

Nesse sentido, até mesmo Carson e Prado (2016) fazem ressalva quanto a possíveis efeitos deletérios da multiplicidade institucional. Segundo os autores, a multiplicidade, em determinados casos, pode ocasionar ineficiência pela duplicação de funções, gerar concorrência institucional destrutiva, ampliar a corrupção, e multiplicar procedimentos administrativos informais, o que poderia ocasionar a violação de princípios fundamentais do Estado de direito:

"While reactive institutional multiplicity can offer benefits, it also has a number of potential drawbacks. First, because institutional overlap implies duplication it can sometimes be associated with an inefficient allocation of resources, especially in the short term, and this concern is particularly relevant in low-income developing countries with scarce fiscal resources that struggle to provide adequate coverage for other societal needs, such as education and health. Second, in some contexts institutional multiplicity may engender destructive competition and encourage individuals in one institution to act in a manner that undermines the efforts of their counterparts in another institution (Sharkey, 2013). Third, insofar as institutional multiplicity increases the number of officials with the power to investigate and punish corruption, there may be an increased incidence of corruption in the processes of holding individuals accountable for corruption. (...). Last but not least, there are concerns that more informal administrative processes, especially those involving merging investigative and punishment functions (as it seems to be the case with deferred prosecution agreements in the United

---

[6] Em sentido semelhante, Sundfeld (2017) expõe que: [c]omo a prioridade dessas leis [leis penais, Lei de Improbidade Administrativa, Lei Anticorrupção, e leis de licitação], era só multiplicar os controles, elas não quiseram articular as competências todas. A aposta era que os próprios acusados se defenderiam, em cada caso, contra eventuais incoerências ou excessos das autoridades. Com isso o legislador subestimou o risco de os controladores entrarem em conflito e, querendo ou não, sabotarem uns aos outros. E parece que isso está acontecendo na Lava Jato."

States application of the FCPA), may violate fundamental principles of a rule of law system (Koehler, 2014)". (CARSON; PRADO, 2016, p. 63).

Canetti (2018) destaca que os problemas ocasionados pela multiplicidade institucional incidem de modo ainda mais intenso sobre o tema dos acordos de leniência, uma vez que o sucesso de tais acordos depende de certa garantia de previsibilidade, o que é dificultado pela existência de múltiplos atores. Assim, ainda que seja possível a harmonização completa do sistema, os custos decorrentes do envolvimento de diversos órgãos, entes e autoridades nas negociações podem comprometer a eficácia dos acordos de leniência:

> "Desse modo, se por um lado a presença de múltiplos atores pode ser benéfica para lidar com falhas de órgãos específicos, e até mesmo para evitar-se a captura, essa mesma característica pode não se coadunar, especificamente, com o objetivo e a teoria fundantes dos acordos de leniência." (CANETTI, 2018, p. 226).

No Brasil, temos dois exemplos paradigmáticos da relação entre programas de leniência e multiplicidade institucional: o acordo de leniência antitruste do CADE, previsto na LDC, e o acordo de leniência para infrações de corrupção, previsto na LA.

Com relação ao acordo de leniência do CADE, parece ter havido uma resposta institucional e legislativa apta a dirimir eventuais efeitos negativos decorrentes de sobreposições existentes com relação ao CADE e Ministério Público Federal (MPF).

Nesse sentido, teve lugar a prática institucional por parte do CADE de envolver o *Parquet* em acordos de leniência com repercussão criminal.[7] Ademais, a LDC estendeu os efeitos do acordo de leniência ao âmbito penal. Isso porque o diploma prevê que a celebração do acordo de leniência impede o oferecimento de denúncia com relação aos crimes contra a ordem econômica, tipificados na lei 8.137/90, e demais crimes diretamente relacionados à prática de cartel (art. 87, *caput*). Além disso, caso o acordo de leniência seja cumprido, há extinção automática da punibilidade no âmbito penal (art. 87, parágrafo único).

---

[7] Cf. Canetti (2018), p. 221.

Tais circunstâncias parecem ter contribuído para o sucesso do programa de leniência antitruste do CADE, o que pode estar refletido no aumento do número de acordos celebrados: entre os anos de 2003 (ano de celebração do primeiro acordo de leniência) e 2005 foi celebrado apenas um acordo de leniência por ano, frente a uma média anual de 10 acordos de leniência entre os anos de 2015 e 2017.[8]

Já no acordo de leniência da LA, a lei não concentrou o poder sancionador e a competência para a celebração de acordos em um ente específico.[9] Ademais, a LA não prevê efeitos penais para a celebração do acordo, de modo que o diploma restringiu os efeitos da leniência ao âmbito administrativo.

Esse contexto parece ter contribuído para uma disputa institucional em torno da competência para a celebração do acordo previsto na LA, o que trouxe sérias dificuldades para a efetividade de tal espécie de leniência. Sobre esse ponto, confira-se relato de Marques Neto e Palma (2017):

> "Logo após a edição da Lei Anticorrupção, uma disputa institucional entre Controladoria-Geral da União e Ministério Público Federal se instaurou em torno da titularidade do instrumento do acordo de leniência. Por um lado, a CGU com base no texto da lei afirmava ser, por determinação legal, titular da competência para celebração do acordo de leniência. Por outro lado, o MPF se insurgia contra essa interpretação, reafirmando a sua posição de liderança nas investigações de combate à corrupção. Mais do que a titularidade da competência para celebração de acordo de leniência, estava em jogo o poder institucional, ou seja, qual instituição dispõe de maior poder e, assim, colocar-se-ia à frente das demais nas atividades de investigação. Diante dessa disputa, o acordo de leniência da Lei Anticorrupção restava inutilizado, pois o acordo celebrado no âmbito da CGU não interdita a atuação do MP. Valendo-se da confissão da pessoa jurídica no acordo de leniência, o MP pode ajuizar ação civil pública ou ação de improbidade administrativa em face do

---

[8] Cf. Conselho Administrativo de Defesa Econômica (CADE). *Programa de Leniência*. Disponível em: <http://www.cade.gov.br/assuntos/programa-de-leniencia>. Os números não incluem aditivos e nem leniências *plus*, subespécies de leniência que foram instituídas por meio da lei 12.529/11.

[9] Cf. Canetti (2018), p. 226.

leniente. Do mesmo modo, poderia o MP firmar um acordo (por exemplo, no bojo de uma delação premiada ou de um termo de ajustamento de conduta) e depois a CGU vir a declarar a empresa acoimada pelo Parquet como inidônea, por exemplo." (MARQUES NETO; PALMA, 2017, p. 32).

A partir dos exemplos dos acordos de leniência do CADE e da LA, devemos notar que a LPAS, apesar de concentrar a competência para a celebração do APS em BC e CVM, circunscreve os efeitos do acordo ao âmbito administrativo, não havendo extensão para o âmbito penal. Inclusive, como já exposto, a LPAS prevê de modo expresso que o APS não afeta a atuação do MPF e demais órgãos públicos no âmbito de suas correspondentes competências (art. 30, § 6º). Desse modo, a celebração do APS não impede que o infrator seja sancionado, a partir da mesma conduta, na esfera penal.

Note-se ainda que, por força do art. 9º da lei complementar 105/01, quando BC ou CVM "verificarem a ocorrência de crime definido em lei como de ação pública, ou indícios da prática de tais crimes, informarão ao Ministério Público, juntando à comunicação os documentos necessários à apuração ou comprovação dos fatos".

Esse cenário é potencialmente problemático, uma vez que, no âmbito do sistema financeiro, diversas condutas que representam ilícitos administrativos consistem, também, em ilícitos penais, de modo que um mesmo fato pode originar tanto processo administrativo sancionador como persecução penal.

Esse é o caso, por exemplo, do ilícito de *insider tranding* (uso indevido de informação privilegiada), que é tipificado como ilícito penal pela lei 6.385/76,[10] e como ilícito administrativo pela lei 6.404/76[11] e pela regu-

---

[10] O art. 27-D da lei 6.385/76, com redação conferida pela lei 13.506/17, prevê como crime contra o mercado de capitais "[u]tilizar informação relevante de que tenha conhecimento, ainda não divulgada ao mercado, que seja capaz de propiciar, para si ou para outrem, vantagem indevida, mediante negociação, em nome próprio ou de terceiros, de valores mobiliários". A pena para o ilícito é de "reclusão, de 1 (um) a 5 (cinco) anos, e multa de até 3 (três) vezes o montante da vantagem ilícita obtida em decorrência do crime".
[11] O art. 155, § 1º, da lei 6.404/76 dispõe que "[c]umpre, ademais, ao administrador de companhia aberta, guardar sigilo sobre qualquer informação que ainda não tenha sido divulgada para conhecimento do mercado, obtida em razão do cargo e capaz de influir de modo pon-

lação editada pela CVM.[12] Desse modo, o ilícito de *insider* pode ocasionar tanto ação penal, por parte do MPF, como processo administrativo sancionador, por parte da CVM.

Nesse caso, diante da multiplicidade institucional, se não houver atuação harmônica por parte da CVM e MPF, é possível que o APS apresente dificuldades em sua implementação, uma vez que, mesmo havendo celebração de acordo com a CVM, restaria em aberto a possibilidade de ação penal pelo MPF.

Aqui, o histórico do programa de leniência do CADE pode servir de exemplo, mostrando um possível caminho para o sucesso dos acordos, a partir da cooperação institucional e da modelagem de um acordo que confira segurança jurídica. Já o caso do acordo de leniência da LA parece exemplificar os riscos de uma multiplicidade institucional desarmônica, que ocasione concorrência deletéria entre diferentes agentes responsáveis pelo *enforcement*.

Desse modo, o primeiro desafio para o acordo administrativo em processo de supervisão é a harmonização entre diferentes agentes de *enforcement* diante de um cenário de multiplicidade institucional. Nesse sentido, será necessário certo esforço de coordenação para o sucesso do APS, de modo que o acordo seja capaz de prover segurança jurídica (e por isso seja atraente) para aqueles que busquem celebrá-lo.

3.2. APS e o dilema do prisioneiro

Os acordos de leniência têm por base a lógica do "dilema do prisioneiro".[13] Ou seja, a criação de uma situação que traga incentivos para que infratores que tenham agido em conluio denunciem um ao outro, em troca da redução da penalidade aplicável à infração para aquele que

---

derável na cotação de valores mobiliários, sendo-lhe vedado valer-se da informação para obter, para si ou para outrem, vantagem mediante compra ou venda de valores mobiliários".

[12] O art. 13 da Instrução CVM 358/02 prevê, em seu *caput*, que "[a]ntes da divulgação ao mercado de ato ou fato relevante ocorrido nos negócios da companhia, é vedada a negociação com valores mobiliários de sua emissão, ou a eles referenciados, pela própria companhia aberta, pelos acionistas controladores, diretos ou indiretos, diretores, membros do conselho de administração, do conselho fiscal e de quaisquer órgãos com funções técnicas ou consultivas, criados por disposição estatutária, ou por quem quer que, em virtude de seu cargo, função ou posição na companhia aberta, sua controladora, suas controladas ou coligadas, tenha conhecimento da informação relativa ao ato ou fato relevante".

[13] Cf. Zingales (2008), p. 8 e ss.

denunciar primeiro. Nesse sentido, Canetti (2018) entende que o núcleo central dos acordos de leniência seria:

> "(...) a criação de um mecanismo de incentivo – por meio de uma sanção premial baseada na lógica do dilema do prisioneiro – que motive membros de uma colusão a delatarem suas atividades, fornecendo ao Poder Público provas sobre o ilícito. Não se trata, pois, da mera premiação dos ofensores, eis que ela pode almejar resultado diverso (redução do tempo nos processos administrativos e ações judiciais, pagamento voluntário de sanções pecuniárias, reparação do dano, etc.)". (CANETTI, 2018, p. 209).

Portanto, a leniência tem como alvo agentes que tenham praticado ilícitos em conjunto. No entanto, o art. 30, I, da LPAS previu como requisito para a celebração do APS "a identificação dos demais envolvidos na prática da infração, *quando couber*" (grifo nosso). Desse modo, ao empregar a expressão "quando couber", a LPAS parece dar ensejo à interpretação de que o APS poderá ser celebrado em casos que envolvam apenas um único infrator, agindo sozinho.

Tal possibilidade destoa da lógica do dilema do prisioneiro inerente aos acordos de leniência, de modo que Canetti (2018) chega a questionar se o APS representaria, de fato, espécie de leniência.[14]

Para além de discussões acerca da categoria jurídica do APS, a possibilidade de celebração do acordo com agentes que tenham praticado ilícitos de modo individual parece trazer problemas para a efetividade do instituto.

Em primeiro lugar, surge dúvida acerca dos benefícios advindos de tal acordo: se não há outros participantes no ilícito, que tipo de informações exatamente BC ou CVM poderiam obter por meio do APS? De fato, poderiam se valer da "obtenção de informações e de documentos que comprovem a infração noticiada ou sob investigação" (art. 30, II), o que traria economia processual.

No entanto, sendo esse o caso, parece que o APS se aproximaria do instituto do termo de compromisso (já utilizado pela CVM há vários anos e introduzido para o BC por meio da LPAS), tornando-se uma espécie de "termo de compromisso com reconhecimento de culpa". Mas então, fora a questão do reconhecimento da prática do ilícito, qual

---

[14] Cf. Canetti (2018), p. 208 e ss.

exatamente seria a vantagem de se usar um ou outro instituto? Ainda, como diferenciar casos em que deva ser usado o termo de compromisso de casos em que caiba o APS?

Ademais, a celebração de APS com agente que tenha agido individualmente parece comprometer o sistema de incentivos próprio do dilema do prisioneiro, que parte do pressuposto de que um infrator terá ganhos por delatar outro primeiro. Será que, nessas circunstâncias, o APS será atrativo o suficiente para ser efetivo? Nesse sentido, confira-se explicação de Zingales (2008):

> "The leniency mechanism, indeed, would not make sense for personal crimes: the obvious argument is that, if one knows that he will be able to surrender himself to the authorities in order to avoid detection, then he will not be deterred in the first place because he will be aware of the possibility to get around the rule of law which prohibits the conduct." (ZINGALES, 2008, p. 7).

Sobre esse ponto, vale observarmos, a título de reflexão, que dos nove casos de *insider trading* julgados pela CVM em 2017, 4 envolveram um único acusado.[15] Tal circunstância parece corroborar a preocupação com a aplicação do APS a situações envolvendo um único infrator, uma vez que, ao menos com relação ao ilícito de *insider* no âmbito do mercado de capitais, essa parece ser uma situação bastante comum.

Portanto, o segundo desafio para o APS será enfrentar a questão de como tratar casos envolvendo infratores que tenham agido de modo individual (ou seja, em que não se faça presente o elemento do conluio). Essa circunstância demandará atenção para que haja harmonização entre o desenho conferido ao acordo pela LPAS e características fundamentais do funcionamento da leniência.

3.3. Possibilidades e benefícios da celebração

O sucesso de um programa de leniência depende, em grande medida, das possibilidades e benefícios relativos à celebração do acordo. Desse modo, convém contrapormos o regime do APS ao regime dos acordos

---

[15] São os casos julgados no PAS CVM nº RJ2013/8609, PAS CVM nº SP2013/094, PAS CVM nº RJ2013/13172, e PAS CVM nº RJ2014/1785. Para uma análise dos julgados da CVM envolvendo *insider trading* em 2017, cf. Loria e Kalansky (2018), p. 55 e ss.

de leniência previstos na LDC e na LA. Na tabela a seguir, Salama e Tristão (2019) trazem comparação dos principais aspectos dos três institutos:

Comparação entre o APS e os acordos de leniência previstos na LDC e na LA

	Lei de Defesa da Concorrência	Lei Anticorrupção	Lei de Processo Administrativo Sancionador
Quais pessoas podem celebrar o acordo?	Pessoas físicas e jurídicas	Pessoas jurídicas	Pessoas físicas e jurídicas
Quais os benefícios obtidos com o acordo?	Se a proposta for apresentada antes que o regulador tenha ciência da infração, extinção da ação punitiva; se a proposta for apresentada posteriormente, redução de 1/3 a 2/3 da multa	Isenção das sanções previstas no art. 6º, II, e art. 19, IV, e redução em até 2/3 da multa	Para as pessoas físicas ou primeira pessoa jurídica a se qualificar, extinção da ação punitiva ou redução de 1/3 a 2/3 da multa; para a pessoa jurídica que não for a primeira a se qualificar, redução de 1/3 da multa
É possível a celebração de acordos múltiplos?	Sim, para pessoas físicas	Não	Sim, para pessoas físicas e jurídicas
É possível a realização de leniência *plus*?	Sim	Não	Não
Há previsão de celebração do acordo em conjunto pelo grupo econômico?	Sim	Sim	Não
Há extensão dos efeitos do acordo para o âmbito penal?	Sim	Não	Não
Há extensão dos efeitos do acordo para o âmbito civil?	Não	Não	Não
Quais os efeitos do descumprimento do acordo?	Impedimento do beneficiário de celebrar novo acordo pelo prazo de 3 anos, contados da data de seu julgamento	Impedimento do beneficiário de celebrar novo acordo pelo prazo de 3 anos, contados do conhecimento pela Administração do descumprimento	Impedimento do beneficiário de celebrar novo acordo pelo prazo de 3 anos, contados do conhecimento pela Administração do descumprimento

Fonte: Salama e Tristão (2019).

Com relação às possibilidades de celebração dos acordos mencionados no quadro comparativo, três pontos merecem destaque: os acordos múltiplos, a leniência *plus*, e a celebração do acordo em conjunto pelo grupo econômico.

A possibilidade de celebração de acordos múltiplos consiste na faculdade de se celebrar APSs ou acordos de leniência com duas ou mais pessoas, físicas ou jurídicas, de modo independente, tendo por objeto a mesma conduta delituosa. A LDC permite a leniência múltipla para pessoas físicas, uma vez que essas não precisam ser as primeiras a se qualificarem para a leniência para celebrarem o acordo (art. 86, § 2º) – o que é exigido para as pessoas jurídicas (art. 86, § 1º, I). De modo diverso, a LA não permite a celebração de acordos múltiplos.

A LPAS, por sua vez, possibilita acordos múltiplos tanto para pessoas físicas como jurídicas. No entanto, a lei previu diferenças com relação aos benefícios obtidos a partir da leniência múltipla: pessoas físicas que não forem as primeiras a se qualificar para o acordo podem desfrutar do benefício máximo, com redução de até dois terços da penalidade aplicável (art. 30, § 3º); já as pessoas jurídicas poderão beneficiar-se apenas da redução de um terço da penalidade aplicável.

A leniência *plus* consiste na possibilidade do infrator que não se qualificar para a leniência com relação a determinada infração receber benefícios por meio de outro acordo celebrado com base em infração diversa, da qual o agente de *enforcement* não tenha conhecimento. Essa modalidade é prevista apenas na LDC (art. 86, § 6º), possibilitando que o infrator se beneficie da redução de um terço da penalidade aplicável relativamente à primeira infração, e desfrute plenamente dos benefícios da leniência para a nova infração denunciada (art. 86, § 7º).

Por fim, a celebração do acordo em conjunto pelo grupo econômico é a possibilidade das pessoas jurídicas pertencentes ao mesmo grupo econômico celebrarem conjuntamente o acordo, ocasionando a extensão dos efeitos do acordo para todo o grupo.

A LDC prevê que, quando o acordo for firmado em conjunto, os efeitos da leniência serão estendidos às empresas do mesmo grupo e aos seus dirigentes, administradores e empregados envolvidos na infração (art. 86, § 6º). A LA também prevê que, quando celebrado em conjunto, os efeitos do acordo de leniência serão estendidos às pessoas jurídicas que integrem o mesmo grupo econômico (art. 16, § 5º). A LPAS, no entanto, não prevê a possibilidade de celebração do APS em conjunto pelo grupo econômico.

Como é possível observarmos, no âmbito das possibilidades de celebração, o APS, por um lado, conta com inovações relativamente aos demais tipos de leniência, mas, por outro, não apresenta relevantes características presentes em outras espécies.

Nesse sentido, o APS apresenta como inovação a possibilidade de celebração de acordos múltiplos por parte de pessoas físicas, o que possivelmente amplia o rol de interessados no acordo. No entanto, o APS não apresenta nem instituto análogo à leniência *plus* e nem a possibilidade de celebração de acordo pelo grupo econômico em conjunto. Tais ausências, por ocasionarem uma redução das possibilidades de celebração de acordos, podem impactar negativamente o programa de leniência no sistema financeiro nacional.

No tocante aos benefícios advindos da celebração do acordo, vale observarmos que esse tema recebeu tratamento diverso por cada uma das leis instituidoras das espécies de leniência aqui analisadas.

Na LDC, há variação do benefício em vista do momento de oferecimento da proposta de acordo de leniência: se a proposta for oferecida à Superintendência-Geral do CADE antes que essa tenha conhecimento da infração, o ofertante poderá receber o benefício de extinção da ação punitiva (art. 86, § 4º, I); mas se o CADE já tiver conhecimento da infração, o ofertante poderá se beneficiar apenas da redução de um a dois terços da pena aplicável (art. 86, § 4º, II). Já a LA prevê como benefício a redução de até dois terços do valor da multa aplicável (art. 16, § 2º), não havendo diferenciação com base no momento do oferecimento da proposta de acordo.

A LPAS, por sua vez, estipula como benefício a extinção da ação punitiva ou a redução de um a dois terços da multa aplicável (art. 30, *caput*), sem prever variação com base no momento do oferecimento da proposta de acordo.

O modelo adotado pela LPAS para o APS, portanto, parece não ter oferecido incentivo para que o infrator faça a proposta antes que BC ou CVM tenham notícia da infração – uma vez que o benefício obtido será exatamente o mesmo que aquele proveniente da proposta oferecida após o conhecimento do ilícito pelas autarquias. A ausência de tal mecanismo é prejudicial, uma vez que o oferecimento da proposta de acordo antes da descoberta do ilícito representaria oportunidade de economia de recursos por parte de BC e CVM.

Sobre a não variação do benefício com base no momento do oferecimento da proposta de acordo, confira-se a posição de Marrara (2015), abordando o acordo de leniência para infrações de corrupção previsto na LA:

> "(...) a lei anticorrupção não prevê qualquer tipo de isenção de multa e, em nenhum momento, faz a importante diferenciação entre a leniência prévia e a leniência concomitante. Como foi dito, na defesa da concorrência, a leniência prévia é estimulada com benefícios maiores (isenção de multa), mas no combate à corrupção, não há qualquer variação. Certamente, essa lacuna apenas servirá para desestimular acordos anteriores ao processo administrativo." (MARRARA, 2015, p. 522).

Desse modo, o terceiro desafio para o APS no sistema financeiro nacional será lidar com o modelo desenhado pela LPAS de possibilidades e benefícios com relação à celebração do acordo, modelo esse que apresenta certas limitações se comparado com características dos acordos de leniência da LDC e LA. Nesse sentido, sobretudo no âmbito dos benefícios, será necessário esforço para que o APS possibilite o máximo de economia processual possível por parte de BC e CVM.

CONCLUSÕES

O APS representa importante inovação no âmbito do sistema financeiro nacional, e tem o potencial de aprimorar a atividade de *enforcement* de BC e CVM. Não obstante, as autarquias terão que lidar com alguns desafios para que o novo instituto seja efetivo. No presente capítulo, buscamos apontar três: a harmonização entre diferentes agentes de *enforcement* diante de um cenário de multiplicidade institucional; enfrentar a questão de como tratar casos envolvendo infratores que não tenham agido em conluio; e lidar com a ausência de possibilidades e benefícios da celebração do acordo presentes em outras espécies de leniência. O enfrentamento de tais desafios parece representar caminho eficiente para o bom funcionamento do APS.

Referências

CARSON, Lindsey; PRADO, Mariana Mota. Using institutional multiplicity to address corruption as a collective action problem: Lessons from the Brazilian case. *The Quarterly Review of Economics and Finance*, v. 52, pp. 56-65, 2016.

GUERRA, Sérgio; PALMA, Juliana Bonacorsi de. Novo regime jurídico de negociação com a administração pública. *Revista de Direito Administrativo*. Edição especial: direito público na Lei de Introdução às Normas do Direito Brasileiro, pp. 135-169, 2018.

LORIA, Eli; KALANSKY, Daniel. *Processo sancionador e mercado de capitais III*. São Paulo: Quartier Latin, 2018.

MARQUES NETO, Floriano de Azevedo. Os grandes desafios do controle da administração pública. *Fórum de contratação e gestão pública*, ano 9, n. 100, pp. 1-34, 2010.

MARQUES NETO, Floriano de Azevedo; PALMA, Juliana Bonacorsi de. Os sete impasses do controle da administração pública no Brasil. In: PEREZ, Marcos Augusto; SOUZA, Rodrigo Pagani de. (Coord.). *Controle da administração pública*. Belo Horizonte: Fórum, 2017.

MARRARA, Thiago. Acordos de Leniência no Processo Administrativo Brasileiro: Modalidades, regime jurídico e problemas emergentes. *Revista Digital de Direito Administrativo*, v. 2, n. 2, p. 509-527, 2015.

OLIVEIRA, Gustavo Justino de. Controladoria-geral da União: uma agência anticorrupção? In: PEREZ, Marcos Augusto; SOUZA, Rodrigo Pagani de. (Coord.). *Controle da administração pública*. Belo Horizonte: Fórum, 2017.

SALAMA, Bruno Meyerhof; TRISTÃO, Conrado. Eficiência e consensualidade no processo administrativo em processo de supervisão. In: ALVES, Rui Fernando Ramos; ROCHA, Pedro Henrique Pessanha; BARBOSA, Fabiano Jantalia. (Orgs.). *O novo regime sancionador nos mercados financeiro e de capitais*: Uma análise da Lei 13.506/17. São Paulo: IASP, 2019. No prelo.

SUNDFELD, Carlos Ari. Controle sabotando controle. *JOTA*, 22 mar. 2017. Disponível em: <https://www.jota.info/opiniao-e-analise/colunas/controle-publico/controle-sabotando-controle-22032017>.

TRISTÃO, Conrado. Tribunais de contas têm jurisdição sobre particulares contratados? *JOTA*, 08 maio 2019. Disponível em: <https://www.jota.info/opiniao-e-analise/colunas/controle-publico/tribunais-de-contas-tem-jurisdicao-sobre-particulares-contratados-08052019>.

ZINGALES, Nicolo. European and American leniency programmes: two models towards convergence? *The Competition Law Review*, v. 5, n. 1, pp. 5-60, 2008.

7. Acordos no Direito da Concorrência

Thiago Marrara

Introdução

As transformações do direito administrativo como teoria geral das relações jurídicas da Administração Pública são movimentadas por impulsos provenientes de avanços diluídos por campos setoriais. As inovações construídas em políticas públicas específicas para atender a demandas pontuais, ao demonstrarem sucesso e utilidade, espraiam-se pelo direito positivo e pelo plano doutrinário a ponto de se consagrar como tendência e forçar a revisão de antigos paradigmas.

Não é diferente com o movimento de *consensualização* do direito administrativo contemporâneo, que se deixa brevemente definir como um fenômeno de valorização de instrumentos dialógicos contratuais, procedimentais ou organizacionais favoráveis à edificação de consensos nas relações intra-admininistrativas, interadministrativas e nas relações entre Poder Público e sociedade. No plano doutrinário, a consensualização ganhou força ao revelar como a participação, o diálogo e o exercício compartilhado do poder decisório democratiza processos estatais e amplia a consensualidade, resultando em maior estabilização de atos normativos e atos administrativos deles derivados, com a redução da conflituosidade, inclusive da judicialização, e, em última instância, com o incremento da legitimidade estatal.

O reconhecimento desses e doutros impactos positivos do uso de instrumentos pró-consensuais – a justificar o fortalecimento da administração dialógica nos planos do direito positivo e da doutrina – ocorreu a partir da observação de áreas específicas, a exemplo do direito administrativo da concorrência, regente das atividades de prevenção e repressão executadas pelo Sistema Brasileiro de Defesa da Concorrência (SDBC). Nesse campo regulatório de abrangência suprassetorial, capitaneado pelo Conselho Administrativo de Defesa Econômica (CADE), evidenciou-se, como em nenhum outro, toda a potencialidade do emprego de acordos como técnicas consensuais que ora se somam ao processo administrativo (acordos integrativos) ora o afastam (acordos substitutivos).

A experiência e a realidade do direito concorrencial na matéria são ainda mais valiosas para o estudo do tema pelo fato de que, além de se valer de modalidades negociais substitutivas e integrativas, a lógica pró-consensual é nele estendida para diferentes tipos e momentos processuais. Nas suas atividades cotidianas, o CADE lança mão de acordos em processos repressivos (controle de condutas contra a ordem econômica), bem como de acordos em processo preventivos concretos (controle de concentrações econômicas). Ademais, utiliza acordos terminativos de processos e acordos temporários, de caráter cautelar, acoplados a decisões liminares no intuito de se proteger o resultado útil do ato administrativo final.

Sob uma perspectiva panorâmica e introdutória, o escopo desse artigo não é outro senão o de demonstrar um pouco dessa rica experiência do direito concorrencial ao esclarecer os tipos, as funções e alguns problemas que marcam o regime jurídico dos quatro mecanismos pró-consensuais empregados no SBDC: os acordos em concentração (ACC), os acordos de preservação de reversibilidade de operação (APRO), ambos presentes na atividade autorizativa desempenhada pelo CADE, assim como os acordos de leniência (AL) e os compromissos de cessação de prática (TCC) no âmbito das atividades punitivas baseadas em seu poder de polícia, ambos presentes no controle de condutas. Ao traçar esse panorama nas linhas a seguir, resgato de modo sintético e bastante resumido algumas ideias e debates apresentados na tese de livre-docência defendida em 2014 na Faculdade de Direito da USP e, posteriormente, publicada sob o título Sistema Brasileiro de Defesa da Concorrência.[1]

---

[1] MARRARA, Thiago. Sistema Brasileiro de Defesa da Concorrência: organização, acordos e processos administrativos. São Paulo: Atlas, 2015, capítulos 5 a 7.

1. Acordos no controle preventivo concreto (controle de concentrações)

Igualmente conhecido no meio especializado como controle de concentrações, o *controle preventivo concreto* designa o conjunto de procedimentos e processos administrativos que o CADE conduz no escopo de examinar os efeitos de certas operações jurídicas entre agentes econômicos e que geram concentração de mercado. Nessa atividade, busca-se precisamente decidir, ao final, se essas operações poderão ser autorizadas administrativamente e, com isso, ganhar eficácia jurídica. Trata-se em resumo de uma ação estatal restritiva da liberdade econômica, de natureza liberatória, baseada no poder de polícia concorrencial conferido ao CADE e que se materializa em atos administrativos de autorização total ou parcial, condicionada ou incondicionada, de operações que envolvam dois ou mais requerentes com atuação econômica em um ou mais mercados relevantes.

Com a edição da Lei de Defesa da Concorrência de 2011 (Lei n. 12.529), foram promovidas enormes alterações no sistema de controle de concentrações brasileiro, principalmente com o objetivo de torná-lo mais preciso e eficiente que o modelo de 1994 e para economizar espaços e recursos para o desenvolvimento do controle repressivo de condutas. Entre as inúmeras modificações decorrentes da nova lei, cabe destacar: (i) a reclassificação e a redefinição dos procedimentos e processos administrativos empregados nessa atividade de controle; (ii) a adoção de um modelo decisório de duas instâncias, que confere mais celeridade ao exame de concentrações de baixo impacto, passíveis de aprovação integral pela Superintendência-Geral; (iii) a permeabilização processual a interesses externos por meio de mecanismos de participação de terceiros e de agências reguladoras; (iv) a extinção do julgamento tácito por decurso de tempo e (v) a adoção de um modelo de aprovação prévia como requisito de validade e eficácia dos atos de concentrações submetidos à apreciação do CADE.

A despeito das mudanças, os objetivos e resultados derivados do controle preventivo concreto permanecem idênticos. No exercício dessas atividades, o CADE se organiza para autorizar ou não uma operação com efeito concentrativo. E, aqui, para além do esquema decisório binário (ou deferimento, ou indeferimento), tem a faculdade de acoplar à decisão administrativa, liminar ou final, certos mandamentos acessórios para que, de um lado, o particular obtenha o provimento desejado e, de outro, o Estado cumpra suas funções precípuas de promoção e proteção dos interesses públicos primários tutelados pelo SBDC.

É exatamente na construção dessas condicionantes do ato administrativo autorizativo que o controle de concentrações se abre a dois tipos básicos de meios pró-consensuais: o ACC, como acordo final em decisões de aprovação condicionada de concentrações, e o APRO, que, embora não previsto na Lei, deve ser aceito como um acordo temporário e de natureza cautelar nas situações excepcionais de controle posterior da operação de concentração de mercado.

2. Os acordos em concentrações (ACC)

Ao finalizar o exame de uma concentração econômica, o CADE pode proferir um conjunto bastante amplo de decisões. Quanto ao conteúdo, a decisão poderá ser de autorização ou vedação da operação. Quanto à extensão, a decisão autorizativa poderá ser integral ou parcial. A vedação ou a autorização parcial serão cabíveis basicamente quando o ato de concentração examinado implicar "eliminação da concorrência em parte substancial de mercado relevante", "criar ou reforçar uma posição dominante" ou puder "resultar na dominação de mercado relevante de bens ou serviços" (art. 88, § 5º).

Apesar disso, considerando-se que em muitas situações os riscos de danos aos objetos tutelados pelo SBDC aceitam mitigação por meio de determinadas medidas comportamentais ou estruturais, o ordenamento jurídico, em linha com o princípio da razoabilidade, permite que as decisões administrativas no controle de concentrações sejam adaptadas ao caso concreto por meio de condicionantes. Esse termo, no direito administrativo, abrange tanto a "condição" em sentido estrito como "uma determinação, segundo a qual o início ou o término de um benefício ou restrição dependa da ocorrência de um acontecimento futuro incerto",[2] quanto o "encargo", definido por empréstimo do direito processual administrativo alemão, como determinação por meio da qual "se prescreve à pessoa beneficiada uma obrigação de fazer, suportar ou omitir-se".[3]

---

[2] Essa é a definição de condição ("Bedingung") prevista no § 36 II 2 da LPA alemã ("Verwaltungsverfahrensgesetz"). Conquanto aplicável ao processo administrativo brasileiro, ela não vem tratada pela LPA federal.
[3] § 36, II 4 da LPA alemã ("Verwaltungsverfahrensgesetz").

Em virtude dessa flexibilidade que a legislação reconhece ao CADE, surge a possibilidade de classificar as decisões do processo de controle de concentrações, no que concerne à sua eficácia, em condicionadas ou incondicionadas e, finalmente, em condicionadas unilateralmente e condicionadas de modo consensual, ou seja, por meio de instrumentos pró-consensuais celebrados entre a autarquia e os requerentes. A previsão dessas decisões condicionadas, unilateral ou consensualmente, é essencial para que o CADE possa compatibilizar, no caso concreto, inúmeros interesses públicos primários e direitos fundamentais que circundam suas ações. Afinal, em contextos a envolver tantos princípios, interesses e direitos, em choque frequente, o esquema binário tradicional entre autorizar ou não autorizar seria incapaz de gerar decisões razoáveis, justas e efetivas.

Não bastasse isso, como os mercados relevantes são extremamente complexos e diferenciados e considerando-se que os agentes econômicos que nele atuam são os que detêm, como ninguém, experiência e conhecimento acerca de sua dinâmica, seria insuficiente que se permitisse ao CADE criar condicionantes de modo unilateral, sem diálogo com os requerentes. Reconhecendo esse problema e com o intuito de garantir a qualidade, a eficiência e a efetividade do controle concentrações, o legislador adequadamente previu que as condicionantes possam ser negociadas e formuladas com apoio dos próprios agentes econômicos controlados por meio de um procedimento dialógico de negociação.

Em outras palavras, o que se está a afirmar é que a imposição unilateral de condicionantes, embora em si já releve avanços para o modelo tradicional de gestão pública, não esgota a flexibilidade decisória que a legislação confere ao CADE como entidade autárquica que exerce poderes restritivos dentro do controle de concentrações como técnica de prevenção de danos à concorrência em sentido difuso. Para além disso, o direito positivo abriu caminho para um procedimento negocial entre a autarquia e os requerentes com vistas à viabilização de compromissos. Trata-se de um caminho pró-consensual voltado à elaboração conjunta das estipulações obrigacionais que se materializam no chamado acordo em controle de concentrações (ACC), cujo cumprimento integral gera o direito subjetivo de os interessados verem definitivamente autorizada a operação de mercado que submeteram à apreciação do CADE.

O ACC, portanto, é instrumento de estabelecimento de condicionantes que acompanham a decisão administrativa final do CADE ao autorizar certa concentração econômica que apresenta certos riscos ao bom funcionamento do mercado. O acordo é formal, escrito e integrativo da decisão final de aprovação da concentração, caracterizando-se por reduzida precariedade e cuja duração ultrapassa a do processo autorizativo. Fala-se de acordo integrativo, pois o ACC se acopla ao ato administrativo final. Ele não substitui o ato, mas a ele se harmoniza, dele retira sua base de validade, ao mesmo tempo em que condiciona sua eficácia. É daí que o direito concorrencial já oferece uma importante lição para a teoria geral do direito administrativo: técnicas de administração consensual não necessariamente afastam os instrumentos clássicos da administração pública tradicional. Meios dialógicos podem conviver com mecanismos baseados na autoridade, na coercibilidade e na autoexecutoriedade.

Feitos esses esclarecimentos acerca da natureza e da função do ACC, vale apresentar, ainda que brevemente, algumas características gerais sobre seu regime jurídico e os problemas que o circundam, sem qualquer pretensão de esgotamento da análise do direito positivo.[4]

No projeto da Lei de Defesa da Concorrência de 2011, o ACC havia sido amplamente abordado no art. 92, que foi integralmente vetado pela Presidência da República.[5] Desse modo, a previsão do acordo na lei se limitou às normas que o apontam como um instrumento contratual disponível aos órgãos do CADE (art. 9º, inciso V), cabendo-lhe detalhar seu regime jurídico no regime interno (art. 165 do RICADE). É por isso que os detalhamentos procedimentais e materiais do acordo em questão se encontram no plano infralegal.

De modo geral, como praticamente todo tipo de acordo em atividades restritivas do Estado, o ACC passa por cinco fases básicas: (i) a de formulação; (ii) a de negociação; (iii) a de celebração; (iv) a de execução e monitoramento, bem como (v) a de avaliação final e extinção. Essa deli-

---

[4] Em mais profundidade, cf. MARRARA, Thiago. Sistema Brasileiro de Defesa da Concorrência: organização, processos e acordos administrativos. São Paulo: Atlas, 2015, capítulo 5.

[5] Assim foram dispostas as razões do veto: "Os dispositivos restringem a possibilidade de celebração de acordos à etapa de instrução dos processos, limitando indevidamente um instrumento relevante para atuação do Tribunal na prevenção e na repressão às infrações contra a ordem econômica."

mitação de cinco fases tem grande utilidade no plano teórico, na medida em que elas permitem separar os problemas de cada momento da vida do acordo e desenvolver soluções para cada um deles de modo mais claro e preciso, como se demonstrará a seguir.

Na fase de formulação, a disciplina do ACC merece algumas considerações críticas. Embora o Regimento Interno deixe a impressão de que o CADE apenas "recebe" propostas de acordos oferecidas pelos interessados no prazo de 30 dias a contar da impugnação da concentração pela Superintendência Geral, a legitimação para a propositura necessita ser interpretada de modo abrangente. Se algum conselheiro ou o Superintendente-Geral reputar conveniente a discussão da via consensual, não há óbice a sugerir aos interessados que, caso queiram, entrem em negociação com a autarquia.

Ademais, conquanto o legislador pareça ter objetivado excluir o MP do controle de concentrações ao mencioná-lo na LDC apenas no âmbito do controle de condutas (art. 20), fato é que esse importante órgão de controle detém competência constitucional para zelar por interesses coletivos e difusos (art. 127, *caput* da Constituição da República) e, por conseguinte, reputa-se incontestável sua legitimidade para formular ao CADE proposta de negociação de um ACC para harmonizar os diversos interesses públicos na decisão final sobre a operação. Essa legitimidade deve ser igualmente estendida às agências reguladoras, sobretudo para se prestigiar o princípio da eficiência na Administração Pública, evitando-se que decisões em processos de concentração venham a abalar o funcionamento de políticas regulatórias setoriais. A propósito, diferentemente do MP, é preciso lembrar que a LDC garante às agências legitimidade de participação nos processos de controle por meio de recursos administrativos, nos quais poderão integrar os pedidos de negociação de condicionantes via ACC.

A segunda fase, de negociação do acordo em controle de concentrações, é conduzida a princípio pela Superintendência Geral ou pelo Conselheiro Relator, a depender da fase processual. Aqui, é de se indagar se existe discricionariedade de ação do CADE diante de propostas formuladas pelos requerentes ou por terceiros. Poderia ser a negociação barrada?

Na ausência de uma norma clara na LDC e no Regimento, entendo que o caminho negocial, sempre que cogitado, necessita ser aberto aos requerentes em respeito aos princípios da moralidade e da razoabilidade (ou, mais especificamente, à regra da necessidade). Os requerentes, como administrados, detêm um direito ao diálogo com o Poder Público que, inclusive, pode ser garantido por meio de recurso ao Judiciário. Reconhecer a ausência de discricionariedade do CADE perante solicitações de negociações não significa negar suas margens de escolha no tocante à celebração final do ajuste. Aqui, portanto, revela-se umas das utilidades de se diferenciar, na prática e na teoria, as várias fases do acordo. Não se deve em hipótese alguma confundir o debate sobre discricionariedade na negociação com o relativo à discricionariedade na celebração – esta, sim, existente e inquestionável.

Outro ponto a se destacar na negociação diz respeito à participação de terceiros. É lícito e conveniente que o processo se abra a outros atores? Como lidar com solicitações de participação de terceiros na negociação? Mais uma vez, a LDC e o Regimento não tratam da matéria. Contudo, entendo não haver fundamento jurídico qualquer que permita vedar, abstratamente, a participação de terceiros, de agências ou mesmo do MP na negociação de um acordo em concentração. A pluralidade de opiniões e manifestações é capaz de agregar publicidade, efetividade e legitimação à via consensual. Assim, conquanto não se possa falar de um verdadeiro direito subjetivo de terceiros a participação em negociações formuladas pelas requerentes,[6] nada obsta que se reconheça a faculdade de o CADE aceitar a colaboração de "não interessados" a partir de um juízo de conveniência e oportunidade. E essa aceitação será importante e recomendável especialmente nas hipóteses em que agências reguladoras buscarem atuar na negociação com o objetivo de harmonizar os objetivos do SDBC com a política setorial sob sua incumbência.

Em perspectiva material, a lei não define nem enumera os tipos e o conteúdo de condicionantes aceitáveis, ou seja, que podem ser negociadas e inseridas na minuta do acordo. No entanto, a doutrina especializada oferece mapeamentos bastante úteis dessas técnicas. Nesse sentido, por exemplo, Saller e Këllezi[7] sugerem a classificação das condicionantes

---

[6] Em igual sentido, VILLARES, Andréa Lúcia Nazário. *Instrumentos jurídicos consensuais para proteção à concorrência*. São Paulo: PUC-SP (dissertação de mestrado), 2009, p. 108.

[7] SALLER, Michael. *Europäische und Deutsche Fusionskontrolle beim Pay-TV unter besonderer Berücksichtigung von Zusagen*. Berna: Stämpli, 2004, p. 186 e seguintes.

por um critério de conteúdo em condicionante: (i) de alienação de ativos; (ii) de desconcentração ou de desinvestimento; (iii) de abertura de mercado; (iv) de não abuso do poder de mercado ou de se comportar conforme a legislação concorrencial; (v) de constituição de competidores; (vi) de isolamento de informações e (vii) de compromissos formais de interação com a autoridade concorrencial e monitoramento.

De modo geral, essas condicionantes se classificam em principais e acessórias. Principais são as essenciais, cujo descumprimento ataca a finalidade e a razão de ser do próprio ACC. Acessórias são as de mera operacionalização, como as obrigações de monitoramento e fiscalização. Essa distinção, como se verá, ganha relevância sobretudo quando se discutem as medidas de fiscalização do ajuste e as consequências de inadimplementos e moras na execução das obrigações pactuadas.

Concluída a negociação, o acordo passa então à fase de aprovação: a primeira é da própria autoridade pública que o negociou em nome do CADE; a segunda, formal e definitiva, é a realizada pelo Tribunal Administrativo da autarquia (TADE). Assim, mesmo o acordo negociado pela Superintendência Geral (SG), que constitui órgão interno da autarquia, deverá ser apreciado pelo Tribunal, do contrário não receberá a chancela oficial da autarquia. O exercício da tarefa de apreciação e aceitação definitiva do acordo, além disso, não parece ser delegável administrativamente quer à SG ou ao Conselheiro-Relator, pois tal competência está explícita na LDC como exclusiva (art. 9º, V).

O exame da proposta de ACC pelo TADE enseja uma análise multifocal do caso concreto, o que, não raro, suscita divergências a respeito do conteúdo negociado. Nesse contexto, o Tribunal depara com três caminhos decisórios: (i) o do indeferimento integral da minuta; (ii) o do indeferimento parcial de determinadas cláusulas negociadas e (iii) o da determinação de retomada da negociação com o objetivo de sanar preocupações específicas – via que se defende como preferencial à do imediato indeferimento.

Uma vez firmado, o acordo passa então à fase de execução e de fiscalização. Para tanto, far-se-á imprescindível a definição, no próprio acordo, das formas de monitoramento do cumprimento das obrigações e condições pactuadas, do papel de cada parte contratante nessa tarefa, da eventual necessidade de se contratarem terceiros para tanto, da divisão dos custos financeiros incidentes e, por fim, da criação de indicadores capazes de mensurar o cumprimento de metas de natureza qualitativa ou quantitativa.

Suscita preocupação o mandamento previsto no art. 52, §1º da LDC, segundo o qual "na fase de fiscalização da execução das decisões do Tribunal, bem como do cumprimento de compromissos e acordos firmados nos termos desta Lei, *poderá a Superintendência-Geral valer-se de todos os poderes instrutórios que lhe são assegurados nesta Lei*" (grifos nossos). A interpretação mais plausível do dispositivo legal é que as medidas de monitoramento empregadas pela SG se limitarão às pactuadas pelas partes. Ao longo da execução das obrigações, a Administração Pública deverá advertir o compromissário dos pontos que exigem esclarecimento e, somente frente à sua omissão, deverá empregar poderes instrutórios exorbitantes da relação contratual. Trata-se de consequência básica da boa-fé contratual aplicada ao direito administrativo.

Outro ponto que merece destaque é o papel de terceiros na fiscalização. Ainda que a lei atribua à Superintendência Geral a função central nessa atividade, acredito que haja direito subjetivo de terceiros ao monitoramento do acordo, o que, na prática, equivale a afirmar que qualquer do povo, bem como agências e o próprio Ministério Público, estão legitimados a acessar os termos do acordo (por força do princípio da publicidade, ressalvadas hipóteses de sigilo) e peticionar ao CADE para informar o descumprimento do pactuado. A ampliação dos atores incumbidos de exercer ações fiscalizatórias tem o efeito de fortalecer a efetividade da gestão pró-consensual no controle de concentrações.

Durante a execução do acordo ou após o esgotamento do período de execução, é possível que surjam questionamentos relativos ao cumprimento das obrigações pactuadas. E nesse momento despontarão indagações a respeito das consequências práticas de eventuais moras e inadimplementos do ACC. Mais uma vez, a LDC e o Regimento Interno prescindem de normas claras sobre o assunto, restando à doutrina a tarefa de construção de parâmetros para tratar desses relevantes tópicos da trajetória contratual. Para isso, como dito, é de extrema importância que se parta da diferenciação entre mora, como mero atraso na execução das obrigações, e inadimplementos. Urge ainda divisar as situações de inadimplemento parcial e integral, bem como de inadimplemento de obrigações principais e de obrigações acessórias.

Em outras palavras: o que se está a defender é que jamais se deverá prever a mesma consequência jurídica a três fenômenos distintos: mora, descumprimento de obrigação acessória e, o mais grave, descumprimento de obrigações principais. Em relação ao inadimplemento de obrigações acessórias ou simples mora no cumprimento, as sanções contratuais serão mais brandas, correspondendo unicamente à aplicação de multa diária especificamente prevista na LDC/2011 (art. 39). Note-se, ademais, que o descumprimento justificado de algumas obrigações (decorrente de fato de terceiro, força maior ou caso fortuito) sequer deverá ocasionar punição. A esse respeito, Passos defende que caberá ao plenário do CADE aceitar ou não as justificativas aduzidas pelos compromissários e, diante da aceitação, autorizar a manutenção do acordo.[8]

Em casos mais graves, configurado descumprimento de obrigações principais, devidamente comprovado pelo CADE, a violação do acordo ocasionará a cassação do ato administrativo de aprovação da autorização e, por conseguinte, a extinção do próprio ACC. Fora dessa hipótese, o acordo desaparecerá por outras medidas que venham a extinguir o ato administrativo ao qual ele se integra, como a anulação por vício de legalidade. No entanto, como o ACC afigura-se, primariamente, um ato benéfico ao particular e a ação restritiva do Estado se sujeita aos imperativos da razoabilidade, possíveis vícios sanáveis de legalidade necessitam ser prioritariamente extirpados pela técnica da convalidação. Pelas mesmas razões, em benefício dos agentes econômicos que celebram o acordo em concentrações, incide a decadência do poder de anulação após cinco anos da aprovação do acordo, desde que o compromissário privado tenha agido de boa-fé (LPA, art. 54).

3. O acordo de preservação de reversibilidade (APRO)

Uma das mais significativas mudanças do modelo de 2011 em relação ao de 1994 consistiu no enrijecimento do controle de concentrações por meio da exigência de aprovação prévia das operações de mercado notificadas ao CADE. A execução de concentrações econômicas sujeitas ao crivo estatal sem a obtenção da autorização representa ilícito administrativo que, além de sujeitar o infrator a severas sanções na mesma esfera, ocasiona a determinação de notificação *ex post* e coloca os envolvidos sob o risco de desfazimento da operação.

---

[8] Passos, Fernando. Artigo 58: do compromisso de desempenho. In: Costa, Marcos da; Menezes, Paulo Lucena; Martins, Rogério Gandra da Silva (org.). *Direito concorrencial:* aspectos jurídicos e econômicos. Rio de Janeiro: América Jurídica, 2003, p.417.

Da própria sistemática do controle anterior resulta que, em situações de caráter excepcional, o controle necessitará ocorrer posteriormente à concretização do ato de concentração. Essas exceções se vislumbram não apenas na situação de *gun jumping* (isto é, de concretização ilícita da concentração antes de expedição da autorização administrativa), mas também dentro do próprio processo de controle de notificações apresentadas regular e antecipadamente. Explico. A LDC confere ao conselheiro relator de uma concentração o poder de aprová-la liminarmente antes de o Tribunal Administrativo (TADE) proferir decisão final, criando assim uma outra hipótese de controle *ex post*. Isso deriva do que prescreve o art. 59, § 1º: "o Conselheiro-Relator poderá autorizar, conforme o caso, precária e liminarmente, a realização do ato de concentração econômica, *impondo as condições que visem a preservação da reversibilidade da operação, quando assim recomendarem as condições do caso concreto*" (g.n.).

Uma leitura literal desse dispositivo da LDC poderia dar margem a debates acerca da existência de autorização legal para que o CADE negociasse medidas de proteção da reversibilidade da operação de mercado com os requerentes nela interessados. Afinal, na letra fria do artigo referido se prescreve que o conselheiro-relator *imporá* "as condições que visem à preservação da reversibilidade da operação, quando assim recomendarem as condições do caso concreto". O verbo escolhido, "impor", implica prolação de decisão condicionada, precária e *unilateral*. Isso excluiria, porém, a possibilidade e licitude de uso de um APRO, ou seja, de um acordo de reversibilidade de operação acoplado a decisões de aprovação liminar no controle de concentrações?

Não me parece ser esta a interpretação mais apropriada do dispositivo legal. A utilização dos meios pró-consensuais no âmbito da Administração Pública está fortemente vinculada à necessidade de se conferir mais qualidade e legitimidade à função administrativa. A revelar os efeitos positivos do diálogo para a estabilidade das funções administrativas, Schirato e Palma explicam que "decisões formadas por consenso tendem a ser menos desrespeitadas do que decisões impostas unilateralmente".[9] Por esses e outros motivos, Sundfeld, Câmara e Palma o emprego de mecanismos consensuais não depende exclusivamente de

---

[9] SCHIRATO, Victor Rhein; PALMA, Juliana Bonacorsi de. Consenso e legalidade: vinculação da atividade administrativa consensual ao direito. *RBDP*, n. 27, 2009, p. 3 da edição digital.

previsão legal.[10] Seguindo essa lógica, os instrumentos consensuais estarão proibidos unicamente nas situações em que a legislação trouxer uma proibição.

Daí se retira um primeiro argumento a permitir que o conselheiro-relator, ao decidir aprovar liminarmente a operação, opte entre impor unilateralmente as condicionantes aos requerentes ou negociar com eles a elaboração de obrigações que garantam a reversibilidade da operação (caso ela seja ao final reprovada pelo TADE), aproveitando-se de seus conhecimentos e experiência. Não havendo vedação legal, o APRO poderia ser perfeitamente utilizado!

Esse argumento, contudo, perdeu utilidade diante de algumas modificações do direito positivo brasileiro, sobretudo a inserção do art. 26 na LINDB. De acordo com esse novo artigo, as autoridades públicas estão autorizadas a celebrar compromisso com pessoas físicas e jurídicas para, entre outras coisas, eliminar incertezas e superar situação contenciosa, aqui entendida como as que envolvam conflitos de interesses, públicos ou privados, ainda que potenciais.

Isso significa que o fato de o art. 59, § 1º da LDC empregar o verbo "impor" não obsta a possibilidade de uso de instrumentos pró-consensuais, ainda que ele não esteja previsto na própria lei concorrencial. Sob essa perspectiva é que se aceita a adoção do APRO como: (a) um mecanismo pró-consensual de natureza contratual; (b) empregado durante o desenvolvimento do controle preventivo concreto; (c) marcado pela precariedade e pela finalidade cautelar e (d) obrigatoriamente acoplado ao ato administrativo do Conselheiro-Relator, consistente na aprovação liminar e precária da operação de concentração econômica antes da avaliação final pelo TADE.

A legitimação para solicitar esse tipo de acordo recai sobre os próprios requerentes da aprovação da concentração. Nesse cenário, a primeira conclusão que se retira da sistemática da LDC é a de que eles podem: (a) simplesmente solicitar a aprovação e não se referir às medidas

---

[10] Os dois primeiros autores debatem a questão diante da lacuna da LGT sobre acordos substitutivos do processo sancionador no campo da regulação das telecomunicações. Cf. SUNDFELD, Carlos Ari; CÂMARA, Jacintho Arruda. Acordos substitutivos nas sanções regulatórias. *RDPE*, v.34, p. 136. No âmbito da concorrência, cf. PALMA, Juliana Bonacorsi de. *Atuação administrativa consensual: estudo dos acordos substitutivos no processo administrativo sancionador*. São Paulo: Faculdade de Direito da USP (dissertação de mestrado), 2010, p. 167.

de preservação da reversibilidade, hipótese em que, independentemente, o conselheiro poderá determiná-las; (b) solicitar a aprovação liminar e já apresentar propostas de medidas aptas a preservar a reversibilidade da operação; ou (c) solicitar a aprovação liminar e requerer a negociação de medidas de reversibilidade, antecipadamente minutadas ou não.

Na negociação do APRO, é fundamental que o Conselheiro-Relator manifeste suas preocupações acerca da consumação liminar e precária da operação de mercado antes da decisão final e que proponha eventuais medidas para solucionar suas inquietações. Aos particulares, de sua parte, caberá esclarecer em profundidade o impacto da consumação da operação e seu grau de reversibilidade. Em havendo tempo hábil, na aprovação liminar também será oportuno ouvir não apenas os interessados diretos, como terceiros potencialmente afetados (*i.e.* consumidores, trabalhadores, competidores, entidades reguladoras do setor atingido e o Ministério Público). Essa recomendação hoje é reforçada igualmente pelo art. 26 da LINDB, que sugere a apreciação jurídica dos acordos e a "consulta pública" – expressão que deve ser interpretada de modo amplo para abarcar instrumentos análogos como a audiência pública, caracterizada pela oralidade e, por conseguinte, maior celeridade.

No que se refere à aprovação das medidas negociadas, caso o APRO seja viabilizado por um acordo administrativo formal, a competência de celebração será do Presidente do CADE, pois lhe cumpre, por lei, representar oficialmente a autarquia. Já a tarefa de fiscalizar o comportamento dos interessados na operação concentrativa caberá primariamente ao conselheiro-relator.

Observado o descumprimento dos condicionamentos, a autorização liminar deverá ser cassada. Impõe-se indagar se será lícita a cominação adicional de multa administrativa nesse caso. De um lado, essa sanção pecuniária constitui medida de polícia de caráter fortemente restritivo, e está sujeita ao princípio da legalidade em sua faceta mais intensa. De outro, o APRO é um acordo integrativo de uma decisão unilateral, de modo que suas determinações podem ser consideradas parte do ato unilateral autorizativo. Em assim sendo, o descumprimento do pactuado autorizará a multa diária do art. 39 da LDC desde que conduzido "processo administrativo para imposição de sanções processuais incidentais".

4. Acordos no controle repressivo (controle de condutas)

A intensa consensualização do direito da concorrência não é característica exclusiva dos processos autorizativos conduzidos no âmbito do controle de concentrações econômicas pelo CADE. No controle de condutas, atividade destinada a apuração de infrações administrativas contra a ordem econômica, a realidade concorrencial é também prenhe de meios pró-consensuais. Na ação repressiva do SBDC, habitam os acordos mais famosos e polêmicos, a saber: os acordos de leniência, de natureza integrativa, e os compromissos de cessação de prática, de natureza substitutiva do processo administrativo sancionador.

Em grande medida, a emergência e consagração desses dois tipos de acordo no direito da concorrência se justificam por duas razões basilares. Por parte do Estado, eles são extremamente úteis quer por viabilizarem a instrução processual e, com isso, favorecerem a pretensão punitiva do Estado no combate a infrações extremamente complexas e nocivas ao mercado e à população (função da leniência), quer por permitirem que o CADE afaste comportamentos suspeitos ou de efeitos questionáveis sem os custos humanos, técnicos e financeiros do processo administrativo punitivo (função do compromisso de cessação).

Por parte dos particulares, os acordos do controle de condutas, nas suas duas espécies, revelam-se interessantes e atrativos por um benefício comum. Eles afastam ou mitigam as gravosas sanções administrativas que o Estado lhes pode impor em consequência da infração contra a ordem econômica! De acordo com a legislação atual, as sanções pecuniárias às empresas podem atingir 20% do faturamento bruto anual no ramo de atividade empresarial[11] em que ocorreu a infração. Para as pessoas físicas e pessoas jurídicas sem atividade empresarial, a multa chega a dois bilhões de Reais e, para os administradores, direta ou indiretamente responsáveis pela prática, a 20% da multa aplicada à pessoa jurídica.[12] Não bastasse isso, o CADE ainda deve cumular à multa a determinação de suspensão da prática (sanções principais), e poderá a

---

[11] Note-se que a base de cálculo não é o mercado relevante atingido, mas sim o faturamento no "ramo de atividade empresarial". Esses ramos são definidos pelo CADE na Resolução nº 3, de 29 de maio de 2012.

[12] Apesar de severas, as sanções máximas de multa às pessoas jurídicas em atividade empresarial e aos administradores são bem menores que as previstas na LDC de 1994, que o percentual atingia até 30% do faturamento bruto anual.

elas somar um extenso rol de restrições administrativas de caráter punitivo (sanções acessórias), como a proibição de contratar ou de exercer comércio até medidas de caráter estrutural, como a cisão da sociedade condenada. Resta esclarecer como os agentes econômicos se valem dos acordos para se proteger contra essas sanções ou, ao menos, para reduzir seu impacto.

5. Os acordos de leniência (AL)

O acordo de leniência se define como mecanismo pró-consensual de natureza administrativa com finalidade de cooperação instrutória e integrativo do processo sancionador. Por meio dele, uma pessoa física ou jurídica, que figure como coautora de infração concorrencial,[13] propõe-se a colaborar com o Estado no exercício do controle repressivo para, em compensação, beneficiar-se ou da extinção de sanções que lhes seriam aplicadas ou da sua mitigação. Ao celebrar o acordo, o CADE compromete-se a agir de modo mais leniente, mais brando em relação ao acusado confesso que, por sua vez, assume o papel de colaborador da instrução, por sua conta e risco.

A crescente importância e a frequente utilização do AL no direito da concorrência estão associadas (i) às dificuldades operacionais das autoridades antitruste para exercer com sucesso e efetividade suas funções punitivas; (ii) à complexidade atual das práticas ilícitas concertadas;

---

[13] Na verdade, a pessoa física pode se valer do acordo seja como empregado da pessoa jurídica que comete a infração contra a ordem econômica, seja como autora principal de uma infração concorrencial. A leniência do funcionário não se resume à do administrador da empresa, pois abarca todos e qualquer funcionário que tenha participado da prática infrativa em nome da pessoa jurídica. Ademais, não há necessidade de que a pessoa física esteja, no momento da celebração da leniência, vinculada profissionalmente à pessoa jurídica. Importa apenas que tenha atuado em nome da jurídica no momento em que a infração foi cometida. De acordo com a LDC, os benefícios do acordo serão estendidos aos dirigentes, administradores e empregados envolvidos na infração, "desde que o firmem em conjunto, respeitadas as condições impostas" (art. 86, §6º). Com isso, o legislador buscou vincular a adesão dos funcionários à da pessoa jurídica, tornando precluso o pedido de leniência superveniente. Diferentemente, a situação da pessoa física que figura como infratora direta da legislação concorrencial é muito mais grave que a do mero funcionário. A regra da celebração conjunta da leniência (art. 86, §5º) não incide nesse acordo. Ademais, como não se lhes aplica a regra do *"first come, first serve"* (incidente apenas à pessoa jurídica), a pessoa física pode realizar tanto a leniência prévia que lhe garanta uma imunidade administrativa e penal, quanto a leniência posterior a um acordo já firmado entre o CADE e uma empresa ou associação.

e (iii) aos efeitos não apenas repressivos, mas igualmente preventivos associados à leniência. Não bastasse isso, a cooperação instrutória gerada por esse acordo com um infrator é vista geralmente como meio de promoção da celeridade do controle de infrações contra a ordem econômica, uma vez que facilita a produção de provas de elevada complexidade e custo. Além disso, o acordo acaba por criar uma "cultura de desconfiança" entre os agentes de mercado envolvidos em tais infrações, desestimulando-os a se unir em torno de objetivos e ações contrárias ao bom funcionamento da concorrência.

O Brasil inseriu a leniência no ordenamento jurídico pela Medida Provisória nº 2.055/2000, regulamentada pela Portaria do Ministério da Justiça nº 894/2000 e, mais tarde, incorporada definitivamente à LDC de 1994 (art. 35-B). O primeiro acordo do gênero foi celebrado somente em 2003 no "cartel dos vigilantes". Ao delator do caso, reconheceu-se a efetividade da cooperação e, por conseguinte, a imunidade administrativa, bem como os benefícios penais do acordo. Apesar desses e doutros exemplos, o programa criado durante a LDC anterior tinha alguns problemas, como os restritos benefícios penais à pessoa física envolvida e a vedação de leniência com "empresas ou pessoas físicas que tenham estado à frente da conduta tida como infracionária" (art. 35-B, § 1º da Lei n. 8.884/1994).

Em comparação, o modelo de leniência desenhado pela LDC/2011 foi bastante aprimorado e, assim, tornou-se bem mais atrativo. Em grande parte, o maior sucesso do atual programa de cooperação com o acusado se deveu a algumas modificações promovidas na legislação, sobretudo: (i) a extensão dos benefícios da leniência à esfera penal de modo amplo; (ii) a exclusão da vedação de celebração de acordos de leniência com líderes de práticas concertadas e (iii) a criação da regra de impedimento de nova leniência no prazo de três anos para o infrator confesso que descumprir as obrigações de colaboração instrutória assumidas perante o CADE.

Essas inovações se somaram a outras características típicas do programa de leniência do direito concorrencial que, desde o início, reforçaram sua atratividade. Refiro-me aqui especificamente: (i) à previsão de leniência única para pessoas jurídicas; (ii) à diferenciação dos benefícios de acordo com o momento da leniência e (iii) à concessão de benefícios penais às pessoas físicas. A segunda e a terceira características infelizmente não encontram paralelo nos acordos análogos que o legislador brasileiro embutiu na legislação de combate à corrupção editada alguns anos após a LDC de 2011. Diz-se "infelizmente", porque elas são responsáveis pelo enorme sucesso do programa de leniência concorrencial, como se demonstrará a seguir.

Diversamente do que se vislumbra em países que permitem leniências múltiplas, com distribuição de benefícios a vários acusados – por vezes, conforme um sistema escalonado de redução gradual a cada novo colaborador –, no Brasil, a LDC adotou o sistema baseado na regra do "first come, first serve". Isso significa que somente uma das pessoas jurídicas acusadas na apuração de infração contra a ordem econômica poderá celebrar o acordo e obter todos os seus benefícios imunizantes.

Essa restrição legal do número de colaboradores gera uma natural e salutar "corrida pela leniência" a qualquer sinal de desestabilização das relações entre os infratores. Afinal, os administradores da pessoa jurídica infratora têm a consciência de que, caso ela não seja a primeira a se qualificar para o acordo, inexistirá outra alternativa para mitigar as sanções, a não ser buscar um compromisso de cessação de prática ou esforçar-se para celebrar uma modalidade especial de colaboração instrutória muito mais custosa, denominada "leniência plus". Nesta última hipótese, o benefício de redução da multa atingirá no máximo 1/3 do seu valor no processo sancionador em curso (no qual já existe, portanto, uma leniência principal) e, ainda, o "colaborador *plus*" ficará obrigado a confessar infração nova, que dará origem a outro processo, no qual ele terá direito aos benefícios de uma leniência prévia.

Para além desse interessante sistema de restrições do número de acordos, aplicável unicamente a pessoas jurídicas, a LDC previu um escalonamento ou uma gradação dos benefícios gerados pela colaboração conforme o momento da adesão ao programa de leniência. Em contraste com a Lei Anticorrupção – que criou um modelo bastante frágil e imperfeito, alheio aos avanços que já se viam no SBDC –, o direito da concorrência faz uma clara e justa distinção entre: (i) *leniência prévia*, que permite o abatimento integral da multa; (ii) *leniência concomitante*, que ocasiona a redução da multa em 1/3 a 2/3 e (iii) a *leniência plus*, que, como visto, garante a redução de no máximo 1/3 do valor da multa cominada, além de benefícios de leniência prévia no segundo processo administrativo. Ao traçar essa distinção e oferecer maiores benefícios ao infrator que se oferecer a colaborar com o CADE antes que ele tenha qualquer conhecimento da prática infrativa, a LDC novamente estimula a "corrida pela leniência" e valoriza seu programa de colaboração.

Em terceiro lugar, o sucesso do SBDC no uso do relevantíssimo instrumento pró-consensual em comento se deve à importante extensão dos benefícios da leniência para além da esfera administrativa interna. Uma prática concorrencial, além de ensejar punição na esfera administrativa com base no poder de polícia do CADE, frequentemente abre espaço para outros inúmeros campos de responsabilização. Um cartel, por exemplo, ao mesmo tempo em que se mostra punível pela LDC, poderá deflagrar a responsabilidade civil dos envolvidos perante terceiros (como concorrentes, consumidores, fornecedores ou distribuidores) e a responsabilidade penal das pessoas físicas envolvidas, principalmente seus administradores, sem prejuízo de eventuais implicações em esferas de responsabilidade especial, tratadas, por exemplo, pela Lei de Improbidade e pela Lei Anticorrupção.

O reconhecimento das abrangentes implicações de uma prática contra o funcionamento da concorrência revela, imediatamente, que o sucesso de um programa de leniência jamais poderia ser garantido apenas com benefícios restritos ao processo administrado sancionador conduzido no âmbito do CADE. Atento a isso, o legislador, em 2011, expandiu enormemente os benefícios às pessoas físicas, garantindo sua imunização na esfera penal de modo ilimitado, não apenas em relação aos tipos previstos na Lei de Crimes contra a Ordem Econômica (Lei n. 8.137/1990). Sem essa extensão, o programa de leniência ficaria severamente comprometido, pois dificilmente algum administrador, envolvido na prática, levaria a pessoa jurídica que dirige a cooperar com o CADE sob o risco de, pessoalmente, responder na esfera criminal e sofrer intensas penas.

Além dessas características gerais, o acordo de leniência previsto na legislação concorrencial, em paralelo com os outros acordos celebrados pelo CADE, também se fragmenta nas fases de (i) proposta; (ii) negociação; (iii) celebração; (iv) execução e (v) extinção. Cada uma dessas fases suscita uma série de debates e questionamentos próprios que, a seguir, serão apenas ilustrados sem a mínima pretensão de qualquer esgotamento.

Na propositura, a legislação concorrencial é bastante rígida ao estabelece inúmeros requisitos, que devem ser comprovados pelo infrator qualificado, em ordem de chegada, para as negociações. De maneira geral, a utilização do instituto pressupõe: (i) o cometimento de uma infração concorrencial, a despeito da ocorrência de danos; (ii) a natureza concertada da conduta infrativa, ou seja, a existência de vários coautores; e (iii) a confissão da prática pelo infrator colaborador. O AL depende ainda da formulação de uma proposta oficial pelo infrator confesso, a qual é preliminarmente analisada quanto ao seu cabimento pelo CADE. Afinal, é preciso verificar, entre outras coisas, se já existe leniência firmada e se as provas que se pretende oferecer ao Estado são novas e úteis, colaborando efetivamente com a instrução. Se considerada cabível, então será aberta a negociação.

Isso significa, portanto, que a leniência não é oferecida ao primeiro que mostrar interesse, mas sim ao primeiro que se qualificar para a negociação. Essa constatação poderia levar potenciais interessados a abrir mão da leniência para não correr os riscos de revelação de provas e da confissão. Para evitar esse efeito nocivo, que desencorajaria a adesão ao programa, a legislação prevê duas medidas: o sigilo da proposta e a desconsideração de provas. Caso a proposta seja rejeitada em razão do descumprimento dos requisitos abordados, a confissão realizada pela empresa tanto em relação aos fatos quando à ilicitude de sua conduta perderá os efeitos e as provas juntadas deverão ser devolvidas e ignoradas, delas não se podendo fazer qualquer divulgação por força de expressa determinação legal (art. 86, §10).

Cumpridas as solicitações e os demais requisitos legais, opera-se a celebração do acordo, que acompanhará o processo administrativo e cujo cumprimento será definitivamente julgado pelo CADE no momento de expedição da decisão condenatória final pelo Tribunal Administrativo. A partir da remessa do processo administrativo devidamente instruído para julgamento do TADE, restará precluso o direito à propositura do acordo. Não poderia ser diferente, uma vez que a leniência tem como finalidade precípua a cooperação instrutória, de modo que, se não há mais provas a se produzir, não há mais motivo para acordo. Pela mesma lógica, sempre que se reabrir a instrução, inclusive a pedido do conselheiro relator, automaticamente ressurgirá o direito à propositura do acordo de leniência.

Existindo espaço para produção de provas e cumpridos os requisitos legais, a autoridade responsável deverá obrigatoriamente aceitar a negociação do acordo. Defendo, pois, inexistir qualquer tipo de discricionariedade do CADE para descartar a leniência à luz da legislação atual. Discricionariedade haverá somente na decisão sobre celebrar ou não o acordo, após a conclusão da minuta negociada. Reitere-se, a propósito, que a legislação brasileira não mais veda a celebração do acordo com o líder de uma infração. A má-fé do líder, ao organizar o ato infrativo e seduzir outras pessoas para contribuir com o ilícito, não o proíbe de se beneficiar do programa de leniência. Hoje, o líder será aceito como colaborador, a critério do CADE, sempre que cumprir os requisitos legais mínimos para tanto.

Um aspecto polêmico para a celebração da leniência diz respeito ao dever de cessar a prática em curso. Com efeito, prescreve o art. 86, § 1º da LDC de 2011, que o acordo somente poderá ser celebrado se (i) a empresa for a primeira a se qualificar; (ii) cessar completamente seu envolvimento na infração notificada ou sob investigação; (iii) não houver provas suficientes, nas mãos da SG, a respeito da prática; (iv) a empresa confessar sua participação no ilícito e se dispuser a cooperar plenamente na investigação. Não se trata aqui de aprofundar todos os requisitos, mas simplesmente de ressaltar os problemas da cessação da prática como condição da celebração. Na verdade, é mais adequado e compatível com o interesse públicos e as finalidades do controle de condutas que o CADE e o colaborador possam combinar a cessação ou a manutenção da prática infrativa, sobretudo depois de uma avaliação dos impactos dessa medida. Essa avaliação é imprescindível, pois a cessação poderá gerar suspeitas por parte dos outros infratores, estimular a destruição de provas e inviabilizar o sucesso da cooperação para fins de instrução do processo administrativo.

Na execução do acordo, duas são as obrigações compulsórias e diretamente previstas em lei ao delator: identificar os demais coautores da infração e entregar documentos e informações que comprovem a infração noticiada ou que esteja sob investigação do SBDC. Para fins de julgamento do acordo e concessão final dos benefícios, será imprescindível avaliar a efetividade dessa ação colaborativa. Além de ser guiada pela efetividade e continuidade da colaboração, o acordo de leniência vem relacionado, na legislação ordinária, com o "resultado útil do processo" (art. 86, §3º, LDC/2011). Entendo, porém, que isso não significa um condicionamento dos benefícios da leniência à condenação de todos os acusados. Ademais, tampouco se deve entender que a colaboração instrutória implique em obrigações de assunção de todos o ônus instrutório. A oficialidade que rege o controle repressivo concorrencial impede que se transforme a leniência em um mecanismo de delegação integral de tarefas estatais ao particular, de sorte a eximir o Estado de seus deveres na condução do processo.

Respeitadas as competências do CADE, como responsável pela instrução e decisão do processo, o colaborador deve agir sempre de boa--fé, pronta e celeremente conforme as obrigações que assumiu. Todas essas atividades serão realizadas, como já dito, por sua conta e risco. Ele arcará com todos os custos da cooperação instrutória, sem qualquer direito de ressarcimento em relação ao CADE ou aos demais condenados. Além disso, assumirá todos os riscos decorrentes da colaboração e, principalmente, da confissão da prática. Isso exige que a celebração da leniência seja amplamente avaliada e ponderada pelo interessado, sobretudo porque algumas infrações concorrenciais, como o cartel licitatório, deflagrarão inúmeros processos de responsabilização, dentro e fora da esfera administrativa, e o acordo de leniência firmado com a autoridade concorrencial jamais será suficiente para conter, mitigar ou afastar as várias sanções aplicáveis.[14] Como se demonstrou anteriormente, a leniência concorrencial origina basicamente efeitos administrativos internos (no processo em que é firmada) e benefícios penais para as pessoas físicas.

A mensuração e oferta dos benefícios da leniência se concretiza no momento de julgamento e, igualmente, de extinção desse acordo inte-

---

[14] A leniência concorrencial brasileira, por exemplo, não gera imunidade civil e, por força da lacuna normativa e das próprias finalidade técnicas do instituto, sequer poderia o administrador público assumir a função de árbitro dos danos civis no curso do processo administrativo. Não bastasse isso, a leniência abre um risco considerável de condenações no exterior, o que, por sua vez, influencia o ajuizamento de incontáveis ações (penais ou civis) sob diversos ordenamentos, colocando em estado de extrema incerteza não somente a empresa delatora, como também seus administradores e demais envolvidos na prática concertada ilícita. No Brasil, a existência de convênios internacionais entre o CADE e entidades estrangeiras não basta para solucionar todos os desafios da cooperação e conter a multiplicação das esferas de responsabilização que afetam negativamente a eficácia da via de cooperação administrativa criada pela legislação.

grativo, vinculado e dependente do processo administrativo sancionador conduzido pelo CADE. É necessário que o Tribunal Administrativo, nesse momento, manifeste-se expressamente sobre a cooperação do infrator e, somente diante do reconhecimento do adimplemento de suas obrigações, concederá os benefícios prometidos. Isso revela que a finalização do acordo envolve diferentes situações, que podem ser sumarizadas nas seguintes hipóteses:

- *Decisão condenatório e leniência cumprida*, caso em que se concederão ao colaborador a imunidade em relação à sanção de multa ou a sua redução dentro dos patamares legais, garantido o benefício da menor sanção (art. 86, § 5º LDC);[15]
- *Decisão condenatória e leniência descumprida*, situação em que, por inadimplemento de obrigações de colaboração pactuadas, o infrator que ingressou no programa de leniência será condenado normalmente e, adicionalmente, poderá se sujeitar a sanções administrativas adicionais, perderá imunidade em processos penais que tenham por objeto a mesma conduta que configurou a infração administrativa, não poderá celebrar nova leniência pelo período de três anos e não se beneficiará da proteção sobre documentos e meios de prova que entregou ao CADE; e
- *Decisão absolutória*, hipótese esdrúxula, mas igualmente concebível, já que o Tribunal Administrativo pode declarar a prática como ato lícito ou, apesar da leniência, entender que inexistem provas suficientes para a condenação. Nessas situações, à primeira vista, poder-se-ia considerar que o acordo deveria se encerrar sem qualquer concessão de benefícios ao colaborador. Essa conclusão me parece incorreta. Negar ao delator os efeitos do acordo de cooperação afigurar-se-ia uma decisão indevida e perigosa ao próprio sucesso da via de cooperação entre CADE e mercado. Isso, porque a conduta não punida no campo administrativo ainda está sujeira à verificação criminal, ao exame judicial em ações indenizatórias civis bem como eventuais processos perante agências reguladoras. Assim, o fato de

---

[15] Esse benefício, que não existe na leniência da legislação anticorrupção, garante ao colaborador que ele receba a menor multa, ou seja, os outros acusados, não colaboradores, receberão multa igual ou superior à do infrator que participou do programa de leniência e cumpriu todas as obrigações nele pactuadas.

o TADE reconhecer a absolvição não afasta seu dever de avaliar e, em caso de cumprimento, declarar o cumprimento do acordo, garantindo ao colaborador todos os benefícios diretos e indiretos previstos na legislação.

6. Os compromissos de cessação de prática (TCC)

Dos quatro acordos presentes no SDBC, o termo de compromisso de cessação de prática, conhecido como TCC, é certamente um dos mais polêmicos por ser o único com efeito substitutivo do processo administrativo. Trata-se de acordo instrumentalizado por um termo subscrito pelo CADE, no controle de condutas, e por uma ou mais pessoas, acusadas de infração contra a ordem econômica. Uma vez celebrado o compromisso, o processo acusatório é suspenso por prazo determinado e, ao se reconhecer o cumprimento das obrigações acordadas, determina-se seu arquivamento. Não se confere, porém, qualquer tipo de imunidade administrativa ou penal aos compromissários. Além disso, por lei, o TCC não pressupõe pluralidade de infratores, nem exige confissão – embora isso possa ocorrer por determinação infralegal.

No controle de condutas, o emprego do compromisso de cessação de prática apresenta três utilidades básicas expressivas, quais sejam: (i) impedir a continuidade da prática de mercado sob a qual pairam suspeitas de ilicitude ou de seus efeitos nocivos sem a necessidade de se impor medida preventiva ou decisão condenatória; (ii) concretizar o princípio da eficiência administrativa ao imprimir celeridade e economicidade processual; e (iii) democratizar a ação do CADE, o que tende a lhe conferir maior aceitação e, por conseguinte, reforçada efetividade e estabilidade às suas decisões em detrimento da litigiosidade.

Para se compreender esses benefícios, é preciso ter em mente que o TCC, diferentemente de todos os outros acordos concorrenciais debatidos, substitui o processo administrativo integral e definitivamente em relação ao compromissário, deixando o Estado de julgar a conduta suspeita quanto à sua legalidade. Em última instância, trata-se de uma ferramenta que permite o afastamento da prática ou, quando ela já tenha cessado, de seus efeitos sem a necessidade de conclusão processual. Seu objetivo maior não é viabilizar a instrução processual, como a leniência, mas sim evitar o processo! Isso contribui com a eficiência e a celeridade do controle de condutas, indiretamente, com o aumento de legitimidade do CADE. Não fosse isso, a depender do próprio conteúdo do acordo celebrado, não é de se negar que o TCC ainda seja capaz de atingir objetivos preventivos gerais, reduzindo os riscos de ilícitos concorrenciais para além do processo administrativo em concreto.[16]

Apesar dessas vantagens, o acordo de cessação encontra certa resistência. Parte dela advém da tradição unilateralista das autoridades administrativistas brasileiras – concepção que privilegia uma administração mais repressiva e menos dialógica, resistente ao uso de meios pró-consensuais. Essa concepção mais repressiva, para Lobão, explicaria a recusa, pela Administração Pública, da negociação de compromissos de cessação em processos mais longos e já razoavelmente instruídos, pois, nessas situações, o Estado teria despendido muito tempo e recursos na averiguação da conduta. De outra parte, "o compromisso, nestes casos, poderia ser um incentivo à adoção, *ex ante*, de práticas anticoncorrenciais, na medida em que o agente econômico, auferindo os benefícios econômicos da prática adotada, teria, ao final, o benefício do arquivamento do processo sem julgamento do mérito e sem aplicação de qualquer penalidade".[17]

Sob a lente do direito positivo, nota-se que o compromisso de cessação foi o acordo que mais sofreu transformações com a renovação da legislação concorrencial em 2011. Limitando-se o escopo da comparação histórica às diferenças entre o texto da LDC/1994 e a LDC/2011, parece-me evidente que o direito vigente não incrementou os estímulos à celebração do compromisso. A uma, a democratização do processo com a participação de terceiros pode levar o acusado a se eximir da negociação para não ter que suportar obrigações exageradas decorrentes da necessidade de atender interesses externos ao do processo concorrencial. A duas, a regra que impede o efeito suspensivo da abertura de negociações tende a reduzir o número de acordos, uma vez que, para viabilizá-los, os acusados terão que os propor na fase inicial da instrução, momento em que são menores os estímulos ao uso do meio consensual. A três, na legislação em vigor, proíbe-se nova propositura de

---

[16] Nesse sentido, ressaltando os benefícios de cláusulas de "compliance", cf. PALMA, Juliana Bonacorsi de. *Atuação administrativa consensual*: estudo dos acordos substitutivos no processo administrativo. São Paulo: Faculdade de Direito da USP (dissertação de mestrado), 2010.
[17] LOBÃO, Carla. Compromisso de cessação de prática: uma abordagem crítica do instituto. *Revista do IBRAC*, v.8, p. 96.

acordo, caso um primeiro não tenha sido aprovado. Isso pressiona o acusado interessado a se esforçar mais ao longo das negociações, embora torne a relação negocial menos equilibrada.

Do quanto exposto, resta evidente que a legislação atual, em comparação com o modelo da LDC de 1994, tornou-se muito mais favorável à Administração Pública que aos acusados. Sutilmente, a legislação se afasta da horizontalidade negocial tão necessária para o sucesso da via consensual, o que parece estar relacionado com uma estranha cegueira do Estado quanto ao caráter transacional do TCC. Afinal, o ordenamento prevê um acordo que implica a renúncia do poder sancionador não como uma dádiva ao administrado, senão porque considera a transação igualmente benéfica ao exercício das funções administrativas. Diante disso, um regime relativamente verticalizado das negociações, como o vigente, coloca em risco a efetividade da via pró-consensual.

Procedimentalmente, sem prejuízo de seu efeito substitutivo do processo administrativo sancionador, o TCC passa pelas mesmas fases dos acordos concorrenciais de caráter integrativo. Inicia-se pela propositura, aberta a todas as pessoas físicas e jurídicas; passa-se à fase de negociação, que envolve uma ou mais pessoas físicas e jurídicas – sem, portanto, a vedação de acordos múltiplos que vige para a leniência; avança-se para a execução das obrigações pactuadas, durante a qual o processo sancionador fica suspenso e, enfim, chega-se à fase de encerramento e avaliação do acordo, momento em que, com a declaração de cumprimento, o processo sancionador é definitivamente arquivado em relação ao compromissário.

A respeito da legitimidade do acusado para a propositura do compromisso de cessação, basicamente não há grandes debates. Como principal interessado em evitar o exercício do poder punitivo pela Administração Pública é ele que deve se dirigir à autoridade pública para demonstrar sua disposição em cessar a prática ou reverter seus efeitos nocivos com o objetivo de impedir que o processo prossiga. Também é possível que mais de um acusado tome a iniciativa de negociação do acordo. Ao contrário do que ocorre no programa de leniência comum, como dito, a propositura e celebração de TCC por uma pessoa jurídica acusada não obstam a proposta de outras pessoas físicas ou jurídicas. Ademais, a presença de um acordo de leniência anterior tampouco impede que as demais pessoas jurídicas acusadas, sem a possibilidade de aderir ao programa de leniência, ofereçam propostas de cessação de prática ou de reversão de seus efeitos para se livrar do processo sancionador.

O reconhecimento da legitimidade primário do acusado para propor o TCC não obsta a proatividade do agente público para tanto. Essa possibilidade se vislumbra claramente nos art. 11, IX e 13, IX da LDC/2011, pelos quais tanto o conselheiro do TADE quanto a SG podem propor termos de compromisso de cessação. Nessa situação específica, de acordo com normas do Regimento Interno do CADE, a recusa da proposta oficial de acordo não retira do acusado a possibilidade de propor TCC em fase mais adiantada do processo (art. 230, § 4º do RICAE). Aqui se excepciona, portanto, a vedação de nova proposta.[18]

Em termos formais, a proposta de TCC é necessariamente escrita, subscrita geralmente pelo acusado e direcionada ao CADE com ou sem pedido de confidencialidade.[19] O que importa na proposta é a demonstração de que o acusado interessado se dispõe a suspender ou alterar significativamente sua prática de mercado ou a reverter os efeitos nocivos que dela resulte ou tenha resultado. Por lei, a proposta e o acordo que dela advém não representam uma confissão quanto à matéria de fato e à ilicitude da conduta objeto do processo ou da averiguação preliminar. No entanto, é admissível que TCC contenha cláusula de confissão, que ganhará efeito jurídico com sua celebração.

Um exame da LDC/2011 mostra que a propositura de negociação do TCC ocorrerá durante o procedimento administrativo, o inquérito ou o processo administrativo propriamente dito (art. 85, caput). Há, porém, um erro na norma em questão. O procedimento administrativo é previsto na legislação concorrencial como uma etapa de verificação da competência do CADE para apreciar e julgar o caso concreto. Durante seu curso, o Conselho não dispõe de uma conclusão acerca de sua competência e, diante de tão relevante incerteza, não poderia passar a negociar uma proposta de compromisso. Nem o CADE nem qualquer outra enti-

---

[18] Art. 230 §4º: A aceitação ou rejeição pelo Representado da negociação do termo de compromisso proposta pelo Superintendente-Geral não prejudica a apresentação de requerimento de termo de compromisso por parte do Representado, nos termos do Art. 219 deste Regimento Interno.
[19] Existe norma legal expressa a autorizar a concessão de caráter confidencial à proposta (art. 85, §5º LDC/2011).

dade administrativa está autorizada a negociar assunto sobre o qual não detém competência por força do princípio da legalidade administrativa. E como a competência é a medida do poder público, resta evidente que a propositura do TCC não é aceitável durante o procedimento administrativo de avaliação de competência do CADE.

Outro ponto polêmico a circundar a negociação do acordo diz respeito à exigência de confissão da prática. Como se afirmou, essa exigência não consta expressamente na LDC, embora apareça no Regimento Interno do CADE.[20] Para Lobão, a desnecessidade de confissão incentiva o acusado a cessar voluntariamente sua conduta.[21] Sem a confissão, os riscos de punição do acusado serão também menores diante de uma ocasional declaração de descumprimento do TCC e o consequente prosseguimento do processo administrativo sancionador. No compromisso firmado com um acusado não participante do programa de leniência, a confissão é por vezes inapropriada em razão de um motivo simples. A despeito da materialidade da prática, o acusado poderá não reconhecer a acusação de autoria, ou seja, ele pode aceitar o compromisso simplesmente com o objetivo de fazer cessar imediatamente sobre si uma acusação de prática que não cometeu. Nos processos em que já exista leniência, porém, dificilmente esse argumento subsistirá, daí a imprescindibilidade de que a confissão ocorra.

A celebração do compromisso, em contraste com a abertura da negociação, é ato discricionário, marcado por um juízo de conveniência e oportunidade. Apesar de uma boa minuta, o Tribunal Administrativo, entre outras coisas, poderá considerar oportuno recusar o acordo com o objetivo de conduzir o processo até o final e firmar jurisprudência sobre certa prática concorrencial no intuito de guiar o mercado. Poderá eventualmente recusar o acordo, igualmente, por entender muito tardia sua

---

[20] Art. 219, §5º: O protocolo do requerimento de termo de compromisso não implica confissão quanto à matéria de fato nem reconhecimento da ilicitude da conduta objeto do processo administrativo, do inquérito administrativo ou do procedimento preparatório de inquérito administrativo.
Art. 230, §7º: A manifestação do interesse dos representados em celebrar termo de compromisso de cessação não implica confissão quanto à matéria de fato nem reconhecimento da ilicitude da conduta objeto do processo administrativo, do inquérito administrativo ou do procedimento preparatório de inquérito administrativo.
[21] LOBÃO, Carla. Compromisso de cessação de prática: uma abordagem crítica do instituto. *Revista do IBRAC*, v. 8, 2001, p. 87.

propositura e, por conseguinte, extremamente reduzidos os ganhos que advirão para o Estado. Afinal, se a instrução já estiver em fase de conclusão ou concluída, poucas serão as vantagens de suspender e arquivar o processo.

Entretanto, não deverá o CADE se recusar a firmar o acordo por considerar insatisfatórias as cláusulas que ele mesmo propôs nas negociações. O Tribunal deve agir coerentemente com o que os seus negociadores propuseram. Entra em jogo, aqui, a vedação do *"venire contra factum proprium".* Na lição de Moreira, trata-se de norma decorrente da moralidade que veda conduta dissonante a anteriormente assumida em prejuízo de expectativas legítimas.[22] Tampouco se deverá recusar o acordo pela recusa de o particular aceitar obrigações excessivas ou completamente descoladas do objeto tutelado pelo SBDC. O princípio da razoabilidade administrativa e o princípio da finalidade pública impõem relevantes barreiras aos negociadores públicos, impedindo-os de demandar compromissos mais severos que os necessários a atingir os objetivos do acordo ou que visem a tutelar objetos alheios ao direito concorrencial.

A fixação desses limites principiológicos ao exercício da discricionariedade de celebração do acordo pelo CADE é relevante por conta de um aspecto prático claro. O RICADE somente permite que o Tribunal Administrativo negue ou aceite a minuta final de TCC de modo integral.[23] Não cabe ao Tribunal impor alterações de mérito de modo unilateral. Sua decisão consistirá em aceitar ou rejeitar a minuta sem emendas. E o indeferimento do acordo proposto pelo acusado terá o efeito de vedar nova proposta, como já dito. Não há dúvidas de que essa norma torne a negociação mais assimétrica e verticalizada em benefício dos negociadores públicos e em prejuízo dos particulares. O pretenso efeito "antiprotelatório" da regra não convence, pois a LDC determina que o processo sancionador não se suspenderá por força da negociação de um TCC, o que, por si só, faz inúteis proposituras múltiplas, bem como inviável qualquer estratégia maliciosamente protelatória.

A seu turno, a aprovação da minuta tem efeitos relevantes. De um lado, exige a suspensão do processo e das atividades de instrução. De

---

[22] MOREIRA, Egon Bockmann. *Processo administrativo*: princípios constitucionais e a lei 9.874/1999, 4ª ed. São Paulo: Malheiros, 2010, p. 125.
[23] Art. 231, §2º: O Plenário do Tribunal somente poderá aceitar ou rejeitar a proposta final, não podendo fazer contraproposta

outro, ocasiona a "cessação da prática". Note-se, contudo, que desde 2007 é possível que o acordo entre o CADE e o acusado não acarrete a verdadeira extinção da conduta. A legislação tornou a negociação do TCC mais maleável e permeável à lógica do razoável. A obrigação principal pode, assim, consistir na paralização de um comportamento, bem como na modificação desse comportamento ou na reversão ou correção de seus efeitos nocivos. Em todo caso, imprescindível é o resultado benéfico do ajuste a justificar a dispensa de um processo sancionador. E a cessação em si da prática de mercado constitui somente um dos meios pelo qual esse resultado poderá ser atingido.

Diante do acordo celebrado e em execução, colocam-se inúmeras questões bastante interessantes, que se relacionam com a pouca clareza acerca do regime contratual. Apenas para exemplificar essa problemática, poderia o CADE, como ente estatal, valer-se de poderes exorbitantes, como o de modificar ou rescindir unilateralmente o ajuste? Seria possível revogá-lo por interesse público? Entendo que ao Poder Público, a partir de um interesse público relevante que conflite com a execução de um compromisso assinado, não se autorizará revogá-lo ou substituí-lo, unilateralmente, por outro acordo. Para substituir as obrigações em curso, a única solução cabível será a oferta de novas negociações com o acusado para que se chegue a um acordo integralmente adequado à realidade atual. Outra solução concebível seria a previsão, no TCC originário, de obrigações com prazo determinado, cujo término daria oportunidade de renegociações e, assim, tornaria o compromisso um instrumento mais flexível e adaptável às mudanças da realidade. *Ad argumentandum tantum,* mesmo que prevista a "reserva de rescisão unilateral por interesse público" no TCC, não há dúvidas de que o CADE continuaria obrigado a observar alguns limites para se valer do instituto, pois teria que comprovar: (i) a alteração das circunstâncias fáticas em que o compromisso foi celebrado; (ii) a configuração de "onerosidade excessiva" a interesse público primário bem limitado; e (iii) o balanceamento dos interesse públicos que sugerem a rescisão e o princípio da segurança jurídica favorável à manutenção do TCC.

Encerrado o prazo de execução, com ou sem alterações, o CADE terá a incumbência de examinar o comportamento do compromissário para então declarar o cumprimento e determinar o arquivamento do processo administrativo. Ao ver declarado o cumprimento do acordo, o particular se subtrairá do risco de ser punido pela prática que vinha sendo investigada pelo SBDC. No entanto, caso o compromissário retome a mesma prática após a declaração de cumprimento do TCC, estará novamente sujeito a processo sancionador, pois a cessação constitui uma obrigação de prazo indeterminado e a celebração do compromisso suspende a prescrição da pretensão punitiva da Administração.

Para além da esfera administrativa, o compromisso de cessação não produz quaisquer efeitos. Seu cumprimento não beneficia a pessoa jurídica na esfera civil, nacional ou estrangeira, nem a pessoa física nas esferas civil e penal. Em contraste com o programa de leniência, a celebração e cumprimento do compromisso não impede, portanto, que os dirigentes sejam condenados na esfera penal por crime contra a ordem econômica. Apesar disso, os efeitos do cumprimento são significativos, sobretudo quando comparados com as consequências do processo administrativo sancionador e com os efeitos adicionais da declaração de descumprimento, que incluem desde multas sancionatórias, multas diárias até a possibilidade de execução judicial das obrigações pactuadas.

Por se tratar de um instrumento com obrigações recíprocas, é igualmente concebível que o CADE venha a violar o pactuado. Para se defender contra a má-fé da Administração Pública, ao compromissário também se deve garantir o direito de exigir, administrativamente ou judicialmente, o cumprimento do TCC e, por conseguinte, a suspensão ou o arquivamento do processo administrativo, bem como a paralização de investigações. Afinal, se as obrigações assumidas pelo CADE mediante a celebração do compromisso decorrem diretamente da legislação, a violação contratual representa violação legal e possibilita o uso de remédios especiais, como mandado de segurança. Ademais, o inadimplemento da transação pela Administração Pública permite que o particular se valha da exceção do contrato não cumprido para voltar a praticar a conduta que se comprometeu a cessar e para obter eventuais indenizações, como também a devolução de valores eventualmente recolhidos ao Fundo de Direitos Difusos com as devidas correções.

Conclusões

- O direito concorrencial brasileiro é prenhe de instrumentos pró-consensuais de natureza contratual que inspiram e estimulam o movimento de consensualização do direito administrativo e servem de inspiração para outros setores. Em comum, todos esses acordos passam por cinco fases: (i) propositura; (ii) negociação; (iii) celebração; (iv) execução e (v) extinção. Essas fases envolvem e suscitam debates e questionamentos próprios, intricados, que têm estimulado a edificação de uma base doutrinária para sustentar um regime próprio dos acordos empregados em atividades administrativas de caráter restritivo (*i.e.* acordos no poder de polícia, no poder disciplinar ou em poderes contratuais do Estado).

- O controle de concentrações econômicas, por meio do qual o CADE exerce uma atividade de prevenção de danos concretos contra a ordem econômica ao examinar fusões, aquisições e outros instrumentos jurídicos congêneres, abrange dois acordos de natureza integrativa. Esses acordos acompanham o processo administrativo e convivem com o ato administrativo unilateral – a revelar, para a teoria geral, que os modelos de administração consensual não se opõem à administração unilateral, baseada nos atos coercitivos e autoexecutórios, mas com ela convivem e se retroalimentam.
- O controle de concentrações demonstra que os acordos podem se vincular quer a decisões autorizativas liminares e precárias editadas ao longo do processo administrativo, como o APRO (que, apesar da falta de previsão legal, sustenta-se numa interpretação sistemática da LDC), quer a decisões finais, como o ACC. Em todas as situações, eles se destinam a afastar os inconvenientes de um modelo decisório binário (autorizar ou negar), abrindo múltiplos caminhos decisórios e, com isso, permitindo que o CADE possa elaborar soluções autorizativas mais criativas e aptas a compor os incontáveis interesses públicos primários e direitos fundamentais que uma operação de concentração econômica envolve.
- O controle de condutas, como atividade repressiva de infrações contra a ordem econômica, envolve igualmente dois tipos de acordo que, em comum, apresentam para o acusado a vantagem de afastar ou mitigar sanções, dentro e fora do processo concorrencial, e oferecem ao CADE a possibilidade de solucionar questionamentos de mercado e concluir inquéritos e processos punitivos com maior celeridade e efetividade, o que, em última instância, contribui para a estabilização de suas decisões, para a redução da litigiosidade e para o aumento de sua legitimidade diante do mercado e da sociedade.

- O acordo de leniência representa um instrumento de diálogo e ajuste com um infrator confesso com o objetivo de viabilizar a instrução e garantir a conclusão bem-sucedida dos processos punitivos. Ao construir seu programa de leniência atual, depois de muitas discussões e anos de experiência, a legislação concorrencial adotou um modelo bastante atrativo, sustentado em regras claras que, entre outras coisas, diferenciam os benefícios conforme o momento da celebração do acordo, vedam múltiplos acordos com pessoas jurídicas e garantem amplos efeitos penais às pessoas físicas. Muitos desses avanços do modelo concorrencial têm sido infelizmente ignorados em leis mais recentes que trazem instrumentos análogos, como a lei anticorrupção.
- Os compromissos de cessação, por fim, configuram o segundo acordo no controle de condutas e o único dos quatro acordos com efeito substitutivo do processo administrativo concorrencial. É exatamente desse efeito que derivam as maiores críticas e dúvidas em relação ao compromisso e sua compatibilidade com alguns princípios do ordenamento jurídico, como a indisponibilidade do interesse público. Na prática, porém, essas críticas foram superadas ao se demonstrar que o compromisso permite ao Estado solucionar rapidamente questionamentos quanto a condutas econômicas sem os custos técnicos, financeiros e humanos de um processo sancionador e sem os riscos da sua instrução. Ao fazê-lo, os compromissos tutelam o interesse público ao mesmo tempo em que liberam tempo e recursos para que o CADE se dedique a assuntos e casos prioritários ou de maior impacto, de modo a contribuir, em sentido abrangente, para a efetividade da política de defesa da concorrência como um todo. Apesar dessas grandes vantagens, observa-se que a legislação atual tornou o regime dos compromissos mais verticalizado, de modo a tornar a negociação mais assimétrica e elevar os poderes de barganha do Estado. Isso se conclui a partir do exame de regras que limitam o número de propostas de negociação, que dão ao TADE o poder de apenas aprovar ou rejeitar integralmente a minuta e que vedam a suspensão do processo ao longo da negociação.
- Independentemente dos retrocessos ou avanços da legislação em vigor em comparação com a anterior, é inegável que o direito concorrencial continua sendo o principal laboratório brasileiro dos meios pró--consensuais em atividades administrativas restritivas, com funções

preventivas ou repressivas. Suas normas, sua experiência, seus erros e acertos merecem ser levados em conta por todos aqueles que se dedicam ao tema da consensualização e, igualmente, pelo legislador no debate e na construção de mecanismos do gênero para outros setores. Eles ainda necessitam ser levados em conta na formulação de respostas a uma indagação bem mais complexa: já é hora de transformar esses acordos em ferramentas gerais do direito administrativo, aplicáveis a todos os setores e níveis da Administração Pública?

8. Acordos Administrativos no Direito Concorrencial Brasileiro e o Impacto da "Operação Lava Jato"

ADRIANA LAPORTA CARDINALI STRAUBE

1. Acordos no Direito Concorrencial Brasileiro

Nos últimos anos, em decorrência dos escândalos de corrupção especialmente deflagrados pela "Operação Lava Jato"[1], muito tem sido falado a respeito de acordos com a Administração Pública. O instituto da leniência foi utilizado de maneira recorrente nesse contexto, ressalvando-se que tal nomenclatura tem sido adotada para os diversos tipos de composição, ainda que tecnicamente de maneira equivocada[2].

---

[1] Trata-se da maior investigação de corrupção e lavagem de dinheiro ocorrida no Brasil, iniciada em março de 2014 (para maiores informações, acesse www.lavajato.mpf.mp.br).

[2] Muito se falou de "leniência" com o Ministério Público Federal na "Operação Lava Jato" quando, a bem da verdade, trata-se de institutos de delação ou colaboração premiada, como previsto na legislação de Direito Penal, destacando-se: art. 159, § 4º, Código Penal; art. 25, § 2º, Lei n. 7.492/86; art. 8º, Lei n. 8.072/90; art. 16, parágrafo único, Lei n. 8.137/90; art. 1º, § 5º, Lei n. 9.6133/98; art. 14 da Lei n. 9.807/99; arts. 4º e 8º da Lei n. 12.850/13; art. 41 da Lei n. 11.343/06. Veja, por exemplo, que o acordo firmado em 14 de dezembro de 2016 entre a empresa Braskem, do Grupo Odebrecht, e o Ministério Público Federal, recebeu a denominação de "Acordo de Leniência", muito embora se trate de colaboração premiada propriamente dita, prevista na Lei n. 9.613/98, que dispõe a respeito dos crimes de "lavagem" de dinheiro. O acordo está disponível em https://politica.estadao.com.br/blogs/fausto-ma cedo/wp-content/uploads/sites/41/2019/04/Termo-de-Acordo-Braskem.pdf, acesso em 28 de maio de 2019.

Os acordos administrativos estão previstos em inúmeras leis esparsas e utilizados em diversas áreas do Direito, destacando-se: Lei de Ação Civil Pública[3], Lei de Crimes e Infrações Administrativas Ambientais[4], Lei da Advocacia-Geral da União[5], Lei Anticorrupção[6], Lei de Mediação[7] e Lei n. 13.506/2017[8].

---

[3] No artigo 5º, § 6º, da Lei n. 7.347/1985, encontra-se a previsão expressa da possibilidade de os órgãos públicos legitimados a propor a ação civil pública comporem como legitimado passivo um ajustamento de sua conduta. Essa composição é materializada no chamado "Termo de Ajustamento de Conduta" (TAC), que possui força de título executivo extrajudicial e pode evitar a propositura da ação (quando celebrado anteriormente, por exemplo, no bojo do inquérito civil) ou colocar fim a um processo em andamento.

[4] A Lei n. 9.605/1998, ao dispor sobre as sanções penais e administrativas oriundas das condutas lesivas ao meio ambiente, prevê, em seu art. 79-A, a possibilidade de celebração de termo de compromisso entre quaisquer órgãos ambientais integrantes do Sistema Nacional do Meio Ambiente – SISNAMA e pessoas físicas ou jurídicas responsáveis pela construção, instalação, ampliação e funcionamento de estabelecimentos e atividades utilizadores de recursos ambientais, que sejam efetiva ou potencialmente poluidores.

O termo de compromisso, portanto, objetiva preservar a continuidade da atividade empresarial ao mesmo tempo em que ameniza os seus impactos no meio ambiente, razão pela qual tem, dentre as obrigações ao signatário, as correções necessárias para o cumprimento da legislação ambiental aplicável.

[5] A Lei da Advocacia-Geral da União, Lei Complementar n. 73/1993, traz regra geral com a possibilidade de se realizar acordos nas ações de interesse da União, em seu art. 4º, inciso VI, *verbis*:

"Art. 4º – São atribuições do Advogado-Geral da União:

[...]

VI – desistir, transigir, acordar e firmar compromisso nas ações de interesse da União, nos termos da legislação vigente;

[...]"

Mencionado dispositivo se encontra regulamentado pela Lei n. 9.46919/97, cujo art. 1º, com as alterações introduzidas pela Lei n. 13.140/2015, também conhecida como Lei de Mediação, passou a permitir genericamente a realização de acordos ou transações para prevenir ou terminar litígios, inclusive os judiciais.

[6] A Lei n. 12.846/2013, também conhecida como Lei Anticorrupção ou Lei da Empresa Limpa, prevê, em seu art. 16, a possibilidade de celebração de acordo de leniência com as pessoas jurídicas responsáveis pela prática dos atos previstos na Lei e que colaborem efetivamente com as investigações e o processo administrativo.

[7] A Lei n. 13.140/2015, também conhecida como Lei de Mediação, além de permitir a utilização desse meio alternativo de solução de controvérsias pela Administração Pública, dispõe de um capítulo inteiro a respeito da autocomposição de conflitos em que ela esteja envolvida (Capítulo II – arts. 32 a 40). Como a mediação muitas vezes pode levar a um acordo, a lei trouxe um capítulo exclusivamente dedicado ao instituto.

Mas é na Lei n. 12.529/2011, a Lei de Defesa da Concorrência (LDC), que encontramos uma maior sistematização e detalhamento dos acordos administrativos. O Direito Concorrencial foi pioneiro na institucionalização desses instrumentos e isso tem lastro especialmente na sua função promocional. A defesa da concorrência trata de demandas e conflitos de difícil solução na concepção tradicional de Estado. A sofisticação e complexidade da sociedade geraram insuficiências desse modelo clássico, o que tornou a busca por métodos alternativos uma emergência latente. Não é à toa, portanto, que os acordos de leniência surgiram dentro do escopo da defesa da concorrência.

Nesse cenário evolutivo, o Estado é considerado não só guardião de direitos,[9] com uma tarefa meramente protetora e que se realiza quase

---

[8] Que trata dos acordos no âmbito da Comissão de Valores Mobiliários e do Banco Central do Brasil.

[9] António José Avelãs Nunes (*Do estado regulador ao estado garantidor*, in Revista de Direito Público da Economia – RDPE n. 34, ano 9, Editora Fórum, Belo Horizonte, abr/jun 2011, pp. 45 a 87) faz interessante detalhamento da evolução do Estado regulador ao Estado garantidor, com relação ao qual traz uma conceituação peculiar. Esclarece que o surgimento do Estado regulador se deu com a onda de privatizações na Europa a partir dos anos 1980, esvaziando-se o papel do Estado na economia. Nessa fase, "começou a ganhar corpo a noção de economia de mercado regulada" (ou "economia social de mercado"), sobre a qual se construiu o conceito de *estado regulador*, a nova máscara preferida pela social-democracia-neoliberal na sua cruzada, não já contra o socialismo, mas contra o *estado keynesiano*, contra a presença do estado na economia e contra o *estado social*. Em nome das *virtudes da concorrência* e do *primado da concorrência*, 'liberta-se' o estado das suas competências e das suas responsabilidades enquanto *estado económico* e esvazia-se o *estado social*, o estado responsável pela *prestação de serviços públicos*. Como compensação, oferece-se a *regulação do mercado*, sempre que se verifiquem determinadas situações". Tais situações seriam: a existência de falhas de mercado; a necessidade de se garantir o respeito, por parte das empresas privadas, de certas obrigações de serviços públicos; e a necessidade de proteção dos consumidores ou de tentar evitar ou reduzir os chamados custos sociais do desenvolvimento. E conclui que, no Estado regulador, "*A defesa da concorrência* é entregue a agências (ou autoridades) de defesa da concorrência: a *regulação sectorial* dos vários mercados regulados é confiada a agências reguladoras". (op. cit., pp. 46-47). Mais adiante (op. cit., pp. 64-65), relata que o Estado regulador passou a ser criticado pela falta de transparência, pelos erros e por se deixar "capturar" (pelos regulados e pelo Estado), assim como pelos custos da regulação e pela excessiva ingerência na vida das empresas e do mercado, o que gerou o "pressuposto de que a *eficiência do mercado* é o único caminho para promover o bem-estar das populações, pressuposto com base no qual se funda a tese de que as necessidades da hora presente exigem *mais desregulação*, exigem o *fim do estado regulador*". E conclui (op. cit., p. 80): "[...] o *estado garantidor* tem, a meu ver, uma outra face, a sua face oculta [...]. Pretende-se que o estado capitalista deixe

sempre mediante comandos negativos, mas também dotado de uma tarefa promocional, materializada quase sempre por medidas positivas.[10]

Como menciona Fernando de Magalhães Furlan[11]:

> o Estado, para atingir seus objetivos promocionais, para levar os agentes econômicos a aderirem aos programas por ele propostos, vale-se de uma técnica nova para garantir o cumprimento da lei. As metas fixadas pelo Estado são mais eficazmente alcançadas por meio da imposição de sanções premiais, de modo que aqueles agentes que aderem aos objetivos estabelecidos são premiados com concessões e benefícios. [...] a intervenção estatal baseada na regulação sancionadora clássica não vem sendo suficiente como mecanismo de proteção à livre concorrência. É importante, em conjunto com o sistema normativo vigente, a existência de instrumentos alternativos e inovadores de política de defesa da concorrência que possam acarretar, de uma forma efetiva, mudanças no comportamento dos agentes econômicos.[12]

Objetivando a solução de controvérsias e a realização do interesse público, a legislação foi modernizada, permitindo ao Estado celebrar acordos administrativos, ou seja, transações administrativas decorrentes de ato bilateral, numa relação de *quase-paridade* entre Administração Pública e administrado. Trata-se, portanto, de acordo de vontades celebrado entre a Administração Pública e o particular em que, numa

---

de prestar ele próprio os serviços de utilidade pública, mas defende-se que ele não poderá alhear-se da sua efetiva produção, o que significa que tem o dever de *garantir* ao capital privado as condições para que ele possa produzir esses serviços (o mesmo é que dizer: possa desenvolver o seu *negócio*) sem solução de continuidade, i. é, à margem das incertezas da vida económica, que podem conduzir à falência das empresas. Para evitar que tal aconteça, o estado capitalista deve *garantir* às empresas privadas que produzem tais serviços *lucros certos* e *bastantes* para que elas possam viver sem sobressaltos. Neste sentido, é a vez de o estado (o estado capitalista) substituir o mercado, garantindo os lucros aos 'investidores', para os libertar do risco de eventuais prejuízos e da possibilidade de falência que as regras do mercado poderiam implicar".

[10] Norberto Bobbio, *Da Estrutura à Função – Novos estudos de teoria geral do Direito*, Editora Manole, Barueri, 2007, p. 14.

[11] *Negociações de Acordos como Garantia da Função Promocional do Direito e do Princípio Constitucional da Livre Concorrência*, in *Direito Econômico Concorrencial*, Editora Saraiva, 2013, São Paulo, p. 326.

[12] Idem, p. 329.

relação quase-paritária, são feitas concessões recíprocas a respeito de um processo administrativo, ora para evitá-lo, ora para preservar o seu resultado, ora para solucioná-lo, sempre vinculado ao seu principal objeto, buscando-se uma solução ótima a ambas as partes.

A LDC traz mecanismos para a utilização desses instrumentos, tanto no controle preventivo quanto repressivo da autoridade de defesa da concorrência. Trata-se do termo de compromisso de cessação de prática, do acordo de leniência, do acordo em controle de concentrações e do acordo de preservação de reversibilidade da operação, todos expressamente previstos na lei. Tais ferramentas se encontram regulamentadas pelo Regimento Interno do CADE[13] (RICADE) e possuem algumas diretrizes nos Guias CADE correspondentes[14], quando aplicáveis.

Para fins didáticos e também em razão dos respectivos objetos, é possível dividir os acordos administrativos do Direito Concorrencial em duas espécies: acordos no controle de condutas contra a ordem econômica (foco do presente trabalho) e acordos no controle de estrutura. Há, ainda, a possibilidade de outros acordos, no contexto de uma ação judicial, conforme se discorrerá brevemente. Como este trabalho relacionará os instrumentos celebrados em razão da "Operação Lava Jato", será feito um maior detalhamento no controle de condutas.

1.1 Acordos no controle de conduta

Os acordos no controle de condutas contra a ordem econômica ocorrem no contexto da atuação repressiva do CADE. Trata-se do compromisso de cessação de prática e do acordo de leniência, que ganharam muita importância nos últimos anos, especialmente com o advento da LDC, em que foram reforçados a estrutura e os recursos da autarquia, possibilitando intensificar o combate das infrações à ordem econômica.

1.1.1 Compromisso de Cessação de Prática

O compromisso de cessação de prática é uma das ferramentas consensuais que a autoridade de defesa da concorrência pode se utilizar para

---
[13] Disponível em http://www.cade.gov.br/assuntos/normas-e-legislacao/regimento-interno/REGIMENTOINTERNODOCONSELHOADMINISTRATIVODEDEFESAECONMICA-Versopsemenda2.pdf, acesso em 15 de julho de 2018.
[14] Disponíveis em http://www.cade.gov.br/acesso-a-informacao/publicacoes-institucionais/guias_do_Cade, acesso em 28 de maio de 2019.

o reestabelecimento da ordem econômica quando, supostamente, existe uma infração. Trata-se de acordo entre Administração e administrado, usualmente mediante a provocação do representado, em que, por um lado, suspende-se o curso do processo para ele e, de outro, cumprem-se obrigações, incluindo-se a de cessar e não mais praticar a conduta investigada. É uma composição que deve ser reduzida a termo (Termo de Compromisso de Cessação – TCC) sendo certo que, decorrido o seu prazo e desde que cumpridas as obrigações na sua integralidade, o processo administrativo será arquivado com relação ao signatário.[15]

O TCC é utilizado no controle de condutas e substitui uma eventual sanção que seria aplicada pela Administração Pública ao signatário no caso de a infração à ordem econômica se confirmar ao final do processo.

Esse instrumento jurídico pode ser celebrado em qualquer caso de violação à livre concorrência sendo que nas situações de cartel existe a necessidade do recolhimento de contribuição pecuniária, além da imposição de medidas comportamentais e/ou estruturais. Nestes casos, o RICADE também exige o reconhecimento de participação na conduta investigada e a colaboração efetiva com a autoridade de defesa da concorrência (artigos 225 e 226), requisitos que não constam do texto da LDC. O Guia CADE "Termo de Compromisso de Cessação para os casos de cartel"[16] detalha como deve ocorrer tal colaboração.

A utilização do TCC pode ser uma ferramenta benéfica no combate de infrações à ordem econômica e, consequentemente, ao atingimento do interesse público. De um lado, ocorre a cessação imediata do suposto ilícito com o compromisso de não mais praticá-lo, reestabelecendo-se a livre concorrência; por outro lado, o particular compartilha com a autoridade de defesa da concorrência informações e provas que auxiliam a persecução administrativa, em atendimento aos princípios da celeridade

---

[15] O CADE, em seu "Guia de Termo de Compromisso de Cessação para os casos de cartel" (disponível em http://www.cade.gov.br:8080/cade/acesso-a-informacao/publicacoes-institucionais/guias_do_Cade/guia-tcc-atualizado-11-09-17, acesso em 20 de novembro de 2017, p. 6), define o TCC como "modalidade de acordo celebrado entre o Conselho Administrativo de Defesa Econômica ("Cade") e as empresas e/ou pessoas físicas investigadas por infrações à ordem econômica a partir [da] qual a autoridade antitruste anui em suspender o prosseguimento das investigações em relação ao(s) Compromissário(s) de TCC enquanto estiverem sendo cumpridos os termos do compromisso, ao passo que o(s) Compromissários(s) se comprometem(m) às obrigações por ele expressamente previstas".
[16] Idem, pp. 9-18.

processual e da eficiência, com a conclusão do processo em menor lapso temporal e com menor custo.[17]

É no art. 85 da LDC que encontramos o fundamento legal para a celebração do TCC. Os artigos 219 a 236 do RICADE, por sua vez, detalham todo o processamento da proposta do compromisso de cessação. Também, o Guia "Termo de Compromisso de Cessação para os casos de cartel",[18] traz diversos modelos de minuta de acordo.

O instituto já existia sob a égide da Lei n. 8.884/94, mas a sua utilização foi intensificada com o advento da LDC, especialmente por pessoas físicas. Se, na lei anterior, foram firmados mais de quarenta TCCs em investigações em curso,[19] esse número total é inferior aos casos celebrados penas em 2013, em que foram celebrados 53 instrumentos.[20] Em 2017,

---

[17] Patrícia Regina Pinheiro Sampaio (*A utilização do termo de compromisso de cessação de prática no combate a carteis*, in Revista de Direito Administrativo, vol. 249, FGV, Rio de Janeiro, set./dez. 2008, p. 251), analisando o voto do Cons. Rel. Luís Fernando Schwartz, no Requerimento de TCC n. 08700.004221/2007-56 (Referente ao Processo Administrativo n. 08012.011142/2006-79), extrai que "a celebração do TCC representa uma solução superior para a administração pública, considerando: (i) a probabilidade de condenação do Cade: caso não fosse celebrado o TCC, o processo retomaria o seu curso, e a hipótese de arquivamento dos autos sem condenação passaria a ser uma variável possível (por falta de provas quanto à ocorrência do ilícito ou participação da empresa, por exemplo); (ii) o tempo decorrente até a decisão final do Cade, considerando a média histórica de casos semelhantes; (iii) a probabilidade de que, em caso de condenação, a parte recorra ao Poder Judiciário e consiga suspender a multa, retardando a efetividade da decisão; (iv) o valor da contribuição pecuniária que a requerente do TCC se compromete a recolher voluntariamente ao Fundo de Defesa dos Direitos Difusos em face do histórico das multas impostas pelo Cade e a probabilidade de condenação". Thiago Marrara (*Sistema Brasileiro de Defesa da Concorrência: organização, processos e acordos administrativos*, Editora Atlas, São Paulo, 2015, p. 379), por sua vez, elenca três utilidades básicas do TCC, a seguir: "(1) impedir a continuidade da prática de mercado sob a qual pairam suspeitas de ilicitude; (2) concretizar o princípio da eficiência administrativa em termos de celeridade e economicidade processual no campo do controle repressivo de infrações à ordem econômica; e (3) concretizar o princípio da democratização em termos de legitimidade e, por conseguinte, da eficiência como estabilidade decisória e efetividade da decisão administrativa consensualmente elaborada".

[18] Op. cit.

[19] V. *Defesa da Concorrência no Brasil 50 anos*, Brasília, 2013, pp. 125-126, disponível em http://www.cade.gov.br:8080/cade/acesso-a-informacao/publicacoes-institucionais/cade_-_defesa_da_concorrencia_no_brasil_50_anos-1.pdf, pp. 125-126, acesso em 10.01.2017.

[20] 43 (quarenta e três) foram casos de unimilitância, decorrentes dos acordos com diversas Unimeds. A unimilitância dificulta a entrada de novas operadoras de planos de saúde no mercado, e, consequentemente, limita a concorrência e diminui as opções aos consumidores

o número de TCCs homologados pela autoridade de defesa da concorrência chegou a 70, com uma contribuição pecuniária no montante de aproximadamente R$ 846 milhões[21].

Entre 2015 e 2016, mais de oitenta termos de compromisso de cessação foram homologados pelo CADE e dez foram rejeitados. Nos processos administrativos, verificamos que, no ano de 2016, a recomendação para a celebração de TCC foi maior que a de condenação, numa proporção de 64% e 25%, respectivamente.[22]

1.1.2 Acordo de Leniência

O Programa de Leniência Antitruste foi estruturado pelo CADE para o combate a infrações coletivas contra a ordem econômica e se constitui, conforme expressamente previsto no art. 237 do RICADE, no conjunto de iniciativas com vistas a detectar, investigar e punir infrações contra a ordem econômica; informar e orientar permanentemente as empresas e os cidadãos a respeito dos direitos e garantias previstos nos artigos 86 e 87 da LDC e nos artigos 237 a 251 do RICADE; e incentivar, orientar e assistir os proponentes à celebração de Acordo de Leniência nas violações à ordem econômica.[23]

Como ponderam Amanda Athayde e Rodrigo de Grandis,[24] o Programa de Leniência é *reconhecido nacional e internacionalmente como um dos instrumentos mais eficazes para detectar, investigar e coibir condutas anticompetitivas com potencial lesivo à concorrência e ao bem-estar social.*

---

de planos de saúde, pois impossibilita que os médicos se credenciem a outras cooperativas (v. http://www.cade.gov.br/noticias/cade-encerra-exigencia-de-exclusividade-de-medicos-com-unimed-em-mais-de-90-casos, acesso em 20 de janeiro de 2017).

[21] Dados extraídos do Balanço 2017 (http://www.cade.gov.br/servicos/imprensa/balancos-e-apresentacoes/apresentacao-balanco-2017.pdf/view, pp. 15-17, acesso em 28 de maio de 2019). Dentre os acordos homologados pela autarquia, 65 referem-se a casos de cartel, 6 a conduta comercial uniforme e apenas 4 a condutas unilaterais.

[22] V. Balanço 2016, disponível em http://www.cade.gov.br/servicos/imprensa/balancos-e-apresentacoes/apresentacao-balanco-2016.pdf/view, p. 16, acesso em 25 de maio de 2017.

[23] v. *Guia Programa de Leniência Antitruste do CADE*, disponível em http://www.cade.gov.br:8080/cade/acesso-a-informacao/publicacoes-institucionais/guias_do_Cade/guia_programa-de-leniencia-do-cade-atualizado-ago-2018.pdf , p. 9, acesso em 15 de agosto de 2018.

[24] *Programa de Leniência Antitruste e Repercussões Criminais: Desafios e Oportunidades Recentes*, in *A Lei 12.529/2011 e a Nova Política de Defesa da Concorrência*, Org. Vinicius Marques de Carvalho, Editora Singular, São Paulo, 2015, p. 287.

Essa ferramenta pode ser utilizada em qualquer caso de conduta coletiva[25] prevista no art. 36 da LDC e permite que empresas e/ou pessoas físicas envolvidas em suposto ilícito concorrencial, ao colaborarem efetivamente com a autoridade, confessarem e cessarem a sua participação na conduta, assim como cumprirem os demais requisitos legais, ganhem, em troca, benefícios na esfera civil e penal. O seu grande diferencial encontra-se, portanto, na imunidade penal.

Trata-se de uma das mais importantes ferramentas de combate a cartéis[26]; um dos instrumentos mais efetivos para detectar e punir as infrações coletivas contra a ordem econômica, ao mesmo tempo em que reduz os custos da instrução processual e possibilita o conhecimento, pela autoridade, de uma infração muitas vezes desconhecida até o momento.[27]

O Programa de Leniência foi implementado no Brasil em 2000, com o advento da Lei n. 10.149/2000, e os seus benefícios ficam restritos ao primeiro delator. Os demais partícipes deverão recorrer ao termo de compromisso de cessação. Com o advento da LDC, o Programa foi fortalecido e aprimorado[28], sendo crescente a sua utilização, conforme

---

[25] Já que, por se tratar de uma espécie de delação exige-se, ao menos, dois partícipes.

[26] O acordo de leniência é considerado um dos maiores fatores de instabilidade do cartel, inibindo-o. Com receios consideráveis de serem descobertos, processados e julgados pela autoridade de defesa da concorrência, os potenciais infratores acabam por avaliar que não compensaria o eventual lucro de uma conduta ilícita concertada se consideradas as sanções em potencial. Essa é a lógica que inibe a prática do ilícito.

[27] O acordo de leniência é conceituado por Gesner Oliveira e João Grandino Rodas como "a transação entre o Estado e o delator, que em troca de informações viabilizadoras da instauração, da celeridade e da melhor fundamentação do processo, possibilita um abrandamento ou extinção da sanção que este incorreria, em virtude de haver também participado na conduta legal denunciada" (*Direito e Economia da Concorrência*, Editora Renovar, São Paulo, 2004, p. 253). Outra definição interessante é feita por Amadeu de Souza Ferreira Neto (*Programa de Leniência e a Lei n. 12.529/2011: Avanços e Desafios*, Revista do IBRAC, ano 19, vol. 22, jul-dez/2012, Editora Revista dos Tribunais, São Paulo, pp.147-148), no seguinte sentido: "O acordo de leniência consiste na possibilidade de um agente infrator realizar uma transação com o Estado em troca de informações que viabilizem a instauração, a celeridade e a melhor fundamentação do processo, possibilitando diminuir ou extinguir uma possível sanção que viria sofrer por conta de também ter participado na conduta ilegal denunciada. No caso do combate à prática de cartel, o êxito de um programa de leniência decorre da instabilidade natural da colusão por conta da dificuldade de se alinhar a conduta de seus integrantes".

[28] Algumas modificações foram introduzidas, destacando-se a possibilidade de o líder do cartel ser proponente do acordo (o que antes não era viável) e a extensão dos efeitos da imu-

dados abaixo, que refletem o número de instrumentos assinados a cada ano[29]:

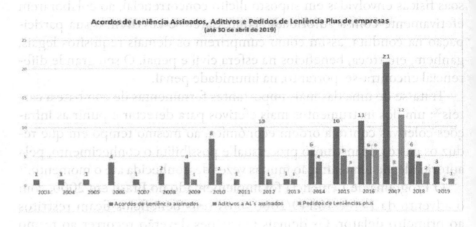

Os números demonstram que a celebração dos acordos de leniência foi intensificada nos últimos anos, especialmente entre 2016 e 2017, muito em razão das diversas operações deflagradas pela Polícia Federal e das investigações do Ministério Público. Dentre tais instrumentos celebrados, destaca-se que, entre 2015 e 2019, num universo de cinquenta e um acordos de leniência celebrados no CADE, vinte e sete foram decorrentes das investigações no âmbito da "Operação Lava Jato", o que representa mais da metade das leniências no período.[30]

A OCDE, em seu Relatório sobre o Programa no Brasil,[31] reconheceu a crescente atratividade ao acordo de leniência por diversos fatores, incluindo-se: o aumento da efetividade da política de combate a cartéis nidade na esfera penal, que estava restrita aos crimes contra a ordem econômica tipificados na Lei n. 8.137/1990; passou também a englobar os demais crimes diretamente relacionados à prática de cartel, tais como aqueles tipificados na Lei n. 8.666/1993 e art. 288 do Código Penal (associação criminosa).

[29] Dados extraídos em http://www.cade.gov.br/assuntos/programa-de-leniencia, acesso em 30 de maio de 2019.
[30] Idem.
[31] *Leniency Programme in Brazil – recent experiences and lessons learned*, disponível em http://www.cade.gov.br/assuntos/programa-de-leniencia/publicacoes-relacionadas-a-acordo-de-leniencia/2016_ocde_leniency-in-brazil.pdf/view, acesso em 10 de janeiro de 2017, pp. 5-6.

no país;[32] a utilização da leniência *plus*; a aplicação de confidencialidade mais estrita nas negociações e nos acordos; a priorização de "casos fortes", com provas robustas;[33] o aumento da cooperação com o Ministério Público; e o reconhecimento nacional e internacional da política de combate a cartéis da autarquia.[34]

1.2 Acordos no controle de estrutura

Os acordos no controle de estrutura são instrumentos preventivos firmados pelo CADE para viabilizar a realização de um ato de concentração empresarial (no conceito adotado pelo art. 90 da LDC) sem, com isso, ferir a ordem econômica. Na legislação, verificamos duas espécies desses acordos, o acordo em controle de concentração e o acordo de preservação de reversibilidade da operação.

---

[32] Até a elaboração do Relatório, em 14 de março de 2016, seis casos de cartel oriundos de Acordos de Leniência haviam sido julgados pelo CADE, três deles em 2015 e 2016, todos com decisão condenatória: Processo Administrativo n. 08012.001826/2003-10 (cartel de serviços de segurança privada, julgado em 2007); Processo Administrativo n. 08012.004702/2004-77 (cartel de peróxidos de hidrogênio, julgado em 2012); Processo Administrativo n. 08012.011027/2006-02 (cartel de cargas aéreas, julgado em 2013); Processo Administrativo n. 08012.010932/2007 (cartel internacional de mangueiras marítimas, julgado em 2015); Processo Administrativo n. 08012.001029/2007-66 (cartel internacional no mercado de perborato de sódio, julgado em 2016); e Processo Administrativo n. 08012.000820/2009-11 (cartel internacional de compressores para refrigeração, julgado em 2016) – idem, op. cit., p. 5.

[33] Tanto é verdade que, como apontado no Relatório da OCDE (ibidem, p. 6), para cada acordo assinado com o CADE em 2015, aproximadamente duas proposituras foram rejeitadas e/ou retiradas. A robustez dos casos pode também ser verificada no número de TCCs propostos logo após a celebração do Acordo de Leniência: em 2015, em 90% dos acordos assinados houve pelo menos uma empresa que apresentou proposta de TCC no CADE.

[34] Na legislação anterior, até abril de 2008, oito Acordos de Leniência haviam sido celebrados no CADE, sendo que 60% deles envolviam membros de cartéis internacionais (v. André Marques Gilberto, *O Processo Antitruste Sancionador*, dissertação de mestrado apresentada na Faculdade de Direito da Universidade de São Paulo, São Paulo, 2008, p. 179). Por outro lado, em 2015, de dez Acordos de Leniência assinados, 70% foram relacionados a cartéis nacionais, 20% a internacionais e 10% a "mistos" (parte nacional e parte internacional), o que demonstra que a sociedade brasileira está cada vez mais consciente da forte persecução a cartéis por parte do CADE e que o risco de detecção está crescendo, como também o receio por sanções severas. Os cartéis internacionais, por outro lado, continuam a ser uma importante pauta da autarquia quando há potenciais efeitos no Brasil (cf. OCDE, *Leniency Programme in Brazil...*, op. cit., p. 7).

1.2.1 Acordo em Controle de Concentração

O acordo em controle de concentração (ACC) é um instrumento consensual utilizado pelo CADE para a aprovação de determinado ato de concentração com algumas limitações que buscam preservar o bem-estar dos consumidores e a eficiência econômica. Isso ocorre nas situações em que os benefícios da operação conforme originalmente proposta não são superiores aos prejuízos da eliminação da concorrência, mas, com ajustes, essa situação se equilibraria.

A possibilidade de adoção de medidas intermediárias entre a aprovação (sem restrições) e a rejeição da operação eleva o grau de eficácia material da legislação, atendendo os anseios de ambas as partes: de um lado, preserva-se a livre concorrência e o bem-estar do consumidor, e, de outro, permite-se a consumação da operação, modelada por condicionantes.[35] Acomodam-se os interesses público e privado, os anseios da sociedade e dos requerentes do ato de concentração. Nesse sentido, esclarece Paula Forgioni[36] que *as vantagens de ambas as partes são evidentes: o administrado obtém a aprovação do ato, embora com limitações; a Administração aprova-o, segura de que as eficiências alegadas serão alcançadas.*

Por ser um instrumento negociado, o fato de atender às expectativas das partes reduz as chances de questionamento judicial, dotando a decisão da autoridade concorrencial de maior efetividade. Para viabilizar a operação empresarial submetida à sua apreciação, o CADE se utiliza de remédios estruturais e comportamentais, adequados ao caso concreto e ao setor envolvido[37].

---

[35] Eduardo Caminati Anders (*Nova Lei de Defesa da Concorrência Comentada*, org. Leonor Cordovil, Vinicius Marques de Carvalho, Vicente Bagnoli e Eduardo Caminati Anders, Editora Revista dos Tribunais, São Paulo, 2012, p. 216) esclarece que "Há consenso na doutrina e na jurisprudência sobre a importância da possibilidade de se negociar condições para aprovação de atos de concentração para a melhor eficiência do controle de estruturas".

[36] *Os Fundamentos do Antitruste*, Editora Revista dos Tribunais, 7a edição, São Paulo, op. cit., p.427.

[37] A maior parte da doutrina classifica os remédios aplicados em ACC como estruturais e comportamentais (v. Ricardo Machado Ruiz, *Restrições Comportamentais em Atos de Concentração*, in *A Lei 12.529/2011 e a Nova Política...*, org. Vinicius Marques de Carvalho, op. cit., p. 201; Cesar Mattos, *Remédios em atos de concentração: a experiência internacional e o Brasil*, in *Remédios Antitruste*, org. Amanda Flávio de Oliveira *et al*, op. cit., p. 66; Patricia Bandouk Carvalho, *Remédios Antitruste em Atos de Concentração Relativos à Aquisição de Participação Minoritária em Rival*, Revista do IBRAC, ano 19, vol. 21, jan-jun/2012, p. 193). Outros, entretanto, criam

Na lei anterior, esse instrumento foi largamente utilizado sob a denominação de termo de compromisso de desempenho (TCD), com a peculiaridade de que o ato de concentração já havia se consumado, já que a apreciação da autarquia era posterior. Na LDC, o acordo citado encontra previsão expressa nos artigos. 9º, inc. V, e 13, inc. X. O art. 92 da LDC, que tratava especificamente do ACC, recebeu o veto presidencial, sob o argumento de que a redação proposta restringia a utilização do instituto à fase de instrução do processo. O procedimento para a sua celebração se encontra detalhado no art. 165 do RICADE.

Sob a égide da lei anterior, foram assinados mais de 50 (cinquenta) TCDs. Com o advento da LDC, alguns TCDs continuaram a ser celebrados porque foram submetidos à autarquia na lei anterior e, por-

uma terceira categoria, como Caio Mario da Silva Pereira Neto e Paulo Furquim de Azevedo (*Remédios no âmbito de Acordo em Controle de Concentração (ACCs): um balanço dos primeiros anos da Lei 12.529/11*, in *A Lei 12.529/2011 e a Nova Política...*, org. Vinicius Marques de Carvalho, op. cit., pp. 223-224) que entendem existir remédios comportamentais, remédios estruturais e restrições a cláusulas acessórias: "Esta última categoria é razoavelmente comum, mas constitui, na maior parte das vezes, intervenção menos custosa ao administrado do que uma decisão de desinvestimento (estrutural) ou se submeter a regras de precificação ou estratégias ditadas pela autoridade (comportamental)". Cristiane Landerdhal de Albuquerque (*Termo de Compromisso de Desempenho em Atos de Concentração no Brasil*, Revista do IBRAC, ano 19, vol. 21, jan-jun/2012, p. 170) também divide em três categorias, comportamentais, estruturais e *quasi*-estrutural: "Remédios Comportamentais são definidos aqui como aquelas condições que pretendem alterar o comportamento das empresas, seja em relação a fornecedores, concorrentes ou clientes e não possui influência direta na estrutura do mercado. Já os estruturais foram considerados como aqueles que dizem respeito a alienação de ativos, sejam eles tangíveis ou intangíveis, como marcas e licenças. Considerou-se como *quasi*-estruturais aqueles remédios que afetam a estrutura do mercado, mas implicam em alienação de qualquer tipo de ativo". Thiago Marrara (*Sistema Brasileiro...*, op. cit., pp. 306-308), por outro lado, prefere deixar de lado essa classificação e fazê-la com base nas condicionantes ou compromissos em relação ao seu conteúdo. Dessa maneira, diferencia as medidas em: compromissos de alienação, compromissos de desconcentração/desinvestimentos, compromissos de abertura de mercado, compromisso de não abuso do poder de mercado ou de se comportar conforme a legislação concorrencial, compromisso de constituição de competidores, compromisso de isolamento de informações, e compromissos formais de interação com a autoridade concorrencial e monitoramento. Atualmente, encontra-se em elaboração no CADE o Guia de Remédios (versão preliminar disponível em http://www.cade.gov.br:8080/cade/acesso-a-informacao/participacao-social-1/contribuicoes-da-sociedade/guia-remedios-antitruste-versao-preliminar.pdf, acesso em 15 de agosto de 2018) para dar uma previsibilidade e direcionamento das eventuais restrições que podem ser adotadas em atos de concentração, de maneira a facilitar a realização de ACCs.

tanto, com controle posterior. Verifica-se que, em 2013, de 100 (cem) atos de concentração que tiveram o mérito apreciado, 14 (quatorze) foram aprovados com restrição com a celebração de TCD e outros dois foram aprovados com celebração de ACC[38]. No ano de 2017, de um total de 378 (trezentos e setenta e oito) atos de concentração apreciados, 355 (trezentos e cinquenta e cinco) foram aprovados sem restrição, cinco aprovados com a celebração de ACC, três reprovados pelo Tribunal, nove não conhecidos e seis perderam o objeto[39].

1.2.2 Acordo de Preservação de Reversibilidade da Operação

Outro instrumento consensual utilizado no controle de estruturas, denominado acordo de preservação de reversibilidade da operação (APRO), deixou de ter muita utilidade com o advento da LDC, que passou a exigir a análise prévia pelo CADE dos atos de concentração. Sob a égide da Lei n. 8.884/1994, foi muito utilizado em operações mais complexas, para a fase de transição entre a consumação do ato de concentração e a análise do CADE, que ocorria *a posteriori*, objetivando manter as condições de mercado anteriores à concentração e prevenir mudanças irreversíveis ou de difícil reparação antes do julgamento do mérito da operação[40].

A utilização do APRO busca a manutenção da independência empresarial das partes envolvidas, preservando o resultado útil do processo no caso de a operação não ser aprovada, ao final, pelo CADE, ou aprovada com restrições. Na prática, significa a suspensão dos efeitos da operação. Encontra previsão no art. 59, § 1º, da LDC, podendo ser solicitado pelo requerente quando da notificação do ato de concentração ou após a impugnação pela Superintendência-Geral. Nesse caso, o Tribunal poderá autorizar, precária e liminarmente, a realização da operação, mediante

---

[38] V. Relatório CADE de Gestão 2016, p. 116. Disponível em http://www.cade.gov.br/acesso--a-informacao/auditorias-1/relatorio-de-gestao-2016-versao-final.pdf, acesso em 15 de junho d2 2017.
[39] Cf. Balanço de 2017, p. 9 (op. cit.).
[40] Cf. *Defesa da Concorrência no Brasil 50 anos*, op. cit., pp. 79-80. O instrumento foi utilizado na lei anterior em grandes operações de fusões e aquisições a partir de 2002, como nos casos: Nestlé-Garoto; aquisição da Biobrás pela Nordisk; TAM e Varig (*code-share*); compra da Telecom pelo Grupo Oi; venda de ativos do Grupo Ipiranga para o consórcio formado por Petrobrás, Ultrapar e Brasken.

condições que visem à preservação da reversibilidade da operação, quando assim recomendarem as condições do caso concreto. O RICADE disciplina esse instrumento jurídico nos artigos 155 a 157.

1.3 Outros Acordos

Além dos acordos no controle de conduta e dos acordos no controle de estrutura, que possuem detalhamento normativo e muita relevância e utilidade na preservação da livre concorrência, a LDC prevê a possibilidade de a autarquia celebrar outros acordos para a solução de controvérsias[41]. Com efeito, o art. 15, inc. VI, da lei, permite expressamente a celebração de acordos judiciais[42], prerrogativa que vem sendo utilizada em casos de conduta[43]. Também, em diversas outras passagens da LDC verifica-se a menção a "acordo" indistintamente[44], sem restrição àqueles

---

[41] Há, ainda, a possibilidade de celebração de acordos com entidade e organismos internacionais, assim como entre entes públicos, para avaliar e/ou sugerir medidas relacionadas à promoção da concorrência, com fundamento no art. 19, § 1º, inc. II, da LDC. O CADE, em cumprimento a esse dispositivo, possui diversos acordos de cooperação e convênios com o objetivo de auxiliar no desempenho de sua atividade, tanto no âmbito nacional, como internacional. No website da autarquia há uma página dedicada ao tema, em que é possível localizar esses documentos: http://www.cade.gov.br/acesso-a-informacao/convenios-e-transferencias, acesso em 10 de julho de 2018.

[42] O dispositivo delega à Procuradoria Federal especializada junto ao CADE a competência para promover a celebração de acordos judiciais. Fazendo uso dessa prerrogativa, a composição judicial tem sido utilizada em alguns casos de conduta, destacando-se: Cartel das Britas (Processo Administrativo n. 08012.002127/2002-14); Cartel dos Vigilantes (Processo Administrativo n. 08012.001826/2003-10); Cartel de Lajes – postos de combustíveis; cartel no mercado de aviação (Processo Administrativo n. 08012.000677/1999-70); venda casada de produtos e serviços Microsoft e TBA Informática (Processo Administrativo n. 08012.008024/1998-49); exigência de exclusividade dentro de programa de fidelidade – Ambev.

[43] Da mesma maneira, na Lei n. 8.884/94, em seu art. 10, já havia previsão a respeito da possibilidade de acordos judiciais, ao dispor expressamente, como competência da Procuradoria Federal Especializada junto ao CADE, a promoção de tais acordos nos casos de infrações contra a ordem econômica, mediante autorização do Plenário do CADE, e ouvido o representante do Ministério Público Federal.

[44] É o caso do art. 9º, inc. XIX, que determina que o Plenário decidirá sobre o cumprimento dos *acordos*; art. 10, inc. VII, que dispõe que o Presidente do Tribunal assina os *acordos* aprovados pelo Plenário; art. 11, IX, em que o Conselheiro pode propor *acordos* para aprovação do Tribunal; e art. 52, em que o cumprimento dos *acordos* pode ser fiscalizado pela Superintendência-Geral.

instrumentos que possuem detalhamento normativo. Neste aspecto, parece-nos que caberia a celebração de acordos extrajudiciais[45].

Tais acordos são usualmente celebrados pós-encerramento de processo administrativo ou ato de concentração no CADE, quando existe alguma questão *sub judice*. Como a judicialização das decisões da autarquia é um fenômeno mais recente e que começou a crescer nos últimos dez anos, são poucos os casos desses acordos[46].

2. Acordos no CADE decorrentes da "Operação Lava Jato"

Após uma breve contextualização dos efeitos da "Operação Lava Jato" nos acordos administrativos, o estudo traçará um panorama geral de acordos de leniência e TCCs homologados no CADE, que foram objeto da 134ª Sessão Ordinária da autarquia.

2.1 Contextualização

Como mencionado alhures, a "operação Lava Jato" ocasionou o aumento da celebração de acordos de leniência e TCCs no CADE a partir do ano de 2015. Muitos dos supostos delitos-alvo repercutem em diversas legislações e ramos do Direito, gerando a possibilidade de se firmar mais de um acordo administrativo com entidades distintas, ou haver mais de

---

[45] Como exemplo, no caso do Cartel das Britas, após decisão condenatória do CADE, a Mineradora Pedrix fez proposta de acordo extrajudicial, em primeiro momento rejeitada, sendo a segunda proposta, apresentada em 06 de maio de 2016, considerada viável pela Procuradoria do CADE e aprovada pelo Tribunal.
No controle de estruturas, o caso Nestlé-Garoto (AC nº 08012.001697/2002-89) pode, de alguma forma, ser considerado como um caso de composição. A autarquia não aprovou a operação da compra da Garoto pela Nestlé em 2004 (à época, o controle era posterior à consumação) e a empresa contestou judicialmente a decisão quanto aos aspectos de legalidade e proporcionalidade, tendo obtido resultado favorável em 1ª instância em abril de 2007. A autarquia recorreu e, passada mais de uma década desde a aquisição, as partes compuseram uma solução para colocar fim ao processo, mediante um pedido extraordinário de reapreciação do ato de concentração feito pela Nestlé, que foi processado com base no art. 263 do RICADE, em razão de fato ou documento novo que possa assegurar um pronunciamento mais favorável da autarquia.
[46] Para conhecer melhor sobre o tema, vide nosso estudo no artigo jurídico intitulado *Acordos no CADE: muito além de leniência e compromissos de cessação de conduta*, na obra *Mulheres no Antitruste*, volume I, org. Agnes Macedo et al., livro digital, disponível em http://www.ibrac.org.br/UPLOADS/Livros/arquivos/Women_in_antitrust_Vol_I.pdf, acesso em 30 de maio de 2019, pp. 213-229.

uma condenação, com base numa única conduta. Assim, como exemplo, é possível que um único ato seja suscetível a uma colaboração premiada com o Ministério Público Federal, um acordo de leniência com base na LDC e outro acordo de leniência com base na Lei Anticorrupção. O mesmo racional se aplica às penalidades, já que uma conduta pode eventualmente configurar diferentes crimes e vários ilícitos administrativos e civis.

A "Operação Lava Jato" tomou grande proporção no contexto dos acordos administrativos, mas também gerou discussões de competências e conflitos entre entidades. Na perspectiva de atos de corrupção, a descentralização dos responsáveis pela investigação (incluindo Ministério Público, Ministério da Transparência, Advocacia da União, Tribunal de Contas) trouxe insegurança jurídica em relação ao instituto. Tanto é verdade que o primeiro acordo de leniência firmado sob a égide da Lei Anticorrupção ocorreu apenas em julho de 2017, com a empresa UTC Engenharia, após a Portaria Interministerial n. 2.278/2016, que disciplinou a atuação conjunta da Controladoria-Geral da União (CGU) e da Advocacia-Geral da União (AGU) na negociação e celebração do instrumento.

Outras discussões norteiam o instituto na Lei Anticorrupção, com destaque à não-obrigatoriedade de anuência do Ministério Público Federal – MPF, nem do Tribunal de Contas da União – TCU, para a sua celebração. A questão foi enfrentada pelo TCU no TC 003.166/2015,[47] e definiu-se um meio-termo entre as posições defendidas pela CGU e pelo MPF, deixando claro que, muito embora seja recomendável a participação integrada do Ministério Público na negociação conjunta de acordos administrativos, até mesmo para a segurança do delator, a lei não faz tal exigência e, dessa maneira, o instrumento não pode ter a legalidade questionada pela ausência de participação do *parquet*. Adicionalmente, a Instrução normativa n. 83/2018 do TCU não exige a manifestação prévia do Tribunal à celebração do acordo de leniência, mas

---

[47] TRIBUNAL DE CONTAS DA UNIÃO. TC 003.166/2015-5. Natureza: Representação. Unidade: Controladoria-Geral da União (CGU). Interessados: Procuradoria Geral da República (PGR); Advocacia-Geral da União (AGU); e Conselho Administrativo de Defesa Econômica (CADE). Disponível em http://www.tcu.gov.br/Consultas/Juris/Docs/judoc/Acord/20150528/AC_1207_18_15_P.doc, acesso em 15 de dezembro de 2016.

reforça a fiscalização do instrumento pela autoridade, ocasião em que o MPF será chamado a se manifestar.

Até dezembro de 2018, a CGU e a AGU assinaram seis acordos de leniência com empresas investigadas pela prática dos atos lesivos previstos na Lei Anticorrupção (nº 12.846/2013) e dos ilícitos administrativos previstos na Lei de Licitações (nº 8.666/1993), tendo já ressarcido um valor de R$ 589,6 milhões (o retorno total previsto aos cofres públicos é de aproximadamente R$ 6,06 bilhões)[48]. Quatro desses instrumentos estão atrelados à "Operação Lava Jato".

No caso das infrações à ordem econômica, a celebração de TCCs e Acordos de Leniência já estava bem estruturada muito antes da "Operação Lava Jato". Desde a vigência da Lei n. 8.884/94, esses instrumentos se encontravam difundidos e utilizados no controle de condutas da autoridade de defesa da concorrência. Mencionada operação fez intensificar a celebração dos institutos, reafirmando a sua relevância no combate aos ilícitos concorrenciais.

Os TCCs e os acordos de leniência celebrados no CADE são instrumentos consolidados e não existe uma celeuma a respeito de competências e conflitos entre autoridades em torno deles. No caso da leniência, ainda que a legislação assim não exija, o Ministério Público é chamado para integrar o acordo como interveniente-anuente, o que traz maior segurança jurídica, em razão dos efeitos da imunidade penal[49]. Vale mencionar também que, em 15 de março de 2016, a autarquia e o Grupo de Combate a Carteis do MPF de São Paulo celebraram um Memorando de Entendimentos para colaborações mútuas especialmente nos casos de TCC, o que facilita o alinhamento entre as instituições e reduz a chance de judicialização, especialmente quanto à legalidade.[50]

O Ministério Público pode, ainda, comparecer como terceiro interessado no processo administrativo, com base no art. 50 da LDC, além

---

[48] V. http://www.cgu.gov.br/noticias/2018/12/cgu-e-agu-assinam-acordo-de-leniencia-de-r-1-49-bilhao-com-a-andrade-gutierrez, acesso em 30 de maio de 2019.

[49] No modelo do Acordo de Leniência disponível em http://www.cade.gov.br/assuntos/programa-de-leniencia/modelo_acordo-de-leniencia_bilingue.pdf (acesso em 30 de maio de 2019), verifica-se a menção do Ministério Público (Federal e estadual) como interveniente-anuente.

[50] Disponível em http://www.cade.gov.br/assuntos/programa-de-leniencia/memorando-de-entendimentos-sg-e-mpfsp_tcc-e-acordos-de-colaboracao_15-03-2016.pdf, acesso em 5 de maio de 2017.

de ser chamado para emitir pareceres, de ofício ou a requerimento do Conselheiro-Relator (art. 20 da Lei n. 12.529/2011).[51]

Em razão dos efeitos que uma conduta pode gerar e também das muitas possibilidades de acordos administrativos com autoridades públicas, também se discute como seria possível firmar um acordo de leniência quer com a CGU, quer com o CADE, quando o MPF, de antemão, já teria as informações e os documentos necessários a respeito do delito, não sendo uma "novidade" no contexto persecutório da Administração Pública. O mesmo racional do questionamento se aplicaria quando outra autoridade tivesse o acesso prévio aos dados do suposto ilícito.

A cooperação entre as autoridades visa sanar muitas dessas discussões, mas como a utilização dos acordos administrativos é muito recente, sugere-se que a celebração deles nas diversas autoridades seja fruto de uma estratégia coordenada por parte do administrado. Quando se fala em um "guichê único" para leniência no contexto da LDC, poder-se-ia também avaliar essa no contexto de uma conduta que gera a possibilidade do acordo em mais de uma autoridade pública, por haver ilícitos diversos. O "primeiro a chegar" em qualquer das autoridades teria a preferência na celebração do acordo de leniência em todas elas[52].

---

[51] Ao detalhar o trâmite do processo administrativo, o RICADE, em seu art. 157, prevê que, após distribuição ao Conselheiro-Relator, este poderá solicitar a manifestação do Ministério Público Federal, que a apresentará no prazo de vinte dias. Ou seja, à autarquia é facultado solicitar a manifestação do Ministério Público no processo, mas este pode, como fiscal da lei, também comparecer de ofício.

[52] João Felipe Aranha Lacerda (*The Leniency Program and the Creation of a One-Stop Shop for Markers*, Revista de Defesa da Concorrência, vol. 2, n. 2, nov/2014, CADE, Brasília, pp. 72-75) propõe a criação de um sistema global único de *markers* ("*one-stop shop for markers*"), gerido por determinado organismo internacional, e para que o primeiro proponente em determinada jurisdição se beneficie dessa primazia em todos os países com relação aos quais a sua conduta possa impactar e que estejam dentro desse sistema. Essa proposta tem utilidade nos casos de cartéis internacionais, e o autor sugere esse aprimoramento de maneira a criar mais estímulos à leniência: "O *one-stop shop for markers* simplesmente preservaria o primeiro lugar ao proponente em todas as jurisdições participantes. A proposta formal de leniência é o passo seguinte para o proponente e continuará a ser solicitada de maneira independente em cada um dos países. Toda jurisdição tem os seus próprios requisitos, condições e políticas relacionadas a acordos de leniência, por isso é praticamente impossível unificar o procedimento de concessão da leniência. O que deve ser unificado é o *marker*". Tradução livre – no original: "The one-stop shop for markers simply preserve the applicant's first place in line in all the participants jurisdictions. The formal leniency application is the next step for the applicant and it will continue to be requested independently in every country. Every juris-

2.2 Acordos de direito concorrencial originados da "Operação Lava Jato"

Como mencionado alhures, a "Operação Lava Jato" fez intensificar a celebração de TCCs e acordos de leniência no CADE. Desde 2015, os instrumentos celebrados nesse contexto fizeram os números cresceram exponencialmente, conforme tabela reproduzida a seguir[53]:

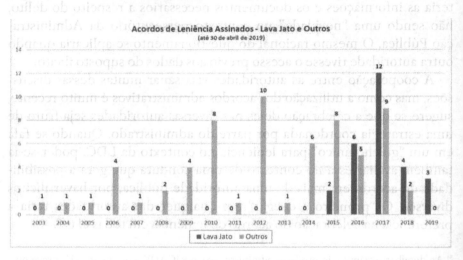

A celebração dos acordos de leniência impacta diretamente no aumento de número de TCCs, já que, sendo possível firmar apenas um acordo de leniência com relação a uma conduta investigada, a limitação não se aplica ao compromisso de cessação, em que todos os (potenciais) investigados/representados podem ser signatários.

Um melhor panorama desses acordos pode ser extraído da 134ª Sessão Ordinária do CADE[54], realizada em 21 de novembro de 2018, em que foram homologados 16 (dezesseis) TCCs celebrados em decorrência da "Operação Lava Jato", em seis diferentes investigações: (i) cartel

diction has its own requirements, conditions and policies regarding leniency agreements, so it would be practically impossible to unify the leniency granting process. What should be unified is the granting of a marker [...]."

[53] Disponível em http://www.cade.gov.br/assuntos/programa-de-leniencia, acesso em 30 de maio de 2019.

[54] V. http://www.cade.gov.br/assuntos/sessoes/pautas-das-sessoes-ordinarias-1/134a-sessao--ordinaria, acesso em 30 de maio de 2019.

em licitações de obras de montagem industrial *onshore* da Petrobrás[55]; (ii) cartel em licitações de obras de montagem eletromecânica da usina Angra 3, em licitação da Eletrobrás Termonuclear S/A – Eletronuclear; (iii) cartel em licitações para obras de implantação da Ferrovia Norte-Sul e da Ferrovia Integração Oeste-Leste no Brasil; (iv) cartel em licitações para estádios da Copa do Mundo 2014; (v) cartel em licitações para a urbanização de favelas (Complexo do Alemão, do Complexo de Manguinhos e da Comunidade da Rocinha); e (vi) cartel em licitações da Petrobrás para a construção de edificações no Rio de Janeiro e em Vitória.

Foi na investigação do suposto cartel em licitações de obras de montagem industrial *onshore* da Petrobrás em que se celebrou o primeiro acordo de leniência no contexto da Lava Jato, assinado em 19 de março de 2015 com a Setal Engenharia e Construções, SOG Óleo e Gás e pessoas físicas (funcionários e ex-funcionários), no caso do suposto cartel em licitações de obras de montagem industrial *onshore* da Petrobrás[56]. Esse instrumento deu origem a cinco TCCs, três deles homologados na 134ª sessão ordinária[57], e dois que tiveram o descumprimento integral declarado anteriormente, pela falta de recolhimento da contribuição pecuniária[58].

Com relação à conduta de suposto cartel nas obras da usina Angra 3[59], o acordo de leniência foi assinado em março de 2015 com a empresa Construções e Comércio Camargo Correa S/A e pessoas físicas (funcionários e ex-funcionários)[60] e deu origem a três TCCs, um homologado na 134ª sessão ordinária[61], e dois que tiveram o descumprimento integral declarado anteriormente, pela falta de recolhimento da contribuição pecuniária[62].

---

[55] Processo Administrativo n. 08700.002086/2015-14.
[56] A versão pública do Histórico da Conduta pode ser visualizada em http://www.cade.gov.br/noticias/cade-celebra-acordo-de-leniencia-no-ambito-da-201coperacao-lava-jato201d, acesso em 10 de janeiro de 2017.
[57] TCCs celebrados com as empresas OAS S/A, Carioca Christiani Nielsen Engenharia S/A e Construtora Norberto Odebrecht S/A, incluindo pessoas físicas.
[58] TCCs celebrados com as empresas Andrade Gutierrez Engenharia S/A e UTC Engenharia.
[59] Processo Administrativo n. 08700.007351/2015-51.
[60] A versão pública do Histórico da Conduta pode ser visualizada em http://www.cade.gov.br/noticias/cade-celebra-acordo-de-leniencia-em-investigacao-de-cartel-em-licitacao-da--usina-angra-3, acesso em 10 de janeiro de 2017.
[61] TCC celebrado com a Construtora Norberto Odebrecht S/A, incluindo as pessoas físicas.
[62] TCCs celebrados com as empresas Andrade Gutierrez Engenharia S/A e UTC Engenharia.

Na investigação de suposto cartel em obras de implantação de ferrovias, o acordo de leniência foi assinado em abril de 2016 com a empresa Construções e Comércio Camargo Correa S/A e pessoas físicas relacionadas[63] e deu origem a quatro TCCs, todos homologados na sessão em tela. Já, com relação à conduta de suposto cartel para a construção e reformas de estádios para a Copa do Mundo[64], a leniência foi formalizada em outubro de 2016 com a empresa Andrade Gutierrez Engenharia S/A e pessoas físicas[65] e ocasionou a formalização de dois compromissos de cessação[66], também homologados pelo CADE.

Em novembro de 2016, a empresa Andrade Gutierrez Engenharia S/A e pessoas físicas celebraram o acordo de leniência relacionado ao suposto cartel para a urbanização de favelas[67], o que gerou a assinatura de três TCCs[68], todos homologados na sessão em tela. Por fim, quanto à conduta de suposto cartel em licitações da Petrobrás para a construção de edificações[69], o CADE firmou o acordo de leniência com a empresa Carioca Christiani Nielsen Engenharia S/A e pessoas físicas relacionadas[70], e posteriormente foram instrumentalizados três TCCs[71], homologados pelo CADE.

---

[63] A versão pública do Histórico da Conduta pode ser visualizada em http://www.cade.gov.br/noticias/cade-mpf-go-e-policia-federal-realizam-operacao-para-investigar-suposto-cartel-em-licitacoes-de-ferrovias/historico-da-conduta-versao-publica.pdf, acesso em 30 de maio de 2019.

[64] Inquérito Administrativo n. 08700.006630/2016-88.

[65] A versão pública do Histórico da Conduta pode ser visualizada em http://www.cade.gov.br/noticias/cade-investiga-cartel-em-licitacoes-de-estadios-da-copa-do-mundo-de-2014/historico-da-conduta-versao-publica.pdf, acesso em 30 de maio de 2019.

[66] TCCs celebrados com as empresas Carioca Christiani Nielsen Engenharia S/A e Construtora Norberto Odebrecht S/A, incluindo pessoas físicas.

[67] Processo Administrativo n. 08700.007776/2016-41. Histórico da Conduta pode ser visualizado em https://sei.cade.gov.br/sei/modulos/pesquisa/md_pesq_documento_consulta_externa.php?DZ2uWeaYicbuRZEFhBt-n3BfPLlu9u7akQAh8mpB9yPHE2lDcIt93semVvOsWtNTtsqhLup3d2EMf8pRzS0iBMH1Jxr7YQMUczjv6SvG72n1ea1a4hG6-Bn7tPIvRLQ5, acesso em 30 de maio de 2019.

[68] TCCs celebrados com as empresas OAS S/A, Carioca Christiani Nielsen Engenharia S/A e Construtora Norberto Odebrecht S/A, incluindo pessoas físicas.

[69] Processo Administrativo n. 08700.007777/2016-95.

[70] Histórico da Conduta disponível em https://sei.cade.gov.br/sei/modulos/pesquisa/md_pesq_documento_consulta_externa.php?DZ2uWeaYicbuRZEFhBt-n3BfPLlu9u7akQAh8mpB9yOkeeMcjZwguzsVewWJrm4SgbFAY98mpUpL2HIKkfPYkpSx4bq-2V0H7FzcthAsIPbCo5dWeiNrXrkH8GlRVQx7, acesso em 30 de maio de 2019.

Com a homologação dos TCCs na 134ª Sessão Ordinária da autarquia, serão recolhidos aproximadamente de R$ 897,9 milhões de contribuição pecuniária, sendo (i) R$ 175 milhões pela OAS S.A.; (ii) R$ 68,9 milhões pela Carioca Christiani Nielsen Engenharia S.A.; (iii) R$ 578 milhões pela Construtora Norberto Odebrecht S.A; e (iv) R$ 75,7 milhões pela Andrade Gutierrez Engenharia S.A. Os valores incluem as pessoas físicas atreladas. Na sessão, o Presidente do Tribunal destacou que este é o primeiro caso no qual os compromissários receberão descontos caso comprovada a reparação de danos concorrenciais na esfera judicial cível.

Conclusões

A utilização de acordos e outros métodos alternativos de solução de controvérsias pela Administração Pública é resultado de um processo evolutivo do Direito Administrativo e também decorrente de uma nova concepção de Estado, o qual, além de guardião de direitos, passa a ter uma tarefa promocional. É nesse contexto que se insere o tema dos acordos no Direito Concorrencial, sendo este um dos grandes impulsionadores da composição no âmbito da Administração Pública, pelas demandas e conflitos de difícil solução sob a concepção tradicional do Estado.

Sem dúvida, o Direito Concorrencial possui um maior detalhamento e uma melhor sistematização de acordos administrativos, os quais podem ser classificados em (i) Acordos no controle de conduta (Compromisso de Cessação de Prática e Acordo de Leniência); (ii) Acordos no controle de estrutura (Acordo em controle de concentração e Acordo de preservação de reversibilidade da operação); e (iii) outros acordos (onde se incluem os Acordos judiciais e extrajudiciais).

O número dos acordos no controle de condutas cresceu exponencialmente nos últimos anos, muito em razão dos reflexos da "Operação Lava Jato" em que as condutas investigadas geram impactos em diversas esferas jurídicas, podendo configurar vários ilícitos penais, administrativos e civis.

Um panorama desses acordos pode ser extraído do julgamento realizado na 134ª Sessão Ordinária do CADE, em que foram homologados 16 TCCs em seis investigações distintas, decorrentes da "Lava Jato", com a

---

[71] TCCs celebrados com as empresas OAS S/A, Andrade Gutierrez Engenharia S/A e Construtora Norberto Odebrecht S/A, incluindo pessoas físicas.

obrigatoriedade de recolhimento de aproximadamente de R$ 897,9 milhões de contribuição pecuniária.

REFERÊNCIAS

ALBUQUERQUE, Cristiane Landerdhal de. Termo de Compromisso de Desempenho em Atos de Concentração no Brasil. Revista do IBRAC, v. 19, n. 21, p. 161-180, jan.-jun. 2012.

ANDERS, Eduardo Caminati; PAGOTTO, Leopoldo; BAGNOLI, Vicente. Comentários à nova Lei de Defesa da Concorrência. São Paulo: Método, 2012.

ATHAYDE, Amanda; GRANDIS, Rodrigo de. Programa de Leniência Antitruste e Repercussões Criminais: Desafios e Oportunidades Recentes. In: CARVALHO, Vinicius Marques de (Org.). A Lei 12.529/2011 e a nova política de defesa da concorrência. São Paulo: Singular, 2015, p. 287-303.

BOBBIO, Norberto. Da estrutura à função: novos estudos de teoría geral do Direito. Barueri: Manole, 2007.

BRASIL. Ministério da Justiça. Conselho Administrativo de Defesa Econômica. Balanço 2016. 24 fev. 2017. Disponível em: <http://www.cade.gov.br/servicos/imprensa/balancos-e-apresentacoes/apresentacao-balanco-2016.pdf/view>. Acesso em: 28 jun. 2017.

BRASIL. Ministério da Justiça. Conselho Administrativo de Defesa Econômica. Defesa da Concorrência no Brasil: 50 anos. Brasília: CADE, 2013. Disponível em: <http://www.cade.gov.br:8080/cade/acesso-a-informacao/publicacoes-institucionais/cade_-_defesa_da_concorrencia_no_brasil_50_anos-1.pdf>. Acesso em: 10 jan. 2017.

BRASIL. Ministério da Justiça. Conselho Administrativo de Defesa Econômica. Guia Termo de Compromisso de Cessação para os casos de cartel. Brasília: CADE, 2016. Disponível em: <http://www.cade.gov.br/acesso-a-informacao/publicacoes-institucionais/guias_do_Cade/guia-tcc-versao-final.pdf>. Acesso em: 20 nov. 2017.

BRASIL. Ministério da Justiça. Conselho Administrativo de Defesa Econômica. Guia Programa de Leniência Antitruste do CADE. Brasília: CADE, 2016. Disponível em: <http://www.cade.gov.br:8080/cade/acesso-a-informacao/publicacoes-institucionais/guias_do_Cade/guia_programa-de-leniencia-do-cade-atualizado-ago-2018.pdf>. Acesso em: 15 ago. 2018.

BRASIL. Ministério da Justiça. Conselho Administrativo de Defesa Econômica. Regimento Interno. 12 mar. 2018. Disponível em: < http://www.cade.gov.br/assuntos/normas-e-legislacao/regimento-interno/REGIMENTOINTERNODOCONSELHOADMINISTRATIVODEDEFESAECONMICAVersopsemenda2.pdf>. Acesso em: 15 jul. 2018.

CARDINALI STRAUBE, Adriana Laporta. Acordos no CADE: muito além de leniência e compromissos de cessação de conduta. In: Agnes Macedo et al. (org.). Mulheres no Antitruste. Volume I, livro digital, disponível em http://www.ibrac.org.br/UPLOADS/Livros/arquivos/Women_in_antitrust_Vol_I.pdf, pp. 213-229. Acesso em: 30 mai. 2019.

CARVALHO, Patricia Bandouk. Remédios antitruste em atos de concentração relativos à aquisição de participação minoritária em rival. Revista do IBRAC, v. 19, n. 21, p. 181-205, jan./jun. 2012.

FERREIRA NETO, Amadeu de Souza. Programa de leniência e a Lei n. 12.529/2011: avanços e desafios. Revista do IBRAC. São Paulo: Revista dos Tribunais, v. 19, n. 22, p. 145-161, jul.-dez. 2012.

FORGIONI, Paula A. Os fundamentos do antitruste. 7. ed. São Paulo: Revista dos Tribunais, 2014.

FURLAN, Fernando de Magalhães. Negociações de acordos como garantia da função promocional do Direito e do princípio constitucional da livre concorrência. In: SCHAPIRO, Mario Gomes; CARVALHO, Vinícius Marques; CORDOVIL, Leonor (Coords.). Direito Econômico Concorrencial. São Paulo: Saraiva, 2013, p. 319-360.

GILBERTO, André Marques. O processo antitruste sancionador. Dissertação (Mestrado em Direito do Estado) – Faculdade de Direito da Universidade de São Paulo, São Paulo, 2008.

LACERDA, João Felipe Aranha. The Leniency Program and the Creation of a One-Stop Shop for Markers. Revista de Defesa da Concorrência, vol. 2, n. 2, CADE, Brasília, nov/2014.

MARRARA, Thiago. Sistema Brasileiro de Defesa da Concorrência: organização, processos e acordos administrativos. São Paulo: Atlas, 2015.

MATTOS, Cesar. Remédios em atos de concentração: a experiência internacional e o Brasil. In: OLIVEIRA, Amanda Flávio de; RUIZ, Ricardo Machado (Orgs.). Remédios antitruste. São Paulo: Singular, 2001, p. 61-99.

NUNES, António José Avelãs. Do Estado regulador ao Estado garantidor. Revista de Direito Público da Economia – RDPE. Belo Horizonte: Fórum, v. 9, n. 34, p. 45-87, abr.-jun. 2011.

ORGANISATION FOR ECONOMIC CO-OPERATION AND DEVELOPMENT. Competition Committee. Leniency Programme in Brazil: Recent Experiences and Lessons Learned. In: LATIN AMERICAN AND CARIBBEAN COMPETITION FORUM, 14., 12-13 abr. 2016, Cidade do Mexico. Disponível em: <http://www.cade.gov.br/assuntos/programa-de-leniencia/publicacoes-relacionadas-a-acordo-de-leniencia/2016_ocde_leniency-in-brazil.pdf/view>. Acesso em: 10 jan. 2017.

PEREIRA NETO, Caio Mario da Silva; AZEVEDO, Paulo Furquim de. Remédios no âmbito de Acordo em Controle de Concentração (ACCs): um balanço dos primeiros anos da Lei 12.529/11. In: CARVALHO, Vinicius Marques de (Org.). A Lei 12.529/2011 e a nova política de defesa da concorrência. São Paulo: Singular, 2015, p. 221-254.

RUIZ, Ricardo Machado. Restrições comportamentais em atos de concentração. In: In: CARVALHO, Vinicius Marques de (Org.). A Lei 12.529/2011 e a nova política de defesa da concorrência. São Paulo: Singular, 2015, p. 201-219.

SAMPAIO, Patricia Regina Pinheiro. A utilização do termo de compromisso de cessação de prática no combate a carteis. Revista de Direito Administrativo. Rio de Janeiro: FGV, v. 249, p. 245-265, set./dez. 2008.

9. Acordo de Leniência e Investigações Internas como Mecanismos Eficazes de Enfrentamento da Corrupção

Igor Sant'Anna Tamasauskas

Introdução

Com a edição da Lei 12.846/2013, a chamada Lei Anticorrupção, surgiu no ordenamento jurídico brasileiro um importante instrumento de enfrentamento da corrupção: o acordo de leniência.

Esse instrumento vem sendo paulatinamente desenvolvido e utilizado como meio para remediar os efeitos do ato ilícito praticado por pessoas jurídicas e, quiçá mais relevante, para recompor a atuação da pessoa jurídica leniente dentro do ambiente de legalidade, mediante a implementação e, ou, reforço, de um programa de integridade, popularmente conhecido por "compliance".

Assim, numa ótica retrospectiva, indenizam-se os prejuízos causados ao erário e aplicam-se as penalidades previstas em lei, devidamente negociadas, e, de outra banda, prospectivamente, estabelecem-se as bases para que o objeto social da empresa leniente passe a ser, novamente, executado de forma lícita.

Ocorre que, ao lado da questão de indenizações e penalizações, na ótica retrospectiva, um outro elemento de crucial importância surge no cenário e é utilizado pelas autoridades como motivação para a decisão pelo acordo de leniência: a chamada "alavancagem investigativa", decorrente da colaboração da empresa no levantamento de informações sobre os ilícitos reconhecidos.

Nesse conspecto, ganha corpo e importância a realização de investigações independentes realizadas no seio da empresa, seja em momento anterior, seja depois de celebrado o ajuste, como forma de permitir ao Estado que tome contato com provas em grau de profundidade jamais cogitado. É essa profundidade que parece fazer o diferencial na estratégia de enfrentamento da corrupção estabelecida a partir da Lei n. 12.846/13.

Para entender tal estratégia, abre-se um parêntesis para tratar trazer um pouco de teoria sobre o ato de corrupção. Cabe recobrar a doutrina sobre representação política, base para a existência de uma democracia representativa, notadamente sob o enfoque da teoria de agência (ou agente-principal). Segundo essa teoria, a representação se estabelece entre o corpo eleitoral, como delegante, e os agentes políticos (ou mesmo do Estado), como delegatários ou representantes, que, em nome daquele exercem suas atribuições segundo as propostas ajustadas durante o processo eleitoral (no caso de cargos eletivos) ou conforme as bases assentadas na Constituição e normas complementares (no caso de agentes públicos não eleitos).

Quando essa relação vai mal, abrem-se brechas para que o mal da corrupção se estabeleça, porque a relação de representação não se forma entre eleitor e eleito, mas sim entre esse último e o agente econômico que o financiou durante o processo eleitoral, ou que o financiará durante o exercício de seu mandato. Decerto que esse desvio na representação ocorre às escuras, na opacidade da atuação do representante ou delegatário.

É o que sustenta, dentre outros, SANCHEZ-DIÓS:

> La lógica de la agencia se basa en que la cadena de responsabilidad supone que los agentes delegantes tienen medios para conseguir que sus agentes sean honestos en su actuación. Un agente es responsable ante el principal si (1) está obligado a actuar en representación de este ultimo y (2) si el principal tiene poder para premiar o penalizar al agente por los resultados de su actuación.
>
> ...
>
> Sin embargo, la delegación de autoridad tiene el riesgo de que el agente pueda actuar deslealmente y, en lugar de perseguir la consecución de los intereses del actor principal, persigue sus propios intereses; este es

el fenómeno característico de la corrupción. Entonces es cuando se generan los problemas de la "agencia". El agente puede actuar, bien sin atender los intereses del actor principal, bien en contra de los intereses del principal. Estos problemas, además, se pueden acentuar porque el agente oculta información y el principal no puede conocer exactamente la voluntad manifiesta del agente, o porque el agente oculta su actividad y el actor principal no pueda conocer sus actos. Los problemas de la agencia derivan de ocultación de información al principal o de ocultamiento de la acción del agente.

...
Mediante el diseño del contrato de delegación se establece el marco de intereses comunes entre el agente y el principal; para esto sirven las propuestas programáticas electorales o el programa de gobierno que presenta el candidato a primer ministro en las votaciones de investidura. (2007, p. 14-20)

Segundo essa doutrina, pelo lado do delegatário, estabelecem-se obrigações de rendimento constante de contas acerca da atuação, os *accountability*, *answerability* e *responsiveness* tratados, entre outros, por Dahl, sempre em ordem a jogar luzes sobre as atividades, decisões e demais aspectos relacionados ao exercício de uma função pública.

Pelo lado privado, e a já não tão recente legislação anticorrupção brasileira assim o faz, disciplina-se um regramento de estímulo à entrega de informações que jazeriam no recôndito dos escaninhos de uma empresa que praticou ilícitos. A partir de uma legislação que procura jogar luzes nesses recônditos, estimulando a cooperação nas investigações com prêmios na redução de punições, busca-se enfrentar uma das características mais nefastas do ato de corrupção, que é o camuflar-se, ocultando as reais intenções do agente.

O acordo de leniência anticorrupção, nesse conspecto, nada mais é que um contrato de transferência de informações e documentos, aliada a uma confissão e um compromisso de bom comportamento, por um lado, em contrapartida à redução de penalidades e recomposição de imagem pública, de outro.

Nessa linha, entende-se que a legislação que permitiu esse tipo de iniciativa acerta ao atacar um dos principais meios que a corrupção se utiliza para se proliferar e se alastrar: o contubérnio silencioso que viola as regras de representação política. A partir de sua vigência, sempre haverá o risco de que o lado empresarial da relação ilícita – justamente aquele que persegue lucros – será tentado a romper o pacto de silêncio, mediante o abrandamento de penas pecuniárias. Essa constatação é a que basta para cogitar o acerto da estratégia adotada pela referida legislação.

1. A experiência dos acordos de leniência celebrados pelo Ministério Público Federal

Partindo do pressuposto contido nos arts. 16 e 17 da Lei Anticorrupção, que autoriza a celebração de acordos de leniência com empresas que violaram preceitos de moralidade administrativa, o Ministério Público Federal, ora sob críticas, ora sob encômios, assumiu o protagonismo de estabelecer um programa de leniência anticorrupção no país.

Mesmo contra a vedação expressa do art. 17, § 1º, da Lei de Improbidade Administrativa, editada sob a sagrada compreensão de indisponibilidade do interesse público, o *parquet* federal logrou lançar as bases para um bem-sucedido modelo de leniência que busca inspiração em diversos normativos, para citar alguns, a Lei n. 12.850/13[1], a Lei n. 12.529/11[2], e a Lei n. 13.140/15[3], além de tratados internacionais como as Convenções de Mérida e de Palermo.

O fato é que as investigações promovidas na denominada "Operação Lava-jato" se encontravam bem avançadas, com a colaboração premiada de algumas pessoas físicas, acionistas e dirigentes de empresas envolvidas nos fatos ilícitos.

Apesar de já vigente, a Lei Anticorrupção não estava regulamentada pelo Poder Executivo, em aspectos que dificultavam, acaso não impedissem mesmo, a sua aplicação pelas autoridades administrativas. Por exemplo, a dosimetria de penas, conforme o parágrafo único do art. 7º da referida Lei, reclama expressa regulamentação.

---

[1] Define organização criminosa e dispõe sobre a investigação criminal, os meios de obtenção da prova, infrações penais correlatas e o procedimento crimina

[2] Estrutura o Sistema Brasileiro de Defesa da Concorrência; dispõe sobre a prevenção e repressão às infrações contra a ordem econômica

[3] Dispõe sobre a mediação entre particulares como meio de solução de controvérsias e sobre a autocomposição de conflitos no âmbito da administração pública

Todavia, apesar da *vacatio legis* de largos 180 dias, esse regulamento somente veio a lume em março de 2015, um ano e dois meses depois da data de vigência da Lei Anticorrupção e inexplicáveis 1 ano e 7 meses depois de conhecido o seu texto final, já que a lei é de agosto de 2014.

Havia uma premência para conferir alguma solução ao problema colocado: dirigentes e acionistas das empresas confessaram a prática de crimes no exercício de suas funções, envolvendo diretamente as companhias e, por óbvio, sensibilizando outros sistemas de responsabilização, incidentes sobre as pessoas jurídicas, como a Lei de Improbidade, os tipos administrativos dos arts. 86 a 88 da Lei n. 8.666/93 e similares, e a Lei Orgânica do Tribunal de Contas da União.

Acabou-se construindo, destarte, uma solução interpretativa contra a literalidade da Lei de Improbidade, mais ampla que aquela prevista no art. 16 da Lei Anticorrupção, de maneira a abarcar a legitimação do Ministério Público para iniciar ações judiciais de responsabilidade da pessoa jurídica por ato de corrupção.

Cerca de três anos depois das primeiras experiências com o acordo de leniência celebrado pelo Ministério Público Federal, a 5ª Câmara de Coordenação e Revisão da Procuradoria Geral da República fez divulgar um estudo teórico bastante robusto a sustentar a fundamentação jurídica para essa iniciativa.

Confira-se excerto que sintetiza com precisão a compreensão do *parquet*:

> Tal quadro revela como o acordo de leniência previsto na LAC pode tornar-se obsoleto como ferramenta negocial de combate à corrupção, se não entendido e aplicado, de modo transversal e amplo, no marco de uma interpretação sistemática e constitucionalmente adequada, voltada a otimizar as potencialidades de seu caráter híbrido, constituído, ao mesmo tempo, como técnica especial de investigação e meio de defesa. A não lhe ser conferida compreensão construtiva e racional, pode vir a oferecer baixíssimo grau de segurança jurídica para a empresa (e para eventuais sócios ou administradores envolvidos) que se aventurar a celebrá-lo exclusivamente no processo administrativo, segundo uma inoportuna interpretação literal do modelo estabelecido na mesma lei, o que milita contra a eficiência do instituto, tal como se extrai das experiências de outros países.

Em arremate:

> Neste ponto, ressalte-se que, se a Administração Pública deve buscar o consenso com o infrator, quando isto for útil à revelação de ilícitos e a sua punição, mais razão para que se esforce em adotar soluções consensuais, atitude cooperativa e método integrado e coordenado de ação, em nível interno, como faz e deve fazer também nas relações externas, para atingir eficazmente a mesma finalidade. Não obstante, enquanto isto não se concretiza, impende apontar e reconhecer a centralidade da atuação independente e autônoma do Ministério Público e da abrangência de suas atribuições múltiplas, notadamente em função da prejudicialidade da repressão penal na matéria anticorrupção, com a necessária interface jurisdicional, na qual se destaca a titularidade exclusiva do Ministério Público, ator indispensável, seja para conduzir a apuração, quando procurado pela parte interessada ou quando em curso investigação ou processo criminal correlato, seja para acompanhar, necessária e indeclinavelmente, a atuação administrativa na defesa do patrimônio público e da moralidade administrativa, já que a ele incumbe este mesmo controle e o da Administração Pública, no exercício de tais deveres.

Sob essa interpretação, foram celebrados quase duas dezenas de acordos de leniência com empresas cujos executivos se viram envolvidos em investigações promovidas pelo Ministério Público Federal, cujas negociações, regra geral, estão se reproduzindo perante o órgão legitimado diretamente pela Lei Anticorrupção, a Controladoria Geral da União.

2. A atuação da Controladoria Geral da União

Como já mencionado, a Controladoria Geral da União recebe legitimação direta do §10, do art. 16 da Lei Anticorrupção, para estabelecer as negociações e entabular os acordos de leniência no âmbito do Poder Executivo Federal.

Todavia, diante da indiscutível repercussão que esse tipo de acordo apresenta na esfera judicial, tornou-se necessário que a Advocacia-Geral da União fosse inserida no processo de discussão do programa de leniência anticorrupção.

Nesse diapasão, Controladoria e Advocacia-Geral editaram a Portaria Interministerial n. 2278/2016, disciplinando a atuação de servidores de ambas as pastas durante as etapas de negociação e celebração do acordo de leniência.

Basicamente, essa norma estabelece o passo-a-passo de um candidato a leniente, mediante expediente que se inicia por requerimento endereçado à Secretaria Executiva da CGU, a tramitar de forma sigilosa, até a celebração de um memorando de entendimentos.

Esse memorando de entendimentos busca criar um espaço de segurança jurídica para que a empresa possa franquear informações às autoridades encarregadas pela negociação do acordo, além de estabelecer um armistício durante a fase de negociação, com a suspensão de tramitação de expedientes sancionatórios.

É de rigor mencionar que, frustrada a negociação por desistência da empresa ou não aceitação por parte da Administração, os servidores que tiveram assento na comissão de negociação não poderão atuar, a que título for, no expediente administrativo que voltar a ser impulsionado com vistas ao sancionamento.

Isto porque referidos servidores tomaram contato com informações e documentos que não poderiam ser utilizados na hipótese de insucesso na celebração do ajuste, conforme o art. 35 do Decreto 8.420/2015:

> Art. 35. Caso o acordo não venha a ser celebrado, os documentos apresentados durante a negociação serão devolvidos, sem retenção de cópias, à pessoa jurídica proponente e será vedado seu uso para fins de responsabilização, exceto quando a administração pública federal tiver conhecimento deles independentemente da apresentação da proposta do acordo de leniência.

A proibição de participação desses servidores nas etapas de responsabilização, caso frustrado o acordo, reafirma o compromisso de boa-fé da Administração que, acaso não fosse um pressuposto da existência do Estado, também é imposição legal (Lei n. 9.784/99, art. 2º, par. único, IV).

Caso a negociação seja levada a bom termo, a comissão de negociação elaborará um relatório conclusivo que aborde a observância dos requisitos para a celebração do acordo[4], a avaliação do programa de

---

[4] Portaria Interministerial n. 2276/16, Art. 5º, II:
a) ser a primeira a manifestar interesse em cooperar para a apuração de ato lesivo específico, quando tal circunstância for relevante;

integridade (acaso existente), a sugestão de cláusulas e obrigações específicas ao caso concreto e os valores estabelecidos para fins de ressarcimento e de multa.

De posse do referido relatório, os Ministros da Controladoria Geral da União e da Advocacia-Geral da União deliberarão pela celebração ou não do acordo de leniência; ou seja: a comissão de negociação atua como instrutora do expediente, averiguando a existência dos requisitos legais, mas a decisão é reservada aos Ministros.

Aqui talvez caiba um questionamento se essa decisão é discricionária ou vinculada, se existirá um direito subjetivo à leniência, caso atendidos os requisitos legais, ou se a autoridade pode resistir à celebração por compreender que a singela condução de um PAR (processo administrativo de responsabilização) até o final será suficiente para o atendimento do interesse público.

Ao nosso sentir, a decisão de celebrar um acordo está inserida na discricionariedade do agente político; todavia, tendo sido formado um expediente administrativo com análises favoráveis à conclusão pela assinatura do ajuste, eventual posição divergente deverá ser devidamente amparada em razões bastantes que expressamente infirmem as conclusões da comissão de negociação, sob pena de nulidade da decisão por ausência de fundamentação.

Com a decisão favorável ao acordo, passa-se à etapa de redação da minuta final, a partir de clausulado padrão, que é enxertado de obrigações específicas ao caso concreto. Dentre as cláusulas obrigatórias do acordo com CGU está a de aprofundar as investigações e melhorar o ambiente de integridade, inclusive com monitoramento temporário, pela CGU, a fim de acompanhar paripassu a implementação de ajustes ao programa de *compliance* da empresa.

É interessante pontuar que o Tribunal de Contas da União acompanha essas etapas de negociação do acordo, inclusive os critérios de multa e ressarcimento, por força de sua Instrução Normativa n. 74/2015.

b) a admissão de sua participação na infração administrativa;
c) o compromisso de ter cessado completamente seu envolvimento no ato lesivo;
d) a efetividade da cooperação ofertada pela proponente às investigações e ao processo administrativo; e
e) a identificação dos servidores e particulares envolvidos na infração administrativa.

3. Cláusulas-padrão de aprofundamento de investigações

No que interessa ao objetivo central deste trabalho, esse tipo de estratégia do Estado no enfrentamento da corrupção – a colaboração com o setor privado – somente se justifica acaso houver um incremento quer de integridade, quer de elementos investigativos, acaso comparada com a atuação tradicional do Estado, mediante o poder de polícia e das investigações conduzidas pelos órgãos de controle.

E a experiência tem demonstrado que sim, há um incremento de integridade e também de elementos investigativos. Primeiro, no que tange à integridade, a Lei Anticorrupção mesmo com suas lacunas, falhas e vícios, logrou colocar na ordem do dia dos fóruns empresariais a preocupação com o estabelecimento de processos e sistemas de verificação do atendimento às prescrições legais e regulamentares.

O popular *compliance* é uma realidade e uma preocupação das empresas, e vem fomentando a que o ambiente de integridade seja exigido como uma premissa para atuação no mercado, exigido pelos próprios agentes econômicos, uns dos outros. Com essa estratégia, o Estado logrou colocar os próprios entes privados como fiscais da atuação de seus pares. Uma empresa somente aceitará se relacionar com outra, acaso seu sistema de compliance a reconheça como íntegra. Isso já é uma realidade para determinados setores da economia e em determinada escala empresarial.

O *due diligence* constante, um dos pilares do sistema de integridade, provê, portanto, uma externalidade deveras importante para espraiar o controle da atuação dos entes empresariais em uma forma de rede, em que cada entrelaçamento empresarial implique fiscalização mútua de comportamento; o ganho de escala nessa estratégia de promoção de integridade é poderoso.

De outra banda, quando uma empresa se vê na necessidade de buscar as autoridades para negociar um acordo de leniência, um de seus pressupostos, como vimos, é oferecer ao Estado uma "alavancagem investigativa", como disciplinado nos incisos IV e V, do art. 30, do Decreto n. 8.420/2015.

Ou, ainda, como preconizado em outro documento elaborado pelo Ministério Público Federal, a Nota técnica n. 01/17 5ª CCR:

> Inspirado no similar do Sistema Nacional de Defesa da Concorrência, o acordo de leniência é espécie de ato jurídico convencional, com natureza

dúplice: correlaciona uma técnica especial de investigação e um meio de defesa. Funda-se no reconhecimento e na confissão qualificada de práticas lesivas pela pessoa jurídica que delas se beneficiou, bem como na sua cooperação voluntária. Cuida-se de modo de confissão qualificado, porque não se esgota na admissão dos fatos nem com ela se confunde, estando profundamente ligado à cooperação ativa e plena no âmbito da atividade de procedimentos sancionadores, destacadamente moldado pelas obrigações assumidas na negociação e atinentes à revelação ampla e efetiva de fatos ilícitos, com seus respectivos elementos de provas, bem como a indicação de pessoas físicas e jurídicas envolvidas.

A mensagem aqui é clara: a empresa deverá não apenas ofertar tudo – informações, documentos, depoimentos – que detenha conhecimento acerca do ilícito, como também colaborar com o Estado durante o desenvolvimento e o aprofundamento de investigações.

Ora, se a característica do ato de corrupção é ocorrer na sombra, no conluio entre agentes público e privado, o acordo de leniência exige deste último o rompimento do pacto de silêncio para ser viabilizado. Mais do que isso: significa cooptar uma das partes do pacto ilícito para, confessando os mais recônditos detalhes, preencher fartamente o conjunto de provas contra os demais participantes.

Nessa linha, para o agente público, a estratégia é aumentar o custo para a decisão de cometimento de um ilícito: caso seja pego, seu parceiro privado poderá contar em minúcias o que, de fato, ocorreu, com relatos e documentos. E, mais, será estimulado com redução de penalidades.

A fim de cumprir com essa estratégia, os acordos de leniência contemplam clausulado padrão no sentido de aprofundar o conhecimento dos atos ilícitos e demais elementos que o cerquem, mediante a obrigação genérica de "cooperar com as investigações" e também com a imposição específica de contratar investigações internas independentes para escrutinar servidores, arquivos e demais bases em busca de dados adicionais sobre os fatos.

A resultante dessa situação é elevar o risco para quem se aventure a agir contra a legalidade. Com risco mais elevado, tende-se a diminuir a possibilidade de engajamento de um agente público no ato de corrupção.

4. Síntese conclusiva

Em arremate a tudo quanto foi colocado nesse breve estudo, a realidade vigente a partir de 2014, com a edição da Lei Anticorrupção, instituiu-se elemento desestabilizador na relação espúria que caracteriza a corrupção: a possibilidade de jogar luzes de maneira intensa sobre interações que ocorrem na opacidade.

A pessoa jurídica, sob a pressão de ser responsabilizada de forma objetiva, tem ao seu alcance um meio negocial de resolver o seu envolvimento no ato ilícito e, em contrapartida a benefícios de redução de penalidades, se vê obrigada a romper o pacto de silêncio com o corrupto, entregando documentos, informações, depoimentos de seus colaboradores, dentre outros elementos que permitam a cabal compreensão do ilícito em todas as suas dimensões.

Adicionalmente, os acordos de leniência preveem a obrigação adicional de as empresas aprofundarem o conhecimento sobre os fatos, mediante a realização de investigações internas independentes, cujo resultado será levado à colação das autoridades.

Nessa linha, essa modificação na equação de custo-benefício da relação de corrupção tende a reduzir os espaços dos agentes, ao mesmo tempo em que se estimula a proliferação de uma ambiência de integridade, de modo a que entes privados se fiscalizem a si próprios.

Sem dúvidas, a abordagem do Estado em relação ao tema se modificou substancialmente. Ao que parece, nesse lustro de vigência da Lei Anticorrupção, em uma direção mais adequada e mais inteligente que o simples aumento de penas criminais.

REFERÊNCIAS

AFONSO DA SILVA, José. Curso de Direito Constitucional Positivo. São Paulo: Malheiros Editores, 2012.

AFONSO DA SILVA, Virgílio. Direitos Fundamentais. 2ª ed. São Paulo: Malheiros Editores, 2011.

ATALIBA, Geraldo. República e Constituição. São Paulo: Malheiros Editores, 2007.

BENACCHIO, Marcelo (coord.). Responsabilidade Civil do Estado. São Paulo: Quartier Latin, 2010.

BITTENCOURT, Cezar Roberto. Tratado de Direito Penal. 3: Parte Especial. 7ª Ed. São Paulo: Saraiva, 2011.

BRASIL. Estudo Técnico n. 01/2017 – 5ª Câmara de Coordenação e Revisão do Ministério Público Federal, disponível em http://www.mpf.mp.br/atuacao-tematica/ccr5/coordenacao/grupos-de-trabalho/comissao-leniencia-colaboracao-premiada/docs/Estudo%20Tecnico%2001-2017.pdf, acesso em 18/09/2018.

BRASIL. Nota Técnica n. 01/2017 – 5ª Câmara de Coordenação e Revisão do Ministério Público Federal, disponível em http://www.mpf.mp.br/atuacao-tematica/ccr5/notas-tecnicas/docs/nt-01-2017-5ccr-acordo-de-leniencia-comissao-leniencia.pdf, acesso em 18/09/2018.

BRUNETTI, Antonio. Tratado del derecho de las sociedades. Vol. II. Buenos Aires, Uteha, 1960. Pg. 786.

CASERMEIRO, Pablo Rando. La distinción entre el Derecho penal y el Derecho administrativo sancionador. Valencia: Tirant lo Blanch, 2010.

COSTA, Susana Henriques da. O Processo Coletivo na Tutela do Patrimônio e da Moralidade Administrativa. São Paulo: Quartier Latin, 2009.

FAZZIO JÚNIOR, Waldo. Improbidade Administrativa e Crimes de Prefeitos. São Paulo: Atlas, 2000.

_____; PAZZAGLINI FILHO, Marino; ROSA, Márcio Fernando Elias. Improbidade Administrativa: Aspectos jurídicos da defesa do patrimônio público. São Paulo: Atlas, 1999.

FERRAZ JÚNIOR, Tercio Sampaio; NUSDEO, Fabio; SALOMÃO FILHO, Calixto (org.). Poder Econômico: direito, pobreza, violência, corrupção. Barueri, SP: Manole, 2009.

FIGUEIREDO, Marcelo. Probidade Administrativa. São Paulo: Malheiros Editores, 1998.

JUSTEN FILHO, Marçal. Comentários à Lei de Licitações e Contratos Administrativos. São Paulo: Dialética, 2012.

GARCÍA NIETO, Alejandro. Derecho Administrativo Sancionador. Madrid: Tecnos, 2012.

GONÇALVES, Carlos Roberto. Direito civil brasileiro. Vol. I: Parte geral. São Paulo: Saraiva, 2008.

GRAU, Eros Roberto. A Ordem Econômica na Constituição de 1988. São Paulo: Malheiros Editores, 1997.

HASSEMER, Winfried. Direito Penal: fundamentos, estrutura, política. Porto Alegre: Sergio Antonio Fabris Ed., 2008.

JUSTEN FILHO, Marçal. Curso de Direito Administrativo. São Paulo: Saraiva, 2009.

LOBO DA COSTA, Helena Regina. Direito Penal Econômico e Direito Administrativo Sancionador – Ne bis in idem como medida de política sancionadora integrada. Tese de livre-docência.

MARQUES, Silvio Antonio. Improbidade Administrativa: ação civil e cooperação jurídica internacional. São Paulo: Saraiva, 2010.

MARTINS, Fernando Rodrigues. Controle do Patrimônio Público. São Paulo: Editora Revista dos Tribunais. 2011.

OSÓRIO, Fábio Medina. Direito Administrativo Sancionador. São Paulo: Editora Revista dos Tribunais. 2009.

ROCHA, Cesar Asfor. Breves Reflexões Críticas Sobre a Ação de improbidade Administrativa. Ribeirão Preto: Migalhas, 2012.

SANCHÉZ DE DIÓS, Manuel. *La responsabilidad política del gobierno de acuerdo con la "teoría de la agencia"*. VIII Congreso Español de Ciencia Política y de la Administración Política para un mundo em cambio. Valencia, 2007, disponível em https://www.aecpa.es/uploads/files/congresos/congreso_08/area2/GT-4/SANCHEZ-DE-DIOS-MANUEL.pdf, acesso em 01.09.2018.

SANTOS, Carlos Frederico Brito dos. Improbidade Administrativa: reflexões sobre a Lei nº 8.429/92. Rio de Janeiro: Forense, 2009.

SOBRANE, Sérgio Turra. Improbidade Administrativa: aspectos materiais, dimensão difusa e coisa julgada. São Paulo: Atlas, 2010.

10. Consensualidade no Combate à Corrupção: Pluralidade de Agentes Legitimados e Necessidade de Adequação Institucional

OTÁVIO RIBEIRO LIMA MAZIEIRO

Introdução

O ordenamento jurídico brasileiro, desde a Constituição Federal, até as recentes inovações legislativas, como o Código de Processo Civil, a Lei Anticorrupção, a Lei de Mediação na Administração Pública e a Lei de Introdução às Normas do Direito Brasileiro, estabelece incentivos ao método consensual para resolução de conflitos, inclusive pela Administração Pública e no tocante ao combate à corrupção.

As inovações legislativas, além de possibilitarem a utilização de modelo consensual no combate à corrupção, refletem um *incentivo* para a adoção desta prática, pois existe uma ponderação de interesses realizada pelo legislador, *a priori*, que optou por chancelar essa hipótese para resolução dos conflitos. Isto é, em vez de dispor apenas sobre o aperfeiçoamento nos mecanismos processuais de litígio, inovou-se ao trazer a expressa possibilidade de composição extrajudicial nos casos de combate à corrupção.

Com as louváveis iniciativas, a prática cotidiana trouxe controvérsias a serem administradas e discutidas pela comunidade jurídica no ambiente acadêmico.

Dentre as controvérsias, temos a existência de diversas autoridades (federais e estaduais) igualmente legitimadas para celebração do acordo de leniência, conforme legislação em vigor, criando hipóteses e esferas distintas para adoção da forma consensual. Este fator pode gerar a sobreposição de competências e inclusive a irracionalidade do modelo consensual, uma vez que existe a possibilidade de celebração de acordo com uma autoridade e a recusa ou inobservância do acordo perante outra autoridade também legitimada.

Por esta razão, entende-se necessária a análise sobre a natureza jurídica do acordo de leniência, especificamente sobre o *ato decisório* da autoridade competente em adotar o método consensual com o particular, analisando se existe o exercício de uma competência *discricionária* ou *vinculada*. Assim, necessário perquirir se, uma vez formalizado o acordo com determinada e específica autoridade competente, as demais autoridades que igualmente sejam competentes também possuem o mesmo espectro para exercício da discricionariedade ou se, neste caso, subsiste apenas o exercício de um ato vinculado, com *obrigação* pelas demais autoridades de observância ao acordo celebrado preteritamente.

Diante do quadro acima apontado, estabelecidas as premissas teóricas de direito material sobre o tema referente à natureza jurídica do *ato decisório* que resulta no acordo de leniência, serão analisadas as suas consequências, a verificar se uma autoridade "não aderente" possui *interesse processual* apto a responsabilizar o particular leniente na esfera judicial.

1. Avanço dos mecanismos de consensualidade

O ordenamento jurídico brasileiro possui estrutura que possibilita o desenvolvimento e aprimoramento dos mecanismos de consensualidade, considerando desde o sustentáculo trazido pela Constituição Federal que propicia e incentiva a prática, até as recentes inovações legislativas que trazem a consensualidade como uma forma prioritária de resolução de conflitos, inclusive no que se refere ao combate à corrupção.

A Constituição Federal, desde o seu preâmbulo, nos traz a ideia da *"solução pacífica das controvérsias"*, demonstrando o ânimo e escopo que possibilita o avanço da consensualidade no ordenamento jurídico infraconstitucional, destacando que o preâmbulo da Constituição possui sua função política e determina as diretrizes e o animus da nação brasileira. O próprio texto constitucional também reforça o ideal de *soluções pací-*

ficas, conforme artigo 4º, VII da Constituição Federal, além de invocar princípios como a *duração razoável do processo* (artigo 5º, LXXVIII da Constituição Federal) e da *eficiência na administração pública* (artigo 37 da Constituição Federal), os quais necessariamente dialogam com a mecanismos de consensualidade para resolução de controvérsias que versem sobre a administração pública.

Em relação à legislação infraconstitucional, como instrumento que estabelece e incentiva a prática consensual, o Código de Processo Civil de 2015 trouxe inúmeras alterações neste sentido, traduzindo-se em referência para solução consensual dos conflitos.

O artigo 3º, §2º do Código de Processo Civil[1] estabelece que o Estado deverá promover, sempre que possível, a solução consensual dos conflitos, trazendo determinação expressa de se adotar mecanismos de consensualidade e apontando que referidos métodos consensuais devem ser estimulados por juízes, advogados, defensores públicos e membros do Ministério Público. Possível citar que há no diploma legal a determinação de criação de centros judiciários, com o desenvolvimento de programas destinados a orientar e estimular a autocomposição e, ainda, disposições sobre nova etapa procedimental, estabelecida pelo artigo 334 do Código de Processo Civil, que traz a obrigatoriedade de se realizar audiência de conciliação, com participação pessoal das partes, de forma antecedente à apresentação de contestação do réu, em uma fase rigorosamente preliminar, com tentativa de compor as partes em litígio no nascedouro do processo.

Verifica-se que o *espírito* do Código de Processo Civil de 2015 é estimular, de toda forma possível e prioritária, a autocomposição das partes, com solução pacífica e consensual dos conflitos. Alinhado ao princípio constitucional da duração razoável do processo, a doutrina preleciona que o Código de Processo Civil de 2015 possui a intenção de criar um sistema *eficiente*, justamente com adoção de métodos consensuais.[2]

No que se refere ao combate à corrupção, a Lei nº 12.846/13, vigente a partir do início do ano de 2014, traz rigorosas disposições sancionatórias para responsabilização de pessoas jurídicas pela prática de atos contra

---

[1] Art. 3º Não se excluirá da apreciação jurisdicional ameaça ou lesão a direito.
§ 2º O Estado promoverá, sempre que possível, a solução consensual dos conflitos.
[2] WAMBIER, Teresa Arruda Alvim. *Primeiros Comentários ao Novo Código de Processo Civil*. 2ª Edição. São Paulo: Editora Revista dos Tribunais, 2016. Pág. 55.

a administração pública.[3] Além da inovação quanto ao rigor das penalidades, a Lei Anticorrupção estabeleceu a possibilidade de se celebrar acordo de leniência entre a pessoa jurídica responsável pela prática dos atos ilícitos e a autoridade máxima da entidade pública lesada. Trata-se da possibilidade de solução consensual de conflito envolvendo, em geral, graves acusações de ilícitos praticados contra a administração pública, para quais são cominadas sérias penalidades. Assim, não se pode negar que a inciativa legislativa atende ao interesse público, incentivando a consensualidade no combate à corrupção.

No bojo destas inovações legislativas, sobreveio também a Lei nº 13.140/15, estabelecendo parâmetros para autocomposição de conflitos no âmbito da administração pública. Estabeleceu-se, a título de exemplo, a possibilidade de criação de câmaras de prevenção e resolução administrativa de conflitos, a fim de (i) dirimir controvérsias entre órgãos e entidades da administração pública, (ii) avaliar a admissibilidade de resolução de conflitos entre particulares e pessoa jurídica de direito público, mediante composição amigável, e, ainda, (iii) celebrar termo de ajustamento de conduta, quando cabível. É possível constatar que se trata de outra legislação com cabal incentivo à adoção de métodos consensuais na resolução dos conflitos, demonstrando a opção do legislador para encaminhar as controvérsias entre particulares e a administração pública para o método consensual e extrajudicial.

Importante trazer à baila, igualmente, a inovação ocorrida na Lei de Introdução às Normas do Direito Brasileiro, em 2018, estabelecendo em seu artigo 26 a possibilidade de a Administração Pública *celebrar compromissos* com os interessados, no intento de eliminar irregularidade, incerteza jurídica ou situação contenciosa na aplicação do direito público, demonstrando uma espécie de *regra geral* para consensualidade na esfera administrativa.

Feitas as ponderações relacionadas às inovações de ordem legislativa, é importante notar que a consensualidade no combate à corrupção é um fato deveras recente – ao menos no tocante à proporção de sua uti-

---

[3] Apenas a título de exemplo, para demonstrar o rigor da legislação, há responsabilidade objetiva das pessoas jurídicas, com penalidades que podem resultar na dissolução compulsória da pessoa jurídica e em multa de até 20% do faturamento bruto, além de publicação extraordinária da decisão condenatória, o que gera efeitos negativos em relação à reputação e à imagem da empresa.

lização –, e se deve às inovações legislativas decorrentes (i) do cenário político brasileiro nos últimos anos e (ii) dos baixos níveis de eficácia e resultados obtidos pela via contenciosa contra atos ilícitos no âmbito da administração pública.

De fato, considerando as movimentações populares, sobretudo no ano de 2013, com substancial pressão sobre o Poder Legislativo e Executivo, sobrevieram legislações que incrementaram novos mecanismos no combate à corrupção, incluindo opções *consensuais*, as quais possibilitam um avanço considerável em investigações complexas e uma reparação imediata e eficaz aos cofres públicos.

As disposições legais inovadoras contrastam com um passado de morosidade do Poder Judiciário e de considerável ineficácia no combate à corrupção exclusivamente pelo método litigioso.

Isto é, há uma realidade fática que demonstra a inviabilidade de se combater a corrupção unicamente pelo litígio, haja vista que muitos processos, em decorrência de inúmeros fatores – complexidade dos fatos, número de partes, congestionamento do Poder Judiciário –, não possuem resultado satisfatório ao interesse público. Nos piores cenários, um tanto quanto frequentes, não há efetividade na execução para ressarcimento ao erário e/ou ocorre uma punição excessivamente tardia que não mais preserva o interesse público.

O Conselho Nacional de Justiça, no ano de 2015, sob presidência do Min. Ricardo Lewandowski, realizou estudo[4] sobre as ações de improbidade administrativa, analisando os obstáculos à plena efetividade do combate aos atos ímprobos, com escopo de identificar os entraves existentes na Lei de Improbidade e contribuir ao aprimoramento no combate à corrupção.

No processamento de dados obtidos em pesquisa de campo de tribunais (Superior Tribunal de Justiça, Tribunais de São Paulo, Mato Grosso, Rio Grande do Norte, Pará e o Tribunal Regional Federal da 4ª Região), verificou-se que o índice de ressarcimento total foi constatado apenas em 4% dos casos analisados, sendo que o ressarcimento parcial ocorreu em 6,4% e, portanto, na imensa maioria dos casos de improbidade administrativa, 89,6%, não houve sequer parcial ressarcimento ao erário.

---

[4] Lei de improbidade administrativa: obstáculos à plena efetividade do combate aos atos de improbidade. Coordenação Luiz Manoel Gomes Júnior, equipe Gregório Assegra de Almeida [et al]. Brasília: Conselho Nacional de Justiça, 2015.

Assim, percebe-se a evidente ineficácia do método contencioso nas ações de improbidade administrativa para ressarcimento ao erário, sendo constatado que em quase 90% das ações analisadas não houve sequer hipótese de ressarcimento ao erário

Contrário a este cenário, temos que os acordos realizados recentemente pelo Ministério Público Federal com empresas investigadas em casos de corrupção devem gerar aproximadamente o valor de R$ 24 bilhões aos cofres públicos, conforme divulgado pela Procuradoria-Geral da República[5]. Por outro lado, a Controladoria-Geral da União, em conjunto a Advocacia-Geral da União, anunciaram a celebração de sete acordos de leniência, os quais resultarão em quase R$ 9 bilhões aos cofres públicos, salientando a existência de dezenas de acordos em andamento[6].

Constata-se a discrepância de efetividade entre a modalidade litigiosa e a possibilidade de resolução consensual, principalmente no quesito de ressarcimento ao erário e contribuição para investigação e aprimoramento da cultura empresarial ética.

Isto porque, em considerações específicas sobre a adoção de métodos consensuais no combate à corrupção, a doutrina aponta que além da preocupação com a eficiência estatal, há como resultado a adoção de comportamentos positivos por parte de pessoas jurídicas lenientes, as quais se adequam às novas práticas lícitas e induzem a conduta regular no setor afetado[7].

Assim, tem-se que a adoção de métodos consensuais, com incentivo constitucional e infraconstitucional, além de atender ao interesse público e ao princípio da eficiência da administração pública, pressupõe a sobrevivência da pessoa jurídica, propiciando a difusão de uma nova cultura empresarial no setor afetado por práticas ilícitas e induzindo que outros agentes e participantes do mercado se adequem às práticas de conformidade.

---

[5] https://economia.estadao.com.br/noticias/geral,acordos-de-leniencia-devem-garantir--r-24-bilhoes-aos-cofres-publicos-diz-mpf,70002107223, acessado em 20.03.2019.

[6] https://www.cgu.gov.br/assuntos/responsabilizacao-de-empresas/lei-anticorrupcao/acordo-leniencia, acessado em 11.06.2019.

[7] Tamasaukas, Igor; Tojal, Sebastião. *A leniência anticorrupção: primeiras aplicações, dificuldades e alguns horizontes para o instituto*. In: Bottini, Pierpaolo Cruz (Org.). **Colaboração Premiada**. 1ª Edição. São Paulo: Editora Revista dos Tribunais, 2017 Pág. 239, 240, 243

Conclui-se que a adoção de métodos consensuais no combate à corrupção proporciona o atendimento ao interesse público, a efetivação dos ditames constitucionais, a preservação da pessoa jurídica com difusão de nova cultura empresarial, sendo que por esta razões, e também pela recente legislação vigente que incentiva a prática, deve ser entendida pelas autoridades competentes como uma *forma prioritária* de resolução dos ilícitos praticados contra a administração pública.

2. Análise da discricionariedade e vinculação no acordo de leniência

Com a intenção de se analisar a natureza jurídica do ato decisório de se celebrar o acordo com o particular leniente, importa problematizar a questão demonstrando a existência de uma *pluralidade de agentes* legitimados para celebração do acordo para, posteriormente, traçando *premissas teóricas* sobre a discricionariedade e vinculação, aprofundar a análise sobre a *existência e espectro de liberdade* conferido para celebração do acordo.

A Lei nº 12.846/13 traz a Controladoria-Geral da União como órgão competente para celebrar acordos no âmbito do Poder Executivo Federal, sendo que nas demais instâncias caberá a autoridade máxima de cada órgão ou entidade pública, conforme disposto no artigo 16. Assim, contata-se, *a priori*, que existe uma pluralidade de autoridades que podem celebrar o acordo de leniência.

A mesma legislação, em seu artigo 19, estabelece a competência e legitimidade do Ministério Público e das Advocacias Públicas para ajuizamento de ação com escopo de aplicar de sanções inseridas na Lei Anticorrupção, indicando, ainda que por via indireta, a possibilidade destes entes também celebrarem o acordo.

Em igual sentido, temos que o artigo 127 da Constituição Federal traça a competência do Ministério Público para defesa da ordem jurídica e dos interesses sociais e individuais indisponíveis, cabendo-lhe, além da persecução em relação aos ilícitos da Lei Anticorrupção, a propositura de ações de improbidade e ações criminais, de modo que se revela pertinente a legitimidade do referido órgão para celebrar acordos de leniência. O próprio Ministério Público, apesar de *uno* e *indivisível*, abrange o Ministério Público Federal e o Ministérios Públicos dos Estados, sendo que, a título de exemplo, uma pessoa jurídica com intenção de colaborar com a justiça e celebrar acordo de leniência, poderá narrar inúmeros fatos ilícitos com repercussão tanto na esfera federal, quanto estadual ou municipal, fazendo também surgir uma pluralidade de entes competentes e legitimados para celebração do acordo ou propositura de ações de responsabilização.

No que toca às ações de improbidade, importante consignar que além do Ministério Público, há legitimação para a pessoa jurídica lesada//interessada propor a ação, nos termos do artigo 17 da Lei nº 8.429/92, o que atrai possível legitimação para celebração de acordo.

Assim, verifica-se pela legislação pertinente a existência de uma pluralidade de entes legitimados e competentes para mover ações de responsabilização face aos particulares e, portanto, aptos a celebrarem acordos de leniência, salientando que em casos recentes, diante da complexidade dos fatos revelados, é comum a intersecção de competências entre organismos distintos do Estado.

Antes de adentrar à efetiva análise sobre o exercício da discricionariedade e vinculação nos acordos de leniência, é de extrema importância trazer pressupostos teóricos que embasarão essa análise.

Em aspecto introdutório, mostra-se importante rememorar a advertência de Hely Lopes Meirelles no sentido de que o *poder discricionário* não pode ser confundido com *poder arbitrário*, pois na discricionariedade há uma liberdade de atuação no âmbito de *limites* previstos em lei, sendo *relativa e parcial*, sempre visando ao sempre o interesse público[8].

A atividade discricionária encontra a sua justificativa na *necessidade* de a autoridade avaliar, *diante do caso concreto*, os motivos que ensejam a oportunidade e a conveniência para prática do ato, o que não seria possível de ser previsto em uma lei abstrata e genérica[9], passando por uma análise subjetiva da autoridade competente.

Celso Antônio Bandeira de Mello restringe, de certa forma, o exercício da discricionariedade, apontando que a sua amplitude é limitada ao caso concreto, sendo que eventualmente, apenas *uma única medida* será a correta e apta para cumprir a finalidade do interesse público[10].

---

[8] MEIRELLES, Hely Lopes. **Direito Administrativo Brasileiro**. 39ª Edição. São Paulo: Editora Malheiros, 2013. Pág. 127.
[9] MEIRELLES, Hely Lopes. **Direito Administrativo Brasileiro**. 39ª Edição. São Paulo: Editora Malheiros, 2013. Pág. 127.
[10] BANDEIRA DE MELLO, Celso Antônio. **Curso de Direito Administrativo**. São Paulo: Editora Malheiros, 2013. Pág. 979 e 988/989.

Interessante apontar, ainda, a relevante ponderação de Onofre Alves Batista Júnior, ao analisar a valoração cabível à Administração Pública, salientando que *"o que existe é a margem para que o administrador valore a situação, conforme juízo aberto de conveniência e oportunidade, mas tudo para que possa atender ao bem comum da melhor maneira possível"*[11].

Dessa forma, entende-se que o *exercício da discricionariedade* permite uma avaliação subjetiva, diferenciando-se, todavia, de um poder arbitrário, existindo apenas a atribuição da lei ao agente para que, diante do caso concreto, identifique em determinado espectro de liberdade, limitada pela legalidade, *a melhor solução* que atenda ao interesse público. Por outro lado, o *ato vinculado* depende apenas de requisitos objetivos já previstos em lei, sem análise subjetiva e sem o exercício de espectro de liberdade pela autoridade competente.

Após a problematização sobre a *pluralidade de agentes legitimados* para celebração do acordo, bem como a indicação de *premissas teóricas*, tem-se que o cerne da controvérsia em análise reside possibilidade de se criar um descompasso entre as autoridades, quando, a título de exemplo, é formalizado o acordo com uma autoridade e, não obstante, é rejeitado por outra igualmente legitimada, gerando certa irracionalidade no programa consensual de combate à corrupção.

Assim, é preciso que a análise acerca do exercício da competência discricionária se dê em duas fases distintas: a primeira, quanto ao grau de discricionariedade conferido à *primeira autoridade* a celebrar o acordo de leniência; e, a segunda, quanto ao grau de discricionariedade conferido às *demais autoridades* legitimadas e competentes para celebração do acordo.

Entende-se, na primeira análise proposta, que existe uma margem subjetiva, conferida pela lei, para que a **primeira autoridade** avalie a oportunidade e conveniência de celebrar o acordo com determinada pessoa jurídica.

Insista-se que não se trata de um poder arbitrário conferido ao ente legitimado para que este, livremente, *escolha* se irá ou não realizar o acordo de leniência. O que se estabelece é que, dentre a margem de liberdade conferida pela lei, cabe à autoridade competente avaliar, no

---

[11] BATISTA JÚNIOR, Onofre Alves. *Transações Administrativas*. São Paulo: Quartier Latin, 2007. Pág. 471.

caso concreto, o grau de relevância das informações para a investigação. Assim, possível a avaliação se as informações e documentos serão suficientes para provar o ato ilícito de terceiros, se o material será disponibilizado de forma célere, se há efetivamente uma conduta colaborativa e de boa-fé da pessoa jurídica candidata à leniente.

Por esta razão, estando preenchidos os requisitos objetivos e sendo *positiva* a análise sobre a conveniência e oportunidade, dentro desta margem de liberdade conferida pela lei à autoridade, torna-se possível a celebração do acordo de leniência entre uma *primeira autoridade competente* e a pessoa jurídica leniente.

Estabelecida a premissa de que houve a celebração de acordo de leniência com determinada autoridade competente e legitimada, após análise dos requisitos de forma *subjetiva* e *objetiva*, entende-se que as demais entidades igualmente legitimadas *não possuem* o mesmo espectro de discricionariedade conferido à *primeira autoridade*.

A margem do exercício de discricionariedade, ou, então, da liberdade conferida pela lei para a autoridade verificar o grau de relevância das informações trazidas pela pessoa jurídica e a sua conduta de boa-fé, já foi exercida por uma autoridade legitimada, integrante do Estado. Por esta razão, preexistindo o exercício da competência discricionária por uma autoridade, entende-se que não há espaço para alteração dessa posição que visou unicamente o interesse público, restando apenas o exercício de um ato vinculado, com observância ao acordo já firmado.

Salienta-se que embora exista a margem de liberdade para autoridade praticar ou não o ato discricionário, não se trata de um poder arbitrário, de forma que a autoridade deve apenas identificar, perante o caso concreto, a *melhor forma* de atingir o interesse público. Importante ressaltar que se trata de uma autoridade integrante do aparato estatal, exercendo a sua legítima competência para o ato discricionário, apontando o caminho que entende obedecer da *melhor forma possível* o interesse público.

Portanto, entende ser inviável que uma segunda autoridade faça, *a posteriori*, o reexame da margem de discricionariedade já exercida pela primeira entidade. Mostra-se irrazoável a possibilidade de divergência em relação ao primeiro entendimento exarado pelo Estado, apontando *outra alternativa* para atingir de *melhor forma* o *mesmo* interesse público, já delimitado.

Isto é, o Estado, embora exercendo a sua competência por entidades diversas, não pode identificar *duas formas distintas* que resultem na *melhor maneira* de se atingir o interesse público, sendo que, uma vez realizado o juízo de conveniência e oportunidade pela primeira autoridade, resta apenas o exercício de um ato vinculado pelas demais, conferindo observância ao acordo firmado.

Abre-se um parêntese para destacar que, efetivamente, a melhor forma de atuação nos casos envolvendo diversas autoridades é a consecução conjunta do acordo de leniência, trabalhando as entidades competentes de forma simultânea para valorar as informações e relatos entregues pela pessoa jurídica, inclusive estabelecendo meios de comunicação, a fim de exercer conjuntamente a discricionariedade – tal como vem sendo estabelecido, de forma louvável, entre a Controladoria-Geral da União e a Advocacia-Geral da União. No entanto, é inevitável a ocorrência de caso que exista o descompasso entre os entes legitimados, sendo de rigor conferir racionalidade ao método consensual de solução dos conflitos envolvendo o combate à corrupção.

Conclui-se que há margem de discricionariedade conferida à *primeira autoridade* a analisar o caso, cabendo a ela o exercício relativo de liberdade sobre a viabilidade o acordo (verificando, a título de exemplo, a existência e o grau de interesse e relevância nas informações que estão sendo fornecidas e a boa-fé da pessoa jurídica), cabendo às *demais autoridades* o exercício vinculado do ato, com obediência ao acordo preteritamente celebrado.

3. Análise das consequências processuais

Estabelecidas as premissas de direito material sobre o exercício de discricionariedade para celebração do acordo de leniência, analisa-se as consequências de ordem processuais, possuindo como *premissa* a celebração de acordo de leniência com uma primeira autoridade legitimada e a ocorrência de *divergência* por outra autoridade igualmente legitimada ("autoridade não aderente"), resultando, portanto, em um descompasso entre as autoridades, haja vista que apesar de resolvido o conflito no âmbito consensual com um ente, houve a recusa ou inobservância por outro.

No que se refere ao *interesse processual*, importante resgatar premissas teóricas sobre o seu efetivo significado e as suas consequências ao presente estudo, considerando a sua positivação no ordenamento jurídico nos termos do artigo 17 e 330, III, ambos do Código de Processo Civil[12], que demonstram a extrema relevância deste requisito processual, pois trazido como causa de inépcia e, de forma consequente, de extinção da ação, sem resolução do mérito, conforme o artigo 485, VI do Código de Processo Civil[13].

Moacyr Amaral Santos, ao prelecionar sobre o *interesse processual*, aponta que se confunde com a *necessidade* de se obter um provimento jurisdicional para tutelar a pretensão requerida.[14] Para além desta compreensão, Humberto Theodoro Júnior indica que o interesse processual reside na relação entre *necessidade* e *adequação*, diante de um direito material levado a uma solução judicial, conferindo especial destaque ao ponto que analisa a ausência de interesse processual quando o reclamo levado ao Poder Judiciário *não será* útil juridicamente[15].

Avançando um pouco mais no sentido que se busca conferir, a doutrina esclarece que a *necessidade* do *interesse de agir* compreende a obrigatoriedade de se utilizar o *modelo procedimental adequado* para tutelar o direito material perseguido.[16] Em síntese, pode-se entender o interesse processual como a obrigatoriedade de adoção do único meio, útil e *necessário*, de reparar uma lesão por intermédio do Poder Judiciário[17].

Na análise que se pretende, o *interesse processual* deve ser analisado em duas dimensões, seja em relação a autoridade "não aderente" em propor ação de responsabilização em face da pessoa jurídica leniente, seja em relação a possibilidade de o particular instar o judiciário a exercer a vinculação desta autoridade "não aderente" ao acordo celebrado.

---

[12] Art. 17. Para postular em juízo é necessário ter interesse e legitimidade.
Art. 330. A petição inicial será indeferida quando:
III – o autor carecer de interesse processual.
[13] Art. 485. O juiz não resolverá o mérito quando:
VI – verificar ausência de legitimidade ou de interesse processual.
[14] SANTOS, Moacyr Amaral. *Primeiras Linhas de Direito Processual Civil*, volume 1. 28ª Edição. São Paulo: Editora Saraiva, 2011. Pág. 204.
[15] THEODORO JÚNIOR, Humberto. *Curso de Direito Processual Civil*, volume I. 54ª Edição. São Paulo: Editora Forense, 2013. Pág. 81/82.
[16] MARIONI, Luiz Guilherme. *Curso de Processo Civil*. Volume 1. 2ª Edição. São Paulo: Editora Revista dos Tribunais, 2016. Pág. 207.
[17] WAMBIER, Teresa Arruda Alvim. *Primeiros Comentários ao Novo Código de Processo Civil*. 2ª Edição. São Paulo: Editora Revista dos Tribunais, 2016. Pág. 93.

Na primeira hipótese, entende-se ausente o *interesse processual* da autoridade "não aderente" em propor ação para responsabilizar a pessoa jurídica leniente, considerando que já houve a celebração de acordo de leniência com outra autoridade competente para tanto. A pessoa jurídica já relatou e confessou os fatos ilícitos para um ente do Estado, o qual já exerceu a sua margem de competência discricionária, escolhendo *o melhor caminho* a atingir o interesse público, inclusive diante da valoração dos elementos disponíveis de corroboração apresentados e da conduta de boa-fé da empresa leniente, celebrando-se o acordo de leniência. Em contrapartida, houve a fixação do pagamento de multas, razoavelmente calculadas, bem como estipulou-se o ressarcimento mínimo ao erário, diante do que foi possível ser mensurado até então.

Assim, o Estado, por intermédio de uma autoridade legítima e competente, exercendo o seu espectro de discricionariedade, optou pelo método consensual de solução do conflito existente, sendo adotado o mecanismo que possui prevalência constitucional e atualmente incentivado pela legislação infraconstitucional. Efetivou-se o *interesse público*, após o exercício de legítima margem de liberdade conferida por lei, com obtenção de elementos importantes e relevantes para amparar investigações e descobertas de ilícitos, bem como com a reparação imediata aos cofres públicos, considerando os valores necessariamente estabelecidos em acordo.

Portanto, diante da *escolha* (dentro da margem de discricionariedade) do Estado por este caminho *consensual* para atingir o *fim* que é a preservação do interesse público, entende-se que não subsiste o *interesse processual* para que o Estado, ainda que por outra entidade, proponha ação visando à responsabilização da pessoa jurídica leniente. Não há como auferir a *necessidade* e *utilidade* da via contenciosa como o único meio *adequado* apto a atingir a finalidade de reparação da lesão, por intermédio do poder judiciário, considerando já estabelecido o *caminho* para sanear o problema identificado, pelo método consensual.

Ora, se o Estado, em uma *opção legítima*, alçada como prioritária pela ordem constitucional e infraconstitucional, repara a lesão causada ao interesse público mediante procedimento consensual, não há racionalidade em se judicializar idêntica questão para o mesmo fim, em um caminho litigioso que se mostra, perante a realidade, mais penoso. Além da ausência de racionalidade, não se encontram presentes os requisitos processuais para viabilidade da ação, haja vista que o *meio* contencioso escolhido não é útil, necessário e *adequado* para obter a reparação da lesão, pois que a *lesão* já foi identificada e assumida, além de a forma de *reparação* já estar acordada com o Estado, em um método mais eficaz e vantajoso ao interesse público – o consensual.

É certo que se mostra discutível a possibilidade de um embate acerca da fixação da multa e valor de ressarcimento, sobretudo quando necessária a repartição entre as autoridades legitimadas, como poderia ocorrer entre entes federativos diversos, a título de exemplo. Assim, se não houver conciliação destes valores, surgiria a hipótese de se fiscalizar a destinação correta dos recursos pelo Poder Judiciário, considerando a fixação a partir de critérios objetivos. No entanto, insista-se que não há hipótese para responsabilização e aplicação de novas sanções contra a pessoa jurídica.

Preciso apontar, ainda, que a retórica desenvolvida deve se referir, evidentemente, a fatos cobertos e narrados no bojo de um acordo de leniência, pressupondo que exista a boa-fé da empresa, com plena cooperação com as autoridades.

Neste âmbito, preserva-se a higidez do programa de acordo de leniência, possibilitando a sobrevivência do particular leniente em um cenário de intersecções de autoridades igualmente legítimas e competentes.

E, para maior efetivação e razoabilidade do programa de métodos consensuais no combate à corrupção, entende-se plenamente cabível que a pessoa jurídica interessada provoque o Poder Judiciário para que *vincule* a autoridade "não aderente" a observar dos termos do acordo celebrado, evitando-se inclusive uma responsabilidade administrativa que esteja aquém do estabelecido no acordo de leniência.

A doutrina preleciona que nestas hipóteses de vinculação, quando inexiste hipótese de discricionariedade administrativa, o particular possui o direito subjetivo de exigir da autoridade a edição de determinado ato e, caso negado, proceder à correção pelo poder judiciário[18]. Portanto, no caso de relutância de determinada autoridade "não aderente" em observar os termos do acordo celebrado, há pleno *interesse jurídico* de

---

[18] DI PIETRO, Maria Sylvia Zanella. **Direito Administrativo**. 28ª Edição. São Paulo: Atlas, 2015. Pág. 255.

a pessoa jurídica leniente instar o poder judiciário que realize a correção do desconcerto administrativo.

Precisa-se conferir *racionalidade* ao modelo consensual de combate à corrupção, de forma que o Estado não pode, por intermédio de seus diversos organismos, apresentar *vontades* díspares, mormente se tratando do cotejamento do *melhor caminho* a atingir o interesse público. Ora, cabe ao Estado, como ente unitário, exercer a discricionariedade sobre a viabilidade de celebrar um acordo com uma determinada pessoa jurídica, dentro do âmbito de legalidade. Uma vez exercida a competência discricionária e, portanto, celebrado o acordo de leniência, cumpre às demais autoridades respeitarem a *vontade* estatal já expressa em uma primeira ocasião.

Importante frisar que a escolha consensual é atribuída como prioritária pela Constituição Federal, por alcançar com maior efetividade o interesse público, além de ser uma opção incentivada pelas leis atuais, a partir de uma primeira ponderação realizada pelo legislador, devendo sempre ser incentivada e buscada, obedecidos os parâmetros legais.

Portanto, atingida a *finalidade* do interesse público (incremento das investigações, recuperação de valores ao erário e prospecção de atitudes éticas e colaborativas no cenário econômico), por um *meio consensual* que se mostra mais célere e eficaz, não há mínima *utilidade, necessidade* e *adequação* da via contenciosa para intentar a responsabilização face a pessoa jurídica leniente, cabendo inclusive instar o poder judiciário, se o caso, para preservar a observância do acordo e vedar a aplicação de sanções administrativas incabíveis.

Conclusões

O objeto do presente estudo reflete um tema novo, em nítido e constante aperfeiçoamento, tanto na prática, quanto na teoria, sendo que todos os atores envolvidos no mote de combate à corrupção possuem a necessidade e o desejo de contribuir, de alguma forma, para sofisticar o programa de métodos consensuais para resolução destes conflitos, conferindo maior racionalidade ao instituto, considerando a efetividade deste mecanismo e os reflexos positivos e imediatos que são irradiados na sociedade. Portanto, a pretensão desse trabalho não é outra, senão auxiliar nos debates sobre o assunto.

Verificou-se que a realidade do combate à corrupção pelo método litigioso não é eficaz, considerando que nos levantamentos do Conselho Nacional de Justiça apenas um percentual ínfimo de ações de improbidade atinge o escopo de ressarcimento ao erário público.

Em decorrência desta constatação e diante de louváveis iniciativas legislativas, possibilitou-se a adoção de métodos consensuais para resolução dos conflitos de combate à corrupção, sendo que em curto período espera-se a recuperação de bilhões de reais ao tesouro público, além de propiciar uma efetiva mudança cultural no seio de grandes companhias, com adoção de mecanismos rígidos de controles internos, prospectando uma atuação lícita e regular em setores econômicos preteritamente maculados, efetivando-se plenamente o interesse público na adoção da modalidade consensual.

A par deste avanço, foi possível analisar que há patente compatibilidade constitucional e infraconstitucional do modelo negocial, podendo ser alçado como uma forma prioritária de resolução das controvérsias jurídicas, inclusive se tratando de combate à corrupção e ilícitos, em geral, praticados contra a administração pública.

Sendo inevitável o surgimento de controvérsias no decorrer da aplicação prática do modelo consensual, constatou-se um obstáculo que, em tese, poderia resultar em sua irracionalidade do programa: a pluralidade de entes legitimados e competentes para perquirir atos ilícitos praticados em detrimento da administração pública e, por decorrência, para celebração de acordos de leniência.

Isto porque, a solução consensual perante uma autoridade poderia não ser acolhida por outra, gerando uma extrema insegurança jurídica aos particulares lenientes, com justo receio de, após confessarem os ilícitos, serem acionados judicialmente ou administrativamente por outros entes legitimados, levando à aplicação de sanções gravíssimas que praticamente geram a inviabilidade da atividade empresarial.

No entanto, em exame sobre o grau de competência discricionária conferido às autoridades legitimadas a celebrarem os acordos de leniência, entendeu-se que a discricionariedade conferida pela lei consiste na verificação da relevância e atração das informações para atos investigativos e na constatação de boa-fé na conduta da pessoa jurídica, sendo que, após exercido este espectro de liberdade por uma autoridade legitimada, não há mais espaço discricionário conferido a outras autoridades.

Para tanto, considera-se que o Estado, embora representado por diferentes entes, emana e possui um único interesse público, o qual é exercido na competência discricionária em uma única oportunidade, não existindo racionalidade jurídica em se permitir que autoridades diferentes de um mesmo Estado contradigam sobre qual é o *melhor caminho* para atingir o interesse público, em um caso concreto.

Assim é que, uma vez exercido o âmbito da discricionariedade por autoridade competente, as demais entidades legítimas restam vinculadas ao acordo celebrado, excetuando-se, a depender do caso concreto, discussões e divisões acerca de multas e ressarcimento ao erário, a serem ponderadas sob aspectos e critérios objetivos pelo judiciário.

Importante ressaltar que o cenário ideal é o estabelecimento de um prévio diálogo entre as autoridades competentes, visando o único exercício conjunto da competência discricionária, evitando-se intersecções de competências entre os entes legitimados.

Estabelecida a premissa de que a competência discricionária para celebração do acordo de leniência é exercida apenas pela *primeira autoridade*, restando a vinculação de outras autoridades ao acordo celebrado, verificou-se a consequência sobre a existência ou não de interesse processual, seja para a autoridade "não aderente" propor ação de responsabilização face ao particular, seja para o particular exigir a vinculação da autoridade "não aderente".

Compreendendo o *interesse processual* como o requisito indispensável para viabilidade de análise do mérito da ação, consistente na obrigatoriedade de adoção do único meio útil, *necessário* e *adequado* para reparação de um direito violado, perante o Poder Judiciário, entendeu-se que não há interesse processual da autoridade "não aderente" em propor ação de responsabilização face ao particular, enquanto subsiste o interesse da pessoa jurídica leniente instar o judiciário a vincular a autoridade "não aderente" ao acordo celebrado.

A autoridade "não aderente", contrariando o mecanismo de consensualidade incentivado pela legislação e alçado como prioritário pela ordem constitucional, com maior concretização do interesse público, não se utiliza de meio útil, *necessário* e *adequado* para reparar a lesão, pois que pretere uma solução consensual já conquistada pelo Estado no caso concreto, que se mostra mais eficaz e vantajosa.

Por outro lado, restando apenas um ato vinculado para a autoridade "não aderente", cabe ao judiciário, caso provocado a tanto, determinar a observância ao acordo celebrado, no limite de suas cláusulas e condições, estabelecendo-se, a título de exemplo e a depender do caso em concreto, a segmentação dos valores de multa e ressarcimento fixados.

Pretende-se, com a presente análise, contribuir com as discussões que visam o caminho de adequação institucional dos mecanismos consensuais no combate à corrupção, considerando que, sob pena de desprestígio e arrefecimento do instituto, é necessário conferir efetiva racionalidade e harmonia em sua aplicação prática, mitigando as hipóteses de conflito entre autoridades igualmente legitimadas, priorizando uma atuação do Estado que preserve o particular leniente e prestigie as soluções consensuais que se mostram vantajosas ao interesse público, seja pelo benefício na atuação investigatória, seja pela pronta recuperação de valores ao erário, seja, ainda, por propiciar a inserção de uma nova cultura ética em setores previamente afetados e maculados por práticas ilícitas.

Referências

Batista Júnior, Onofre Alves. *Transações Administrativas*. São Paulo: Quartier Latin, 2007.

Bandeira de Mello, Celso Antônio. *Curso de Direito Administrativo*. São Paulo: Editora Malheiros, 2013.

Bandeira de Mello, Celso Antônio. *Eficácia das Normas Constitucionais e Direitos Sociais*. 1ª Edição, 3ª Tiragem. São Paulo: Editora Malheiros, 2011.

Bueno, Cassio Scarpinella. *Novo Código de Processo Civil anotado*. 1ª Edição. São Paulo: Editora Saraiva, 2015.

Di Pietro, Maria Sylvia Zanella. *Direito Administrativo*. 28ª Edição. São Paulo: Atlas, 2015.

Gasparini, Diógenes. *Direito Administrativo*. 17ª Edição. São Paulo: Editora Saraiva, 2012.

Marioni, Luiz Guilherme. *Curso de Processo Civil*. Volume 1. 2ª Edição. São Paulo: Editora Revista dos Tribunais, 2016.

Martins, Ricardo Marcondes. *Estudos de Direito Administrativo Neoconstitucional*. São Paulo: Editora Malheiros, 2015.

Maximiliano, Carlos. *Hermenêutica e Aplicação do Direito*. 20ª Edição. Rio de Janeiro: Editora Forense, 2013.

Medina, José Miguel Garcia. *Novo Código de Processo Civil Comentado*. 4ª Edição. São Paulo: Revista dos Tribunais, 2016.

Meirelles, Hely Lopes. *Direito Administrativo Brasileiro*. 39ª Edição. São Paulo: Editora Malheiros, 2013.

Nery Junior, Nelson; Nery, Rosa Maria de Andrade. *Código de Processo Civil Comentado*. 16ª Edição. São Paulo: Editora Revista dos Tribunais, 2016.

Nery Junior, Nelson; Nery, Rosa Maria de Andrade. *Constituição Federal comentada e legislação constitucional*, 5ª Edição. São Paulo: Editora Revista dos Tribunais, 2014

Rocha, Silvio Luís Ferreira da. *Manual de Direito Administrativo*. São Paulo: Editora Malheiros, 2013.

Santos, Moacyr Amaral. *Primeiras Linhas de Direito Processual Civil*, volume 1. 28ª Edição. São Paulo: Editora Saraiva, 2011.

Silva, José Afonso da. *Aplicabilidade das Normas Constitucionais*. 8ª Edição. São Paulo: Editora Malheiros, 2012.

Silva, José Afonso da. *Curso de Direito Constitucional Positivo*. São Paulo: Editora Malheiros, 2012.

Tamasaukas, Igor; Tojal, Sebastião. *A leniência anticorrupção: primeiras aplicações, dificuldades e alguns horizontes para o instituto*. In: Bottini, Pierpaolo Cruz (Org.). *Colaboração Premiada*. 1ª Edição. São Paulo: Editora Revista dos Tribunais, 2017.

Theodoro Júnior, Humberto. *Curso de Direito Processual Civil*, volume I. 54ª Edição. São Paulo: Editora Forense, 2013

Wambier, Teresa Arruda Alvim. *Primeiros Comentários ao Novo Código de Processo Civil*. 2ª Edição. São Paulo: Editora Revista dos Tribunais, 2016.

11. Regime dos Programas de Incentivo à Colaboração (PICs) no Brasil

André Castro Carvalho
Vinicius de Freitas Giron

Introdução

Investigações de potenciais irregularidades envolvendo atos lesivos à administração pública costumam demandar hercúleo esforço, pois almejam desvendar como se deu o desvio de conduta e reunir elementos probatórios suficientes para responsabilizar os indivíduos causadores.

Nesse contexto de dificuldade, as colaborações premiadas exsurgem para contribuir como fonte de informação ímpar, pela qual o agente envolvido compartilha com as autoridades peças do quebra-cabeça, funcionando como um catalisador e diminuindo o tempo que seria demandado para apuração dos fatos ou mesmo sendo imprescindíveis para viabilizar o resultado pretendido. Com tantas características atraentes, as colaborações premiadas cativaram os olhares de empresas, sobretudo aquelas envolvidas em recentes escândalos de corrupção, as quais, inventivas, têm buscado proporcionar um sistema de incentivos semelhante para seus próprios empregados e ex-empregados a fim de obter informações e documentos que possam ser úteis para elucidar casos de escândalos corporativos de corrupção e eventualmente reunir elementos suficientes para barganhar acordos mais favoráveis perante as autoridades.

Recentemente, foi divulgado aos investidores da CCR S.A. ("CCR") detalhes do seu programa de incentivo à colaboração (PIC)[1], o qual pretende pagar valores para ex-executivos que estiveram envolvidos em atos ilícitos, em troca de plena colaboração com a empresa e as autoridades. Este PIC é interessante pelo fato de ser um dos primeiros que se tem notícia na era Lava-Jato oriundo de uma empresa listada em bolsa.

O fato chamou a atenção do mercado sob o aspecto ético da iniciativa, e questionamentos das mais diversas ordens foram levantados. Juridicamente, o tema também está sob discussão no Supremo Tribunal Federal, em recurso especial, no qual os advogados do ex-Presidente Lula questionam a legitimidade da condenação no caso do triplex por conta de as delações terem sido incentivadas por instrumento semelhante que beneficiou executivos da OAS S.A.

Este artigo tem como objetivo expor essa discussão, trazer uma análise a partir do *case* da CCR – considerando se tratar de uma empresa no Novo Mercado, portanto, com ampla informação pública disponível sobre o PIC –, e propor algumas boas práticas para a realização dos PICs para as companhias interessadas no uso dessa controversa e útil ferramenta de compliance anticorrupção.

1. Cultura de acordos em escândalos corporativos

A cultura de acordos para colocar termo a casos de escândalos corporativos cresceu nos últimos 15 anos nos Estados Unidos, sobretudo após o caso Enron[2]. Brandon Garrett[3] demonstra que essa nova orientação do

---

[1] Cf. CCR. S.A. *Proposta da Administração para a Assembleia Geral Extraordinária de 22 de abril de 2019*. Disponível em: http://ri.ccr.com.br/wp-content/uploads/sites/28/2019/03/CCR--Proposta-da-Administra%C3%A7%C3%A3o-AGE-210319-v2.pdf. Acesso em: 12 abr. 2019.

[2] "The late 1990s was a golden age for corporate America or so it seemed. Corporations reported ever-increasing earnings. Stock prices continually rose, leading market capitalization to an all time high. Everyone was happy. Investors delighted in the rapidly rising values of their portfolios, executives received staggering compensation, employees took comfort in the stability of their jobs and the steady growth of their retirement funds, and auditors, analysts, and attorneys collected larger and larger fees. Then, like a house of cards, it all came crashing down. Suddenly, the public learned that the reported profits were a sham and that executives had been engaged in massive fraud. Investors lost billions of dollars, employees lost their jobs and their retirement savings, and company after company collapsed.". Cf. FISCH, Jill E; GENTILE, Caroline M. *The qualified legal compliance committee: using the attorney conduct rules to restructure the board of directors*. Durham: Duke Law Journal, 2003, p. 518.

Departamento de Justiça dos EUA fez com que, de 2003 a 2015, com o uso de *deferred prosecution agreements* (DPAs), *non-prosecution agreements* (NPAs) ou outros acordos extrajudiciais[4], as multas corporativas criminais dessem um salto significativo. Essa figura da *justiça negocial* acabou trazendo um impacto significativo na cultura das corporações, sobretudo depois do caso da Siemens AG, que restou por pagar a então (em 2008) mais cara multa da história por causa de atos de corrupção e suborno[5,6].

A justiça negocial permite, então, que a relação entre autoridades e as empresas investigadas se dê de maneira menos beligerante, privilegiando não o conflito, mas a obtenção da veracidade dos fatos e aplicação de punições substanciais[7-8]. O resultado final ótimo passou a ser o

---

[3] The global evolution of corporate prosecutions. *Law and Financial Markets Review*, 2017, Vol. 11, Nos. 2–3, p. 55.

[4] Para maiores informações sobre a formatação dos acordos nos EUA, cf. VENTURINI, Otavio; CARVALHO, André Castro; MORELAND, Allen. Aspectos gerais do U. S. Foreign Corrupt Practices Act (FCPA). In: CARVALHO, André Castro; BERTOCCELLI, Rodrigo de Pinho; ALVIM, Tiago Cripa; VENTURINI, Otávio (Coords.). *Manual de Compliance*. Rio de Janeiro: Forense, 2019, p. 345-347.

[5] Cf. US DEPARTMENT OF JUSTICE. *Siemens AG and Three Subsidiaries Plead Guilty to Foreign Corrupt Practices Act Violations and Agree to Pay $450 Million in Combined Criminal Fines*. Disponível em: https://www.justice.gov/archive/opa/pr/2008/December/08-crm-1105.html. Acesso em: 12 abr. 2019.

[6] "O acordo com a Siemens, inédito pelo seu montante e alcance territorial, marcou o aumento na agressividade na aplicação extraterritorial do FCPA e, consequentemente, dos padrões norte-americanos de compliance, a empresas e indivíduos estrangeiros que corrompem funcionários públicos fora do território dos Estados Unidos.". Cf. MADRUGA, Antenor; FELDENS, Luciano. *Cooperação da pessoa jurídica para apuração do ato de corrupção: investigação privada?* São Paulo: Revista dos Tribunais, 2014, p. 78.

[7] Cf. STRUTIN, Ken. *Truth, justice, and the American style plea bargain*. Albany Law Review. Vol. 77.3. 2013-2014, p. 876.

[8] Em matéria de transparência, as *Federal Securities Laws* norte-americanas compõem regulamentos vigentes em matéria de valores mobiliários dos Estados Unidos e impõem um vigoroso regime de transparência e divulgação às empresas, com o objetivo de proteger os investidores e promover a eficiência por meio de um monitoramento promovido pelo mercado. Veja-se este trecho elucidativo: "The existing U.S. securities regulations impose a vigorous disclosure regime on corporations that are publicly traded on U.S. exchanges with the goal of protecting investors and furthering efficiency through a market-based monitoring of companies. Federal and state securities laws prescribe various civil and criminal penalties for disclosure violations, authorize enforcement actions by regulators, and, in certain cases, permit private citizens to bring lawsuits for alleged violations. Under existing U.S. securities laws, material foreseeable risks faced by public corporations are required to be disclosed".

atendimento dos interesses de ambas as partes, focado na resolução do problema por meio de um *settlement*, que abarca um ônus significativo à empresa, mas menos intenso do que em eventual desfecho desfavorável de uma persecução, e fornece elementos relevantes para que as autoridades elucidem os fatos investigados.

Ademais, é altamente valorizada pelo DOJ e pela SEC[9] a comunicação espontânea por parte da empresa, aquela ocorrida antes de qualquer início de investigação por parte das autoridades (*self-disclosure*). Juntamente com o grau de cooperação, o de remediação do problema, e o de efetividade do programa de compliance da empresa, essa conduta proativa pode ser levada em consideração para, inclusive, levar a autoridade não processar a empresa. É o que Brandon Garret[10] denomina "cenoura do compliance".

O Yates Memo[11], publicado em 2015 pela Deputy Attorney General Sally Yates, destacou a importância de a companhia identificar os indivíduos responsáveis pelas más condutas empresariais, pugnando pelo *accountability* individual daqueles que cometessem atos ilícitos no meio corporativo. Essa tendência de tentar individualizar as condutas dos indivíduos já foi possível de ser observada em 2012, com o emblemático caso do *declination* do Morgan Stanley[12] e consequente responsabilização de Garth Peterson como um *rogue employee*[13].

MILLSTEIN, Ira; VEASEY, Norman; GOLDSCHMID, Harvey; REISS, Steven Alan; GREGORY, Holly; ALTSCHULER, Ashley. *Corporate Social Responsibility for Human Rights: Comments on the UN Special Representative's Report Entitled 'Protect, Respect and Remedy: a Framework for Business and Human Rights*. Weil, Gotshal & Manges, 2008, p. 4.

[9] Cf. VENTURINI, Otavio; CARVALHO, André Castro; MORELAND, Allen. *Aspectos gerais* cit., p. 347.

[10] Cf. GARRETT, Brandon L. *Too big to jail: how prosecutors compromise with corporations*. Cambridge: Harvard University Press, 2014, p. 159.

[11] Cf. US DEPARTMENT OF JUSTICE. *Memorandum from Deputy Attorney General Sally Q. Yates, September 9, 2015*. Disponível em: https://www.justice.gov/archives/dag/file/769036/download. Acesso em: 12 abr. 2019

[12] Cf. US DEPARTMENT OF JUSTICE. *Former Morgan Stanley Managing Director Pleads Guilty for Role in Evading Internal Controls Required by FCPA*. April 25, 2012. Disponível em: https://www.justice.gov/opa/pr/former-morgan-stanley-managing-director-pleads-guilty-role-evading-internal-controls-required. Acesso em: 12 abr. 2019.

[13] Cf. VENTURINI, Otavio; CARVALHO, André Castro; MORELAND, Allen. *Aspectos gerais* cit., p. 340.

No Brasil, infelizmente, o decreto que regulamentou a Lei Anticorrupção (Decreto nº 8.420/2015) não trouxe muitos estímulos para que as empresas sigam neste mesmo caminho anglo-saxão. Aqui, uma empresa que tiver um programa de compliance robusto[14] poderá ter, no limite, uma redução de 4% sobre o valor da multa a ser aplicada, a qual pode chegar ao máximo de até 20% do faturamento bruto da empresa no exercício anterior ao da instauração do processo administrativo. Uma empresa com um pensamento mais utilitarista e maquiavélico pode, por exemplo, preferir arriscar esperar uma prescrição a colaborar espontaneamente com as autoridades.

2. A função dos PICs

Nas corporações com programas de compliance implantados com certo nível de maturidade – excluído o formalista[15] –, o papel do indivíduo é realmente relevante para o cometimento de infrações e crimes. Com um programa de compliance robusto e funcional, os ilícitos ganham maior complexidade e, geralmente, são mais personalizados do que em empresas com programas inexistentes ou meramente formais, nos quais a desorganização e as condutas antiéticas passam a acontecer de maneira generalizada e podem ameaçar a integridade dos empregados[16].

Sendo mais personalizados, as companhias terão dificuldades em obter as informações necessárias para poderem celebrar acordos no contexto de combate à corrupção e outros ilícitos corporativos junto às autoridades. Mesmo com o uso de investigações internas, há informações e documentos que podem estar somente sob a posse dos executivos infratores, outorgando-lhes elevado poder de negociação com as autoridades. Todavia, como nos Estados Unidos a jurisdição criminal atinge tanto pessoa física como jurídica (como no caso do FCPA, por exemplo), a celebração de um *settlement* que atenda os interesses de todas as partes se mostra mais viável do que no Brasil.

---

[14] Nos termos da Portaria CGU nº 909/2015.

[15] Cf. CARVALHO, André Castro; SIMÃO, Valdir Moysés. As três fases dos programas de compliance no Brasil. *Consultor Jurídico*. Disponível em: https://www.conjur.com.br/2018-ago-30/opiniao-tres-fases-programas-compliance-brasil. Acesso em: 12 abr. 2019.

[16] Cf. SOLOMON, Robert C. Ética e excelência: cooperação e integridade nos negócios. Trad. de Maria Luiza X. de A. Borges. Rio de Janeiro: Civilização Brasileira, 2006, p. 430.

Aqui, a responsabilidade criminal por atos contrários à administração pública se limita às pessoas físicas e isso traz algumas dificuldades na negociação, pois os interesses empresariais e individuais passam a não ser tão congruentes[17]. Diante dessa dificuldade, os PICs podem emergir como um "mal necessário" para a celebração de acordos pelas pessoas jurídicas no país.

A prática dos PICs no país foi catalisada pelo advento da Operação Lava Jato e celebração dos primeiros acordos de leniência no País. Nesse contexto, Valdir Moysés Simão e Marcelo Pontes Viana mencionam a iniciativa da Construtora Camargo Corrêa em elaborar um Programa Interno de Incentivo à Colaboração (PIIC)[18], a qual foi uma das primeiras empresas a celebrar acordo com as autoridades para colocar fim às práticas irregulares existentes dentro da companhia. Após o malfadado escândalo de corrupção, a empresa aparentemente se reestruturou e passou a ser apontada como um exemplo positivo de mudança cultural e postura empresarial, inclusive denunciando potenciais problemas de compliance no setor público[19].

Portanto, o PIC desponta como uma iniciativa de contenção de danos para as empresas evitarem que os ex-executivos infratores possam lhe prejudicar ainda mais inviabilizando eventual negociação de acordo pela pessoa jurídica. Consoante afirma Jesse Eisinger[20], é muito mais difícil processar indivíduos do que pessoas jurídicas, pois eles acabam se isolando no processo decisório, tornando a obtenção de provas dos malfeitos mais árdua. Por isso, a depender do estágio no qual a empresa tome conhecimento da irregularidade, pode ser penosa a missão de empresa obter sozinha elementos de prova que venham a interessar as autoridades.

De fato, é muito prejudicial para uma empresa envolvida em uma investigação que um atual ou ex-executivo revele os atos ilícitos praticados diretamente às autoridades, sendo mais estratégico que a empresa

---

[17] Cf. CARVALHO, André Castro. *Acordos de leniência – recomendações da OCDE*. O Estado de São Paulo. 15 fev. 2019.
[18] *O acordo de leniência na Lei Anticorrupção: histórico, desafios e perspectivas*. São Paulo: Trevisan Editora, 2017, p. 173-174.
[19] Cf. O ESTADO DE SÃO PAULO. *Camargo Corrêa tenta barrar licitação no metrô de Fortaleza*. 9 maio 2018. Disponível em: https://economia.estadao.com.br/noticias/geral,camargo-correa-tenta-barrar-licitacao-no-metro-de-fortaleza,70002300716. Acesso em 21 abr. 2019.
[20] *The Chickenshit Club: why the Justice Department fails to prosecute executives*. New York: Simon & Schuster, 2017, p. XX.

incentive que a revelação ocorra, primeiramente, dentro de casa. Caso o indivíduo bata às portas das autoridades para se beneficiar de uma colaboração premiada, nos termos da Lei nº 12.850/2013, o estrago à empresa pode ser enorme. Basta ver o caso da CCR, que deixa clara a possibilidade de encerramento de suas atividades caso não conquistasse a chance de abertura de diálogo com as autoridades e consequente assinatura de leniência.

Não se sabe exatamente o que e como o executivo vai revelar, bem como a veracidade dessas informações. Mas como se costuma dizer, o primeiro conta uma história, os demais uma de suas versões. Assim, consoante destaca Eugene Soltes[21], "[e]m vários exemplos, executivos que testemunham contra outros em troca de leniência estiveram mais preocupados com apaziguar os procuradores do que descrever precisamente uma maneira neutra as complexidades de se trabalhar em um ambiente corporativo altamente carregado".

Isso pode inserir a empresa em uma crise de reputação que pode demorar a ser recuperada. Para uma empresa listada, esse ambiente de insegurança pode representar perda de cifras astronômicas com a queda no valor das ações. Por outro lado, sob a tutela de um PIC, o executivo é incentivado, antes de tudo, a trazer o assunto internamente, para que os órgãos de governança, as áreas de compliance ou de auditoria interna possam apurar com investigações independentes, e levantar a extensão do dano causado – e se, de fato, ele realmente ocorreu. Com essas informações sob o poder dos órgãos deliberativos da companhia, é possível planejar a estratégia de colaboração da empresa junto às autoridades de maneira mais coesa, e não tão difusa como ocorre quando os próprios executivos, por vontade própria, buscam atuar como delatores.

A função do PIC contudo não é permitir que determinada empresa contingencie eventual cenário no qual possa vir a ser responsabilizada, pois isso feriria toda estrutura de compliance e ética empresarial que se pretende soerguer com o combate à corrupção, mas permitir que em situações extremadas ainda haja uma saída, uma opção empresarial a ser adotada que não ponha fim a empresas que estiverem dispostas a se sujeitarem a uma guinada de valores.

---

[21] *Why they do it: inside the mind of the white-collar criminal.* New York: Public Affairs, 2016 p. 5, tradução livre do original.

3. Quem é o colaborador?

É importante destacar que os PICs se destinam aos executivos e ex-executivos infratores, e não àqueles que não estejam envolvidos diretamente no problema[22]. Estes, comumente denominados *whistleblowers* (informantes), são aqueles que utilizam a linha ética da empresa ou levam o tema controverso às autoridades para investigação.

O que deve se ter cuidado no uso dos PICs é que eles não funcionem como uma compensação à pessoa física para assumir os erros no lugar da pessoa jurídica. A legislação anticorrupção internacional dos EUA proíbe o pagamento da multa aplicada à pessoa física pela pessoa jurídica [15 U.S.C. §78ff(c)(3)][23]; no Brasil, não existe dispositivo similar, visto que, conforme observado anteriormente, a Lei Anticorrupção aplica-se apenas às pessoas jurídicas.

Mas o ponto da discussão aqui vai além da letra fria da lei, visto que não seria um valor ético empresarial saudável que a empresa passaria para o mercado se o seu PIC tivesse esse exclusivo propósito. Portanto, a motivação de um PIC deve ser para fomentar maior vantagem estratégica da empresa em gestão de crises, e não funcionar como um programa de recrutamento de bodes expiatórios[24].

4. O PIC é um programa de recompensa?

O PIC não é – ou ao menos não deve ser – um programa de recompensa aos colaboradores. Deve funcionar como *ultima ratio* e servir ao propósito da empresa, conferindo-lhe melhor visualização dos fatos ocorridos e, em contrapartida, estimulando o infrator a colaborar para elucidação dos fatos e levar à justiça meios de provas para a identificação de outros envolvidos.

---

[22] Cf. ALVIM, Tiago Cripa; CARVALHO, André Castro. Linha Ética: denúncia, denunciante e canal de denúncias. In: CARVALHO, André Castro; BERTOCCELLI, Rodrigo de Pinho; ALVIM, Tiago Cripa; VENTURINI, Otávio (Coords.). *Manual de Compliance*. Rio de Janeiro: Forense, 2019, p. 157.

[23] Cf. VENTURINI, Otavio; CARVALHO, André Castro; MORELAND, Allen. *Aspectos gerais* cit., p. 324, nt. 15.

[24] Adonis Callou, subprocurador-geral da República, mostra preocupação semelhante com o alcance que esse acerto entre infratores e empresa pode ter para preservação dos controladores. Disponível em: https://piaui.folha.uol.com.br/delacao-financiada/ Acesso em 21 abr. 2019.

Os empregados colaboradores provavelmente herdarão o *estigma de caráter*[25], trazendo maiores dificuldades de recolocação no mercado de trabalho[26] e esvaziamento de apoio da opinião pública, podendo, inclusive, culminar em um ostracismo empresarial.

O aumento do custo do comportamento corrupto e a redução dos seus respectivos ganhos trazem uma mudança aos indivíduos em relação ao comportamento corrupto[27]. Um PIC que seja muito leniente financeiramente com relação aos executivos pode trazer, reflexamente, um estímulo a comportamentos de cegueira deliberada[28], visto que as consequências, já sabidas, podem ser formatadas em uma relação custo-benefício[29].

Diferentemente, os *whistleblowers* têm cada vez mais sido incentivados pelas legislações no mundo a receberem recompensas pela revelação do fato às autoridades[30]. A ideia de recompensa aos whistleblowers – muito fomentada nos EUA com o Dodd Frank Act após a crise de 2008 – faz parte do pacote de medidas do atual Ministro da Justiça, enviado para a Câmara dos Deputados, para estimular essa prática no Brasil.

Logo, seria de bom alvitre que uma companhia que venha a adotar um PIC também estabeleça um programa interno de recompensa aos *whistleblowers* que tragam informações relevantes sobre malfeitos ocorridos na companhia.

---

[25] Cf. WARREN, Danielle E. Corporate scandals and spoiled identities: how organizations shift stigma to employees. *Business Ethics Quarterly*, Volume 17, Issue 3, 2007, p. 480.
[26] Cf. CCR S.A.. *Proposta* cit., p. 13.
[27] Cf. BICCHIERI, Cristina, GANEGODA, Deshani. Determinants of corruption: a sociopsychological analysis. In: NICHOLS, Philip M.; ROBERTSON, Diana C. (Eds.) *Thinking about bribery: neuroscience, moral cognition and the psychology of bribery*. Cambridge: Cambridge University Press, 2017, p. 195.
[28] O problema também é referenciado pela doutrina como "*head-in-the-sand*" (em alusão a avestruzes que se escondem quando surge um perigo), "*conscious disregard*" e "*deliberate ignorance*".
[29] Cf. SOLTES, Eugene. Why they cit., p. 6.
[30] Cf. CARVALHO, André Castro; ALVIM, Tiago Cripa. In: PAULA, Marco Aurélio Borges; CASTRO, Rodrigo Aguirre Pironte de (Coords.). Compliance, gestão de riscos e combate à corrupção: integridade para o desenvolvimento. Belo Horizonte: Fórum, 2018, p. 132-137.

5. Procedimentos

Os PICs se subsumem ao que se convencionou denominar "contratos de indenidade", nos termos do Parecer de Orientação CVM nº 38, de 25 de setembro de 2018.

Consoante afirma Sebastião Botto de Barros Tojal, advogado da CCR no caso, os "[...] elementos probatórios são disponibilizados pelos executivos e funcionários que efetivamente, em nome da companhia, tenham participado de sua edição"[31]; porém, também é ressaltado pela companhia que "[...]o transcurso de um longo e incerto processo investigativo ou a imediata colaboração de pessoas envolvidas nos fatos ocorridos, as quais, no entender dos assessores legais da CCR, tinham *capacidade única de organizar e disponibilizar as informações* necessárias ao integral esclarecimento dos fatos"[32] (destacamos).

Ressalta-se, portanto, que os infratores detêm uma qualidade única: organizar e disponibilizar, de maneira célere, as informações para o esclarecimento dos fatos. Esse contexto fático, fatalmente, aumenta o poder de barganha dos executivos, os quais podem optar por celebrar colaborações premiadas de maneira isolada, em detrimento de qualquer estratégia que a pessoa jurídica possa ter para viabilizar a consecução de um acordo de leniência.

José Alexandre Tavares Guerreiro[33] ressalta que em Delaware, nos EUA, há previsão legal para que os administradores possam receber indenização pela companhia sem exigir a celebração de um acordo entre executivo e companhia[34]. No Brasil, entende o parecerista que o Parecer de Orientação CVM nº 38 não teria o condão de restringir a autonomia

---

[31] Cf. CCR. S.A. *Proposta da Administração* cit. p. 73-74.
[32] Cf. CCR. S.A. *Proposta da Administração* cit. p. 4-5.
[33] *Anexo 15: Parecer jurídico*. In: CCR. S.A. *Proposta da Administração* cit., p. 99, 103-104.
[34] Ainda, como destacado pelo memorando de Weil, Gotshal & Manges LLP, de acordo com a lei de Delaware, que rege os assuntos internos de muitas empresas listadas no Fortune 500, o dever fiduciário engloba o dever de implementar sistemas adequados de informação, relatórios e controles internos na empresa e exige que os dirigentes usem esses sistemas para monitorar e supervisionar as operações da empresa. "*Under Delaware law, which governs the internal affairs of many Fortune 500 corporations, the fiduciary duty encompasses a duty to implement appropriate information, reporting and internal control systems at the company, and requires that directors use these systems to monitor and oversee the company's operations*". MILLSTEIN, Ira; VEASEY, Norman; GOLDSCHMID, Harvey; REISS, Steven Alan; GREGORY, Holly; ALTSCHULER, Ashley. Corporate Social Responsibility for Human Rights: Comments on the UN Special Repre-

contratual sem o supedâneo de fundamento legislativo ou princípios gerais de direito. Logo, "[...] nenhum princípio de ordem pública impede que a companhia assuma a responsabilidade por manter tais pessoas indenes de eventuais demandas de terceiros ou que venham a ser propostas pela própria companhia pelos fatos confessados no programa de colaboração".

O que costuma ser criticado é que alguns contratos de indenidade têm tido espaço nos PICs para a celebração por critérios discricionários, o que poderia, por vezes, soar como uma recompensa ao infrator. É relevante que os critérios estejam previamente definidos pela empresa e que sejam razoáveis, de maneira a servir de estímulo aos infratores a trazerem as informações para a empresa, mas também para evitar qualquer conotação de premiação que se possa ter – como se fosse, por exemplo, uma "aposentadoria forçada".

Ou seja, no caso da CCR haveria um arcabouço fático e jurídico a viabilizar o oferecimento de PICs aos executivos da empresa, pois apenas dessa forma ela poderia se desvencilhar de sanções com o condão de fechar suas portas e ainda contribuir com as atividades investigativas e persecutórias das autoridades públicas. Assim, resta claro que o procedimento para assinatura de um PIC estará umbilicalmente relacionado à análise do caso concreto.

6. Caso CCR

Em 23 de fevereiro de 2018, notícias divulgaram que, de acordo com depoimentos prestados pelo doleiro Adir Assad, a CCR e empresas por ela controladas teriam, entre 2009 e 2012, forjado contratos de patrocínio que somavam R$ 46 milhões. Em resposta, em 28 de fevereiro de 2018, a CCR determinou a criação de um comitê independente para investigação dos fatos; em 12 de março de 2018, comunicou a contratação de empresa de consultoria e escritório de advocacia, especializados na condução de investigações forenses[35].

sentative's Report Entitled 'Protect, Respect and Remedy: a Framework for Business and Human Rights. Weil, Gotshal & Manges, 2008, p. 3.

[35] "Sejam quais forem as razões que levam a pessoa jurídica a cooperar com as autoridades para apuração de atos de corrupção, prudencialmente essa decisão dependerá de atos de investigação desencadeados no âmbito da própria empresa, mediante a utilização de seus próprios recursos humanos e materiais ou recorrendo aos serviços de especialistas". MADRUGA,

Como cediço, a coleta de informações para lastrear uma investigação é *time sensitive*, ou seja, quão mais atrasada, menores as chances de que sejam preservados elementos úteis a seu desfecho. E aqui, embora os documentos disponibilizados pela CCR sejam ricos em informações, não permitem deduzir se o intervalo de tempo entre a notícia das irregularidades e as ações da empresa foi suficiente para garantir que as informações relevantes não fossem destruídas por aqueles que viriam a se sentir por elas prejudicados. Assim, apesar de as medidas terem sido adotadas em um interregno curto, ainda assim poderia não ter sido suficiente a evitar a criação de uma lacuna nos documentos preservados, pois em razão da torpeza das operações, seus agentes podem ter dedicado maior esforço para apagar eventuais rastros que pudessem comprometê-los.

Some-se a isso o lapso de seis a nove anos entre os eventos noticiados e sua divulgação ao público: nesse ínterim, pode ter se dado a substituição de um computador antigo utilizado no esquema criminoso por um mais moderno, perdendo-se informações salvas; empregados que poderiam ter informações relevantes a serem compartilhadas podem ter sido substituídos.

E mais: mesmo após o início dos trabalhos de investigação, a CCR continuava a ser vinculada a problemas de *compliance*, como, por exemplo, quando em maio de 2018 foi publicada notícia de que teria relação com caixa dois de político brasileiro, ao que prontamente respondeu que seu comitê independente estava apurando tais informações, ou quando da nova ampliação do escopo dos trabalhos após o advento da fase 55 da Operação Lava Jato ("Operação Integração").

Ou seja, a CCR adotou uma série de sóbrias medidas para desvendar os fatos ocorridos, mas enfrentava dificuldades intrínsecas aos fatos narrados, como a distância temporal e a publicização de novas irregularidades a serem investigadas.

Seu interesse na obtenção de informações, contudo, era sensível. Isso, pois, a Lei 12.846/2013 poderia lhe impor severas multas, e a Lei 8.666/1993 teria o condão de declará-la inidônea para contratar com o Poder Público. Esta condenação poderia não apenas dificultar, mas até

Antenor; FELDENS, Luciano. *Cooperação da pessoa jurídica para apuração do ato de corrupção: investigação privada?* São Paulo: Revista dos Tribunais, 2014, p. 75.

mesmo impedir as atividades da CCR, que atua primordialmente com concessões de serviços públicos. Logo, obter elementos que evidenciassem as irregularidades relatadas poderiam oferecer à CCR a possibilidade de firmar um acordo de leniência e afastar as sanções que poderiam, no pior cenário, pôr fim às suas atividades.

Todavia, apesar de todos os esforços envidados, a CCR sustentou não conseguir reunir elementos céleres e suficientes para convencer as autoridades a lhe brindarem com um acordo[36]. Suas investigações teriam sido infrutíferas e ela estaria de mãos atadas. Assim, remanescia vívido o risco de ser severamente sancionada pelas autoridades.

Encurralada e vendo o acordo como única forma de mitigar os riscos associados ao escândalo de corrupção, mas sem conseguir reunir elementos de prova que satisfizessem o interesse das autoridades, a CCR fora criativa e perseguiu obter a cooperação interna dos envolvidos no esquema de corrupção. Eles, melhor do que ninguém, poderiam elucidar como os fatos ocorreram e trazer provas que auxiliassem o desenvolvimento de atividades investigativas para condenação de outros envolvidos (como políticos e doleiros).

No entanto, a tarefa não seria das mais simples e corriqueiras, pois os executivos não detinham nenhuma motivação que os levassem a cooperar com as autoridades, ainda mais quando esse auxílio poderia lhes ser fatal (contribuir com a empresa poderia agravar sua situação perante as autoridades). De outra sorte, há a constante vigilância dos acionistas minoritários, considerando se tratar de um caso que afeta uma empresa de capital aberto na área de infraestrutura.

Sabedora desse entrave, a CCR propôs compensar seus executivos pela colaboração, pagando-lhes o equivalente a 5 (cinco) anos de trabalho (quinze acordos equivaleriam a R$ 71 milhões) e se disponibilizando a arcar com todas as despesas que adviessem dos ilícitos e fossem cobradas desses executivos, mantendo-os indenes (a esses contratos se convencionou chamar de *contratos de indenidade*). Em contrapartida, eles

---

[36] Afinal, as investigações são necessárias para obtenção de elementos para obtenção de acordos. Nesse sentido: "Corporate internal investigations are the prelude to forthcoming criminal prosecutions and negotiations with the government". GREEN, Bruce; PODGOR, Ellen. *Unregulated Internal Investigations: Achieving Fairness for Corporate Constituents*. Estados Unidos: Boston College Law Review, 2013, p. 90.

deveriam se comprometer a auxiliar as autoridades na elucidação dos fatos e com o compartilhamento de documentos relevantes.

Na prática, portanto, apesar de não conseguir corroborar diretamente com as autoridades, a CCR obteve êxito em convencer seus antigos executivos a fazê-lo. Assim, poderia se desvencilhar das sanções mediante dispêndio financeiro milionário (mas ainda ínfimo quando comparado às potenciais sanções), muito embora a um custo de compliance elevado, pois o PIC mal desenhado pode trazer um ambiente de desconfiança interna com relação ao programa de integridade da empresa.

Esse cenário pode indicar um exemplo de *deterrence trap*, pois por um lado a empresa poderia ser tão severamente apenada a ponto de inviabilizar suas atividades, e de outro conquistar uma parceria que isentará determinados indivíduos de diversos potenciais prejuízos advindos de suas condutas ilícitas[37]. Ou seja, cenários diametralmente opostos e cuja proporcionalidade poderia vir a ser questionada.

Diante desse dilema, a CCR teve a cautela de contratar o Professor José Alexandre Tavares Guerreiro para emissão de parecer analisando as questões jurídicas atinentes ao contrato de indenidade e assim obter maior conforto para tomada de decisão. O parecer do Professor Guerreiro é juridicamente bem fundamentado, e alguns de seus pontos merecem destaque para nosso debate.

Primeiramente, com relação à análise da conduta dos administradores, o Professor Guerreiro entende que diante do real risco de ser sancionada e ter seu negócio inviabilizado, a decisão pelo acordo com os executivos para viabilizar o diálogo com as autoridades seria em total benefício e interesse da CCR. E por estarem sempre assistidos por profissionais do direito que lhe recomendaram a assim agir, os administradores bem desenharam sua blindagem em face de eventuais questionamentos. Portanto, para cumprimento completo de seus deveres fiduciários, não se poderia exigir conduta diferente daquela destinada à solução lícita para mitigar os malfadados efeitos de eventual sanção.

Ainda, quando da análise de mérito da questão e enfrentamento do Parecer de Orientação CVM n. 38, de setembro de 2018, o Professor

---

[37] "The 'deterrence trap' means that penalties for noncompliance will either not be big enough to deter rational misconduct, or they will be so large that they exceed the capacity of firms to pay" PARKER, Christine. *The compliance trap: the moral message in responsive regulatory enforcement*. Denver: Law and Society Review, 2006, p. 591-592.

Guerreiro necessitou enfrentar questões espinhosas, como a possibilidade de ao final estar premiando uma ação que se deu em prejuízo à CCR e eivada de má-fé dos agentes.

Isso, pois, ao fim e ao cabo, a ação da CCR viabilizou uma convergência entre seus interesses e dos executivos, a qual fez com que aqueles que tinham participação direta na persecução do ilícito pudessem negociar com as autoridades o abrandamento de sanções penais e estivessem resguardamos financeiramente de eventuais medidas cíveis e administrativas contra eles intentadas. Assim, uma análise simplista e direta poderia indicar que o cometimento de um crime somado à possibilidade de se firmar um PIC poderia fazer valer muito a pena tê-lo cometido.

E um cenário como esse desperta questionamentos éticos profundos e um descontentamento por parecer deixar responsáveis confessos ilesos. Como desabafou Mauro Cunha, presidente Associação de Investidores no Mercado de Capitais, "ao remunerar os corruptores para delatar, a CCR está premiando o crime"[38].

Em verdade, o desgosto foi tamanho que minoritários da CCR têm severamente questionado o PIC firmado pela empresa, o qual representaria nova dívida àqueles que nada fizeram e que já sofrem com os problemas financeiros criados pelos atos de corrupção de agentes que serão resguardados pelo acordo. Por outro lado, majoritários defendem a medida por visualizarem nela a única saída possível para continuidade dos negócios da CCR. Questionam, por exemplo, que isso seria um *bis in idem* na premiação: os infratores terão a indenidade interna, proporcionada pela empresa, e redução da penalidade na esfera externa, proporcionada pelas autoridades mediante uma colaboração premiada[39].

Fato é que, diferente de outros executivos de empresas da Lava Jato que acabaram caindo no ostracismo profissional, um contrato de indenidade pelo prazo de 60 meses pode permitir que o profissional se reerga após o escândalo. Isso, sob o ponto de vista ético, pode suscitar desconfiança do programa de compliance da empresa.

---

[38] Cf. PIAUÍ. *Delação financiada*. 18 abr. 2019. Disponível em: https://piaui.folha.uol.com.br/delacao-financiada/. Acesso em 21/04/2019.
[39] Cf. FOLHA DE SÃO PAULO. *Acionistas da CCR aprovam programa de R$ 71 mi para indenizar executivos delatores*. 22 abr. 2019. Disponível em: https://www1.folha.uol.com.br/mercado/2019/04/acionistas-da-ccr-aprovam-programa-de-r-71-mi-para-indenizar-executivos-delatores.shtml. Acesso em: 25 abr. 2019.

Contudo, novamente as questões fáticas do caso prático não podem ser olvidadas. Veja-se que, por exemplo, sem a colaboração, possivelmente o dano à administração pública poderia não ser ressarcido.

Ainda, com a vinda de novos elementos probatórios, as autoridades poderão intentar, com maior probabilidade de êxito, medidas persecutórias em face de outros agentes que vierem a ser identificados ou contra aqueles que mesmo já conhecidos não detinham elementos suficientes para lastrear uma condenação.

Agora, um dos maiores cuidados da CCR em sua decisão foi ressaltar os riscos aos quais estava sujeita e a falta de opções naquele momento, os quais tornaram a medida de incentivo à colaboração possível.

O cenário poderia ser completamente diferente se houvesse uma política prévia que estabelecesse o incentivo a uma espécie de autodenúncia, pois, ao fazê-lo, a empresa poderia fomentar a prática de ilícitos, os quais teriam como prêmio a vantagem indevida e o apoio empresarial se/quando descortinado. Por isso, com acerto, o Professor Guerreiro destaca o aspecto temporal e mostra que naquele momento – posterior às irregularidades e diante do insucesso das investigações independentes – a CCR não apenas poderia estimular seus executivos a colaborarem como tinha essa como única opção viável a mitigar o risco de impedir a continuidade de suas atividades empresariais.

Agora, diante da utilidade de colaboração daqueles diretamente relacionados ao ilícito e da comunhão de seus interesses poder ser benéfica à empresa, cumpre-nos fomentar o debate sobre o tema e verificar em quais situações a prática teria guarida e refletir sobre os impactos jurídicos e morais que a escolha pode acarretar no ambiente empresarial. Afinal, como lembra Helena Regina Lobo da Costa, o "grande desafio consiste, hoje, não mais em mudar as instituições políticas ou administrativas, mas em algo muito mais difícil e complexo: mudar a cultura cotidiana e endêmica da corrupção"[40] e os PICs exsurgem como um novo fator a ser analisado[41].

---

[40] *Corrupção na história do Brasil: reflexões sobre suas origens no período colonial.* In: DEL DEBBIO, Alessandra; MAEDA, Bruno Carneiro; AYRES, Carlos Henrique da Silva. (org.) Temas de anticorrupção & Compliance. Rio de Janeiro: Elsevier, 2013. p. 18.
[41] Marcela Blok defende que "não adianta transferir a responsabilidade para um funcionário da empresa – o que costumava acontecer na grande maioria dos casos de escândalos de corrupção, e deixar que ele seja o único a arcar com as consequências do problema". Nesse caso,

Em suma, pode-se aqui lembrar da máxima *comply or explain*, a qual é forjada para flexibilizar situações e permitir que cada caso tenha um desfecho próprio e apropriado[42], lembrando-nos de analisar as minúcias casuísticas para lastrear eventual parecer e nos alertando sore a impossibilidade de análise prévia desconectada das questões fáticas.

Conclusões

Os PICs, na nossa visão, não parecem vir como *business as usual* para as empresas brasileiras. Em primeiro lugar em razão da cultura mais "justicialista" brasileira, que tem uma certa aversão a argumentos utilitaristas econômicos sobrepujando argumentos morais e éticos. Nos EUA, o cenário é um pouco diferente – e casos mais recentes junto ao Departamento de Justiça têm demonstrado que a justiça negocial tem sido uma ferramenta irrestrita a ser utilizada no combate à corrupção.

Em segundo lugar, um PIC mal desenhado, com contratos de indenidade que representem "saídas honrosas" a executivos infratores não nos parece ser a melhor solução, salvo se a empresa tiver que barganhar para obter informação crucial a fim de permitir a celebração de um acordo de leniência. Quanto mais estimulado for este tipo de programa, mais desconfiança será trazida ao programa de compliance da empresa. No fundo, os empregados podem fazer um raciocínio custo-benefício a fim de cometer os ilícitos, receber os bônus durante este período, e caso tudo dê errado ainda há a possibilidade de se sair com o recebimento mensal do último salário pelo período de cinco anos.

É mais salutar que a empresa mantenha um PIC que seja *ad hoc*, ou seja, com propósito específico para aqueles fatos investigados, e estimule mais os seus *whistleblowers* a trazerem os malfeitos para o conhecimento da área de compliance da empresa. Sobretudo em empresas de capital aberto, nas quais há múltiplos interesses de *shareholders* e *stakeholders*, o uso dessa ferramenta pode – e deve – ser estimulada.

---

a análise é se a empresa poderia assumir praticamente sozinha os ônus dos atos contrários à administração pública. BLOK, Marcella. *A nova Lei anticorrupção e o compliance*. São Paulo: Revista de Direito Bancário e do Mercado de Capitais, 2014, p. 267.

[42] "Comply or explain is designed to permit flexibility in companies and it is a response to the fact that one size does not fit all as far as companies are concerned". KEAY, Andrew. *Accountability and The Corporate Governance Framework: From Cadbury to the UK Corporate Governance Code*. Reino Unido: University of Leeds, 2012, p. 8.

Um PIC que seja *ad hoc* e menos ostensivo publicamente[43] como foi desenhado no caso analisado tem o condão de desestimular práticas ilícitas cometidos por executivos: a indenidade, portanto, é pelo valor da informação, e não para proteção da pessoa física. Algumas empresas multinacionais que passaram por escândalos de corrupção adotam procedimentos semelhantes; porém, ainda que sejam listadas, não são disponibilizados publicamente os termos a serem acordados para ampla consulta, justamente para preservar o programa de integridade de um sentimento de impotência que pode trazer aos empregados honestos e aos investidores da companhia.

Existe também um problema específico com eventuais acionistas norte-americanos de empresas brasileiras e, principalmente, com os seus representantes, que podem ter receio de serem responsabilizados nos EUA se votarem ou recomendarem o voto a favor da aprovação de um PIC que não seja juridicamente robusto na empresa, trazendo uma impressão ao mercado de que a empresa está "premiando" com saídas honrosas executivos infratores. Por conseguinte, o tema dos PICs é complexo juridicamente, e merece estudos mais aprofundados para que sejam viáveis em novos casos de escândalos corporativos que porventura venham a ocorrer com empresas listadas.

REFERÊNCIAS

ALVIM, Tiago Cripa; CARVALHO, André Castro. *Linha Ética: denúncia, denunciante e canal de denúncias*. In: CARVALHO, André Castro; BERTOCCELLI, Rodrigo de Pinho; ALVIM, Tiago Cripa; VENTURINI, Otávio (Coords.). *Manual de Compliance*. Rio de Janeiro: Forense, 2019.

BICCHIERI, Cristina, GANEGODA, Deshani. Determinants of corruption: a sociopsychological analysis. In: NICHOLS, Philip M.; ROBERTSON, Diana C. (Eds.) *Thinking about bribery: neuroscience, moral cognition and the psychology of bribery*. Cambridge: Cambridge University Press, 2017.

BLOK, Marcella. *A nova Lei anticorrupção e o compliance*. São Paulo: Revista de Direito Bancário e do Mercado de Capitais, 2014.

CARVALHO, André Castro. *Acordos de leniência – recomendações da OCDE*. O Estado de São Paulo. 15 fev. 2019.

---

[43] Foi divulgada, inclusive, a minuta do contrato de indenidade a ser celebrado com os ex-executivos em questão.

Carvalho, André Castro; Alvim, Tiago Cripa. In: Paula, Marco Aurélio Borges; Castro, Rodrigo Aguirre Pironte de (Coords.). *Compliance, gestão de riscos e combate à corrupção: integridade para o desenvolvimento*. Belo Horizonte: Fórum, 2018.

Carvalho, André Castro; Simão, Valdir Moysés. As três fases dos programas de compliance no Brasil. *Consultor Jurídico*. Disponível em: https://www.conjur.com.br/2018-ago-30/opiniao-tres-fases-programas-compliance-brasil. Acesso em: 12 abr. 2019.

CCR. S.A. *Proposta da Administração para a Assembleia Geral Extraordinária de 22 de abril de 2019*. Disponível em: http://ri.ccr.com.br/wp-content/uploads/sites/28/2019/03/CCR-Proposta-da-Administra%C3%A7%C3%A3o-AGE-210319-v2.pdf. Acesso em: 12 abr. 2019.

Costa, Helena Regina Lobo da. Corrupção na história do Brasil: reflexões sobre suas origens no período colonial. In: Del Debbio, Alessandra; Maeda, Bruno Carneiro; Ayres, Carlos Henrique da Silva. (org.) *Temas de anticorrupção & Compliance*. Rio de Janeiro: Elsevier, 2013.

Eisinger, Jesse. *The Chickenshit Club: why the Justice Department fails to prosecute executives*. New York: Simon & Schuster, 2017.

Fisch, Jill E; Gentile, Caroline M. *The qualified legal compliance committee: using the attorney conduct rules to restructure the board of directors*. Durham: Duke Law Journal, 2003.

Folha De São Paulo. Acionistas da CCR aprovam programa de R$ 71 mi para indenizar executivos delatores. 22 abr. 2019. Disponível em: https://www1.folha.uol.com.br/mercado/2019/04/acionistas-da-ccr-aprovam-programa-de-r-71-mi-para-indenizar-executivos-delatores.shtml. Acesso em: 25 abr. 2019.

Garrett, Brandon. *The global evolution of corporate prosecutions. Law and Financial Markets Review*, 2017, Vol. 11, Nos. 2–3.

_____. *Too big to jail: how prosecutors compromise with corporations*. Cambridge: Harvard University Press, 2014.

Green, Bruce; Podgor, Ellen. *Unregulated Internal Investigations: Achieving Fairness for Corporate Constituents*. Estados Unidos: Boston College Law Review, 2013.

Keay, Andrew. *Accountability and The Corporate Governance Framework: From Cadbury to the UK Corporate Governance Code*. Reino Unido: University of Leeds, 2012.

Madruga, Antenor; Feldens, Luciano. *Cooperação da pessoa jurídica para apuração do ato de corrupção: investigação privada?* São Paulo: Revista dos Tribunais, 2014.

Millstein, Ira; Veasey, Norman; Goldschmid, Harvey; Reiss, Steven Alan; Gregory, Holly; Altschuler, Ashley. Corporate Social Responsibility for Human Rights: Comments on the UN Special Representative's Report Entitled 'Protect, Respect and Remedy: a Framework for Business and Human Rights. Weil, Gotshal & Manges, 2008.

O ESTADO DE SÃO PAULO. Camargo Corrêa tenta barrar licitação no metrô de Fortaleza. 9 maio 2018. Disponível em: https://economia.estadao.com.br/noticias/geral,camargo-correa-tenta-barrar-licitacao-no-metro-de-fortaleza,70002300716

PARKER, Christine. *The compliance trap: the moral message in responsive regulatory enforcement*. Denver: Law and Society Review, 2006.

PIAUÍ. Delação financiada. 18 abr. 2019. Disponível em: https://piaui.folha.uol.com.br/delacao-financiada/. Acesso em 21/04/2019.

SIMÃO, Valdir Moysés; VIANA, Marcelo Pontes. *O acordo de leniência na Lei Anticorrupção: histórico, desafios e perspectivas*. São Paulo: Trevisan Editora, 2017.

STRUTIN, Ken. Truth, justice, and the American style plea bargain. *Albany Law Review*. Vol. 77.3. 2013-2014.

SOLOMON, Robert C. *Ética e excelência: cooperação e integridade nos negócios*. Trad. de Maria Luiza X. de A. Borges. Rio de Janeiro: Civilização Brasileira, 2006.

SOLTES, Eugene. *Why they do it: inside the mind of the white-collar criminal*. New York: Public Affairs, 2016.

US DEPARTMENT OF JUSTICE. *Former Morgan Stanley Managing Director Pleads Guilty for Role in Evading Internal Controls Required by FCPA*. April 25, 2012. Disponível em: https://www.justice.gov/opa/pr/former-morgan-stanley-managing-director-pleads-guilty-role-evading-internal-controls-required. Acesso em: 12 abr. 2019.

US DEPARTMENT OF JUSTICE. *Memorandum from Deputy Attorney General Sally Q. Yates, September 9, 2015*. Disponível em: https://www.justice.gov/archives/dag/file/769036/download. Acesso em: 12 abr. 2019

US DEPARTMENT OF JUSTICE. *Siemens AG and Three Subsidiaries Plead Guilty to Foreign Corrupt Practices Act Violations and Agree to Pay $450 Million in Combined Criminal Fines*. Disponível em: https://www.justice.gov/archive/opa/pr/2008/December/08-crm-1105.html. Acesso em: 12 abr. 2019.

VENTURINI, Otavio; CARVALHO, André Castro; MORELAND, Allen. Aspectos gerais do U. S. Foreign Corrupt Practices Act (FCPA). In: CARVALHO, André Castro; BERTOCCELLI, Rodrigo de Pinho; ALVIM, Tiago Cripa; VENTURINI, Otávio (Coords.). *Manual de Compliance*. Rio de Janeiro: Forense, 2019.

WARREN, Danielle E. Corporate scandals and spoiled identities: how organizations shift stigma to employees. *Business Ethics Quarterly*, Volume 17, Issue 3, 2007.

12. Acordo de Leniência na Controladoria Geral do Município de São Paulo

Daniel Ribeiro Barcelos

1. Competência do município para legislar sobre o espectro da lei anticorrupção

A responsabilidade administrativa, decorrente da autonomia administrativa e de auto-organização dos entes federados, é tema a cargo de cada esfera que pode desenvolver um tema normativo por meio de legislação própria, como acontece com os estatutos funcionais dos servidores públicos, caso em que a Lei federal nº 8.112, de 11 de dezembro de 1990, não se aplica a estados e municípios[1].

Como bem salienta o Supremo Tribunal Federal – STF sobre a autonomia dos municípios:

> A CF conferiu ênfase à autonomia municipal ao mencionar os Municípios como integrantes do sistema federativo (art. 1º da CF/1988) e ao fixá-la junto com os Estados e o Distrito Federal (art. 18 da CF/1988). A essência da autonomia municipal contém primordialmente (i) autoadministração, que implica capacidade decisória quanto aos interesses

---

[1] Hely Lopes Meirelles (2007:585) assinala que em razão da autonomia política, o Município pode estabelecer regime jurídico não contratual para os titulares de cargo público. Enfatiza, ainda (p.593), que cada entidade estatal é autonomia para organizar seus serviços e compor seu pessoal.

locais, sem delegação ou aprovação hierárquica; e (ii) autogoverno, que determina a eleição do chefe do Poder Executivo e dos representantes no Legislativo. [ADI 1.842, rel. min. Gilmar Mendes, j. 6-3-2013, P, *DJE* de 16-9-2013].

Portanto, a Lei federal nº 12.846, de 1º de agosto de 2013 – conhecida como Lei Anticorrupção – LAC, na matéria referente à responsabilização administrativa não tem força de lei nacional[2], pois não está arrolada nas competências do art. 22, 25 ou 37 da Constituição Federal, de onde, em geral, emergem leis nacionais aplicáveis a toda a Administração Pública de todos os entes federados.

Por outro lado, no que respeita aos acordos de leniência, há quem possa entender que a LAC possa figurar como norma nacional, por força do art. 22, inciso XXVII, que dispõe sobre a competência privativa da União para legislar a respeito da contratação em geral. *In verbis* o dispositivo:

> XXVII – normas gerais de licitação e contratação, em todas as modalidades, para as administrações públicas diretas, autárquicas e fundacionais da União, Estados, Distrito Federal e Municípios, obedecido o disposto no art. 37, XXI, e para as empresas públicas e sociedades de economia mista, nos termos do art. 173, § 1º, III;

Contudo, não bastaria o dispositivo constitucional em tela para justificar tal posição, mas haveria de se fazer uma integração com o disposto no art. 116 da norma nacional editada com base na previsão citada acima:

> Lei nº 8.666/93
> Art. 116. Aplicam-se as disposições desta Lei, no que couber, aos convênios, acordos, ajustes e outros instrumentos congêneres celebrados por órgãos e entidades da Administração.

Assim, com base no entendimento esposado, haveria uma integração na disposição constitucional com a força normativa da lei geral de contratos que compreenderia que acordos estariam no rol de negócio

---

[2] Apesar de seu art. 1º se referir expressamente que se trata de uma lei de âmbito nacional. Em regra, o art. 1º é aquele que define o objeto e âmbito de aplicação do ato normativo a ser editado, nos moldes da Lei Complementar nº 95, de 1998, em seu art. 7º.

jurídicos disciplinados por aquela lei, sendo, assim, a dedução de que os acordos de leniência estariam abrangidos pela competência legislativa federal.

Ainda dentro dessa posição de competência legislativa privativa à União, é importante lembrar, no entanto, que a LAC, entendida como norma geral, não seja um diploma definitivo quanto a matéria, pois poderia ser ainda complementada pela legislação municipal, conforme salienta o texto constitucional:

> Art. 30. Compete aos Municípios:
> (...)
> II – suplementar a legislação federal e a estadual no que couber;

Ademais, o STF[3] já tem julgado que "a competência federal para editar normas gerais não permite que o ente central esgote toda a disciplina normativa, sem deixar competência substancial para o Estado-Membro".

Diversamente da posição de supremacia da União[4] para legislar sobre a matéria, acredita-se que posição mais acertada para a classificação dos acordos de leniência não seja na tipologia da contratação em geral[5], pois quis a Constituição relacionar aqueles negócios jurídicos com a clássica figura do contrato de compra e venda[6] e não com a esfera negocial do *jus puniendi*, seara em que se tem o instrumento jurídico do termo de ajustamento de conduta[7]. Ou seja, os acordos de leniência possuem

---

[3] Informativo nº 872, 7 a 11 de agosto de 2017 ações base dos julgados: ADPF 109/SP, rel. Min. Edson Fachin, julgamento em 10.8.2017. (ADPF-109), ADI 3356/PE, rel. Min. Eros Grau, julgamento em 10.8.2017. (ADI-3356), ADI 3357/RS, rel. Min. Ayres Britto, julgamento em 10.8.2017. (ADI-3357), ADI 3937/SP, rel. Min. Marco Aurélio, julgamento em 10.8.2017. (ADI-3937). Disponível em: http://www.stf.jus.br/arquivo/informativo/documento/informativo872.htm. Acesso fevereiro de 2019.

[4] Di Pietro (2011: 532) faz referência ao uso pela União da sua competência privativa para legislar sobre normas gerais para os outros entes sob o pretexto de que estaria editando normas de contratação, como ocorreu com os consórcios públicos, que em nada tinha a ver com regras de contratação, mas com a constituição de pessoa jurídica.

[5] Oliveira (2017:525) advoga a tese de que a teoria dos acordos administrativos é distinta da teoria dos contratos.

[6] Veja que o dispositivo constitucional do art. 22, XXVII, remete ao art. 37, XXI, menciona uma tipologia de contratos bem específicos como: obras, serviços, compras e alienações.

[7] Mazzilli (2006:12) defende que "o compromisso de ajustamento de conduta não tem natureza contratual, pois os órgãos públicos que o tomam não têm poder de disposição. (...)

uma similitude muito maior com a resolução administrativa de conflito por meio da consensualidade (OLIVEIRA, 2017:13)[8], conforme previsto na Lei nº 13.140, de 2015.

Nesta esteira, para se identificar um acordo negocial do *jus puniendi*[9] em um diploma anterior à LAC, podemos visualizar tal previsão legal de negociação da pretensão punitiva já no Código de Defesa do Consumidor – CDC (23 anos anterior à LAC[10]) em que se estabelece a possibilidade de órgãos públicos realizarem autocomposição, por celebração de instrumentos de ajustamento de conduta para moldar o comportamento do agente privados às disposições legais:

> Lei nº 8.078, de 11 de setembro de 1990. – Código de Defesa do Consumidor
> Art. 113. Acrescente-se os seguintes §§ 4º, 5º e 6º ao art. 5º da Lei nº 7.347, de 24 de julho de 1985:
> § 6º Os órgãos públicos legitimados poderão tomar dos interessados compromisso de ajustamento de sua conduta às exigências legais, mediante combinações, que terá eficácia de título executivo extrajudicial».

Sendo o *jus puniendi*, na sua faceta administrativa, pertencente a cada ente federado, melhor que cada um legisle sobre a forma negocial que melhor atenda ou se amolde a seu contexto punitivo.

Com relação ao tema, anistia do *jus puniendi* administrativo como matéria de competência legislativa de cada ente, já houve manifestação sobre o tema na Ação Direita de Inconstitucionalidade nº 104, de 2007:

> **II – Anistia de infrações disciplinares de servidores estaduais: competência do Estado-membro respectivo.**

Assim, o compromisso de ajustamento de conduta é antes um ato administrativo negocial (negócio jurídico de Direito Público), que consubstancia uma declaração de vontade do Poder Público coincidente com a do particular (o causador do dano, que concorda em adequar sua conduta às exigências da lei). *In*: Revista de Direito Ambiental, vol. 41. Disponível em http://www.mazzilli.com.br/pages/artigos/evolcac.pdf. Acesso em março de 2019.

[8] OLIVEIRA, Gustavo Justino. Direito Administrativo Consensual, Acordo de Leniência e Ação de Improbidade. Disponível em https://www.bmalaw.com.br/arquivos/Artigos/artigo_ibda_jgb.pdf. Acesso em março de 2019.

[9] O *jus puniendi* é uma expressão latina que pode ser traduzida como "direito de punir do Estado", referindo-se ao poder sancionador do Estado.

[10] E também 3 anos anterior à Lei Geral de Licitações de Contratos, de 1993.

1. Só quando se cuidar de anistia de crimes – que se caracteriza como abolitio criminis de efeito temporário e só retroativo – a competência exclusiva da União se harmoniza com a competência federal privativa para legislar sobre Direito Penal; ao contrário, conferir à União – e somente a ela – o poder de anistiar infrações administrativas de servidores locais constituiria exceção radical e inexplicável ao dogma fundamental do princípio federativo – qual seja, a autonomia administrativa de Estados e Municípios – que não é de presumir, mas, ao contrário, reclamaria norma inequívoca da Constituição da República (precedente: Rp 696, 06.10.66, red. Baleeiro). 2. Compreende-se na esfera de autonomia dos Estados a anistia (ou o cancelamento) de infrações disciplinares de seus respectivos servidores, podendo concedê-la a Assembléia Constituinte local, mormente quando circunscrita – a exemplo da concedida pela Constituição da República – às punições impostas no regime decaído por motivos políticos. (STF – ADI: 104 RO, Relator: Min. SEPÚLVEDA PERTENCE, Data de Julgamento: 04/06/2007, Tribunal Pleno, Data de Publicação: DJe-087 DIVULG 23-08-2007 PUBLIC 24-08-2007 DJ 24-08-2007 PP-00022 EMENT VOL-02286-01 PP-00001 RTJ VOL-00202-01 PP-00011)

Assentadas estas premissas, passa-se a verificar o que ocorre no Município de São Paulo com relação a matéria a partir de 2014.

2. Normatização dos acordos no município de São Paulo

O Município de São Paulo optou por absorver em seu ordenamento a totalidade da LAC, como dispõe logo no art. 1º do Decreto municipal nº 55.107, de 13 de maio de 2014:

Art. 1º Este decreto regulamenta, no âmbito do Poder Executivo, a Lei Federal nº 12.846, de 1º de agosto de 2013, disciplinando o processo administrativo destinado à apuração da responsabilidade administrativa de pessoas jurídicas pela prática de atos contra a Administração Pública Municipal Direta e Indireta.

Houve, portanto, uma abdicação legislativa de uma competência inata do município em legiferar sobre matéria em que teria total capacidade de inovação, no caso, a responsabilidade administrativa da pessoa jurídica, optando por adotar a lei federal como parâmetro de regramento jurídico municipal.

Não há, também, neste ponto, uma prejudicialidade da adoção da norma federal como diploma normativo a produzir efeitos no âmbito da municipalidade, como assentou nossa Suprema Corte na Ação Direita de Inconstitucionalidade nº 1.546/98, por analogia, quando um ente federado, no caso, um estadual, resolve adotar em seu ordenamento normas federais:

> A observância das regras federais não fere autonomia estadual.
> (ADI nº 1.546, rel. min. Nelson Jobim, j. 3-12-1998, P, DJ de 6-4-2001)

Ademais, há julgados do Superior Tribunal de Justiça em que na falta de lei municipal sobre processo administrativo, em que o município tem competência plena para legislar, pode-se aplicar o diploma federal até que sobrevenha a norma local sobre o tema:

> (...)
> Quanto ao mérito, destaque-se que esta Corte possui entendimento assente no sentido de que a Lei Federal n. 9.784/99 aplica-se de forma subsidiária no âmbito estadual e municipal, se inexistente lei específica regulando a matéria. A propósito, confira-se: RECURSO ESPECIAL. LEI Nº 9.784/99. APLICAÇÃO SUBSIDIÁRIA. ESTADOS E MUNICÍPIOS. PRAZO DECADENCIAL. SUSPENSÃO. INTERRUPÇÃO. NÃO-OCORRÊNCIA. REVISÃO. FATOS. NÃO-CABIMENTO. SÚMULA 07/STJ.[...] 10. A Lei 9.784/99 pode ser aplicada de forma subsidiária no âmbito dos demais Estados-Membros, se ausente lei própria regulando o processo administrativo no âmbito local. Precedentes do STJ. 11. Recurso especial conhecido em parte e não provido. (REsp1.148.460/PR, Rel. Min. Castro Meira, Segunda Turma, DJe de 28.10.2010) DIREITO ADMINISTRATIVO. RECURSO ESPECIAL. POLICIAL MILITAR DO DISTRITO FEDERAL EXPULSO DA CORPORAÇÃO A BEM DA DISCIPLINA. DEPENDENTES. PAGAMENTO DE PENSÃO. REVISÃO DO ATO DE CONCESSÃO. IMPOSSIBILIDADE. DECADÊNCIA ADMINISTRATIVA. LEI 9.784/99. APLICABILIDADE. DISSÍDIO JURISPRUDENCIAL NÃO COMPROVADO. RECURSO ESPECIAL CONHECIDO E IMPROVIDO.[...] 2. Ausente lei local específica, a Lei 9.784/99 pode ser aplicada de forma subsidiária no âmbito dos demais

Estados-Membros, tendo em vista que se trata de norma que deve nortear toda a Administração Pública, servindo de diretriz aos seus demais órgãos. Precedentes do STJ.[...] (STJ – Ag: 1384939, Relator: Ministro MAURO CAMPBELL MARQUES, Data de Publicação: DJ 25/03/2011)

Além de reafirmar a primazia da lei federal, o Decreto municipal nº 55.107/14 (Dm nº 55107) determina a aplicação, subsidiariamente, aos procedimentos disciplinados naquele diploma da União, as disposições da Lei de Processo Administrativo Municipal de São Paulo – LPAMSP[11], desde que não confronte a LAC.

3. Competência da CGM

Do ponto de vista de competência organizacional, diversamente do regramento federal, o Município de São Paulo adotou a **unicidade do processamento** da responsabilização e leniência. Explicando: no modelo federal, enquanto a responsabilização podia ser processada por qualquer órgão ou entidade da administração pública federal (art. 8º da LAC), no Município de São Paulo as duas competências – responsabilização e leniência – foram conferidas somente à Controladoria Geral do Município – CGM (art. 3º e 25 do Dm nº 55107).

No que tange aos acordos de leniência, em específico, a disciplina competiu aos dispositivos dos arts. 25 a 33 do aludido decreto, adotando a fórmula federal em que a competência para celebrar o acordo compete à Controladoria Geral do Município, por meio de seu titular, com vedação desta atribuição a qualquer outra autoridade da instituição[12].

Essa vedação da delegação tem seu desenho estatuído por conta da **concomitância do duplo procedimento apuratório**, que se irá falar mais a frente.

4. Fases do procedimento de leniência

Há as seguintes fases do procedimento da leniência: a apresentação da proposta, o juízo de admissibilidade com a formalização da "Proposta de Acordo de Leniência nos termos da Lei Federal nº 12.846/13" – que seria o "Memorando de Entendimentos", a fase de negociação, com a

---

[11] Lei municipal nº 14.141, de 27 de março de 2006.
[12] Art. 25 do Decreto Municipal nº 55107/14.

apresentação do relatório final da comissão e consequente decisão do Controlador Geral, para finalmente haver a celebração do acordo de leniência.

4.1 Apresentação da Proposta

Na fase de apresentação da proposta, os representantes da pessoa jurídica devem procurar a Controladoria Geral do Município na pessoa do Controlador Geral. Afinal, ele é autoridade para a celebração do acordo, para apresentação dos termos da proposta de forma oral ou escrita[13], à escolha da proponente da Leniência.

Quando representado por advogados, a procuração deve outorgar poderes especiais para atuação do causídico perante a Administração Pública, prevendo que o outorgante está ciente da renúncia do direito constitucional ao silêncio e da garantia contra a autoincriminação, em especial no que tange aos depoimentos que vier a prestar no âmbito do procedimento do acordo de Leniência, estando sujeito ao compromisso legal de dizer a verdade sobre o que lhe vier a ser perguntado.

Se adotada a forma escrita, deverão os representantes protocolar os termos da proposta de leniência, utilizando um envelope lacrado e identificado com os dizeres "Proposta de Acordo de Leniência nos termos da Lei Federal nº 12.846/13" com a aposição em sequência do termo "Confidencial".

Se a opção pela a proponente for a forma oral, deverá ser solicitada reunião com o Controlador Geral do Município. Momento em que o titular do controle interno deverá convocar um ou mais membros de sua assessoria para que se faça a oitiva da proponente.

Tanto na oitiva ou na apresentação de proposta escrita, ou seja, no seio da documentação constante do envelope lacrado, deverá a proponente[14]:

a) informar a qualificação completa da pessoa jurídica e de seus representantes,

b) previsão de identificação dos demais envolvidos no suposto ilícito, quando couber, e

---

[13] Art. 28 do Decreto Municipal nº 55107/14.
[14] Art. 28 do Decreto Municipal nº 55.107/14.

c) o resumo da prática supostamente ilícita com a descrição das provas e documentos a serem apresentados na hipótese de sua celebração.

Pode ser que uma reunião não seja suficiente para formalização da proposta, podendo a autoridade administrativa e acordo com as partes estenderem por mais outros encontros, o que é totalmente cabível tendo em vista a possível complexidade da temática e os dizeres da Lei municipal nº 14.141, de 2006 – Lei de Processo Administrativo Municipal (LPAMSP) – ao dizer que o processo será composto pelo conjunto de documentos, requerimentos, atas de reunião, pareceres e informações instrutórias necessários à decisão da autoridade administrativa (art. 7º da Lei).

Portanto, a própria LPAMSP admite a divisibilidade das reuniões.

No âmbito das reuniões deve ser lavrado termo em duas vias assinadas pelos presentes, sendo uma entregue à proponente, devendo a outra via compor os autos do processo administrativo de proposta de leniência, que deve ter acesso restrito por conta do cânone da confidencialidade e sigilo.

Durante a fase inicial, é importante, para acautelar a Administração, de que sejam feitos instrumentos declaratórios de confidencialidade e sigilo a serem assinados por todos os presentes, de forma que isto compromete àqueles que tem conhecimento do procedimento o dever de sigilo quanto ao conteúdo dos atos preparativos, observando o art. 30 e 31 da Lei de Mediação – LM (Lei nº 13.140, de 26 de junho de 2015).

Este cuido objetivo por meio de termo declaratório expresso se deve ao fato ao postulado pelo Dm nº 55107, no art. 6º, ao dizer que a proposta do acordo de leniência será sigilosa, conforme previsto no § 6º do art. 16 da LAC, e autuada em autos apartados.

Durante o procedimento, logo no início da identificação das partes, é de suma importância que a Administração tem em mãos o contrato social da pessoa jurídica ou instrumento equivalente, para verificar se aquelas pessoas que buscam a Administração para abertura do procedimento, estão de fato habilitadas para tanto.

A pessoa jurídica será representada na negociação e na celebração do acordo de leniência pelas pessoas naturais em conformidade com seu contrato social ou instrumento equivalente (art. 30 do Dm nº 55107).

Estando a pessoa jurídica representada por advogado ou advogados, a Administração deve confirmar se possuem procuração com poderes específicos, outorgada pelo sócio administrador ou presidente da companhia ou quem o estatuto/contrato social confira poderes para tanto, a fim de que possa apresentar a proposta de acordo.

4.2 Do Juízo de Admissibilidade

Após findado o procedimento inicial, é importante fazer o juízo de admissibilidade da proposta, para seja proferido uma opinião jurídica da viabilidade da proposta de acordo para se passar à fase de negociação, a fim de que se evite o prolongamento desnecessário do procedimento e a tramitação já possa ser finalizada quando verificada a possibilidade de não prosseguimento.

Os possíveis impedientes ao prosseguimento a ser detectado pelo juízo de admissibilidade são:

a) incompetência do Município para processamento do feito, caso em que o direito violado seja de outro ente federativo;

b) fatos anteriores à edição da LAC, quando não envolva contratos administrativos e que não tenha ação continuada perpetrada para o futuro;

c) o processo de responsabilização, que tenha substrato nos mesmos fatos, já tenha chegado ao Controlador Geral para proferir decisão condenatória;

d) quando tenha ocorrido a prescrição da sanção punitiva; e

e) fatos declarados pela proponente sem correspondência temática com os tipos infracionais;

Efetivada uma estabilidade em torno da proposta, com o parecer do juízo de admissibilidade, fica firmado o memorando de entendimentos, que é um documento assinado pelas partes, representantes da pessoa jurídica e Controlador Geral, indicando os fatos e documentos preliminarmente apresentados, pois podem surgir novos fatos, assim como serem autuados novos documentos, perícias, oitivas de testemunhas, na fase seguinte, em que há um aprofundamento das investigações, **a fase de negociação,** de natureza instrutória e negocial.

4.3 Da Fase de Negociação

O Dm nº 55.107 é exíguo na disciplina da procedimentalização da fase de negociação, devendo, neste caso, serem tomados subsidiariamente os seguintes diplomas como guias procedurais, até que se editem normas concretas a respeito do tema (mas que devem encontrar inspiração no preceituado guia):

a) Lei federal n º 13.140, de 26 de junho de 2015, Lei de Mediação, mais detidamente o Capítulo II, da Autocomposição de Conflitos em que for Parte Pessoa Jurídica de Direito Público (arts. 32 a 34), adicionando, também, os arts. 14 a 20, por força da disposição do art. 33 deste diploma, além do art. 30, que já foi mencionado acima; e

b) art. 165 a 173, referentes à solução consensual de conflitos, do Novo Código de Processo Civil (Lei nº 13.105, de 16 de março de 2015), conforme é determinada sua aplicação nos termos do art. 15: "a ausência de normas que regulem processos eleitorais, trabalhistas ou administrativos, as disposições deste Código lhes serão aplicadas supletiva e subsidiariamente".

Estes diplomas constituiriam um verdadeiro microssistema, juntamente com a Lei de Processo Administração municipal e a LAC, criando um ambiente em que se é possível um diálogo de fontes[15].

A aplicação da teoria do diálogo das fontes é o de que as leis surgem para ser aplicadas e não excluídas umas pelas outras, mormente quando possuem campos de aplicação convergentes, como ocorre no processo de negociação.

4.3.1 Da comissão

Para a fase de negociação, tendo-se a Lei de Mediação como parâmetro, esta menciona a criação de câmaras de solução de conflito (art. 32), que seriam comissões de servidores para solucionar os conflitos por meio de procedimento cujo o objetivo é o da autocomposição.

---

[15] Marques, 2009. A aplicação da teoria do diálogo das fontes é o de que as leis surgem para ser aplicadas e não excluídas umas pelas outras, mormente quando possuem campos de aplicação convergentes, como ocorre no processo de negociação.

No caso da leniência, uma comissão de negociação teria uma grande relevância para adoção dos instrumentos de solução de conflitos, contando com o quadro profissional da Controladoria Geral, com treinamento para a aplicação de técnicas negociais, com o intuito de proporcionar ambiente favorável à autocomposição (art. 165, § 3º, do Novo Código de Processo Civil).

Um outro argumento favorável à sua instituição é que se há uma comissão para apuração de responsabilidade, conforme dicção do art. 15 da própria LAC, por paralelismo das formas, seria recomendável que houvesse uma comissão para negociação.

No que tange à comissão, em suas características essenciais, seria salutar que se adotasse a fórmula – não obrigatória, mas inspiradora – do art. 150 da Lei federal nº 8.112/90 com referência à comissão processante, em que se saliente sua independência e imparcialidade[16], além de sua composição por 2 ou mais servidores estáveis (art. 10 da LAC), cuja a quantificação o Controlador Geral gradaria em termos de complexidade da proposta de leniência.

Observados os preceitos acima, isto daria maior respaldo à comissão e à própria instituição que detém em seus quadros servidores especializados como os Auditores Municipais de Controle Interno, conforme se depreende do art. 9º da Lei municipal nº 16.193, de 5 de maio de 2015[17].

É importante que a comissão de negociação, por conta do **duplo procedimento apuratório**, não seja oriunda da instância disciplinar da CGM, pois poderia ser influenciada ou influenciar acidentalmente o rumo das investigações, tanto de leniência, assim como o eventual processo de responsabilidade que estivessem em curso.

Por fim, os membros da comissão devem ser selecionados entre os servidores com idoneidade e reputação ilibada, observando os seguintes diplomas municipais:

---

[16] Também ressalta o art. 166 do Novo Código de Processo Civil a importância da independência e imparcialidade daqueles envolvidos nos procedimentos de mediação e conciliação.

[17] Dispõe sobre a criação do Quadro dos Profissionais de Gestão Governamental – QPGG e das carreiras de Auditor Municipal de Controle Interno – AMCI e de Analista de Políticas Públicas e Gestão Governamental – APPGG, bem como institui o respectivo regime de remuneração por subsídio.

a) Decreto nº 56.130, de 26 de maio de 2015 – Institui, no âmbito do Poder Executivo, o Código de Conduta Funcional dos Agentes Públicos e da Alta Administração Municipal;
b) Decreto nº 53.177, de 4 de junho de 2012, decreto de "ficha limpa", que traz a vedações ao desempenho da função pública na administração paulista daquelas pessoas que estejam enquadradas na "Lei de Ficha Limpa" (Lei Complementar nº 135, de 4 de junho de 2010); e
c) as hipóteses de impedimento e suspeição do art. 18 da LPAMSP.

4.3.2 Dos Trabalhos da Comissão

Constituída a comissão de negociação, por meio de portaria do Controlador Geral e publicada em meio oficial, esta passaria a conduzir o processo da proposta de acordo de leniência com o cuidado objetivo da autuação de todos os documentos, produzidos na fase de negociação, em autos apartados (art. 26)[18], zelando para que estes não sejam retirados da repartição (art. 38)[19].

Com a instituição da comissão, também se inicia a contagem do prazo de 60 dias, nos termos do art. 29 do Dm nº 55107, prorrogáveis por mais 60.

Importante enfatizar que este prazo não é cabal para conclusão dos trabalhos, mas indica que deva haver celeridade por parte da comissão e, também, por parte da pessoa jurídica, para deslinde do procedimento.

Tomando o parâmetro do excesso de prazo no seio do processo disciplinar, verifica-se que este não é capaz de ensejar nulidade, consoante posicionamento do Superior Tribunal de Justiça:

1. Não merece guarida a alegação de nulidade sob o fundamento de que houve excesso de prazo para a conclusão dos trabalhos da Comissão Processante, contrariando o disposto no art. 152 da Lei n. 8.112/90. O excesso de prazo para conclusão do processo administrativo disciplinar não é causa de nulidade, quando não demonstrado nenhum prejuízo à defesa do servidor. Precedentes. (Mandado De Segurança nº 20.747 – DF, 2014, Rel. Ministro Og Fernandes, DJe 18/06/2015)

---

[18] Do Decreto municipal nº 55107/14.
[19] Do Decreto municipal nº 55107/14.

Assim, por analogia, na esteira do entendimento da corte superior, exceder os prazos regulamentares previstos não geraria nulidade do procedimento, até porque, segundo o parágrafo único do art. 25 da LAC, a prescrição será interrompida com a instauração de processo que tenha por objeto a apuração da infração.

A comissão deve se atentar para pedir a prorrogação de prazos para dar suporte legal à sua atuação.

A comissão deve instruir o processo, observando os art. 26 a 32 da LPAMSP.

Durante o desenvolver do procedimento, deve a pessoa jurídica, por meio de seus representantes e/ou advogados, expor os fatos conforme a verdade, prestando as informações que lhe forem solicitadas e colaborar para o seu esclarecimento, além proceder com lealdade, urbanidade e boa-fé, evitando atuar de modo temerário, como dispõe a LPAMSP, em seu art. 6º.

A colaboração prevista no artigo supracitado é qualificada, no sentido de que ela é o cerne central do acordo de leniência, devendo ser uma plena e efetiva com as investigações, resultando em atos por parte da pessoa jurídica que, de pronto, permitam a obtenção célere de informações e documentos que comprovem o ilícito sob apuração, o esclarecimento de dúvidas por parte da comissão a respeito dos fatos e das pessoas envolvidas (art. 16, incisos I e II da LAC).

A par da colaboração, a pessoa jurídica deve adotar um *ex animo dicere*, que significa "dizer com sinceridade", admitindo sua participação no ilícito, por meio de sua confissão da prática infracional, com a individualização de sua conduta. Na esteira da sinceridade, deve a pessoa jurídica a descrição minuciosa da prática denunciada, incluindo a identificação dos participantes que a pessoa jurídica tenha conhecimento e relato de suas respectivas participações no suposto ilícito, com a individualização das condutas (art. 32, I)[20].

É uma descrição pormenorizada dos fatos e das pessoas envolvidas na revelação de esquemas para fraudar a Administração, como "rodízio" de empresas amigas nas contratações, jogo de planilhas, replanilhamento, barreiras à entrada de novos concorrentes nos procedimentos licitatórios, fraude à execução contratual, cartelização, propinas a agentes

---

[20] Decreto municipal nº 55107/14.

públicos, facilitações indevidas em procedimentos de fiscalização, restituição fraudulenta ou não pagamento de tributos devidos, superfaturamento e sobre-preço, criação de empresas de fachada, utilização de maquinários ou bens da municipalidade sem a regular autorização, influência indevida em decisões administrativas para lhe favorecer[21] [22].

Outro comportamento esperado por parte da pessoa jurídica fora dos autos, na esteira de boa-fé específica, é que ela cesse completamente seu envolvimento na infração investigada antes ou a partir da data de propositura do acordo (art. 16,§ 1º, II da LAC c/c inciso IV do art. 32 do Dm nº 55107) e seja, também, a primeira a cooperar na apuração do ilícito, ou seja, que detenha a primazia da espontaneidade.

Por fim no campo da onerosidade no procedimento investigatório, deve a pessoa jurídica arcar às suas expensas com o custo de todo o procedimento, não podendo se eximir do pagamento destes, conforme dispõe o art. 32, inciso VI, do Dm nº 55107, combinado com § 3º do art. 16 da LAC.

A sinceridade, a boa fé e a cooperação devem ser integrais, pois caso não haja este comportamento por parte da pessoa jurídica, isto ensejará a rejeição da leniência, conforme art. 32 do Dm nº 55107.

A comissão a par das responsabilidades procedurais da pessoa jurídica poderá requisitar todos os documentos e provas, além de esclarecimentos ou cumprimento de qualquer ato essencial ao andamento do processo (art. 24 da LPAMSP), mediante impulso oficial (art. 26 da LPAMSP) para formar sua convicção da conformação dos requisitos para a celebração do acordo.

Quando houver documentos ou outros elementos de prova necessários à instrução do processo de negociação disponíveis na própria Administração Municipal, a comissão proverá, de ofício, a sua obtenção, nos termos do art. 31 da LPAMSP.

A comissão também poderá propor a requisição de servidores de outras áreas com especificações técnicas para prestar assistência para

---

[21] Fonte: Cartilha de Fraudes em Licitações e Contratos do Ministério Público de São Paulo, disponível em <http://www.mpsp.mp.br/portal/page/portal/Cartilha_Eletronica/fraudes-Licitacoes/FraudesLicitacoes.htm>l. Acesso em março de 2019.
[22] Fonte: *Briefing* das Operações Especiais de 2003 a 2018, disponível em <https://www.cgu.gov.br/assuntos/auditoria-e-fiscalizacao/acoes-investigativas/operacoes-especiais>. Acesso em março de 2019.

elucidar pontos de dúvida da comissão ou mesmo prestar assessoria especializada. Neste ponto, deverá solicitar ao Controlador Geral que exerça sua competência nos termos do art. 138 da Lei municipal nº 15.764, de 27 de maio de 2013:

> Art. 138. Compete ao Controlador Geral:
> (...)
> V – requisitar procedimentos e processos administrativos já arquivados por autoridade da Administração Pública Municipal;
> VI – requisitar aos órgãos ou entidades da Administração Pública Municipal informações e documentos necessários ao regular desenvolvimento dos trabalhos da Controladoria Geral do Município;
> VII – requisitar informações ou documentos de quaisquer entidades privadas encarregadas da administração ou gestão de receitas públicas;
> VIII – requisitar, aos órgãos e entidades da Administração Pública Municipal, os agentes públicos, materiais e infraestrutura necessários ao regular desempenho das atribuições da Controladoria Geral do Município;

4.3.3 Objeto da Negociação

O objeto da negociação é a confissão por parte da pessoa jurídica da prática de irregularidades dos atos previstos no art. 5º da LAC ou do cometimento de ilícitos previstos na Lei nº 8.666, de 1993, com vistas à isenção ou atenuação das sanções administrativas estabelecidas em seus **arts. 86 a 88**, que gerará, em contrapartida[23], a não declaração de inidoneidade, a não publicação extraordinária da condenação em jornal de grande circulação e a depender do grau de colaboração, *ex animo dicere* e espontaneidade: a) a redução da multa em relação ao faturamento de até 2/3; e, b) a isenção ou redução de prazo da proibição de receber incentivos, subsídios, subvenções, doações ou empréstimos de órgãos ou entidades públicas e de instituições financeiras públicas ou controladas pelo poder público.

O ressarcimento ao erário não é negociável, mas pode haver a concessão de prazo para a restituição integral e parcelarização dos recolhimentos, a depender de um eventual estudo do fluxo de caixa da empresa.

Ademais, serão negociadas as condicionantes a serem cumpridas pela pessoa jurídica para a concessão do favor legal a que alude a LAC.

---

[23] LAC – Art. 16, § 2º, e art. 17.

Neste ponto a Administração deve ter toda cautela necessária para que se obtenha o pleno cumprimento do acordo, podendo-se dividir em medidas de aplicação de desenvolvimento da ética empresarial e medidas assecuratórias do acordo, que serão explicitadas a seguir.

4.4 Do Relatório Final da Comissão

Terminados os trabalhos, a comissão, por paralelismo do art. 10 § 3º da LAC, deve apresentar relatório final sobre os fatos apurados, as provas que lastreiam responsabilidade da pessoa jurídica, posicionar sobre a plena cooperação da pessoa jurídica, sugerindo de forma motivada sobre a celebração ou rejeição da proposta de leniência, a gradação da multa aplicada[24], e o compromisso da pessoa jurídica do ressarcimento integral ao erário com a memória de cálculo, além das demais condições que se façam necessárias para assegurar a efetividade da colaboração e o resultado útil do processo, como:

a) a existência de mecanismos e procedimentos internos de integridade, auditoria e incentivo à denúncia de irregularidades e a aplicação efetiva de códigos de ética e de conduta no âmbito da pessoa jurídica;

b) as condições em se darão o monitoramento do cumprimento do acordo;

c) a possibilidade de auditar o acordo pela própria CGM ou por meio de empresa especializada que remeterá seus relatórios à CGM;

d) a cláusula penal em caso de descumprimento do acordo, de atraso do envio das informações requisitadas,

e) a parcelarização e os critérios de reajuste das parcelas de ressarcimento ao erário e de pagamento das multas;

f) a demissão de empregados dos setores envolvidos da pessoa jurídica, assim como a própria destituição da presidência, diretoria ou conselho de administração, quando envolvidos; e

g) o consentimento de que os fatos e os documentos poderão ser partilhados, a fim de dar ensejo a procedimentos de investigação e apuração de responsabilidade; e

---

[24] Conforme o disposto no art.32, inciso VIII e § 3º do Dm nº 55107.

h) a regra de que em caso de não cumprimento do acordo, a transformação das multas e do montante do ressarcimento do erário em título executivo extrajudicial ou inscrição em dívida ativa.

Por fim, compete a comissão propor, ao final do relatório, uma minuta do acordo, nos termos do art. 31 do Dm nº 55107.

Sobre a gradação da multa, esta deverá ser motivada com base na proporcionalidade e razoabilidade[25], levando em conta os seguintes requisitos:

a) um subjetivo (art. 31, § 2º do Dm nº 55107) – o grau de cooperação plena e permanente da pessoa jurídica com as investigações e o processo administrativo, especialmente com relação ao detalhamento das práticas ilícitas, a identificação dos demais envolvidos na infração, quando for o caso, e as provas apresentadas, e

b) um objetivo (art. 31, § 2º do Dm nº 55107) – se proposta de acordo de leniência for apresentada após a ciência, pela pessoa jurídica, da instauração dos procedimentos de responsabilização, a redução do valor da multa aplicável será, no máximo, de até 1/3 (um terço).

5. Fase decisória

O processo administrativo, com o relatório da comissão, será remetido ao Controlador Geral para julgamento, que deverá ser efetivado em até 15 dias, como preceitua o art. 33 da LPAMSP, permitida uma prorrogação justificada.

Caso a comissão proponha a rejeição do acordo, poderá a pessoa jurídica fazer arrazoado para subsidiar a decisão do Controlador Geral em contrário.

Antes do julgamento, é aconselhável que haja manifestação da Procuradoria Geral do Município[26], seja pelo próprio órgão central ou por meio de procurador municipal lotado em unidade de assessoramento jurídico da própria CGM[27].

---

[25] Art. 2º, **caput**, da LPAMSP.
[26] Art. 119, §2º, da Lei municipal nº 15.764 de 27 de maio de 2013.
[27] Art. 12 do Decreto nº 57.921 de 10 de outubro de 2017, que dispõe sobre a reorganização da Controladoria Geral do Município.

Com parecer favorável sobre o relatório da comissão e da minuta de acordo, o chefe da CGM decide motivadamente, com indicação dos fatos e fundamentos jurídicos[28], a proposta podendo concordar integralmente ou parcialmente, caso em que deverá ajustar a minuta. Caso os pontos sejam de menor alcance, com a própria proponente no âmbito do Gabinete com servidores de seu assessoramento direto. Caso a divergência seja mais complexa, é recomendável a instituição de nova comissão para reformular a negociação do acordo.

No caso de decisão de indeferimento do acordo pelo Controlador, cabe pedido de reconsideração, nos termos do art. 37 do Dm nº 55107, no prazo de 5 dias, após publicação no diário oficial, nos termos do art. 23 da LPAMSP.

Com a decisão final de deferimento do Controlador Geral, celebra-se o acordo, com a assinatura dos representantes da pessoa jurídica e do Controlador Geral, além de duas testemunhas, para conferir a eficácia de título executivo extrajudicial, nos termos do art. 784, inciso III, do Novo Código de Processo Civil[29].

Pode também a Administração paulistana, na omissão normativa com relação ao tema, seguir o estipulado pela LAC no art. 13[30], parágrafo único, com inscrição dos valores (valor do ressarcimento do dano ao erário, multa e cláusula penal) em dívida ativa e execução pela Lei de Execução Fiscal – LEF (Lei nº 6.830, de 22 de setembro de 1980), que é mais benéfica à Administração que a dinâmica do Novo Código de Processo Civil, que não exige garantia do juízo, para oposição de embargos conforme seu art. 914.

6. Do duplo procedimento apuratório

O duplo procedimento apuratório diz respeito ao fato de que o procedimento de responsabilização pode caminhar em paralelo com o procedimento da proposta de leniência no âmbito da CGM, não havendo suspensão de um procedimento sobre o outro, exceto quando houver

---

[28] Art. 33, parágrafo único, da LPAMSP.
[29] Somente uma garantia adicional, pois o próprio dispositivo do código, inciso II diz que tem eficácia de título executivo extrajudicial qualquer documento público assinado pelo devedor, que é caso do acordo de leniência.
[30] "Concluído o processo e não havendo pagamento, o crédito apurado será inscrito em dívida ativa da fazenda pública.".

o encaminhamento do relatório da comissão processante à autoridade instauradora para julgamento no âmbito do processo de responsabilização (art. 31, § 4º, do Dm nº 55.107).

Por força ainda do duplo procedimento apuratório, quando a proposta de acordo de leniência for apresentada após a ciência, pela pessoa jurídica, da instauração dos procedimentos previstos no "caput" do art. 3º do DM nº 55.107, a redução do valor da multa aplicável será, no máximo, de até 1/3 (um terço). Ou seja, faltando à pessoa jurídica a sinceridade na colaboração, pois o seu agir foi motivado pela possibilidade de ser sancionada, é que a empresa decidiu por abrir as negociações do acordo de leniência.

Um outro efeito do duplo procedimento apuratório é que a pessoa jurídica, almejando a minorar as penalizações às quais seria submetida, terá pleno interesse na celeridade na celebração do acordo. Irá proceder com colaboração plena para atalhar as investigações, reunir conteúdo probatório de sua prática infracional e conseguir obter a leniência.

Para a Administração pode ser vantajoso a colaboração ainda no curso da responsabilização, pois pode representar um resultado útil, qual seja: atalhamento do procedimento investigatório, o ressarcimento de boa vontade do erário, além do pagamento acordado da multa sobre o faturamento, sem a necessidade de promover as execuções judiciais que adviriam do processo de responsabilização.

7. Da hipótese em que o acordo não é firmado

O acordo de leniência pode não ser firmado, tendo em vista que na fase de negociação as partes não chegaram ao consenso para vinculação das vontades ou porque houve desistência por parte da proponente, que havia julgado inconveniente o acordo. Ou, ainda, pela própria Administração que teve o processo de responsabilização levado ao Gabinete do Controlador momentos antes da decisão da leniência, tal como previsto no art. 31, § 4º, do Dm nº 55.107.

O art. 16, § 7º, da LAC, diz que o efeito jurídico da proposta de acordo de leniência rejeitada é o não reconhecimento da prática do ato ilícito investigado. Ou seja, a rejeição da proposta ou frustração das negociações não tem o condão de tornar os elementos probatórios trazidos à baila do processo de acordo como ensejadores de responsabilidade.

O Dm nº 55107 desenvolve melhor este preceito, prescrevendo que na hipótese do acordo de leniência não ser firmado, os documentos que foram entregues pela proponente devem ser devolvido. Dizendo também que:

> Art. 27 Não importará em confissão quanto à matéria de fato, nem reconhecimento de ilicitude da conduta analisada, a proposta de acordo de leniência rejeitada na fase de negociação, da qual não se fará qualquer divulgação, nos termos do § 6º do artigo 16 da Lei Federal nº 12.846, de 2013.

Assim, os documentos anteriormente de posse da Controladoria não podem ser utilizados como provas para fins de responsabilização, salvo quando deles já se tinha conhecimento antes da proposta de acordo de leniência ou se pudesse obtê-los por meios ordinários, conforme previsão do art. 33 do Dm nº 55107.

É mister enfatizar que a não consumação da assinatura da leniência faz com que as declarações da proponente e as evidências trazidas aos autos é como se não existissem. Afinal, pressuposto básico da leniência é que a proposta seja propulsada pela proponente da leniência. O efeito da norma do decreto, assim como a previsão do art. 16, §7º da LAC, é como se a proponente jamais tivesse se apresentado perante a Administração.

Aliás, adotando o preceito da Lei federal 12.529/11 no art. 86, § 10,[31] que guarda extrema similitude com o dispositivo do decreto municipal, o Superior Tribunal de Justiça (STJ) se posicionou quanto aos efeitos da proposta de leniência rejeitada:

> ...assegura-se o sigilo das propostas de acordo de leniência, as quais, eventualmente rejeitadas, não terão nenhuma divulgação, devendo ser restituídos todos os documentos ao proponente. (REsp 1554986/SP, Rel. Ministro MARCO AURÉLIO BELLIZZE, Terceira Turma, DJe 05/04/2016)

Portanto, os efeitos da desistência ou da rejeição do acordo leniência, ou seja, quando a leniência não é consumada, segue o primado de

---

[31] Lei nº 12.529, de 30 de novembro de 2011. Art. 86. § 10. Não importará em confissão quanto à matéria de fato, nem reconhecimento de ilicitude da conduta analisada, a proposta de acordo de leniência rejeitada, da qual não se fará qualquer divulgação.

"não autocriminação"[32], em que ninguém é obrigado a fazer prova contra si mesmo.

8. Da confidencialidade e sigilo

Neste sentido, como salvaguarda dos efeitos da rejeição ou frustação do acordo, além do não vazamento das informações na fase investigativa, a **confidencialidade** é um princípio de suma importância, que rege todo o procedimento da leniência, sendo seu ponto nevrálgico, que não respeitado, sujeita todos os envolvidos à responsabilização, seja por violação de sigilo funcional, no caso dos agentes públicos, seja por violação de sigilo profissional, nos casos de advogados ou representantes da pessoa jurídica proponente, sujeitando a todos pelas eventuais perdas e danos do ponto de vista civil pela adoção da prática ilícita.

É um ambiente que a publicidade e transparência são restritas por envolver uma investigação de fatos.

A Lei de Acesso à Informação – LAI (Lei nº 12.527, de 18 de novembro de 2011) garante o sigilo das informações que possam comprometer atividades de inteligência, bem como de investigação, nos termos do art. 23, inciso VIII da LAI.

Portanto, o sigilo ou confidencialidade das informações constituintes dos autos do procedimento em leniência segue em consonância com a sistemática enumerada pela LAI, em que mitigação da transparência tem sua justificativa enumerada.

9. Da violação do acordo pela pessoa jurídica

Após celebrado o acordo, é desejado que haja o cumprimento por parte da pessoa jurídica das exigências legais e das condicionantes do acordo que foram capitulados pela Administração no sentido do retorno à legalidade e fomento a uma postura ética por parte daquele ente privado.

Por vezes, poderá a pessoa jurídica descumprir o acordo, caso em que será executada na forma estipulada no acordo, como um título excutivo judicial, seja através da inscrição em dívida ativa e eventual execução fiscal.

---

[32] É uma alusão ao termo técnico penal, não há como se comparar a violação de uma infração administrativa ao cometimento de crime, são responsabilidades distintas.

Ademais, recairá sobre a pessoa jurídica a penalidade de ficar impedida de celebrar novo acordo pelo prazo de 3 anos contados do conhecimento pela Administração Pública do referido descumprimento (art. 16, § 8º, da LAC),

Além do previsto no diploma federal, há previsão na esfera municipal de atuação específica por parte da CGM:

Decreto nº 55.107/14
Art. 32 Caso a pessoa jurídica que tenha celebrado acordo de leniência forneça provas falsas, omita ou destrua provas ou, de qualquer modo, comporte-se de maneira contrária à boa-fé e inconsistente com o requisito de cooperação plena e permanente, a Controladoria Geral do Município fará constar o ocorrido dos autos do processo, cuidará para que ela não desfrute dos benefícios previstos na Lei Federal nº 12.846, de 2013, e comunicará o fato ao Ministério Público e ao Cadastro Nacional de Empresas Punidas – CNEP.

O registro do descumprimento do acordo no CNEP (art. 22, § 4º, da LAC c/c art. 32 DM nº 55.107) tem o intuito de que a transparência seja um inibidor de tal conduta transgressora, dada a ampla publicidade que o cadastro pode gerar, criando um risco reputacional para a empresa ao violar o acordo.

10. Da transparência e publicidade

Com relação à transparência do acordo, não parece haver dúvida que a sua restrição, com a imposição de sigilo, tem sua admissibilidade na fase investigativa. Mas a LAC também enumera que a proposta de acordo de leniência somente se tornará pública após a efetivação do respectivo acordo, salvo no interesse das investigações e do processo administrativo.

Portanto, poderia haver, mesmo após a celebração do acordo, uma mitigação de sua publicidade. Neste sentido decidiu o STJ, com base lei regente dos acordos de leniência no âmbito do Conselho Administrativo de Defesa Econômica-CADE que:

O sigilo nos processos administrativos de acordo de leniência celebrado com o CADE, bem como o dos documentos que os instruem, no que tange a pretensões privadas de responsabilização civil por danos decorrentes da eventual formação de cartel, deve ser preservado até a conclusão da instrução preliminar do referido processo administrativo (marcada pelo envio do relatório circunstanciado pela Superintendência-Geral ao Presidente do Tribunal Administrativo), somente podendo ser estendido para após esse marco quando lastreado em circunstâncias concretas fundadas no interesse coletivo – seja ele o interesse das apurações, seja ele a proteção de segredos industriais. (AgRg no AREsp 501.292-SP, Terceira Turma, DJe 4/8/2015). REsp 1.554.986-SP, Rel. Min. Marco Aurélio Bellizze, julgado em 8/3/2016, DJe 5/4/2016.)

Uma possibilidade para não publicidade do acordo, ou seja, a extensão do sigilo do acordo após a sua assinatura, seria quando ele dá ensejo a outras apurações de responsabilidade, como o pagamento de propina a agentes públicos municipais, a investigação de outras pessoas jurídicas com base na confissão da pessoa jurídica proponente. Além de inquéritos civis públicos que o acordo tenha dado ensejo.

De resto, celebrado o acordo, salvo as hipóteses acima aventadas, ele tem ampla publicidade, devendo ser disponibilizado ao cidadão paulistano por meio do Portal da Transparência Municipal (art. 20 do Decreto municipal nº 57.921, de 2017) e também deverá a Controladoria prestar e manter atualizadas as informações relativas a ele no Cadastro Nacional de Empresas Punidas – CNEP, após a efetivação do respectivo acordo, as informações acerca dele (art. 22, § 3º da LAC).

Sobre o cadastro em que se deu publicidade ao acordo, importa mencionar que a pessoa jurídica pode pedir a exclusão dos registros dos acordos de leniência depois de decorrido o seu cumprimento integral e da reparação do dano causado, mediante solicitação à CGM (art. 22, § 5º da LAC).

11. Considerações finais

Sem a menor pretensão de esgotar o tema, este artigo teve o intuito de dimensionar a trajetória para celebração dos acordos de leniência na CGM, evidenciando as bases legislativas de suporte para os proponentes e negociadores do acordo, tendo em vista um emaranhado de normas aplicadas direta ou subsidiariamente à matéria.

Para melhor clarificar os acordos na maior cidade do país, o Município de São Paulo poderia se utilizar de sua competência legislativa sobre a matéria para aperfeiçoar os acordos de leniência, tendo em vista a enxertia que ocorreu no Projeto de Lei nº 6826/2010[33], com a introdução dos acordos de leniência pelo Congresso Nacional com base naqueles previstos pela Lei Antitruste[34], sem as adaptações necessárias e sem se pensar na sistemática da LAC, que foi formulada precipuamente para o processo de responsabilização.

Este aprimoramento legislativo pode ser proposto pela CGM, após um estudo pormenorizado do instituto, ao Chefe do Executivo municipal, nos termos da competência do art. 138, inciso IX, da sua lei de criação.

O órgão de controle municipal, com base na competência do art. 42 do Dm nº 55107 também deve disciplinar melhor os procedimentos de negociação estabelecidos naquele decreto, orientado de forma mais concreta as fases procedurais do caminho a percorrer para celebração do acordo, com base em toda legislação federal e municipal, que tenha pertinência com a matéria e, por fim, confeccionar um guia operacional a ser tornado público no âmbito do Portal de Transparência municipal.

Referências

BRASIL. Constituição da República Federativa do Brasil. Disponível em: <http://www.planalto.gov.br/ccivil_03/Constituicao/Constituicao.htm> Acesso em fevereiro de 2019.

_____ Lei nº 8.078, de 11 de setembro de 1990. Dispõe sobre a proteção do consumidor e dá outras providências. Disponível em: <www.planalto.gov.br/ccivil_03/leis/L8078.htm>. Acesso em fevereiro de 2019.

_____ Lei nº 8.666, de 21 de junho de 1993. Regulamenta o art. 37, inciso XXI, da Constituição Federal, institui normas para licitações e contratos da Administração Pública e dá outras providências. Disponível em: <http://www.planalto.gov.br/ccivil_03/leis/L8666cons.htm>. Acesso em março de 2019.

_____ Lei nº 10.406, de 10 de janeiro de 2002. Institui o Código Civil. Disponível em: <www.planalto.gov.br/ccivil_03/leis/2002/l10406.htm>. Acesso em março de 2019.

_____ Lei nº 12.529, de 30 de novembro de 2011. Estrutura o Sistema Brasileiro de Defesa da Concorrência; dispõe sobre a prevenção e repressão às infrações contra a ordem econômica; altera a Lei no 8.137, de 27 de dezembro de 1990,

---

[33] Câmara dos deputados. Projeto de Lei nº 6826/2010. Disponível em https://www.camara.leg.br/proposicoesWeb/fichadetramitacao?idProposicao=466400. Acesso em março de 2019.

[34] Lei nº 12.529, de 30 de novembro de 2011.

o Decreto-Lei no 3.689, de 3 de outubro de 1941 – Código de Processo Penal, e a Lei no 7.347, de 24 de julho de 1985; revoga dispositivos da Lei no 8.884, de 11 de junho de 1994, e a Lei no 9.781, de 19 de janeiro de 1999; e dá outras providências. Disponível em: <http://www.planalto.gov.br/ccivil_03/_Ato2011-2014/2011/Lei/L12529.htm>. Acesso em março de 2019.

_____ Lei nº 12.846, de 1º de agosto de 2013. Dispõe sobre a responsabilização administrativa e civil de pessoas jurídicas pela prática de atos contra a administração pública, nacional ou estrangeira, e dá outras providências. Disponível em: <http://www.planalto.gov.br/CCIVIL_03/_Ato2011-2014/2013/Lei/L12846.htm>. Acesso em fevereiro de 2019.

_____ Lei nº 13.105, de 16 de março de 2015. Código de Processo Civil. Disponível em: <http://www.planalto.gov.br/ccivil_03/_Ato2015-2018/2015/Lei/L13105.htm>. Acesso em março de 2019.

_____ Lei nº 13.140, de 26 de junho de 2015. Dispõe sobre a mediação entre particulares como meio de solução de controvérsias e sobre a autocomposição de conflitos no âmbito da administração pública; altera a Lei no 9.469, de 10 de julho de 1997, e o Decreto no 70.235, de 6 de março de 1972; e revoga o § 2odo art. 6o da Lei no 9.469, de 10 de julho de 1997. Disponível em: <http://www.planalto.gov.br/ccivil_03/_ato2015-2018/2015/Lei/L13140.htm>. Acesso em março de 2019.

BANDEIRA DE MELLO, Celso Antônio. Curso de Direito Administrativo. 23 ed. São Paulo: Malheiros, 2007.

CUNHA JÚNIOR, Dirley. Curso de Direito Constitucional. 4 ed. Salvador: Juspodivm, 2010.

DI PIETRO, Maria Sylvia Zanella. Direito Administrativo. 15 ed. São Paulo: Atlas, 2012.

FERREIRA FILHO, Manoel Gonçalves. Curso de Direito Constitucional. 31 ed. São Paulo: Editora Saraiva, 2005.

MEIRELLES, Hely Lopes. Direito Municipal Brasileiro. 15 ed. São Paulo: Malheiros, 2007.

MARQUES, Claudia Lima. Manual de direito do consumidor. 2. ed. rev., atual. e ampl. Antonio Herman V. Benjamin, Claudia Lima Marques e Leonardo Roscoe Bessa. São Paulo: Editora Revista dos Tribunais, 2009.

MAZZILLI, Hugo Nigro. Compromisso de ajustamento de conduta: evolução e fragilidades da atuação do Ministério Público. Revista de Direito Ambiental, v. 41, p. 93, 2006. Disponível em <http://www.mazzilli.com.br/pages/artigos/evolcac.pdf>. Acesso em março de 2019.

MINISTÉRIO PÚBLICO DE SÃO PAULO. Cartilha de Fraudes em Licitações e Contratos do Ministério Público de São Paulo, disponível em http://www.mpsp.mp.br/portal/page/portal/Cartilha_Eletronica/fraudesLicitacoes/FraudesLicitacoes.html. Acesso em março de 2019.

OLIVEIRA, Gustavo Justino. Direito Administrativo Consensual, Acordo de Leniência e Ação de Improbidade. Disponível em <https://www.bmalaw.com.br/arquivos/Artigos/artigo_ibda_jgb.pdf>. Acesso em março de 2019.

OLIVEIRA, Gustavo Justino. *"Convênio é acordo, mas não é contrato": Contributo De Hely Lopes Meirelles para Evolução dos Acordos Administrativo no Brasil. In*: O Direito Administrativo na Atualidade: Estudos em Homenagem ao Centenário de Hely Lopes Meirelles (1917-2017). 1 ed. São Paulo: Malheiros, 2017.

SÃO PAULO (Município), Lei nº 14.141, de 27 de março de 2006. Dispõe sobre o processo administrativo na Administração Pública Municipal. Disponível em <https://www.prefeitura.sp.gov.br/cidade/upload/lei_14_141_1254941021.pdf> Acesso em março de 2019.

_____Lei nº. 15.764, de 27 de maio de 2013. Dispõe sobre a criação e alteração da estrutura organizacional das Secretarias Municipais que especifica, cria a Subprefeitura de Sapopemba e institui a Gratificação pela Prestação de Serviços de Controladoria.. Disponível em < http://legislacao.prefeitura.sp.gov.br/leis/lei-15764-de-27-de-maio-de-2013>. Acesso em março de 2019.

_____Lei nº 16.193, de 5 de maio de 2015. Dispõe sobre a criação do Quadro dos Profissionais de Gestão Governamental – QPGG e das carreiras de Auditor Municipal de Controle Interno – AMCI e de Analista de Políticas Públicas e Gestão Governamental – APPGG, bem como institui o respectivo regime de remuneração por subsídio. Disponível em < https://www.prefeitura.sp.gov.br/cidade/secretarias/upload/chamadas/qpgg_lei__16193_e_anexos_1431092241.pdf>. Acesso em março de 2019.

_____Decreto nº 55.107, de 13 de maio de 2014. Regulamenta, no âmbito do Poder Executivo, a Lei federal nº 12.846, de 1º de agosto de 2013, que dispõe sobre a responsabilização administrativa e civil de pessoas jurídicas pela prática de atos contra a administração pública. Disponível em < https://leismunicipais.com.br/a/sp/s/sao-paulo/decreto/2014/5510/55107/decreto-n-55107-2014-regulamenta-no-ambito-do-poder-executivo-a-lei-federal-n-12846-de-1-de-agosto-de-2013-que-dispoe-sobre-a-responsabilizacao-administrativa-e-civil-de-pessoas-juridicas-pela-pratica-de-atos-contra-a-administracao-publica>. Acesso em março de 2019.

_____Decreto nº 57.921 de 10 de outubro de 2017. Dispõe sobre a reorganização da Controladoria Geral do Município, altera a denominação e a lotação dos cargos de provimento em comissão que especifica, bem como transfere cargos entre órgãos. Disponível em <http://legislacao.prefeitura.sp.gov.br/leis/decreto-57921-de-10-de-outubro-de-2017>. Acesso em março de 2019.

SILVA, José Afonso. Direito Ambiental Constitucional. 6. ed. São Paulo. Malheiros Editores, 2007.

TESHEINER, José Maria; PEZZI, Sabrina. Inquérito civil e compromisso de ajustamento de conduta. RDA – Revista de Direito Administrativo. Rio de Janeiro, v. 263, p. 67-94, maio/ago. 2013. Disponível em <http://web.unifil.br/docs/juridica/04/Revista%20Juridica_04-3.pdf>. Acesso em março de 2019.

URBANO DE CARVALHO, Raquel Melo. Curso de Direito Administrativo. 1 ed. Salvador: Juspodivm, 2008.

13. Acordo no Âmbito da Arbitragem com a Administração Pública

André Rodrigues Junqueira

Introdução: Os limites da consensualidade na arbitragem

A existência de um cenário menos adversarial entre as partes em litígio costuma ser apontado como um elemento a gerar eficiência na arbitragem. Chega-se a apontar tal instituto de solução de disputas como um indicativo de conduta consensual entre as partes contratuais.[1]

---

[1] "Quando projetada na solução de *conflitos administrativos*, a consensualidade enseja a previsão de determinados instrumentos para dirimi-los de forma negociada, sem a necessidade de manejo da autoridade estatal para decidir unilateralmente. Quanto à Administração Pública diretamente interessada no conflito, figurando como parte ao lado do administrado, apresenta-se a mediação, a conciliação e arbitragem como mecanismos consensuais. Porém, a Administração Pública pode figurar como o ente competente para dirimir conflitos envolvendo administrados no âmbito do processo administrativo (geralmente regulados, como no caso de concessionária e usuário de serviço público). Também nesta hipótese de mediação ativa dos conflitos pela Administração Pública estar-se-ia diante da consensualidade, formalizada na conciliação ou mediação entre os administrados promovida pela própria Administração" (Palma, Juliana Bonacorsi de. *Atuação administrativa consensual: estudo dos acordos substitutivos no processo administrativo sancionador*. Dissertação de Mestrado. Faculdade de Direito da Universidade de São Paulo, 2010, p. 88). Na mesma linha de raciocínio, com foco nas arbitragens comerciais internacionais, cf: Born, Gary. *Internacional Arbitration: law and pratice*. Second edition. The Netherlands: Kluwer Law International, 2016, p. 3.

Isso porque a arbitragem tende a se desenvolver em um ambiente de maior discrição, com menos formalidades e presença de regulamentos simples e sem previsão de instâncias recursais. Esses elementos favorecem a consecução de negociações e a realização de acordos. Como apontam Alessandra Nascimento Mourão e Anita Pissolito Campos, o cenário em que se encontram as partes pode facilitar ou impedir a comunicação e a subsequente obtenção de uma solução pacífica da contenda. Baseadas na metodologia do Programa de Negociação da Universidade de Harvard, as autoras exemplificam como determinadas organizações forenses tradicionais fomentam a litigiosidade e prejudicam as partes.[2]

Em paralelo a essas características, a legislação regulamentadora da arbitragem, os regulamentos das câmaras arbitrais e, em certos casos, a própria metodologia de trabalho dos tribunais arbitrais ainda são pouco convidativas à consecução de acordos.

A partir de tais considerações, o presente artigo abordará as principais questões em torno dos acordos celebrados em sede de procedimentos arbitrais. Em uma segunda etapa serão examinadas eventuais peculiaridades envolvendo as arbitragens com participação da administração pública, contemplando possíveis caminhos para as vicissitudes apontadas.

1. Aspectos procedimentais para consecução de um acordo em sede arbitral

Inicialmente, cabe salientar que a obtenção de um acordo no contexto na arbitragem pode estar relacionado à verificação de diretrizes adequadas para início de uma arbitragem (acordo para instituição da arbitragem) ou à consecução de entendimentos acerca do mérito do litígio já

---

[2] "Um exemplo desses equívocos são as situações em que as partes não estão ouvindo. Não raro, observam-se, em audiências e reuniões, os advogados envolvidos no caso falando ao mesmo tempo, de forma firme e eloquente, imaginando que estão sendo ouvidos e que alcançarão o objetivo pretendido de convencer o outro. Ora, quando situações desse tipo ocorrem, a única certeza que se tem é de que nenhuma das partes está ouvindo a outra – pois estão se manifestando simultaneamente – e nem os demais presentes estão conseguindo ouvir a ambos, já que a tarefa de ouvir e compreender dois discursos simultâneos é árdua, senão impossível". (MOURÃO, Alessandra Nascimento; CAMPOS, Anita Pissolito et al. *Fundamentos da negociação para o ambiente jurídico*. São Paulo: Saraiva, 2014. p. 53).

iniciado, com o espoco de pôr fim à disputa (acordo para encerramento da arbitragem).

Em ambas as hipóteses, é necessário reconhecer que a existência de uma pretensão resistida pode estar relacionada a fatos exógenos ao conflito de mérito, objeto do procedimento arbitral. Nesse sentido, a literatura relata como alguns conflitos decorrem de dificuldades decisórias de uma parte em reconhecer sua dívida em relação à outra (algo especialmente verificável em demandas societárias ou procedimentos contra a Administração Pública), ou mesmo da necessidade de que determinada decisão seja sufragada por uma instância neutra, afastada das partes (no caso, o Tribunal Arbitral).[3] Em tais casos, a possibilidade de encerramento de uma disputa mediante um acordo se mostra ainda mais relevante, dado que o processo está sendo utilizado fora de sua finalidade social.[4]

Diante do mosaico de situações em que haverá possibilidade de resolução de uma disputa sem a necessidade do processo formalmente constituído (com seu consequente desgaste de relacionamento entre as partes, custos e demora para obtenção de uma sentença definitiva) mostra-se relevante analisar alguns pressupostos procedimentais para consecução de um acordo.

1.1 Acordo para instituição da arbitragem e acordo para encerramento da arbitragem

Em determinadas hipóteses, as partes precisam chegar a um acordo acerca da melhor forma de instituir a arbitragem. Essa situação se verifica especialmente quando um contrato traz a previsão de uma cláusula patológica, ou seja, aquela que não contém os requisitos necessários à instituição do procedimento, ou quando a avença apresenta cláusula de foro convencional e as partes optam por solucionar a disputa por arbitragem.[5]

---

[3] WALD, Arnoldo. A arbitragem como indução de acordo entre as partes. *Revista de Arbitragem e Mediação*, n. 42, jul-set 2014.

[4] DINAMARCO, Cândido Rangel. *A arbitragem na teoria geral do processo*. São Paulo: Malheiros, 2013.

[5] Conforme destaca José Carlos Fernández Rozas: "A cláusula patológica pode surgir diante de uma variedade de circunstâncias, tais como a designação do procedimento de arbitragem revogado; a falta de vontade clara e definitiva de submeter o litígio à arbitragem; a renúncia

Nos conflitos empresariais em geral, a resolução de questões procedimentais dessa natureza não costumam gerar qualquer controvérsia, dado que as partes estão sujeitas a um regime dispositivo que lhes permite alterar as condições de execução do contrato, inclusive no que diz respeito ao capítulo de solução de disputas. Contudo, nos litígios que envolvem a administração pública, a questão ainda possui alguns contornos peculiares, conforme será relatado a seguir.

Nos contratos em que pessoas jurídicas de direito público figuram como parte, a formalização de um compromisso arbitral para adequada instituição do procedimento depende da verificação de qual o agente estatal competente para promover negociações com a parte contratual, a fim de obter a adequada redação de referido instrumento, e subscrevê-lo ao final de tais diálogos.

Com a reforma promovida pela Lei federal n. 13.129 de 26 de maio de 2015 na Lei federal n. 9.307 de 23 de setembro de 2015, foi introduzido dispositivo referente à atribuição para formalizar convenção de arbitragem, nos seguintes termos: "A autoridade ou o órgão competente da administração pública direta para a celebração de convenção de arbitragem é a mesma para a realização de acordos ou transações" (§ 2º do artigo 1º).[6] Conforme já defendido por Gustavo Justino de Oliveira e Guilherme Baptista Schwartsmann, a redação do dispositivo não permite ao intérprete identificar com precisão qual o agente estatal apto à formalização da convenção de arbitragem.[7]

---

de proteção judicial em relação a juízes e cortes; designação defeituosa da instituição responsável pela administração da arbitragem, a concordância de submissão à arbitragem como método de resolução de eventuais litígios decorrentes do contrato, com a escolha do foro judicial; bem como a previsão de procedimento de arbitragem impossível ou difícil de aplicar, tais como prazos excessivamente curtos para prolação da sentença, ou estabelecimento de um procedimento para a nomeação de árbitros excessivamente complicado" (Rozas, José Carlos Fernández. El convenio arbitral: entre la estabilidad y el desatino. *Estudios de arbitraje*: libro homenaje al profesor Patricio Aylwin Azocar. Santiago: Editorial Jurídica de Chile, 2006. p. 697-725).

[6] Bonato, Giovanni. La Riforma Brasiliana dell'arbitrato. *Rivista Dell'Arbitrato*, anno XXVII, fasc. 1, p. 39-86 Milano: Giuffrè, 2017.

[7] "Entretanto, o § 2º do artigo 1º é passível de suscitar controvérsias quanto a sua exequibilidade prática. A identidade de sujeitos entre a autoridade ou órgão competente para transacionar administrativamente e aquela apta a celebrar convenções arbitrais não se traduz com a realidade legal da organização administrativa dos entes federativos.

Nessa toada, a insegurança que pode recair sobre o gestor público ao celebrar um compromisso arbitral, ainda que seja apenas para aperfeiçoar a redação de uma cláusula contratual, acaba por gerar situações desnecessárias, como no setor portuário, em que foi preciso editar um decreto pelo Poder Executivo, exclusivamente para disciplinar a forma como seria instituída a resolução privada de uma disputa em particular.[8]

Todavia, a situação mais rotineira é a formalização de um acordo para encerramento de um litígio arbitral, através da composição entre as partes da disputa. Frequentemente, tal instrumento dispositivo é submetido ao tribunal arbitral para fins de homologação e encerramento do processo. Seus pressupostos formais serão examinados a seguir.

1.2 O panorama legislativo: previsão legal, regulamentos das câmaras arbitrais e diretrizes de entidades especializadas

A Lei federal n. 9.307, de 23 de setembro de 1996 (Lei de Arbitragem Brasileira) não se ocupou em regulamentar a formalização de acordos em sede arbitral. Seu artigo 28 dispõe apenas que "se, no decurso da arbitragem, as partes chegarem a acordo quanto ao litígio, o árbitro ou o tribunal arbitral poderá, a pedido das partes, declarar tal fato mediante sentença arbitral, que conterá os requisitos do art. 26 desta Lei".

Em sentido semelhante, o Regulamento de Arbitragem da Câmara de Comércio Internacional (CCI) afirma em seu artigo 33 que: "Se as partes chegarem a um acordo após o envio dos autos ao tribunal arbitral, nos

---

A título exemplificativo, a prática do Estado de São Paulo é distinta. A celebração das convenções de arbitragem em contratos administrativos e realizada pela Administração Pública direta, representada pelo Secretário de Estado da Secretaria vinculada ao contrato. De outro lado, na hipótese da parte signatária ser a Administração Pública indireta, o signatário da cláusula compromissória tem sido o dirigente competente da empresa estatal. Em complemento, a competência para desistir, transigir, firmar compromisso e confessar nas ações de interesse da Fazenda do Estado concentra-se na figura do Procurador-Geral do Estado, com a autorização do Governador". OLIVEIRA, Gustavo Justino de; SCHWARTSMANN, Guilherme Baptista. *Novos rumos da mediação e arbitragem na Administração Pública brasileira*. Disponível em: <http://www.justinodeoliveira.com.br/site/wp-content/uploads/2015/11/Mediação-e--Arbitragem-na-Administração-Pública-_Ago.2014.pdf>. Acesso em: 01 abr. 2019.

[8] CARDOSO, Camila Mendes Vianna; MARQUES, Lucas Leite; CARVALHO, Marco Antônio; MENDES, Munique de Souza. Dec. 8.465/2015: fomento à arbitragem envolvendo a Administração Pública no setor portuário. *Revista de Arbitragem e Mediação*, ano 13, vol. 48, p. 172, jan.-mar. 2016.

termos do artigo 16 do presente Regulamento, esse acordo deverá ser homologado na forma de uma sentença arbitral por acordo das partes, se assim a solicitarem as partes e com a concordância do tribunal arbitral".

Na mesma toada, a Lei Modelo da UNCITRAL sobre Arbitragem Comercial Internacional também respeita a vontade das partes em obter uma decisão arbitral homologatória do acordo celebrado.[9]

No contexto nacional, o regulamento da maior parte das câmaras arbitrais segue as diretrizes supramencionadas, ao deferir a possibilidade de encerramento do litígio mediante acordo entre as partes.

Como pode ser observado, as legislações e regulamentos não trazem novidades no que diz respeito à formalização de acordos em arbitragens. Contudo, algumas disposições interessantes podem ser encontradas em diretrizes emitidas por entidades especializadas.

Assim, o documento intitulado *IBA Guidelines on Conflitcts of Interest*, editado em 2004 pela *International Bar Association* traz um conjunto de recomendações sobre a possibilidade de formalização de acordos em sede de arbitragem, inclusive a partir da intervenção e participação do tribunal arbitral.[10] Do mesmo modo, o *CEDR Settlement Rules* fornece algumas regras editadas pelo *Centre of Effective Dispute Resolution* sobre essa temática.[11] Em ambos os casos, a questão está bastante relacionada ao nível de participação recomendado ao árbitro na obtenção de um acordo para as partes. Essa questão será examinada no item a seguir.

---

[9] Nos termos do artigo 30 de tal regulamento: "(1) Se, no decurso do procedimento arbitral, as partes estiverem de acordo quanto à decisão da disputa, o tribunal arbitral porá fim ao procedimento arbitral e, se as partes assim o solicitarem e se o tribunal não tiver nada a opor, o acordo ficará registrado por meio de uma sentença arbitral proferida nos termos acordados entre as partes. (2) A sentença proferida nos termos acordados entre as partes será elaborada em conformidade com as disposições do artigo 31º e mencionará o fato de que se trata de uma sentença. Esse tipo de sentença tem o mesmo status e o mesmo efeito que qualquer outra sentença arbitral proferida sobre o mérito da disputa".

[10] O documento pode ser encontrado em: https://www.ibanet.org/. Acesso em 02.04.2019.

[11] As Regras de Acordo do CEDR propõem uma redação padrão para uma cláusula contratual nos seguintes termos: "Na condução de qualquer arbitragem sob este [Acordo], o Tribunal Arbitral aplicará as Regras do CEDR para a Facilitação de Acordos em Arbitragem Internacional". O acesso ao inteiro teor do documento pode ser obtido em: https://www.cedr.com/about_us/arbitration_commission/Rules.pdf. Acesso em 02.04.2019.

1.3 O papel a ser desempenhado pelo Tribunal Arbitral

A doutrina contemporânea diverge acerca do papel a ser desempenhado pelo tribunal arbitral para uma resolução conciliatória de um conflito. Existe uma corrente do pensamento jurídico que argumenta que o árbitro não deve ser um mediador, tampouco atuar no aconselhamento das partes na obtenção de um acordo. Contudo, há quem defenda o oposto, ao pontuar que os árbitros podem ser os agentes mais adequados e eficientes na obtenção de soluções rápidas ao litígio.[12]

No Brasil, um estudo apresentado por Arnoldo Wald explicita duas relevantes doutrinas acerca do papel dos árbitros na obtenção de um acordo.[13] Trata-se do "*método Sachs-Wälde-Reichert*" e da "*transferência da definição do caso para o árbitro*", desenvolvido por Michael Schneider.

De acordo com o primeiro método, os árbitros delimitam as questões que lhes parecem relevantes e em torno das quais decidirão o caso, após apresentação de um questionário básico às partes sobre os fatos que lhes pareçam mais relevantes. Nessa toada, o tribunal arbitral definirá, de forma preliminar, quais os argumentos que consideram válidos e relevantes, deixando às partes a oportunidade de se manifestarem sobre tal proposição. Dessa forma, haverá maiores chances para um acordo, diante da maior previsibilidade da decisão que os árbitros tomarão, tendo em vista as premissas do julgamento por eles fixadas.[14]

Por derradeiro, o segundo estudo defende que no processo arbitral, cada uma das partes deve apresentar seu caso e que, a partir disso, o Tribunal deve definir previamente a sua perspectiva sobre o caso, ou seja, qual a sua compreensão sobre o conflito, sem prejuízo de admitir acréscimos ou supressões pelas partes, as quais passarão a entender os limites da disputa na visão dos julgadores. Tal metodologia também poderá facilitar o acordo, considerando a premissa de que as partes já saberão qual a orientação do Tribunal Arbitral sobre as linhas gerais do processo.

---

[12] EHLE, Bernd. The arbitrator as a settlement facilitator. IN: CAPRASSE, Oliver et al. *Walking a thing line: what na arbitrator can do, must do or must not do – recent developments and trends*. Colloquium CEPANI 40. September 29, 2010, p. 81-95.
[13] WALD, Arnoldo. A arbitragem como indução de acordo entre as partes. *Revista de Arbitragem e Mediação*, n. 42, jul-set 2014.
[14] SACHS, Klaus e SCHMIDT-AHRENDTS, Nils. Settlement efforts in arbitration. *Revista de Arbitragem e Mediação*, n. 25, p. 168. São Paulo. RT, abr-jun 2010.

2. O acordo na arbitragem com participação da Administração Pública

Nos contratos celebrados com a Administração Pública, em que a minuta contratual constitui um anexo ao edital de licitação, a representar uma escolha por adesão do particular interessado no certame,[15] a presença da cláusula compromissória pode, em princípio, indicar um intuito cooperativo, no sentido de solucionar divergências obrigacionais de maneira mais adequada. Assim, a inserção da previsão de arbitragem pode gerar o conforto de que o Poder Judiciário não seria utilizado para solução do litígio, com potenciais ganhos de tempo, eficiência e tecnicidade decisória.

No plano da execução da avença, a verificação de tais expectativas dependerá da forma como a Administração Pública compreenderá a previsão de arbitragem no contrato. Se o foro arbitral for devidamente utilizado e respeitado, sem quaisquer recursos procrastinatórios perante o Poder Judiciário, a sinalização cooperativa estará atendida. Caso contrário, as partes poderão se deparar com um ambiente antieconômico e até menos previsível que a tradicional cláusula de foro comum.

Assim, a opção pela arbitragem pode representar um caminho de segurança, que se confirmará pelo respeito aos instrumentos institucionais próprios de tal instituto e pela não utilização de medidas antiarbitragem.[16] Caso estejam presentes esses elementos, quer parecer que se desenvolverá uma trajetória cooperativa entre as partes, a demonstrar que os conflitos serão dirimidos pela via privada, com respeito às decisões tomadas pelos julgadores e pelo regulamento procedimental.

A presença de um cenário convidativo aos métodos adequados de solução de disputas (e de obtenção de potenciais acordos) tende a fomentar a eficiência das contratações públicas, pois um ambiente institucionalizado e seguro atrairá bons investidores aos empreendimentos estatais, como sinalizado pelo depoimento supramencionado.

---

[15] Certamente, em muitos casos, o particular participa da redação da minuta contratual, apresentando sugestões e propostas de redação, especialmente em procedimentos de manifestação de interesse da iniciativa privada.

[16] As medidas antiarbitragem são aquelas destinadas a obstar o início ou prosseguimento da arbitragem. Sobre o assunto, Cf: Alves, Rafael Francisco. *A inadmissibilidade de medidas antiarbitragem no direito brasileiro*. São Paulo: Atlas, 2009.

A partir desse cenário, cabe trazer ao leitor alguns problemas práticos relacionados à consecução de acordos em sede de arbitragem.

2.1 Dificuldades decorrentes da burocracia estatal

Em tempos recentes, a sociedade e os órgãos de controle têm exercido pressão sobre o Governo para que a ação administrativa seja aprimorada por instrumentos de *compliance*, especialmente aqueles relacionados ao aumento de publicidade dos atos administrativos, acompanhados da devida justificativa (motivação) das decisões.

Contudo, o atual panorama institucional brasileiro, em que são relatados diversos casos de responsabilização de gestores públicos pelo mero não alinhamento de suas condutas com a opinião professada pelos órgãos de controle, ainda que inexistente qualquer violação ao ordenamento jurídico, tende a afastar muitos profissionais capacitados dos órgãos gerenciais da administração pública.[17]

Outro relevante ponto de atenção, que se encontra atrelado ao problema supramencionado, se refere à pluralidade de esferas decisórias, as quais, em muitos casos, trazem consigo o aspecto negativo da burocracia estatal. Isso porque o mosaico de órgãos e agentes responsáveis por tomadas de decisões relevantes em contratos complexos (os quais, em regra, possuem cláusula compromissória), acaba por favorecer a excessiva "procedimentalização" de decisões sensíveis ou polêmicas, no qual se enquadram a eventual opção pela formalização de um acordo.

Nesse sentido, a consecução de acordos em sede de arbitragem pode estar relacionada ao reconhecimento de reequilíbrio econômico-financeiro dos contratos ou alterações contratuais que possam explicitar algum tipo de fragilidade nos projetos iniciais contidos na licitação. Em tais casos, frequentemente se verifica a oitiva de diversos órgãos constituídos, criação de grupos de trabalho e longo transcurso de tempo, até que seja tomada uma decisão que poderia ter sido emitida tempos atrás.[18]

---

[17] Um relato de casos em que ocorreram responsabilizações de gestores públicos, sem a necessária verificação de conduta violadora do ordenamento jurídico, pode ser encontrado em: MONTEIRO, Vera e outra. *Os tipos de gestores públicos brasileiros*. Fonte: https://www.jota.info/paywall?redirect_to=//www.jota.info/opiniao-e-analise/artigos/os-tipos-de-gestores-publicos-brasileiros-12092018 Acesso em 02.04.2019.

[18] Sobre as formas de organização da burocracia estatal nacional, em um contexto de reforma de Estado e sob a ótica Weberiana cf: Reis, Tarcila. *Administrative Policy Law: a comparative*

Para reduzir a ocorrência desses problemas, se faz necessário garantir a autonomia dos gestores públicos para consecução de acordos e transações, com a devida transparência e motivação de seus atos, de modo que a atividade controladora se concentre, predominantemente, no contexto finalístico e se mostre capaz de avaliar a racionalidade econômica das decisões praticadas pelo governo.[19]

2.2 Comentário sobre um recente precedente paulista

No Estado de São Paulo, um recente precedente relacionado à celebração de acordo em arbitragem foi questionado pelo Tribunal de Contas do Estado de São Paulo, o que causou preocupação aos agentes públicos envolvidos com o tema. Considerando que toda a documentação analisada no contexto da Tomada de Contas é pública, vale a pena trazer um breve relato ao presente estudo, para fins didáticos.

Em 2008 o Estado de São Paulo celebrou contrato com empresa privada, para modernização dos sistemas de sinalização de três linhas metroviárias. Tratava-se de avença contemplada com recursos do Banco Mundial, de modo que a solução de controvérsias por arbitragem era requisito a ser previsto no contrato, para obtenção do financiamento.[20]

---

institucional analysis of State Reform in Chile, Brazil and Argentina. PhD in Public Law. Sciences PO Doctoral School. Main supervisor: Jean-Bernard Auby. Paris, 2013, p. 206 e ss.

[19] Na temática da importância da difusão de informações como instrumento de legitimação das escolhas realizadas pelos gestores públicos, com foco na problemática regulatória, Cf: RIBEIRO, Maurício Portugal e outro. Como desestruturar uma agência reguladora em passos simples. *Revista de Estudos Institucionais*, vol. 3, 1, 2017, pp. 180-209.

[20] O Banco Mundial recomendava a adoção da arbitragem comercial internacional em contratos de aquisição de bens e obras que contam com seu financiamento, de acordo com o item 2.43 das Diretrizes para Aquisições Financiadas por Empréstimos do BIRD e Créditos da AID (versão de maio de 2004, revisada em 1º de outubro de 2006): "As condições do contrato deverão conter dispositivos sobre a legislação aplicável e o foro para solução de controvérsias. A arbitragem comercial internacional apresenta vantagens práticas em relação a outros métodos de solução de disputas. Por esse motivo, o Banco recomenda aos Mutuários o uso desse tipo de arbitragem nos contratos de aquisição de bens e obras. O Banco não poderá ser instituído como árbitro ou ser solicitado a designá-lo. No caso de contratos de obras, de fornecimento e instalação, bem como do tipo empreitada integral, a cláusula relativa à solução de controvérsias também deverá estabelecer mecanismos tais como conselhos de exame de controvérsias ou árbitros, cuja atuação visa possibilitar uma solução mais rápida".

ACORDO NO ÂMBITO DA ARBITRAGEM COM A ADMINISTRAÇÃO PÚBLICA

Após o advento de inúmeras divergências entre as partes a respeito da forma de implementação da nova tecnologia contratada, optou-se por submeter a solução do conflito à arbitragem, para que um tribunal, devidamente constituído de acordo com as regras da Câmara de Comércio Internacional, decidisse a contenda, verificando que a empresa privada faria jus ao seu pleito indenizatório, pela suposta execução de atividades não previstas em contrato, ou se o Estado mereceria uma recomposição pecuniária pela inexecução contratual e pelos prejuízos financeiros decorrentes dessa medida.

No decorrer da arbitragem (procedimento ICC n. 19.241/CA), as partes optaram por requerer sua suspensão, para realizar uma negociação que colocasse termo à disputa. Assim, os advogados representantes das partes se reuniram com os engenheiros responsáveis pelo acompanhamento do empreendimento e iniciaram etapas de negociações, para redação de um plano de trabalho, delimitando marcos temporais para execução das atividades pendentes, assim como qual seria a responsabilidade de cada um pelos eventos em debate no litígio.

Ao final, foi possível subscrever um acordo, no qual as partes contratuais renunciaram aos seus pleitos na arbitragem, acordaram a metodologia para conclusão dos eventos contratuais, sem a necessidade de qualquer incremento de custos por qualquer das partes. Tal instrumento dispositivo foi homologado pelo Tribunal Arbitral mediante sentença, a qual foi submetida ao escrutínio da CCI.

Passados dois anos da homologação do acordo, com diversas atividades contratuais realizadas com base em suas diretrizes, o Tribunal de Contas do Estado, através de sua atividade fiscalizadora da execução do contrato, questionou o uso da arbitragem e a formalização da transação entre partes, para colocar termo ao litígio.

Assim, em 28 de agosto de 2017, a Secretaria da Diretoria Geral do Tribunal de Contas do Estado opinou pela irregularidade da concorrência e do contrato, bem como dos termos aditivos da avença celebrada pelo Estado de São Paulo com a empresa Alstom Brasil Energia e Transportes Ltda, cujo objeto é a modernização dos Sistemas de Sinalização, Telecomunicações e Auxiliares das Linhas 1, 2 e 3 do Metrô de São Paulo (Processo TC-30613/026/08 – rel. Sydney Beraldo).

Pela inviabilidade do uso de arbitragem, o arrazoado apresentado pelo Sr. Secretário da Diretoria Geral apresentou três argumentos:

(i) que as diretrizes do BIRD apenas recomendam o uso de arbitragem nas contratações, o possibilitaria o uso de cláusula de foro comum pela Administração Pública, (ii) que a arbitragem para pessoas jurídicas de direito público apenas foi permitida com o advento da Lei federal n. 13.129/2015, que alterou dispositivos da Lei de Arbitragem (Lei federal n. 9.307/96) e (iii) que o litígio versou sobre direitos patrimoniais indisponíveis.

Tais pontuações não parecem se sustentar a uma análise mais detida, na compreensão defendida no presente estudo acadêmico.

Isso porque quanto às diretrizes do BIRD, seu cumprimento é requisito para obtenção do financiamento internacional. Independentemente da expressão utilizada ("determinação" ou "recomendação"), as *guidelines* do organismo financiador são cogentes. Assim, o Banco Mundial recomenda a utilização da arbitragem, de modo que, se tal diretriz não for acatada, não haverá liberação dos recursos.

Em relação aos efeitos da promulgação da Lei federal n. 13.129, de 26 de maio de 2015, cabe mencionar que esta apenas tornou explícita a possibilidade de os entes estatais se valerem do procedimento arbitral. Ao explicitar a possibilidade de que os entes estatais se submetam à arbitragem, a reforma legislativa consolidou o entendimento doutrinário predominante sobre o tema, que refletia a prática dos contratos administrativos.[21]

Por fim, sobre a indisponibilidade dos direitos discutidos no Procedimento ICC n. 19241/CA, o arrazoado do Sr. Secretário da Diretoria Geral do TCE pontuou que se trata de "implantação de sistemas que impactam a utilização dos serviços de trem pelos usuários". Em nossa perspectiva, não conseguimos vislumbrar qual a relação entre a (alegada) indisponibilidade do direito com os "serviços de trem". Isso porque todo o contrato administrativo, direta ou indiretamente, se refere à prestação de algum serviço para os administrados. A arbitragem poderia

---

[21] Nesse sentido: "Assim, pode-se dizer que a Lei n. 13.129/2015 não trouxe propriamente inovação ao dispor expressamente sobre a arbitrabilidade de qualquer conflito relativo a direito patrimonial disponível da Administração Pública, conforme os seguintes (novos) dispositivos (...)" (SICA, Heitor Vitor Mendonça. Arbitragem e Fazenda Pública. In: CAHALI, Francisco José; RODOVALHO, Thiago; Freire, Alexandre. *Arbitragem*: estudos sobre a Lei n. 13.129, de 26-5-2015. São Paulo: Saraiva, 2016. p. 276).

versar sobre um contrato para "serviços de trem", ou construção de um hospital, gestão de um Centro Administrativo, ou qualquer outro objeto. O importante é verificar em que medida o litígio se refere a direitos patrimoniais disponíveis.

Assim, a expectativas dos subscritores de tal acordo é de que os conselheiros do Tribunal de Contas do Estado não acolham as conclusões de sua Secretaria da Diretoria Geral e preservem o acordo celebrado, prestando a devida deferência à competência da administração pública para celebração de acordos.

2.3 O porvir dos acordos em arbitragem

Diante do quanto exposto no item acima, acredita-se que o sucesso para formalização de acordos em arbitragem com a participação do Estado dependerá, em grande medida, de sua aceitação pelos órgãos de controle externo da administração pública, em especial dos tribunais de contas.

A Constituição Federal de 1988 prevê que a atividade de controle externo será exercida pelo Congresso Nacional, no que diz respeito à fiscalização contábil, financeira, orçamentária, operacional e patrimonial da União e das entidades da administração direta e indireta, quanto à legalidade, legitimidade, economicidade, aplicação das subvenções e renúncia de receitas. Tal atividade será realizada com auxílio do Tribunal de Contas da União (artigo 70 e 71). Pelo princípio da simetria, as Constituições dos Estados apresentam preceitos semelhantes para suas administrações locais.

As previsões constitucionais supramencionadas foram concretizadas pela legislação promulgada após 1988, especialmente a Lei Orgânica do TCU e a Lei federal n. 8.666/93. Conforme já apontado pela literatura especializada, a conformação dada às Cortes de Contas após o período de redemocratização não se restringiu ao controle das despesas decorrentes dos contratos firmados pelo poder público, mas também foi prevista a possibilidade de intervir no próprio curso da licitação. Nesse sentido, os Tribunais de Contas passaram a ter competência para interromper procedimentos licitatórios e determinar a forma como o Estado deve contratar.[22]

---

[22] JORDÃO, Eduardo. A intervenção do TCU sobre editais de licitação não publicados – controlador ou administrador? *Revista Brasileira de Direito Público*. Ano 12, n. 47, out/dez 2014.

Dessa maneira, com base nessa ampliação de poderes e atribuições, nota-se que, em diversos casos, os Tribunais de Contas acabam por exercer suas funções de maneira abusiva, determinando a suspensão de certames licitatórios, ou mesmo decretando a ilegalidade de contratos ou despesas, cujas consequências tendem a ser mais gravosas do que as irregularidades inicialmente verificadas por sua atividade fiscalizadora.[23]

Em tempos recentes, foi instrumentalizada novação legislativa no ordenamento jurídico nacional que se propõe a realizar um contraponto nesse estado de coisas.

Trata-se da alteração promovida pela Lei federal n. 13.655, de 25 de abril de 2018, na Lei de Introdução às Normas do Direito Brasileiro – LINDB (Decreto-Lei n. 4.657, de 4 de setembro de 1942) trouxe dispositivos sobre interpretação e aplicação do Direito Público e motivação de atos a serem praticados por agentes públicos.

Referida lei resultou de projeto elaborado por um conjunto de acadêmicos, o qual foi intensamente debatido com a comunidade interessada em congressos e seminários. Em um momento preliminar, as principais manifestações sobre a novação legislativa apontam aspectos positivos e alterações substanciais que advirão a partir de sua promulgação, mas foi possível verificar posicionamentos minoritários contrários ao seu texto, especialmente por parte de profissionais que exercem a função controladora dos atos da administração pública.[24]

---

[23] "A despeito de a legislação realmente ter ampliado o espaço de atuação dos Tribunais de Contas, catalisando, assim, importante expansão da área de influência destes entes, há indícios relevantes de que eles, no desempenho de suas atividades, têm se excedido. Dito de outro modo, acredita-se que, nos últimos tempos, os Tribunais de Contas têm extrapolado o papel e as competências que lhes foram conferidos pelas normas jurídicas em vigor". ROSILHO, André Janjácomo. Tribunais de Contas no Brasil: quem controla o controlador? IN: ALMEIDA, Fernando Dias Menezes de e ZAGO, Marina Fontão. *Direito Público Francês: temas fundamentais*. São Paulo: Quartier Latin, 2018, p. 35.

[24] Uma abordagem que ressalta vantagens das alterações à Lei de Introdução às Normas do Direito Brasileiro (texto publicado anteriormente à aprovação do projeto de lei) pode ser encontrada em OLIVEIRA, Gustavo Justino de. *Hiperativismo do controle versus inércia administrativa*. In: https://www.jota.info/opiniao-e-analise/artigos/hiperativismo-do-controle-versus-inercia-administrativa-18042018. Acesso em 02.04.2019. Segundo o autor: "Os futuros arts. 20 a 22 da LINDB previstos no PL veiculam regras em que a interpretação e a aplicação do Direito deverão considerar o entorno fático e as consequências da decisão administrativa, controladora ou judicial que está sendo exarada. Além de estar alinhada ao cenário de implantação da governança pública acima exposto, tais regras acabam por reforçar o dever

O novo artigo 20 da LINDB dispõe que no âmbito administrativo, controlador e judicial fica vedada a decisão com base em valores jurídicos abstratos, sem que a autoridade considere as consequências práticas de sua decisão.[25]

Igualmente, o artigo 22 da Lei afirma que na interpretação de normas sobre gestão pública serão considerados os obstáculos e as dificuldades reais do gestor e as exigências das políticas públicas a seu cargo, sem prejuízo do direito dos administrados.

Ao comentar os objetivos da proposição legislativa em questão, dois juristas que participaram da elaboração do projeto de lei enfatizaram o nível de abstração de determinadas normas de direito público, de modo que sua aplicação prática, em muitas hipóteses, não considera a complexidade das relações jurídicas regulamentadas, tampouco os efeitos da invalidação ou declaração de nulidade de atos, sem que ocorra uma necessária ponderação entre alternativas que protejam adequadamente os valores jurídicos envolvidos no conflito.[26]

---

constitucional de motivação e fundamentação, fática e jurídica, que encontram-se previstos na Lei Maior e também em diplomas legislativos como a Lei federal n. 9.784/99 (processo administrativo)". Diversamente, foi noticiado na imprensa que algumas associações representativas de membros do Ministério Público, magistratura e auditores solicitaram o veto integral do projeto ao Presidente da República. In: *Polêmicas, mudanças na LINDB só aguardam análise presidencial*. Reportagem de Ana Pompeu. https://www.conjur.com.br/2018-abr-15/polemicas-mudancas-lindb-aguardam-analise-presidencial. Acesso em 02.04.2019.

[25] "Art. 20. Nas esferas administrativa, controladora e judicial, não se decidirá com base em valores jurídicos abstratos sem que sejam consideradas as consequências práticas da decisão. Parágrafo único. A motivação demonstrará a necessidade e a adequação da medida imposta ou da invalidação de ato, contrato, ajuste, processo ou norma administrativa, inclusive em face das possíveis alternativas".

[26] "Como é amplo e crescente o grau de indeterminação das normas, em especial as de direito público, é preciso impedir que as autoridades, ao delas extraírem consequências concretas – criando direitos, deveres e proibições específicas para os sujeitos certos –, o façam de modo superficial. É possível combater a tendência à superficialidade na formação do juízo sobre questões jurídico-públicas pela adoção do paradigma de que as autoridades não podem tomar decisões desconectadas do mundo real; de que elas têm o dever de medir consequências, de considerar alternativas, de analisar a necessidade e a adequação das soluções cogitadas, de pesar os obstáculos e circunstâncias da vida prática etc". SUNDFELD, Carlos Ari e MARQUES NETO, Floriano de Azevedo. Uma nova lei para aumentar a qualidade jurídica das decisões públicas e de seu controle. IN: SUNDFELD, Carlos Ari (org.). *Contratações Públicas e seu Controle*. São Paulo: Malheiros, 2013, p. 279.

Essas previsões, ao mesmo tempo em que reforçam as responsabilidades dos gestores públicos, por tornar mais explícita sua obrigação na condução de procedimentos decisórios nos contratos sob sua alçada, também trazem segurança jurídica ao criar um ambiente institucional de maior conforto, por inibir que o voluntarismo decisório da jurisprudência do Poder Judiciário e das cortes de contas possam invalidar uma decisão lícita tomada em um contexto da discricionariedade administrativa.

Assim, o que se espera, a partir da recente reforma legislativa na LINDB, é que os órgãos responsáveis pelo controle externo dos atos da administração pública passem a atuar em respeito ao previsto no artigo 20 da nova lei, que consagrou o princípio da inexistência de nulidade de pleno direito e a necessidade de valoração consequencialista das decisões em procedimentos administrativos. O cumprimento de tais diretrizes certamente criará um ambiente institucional mais favorável à formalização de acordos nas arbitragens com participação da administração pública, trazendo segurança aos celebrantes do instrumento autocompositivo e reduzindo a litigiosidade do Estado.

Conclusões

O presente artigo se propôs a apresentar considerações gerais sobre os acordos celebrados nas arbitragens com participação da administração pública. Inicialmente, foram apresentados os aspectos procedimentais para a consecução de um acordo para início de uma arbitragem ou para o término de tal procedimento, mediante transações recíprocas entre as partes.

Em uma segunda etapa, o estudo descortinou ao leitor a regulamentação incidente sobre a matéria, a partir da lei federal de arbitragem, dos regulamentos institucionais internacionais e dos manuais de boas práticas editados por instituições especializadas. Nessa temática, o papel do tribunal arbitral como um facilitador à obtenção de uma transação entre as partes ainda é controverso.

Por fim, o artigo apresentou as dificuldades inerentes à celebração de acordos em arbitragens com participação do Estado, especialmente em razão do papel desempenhado pelos órgãos de controle externo à administração pública, os quais, em muitos casos, acabam por impedir a consecução de transações, pelo apego a uma forma de compreensão do direito administrativo que poderá ser revisitada pela novação legislativa trazida pela Lei federal n. 13.655, de 25 de abril de 2018.

REFERÊNCIAS

ALVES, Rafael Francisco. *A inadmissibilidade de medidas antiarbitragem no direito brasileiro*. São Paulo: Atlas, 2009.

BONATO, Giovanni. La Riforma Brasiliana dell'arbitrato. *Rivista Dell'Arbitrato*, anno XXVII, fasc. 1, Milano: Giuffrè, 2017.

BORN, Gary. *Internacional Arbitration: law and pratice*. Second edition. The Netherlands: Kluwer Law International, 2016.

CARDOSO, Camila Mendes Vianna; MARQUES, Lucas Leite; CARVALHO, Marco Antônio; MENDES, Munique de Souza. Dec. 8.465/2015: fomento à arbitragem envolvendo a Administração Pública no setor portuário. *Revista de Arbitragem e Mediação*, ano 13, vol. 48, p. 172, jan.-mar. 2016.

DINAMARCO, Cândido Rangel. *A arbitragem na teoria geral do processo*. São Paulo: Malheiros, 2013.

EHLE, Bernd. The arbitrator as a settlement facilitator. IN: CAPRASSE, Oliver et al. *Walking a thing line: what an arbitrator can do, must do or must not do – recent developments and trends*. Colloquium CEPANI 40. September 29, 2010, p. 81-95.

JORDÃO, Eduardo. A intervenção do TCU sobre editais de licitação não publicados – controlador ou administrador? *Revista Brasileira de Direito Público*. Ano 12, n. 47, out/dez 2014.

MONTEIRO, Vera e outra. *Os tipos de gestores públicos brasileiros*. Fonte: https://www.jota.info/paywall?redirect_to=//www.jota.info/opiniao-e-analise/artigos/os-tipos-de-gestores-publicos-brasileiros-12092018 Acesso em 02.04.2019.

MOURÃO, Alessandra Nascimento; CAMPOS, Anita Pissolito et al. *Fundamentos da negociação para o ambiente jurídico*. São Paulo: Saraiva, 2014.

OLIVEIRA, Gustavo Justino de. *Hiperativismo do controle versus inércia administrativa*. In: https://www.jota.info/opiniao-e-analise/artigos/hiperativismo-do-controle-versus-inercia-administrativa-18042018. Acesso em 02.04.2019.

_____; Schwartsmann, Guilherme Baptista. *Novos rumos da mediação e arbitragem na Administração Pública brasileira*. Disponível em: <http://www.justinodeoliveira.com.br/site/wp-content/uploads/2015/11/Mediação-e-Arbitragem-na-Administração-Pública-_Ago.2014.pdf>. Acesso em: 01 abr. 2019.

PALMA, Juliana Bonacorsi de. *Atuação administrativa consensual: estudo dos acordos substitutivos no processo administrativo sancionador*. Dissertação de Mestrado. Faculdade de Direito da Universidade de São Paulo, 2010.

REIS, Tarcila. *Administrative Policy Law: a comparative institucional analysis of State Reform in Chile, Brazil and Argentina.* PhD in Public Law. Sciences PO Doctoral School. Main supervisor: Jean-Bernard Auby. Paris, 2013.

RIBEIRO, Maurício Portugal e outro. Como desestruturar uma agência reguladora em passos simples. *Revista de Estudos Institucionais*, vol. 3, 1, 2017, pp. 180-209.

ROSILHO, André Janjácomo. Tribunais de Contas no Brasil: quem controla o controlador? IN: ALMEIDA, Fernando Dias Menezes de e ZAGO, Marina Fontão. *Direito Público Francês: temas fundamentais.* São Paulo: Quartier Latin, 2018.

ROZAS, José Carlos Fernández. El convenio arbitral: entre la estabilidad y el desatino. *Estudios de arbitraje*: libro homenaje al profesor Patricio Aylwin Azocar. Santiago: Editorial Jurídica de Chile, 2006. p. 697-725.

SACHS, Klaus e SCHMIDT-AHRENDTS, Nils. Settlement efforts in arbitration. *Revista de Arbitragem e Mediação*, n. 25, p. 168. São Paulo. RT, abr-jun 2010.

SICA, Heitor Vitor Mendonça. Arbitragem e Fazenda Pública. In: CAHALI, Francisco José; RODOVALHO, Thiago; FREIRE, Alexandre. *Arbitragem*: estudos sobre a Lei n. 13.129, de 26-5-2015. São Paulo: Saraiva, 2016.

SUNDFELD, Carlos Ari e MARQUES NETO, Floriano de Azevedo. Uma nova lei para aumentar a qualidade jurídica das decisões públicas e de seu controle. IN: SUNDFELD, Carlos Ari (org.). *Contratações Públicas e seu Controle.* São Paulo: Malheiros, 2013, p. 279.

WALD, Arnoldo. A arbitragem como indução de acordo entre as partes. *Revista de Arbitragem e Mediação*, n. 42, jul-set 2014.

14. A Concertação Administrativa e os Dilemas na Efetivação dos Acordos Ambientais no Brasil

Caroline Gonçalves Guerini
Yahn Rainer

Introdução: a problemática dos acordos ambientais

A despeito de o Direito Administrativo Brasileiro ter se notabilizado, historicamente[1], por seu corte autoritário, comprometido com a ideologia e a prática do poder estabelecido quando de seu surgimento, e pelo papel central desempenhado pela "autoridade" em face do indivíduo, a promulgação da Constituição Federal de 1988 deu verdadeira guinada em nossa história para promover mudanças significativas na *práxis* administrativa. Ao alocar o cidadão – *"o indivíduo livre, dotado de direitos e deveres, legitimado a realizar suas potencialidades e anseios, mas obrigado a respeitar a esfera idêntica de que titulares os demais indivíduos"*[2] –, como núcleo do sistema

---

[1] Acerca da construção histórica do Direito Administrativo Brasileiro, recomenda-se a leitura das obras de Sergio Ferraz (A gênese principiológica do Direito Administrativo Brasileiro. *In* Ferraz, Sergio (coord.). *Direito e liberdade*. São Paulo: IASP, 2017, p. 35, 50; O Direito Administrativo reconstruído a partir da ideia de liberdade e da primazia do indivíduo. *In* Ferraz, Sergio (coord.). *Direito e liberdade*. São Paulo: IASP, 2017, p. 351, 364; Ferraz, Sergio; Saad, Amauri Feres Saad. *Autorização de Serviço Público*. São Paulo: Malheiros, 2018).

[2] Ferraz, Sergio. O Direito Administrativo reconstruído a partir da ideia de liberdade e da primazia do indivíduo. *In* Ferraz, Sergio (coord.). *Direito e liberdade*. São Paulo: IASP, 2017, P. 361.

normativo, a Constituição Federal implica inflexões na atuação unilateral do Estado, enquanto tutor do interesse público (supostamente prevalente ao interesse individual).

Em um cenário de consolidação do princípio democrático-cidadão, que estabelece o reconhecimento do pluralismo de interesses[3] e a correspondente necessária harmonização dos interesses individuais em prol da convivência comum[4], bem como o refluxo do poder estatal, instrumentos de filtragem, seleção e composição dos interesses têm se mostrado, paulatinamente, cada vez mais presentes. A respeito, dirá Diogo de Figueiredo Moreira Neto, que no moderno Direito Administrativo, inspirado pela colaboração e pela confiança entre consócios de interesses, *"a consensualidade desempenha papel tanto ou mais importante que a coerção no progresso humano"*[5]. Daí a importância da temática "acordos administrativos", e, especificamente, dos "acordos ambientais".

Pelo transcurso da presente obra, certamente o leitor já captou a dificuldade em se lidar, tanto dogmaticamente, quanto experimentalmente, com a temática dos "acordos". Se a própria definição de "acordo administrativo", ainda hoje, não apresenta uma unanimidade, diante da plurissignificatividade[6] dos termos que compõem seu conceito, quem dirá

---

[3] Cf. Art. 1º, V, da Constituição Federal.

[4] Como asseverado por SERGIO FERRAZ (O Direito Administrativo reconstruído a partir da ideia de liberdade e da primazia do indivíduo. *In* FERRAZ, Sergio (coord.). *Direito e liberdade*. São Paulo: IASP, 2017), o *"interesse público não é uma quimérica, abstrata e quase metafísica ideia; interesse público é tão apenas o somatório dos interesses individuais (cuja efetivação é o maior dever estatal), num tecido de harmonia social (não há pois que falar num princípio de 'supremacia do interesse público'; há que se falar em supremacia dos interesses individuais, harmonizados na sociedade de indivíduos."*(p. 361). Daí porque DIOGO DE FIGUEIREDO MOREIRA NETO fala que *"é da essência do Estado Democrático de Direito, pois fundado no primado da pessoa, que os direitos e garantias fundamentais só cedam diante de uma expressa e inequívoca preceituação constitucional e, assim mesmo, restritivamente, ou seja: quando, como e onde essa supremacia admitidamente se impuser"* (Curso de Direito Administrativo. 15ª Ed. Rio de Janeiro: Forense, 2009. P. 95)

[5] MOREIRA NETO, Diogo de Figueiredo. *Curso de Direito Administrativo*. 15ª Ed. Rio de Janeiro: Forense, 2009. P. 146.

[6] Conforme ressalta GUSTAVO HENRIQUE JUSTINO DE OLIVEIRA (*Contrato de gestão*. São Paulo: Revista dos Tribunais, 2008) em obra pioneira acerca do assunto, *"acordo administrativo teria ao menos dois sentidos"*. No entendimento do autor: *"Acordo administrativo em sentido amplo pode ser equiparado à expressão módulo consensual da Administração Pública. É que, embora a diversidade de termos representativos do atuar consensual da administração seja manifesta – pactos, convenções, contratos, acordos, entre outros –, defende-se que o vocábulo acordo exprime a amplitude necessária para retratar o fenômeno do consensualismo administrativo. Assim, pactos, convenções, contratos, convênios,*

a sua concretização no plano fático, marcada pelos entraves naturais da dialética entre o *"ser"* e o *"dever ser"*.

Não bastasse as dificuldades inerentes aos "acordos administrativos", novas inseguranças surgem quando dos "acordos ambientais", tais como: (i) a esfera de legitimidade das partes contraentes, (ii) o estabelecimento do equilíbrio dos interesses, (iii) a (in)disponibilidade do direito cuja tutela se pretende efetivar, (iv) a (in)certeza técnica das obrigações assumidas e, ao final, (v) a (in)afastabilidade de eventuais questionamentos quanto à sua legalidade por outros *stakeholders*.

A efetiva tutela do meio ambiente, enquanto espaço *real* e natural de convivência dos seres viventes do planeta, coloca em cheque a própria Teoria do Direito e sua racionalidade, na medida em que as *realidades virtuais* – principal característica da norma jurídica enquanto expressão do *dever ser* – não se revelam, na maioria dos casos, compatíveis com a preservação e perpetuação dos frágeis ecossistemas, principalmente quando urge a *satisfação das necessidades humanas*.

Enquanto *realidades virtuais*, é possível a sobreposição de interesses distintos nos espaços de ocupação humana (e não-humana). É o caso, por exemplo, do *federalismo*, enquanto *realidade virtual* de coexistência dos entes federativos sobre o mesmo espaço territorial.

Todavia, há momentos em que essa coexistência de *realidades* – com interesses não necessariamente harmônicos entre si –, poderá dar, devido à sobreposição *virtual* operada pela norma jurídica em um mesmo espaço de incidência, inegavelmente, na esfera ambiental, origem aos complexos *conflitos ambientais*[7]. São nesses momentos em que se constata a incapacidade da resposta jurídica *abstrata e genérica, de per se*, de estabelecer o equilíbrio sobre todos os interesses existentes com vistas à manutenção da convivência harmônica dos envolvidos.

---

entre inúmeras outras figuras que poderiam ser elencadas, constituem, em sua essência e acima de tudo, acordos administrativos." (p. 248).

[7] Segundo Viégas, *"os conflitos ambientais eclodem quando a legitimidade de certas formas de apropriação do espaço é contestada sob a alegação da ocorrência de efeitos interativos indesejados de uma prática espacial sobre outras. Denuncia-se, assim, a ausência ou a quebra da compatibilidade entre certas práticas espaciais, colocando-se em questão a forma de distribuição do poder sobre os recursos do território"* (VIÉGAS, Rodrigo Nunes. *Negociação e acordo ambiental: o termo de ajustamento de conduta (TAC) como forma de tratamento de conflitos ambientais*. Rio de Janeiro: Fundação Heinrich Böll, 2014, p. 6).

A proposta do presente ensaio, por conseguinte, é demonstrar que a resposta jurídica advinda das *realidades (e expectativas) deônticas* à resolução do conflito ambiental, muitas vezes, não atende à própria *racionalidade ambiental*, de tutela mais abrangente e de repercussões fáticas mais complexas, de modo que o *acordo ambiental*, enquanto concertação dos interesses dos envolvidos com vistas a maximização dos resultados, desponta como o instrumento técnico e economicamente mais viável à harmonização dos interesses, muito embora, em um primeiro momento, não seja considerado como o mais adequado para a obtenção da *"sadia qualidade de vida"* e proteção ambiental às presentes e futuras gerações.

1. Relevância da função administrativa e do princípio democrático para a tutela do meio ambiente

Desde a muito reconhece-se na função administrativa o *munus publico* do Estado, precípua e tipicamente representado pelo Poder Executivo, de criação e realização da utilidade pública, de acordo com os fins previamente estabelecidos pelo ordenamento jurídico. Adjacente à busca pela satisfação dos *interesses públicos*, outorgam-se ao Estado-Coletividade[8] suas prerrogativas (e presunções), e confiam-lhe poderes de intervenção ao exercício de direitos e atividades[9], exigindo-lhe, contudo, a contraparte de uma "legalidade ortodoxa combinada com múltiplos controles"[10].

A consolidação do princípio democrático (por meio do estabelecimento de Estados Democráticos de Direito), resulta, necessariamente, em reverência à participação popular nas atividades a cargo da Adminis-

---

[8] FIGUEIREDO, Lúcia Valle. Premissas à elaboração e um conceito de Direito Administrativo. *Revista de Direito Administrativo*. V. 120. Rio de Janeiro, abr/jun 1975. P. 49, 62. P. 50.

[9] Tais poderes de intervenção na esfera de direitos dos particulares-administrados assume a natureza de poder de polícia, enquanto *"atividade da administração pública que, limitando ou disciplinando direito, interesse ou liberdade, regula a prática de ato ou abstenção de fato, em razão de interesse público concernente à segurança, à higiene, à ordem, aos costumes, à disciplina da produção e do mercado, ao exercício de atividades econômicas dependentes de concessão ou autorização do Poder Público, à tranquilidade pública ou ao respeito à propriedade e aos direitos individuais ou coletivos"*(art. 78 do Código Tributário Nacional).

[10] MOREIRA, Egon Bockmann. Crescimento econômico, discricionariedade e o princípio da deferência. *Colunistas*. N. 168. Salvador: 2016. Publicada em 12.05.2016. Disponível em http://www.direitodoestado.com.br/colunistas/egon-bockmann-moreira/crescimento-economico-discricionariedade-e-o-principio-da-deferencia. Acesso em 20.03.2019.

tração Pública[11], mediante processos de formação da vontade coletiva[12]. A complexidade de tais processos demonstra, por sua vez, a necessária adoção de mecanismos de concertação dos inúmeros interesses coletivos conflitantes na arena pública.

Destaca-se, nesse passo, o importante papel desempenhado pelo Estado "Mediador"[13], que não mais "dita" e "impõe" o interesse púbico, mas atua como agente de promoção do consenso mediante um processo de colaboração e negociação entre as partes, ou, na dicção de Schmidt-Assman[14], de um processo de convencimento e persuasão das partes relacionadas, previamente à própria execução forçosa do Estado.

A adoção do consensualismo é de assaz importância a partir do momento em que há o reconhecimento de que o indivíduo não é "mero meio" para a atuação do Estado[15]. Se o Estado e os indivíduos apresentam-se como titulares de direitos e deveres recíprocos[16], submetidos apenas à lei[17], a Administração Pública não é superior ao indivíduo[18], mas, *au contraire*, ambos possuem paridade jurídica – mesmo que relativa, na acepção de Cabral de Moncada[19] – em suas posições de detentores de direitos subjetivos, ou de sujeitos de direito.

Em um ambiente regido pela atuação subsidiária do Estado, no qual a liberdade dos indivíduos deve ser protegida da aniquilação pela máquina estatal, muito bem assevera Oliveira[20], que a ideia de *imperium* da vontade estatal sobre o indivíduo é ultrapassada.

O consenso, nesta perspectiva, é reflexo da disponibilidade para aceitar determinadas decisões a partir da compreensão e valoração das

---

[11] CANOTILHO, J. J. Gomes. *apud* MACHETE, Pedro. *Estado de direito democrático e administração paritária*. Coimbra: Almedina, 2007. Nota de rodapé nº 85.

[12] MACHETE, Pedro. *Idem*. p. 401.

[13] OLIVEIRA, Gustavo Henrique Justino de. *Contrato de gestão*. São Paulo: Revista dos Tribunais, 2008. P. 28.

[14] SCHMIDT-ASSMANN, John Eberhard. *La teoria general del derecho administrativo como sistema*. Madrid; Barcelona: INAP; Marcial Pons, 2003. P. 38, 39.

[15] MACHETE, Pedro. *Op. cit*. P. 450.

[16] MACHETE, Pedro. *Idem*. P. 445.

[17] MACHETE, Pedro. *Ibidem*. Nota de rodapé 238.

[18] MACHETE, Pedro. *Ibidem*.P. 458.

[19] MONCADA, Luís S. Cabral de. *A relação jurídica administrativa: para um novo paradigma de compreensão da atividade, da organização e do contencioso administrativo*. Coimbra: Coimbra Editora, 2009. P. 93.

[20] OLIVEIRA, Gustavo Henrique Justino de. *Op. cit*. P. 35.

razões de sua tomada[21], passando pelo desenvolvimento da participação ativa e consciente dos cidadãos. Em verdade, a negociação dos interesses passa a fazer parte do próprio processo de amadurecimento democrático, razão pela qual não se deve desconsiderar, *e. g.*, o relevante papel da consulta pública para legitimação dos acordos, posto favorecer, previamente à tomada de decisão, *"o mapeamento de interesses, antecipa*[ção de] *cenários de conflito e permit*[ir] *um melhor desenho de cláusulas"*[22].

A paridade nas posições desempenhadas na relação jurídica atenua as características tradicionais do "poder" administrativo[23], outorgando liberdades aos indivíduos para interferirem, por meio de voz autônoma e independente[24], no próprio *decision making process* administrativo[25][26]. Na concepção de Schmidt-Assman[27], referida participação dos indivíduos (sua cooperação com os misteres administrativos) passa a ser, então, verdadeira condição para o funcionamento do Estado[28].

Assim, ao contrário de uma mentalidade "autoritária" de Estado, os instrumentos da ação estatal unilateral deixam de compor a totalidade do rol de instrumentos à disposição da Administração Pública[29], em uma realidade na qual a satisfação dos interesses públicos é um mister partilhado entre o "público" e o "privado"[30]. Passadas mais de uma década do início do século, torna-se cada vez mais essencial romper com a di-

[21] SCHMIDT-ASSMANN, John Eberhard. *Op. cit.* P 116.
[22] GUERRA, Sergio; PALMA, Juliana Bonacorsi de. Art. 26 da LINDB no regime jurídico de negociação com a administração pública. *Revista de Direito Administrativo*. Edição especial, nov. 2018, p.135,169. p. 156.
[23] MONCADA, Luís S. Cabral de. *Op. cit.* P. 101.
[24] MONCADA, Luís S. Cabral de. *Idem.* P. 116.
[25] MONCADA, Luís S. Cabral de. *Idem.* P. 119.
[26] Tal fato se verifica, *e. g.*, com o fenômeno das interferências das redes sociais no cenário político, como forma de pressão popular.
[27] SCHMIDT-ASSMANN, John Eberhard. *Op. cit.* P. 39.
[28] Aponte-se, ademais, que em matéria ambiental, verifica-se a necessidade da participação popular de forma direta, em preservação ao regime democrático, quando o "tutor" do interesse instrumentalizado por meio dos acordos ambientais, não for a Administração Pública, representada por seu hierarca-mor, ou dele delegados.
[29] NAPOLITANO, Giulio. *La logica del diritto amministrativo*. Bologna: Il Mulino, 2014. P. 175.
[30] GONÇALVES, Pedro. *Estado de garantia e mercado*. Revista da Faculdade de Direito da Universidade do Porto, vol. VII (especial: Comunicações do I Triénio dos Encontros de Professores de Direito Público), Porto, 2010. Versão obtida digitalmente. Disponível em https://edisciplinas.usp.br/pluginfile.php/4013730/mod_resource/content/0/estado_garantia_mercado.pdf. P. 2.

cotomia "Estado x Sociedade", em prol de uma atividade de cooperação, concertação, e consensualização, entre os agentes públicos e privados, ainda mais quando considerado que, respeitados determinados requisitos, a ação administrativa via acordos permite a obtenção de soluções satisfatórias para ambos os lados, *"aumentando o bem-estar coletivo e incentivando o desenvolvimento cooperativo"*[31] [32].

Deve-se apontar, todavia, que a despeito de a satisfação dos interesses públicos não ser, apenas, um mister da Administração, a mobilização privada para tal satisfação não os afasta de seus próprios interesses[33]. Caberá ao Estado, portanto, articular de forma eficiente e justa, os reclamos de parte a parte, equilibrando os direitos subjetivos fundamentais dos particulares, e os direitos e interesses sociais interpretados, à luz da realidade fática, pelo Estado, podendo se utilizar, seguramente, de mecanismos de concertação.

Logo, decorrente do princípio democrático, a concertação visa substituir o método decisório unilateral impositivo, por processos deliberativos, que valorizem a participação social na formulação, bem como na execução de políticas públicas. Referida alteração do "agir administrativo" decorre, no entendimento de Mendoza e Vernis, do surgimento de um novo paradigma da atuação estatal, qual seja, o de que para superar suas próprias limitações, e atingir seus fins precípuos, o Estado necessita de uma colaboração ativa da própria sociedade, em um regime de corresponsabilidade[34].

A emergência de um "Estado Relacional" conclama os cidadãos a também participar da resolução de problemas de seus interesses, por meio do estabelecimento de relações jurídicas que repartam a responsabilidade entre o Estado e a sociedade. Nesse sentido, verifica-se na

---

[31] NAPOLITANO, Giulio. *La logica del diritto amministrativo*. Bologna: Il Mulino, 2014. P. 176.

[32] Um dos objetivos da Constituição Federal é a paz social advinda do Estado de bem-estar social e felicidade. Decisões impostas, fórmulas prontas, não garantem, de per se, a harmonia e a integridade do tecido social. Em um país como o Brasil, de vasta diversidade, quer seja ambiental, quer seja cultural, aliada à complexidade dos tempos modernos, a isonomia se preserva com soluções flexíveis que respeitem essa diversidade, dando diferentes respostas a problemas sociais idênticos.

[33] GONÇALVES, Pedro. *Op. Cit.* P. 17.

[34] MENDOZA, Xavier; VERNIS, ALFRED. *El Estado relacional y la transformación de las administraciones públicas*. In: LONGO, Francisco; TAMYKO, Ysa (eds.). Los escenarios de la gestión pública del siglo XXI. Barcelona: Belsaterra, 2008. P. 37.

tutela do meio ambiente que a responsabilidade abrange toda a coletividade, unindo esforços com o Poder Público e suas instituições. Todos, sem distinção, são responsáveis pelos resultados obtidos.

A despeito de, ainda hoje, nos deparamos com o abuso de poder do administrador público – o que poderia indicar a necessidade de novos e mais rígidos controles da atuação estatal –, mostra-se nítido que a hipertrofização do controle[35] vivenciada hodiernamente acarreta efeito igualmente maléfico àquele que pretendia combater. Com o avanço do controle sobre o mérito dos atos administrativos, mostra-se cada vez mais corriqueiro na arena jurídica (e política) o desprestígio à decisão do gestor público enquanto agente legalmente designado pela gestão, planejamento, e concretização da utilidade pública, sob pretexto de que o *juízo de conveniência e oportunidade* do ato administrativo estaria viciado por interesses arbitrários de subversão da máquina pública aos interesses pessoais do governante.

Ao sermos bombardeados, semanalmente, com os casos de desvios amealhados contra a Administração Pública brasileira, revela-se inegável seu deteriorado "estado de coisas". Todavia, há que se ter em mente que o "pânico moral"[36] que a mácula da corrupção institucional estabeleceu, quer seja na consciência coletiva, quer seja nos órgãos de controle externo e jurisdicional, impede, muitas vezes, que o exercício da *função administrativa* se dê em sua integralidade, conforme previsto legalmente[37]. É preciso, antes de tudo, saber "separar o joio do trigo".

---

[35] Para fins de uniformização terminológica, adotar-se-á no presente ensaio a visão tripartite de controle propagada por AMAURI FERES SAAD. Para referido autor, contrariamente ao usualmente estabelecido, o controle da Administração Pública dividir-se-ia em (i) controle interno, (ii) controle externo, e (iii) controle jurisdicional. Vide: SAAD, Amauri Feres. *Do controle da administração pública*. São Paulo: IASP, 2017.

[36] Tradução livre do termo cunhado por STANLEY COHEN, definido como situações em que "uma condição, episódio, pessoa ou grupo de pessoas emerge para ser definido como uma ameaça aos valores e interesses sociais" in: COHEN, Stanley. *Folk Devils and Moral Panics*. 3ª Edição. Oxford: M. Robertson, 1980. P. 4.

[37] Como exemplifica EGON BOCKMANN MOREIRA (*op cit.*): *"se o agente público competente definir de modo fundamentado que determinada proposta na licitação é a mais vantajosa (a mais eficiente para o escopo da contratação pública), apesar de ter o preço mais alto do que o das demais, esta parte da decisão não deveria ser revisada nem pelo Ministério Público nem pelo Poder Judiciário nem pelo Tribunal de Contas. O mesmo se diga quanto a soluções técnicas, altamente especializadas, de engenharia ou de gestão – sobretudo proferidas por agências reguladoras. De igual modo, as decisões de Direito Ambiental, vindas de órgãos especialmente constituídos para zelar do meio ambiente equilibrado."*

A CONCERTAÇÃO ADMINISTRATIVA E OS DILEMAS NA EFETIVAÇÃO DOS ACORDOS...

Na temática da tutela ambiental, não raras vezes, deparamo-nos com a desconsideração dos atributos dos atos administrativos, tais como sua presunção de veracidade e legitimidade, pelos órgãos de controle externo – inclusive quando o ônus da prova se encontra invertido em seu favor – para invalidar o juízo de valor que a Administração Pública atribuiu àquele ato concreto. Trivial, destarte, que particulares e gestores públicos se vejam às voltas com Ações Civis Públicas questionando este, ou aquele, ato administrativo, que, no processo de "justiceirismo" e "ativismo", fragilizam, por um lado, as estruturas jurídicas do Estado, e, por outro, colaboram para a descredibilidade das instituições democráticas.

A mera ilação de um "traço" de corrupção, nos dias de hoje, é justificativa para desrespeitar as mais comezinhas garantias constitucionais. Em nome de uma suspeita, relega-se ao segundo plano a discricionariedade técnica de órgãos especializados, deslegitimam-se as opções do gestor público, passam-se por cima da *segurança jurídica*, tão essencial à preservação da própria estrutura e existência do Estado de Direito; enfim, amesquinha-se, *a priori*, o Direito, em prol de uma suposta justiça social que, em verdade, tem ares de *vendetta* ideológica.

Seguramente estamos em uma crise de cidadania sem equivalência; mais do que a grande corrupção, nossa corrupção encontra-se enraizada nas pequenas práticas do dia-a-dia, na definição de "jeitinho" ou da famosa "lei de Gerson". Equivocamo-nos bianualmente em nossas escolhas de representação política. Tudo isso, contudo, não justifica deslegitimar as opções tomadas quer seja pelo agente político, quer seja pelo gestor público, em nome de uma visão de quem, por seu intelecto e competência, ao passar a integrar à máquina do controle estatal, pressupõe que o interesse público deva ser aquele que consta em sua consciência. Aliás, sempre elucidativo o alerta de Winston Churchill: *"a democracia é a pior forma de governo, à exceção de todas as outras já experimentadas ao longo da história"*[38].

Com isso quer se ressaltar que, muito embora a democracia brasileira tenha as suas imperfeições, advindas da própria construção histórico-cultural de liberdade dos cidadãos e conquistas de seus direitos, não se deve esquecer que o *estado atual das coisas* ainda é garantista em prol do

---

[38] CHURCHILL, Winston. *Pronunciamento na Câmara dos Comuns*. 11 de novembro de 1947.

cidadão e do fortalecimento das instituições estatais. Por isso, com correta inteligência, afirma-se que:

> Lastreado nos princípios da separação dos poderes e da legalidade, o princípio da deferência não significa nem tolerância nem condescendência para com a ilegalidade. Mas impõe o devido respeito às decisões discricionárias proferidas por agentes administrativos aos quais foi atribuída essa competência privativa. Os órgãos de controle externo podem controlar o devido processo legal e a consistência da motivação nas decisões discricionárias, mas não podem se imiscuir no núcleo duro daquela competência. Precisam respeitá-la e garantir aos administradores públicos a segurança jurídica de suas decisões.[39]

Ora, já é o momento de se reconhecer à ordem econômica o papel institucional essencial ao desenvolvimento nacional maior do que a mera "reunião de pessoas naturais com o propósito de alcançarem um fim comum". Para tanto, é passado da hora de se abandonar os paradigmas do passado, evoluindo-se, no presente, para atingir o estado de plenitude dos direitos proporcionados pela Constituição Federal de 1988. Um dos paradigmas a serem superados, diga-se de passagem, é de que os princípios da ordem econômica são *vetores condicionantes da atividade econômica*[40], quando, a bem da verdade, são *pressupostos de existência* para a autorregulação do mercado.

Frise-se que não é a racionalidade econômica, por si só, que atenta contra a preservação dos direitos fundamentais, tal qual o meio ambiente; pelo contrário, é a dissociação do *agir ético* nas tomadas de decisões que são prejudiciais ao bem-estar geral[41]. A racionalidade econômica tende à

---

[39] MOREIRA, Egon Bockmann. Crescimento econômico, discricionariedade e o princípio da deferência. *Colunistas*. N. 168. Salvador: 2016. Publicada em 12.05.2016. Disponível em http://www.direitodoestado.com.br/colunistas/egon-bockmann-moreira/crescimento-economico-discricionariedade-e-o-principio-da-deferencia. Acesso em 20.03.2019
[40] STF, Segunda Turma, AgRg no RE nº 597.165, rel. Min. Celso de Mello, DJe 9.12.2014.
[41] Discorrendo sobre o desenvolvimento da Ciência Econômica, AMARTYA SEN traz valiosas contribuições críticas sobre as análises das teorias econômicas, notadamente quanto à "maximização do auto interesse" de Adam Smith. Em suas palavras: "*A interpretação errônea da postura complexa de Smith com respeito à motivação e aos mercados e o descaso por sua análise ética dos sentimentos e do comportamento refletem bem quanto a economia se distanciou da ética com o desenvolvimento da economia moderna. Smith de fato deixou contribuições pioneiras ao analisar a natureza*

maximização dos resultados com a alocação eficiente dos recursos (humanos, financeiros e naturais); a falta de uma filosofia moral aliada a essa racionalidade, influenciada fortemente pelo *utilitarismo*, é que deu origem a dicotomia capitalismo selvagem *versus* direitos fundamentais.

Com o reconhecimento jurisprudencial, dotado de natureza vinculante, da *teoria do risco integral* na responsabilização civil ambiental[42], não é de se espantar que o comportamento econômico esteja tendente à adesão da "responsabilidade social empresarial" e do *compliance*, como instrumentos de governança corporativa com vistas (i) a minimizar os custos extraordinários advindos das assunções de responsabilidades por falhas institucionais e irregularidades legais, e (ii) maximizar a margem de lucro com a diminuição desses impactos nos seus respectivos balanços financeiros.

De igual forma, da perspectiva do gestor público, vinculado ao atingimento das metas públicas quer seja pelo princípio da eficiência, quer seja pela legalidade (orçamentária), constata-se – após a vivência de um período crítico de recessão econômica – um movimento mais consciente da gestão equilibrada das contas públicas, com o menor custo financeiro ao corpo social.

Tal contingenciamento das contas públicas, louvável por seu valor social, por outro lado, potencializa inseguranças coletivas quanto à efetiva prestação dos serviços públicos e a satisfação das necessidades humanas expressas nos seus direitos fundamentais.

Aqui, há de se lembrar o leitor que, ao contrário da saúde e da previdência social, a tutela do meio ambiente não dispõe de fonte de receita orçamentária própria para garantir a prestação continuada e indepen-

---

das trocas mutuamente vantajosas e o valor da divisão do trabalho e, como essas contribuições são perfeitamente condizentes com o comportamento humano sem bonomia e sem ética, as referências a essas partes da obra de Smith têm sido profusas e exuberantes. Outras partes dos escritos de Smith sobre economia e sociedade, que contêm observações sobre a miséria, a necessidade de simpatia e o papel das considerações éticas no comportamento humano, particularmente o uso de normas de conduta, foram relegadas a um relativo esquecimento à medida que essas próprias considerações caíram em desuso na economia" (SEN, Amartya Kumar. *Sobre ética e economia*. Trad. Laura Teixeira Motta. São Paulo: Companhia das Letras, 1999. P. 43, 44).

[42] STJ, 2ª Seção, REsp 1374284/MG, rel. Min. Luis Felipe Salomão, j. 27/08/2014, DJe 05/09/2014. Julgado pela sistemática do rito dos recursos repetitivos.

dente do Estado[43]. Nesse aspecto, em localidades com deficiências estatais alarmantes – tais quais aquelas decorrentes da segurança hídrica advinda da prestação do serviço de saneamento básico (abastecimento público, drenagem urbana e esgotamento sanitário) –, não é de se espantar que a preservação do patrimônio ambiental seja realizada, tão somente, esporadicamente pelo Poder Público, ou quando "apadrinhada" (mesmo que compulsoriamente) por alguma empresa.

Em tempos de lenta recuperação econômica, torna-se politicamente difícil "apenar" o cidadão com (ainda mais) tributos destinados a alavancar as reservas estatais para a realização de investimentos em infraestrutura, ou na prestação de serviços público básicos – mesmo que destinados à preservação ambiental e à sadia qualidade de vida.

A consciência do brasileiro, infelizmente, ainda não internalizou a própria responsabilidade ambiental, prevista no art. 225 da Constituição Federal, de preservar o meio ambiente para a sadia qualidade de vida das presentes e futuras gerações, respeitando os limites de consumo e formas de apropriação dos recursos naturais. A fragilidade do exercício da cidadania dificulta a percepção, pelos cidadãos, de seu dever de contribuir pelo consumo dos recursos hídricos e pela geração de resíduos sólidos (ambas situações em que o Poder Público poderia exigir uma contraprestação pecuniária pelos serviços prestados ao cidadão) e

---

[43] Não se deve confundir a "receita orçamentária" característica da Lei Federal nº 4.320/1964, como a "receita tributária" e a "receita patrimonial", com a utilização dos recursos financeiros existentes nos fundos de tutela coletiva e difusa do meio ambiente e afins. A própria destinação das multas ambientais, na qualidade de "outras receitas" não são vinculadas à recuperação, preservação e conservação do local afetado pela atividade poluidora que deu ensejo à imposição da penalidade e sua cobrança. A sistemática de aplicação dos recursos financeiros obtidos com o poder de polícia ambiental segue a lógica do Direito Financeiro, não guardando pertinência com a tutela do meio ambiente e a população afetados com a atividade. Assim, inclusive pela falta de controle social e transparência, tais recursos são empregados em atividades ou destinados a entidades, cujos resultados não são severamente aferidos, bem como não há vinculação do emprego prioritário de tais recursos no local degradado e em favor da população afetada. Por isso, em 2017, normatizou-se em âmbito federal (Decreto Federal nº 9.179/ 2017, regulamentado pelas Instrução Normativa IBAMA nº 06/2018 e ICMBio nº 02/2018) a conversão das multas ambientais em prestação de serviços ambientais como uma forma de tanto obrigar a reparação *in natura* pelo causador do dano, quanto garantir a aplicação dos recursos financeiros no local afetado em favor da população envolvida.

de participar ativamente das decisões políticas, fiscalizando, inclusive, as atividades prejudiciais à saúde e ao meio ambiente ecologicamente equilibrado.

Outrossim, considerando a realidade de alguns entes federativos que, em verdade, respondem pelo desenvolvimento da economia local, bem como àqueles cujos orçamentos são majoritariamente destinados ao custeio de folha, torna-se difícil encontrar "excesso de arrecadação" ou recursos financeiros desvinculados que possam ser destinados, eficientemente, na preservação ambiental. A triste realidade demonstra que, inclusive, a preservação de praças e áreas de lazer ocorrem de forma esporádica e muitas vezes alinhadas aos serviços de limpeza urbana e/ou períodos eleitorais, na medida em que os aportes mínimos legais em setores prioritários (como saúde e educação) mal conseguem ser cumpridos.

É, portanto, nesta deficiência estatal de atender o interesse social com a satisfação plena e multidisciplinar das necessidades da população que surge a abertura do tão famigerado "clientelismo" entre o Poder Público e a iniciativa privada, a tornar – da perspectiva dos controladores – os acordos ambientais em verdadeiras transações de ilegalidades que seriam legitimadas pela assunção do compromisso de executar/financiar medidas compensatórias e/ou mitigatórias em favor do Poder Público, inclusive com cessão de bens operacionais essenciais à atividade fiscalizatória ou meras reformas em prédios públicos.

2. Aspectos dos acordos ambientais e seu controle

Ao analisar-se retrospectivamente os acordos ambientais impossível não considerar que, talvez, a problemática a ele adjacente remonte à sua própria gênese.

Aventado inicialmente na virada das décadas de 1980/1990 – por meio da Lei Federal nº 7.661, de 16 de maio de 1988[44] ("Plano Nacional

---

[44] Nos termos do Art. 7º, parágrafo único, do Plano Nacional de Gerenciamento Costeiro, fazia-se possível a formalização de acordos, ainda que por intermédio do Poder Judiciário, para reparação "dos ecossistemas, do patrimônio e dos recursos naturais da Zona Costeira". Veja-se: *"Art. 7º. A degradação dos ecossistemas, do patrimônio e dos recursos naturais da Zona Costeira implicará ao agente a obrigação de reparar o dano causado e a sujeição às penalidades previstas no art. 14, da Lei nº 6.938, de 31 de agosto de 1981, elevado o limite máximo da multa ao valor correspon-*

de Gerenciamento Costeiro"), bem como da alteração legislativa promovida na Lei Federal nº 7.347, de 24, de julho de 1985 ("Lei de Ação Civil Pública") pela Lei Federal nº 8.078, de 11 de setembro de 1990 ("Código de Defesa do Consumidor")[45] – os acordos ambientais se inserem em um contexto no qual, não apenas o rompimento do Direito Ambiental às fortes agruras do Direito Administrativo fora recente, como também a própria noção de consensualidade se encontrava, até então, embrionária no Direito Público brasileiro.

Construção da doutrina administrativista, a "indisponibilidade" e a "supremacia" do interesse público vigiam como manifestações teofânicas, máximas teóricas sobre as quais deveria ser edificado o Direito Público e que, por sua vez, inviabilizavam qualquer tentativa aprofundada de discussão do instituto do acordo ambiental[46]. Ilustrativa da mentalidade da época, a Mensagem ao Congresso Nacional nº 192/1988, da Presidência da República, é clara ao vetar parcialmente, em razão da *supremacia do interesse público*, a possibilidade de composição de controvérsias prevista no Plano Nacional de Gerenciamento Costeiro. *In verbis*:

> O veto incide sobre disposição que considero contrária ao interesse público, representada pela expressão "ou extrajudiciais", inserta no parágrafo único do artigo 7º da propositura. Ouvida sobre a matéria, assim se manifestou a Consultoria Jurídica do Ministério da Marinha:
> "Tratando-se da tutela de bens públicos, conforme se observa dos incisos I, II e III do artigo 3º do referido projeto não há possibilidade de ser

---

dente a 100.000 (cem mil) Obrigações do Tesouro Nacional – OTN, sem prejuízo de outras sanções previstas em lei. Parágrafo único. As sentenças condenatórias e os acordos judiciais (vetado), que dispuserem sobre a reparação dos danos ao meio ambiente pertinentes a esta lei deverão ser comunicados pelo órgão do Ministério Público ao CONAMA."

[45] Cf. Art. 5º, §6º, da Lei Federal nº 7.347/1985: *"Art. 5º. (...). §6º. Os órgãos públicos legitimados poderão tomar dos interessados compromisso de ajustamento de sua conduta às exigências legais, mediante cominações, que terá eficácia de título executivo extrajudicial."*

[46] Nesse aspecto, há que se ressaltar que tal celeuma restou amenizada com o advento de novos instrumentos legislativos, tais como a Lei Federal nº 9.307. de 23.09.1996, atualizada pela Lei Federal nº 13.129, de 26.05.2015 (Lei de Arbitragem), pela Lei Federal nº 13.140, de 26.06.2015 (Lei de Mediação e Autocomposição de Conflitos), pela Lei Federal nº 13.105, de 16.03.2015 (Novo Código de Processo Civil) e, enfim, pela Lei Federal nº 13.655, de 23.04.2018 que, alterando o Decreto-lei nº 4.657, de 04.09.1942 (Lei de Introdução às Normas do Direito Brasileiro), proporcionaram o ambiente normativo para que os órgãos do Poder Público realizassem acordos para atingir fins que, sozinho, o Estado não conseguiria.

efetuado acordo extrajudicial, em decorrência do *princípio da indisponibilidade do interesse público*, que é um dos postulados informativos do Direito Administrativo Brasileiro.

(...)

A União Federal pode transigir para terminar litígio. Está autorizada pela Lei nº 6.825, de 22 de setembro de 1980, conforme se vê de seu artigo 5º. A norma legal só autoriza essa transação se efetuada *in judicio*. Assim, a Administração Pública, em face do direito positivo vigente e dos princípios gerais do Direito Administrativo, não pode prescindir da solução jurisdicional nos litígios em que se veja envolvida. Daí, portanto, a necessidade de homologação em juízo de transição eventualmente celebrada pela União Federal com terceiros, o que torna injurídico, no projeto, a expressão 'ou extrajudiciais'." A locução em foco é, portanto, contrária ao interesse público.[47] [48]

Do excerto é possível se depreender os dois *equívocos* que permeavam a discussão da consensualidade no Direito Público brasileiro de então. O primeiro (i) que, ao firmar acordos, a Administração Pública estaria a dispor do próprio interesse público, do que decorria sua impossibilidade, posto que ausente titularidade deste para aquela[49], e o segundo (ii) a ina-

---

[47] Grifos do original.

[48] Para melhor compreensão do dispositivo legal citado, de rigor sua transcrição: *"Art. 5º Os representantes judiciais da União, suas autarquias e empresas públicas federais poderão transigir para terminar o litígio, nas causas, salvo as de natureza fiscal e as relativas ao patrimônio imobiliário da União, de valor igualou inferior a 100 (cem) Obrigações Reajustáveis do Tesouro Nacional, em que interessadas essas entidades na qualidade de autoras, rés, assistentes ou oponentes, mediante as condições estabelecidas pelo Poder Executivo."*

[49] Frise-se, em contraposição, a correta crítica de DIOGO DE FIGUEIREDO MOREIRA NETO: *"Ora, indistintamente do que se possa aceitar sem maiores indagações, em todas as modalidades preventivas e de composição de conflitos em que se envolva a Administração Pública, no âmbito do Direito Administrativo, jamais se cogita de negociar o interesse público, mas de negociar os modos de atingi-lo com maior eficiência. É que coexiste, com o interesse público deduzido no conflito, o interesse público, não menos importante, de compô-lo. Esse interesse em dirimir o conflito, e retomar a normalidade nas relações sujeitas à disciplina administrativa, é indubitavelmente da maior importância, tanto na esfera social como na econômica, justificando que sejam encontrados modos alternativos de atendimento ao interesse público envolvido, que não aqueles que deveriam ser unilateralmente aplicados pelo poder Público."* (MOREIRA NETO, Diogo Figueiredo. Novos institutos consensuais da ação administrativa. *Revista de Direito Administrativo*, Rio de Janeiro, V. 231. 2003. P. 129, 156. P. 154).

fastabilidade do Estado-Juiz, por meio da necessária intervenção judicial, na composição de litígios envolvendo a Administração Pública[50].

Diante dessa dupla acepção de indisponibilidade – do próprio interesse público, bem como da manifestação do Estado-Juiz na composição de litígios –, o acordo ambiental, sob a nomenclatura de "compromisso de ajustamento de conduta", surge (como que por "debaixo dos panos"[51]) instrumentalizando a Ação Civil Pública, como mecanismo de *substituí-la*.

Eis o ovo da serpente.

De natureza jurídica pouco pacífica – se transação civil[52], ato administrativo unilateral[53], ato administrativo negocial[54], etc. – notadamente

---

[50] Tal colocação já foi cabalmente rechaçada por EDUARDO TALAMINI, em clássico artigo sobre os aspectos processuais da indisponibilidade do interesse público, para quem *"a ação judicial e a intervenção jurisdicional, em princípio, não são necessárias no âmbito das relações de direito público"* (TALAMINI, Eduardo. *A (in)disponibilidade do interesse público: consequências processuais*. Mimeo. Disponível em https://www.academia.edu/231461/A_in_disponibilidade_do_interesse_p%C3%BAblico_consequ%C3%AAncias_processuais_2005_. 2005. P. 5. Grifos do original).

[51] Antiga a celeuma provocada pela Mensagem ao Congresso Nacional nº 664/1990, da Presidência da República, por meio do qual se analisou o Código de Defesa do Consumidor. Isso porque, a despeito de a Presidência da República ter vetado a redação proposta pelo art. 82, §3º, quedou-se silente quanto àquela contida no art. 113, cujo teor era, rigorosamente, idêntico. Tal equívoco originou debates – hoje já pacificados – acerca da validade jurídica do art. 5º, §6º da Lei de Ação Civil Pública (inserida pelo art. 113, do Código de Defesa do Consumidor). Acerca do tema, mister a transcrição da lição de HUGO NIGRO MAZZILLI: *"Esse argumento, ainda que verdadeiro no tocante à mens legislatoris, não é, porém, suficiente para induzir à existência do veto do instituto constante do art. 113, pois este dispositivo foi regularmente sancionado e promulgado, em sua íntegra, como se pode aferir do exame da publicação oficial da Lei 8.078 de 11.09.1990, publicado no Diário Oficial da União do dia imediato, em edição extraordinária"* (MAZZILLI, Hugo Nigro. *Notas sobre o compromisso de ajustamento de conduta*. Mimeo. Disponível em http://www.mazzilli.com.br/pages/artigos/NotassobreTAC.pdf. Acesso em 15.02.2019. P. 2)

[52] Essa é a posição, *e.g.*, de EDIS MILARÉ (O compromisso de ajustamento de conduta e o fundo de defesa dos direitos difusos. *Doutrinas essenciais de direito ambiental*. V. 4. São Paulo: RT, 2011. P. 381, 397 – *"Trata-se de um mecanismo de solução pacífica de conflitos com natureza jurídica de transação, consistente no estabelecimento de certas regras de conduta a serem observadas pelo interessado, incluindo a adoção de medidas destinadas à salvaguarda do interesse difuso atingido"*).

[53] Entendimento esposado por JOSÉ DOS SANTOS CARVALHO FILHO (*Ação civil pública*: comentários por artigo. 7ª Ed. Rio de Janeiro: Lumen Juris, 2009 – *"A natureza jurídica do instituto é, pois, a de ato jurídico unilateral quanto à manifestação volitiva, e bilateral somente quanto à formalização, eis que nele intervém o órgão público e o promitente."* (P. 222).

[54] Posição defendida, de modo ilustrativo, por HUGO NIGRO MAZZILLI (Compromisso de ajustamento de conduta: evolução e fragilidades e atuação do Ministério Público. *Revista de*

em razão das diferentes aparições do fenômeno no Direito Ambiental, é possível conceituar genericamente o acordo ambiental como *negócio jurídico bilateral, sinalagmático* e *comutativo* (ainda que nos modo e termo de cumprimento da obrigação a cargo das partes), de *autovinculação convencional* entre as partes contraentes[55].

Trata-se de importante instrumento *endoprocessual* – celebrado no âmbito de um processo judicial, ou de um processo administrativo[56] – e *substitutivo*[57] – *"po*[ndo] *termo a um procedimento"*[58], posto que se presta a (i) substituir a possível e futura sanção, (ii) suspender a tramitação processual, ou (iii) impedir a instauração do processo administrativo sancionador[59].

Referida lógica endoprocessual, substitutiva, encontra óbices práticos quando deparada com os termos da Lei de Ação Civil Pública. Isso porque, a Ação Civil Pública, nascida com natureza eminentemente processual de responsabilização[60], possui a sua titularidade, nos termos do art. 5º, compartilhada *concorrentemente* a uma miríade de legitimados. Supradita concorrência, que (para os fins processuais a que se destina) dá origem ao *litisconsorte facultativo* segundo o art. 5º, §5º, todavia, quando

---

Direito Ambiental. V. 41. São Paulo: RT, 2006. Versão obtida digitalmente – *"[O] compromisso de ajustamento de conduta é antes um ato administrativo negocial (negócio jurídico de direito público), que consubstancia uma declaração de vontade do Poder Público coincidente com a do particular (o causador do dano, que concorda em adequar sua conduta às exigências da lei."*)

[55] SCHWIND, Rafael Wallbach. *O Estado acionista*. Coimbra: Almedina, 2017. P. 137.

[56] Limitando, neste caso, *"o exercício de seu poder discricionário* [da Administração Pública] *de fixar o conteúdo de uma decisão final"* (OTERO, Paulo, apud KIRKBY, Mark Bobela-Mota. *Contratos sobre o exercício de poderes públicos: o exercício contratualizado do poder administrativo de decisão unilateral*. Coimbra: Coimbra Editora, 2011. Nota nº 328), e dirigindo uma definição consensual de todo, ou parte, do conteúdo do ato administrativo decisório (KIRKBY, Mark Bobela-Mota. *Op. cit.* P. 280).

[57] "Diogo de Figueiredo Moreira Neto leciona que os 'acordos substitutivos' são termos firmados pela Administração Pública, diretamente ou mediante provocação do interessado, quando uma composição ou ajuste for mais vantajoso ao interesse público do que as consequências decorrentes de um ato administrativo proferido em um processo administrativo. A consensualidade está umbilicalmente atada à ideia de respeito à boa-fé entre o Estado e o agente regulado" (GUERRA, Sergio; PALMA, Juliana Bonacorsi de. *Op. cit.* p. 144).

[58] KIRKBY, Mark Bobela-Mota. *Op. cit.* P. 282.

[59] PALMA, Juliana Bonacorsi de. *Sanção e acordo na administração pública*. São Paulo: Malheiros, 2015. P. 252.

[60] MANCUSO, Rodolfo de Camargo. *Ação civil pública em defesa do meio ambiente, do patrimônio cultural e dos consumidores*. 7ª ed., rev. e atual., São Paulo: RT, 2001, p. 28.

atraída pela dicção do art. 5º, §6º, da Lei, dá ensejo a severa *insegurança jurídica* aos acordos por ela previstos, notadamente face a uma postura quase que institucional de intransigência do Ministério Público[61].

Ao contrário da esfera penal, reconheceu-se na Ação Civil Pública um instrumento *predominantemente* processual de proteção do patrimônio social[62] pelo maior número possível de legitimados extraordinários. A escolha do legislador pela formação do litisconsorte facultativo não é outra, senão a de viabilizar o acesso à justiça e a celeridade processual, muito embora, a relação jurídica material – notadamente na tutela dos direitos difusos – obrigue, de certa forma, a formação do litisconsorte unitário para a pacificação do conflito.

Tratando-se de forma alternativa à judicialização do conflito, não é incomum deduzir que o acordo firmado com fundamento no art. 5º, §6º tenda a esvaziar o interesse processual[63], caracterizando-se como causa

---

[61] Tal posicionamento "intransigente" é calcado em reverberada doutrina da lavra de Hugo Nigro Mazzilli, ele mesmo egresso dos quadros do Ministério Público Paulista. Como assentado pelo autor: *"Nesses compromissos, de um lado, o causador do dano se obriga a ajustar sua conduta às exigências da lei; de outro, o tomador do compromisso não transige em nada: apenas estará implicitamente aceitando deixar de promover ação civil pública ou coletiva contra o causador do dano (ao obter título executivo extrajudicial, faltar-lhe-ia interesse processual para mover ação de conhecimento, visando a obter a formação do mesmo título que já detém). Se qualquer outro co-legitimado à ação civil pública ou coletiva não aceitar o compromisso de ajustamento tomado extrajudicialmente pelo órgão público, poderá desconsiderá-lo e buscar diretamente os remédios jurisdicionais cabíveis, justamente porque o compromisso terá essa característica de garantia mínima, nunca de limitação máxima de responsabilidades do causador do dano. Seria inconstitucional que um co-legitimado ativo à ação civil pública estipulasse extrajudicialmente um limite de responsabilidade material em favor daquele que causou danos a interesses transindividuais, dos quais o órgão público não é titular"* (Mazzilli, Hugo Nigro. A defesa dos interesses difusos em juízo. 16ª Ed. São Paulo: Saraiva, 2003. P. 346).

[62] Cumpre trazer à baila a sabia ponderação feita por Lúcia Valle Figueiredo, de que o *patrimônio público* compreenderia os bens públicos definidos pela legislação, que se encontram sob o regime de direito público, ao passo que *"por patrimônio social, dever-se-ia entender, dentro do próprio contexto sistemático da Constituição, o conjunto de bens jurídicos, concebidos em face dos valores adotados pelo texto constitucional"* (Figueiredo, Lucia Valle. Curso de direito administrativo, 5ª ed., São Paulo: Malheiros, 2001, p. 402). Logo, enquanto o primeiro integra a própria esfera patrimonial dos entes federativos, em que o patrimônio ambiental assume relevância à preservação da soberania nacional, o patrimônio social é aquele advindo dos bens jurídicos concebidos em face dos valores constitucionais, isto é, de natureza incorpórea e vinculados à vivência do direito.

[63] Silva, Nelson Finotti. Execução de compromisso de ajustamento de conduta ambiental. *In* Benjamin, Antonio Herman; Figueiredo, Guilherme José Purvin *de* (Coord). *Direito ambiental e as funções essenciais à justiça.* São Paulo: RT, 2011. P. 749, 766. P. 758.

impeditiva ao prosseguimento de uma ação judicial ajuizada pelo tomador do compromisso ou por outro legitimado. Isso porque, a rigor, a relação jurídica material estar-se-ia resolvida nos termos do acordo assumido (vale dizer, se estiver completo em suas repercussões e abrangência de suas obrigações para com o risco integral) enquanto substitutivo à resposta jurisdicional ao conflito advinda do ajuizamento da Ação Civil Pública.

Todavia, constata-se, na prática, que a descredibilidade das instituições e dos representantes democráticos está a afetar a própria *presunção de legalidade e legitimidade* dos atos administrativo instrutórios, e por fim, dos acordos firmados entre a Administração Pública e particulares. Referido *desprestígio ao exercente da função administrativa* desequilibra a relação de controle existente; não raro o controlador, de modo arbitrário, vem a desconsiderar, sem qualquer formalidade prévia, o acordo administrativo que, em última análise, implica na própria desconsideração da decisão discricionária do administrador público, assumida como a mais condizente à resolução do conflito e ao pleno atendimento dos interesses sociais envolvidos.

Nunca é demais se destacar que, a despeito do relevante papel desempenhado pelo *parquet*, não pode este em sua função de controle e de *custos legis*, simplesmente desconsiderar expressa dicção legal e desprestigiar os demais legitimados, substituindo a discricionariedade do administrador por uma outra, que é a do próprio controlador[64]. Não há, profundamente analisando, respeito à democracia em tal prática exacerbada ou inconsequente de manifestação do poder – afinal de contas, nem sempre a melhor decisão administrativa corresponde às posições concretas defendidas por aqueles que ocupam cargos em órgãos de controle.

A despeito da louvável busca pelo aprimoramento ético da gestão pública liderada pelo Ministério Público – notadamente em períodos em que os casos de corrupção são tão corriqueiros, ao ponto de serem quase expressões culturais do agir do "homem médio" brasileiro – , deve-se evitar a ampliação excessiva seja das prerrogativas, seja das competências de controle (que configuram-se, cada vez mais, verdadeira

---

[64] MARQUES NETO, Floriano de Azevedo. Os grandes desafios do controle da Administração Pública. *In* MODESTO, Paulo (Coord). *Nova organização administrativa brasileira*. 2ª d. Belo Horizonte: Fórum, 2010. P. 199, 238. P. 217.

sobreposição), em prol do bom funcionamento da Administração Pública[65], consubstanciado, por exemplo, nos acordos por ela firmados.

A Administração Pública, desde a Emenda Constitucional nº 19 de 1998, inegavelmente não é mais orientada pela estrutura weberiana burocrática, mas pelo modelo *gerencial*[66]. *O controle dos resultados,* advindo da positivação do princípio da eficiência, aprimora a gestão pública sob a ótica de "*o dever de resultado do Estado* [ser] (...) *a justa contrapartida do direito subjetivo público do cidadão*"[67]. Frise-se que qualquer controle que impeça "*a consecução de uma ação administrativa acaba por produzir um efeito contrário àquele que justifica a existência do controle*"[68]; destarte, o controlador "*deve sempre perquirir e avaliar as consequências da medida de controle antes de adotá-la (...) no sentido de que elas tenham o menor impacto para o interesse público mais denso envolvido no caso*"[69].

Ora, na concepção de um Estado Republicano e Democrático de Direito, não pode o controle (seja ele externo, ou judicial) simplesmente ensejar a substituição da discricionariedade do administrador por uma outra, do controlador[70], notadamente quando considerada a ausência de parâmetro para atuação desse último – o que possibilita a arbitrariedade e a desproporcionalidade[71].

Quando analisada a seara ambiental, em que *a sensibilidade emocional vicia o julgamento racional,* constata-se nitidamente que a multiplicidade de controles é uma das causas da atuação ineficiente do Estado, na perspectiva do controle social. O estabelecimento de orientações muitas

---

[65] MARQUES NETO, Floriano de Azevedo. *Idem.* P. 201.

[66] Sendo certa a coexistência com outros modelos de gestão organizacional, desde o antigo patrimonialismo, até a moderna *new public governance.*

[67] MOREIRA NETO, Diogo de Figueiredo. Novo referencial no Direito Administrativo: do controle da vontade ao do resultado. A juridicização dos resultados na Administração Pública. *Fórum Administrativo – FA.* Belo Horizonte, ano 6, n. 67, set. 2006. Versão obtida digitalmente. P. 8

[68] MARQUES NETO, Floriano de Azevedo. *Op. cit.* P. 207.

[69] MARQUES NETO, Floriano de Azevedo. *Idem.* P. 199, 238. P. 207.

[70] Como bem apontado por AMAURI FERES SAAD, deparamo-nos, hodiernamente, com uma "*multiplicação de instâncias de controle que na verdade funciona[m] como verdadeiras administrações públicas de segundo grau,* [que, por sua vez] *realiza*[m]*, sob o pretexto de controlar, verdadeiras revisões integrais da ação administrativa.*" (SAAD, Amauri Feres. *Do controle da administração pública.* São Paulo: IASP, 2017. P. 58)

[71] SUNDFELD, Carlos Ari. Um direito mais que administrativo. *In* MARRARA, Thiago (org.). *Direito administrativo: transformações e tendências.* São Paulo: Almedina, 2014. P. 47, 69. P. 6.

vezes randômicas, sobrepostas e não coordenadas, dificulta a compreensão do arcabouço normativo acerca da matéria controlada[72], gerando, por via de consequência, insegurança jurídica[73].

O princípio da eficiência no "agir administrativo", enquanto análise econômica, visa obter a máxima eficiência alocativa dos recursos (financeiros, humanos e outros) disponíveis, na esfera pública ou privada, *vis a vis* os custos sociais a serem suportados[74]. Em ambientes como esses, o Estado passa a desempenhar o fundamental papel de gestor relacional[75], de coordenação[76], maximizando os meios dispostos pelas partes, de modo a obter, com o menor prazo e custo, interesses comuns[77] a toda a sociedade.

Isso porque, com o avanço do desenvolvimento do devido processo legal material – notadamente após a constitucionalização do princípio da eficiência – ganha suporte a ideia de que, independentemente da observância aos procedimentos burocraticamente previstos, *"importa aos interessados avaliar qual seria o meio mais eficiente a ser utilizado no caso concreto"*[78]. Nesse passo, se o processo passa a ser *"instrumento fundamen-*

---

[72] MARQUES NETO, Floriano de Azevedo. *Op. cit.* P. 230.

[73] Há que se destacar que o princípio da precaução – ao orientar a tomada de decisão, em preservação do meio ambiente, ao cenário de certeza científica – também demanda a existência da segurança jurídica, sobre a qual se ergue toda a certeza (científica) do Ordenamento Jurídico e estabilidade das relações sociais.

[74] SILVA, Suzana Tavares da. A nova dogmática do direito administrativo: o caso da administração por compromissos. *In* GONÇALVES, Pedro (org.). *Estudos de contratação pública* – I. Coimbra: Coimbra Editora, 2008. Nota de rodapé nº 3 c/c P. 899.

[75] MENDOZA, Xavier; VERNIS, Alfred. El Estado relacional y la transformación de las administraciones públicas. *In*: LONGO, Francisco; TAMYKO, Ysa (eds.). *Los escenarios de la gestión pública del siglo XXI*. Barcelona: Belsaterra, 2008. P. 37, 62. P. 53.

[76] Aponte-se que os institutos de concerto administrativo, notadamente, (i) a colaboração, (ii) a cooperação, e (iii) a coordenação, não possuem uma única classificação admissível. É o que se depreende, por exemplo, do embate entre as concepções de "coordenar" de ALEXANDRA LEITÃO (*Contratos interadministrativos*. Coimbra: Almedina, 2011) e de DIOGO DE FIGUEIREDO MOREIRA NETO (Novos institutos consensuais da ação administrativa. *Revista de Direito Administrativo*, Rio de Janeiro, V. 231. 2003. P. 129, 156). Enquanto para a primeira, colaborar é um "superconceito" que abarca a cooperação, a colaboração *stricto sensu*, e a coordenação (P. 82), para o segundo, a coordenação seria gênero, implantado por meio da cooperação e da colaboração (P. 152).

[77] MOREIRA NETO, Djogo Figueiredo. *Op. cit.* P. 129, 156. P. 151.

[78] FERREIRA, Mariana Carnaes. Compromisso de Ajustamento de Conduta e eficiência administrativa. Rio de Janeiro: Lumen Juris, 2016. P. 163.

tal para a racionalidade das decisões e para a eficiência administrativas"[79], sob a ótica da eficiência material *"a margem de decisão nas mãos da Administração deve se alargar, para possibilitar a escolha do instrumento de ação mais adequado para cada momento"*[80], sendo certo que *"pode-se afirmar que o mandamento constitucional de eficiência administrativa (...) pode, em inúmeras situações, ser [atingido] mediante transação"*[81]. O acordo, enquanto uma *facultas alternativa* à atuação unilateral impositiva, passa a ser instrumento de maior estabilidade para as relações jurídicas em discussão, prevenindo-se novos danos[82].

A sabedoria, por conseguinte, está-se em perceber que os acordos administrativos – notadamente os acordos ambientais – não estão a negociar o direito em si, mas a negociar o modo mais eficiente de atingi-lo[83] no tempo que urge à necessidade da população.

Na linha do exposto por Juliana Palma, a adoção de instrumentos consensuais em nada viola os princípios tradicionalmente quistos pela doutrina administrativista (o binômio "indisponibilidade" e "supremacia" do interesse público)[84]. Isso porque o princípio da supremacia do interesse público apenas *"cumpre o papel de legitimador da autoridade estatal, sem trazer em si um critério viável de solucionamento de conflitos"*[85], sendo

---

[79] BATISTA JÚNIOR, Onofre Alves. Transações administrativas: um contributo ao estudo do contrato administrativo como mecanismo de prevenção e terminação de litígios e como alternativa à atuação administrativa autoritária, no contexto de uma administração pública mais democrática. São Paulo: Quartier Latin, 2007. P. 192.

[80] BATISTA JÚNIOR, Onofre Alves. *Op. cit.* P. 194.

[81] BATISTA JÚNIOR, Onofre Alves. *Op. cit.* P. 462.

[82] É aqui que a técnica do *"arm-twisting"* causa significativos impactos no equilíbrio das instituições, já que a opção pela formalização de um acordo ambiental deve advir do consenso de ser a escolha mais adequada para aquela situação concreta, e não, ao particular, muito menos ao controlador. Em resposta ao princípio democrático e amadurecimento social, determinados conflitos, por sua natureza, devem ser judicializados como forma de publicização, estimulando o debate no corpo social e reflexões pelas instituições e seus operadores. A consensualidade advinda de uma coercitividade do desequilíbrio das forças não atende aos princípios democráticos e aos objetivos republicanos.

[83] MOREIRA NETO, Diogo Figueiredo. *Idem.* P. 129, 156. P. 154.

[84] Muito pelo contrário, conforme delineado por PALMA (*Sanção e acordo na administração pública.* São Paulo: Malheiros, 2015), ressalvados os casos de vedação legal, ou de vinculação administrativa, *"a princípio não há objeto que não possa ser transacionado no âmbito do direito administrativo"* (P. 187).

[85] PALMA, Juliana Bonacorsi de. *Sanção e acordo na administração pública.* São Paulo: Malheiros, 2015. P. 169.

certo que "*a autuação administrativa consensual não determina a prevalência do interesse privado em detrimento do interesse público*"[86] [87].

De igual modo, o princípio da indisponibilidade do interesse público – considerado como a impossibilidade de abdicação de prerrogativas públicas – "*não caracteriza impeditivo à atuação administrativa consensual*"[88], uma vez que "*o caráter de instrumentalidade* [de referidas prerrogativas] *implica em reconhecer na esfera de discricionariedade a faculdade de a Administração Pública recorrer, ou não, às prerrogativas para satisfazer determinada finalidade de ordem pública*"[89] [90].

Seguindo a mesma orientação, preciosas são as palavras de Ana Luiza Nery, ao também reconhecer que "*o interesse público não coincide necessariamente com as posições concretas defendidas por aqueles que ocupam os cargos públicos. A noção de interesse público não pode ser utilizada como um escudo, um pretexto para a Administração não cumprir os valores fundamentais do ordenamento. A noção de interesse público é identificada pela existência de uma relação típica entre o Estado, a coletividade e o indivíduo (...) é aquele compartilhado por todos. (...) Assim é que não nos parece adequado o posicionamento de que a indisponibilidade estaria calcada na supremacia do interesse público, porquanto o princípio da supremacia do interesse público tem como finalidade a proteção dos interesses dos administrados, não podendo ser-lhe prejudicial*"[91].

Logo, o interesse público deve ser tido como a defesa do "interesse objetivo contido no Direito", independentemente se, no caso concreto, demande-se a proteção de um interesse privado, em face do interesse subjetivo do Estado[92].

---

[86] PALMA, Juliana Bonacorsi de. *Op. cit.* P. 171.

[87] Frise-se, por sua vez, que, quando referenciado aos acordos intragovernamentais ou interorgânicos, sequer a figura do "interesse privado" é colocada em discussão, posto encontrarem-se presentes apenas interesses tutelados por agentes públicos.

[88] PALMA, Juliana Bonacorsi de. *Idem.* P. 188.

[89] PALMA, Juliana Bonacorsi de. *Ibidem.* P. 181.

[90] Aponte-se, também que, a *contrario sensu*, se fosse constitucionalmente vedada a transação entre a Administração Pública e agentes privados com vistas a atingir uma finalidade pública, estaria vedado pelo ordenamento o próprio contrato administrativo (dotado de disposições "impostas" pela Administração, e "negociadas" entre as partes contratantes).

[91] NERY, Ana Luiza. *Teoria geral do Termo de Ajustamento de Conduta.* 3ª Ed. São Paulo: RT, 2017. P. 121, 122.

[92] MENEZES DE ALMEIRA, Fernando Dias. *Contrato administrativo.* São Paulo: Quartier Latin, 2012. P. 333.

É possível valer-se, por conseguinte, dos acordos ambientais – dado o seu caráter multidisciplinar – para, de um lado, melhorar a eficiência dos processos produtivos das atividades potencialmente poluidoras e de impactos sociais, bem como, de outro, resolver problemas sociais e institucionais advindos do próprio processo de sucateamento dos serviços públicos, nas cláusulas de *"medidas compensatórias e/ou mitigatórias".*

Mister destacar, todavia, que em que pese a amplitude negocial à disposição do tomador do acordo ambiental do particular, não se pode perder de vista a razoabilidade e a proporcionalidade das obrigações pretendidas, impondo um ônus manifestamente superior àquele que seria decorrente da própria legalidade e liberalidade benevolente de qualquer entidade com responsabilidade social.

De outra parte, tomando a própria *expertise* técnica institucional como terreno seguro ao exercício do controle do cumprimento das cláusulas pactuadas, constata-se a adoção dos acordos ambientais[93], dentro dos processos oriundos do poder de polícia administrativa-ambiental, como forma de exigir do particular a sua adequação ambiental, com a adoção das tecnologias de interesse do órgão fiscalizador, mesmo que ainda não tenham sido recepcionadas pelo ordenamento pátrio.

Além disso, dentro ainda do exercício do poder de polícia, verifica-se o incentivo à tomada de termos de compromisso ambientais de setores e segmentos econômicos ("acordos setoriais") destinados à mudança do paradigma atual, promovendo o planejamento e o desenvolvimento de mecanismos técnico-operacionais (e regulatórios) de redução dos impactos ambientais da atividade[94].

No primeiro caso, identifica-se a utilização do "plano de ação" do acordo ambiental como "licença corretiva" da atividade – ponto de grande celeuma entre os controladores, já que tal utilização do instru-

---

[93] *In casu*, aquele decorrente de instituto congênere ao ajustamento de conduta ambiental, atrelado ao exercício de poder de polícia administrativa, o "compromisso" originalmente previsto no art. 79-A da Lei Federal nº 9.605, de 12.02.1998 (destinado à promoção de correção de atividades suscetíveis a degradarem o meio ambiente, em substituição às sanções decorrentes do poder de polícia), mas posteriormente estendido ao Decreto-lei 4.657/1942, alterado pela Lei Federal nº 13.655/2018 (encarregado de eliminar irregularidade, incerteza jurídica ou situação contenciosa na aplicação do direito público).

[94] Ilustrativos são os termos da Lei Federal nº 12.305, de 02.08.2010, que busca por meio de acordos setoriais e termos de compromisso a promoção de ações de gestão de resíduos sólidos, e implementação de sistemas de logística reversa, nos termos da responsabilidade compartilhada entre Poder Público e setor produtivo.

mento fugiria, supostamente, do escopo regulamentar (federal) da tutela ambiental.

No segundo caso, por sua vez, para mudança da realidade comercial atual, o órgão ambiental intervém diretamente na economia, exigindo dos setores ou segmentos econômicos o comprometimento de alterar a "forma de fazer negócio" à paradigmas de maior sustentabilidade ambiental. Neste caso, *e.g.*, fundamentando-se no disposto no art. 33 da Lei Federal nº 12.305/2010 (Política Nacional de Resíduos Sólidos), a Companhia Ambiental do Estado de São Paulo – CETESB expediu a Decisão de Diretoria nº 076/2018/C condicionando a licença de operação, bem como sua renovação, à estruturação, à implementação e do funcionamento do sistema de logística reversa[95].

Em que pese, muitas vezes, a diferença existente entre as diversas espécies de acordos ambientais, a depender de seus fundamentos jurídicos, finalidades e obrigações assumidas, observa-se, na prática, a rejeição institucional pelo *parquet* da utilização dos acordos ambientais dentro dos processos de licenciamento, ou meramente nos processos sancionatórios, *presumindo-os* como ilegais. Ocorre que, guardadas as devidas proporções para os casos pontuais, o que primeiramente choca o operador do Direito é perceber que o *parquet* presume a ilegalidade, requerendo da tutela jurisdicional medidas drásticas, não a partir do exercício de controles de finalidade, de resultado, ou social, mas sim, porque tal instrumento, ou o fundamento utilizado para sua formalização, não encontraria respaldo na legislação federal, muito embora pudesse estar contido em eventual legislação estadual de licenciamento ambiental e/ou de apuração das infrações administrativas ambientais[96].

---

[95] Observe-se que, enquanto no primeiro caso, o "ajustamento da conduta" pode pressupor o reconhecimento de uma antijuridicidade da conduta do particular – na medida em que se está em "desconformidade" com norma administrativa, sem que tal desconformidade represente em uma ilicitude a implicar na incidência de outras esferas de responsabilidades –, no segundo caso, há verdadeiro compromisso entre o Poder Público e o setor empresarial com vistas à melhoria da qualidade ambiental, devido a concertação de mudança dos paradigmas e marcos regulatórios existentes. Não há que se falar, no segundo caso, de qualquer conduta típica que atente a higidez da Administração Pública (responsabilidade administrativa ambiental) a ensejar o exercício do poder de polícia, enquanto expressão punitivista do Estado. Este, na verdade, é exercido na função de "incentivo e planejamento" da atividade econômica tal como previsto no art. 174 da Constituição Federal.

[96] Precursor de normas ambientais, verifica-se tal disposição no Estado do Rio de Janeiro, em seu Decreto Estadual nº 44.820/2014, que dispõe sobre o sistema de licenciamento

No Estado do Rio de Janeiro, por exemplo, é possível se destacar o art. 101 da Lei Estadual nº 3.467, de 14 de setembro de 2000, que dispõe sobre as sanções administrativas ambientais, no qual a celebração de termo de ajustamento de conduta é causa suspensiva da exigibilidade da multa ambiental[97].

Por conseguinte, observa-se que o discurso empregado pelo *parquet* – a luz da Constituição Federal, notadamente em seu arts. 23, 24, 30 e 182; da Lei Complementar nº 140/2011 e seu regulamento; bem como das espécies de sanções previstas no art. 14 da Política Nacional do Meio Ambiente – para invalidação de atos administrativos ambientais, muitas vezes, acaba por abalar muito mais as estruturas democráticas, alimentando as inseguranças sociais nas instituições estatais, do que o efetivo atendimento do interesse público no tempo em que urgem às necessidades da população.

ambiental, no artigo 17 ao vincular a concessão da "Autorização Ambienta de Funcionamento" (AAF) ao Termo de Ajustamento de Conduta (TAC), na medida em que se destina a autorizar, excepcionalmente, o funcionamento da atividade com vistas a sua adequação às normas de controle ambiental, dentro do prazo previsto no TAC. Assim, a depender da natureza do empreendimento e circunstâncias fáticas, ponderando os outros interesses públicos – como a garantia da busca do pleno emprego e arrecadação orçamentária para prestação dos serviços públicos básicos a população – autoriza-se a continuidade do funcionamento da atividade, sob a intervenção direta do órgão ambiental por meio do TAC, nas adequações do empreendimento às normas de controle ambiental.

[97] Cf. Art. 101, da Lei Estadual nº 3.467/2000: *"Art. 101. As multas aplicadas com base nesta Lei poderão ter a sua exigibilidade suspensa, mediante a celebração de termo de compromisso ou de ajuste ambiental, a exclusivo critério do Secretário de Estado de Meio Ambiente e Desenvolvimento Sustentável, obrigando-se o infrator à adoção de medidas específicas para fazer cessar a degradação ambiental, sem prejuízo das demais medidas necessárias ao atendimento das exigências impostas pelas autoridades competentes. (...) §3º. O infrator apresentará projeto técnico de reparação do dano; §4º. O órgão ambiental poderá dispensar o infrator da apresentação de projeto técnico, na hipótese em que a reparação não o exigir. §5º. Cumpridas integralmente as obrigações assumidas pelo infrator, conforme avaliação a critério do órgão que houver celebrado o termo de compromisso ambiental, a multa poderá ser reduzida ou cancelada por ato do Secretário de Estado de Meio Ambiente e Desenvolvimento Sustentável. §6º. O termo de compromisso ambiental poderá estipular a conversão parcial ou total das multas aplicadas em serviços de interesse ambiental ou na realização de obras de preservação, melhoria e recuperação da qualidade do meio ambiente, sem prejuízo das medidas previstas no caput deste artigo. §7º. Persistindo a irregularidade ou revelando-se a atitude do infrator como meramente paliativa ou procrastinatória, serão cobradas as multas sustadas, com acréscimo de 30% (trinta por cento), sem prejuízo das multas que vierem a ser estipuladas no termo de compromisso ambiental."*

A "pré-desconsideração" de tais acordos, com o afastamento da presunção de legalidade e legitimidade dos atos administrativos instrutórios desses, sem que tenha se valido previamente das formalidades legais – (i) no caso de instrumentos positivados dentro das esferas de competência legislativa dos Estados e Municípios, por meio de ações de controle abstrato, e (ii) no caso de acordos ambientais firmados por outros legitimados, ou firmados em razão do poder de polícia administrativa-ambiental detido pela Administração Pública, por meio das competentes ações declaratórias de nulidade de tais acordos – mostra verdadeira faceta de *invasão* à esfera de atuação da Administração Pública, em *desprestígio* ao próprio exercício da função administrativa[98].

Espera-se, destarte, que, com o advento da Lei Federal nº 13.655/2018, que expressamente autorizou a formalização de acordos administrativos para "eliminar irregularidade, incerteza jurídica ou situação contenciosa na aplicação do direito público"[99], opere-se uma modificação no *modus operandi* tanto dos órgãos de fiscalização ambiental, quanto do próprio Ministério Público. Isso porque, atualmente, o permissivo legal genérico contido em referida Lei não deixa dúvidas acerca de sua legalidade; mostra-se recomendável, assim, aos órgãos ambientais a utilização de tal fundamento jurídico na estruturação de seus acordos, na tentativa de "blindá-los" de eventuais inseguranças adicionais. Por sua vez, aguarda-se um posicionamento de respeito dos membros do Ministério Público com relação aos acordos firmados pela Administração Pública no exercício de seu poder de polícia. Tais acordos, como há de se convir, não podem ser simplesmente desconsiderados, a partir da fundamentação de uma suposta colegitimação para sua formalização – tal qual ocorre nos acordos decorrentes da Lei de Ação Civil Pública.

Conclusões

Dadas as premissas e provocações acima, deve-se reconhecer que os acordos administrativos ganharam relevo na atuação da Administração Pública, tornando-se indispensáveis à pacificação social oriunda dos conflitos atinentes à satisfação das necessidades modernas, dotados da complexidade intrínseca dos tempos atuais em que vivemos.

---

[98] Bem como uma afronta ao *federalismo*, nos casos de afastamento da legislação exarada do ente federado igualmente competente.
[99] Cf. art. 26, do Decreto-lei 4.657/1942.

Conferindo maior robustez e afastando as inseguranças jurídicas quanto a esse importantíssimo instrumento alternativo à resolução dos conflitos de forma satisfatória e eficaz, somam-se às disposições do art. 5º, §6º, da Lei da Ação Civil Pública e do art. 79-A da Lei de Crimes e Infrações Administrativas Ambientais, as disposições normativas do Novo Código de Processo Civil[100], dos art. 32 e seguintes da Lei de Autocomposição de Conflitos no âmbito da Administração Pública e das alterações promovidas pela Lei Federal nº 13.655/2018 no Decreto-Lei nº 4.657/1942, com o acréscimo dos arts. 26 e 27[101].

Um novo cenário se descortina: *a autorização genérica, direcionada à toda a Administração Pública, de firmar acordos.*

Na esfera ambiental, inclusive, há que se trazer luzes aos futuros impactos trazidos pelo recente Decreto Federal nº 9.760, de 11 de abril de 2019, o qual estabelece mecanismos de promoção da conciliação ambiental por meio de núcleos especializados, em que, nos termos do seu artigo 1º, a conciliação deverá ser estimulada pela Administração Pública (federal) com vistas a encerrar os processos administrativos federais relativos à apuração de infrações administrativas por condutas e atividades lesivas ao meio ambiente[102].

---

[100] Cf. Art. 3º, §2º, do Novo Código de Processo Civil: *"Art. 3º. Não se excluirá da apreciação jurisdicional ameaça ou lesão a direito. (...) §2º. O Estado promoverá, sempre que possível, a solução consensual dos conflitos."*

[101] Cf. Art. 26 e Art. 27, da Lei de Introdução às Normas de Direito Brasileiro: *"Art. 26. Para eliminar irregularidade, incerteza jurídica ou situação contenciosa na aplicação do direito público, inclusive no caso de expedição de licença, a autoridade administrativa poderá, após oitiva do órgão jurídico e, quando for o caso, após realização de consulta pública, e presentes razões de relevante interesse geral, celebrar compromisso com os interessados, observada a legislação aplicável, o qual só produzirá efeitos a partir de sua publicação oficial. §1º O compromisso referido no caput deste artigo: I – buscará solução jurídica proporcional, equânime, eficiente e compatível com os interesses gerais; II – (VETADO); III – não poderá conferir desoneração permanente de dever ou condicionamento de direito reconhecidos por orientação geral; IV – deverá prever com clareza as obrigações das partes, o prazo para seu cumprimento e as sanções aplicáveis em caso de descumprimento."; "Art. 27. A decisão do processo, nas esferas administrativa, controladora ou judicial, poderá impor compensação por benefícios indevidos ou prejuízos anormais ou injustos resultantes do processo ou da conduta dos envolvidos. §1º A decisão sobre a compensação será motivada, ouvidas previamente as partes sobre seu cabimento, sua forma e, se for o caso, seu valor. §2º Para prevenir ou regular a compensação, poderá ser celebrado compromisso processual entre os envolvidos."*

[102] Cf. *"Art. 1º O Decreto nº 6.514, de 22 de julho de 2008, passa a vigorar com as seguintes alterações: Art. 95-A. A conciliação deve ser estimulada pela administração pública federal ambiental, de acordo*

Conforme demonstrado ao longo deste ensaio, a gestão do patrimônio ambiental deve ser feita, sempre, de forma democrática e conscientizada; conferindo a tutela ambiental racionalidade própria que atenda às suas próprias necessidades, notadamente, nas formas de controle dos instrumentos públicos de pacificação social e satisfação das necessidades humanas, enquanto expressão máxima da razão de ser da função administrativa.

Em que pese a simplicidade da afirmação de que não se transaciona o direito, mas sim a forma de sua prestação, verifica-se que, na seara do Meio Ambiente, é, justamente na escolha da forma de "prestação", que recai todo o cerne da problemática do acordo ambiental. Nessa perspectiva, de um lado, vislumbra-se que a escolha das técnicas viáveis a serem empregadas não deixa, em sua essência, de ser um ato estatal discricionário, na medida em que concebido dentro de uma racionalidade de implantação e efetivação de políticas públicas; por outro lado, vislumbra-se o fator essencial (e legitimante) da participação social, dado ao fato de a causa ambiental estar sempre alinhada à preservação do regime democrático. Nesse diapasão, inclusive para fins de legitimidade enquanto *"patrono da sociedade"*, o acordo firmado com o Ministério Público deve estar condicionado à prévia realização de consulta pública à população afetada, com vistas a perquirir os reais interesses e suas formas satisfatórias de resolução.

Por fim, ao leitor que nos acompanhou até este ponto, deixa-se uma última provocação para reflexão: a constatação de que o acordo, muito embora resolva um conflito, não busca a realização plena da Justiça, dada que está é um sentimento[103]. Entender de modo diverso poderá levar à ilusão quanto à real finalidade do instrumento, na medida em que se presta ao alinhamento dos interesses para harmonização e preservação do tecido social. O sentimento de Justiça resta realizado quando da resposta dada ao conflito advém a equidade, a razoabilidade e a proporcionalidade das obrigações assumidas para cada uma das partes.

---

com o rito estabelecido neste Decreto, com vistas a encerrar os processos administrativos federais relativos à apuração de infrações administrativas por condutas e atividades lesivas ao meio ambiente.".
[103] Como salienta JERSON CARNEIRO GONÇALVES JR (Filosofia do Direito. *In* GONÇALVES JR, José Carneiro; MACIEL, José Fábio Rodrigues (Coord). *Concurso da magistratura:* noções gerais de direito e formação humanística. São Paulo: Saraiva, 2011): *"A justiça consiste essencialmente no reconhecimento prático que a pessoa humana faz do sentimento de respeito da dignidade das demais pessoas do mundo"* (P. 188).

Referências

BATISTA JÚNIOR, Onofre Alves. *Transações administrativas: um contributo ao estudo do contrato administrativo como mecanismo de prevenção e terminação de litígios e como alternativa à atuação administrativa autoritária, no contexto de uma administração pública mais democrática*. São Paulo: Quartier Latin, 2007;

CARVALHO FILHO, José dos Santos. *Ação civil pública*: comentários por artigo. 7ª Ed. Rio de Janeiro: Lumen Juris, 2009;

FERRAZ, Sergio. O Direito Administrativo reconstruído a partir da ideia de liberdade e da primazia do indivíduo. *In* FERRAZ, Sergio (coord.). *Direito e liberdade*. São Paulo: IASP, 2017, p. 351, 364;

_____. A gênese principiológica do Direito Administrativo Brasileiro. *In* FERRAZ, Sergio (coord.). *Direito e liberdade*. São Paulo: IASP, 2017, p. 35, 50;

_____; SAAD, Amauri Feres Saad. *Autorização de Serviço Público*. São Paulo: Malheiros, 2018;

FERREIRA, Mariana Carnaes. Compromisso de Ajustamento de Conduta e eficiência administrativa. Rio de Janeiro: Lumen Juris, 2016;

FIGUEIREDO, Lucia Valle. *Curso de direito administrativo*, 5ª ed., São Paulo: Malheiros, 2001;

_____. Premissas à elaboração e um conceito de Direito Administrativo. *Revista de Direito Administrativo*. V. 120. Rio de Janeiro, abr/jun 1975. P. 49, 62;

GONÇALVES, Pedro. *Estado de garantia e mercado*. Revista da Faculdade de Direito da Universidade do Porto, vol. VII (especial: Comunicações do I Triénio dos Encontros de Professores de Direito Público), Porto, 2010. Versão obtida digitalmente. Disponível em https://edisciplinas.usp.br/pluginfile.php/4013730/mod_resource/content/0/estado_garantia_mercado.pdf. Acesso em 20.03.2019;

GONÇALVES JR, Jerson Carneiro. Filosofia do Direito. *In* GONÇALVES JR, José Carneiro; MACIEL, José Fábio Rodrigues (Coord). *Concurso da magistratura*: noções gerais de direito e formação humanística. São Paulo: Saraiva, 2011;

GUERRA, Sergio; PALMA, Juliana Bonacorsi de. Art. 26 da LINDB no regime jurídico de negociação com a administração pública. *Revista de Direito Administrativo*. Edição especial, nov. 2018, p. 135, 169;

KIRKBY, Mark Bobela-Mota. *Contratos sobre o exercício de poderes públicos: o exercício contratualizado do poder administrativo de decisão unilateral*. Coimbra: Coimbra Editora, 2011;

LEITÃO, Alexandra. *Contratos interadministrativos*. Coimbra: Almedina, 2011;

MACHETE, Pedro. *Estado de direito democrático e administração paritária*. Coimbra: Almedina, 2007;

MANCUSO, Rodolfo de Camargo. *Ação civil pública em defesa do meio ambiente, do patrimônio cultural e dos consumidores*. 7ª ed., rev. e atual., São Paulo: RT, 2001;

MARQUES NETO, Floriano de Azevedo. Os grandes desafios do controle da Administração Pública. *In* MODESTO, Paulo (Coord). *Nova organização administrativa brasileira.* 2ª d. Belo Horiozonte: Fórum, 2010. P. 199, 238;

MAZZILLI, Hugo Nigro. *A defesa dos interesses difusos em juízo.* 16ª Ed. São Paulo: Saraiva, 2003.

_____. Compromisso de ajustamento de conduta: evolução e fragilidades e atuação do Ministério Público. *Revista de Direito Ambiental.* V. 41. São Paulo: RT, 2006. Versão obtida digitalmente;

_____. *Notas sobre o compromisso de ajustamento de conduta.* Mimeo. Disponível em http://www.mazzilli.com.br/pages/artigos/NotassobreTAC.pdf. Acesso em 15.02.2019;

MENDOZA, Xavier; VERNIS, Alfred. El Estado relacional y la transformación de las administraciones públicas. *In*: Longo, Francisco; Tamyko, Ysa (eds.). *Los escenarios de la gestión pública del siglo XXI.* Barcelona: Belsaterra, 2008. P. 37, 62;

MENEZES DE ALMEIRA, Fernando Dias. *Contrato administrativo.* São Paulo: Quartier Latin, 2012;

MILARÉ, Edis. O compromisso de ajustamento de conduta e o fundo de defesa dos direitos difusos. *Doutrinas essenciais de direito ambiental.* V. 4. São Paulo: RT, 2011. P. 381, 397. Versão obtida digitalmente;

MONCADA, Luís S. Cabral de. *A relação jurídica administrativa: para um novo paradigma de compreensão da atividade, da organização e do contencioso administrativo.* Coimbra: Coimbra Editora, 2009;

MOREIRA NETO, Diogo de Figueiredo. *Curso de Direito Administrativo.* 15ª Ed. Rio de Janeiro: Forense, 2009;

_____. Novos institutos consensuais da ação administrativa. *Revista de Direito Administrativo*, Rio de Janeiro, V. 231. 2003. P. 129, 156;

MOREIRA, Egon Bockmann. Crescimento econômico, discricionariedade e o princípio da deferência. *Colunistas.* N. 168. Salvador: 2016. Publicada em 12.05.2016. Disponível em http://www.direitodoestado.com.br/colunistas/egon-bockmann-moreira/crescimento-economico-discricionariedade-e-o-principio-da-deferencia. Acesso em 20.03.2019;

NAPOLITANO, Giulio. *La logica del diritto amministrativo.* Bologna: Il Mulino, 2014;

NERY, Ana Luiza. *Teoria geral do Termo de Ajustamento de Conduta.* 3ª Ed. São Paulo: RT, 2017;

OLIVEIRA, Gustavo Henrique Justino de. *Contrato de gestão.* São Paulo: Revista dos Tribunais, 2008;

PALMA, Juliana Bonacorsi de. *Sanção e acordo na administração pública.* São Paulo: Malheiros, 2015;

SAAD, Amauri Feres. *Do controle da administração pública.* São Paulo: IASP, 2017;

SCHMIDT-ASSMANN, John Eberhard. *La teoria general del derecho administrativo como sistema.* Madrid; Barcelona: INAP; Marcial Pons, 2003;

SCHWIND, Rafael Wallbach. *O Estado acionista*. Coimbra: Almedina, 2017;

SILVA, Nelson Finotti. Execução de compromisso de ajustamento de conduta ambiental. *In* BENJAMIN, Antonio Herman; FIGUEIREDO, Guilherme José Purvin de (Coord). *Direito ambiental e as funções essenciais à justiça*. São Paulo: RT, 2011. P. 749, 766;

SILVA, Suzana Tavares da. A nova dogmática do direito administrativo: o caso da administração por compromissos. *In* GONÇALVES, Pedro (org.). *Estudos de contratação pública* – I. Coimbra: Coimbra Editora, 2008;

SUNDFELD, Carlos Ari. Um direito mais que administrativo. *In* MARRARA, Thiago (org.). *Direito administrativo: transformações e tendências*. São Paulo: Almedina, 2014. P. 47, 69;

TALAMINI, Eduardo. *A (in)disponibilidade do interesse público: consequências processuais*. Mimeo. Disponível em https://www.academia.edu/231461/A_in_disponibilidade_do_interesse_p%C3%BAblico_consequ%C3%AAncias_proces suais_2005_. 2005. Acesso em 10.02.2019;

VIÉGAS, Rodrigo Nunes. *Negociação e acordo ambiental: o termo de ajustamento de conduta (TAC) como forma de tratamento de conflitos ambientais*. Rio de Janeiro: Fundação Heinrich Böll, 2014.

15. Da Viabilidade Jurídica da Utilização de Termos de Ajustamento de Gestão (TAG) por Tribunais de Contas

Newton Antônio Pinto Bordin

> *Nesse sentido, a Administração consensual, notadamente por suas virtudes democráticas, pode até mesmo exercer uma função de recuperação de valores cívicos e da dimensão coletiva da ação dos indivíduos em sociedade, melhor os envolvendo nos assuntos da Administração e do Estado.*[1]

Considerações preliminares[2]

O presente estudo busca a demonstração da viabilidade jurídica de atuação *propositiva* e *proativa* dos Tribunais de Contas em relação aos denominados *Termos de Ajustamento de Gestão* (TAG), instrumentos de autocomposição tanto interadministrativa quanto interorgânica voltados à regularização de atos e de procedimentos sujeitos à fiscalização das Cortes de Controle Externo[3,4].

---

[1] Almeida, 2017, p. 336.
[2] O autor agradece a honrosa oportunidade dada pelo Prof. Dr. Gustavo Justino de Oliveira e por Wilson Accioli Filho de publicação deste estudo. Além disso, o autor agradece os comentários feitos por Christianne de Carvalho Stroppa, por Egle dos Santos Monteiro e por Maria Fernanda Pessatti Toledo a versões anteriores deste estudo.
[3] Em síntese, a concertação interadministrativa exige que ao menos um dos partícipes seja ente personalizado, o que não ocorre na modalidade interorgânica, na qual os celebrantes do ajuste são órgãos e, por definição, despersonalizados. V. Bitencourt Neto, 2017, especialmente p. 198-202.

Inicialmente, importante ressaltar que essa modalidade de ajuste está inserida no contexto de *administração pública consensual*, em que se privilegia a *participação* do administrado e de terceiros interessados na formação da decisão pública administrativa[5].

Na percepção de Gustavo Justino de Oliveira, o consensualismo no âmbito da administração pública representaria um "novo eixo" dogmático para o direito administrativo[6]:

> *O consensualismo na Administração Pública e o novo contratualismo administrativo são dois movimentos presentes em diversos países ocidentais que retratam um novo eixo da dogmática do direito administrativo, o qual sinaliza novas rotas evolutivas do modo de administrar no Estado do século XXI.*
>
> *Tradicionalmente orientado pela lógica da autoridade, imposição e unilateralidade, o direito administrativo contemporâneo passa a ser permeado e combinado com a lógica do consenso, da negociação e da multilateralidade. O modelo burocrático – baseado na hierarquia e racionalização legal das competências – passa a coexistir com outros modelos que prestigiam de modo mais acentuado a eficiência e resultados (gerencialismo) e também a democraticidade e legitimidade das relações jurídico-administrativas (nova governança pública e Administração Pública paritária).*

---

[4] O art. 2º, "caput", da Resolução nº 14/2014 do TCE de Minas Gerais, apresenta o seguinte conceito de TAG:
Art. 2º *O TAG é instrumento de controle consensual, celebrado entre o Tribunal de Contas e o gestor responsável pelo Poder, órgão ou entidade submetido ao seu controle, e conterá: (...)*
Conceito semelhante é utilizado pela Resolução nº 59/2017, no âmbito do TCE do Paraná, nos seguintes termos:
Art. 2º *Considera-se Termo de Ajustamento de Gestão o instrumento de controle vocacionado à adequação e regularização voluntária de atos e procedimentos administrativos sujeitos à fiscalização do Tribunal, mediante a fixação de prazo razoável para que o responsável adote providências ao exato cumprimento da lei, dos princípios que regem a administração pública e das decisões não definitivas emanadas deste Tribunal.*
[5] Cunda; Reis, 2017, p. 96 e 100, ressaltam que *"[...] a alternativa da celebração de acordos em substituição a medidas unilaterais também está diretamente relacionada a um dos objetivos de desenvolvimento sustentável estabelecidos na Agenda 2030, assinada pelos 193 Estados-membros da Organização das Nações Unidas (OU, 2015)"*, sendo que, no âmbito do objetivo 16, relacionado à "Paz, Justiça e Instituições Eficazes", as metas 16.6 e 16.7 buscam:
16.6 Desenvolver instituições eficazes, responsáveis e transparentes em todos os níveis;
16.7 Garantir a tomada de decisão responsiva, inclusiva, participativa e representativa em todos os níveis.
[6] Oliveira, 2017, p. 523.

DA VIABILIDADE JURÍDICA DA UTILIZAÇÃO DE TERMOS DE AJUSTAMENTO DE GESTÃO (TAG)

Nesse cenário, imprescindível é enfrentar e desenvolver o instituto do acordo administrativo, como uma nova categoria jurídica do direito administrativo brasileiro, a ele conferindo tratamento normativo e dogmático adequados.

Ressalte-se que o favorecimento a modalidades de *autocomposição* não representa a irregular derrogação de competências constitucionais atribuídas à administração pública; em realidade, há um fortalecimento da *efetividade* das decisões públicas, na medida em que ocorre a participação direta dos interessados na formação dos entendimentos. Nesse sentido, essa atuação *negocial* não obstaria a possibilidade de exercício de prerrogativas em caráter *unilateral, impositivo* e *determinante* pelos órgãos públicos, em caráter *subsidiário*.

O aspecto da *consensualidade* tem sido verificado em diferentes âmbitos administrativos, por meio, por exemplo: da celebração de termos de ajustamento de conduta; da realização de chamamentos públicos e de Procedimentos de Manifestação de Interesse (PMI); da iniciativa popular de projetos de lei; e da administração pública como *donatária* de bens e de serviços oferecidos por particulares.

No âmbito específico dos instrumentos normativos propiciadores de modalidades alternativas de solução de conflitos, devem ser destacadas, além do tradicional *termo de ajustamento de conduta*[7], as inovações implementadas pelo Código de Processo Civil (Lei Federal nº 13.105, de 16 de março de 2015)[8] e pelo Marco Legal da Mediação (Lei Federal nº 13.140, de 26 de junho de 2015)[9]. Em ambos os institutos, há o favorecimento a que a administração pública busque prestigiar, no âmbito administrativo, a solução consensual de conflitos. No âmbito do Município de São Paulo, por exemplo, foi promulgada a Lei Municipal nº 16.873/2018, a qual, embora pendente de regulamentação, *"reconhece e regulamenta a ins-*

---

[7] Estabelecido pelo §6º do art. 5º da Lei da Ação Civil Pública (Lei Federal nº 7.347/1985).
[8] Assim dispõe o art. 174:
Art. 174. *A União, os Estados, o Distrito Federal e os Municípios criarão câmaras de mediação e conciliação, com atribuições relacionadas à solução consensual de conflitos no âmbito administrativo, tais como:*
I – dirimir conflitos envolvendo órgãos e entidades da administração pública;
II – avaliar a admissibilidade dos pedidos de resolução de conflitos, por meio de conciliação, no âmbito da administração pública;
III – promover, quando couber, a celebração de termo de ajustamento de conduta.
[9] *Dispõe sobre a mediação entre particulares como meio de solução de controvérsias e sobre a autocomposição de conflitos no âmbito da administração pública (...).*

talação de Comitês de Prevenção e Solução de Disputas em contratos administrativos continuados celebrados pela Prefeitura de São Paulo".

Ainda nesse aspecto, deve-se destacar que a recente edição da Lei Federal nº 13.655, de 25 de abril de 2018, que inseriu dispositivos na Lei de Introdução às Normas do Direito Brasileiro (LINDB, Decreto-Lei nº 4.657/1942), também fortalece o aspecto de *consensualidade* no âmbito da solução de controvérsias pela administração pública, especialmente ao buscar reforçar a segurança jurídica na atuação dos órgãos estatais, a motivação dos atos administrativos e a necessária previsão de regime de transição para nova interpretação a respeito de norma de conteúdo indeterminado.

Quanto à possibilidade de a administração pública *transacionar*, Juliana Bonacorsi de Palma, após abrangente análise do princípio da indisponibilidade do interesse público, considerou que[10]:

> *No que tange ao objeto da consensualidade – aspecto enfrentado neste item do trabalho –, importa salientar que o princípio da indisponibilidade do interesse público não consiste em óbice jurídico à atuação administrativa consensual, pois dito princípio não encontra amparo normativo, razão pela qual não pode ser considerado fundamento jurídico válido para restringir a consensualidade na Administração Pública. A princípio a atuação administrativa consensual pode envolver qualquer objeto do direito administrativo, ressalvadas as vedações legais ou, ainda, os casos de vinculação administrativa.*

Nesse sentido, o entendimento quanto à permissividade da transação dependeria da ausência de norma expressa em sentido contrário – e não uma aplicação integral e automática do princípio da indisponibilidade do interesse público, independentemente das situações fáticas que ensejaram a necessidade de acordo.

Em momento posterior, Sérgio Guerra e Juliana Bonacorsi de Palma[11] defenderam que o advento da Lei Federal nº 13.655/2018, especialmente o art. 26, que será analisado a seguir, representaria verdadeiro "permissivo genérico" para a atuação da administração pública por meio da

---

[10] Palma, 2015, p. 188.
[11] Guerra; Palma, 2018, p. 146-148.

celebração de acordos[12]. A constatação em apreço possibilita aos Tribunais de Contas a ampliação na atuação consensual, não se restringindo ao *já existente* permissivo constitucional constante do inciso IX do art. 71, objeto da sessão seguinte.

1. Dos Termos de Ajustamento de Gestão no âmbito do sistema constitucional de controle externo

Preliminarmente, importa destacar que abalizada doutrina tem-se dedicado à demonstração de que não haveria óbice à celebração de acordos entre órgãos estatais, ainda que não possuam personalidade jurídica própria[13,14,15]. E, como será visto ao longo deste estudo, há amparo constitucional e legal para que os TAGs sejam regulamentados diretamente pelos Tribunais de Contas, independentemente de previsão expressa nas suas Leis Orgânicas.

---

[12] Destaque-se a seguinte passagem:
"[...] De modo claro e contundente, a autoridade administrativa poderá firmar compromisso, ou seja, celebrar acordos. Para tanto, a LINDB criou uma nova espécie de acordo – o compromisso do seu art. 26 – e trouxe o mínimo regulamentar desta figura, com os requisitos de validade imprescindíveis à efetividade e à garantia dos interesses gerais. (...) Desse modo, as previsões contidas no art. 26 da LINDB garantem os direitos na negociação e o atendimento ao fim público, como oportunamente será analisado, sem incorrer no risco de subversão ou desnaturação pelo exercício do poder regulamentar." (2018, p. 147).

[13] No entendimento de Oliveira, 2008, p. 252, embora os acordos administrativos ainda sejam categoria jurídica em construção, teriam por finalidade disciplinar "[...] (i) relações entre órgãos e entidades administrativas e (ii) relações entre a Administração Pública e os particulares, empresas e organizações da sociedade civil, cujo objeto é o desenvolvimento programado de uma atividade administrativa sob um regime de cooperação ou de colaboração entre os envolvidos (bilateralidade ou multilateralidade), a partir de bases previamente negociadas, podendo o ordenamento jurídico conferir efeitos vinculantes aos compromissos eventualmente firmados".
Na sequência, referido autor argumenta: *"Assim, define-se módulo consensual da Administração Pública como gênero que abrange todos os ajustes negociais e pré-negociais, formais e informais, vinculantes e não-vinculantes, tais como os protocolos de intenção, protocolos administrativos, os acordos administrativos, os contratos administrativos, os convênios e consórcios administrativos, os contratos de gestão, os contratos de parceria público-privada, entre diversas outras figuras de base consensual passíveis de serem empregadas pela Administração Pública na consecução de suas atividades e atingimento de seus fins".*

[14] Para Bitencourt Neto, 2017, p. 207, a conceituação de concertação administrativa interorgânica seria, em síntese, "[...] *a relação entre dois ou mais órgãos administrativos despersonalizados que, no exercício de suas competências, no âmbito da função administrativa do Estado, visam a uma atuação pactuada*".

[15] Sobre a temática, v. LEITÃO, Alexandra. *Contratos interadministrativos*. Coimbra: Almedina, 2011.

O art. 71 da Constituição Federal estabelece as competências do Tribunal de Contas da União, as quais se estendem aos demais Tribunais de Contas do país, em virtude do disposto no "caput" do art. 75[16]. Nesse aspecto, destaque-se o constante do inciso IX, *in verbis*:

> Art. 71. O controle externo, a cargo do Congresso Nacional, será exercido com o auxílio do Tribunal de Contas da União, ao qual compete:
>
> (...)
>
> IX – assinar prazo para que o órgão ou entidade adote as providências necessárias ao exato cumprimento da lei, se verificada ilegalidade;

Da perspectiva tradicional do direito administrativo, a *forma* como os Tribunais de Contas assinam prazo para que a administração pública adote providências tendentes à regularização do cumprimento da lei seria por meio de *determinações*, caracterizadas como atos *unilaterais*, ainda que se tenha oportunizado à Origem e aos eventuais interessados que se manifestassem a respeito da eventual ilicitude constatada.

Nesse sentido, seria possível afirmar-se o cabimento a que os Tribunais de Contas *determinassem* à Origem a celebração de TAG com eventual parceiro, para a implementação de medidas propiciadoras do exato cumprimento da lei, sob pena de imposição das sanções cabíveis[17].

Outra abordagem parece permitir uma atuação *homologatória* dos Tribunais de Contas, também com fundamento no inciso IX do art. 71 da Constituição Federal. Trata-se da hipótese de a Administração apresentar aos órgãos de controle externo eventual termo de ajustamento de conduta acordado com um parceiro dela, com o objetivo de implementação de medidas propiciadoras do exato cumprimento da lei.

---

[16] Art. 75. As normas estabelecidas nesta seção aplicam-se, no que couber, à organização, composição e fiscalização dos Tribunais de Contas dos Estados e do Distrito Federal, bem como dos Tribunais e Conselhos de Contas dos Municípios.

[17] No âmbito do Tribunal de Contas da União, por exemplo, quando do "*monitoramento da determinação e das recomendações expedidas ao Ministério do Esporte em decorrência da análise dos riscos relacionados ao legado dos Jogos Olímpicos e seu plano de uso, especialmente no que se refere às arenas esportivas que receberam recursos públicos federais (...)*" (Processo 010.915/2015-0, Acórdão 494/2017 – Plenário), foi determinada a celebração de TAG pelas entidades e pelos entes "[...] *que devem estar envolvidos na busca de uma solução efetiva para o futuro dos complexos esportivos da Barra e de Deodoro (...)*". Essa situação é pormenorizada em Cunda; Reis, 2017, p. 140 e ss.

DA VIABILIDADE JURÍDICA DA UTILIZAÇÃO DE TERMOS DE AJUSTAMENTO DE GESTÃO (TAG)

Nessa segunda hipótese, seria possível cogitar-se de atuação *homologatória* da Corte de Contas, na medida em que estaria a administração pública trazendo ao Órgão de Controle Externo a notícia de uma irregularidade em curso ou de possível ocorrência, mas em relação às quais se estão estabelecendo medidas que objetivem o exato cumprimento da lei.

Embora a atuação *homologatória* acima referida tenha sido caracterizada da perspectiva *tradicional* do direito administrativo, trata-se de um primeiro passo de *abertura* para a solução consensual de controvérsias, na medida em que há a valorização do *diálogo*, da *boa-fé objetiva* e da *autotutela* da administração pública.

Em contrapartida, caso se entenda que essa comunicação de irregularidades ao Tribunal de Contas deva *sempre* ensejar a aplicação de sanções e/ou a determinação unilateral de medidas, haveria uma *restrição* ao viés propiciador do *consenso*, conquanto este seja decorrência direta do inciso IX do art. 71. Nesse sentido, o resultado prático atingido por essa lógica restritiva ao consensualismo seria oposto ao almejado: em vez da maior busca da *homologação* de TAGs pela administração pública no Tribunal de Contas, cogita-se da *não* celebração desses ajustes, ou, em havendo a celebração deles, da *não* submissão ao crivo do Órgão de Controle Externo.

Como consequência desse entendimento *contrário à consensualidade*, eventuais irregularidades somente seriam constatadas por meio de denúncias ou de auditorias realizadas no âmbito do controle externo, diferentemente do que ocorre com a aludida possibilidade de homologação de TAGs. Nesse caso, o aspecto *tradicional* do exercício da atividade de controle restaria favorecido, em detrimento da possibilidade de *abertura* da administração pública à implementação de modalidades alternativas de solução de controvérsias no âmbito administrativo.

Em síntese, uma perspectiva avessa à consensualidade no âmbito administrativo *não* resultaria em impedimento a que os Tribunais de Contas se manifestassem a respeito de TAGs, uma vez que haveria amparo constitucional para que *determinassem* à administração pública a celebração desses compromissos; ou para que *homologassem* termos de ajustamento apresentados pelo gestor público, no exercício de autotutela administrativa, previamente a uma ação fiscalizatória do Órgão de Controle Externo.

A seguir, serão perscrutadas as possibilidades de que as Cortes de Contas atuem como *partes* ou como *intermediários* na celebração desses ajustes.

2. Da atuação dos Tribunais de Contas como partes ou como intermediários de Termos de Ajustamento de Gestão

Neste tópico, deve-se retomar, para esta abordagem, a perspectiva da "administração pública consensual", que supera problemáticas atinentes ao acima referido direito administrativo "tradicional". Isso porque tem sido verificada a promoção de modalidades alternativas de solução de controvérsias no âmbito da administração pública, por meio da possibilidade, por exemplo, de autocomposição, de mediação e de celebração de negócios jurídicos processuais[18].

Nesse aspecto, vale colacionar o entendimento de Diogo de Figueiredo Moreira Neto[19], *in verbis*:

> *Exemplificando com espécies, pode-se destacar dois tipos de processos preventivos, em que procura antecipar a eclosão de um conflito, que se revele iminente, e dar-lhe solução cautelar: a* comissão de conflito *e o* acordo substitutivo.
>
> (...)
>
> Os acordos substitutivos *são instrumentos administrativos que poderão ser ocasionalmente aplicados pela Administração, sempre que, de ofício ou por provocação de interessado, verificar que uma decisão unilateral de um processo poderá ser vantajosamente substituída por um acordo em que o interesse público, a cargo do Estado, possa ser atendido de modo mais eficiente, mais duradouro, mas célere ou com menores custos.*
>
> *Como exemplo bem sucedido no direito brasileiro, mencione-se o ajustamento de conduta, previsto no art. 5º, §6º da Lei nº 7.347, de 24 de junho de 1985, sem dúvida um instrumento em plena ascensão e com boa aceitação por parte dos administrados.*

---

[18] Neste aspecto, veja-se, *inter alia*, o art. 190 do Código de Processo Civil, *in verbis*:
Art. 190. *Versando o processo sobre direitos que admitam autocomposição, é lícito às partes plenamente capazes estipular mudanças no procedimento para ajustá-lo às especificidades da causa e convencionar sobre os seus ônus, poderes, faculdades e deveres processuais, antes ou durante o processo.*
Parágrafo único. De ofício ou a requerimento, o juiz controlará a validade das convenções previstas neste artigo, recusando-lhes aplicação somente nos casos de nulidade ou de inserção abusiva em contrato de adesão ou em que alguma parte se encontre em manifesta situação de vulnerabilidade.
[19] Moreira Neto, 2016, p. 187.

DA VIABILIDADE JURÍDICA DA UTILIZAÇÃO DE TERMOS DE AJUSTAMENTO DE GESTÃO (TAG)

A recente reforma da Lei de Introdução às Normas do Direito Brasileiro, com a inserção de "[...] *disposições sobre segurança jurídica e eficiência na criação e na aplicação do direito público*"[20], parece reforçar aspectos de autocomposição na aplicação do direito público e propiciar atuação proativa das Cortes de Contas na celebração de compromissos referentes à regularização de situações contenciosas no âmbito administrativo.

Nesse sentido, busca-se, a seguir, demonstrar a possibilidade de os Tribunais de Contas figurarem como *partes*[21] ou como *intermediários* na celebração de TAG, de modo a reforçar a segurança jurídica na aplicação do direito público.

O art. 26 da LINDB estabelece a possibilidade de a *autoridade administrativa* celebrar compromisso com os interessados, com o intuito de eliminar irregularidade, incerteza jurídica ou situação contenciosa na aplicação do direito público, condicionada à existência de "razões de interesse geral". Veja-se:

Art. 26. **Para eliminar irregularidade, incerteza jurídica ou situação contenciosa na aplicação do direito público**, *inclusive no caso de expedição de licença,* **a autoridade administrativa poderá**, *após oitiva do órgão jurídico e, quando for o caso, após realização de consulta pública, e* **presentes razões de relevante interesse geral, celebrar compromisso com os interessados**, *observada a legislação aplicável, o qual só produzirá efeitos a partir de sua publicação oficial* (grifos nossos).

§ 1º   *O compromisso referido no caput deste artigo:*
I – buscará solução jurídica proporcional, equânime, eficiente e compatível com os interesses gerais;
II – (VETADO);

---

[20] Por meio da acima referida Lei Federal nº 13.655/18.
[21] No âmbito do Tribunal de Contas dos Municípios do Pará (TCM/PA), previamente ao advento das alterações na LINDB, diversos TAGs foram celebrados com os Poderes Executivos e Legislativos municipais, para a adequação da divulgação de informações relativas à Lei de Transparência (Lei Complementar nº 131/2009) e à Lei de Acesso à Informação (Lei Federal nº 12.527/2011). V. Resolução Administrativa nº 007/2016/TCM/PA, de 18 de fevereiro de 2016. No caso mencionado, é interessante destacar que: (*i*) o TAG apresentado estava aberto à adesão dos jurisdicionados, sem a possibilidade de alteração das disposições dele constantes; e (*ii*) houve notificação genérica para os Chefes dos Poderes exercerem a faculdade de aderirem ao ajustamento proposto *pelo TCM/PA.*

III – não poderá conferir desoneração permanente de dever ou condicionamento de direito reconhecidos por orientação geral;
IV – deverá prever com clareza as obrigações das partes, o prazo para seu cumprimento e as sanções aplicáveis em caso de descumprimento.

Nesse aspecto, a atuação dos Tribunais de Contas, no exercício de função *típica*, seria suficiente para a justificativa da existência de "razões de interesse geral" propiciadoras da celebração do compromisso estabelecido no art. 26 da LINDB, em razão da atuação do sistema de controle externo na fiscalização contábil, financeira, orçamentária e patrimonial da administração pública direta e indireta, quanto à legalidade, à legitimidade, à economicidade e à aplicação das subvenções e da renúncia de receitas. Isso porque, se uma situação concreta atrai o exercício do controle *externo*, há, *ipso facto*, um interesse geral relacionado, que demanda um resultado que atenda ao exato cumprimento da lei. Evidentemente, essas "razões de interesse geral" devem estar demonstradas e justificadas no âmbito do procedimento de celebração de TAG.

Esclarecido o conteúdo da condição acima referida, resta verificar quais seriam as *autoridades administrativas* com legitimidade para a celebração de termos de compromisso, nos termos do "caput" do art. 26 da LINDB, bem como quem seriam os *interessados* que figurariam no outro polo desses ajustes.

O dispositivo em análise legitima a celebração desses termos de ajuste por "autoridade administrativa", indistintamente. Nesse contexto, estariam excluídas da possibilidade de celebração desses compromissos as autoridades *judiciais*, pois, do contrário, o não exercício da jurisdição estaria legitimado, em violação ao inciso XXXV do art. 5º da Constituição Federal[22]. Em contrapartida, o Ministério Público, por exemplo, *não* teria sido excluído dessa possibilidade, especialmente porque possui legitimidade para a celebração de Termos de Ajustamento de Conduta, nos termos da Lei da Ação Civil Pública, conforme anteriormente mencionado.

---

[22] *Art. 5º Todos são iguais perante a lei, sem distinção de qualquer natureza, garantindo-se aos brasileiros e aos estrangeiros residentes no País a inviolabilidade do direito à vida, à liberdade, à igualdade, à segurança e à propriedade, nos termos seguintes:*
(...)
XXXV – a lei não excluirá da apreciação do Poder Judiciário lesão ou ameaça a direito;

Dessas características se extrai que o conceito de "autoridade administrativa" utilizado por referido dispositivo legal é suficientemente amplo para que abranja os Tribunais de Contas, especialmente sob o contexto de busca de soluções *concertadas* de controvérsias, razão pela qual "autoridade administrativa" representaria todo aquele agente público não investido no exercício de função judicial[23].

Naturalmente que, como contraparte nesses compromissos celebrados *pelos Tribunais de Contas*, estaria a administração pública, em razão de ser o sujeito sobre o qual recai o exercício da jurisdição controladora. Isso não obstante, a LINDB, ao fazer menção a "interessados", teria buscado propiciar a participação nesses compromissos de terceiros que possam ser impactados por eventuais ajustes, como entidades convenentes com a administração pública, cujos contratos de gestão sejam objeto do TAG celebrado, por exemplo.

Nesse contexto, os Tribunais de Contas *poderiam* celebrar TAG com a administração pública e com eventuais interessados, com o objetivo de eliminar irregularidade, incerteza jurídica ou situação contenciosa na aplicação do direito público, de modo que esse compromisso buscaria solução jurídica proporcional, equânime, eficiente e compatível com os interesses gerais, não poderia conferir desoneração permanente de dever ou condicionamento de direito reconhecidos por orientação geral e deveria prever com clareza as obrigações das partes, o prazo para seu cumprimento e as sanções aplicáveis em caso de descumprimento[24].

Constate-se que o art. 26 da LINDB expandiu, em realidade, o rol de possibilidades de atuação dos Tribunais de Contas quanto à atuação concertada. Isso porque a utilização de acordo amparado no inciso IX do art. 71 da Constituição Federal – e, de certa forma, abrangido pela primeira e pela última hipóteses de compromisso constantes do "caput" do art. 26 da LINDB, em que há o requisito da *irregularidade* ou da *situação contenciosa* – teria evidente natureza substitutiva. Em contrapartida, na existência de *incerteza jurídica* na aplicação do direito público – a outra situação permissiva de compromisso –, teria sido atribuído às Cortes

---

[23] Parece que essa amplitude do conceito de autoridade administrativa competente para a celebração dos compromissos possibilitados pelo art. 26 da LINDB também é a interpretação de Guerra; Palma, 2018, p. 149-150.
[24] Trata-se da redação conferida aos incisos do §1º do art. 26 da LINDB.

de Contas a possibilidade de celebração de ajustes com natureza integrativa[25].

Nesse aspecto, embora o TAG com natureza integrativo tenha aspectos similares ao instituto da *Consulta*[26] – a qual possui viés adjudicatório, o compromisso referido representaria maior *abertura* dos Órgãos de Controle Externo à qualificação da atuação da administração no exercício de prerrogativas públicas.

Acima, foi feita menção a uma possível atuação dos Tribunais de Contas como *intermediários* de TAGs celebrados pela administração pública com interessados. Essa possibilidade decorre do parágrafo único do art. 21 da LINDB, cuja redação é a seguinte:

> *Art. 21 A decisão que, nas esferas administrativa, controladora ou judicial, decretar a invalidação de ato, contrato, ajuste, processo ou norma administrativa deverá indicar de modo expresso suas consequências jurídicas e administrativas.*
>
> *Parágrafo único A decisão a que se refere o caput deste artigo deverá, quando for o caso, indicar as condições para que a regularização ocorra de modo proporcional e equânime e sem prejuízo aos interesses gerais, não se podendo impor aos sujeitos atingidos ônus ou perdas que, em função das peculiaridades do caso, sejam anormais ou excessivos.*

---

[25] Em relação aos acordos integrativos, importa colacionar o seguinte trecho de Palma, 2015, 248:
"*Os acordos integrativos caracterizam-se por precederem o provimento administrativo final, sem o substituir, razão pela qual também são denominados de acordos endoprocedimentais ou acordos preliminares. Correspondem aos acordos firmados entre a Administração Pública e o administrado com vistas a modelar o ato final, o qual, contudo, continua sendo de competência unilateral da Administração. (...) Voltado a 'determinar o conteúdo discricionário do provimento final', o acordo integrativo implica negociação do exercício da prerrogativa imperativa pela Administração em, basicamente, três vertentes: (i) condicionamento do ato final a uma obrigação consensualmente estabelecida, (ii) complementação consensual do provimento final e (iii) adequação do ato final mediante a substituição de um ato específico do processo*".

[26] Atribuição atribuída, por exemplo, pelo inciso XVII e pelo §2º do art. 1º da Lei Orgânica do Tribunal de Contas da União (Lei Federal nº 8.443/1992), *in verbis*:
Art. 1º Ao Tribunal de Contas da União, órgão de controle externo, compete, nos termos da Constituição Federal e na forma estabelecida nesta Lei:
(...)
XVII – decidir sobre consulta que lhe seja formulada por autoridade competente, a respeito de dúvida suscitada na aplicação de dispositivos legais e regulamentares concernentes a matéria de sua competência, na forma estabelecida no Regimento Interno.
§ 2º A resposta à consulta a que se refere o inciso XVII deste artigo tem caráter normativo e constitui prejulgamento da tese, mas não do fato ou caso concreto.

Como se extrai desse parágrafo único, a decisão do Órgão de Controle Externo pode indicar as condições para que, de modo proporcional, equânime e sem prejuízo aos interesses gerais, sejam *regularizados* atos, contratos, ajustes, processos ou normas administrativas *inválidas*. É evidente que essa determinação pode representar uma atuação *tradicional* do Tribunal de Contas, como mencionado anteriormente, em razão da conotação do termo "determinar". Em contrapartida, com base na *abertura normativa ao consenso*, cuja existência se tem buscado demonstrar neste estudo, não haveria óbices a que a atuação das Cortes de Contas, nesse contexto, fosse de *fomentadora* ou de *intermediária* da celebração de TAG pela administração pública com interessados. Isso porque se exige que a eventual regularização verifique a presença de requisitos de *proporcionalidade* e de *equanimidade*, os quais são mais eficazmente alcançados quando há a participação dos atores diretamente afetados pela eventual medida a ser implementada.

Além disso, essa possível intermediação de interesses contrapostos manteria resguardada, em caso de descumprimento do TAG, a implementação de eventuais sanções pelas Cortes de Contas, o que também atenderia ao disposto no art. 20[27] da LINDB, que buscou reforçar a importância da motivação das decisões.

Nesse contexto, o descumprimento de TAG celebrado com a interveniência de um Tribunal de Contas seria suficiente para resguardar a ocorrência de *motivação* para a implementação de sanções, com a demonstração da necessidade e da adequação das eventuais medidas adotadas.

Conclusões

A atuação dos Tribunais de Contas na *determinação*, na *homologação*, na *celebração* ou na *intermediação* de Termos de Ajustamento de Gestão encontraria amparo constitucional e na legislação infraconstitucional, a qual tem valorizado métodos de solução de controvérsias que propiciem o incremento do *diálogo*, do *consenso* e da *bilateralidade*, em detrimento

---

[27] *Art. 20. Nas esferas administrativa, controladora e judicial, não se decidirá com base em valores jurídicos abstratos sem que sejam consideradas as consequências práticas da decisão.*
Parágrafo único. A motivação demonstrará a necessidade e a adequação da medida imposta ou da invalidação de ato, contrato, ajuste, processo ou norma administrativa, inclusive em face das possíveis alternativas.

da *determinação*, da *imperatividade* e da *unilateralidade*, aspectos esses que restam resguardados para utilização *subsidiária*.

No âmbito dos Tribunais de Contas, embora sempre tenha havido margem constitucional para a celebração de acordo voltado à adoção de providências necessárias ao exato cumprimento da lei, em caso de verificação de ilegalidade, o advento da Lei Federal nº 13.655/2018 não apenas explicitou referida possibilidade, como também ampliou a margem negocial para a busca de *segurança* na aplicação do direito público. Nesse aspecto, não haveria a necessidade de as Leis Orgânicas das Cortes de Contas expressamente disporem a respeito dos Termos de Ajustamento de Gestão.

Em decorrência dessa maior *abertura ao diálogo*, poderá haver o reforço da atuação *orientadora e colaborativa* dos Tribunais de Contas junto à gestão governamental na implementação eficaz de políticas públicas.

REFERÊNCIAS

ALMEIDA, Fernando Dias Menezes de. Mecanismos de consenso no Direito Administrativo. In: ARAGÃO, Alexandre Santos de; MARQUES NETO, Floriano de Azevedo (Coord.). *Direito administrativo e seus novos paradigmas*. 2. Ed. Belo Horizonte: Fórum, 2017.

BITENCOURT NETO, Eurico. *Concertação administrativa interorgânica*. São Paulo: Almedina, 2017.

CUNDA, Daniela Zago Gonçalves da; REIS, Fernando Simões dos Reis. "Termos de ajustamento de gestão: perspectivas para um controle externo consensual". *Revista do TCU*, 140, setembro/dezembro/2017, pp. 94-103.

FERRAZ, Luciano. "Termos de Ajustamento de Gestão: do sonho à realidade". *Revista TCMRJ*. Verão de 2014, n. 56, pp. 17-21.

GUERRA, Sérgio; PALMA, Juliana Bonacorsi de. "Art. 26 da LINDB: novo regime jurídico de negociação com a Administração Pública". *Revista de Direito Administrativo*. Rio de Janeiro, Edição especial: Direito Público na Lei de Introdução às Normas de Direito Brasileiro – LINDB (Lei nº 13.655/2018), nov. 2018, p. 135-169. Disponível em: http://bibliotecadigital.fgv.br/ojs/index.php/rda/article/view/77653. Acesso em 08.04.19.

MARQUES NETO, Floriano de Azevedo; FREITAS, Rafael Véras de. "A Lei 13.655/2018 e os novos paradigmas para os acordos substitutivos". Texto opinativo publicado no portal *Consultor Jurídico*, disponível em: https://www.conjur.com.br/2018-mai-11/opiniao-lindb-paradigmas-acordos-substitutivos. Acesso em 05.04.19.

MOREIRA NETO, Diogo de Figueiredo. *Novas Mutações Juspolíticas: em memória de Eduardo García de Enterría, jurista de dois mundos.* Belo Horizonte: Fórum, 2016.

OLIVEIRA, Gustavo Justino de. "'Convênio é acordo, mas não é contrato': contributo de Hely Lopes Meirelles para a evolução dos acordos administrativos no Brasil". *In*: WALD, Arnoldo; JUSTEN Filho, Marçal; PEREIRA, Cesar Augusto Guimarães (orgs.). *O direito administrativo na atualidade: estudos em homenagem ao centenário de Hely Lopes Meirelles (1917-2017) defensor do estado de direito.* São Paulo: Malheiros, 2017, p. 516-527.

_____. *Contrato de gestão.* São Paulo: RT, 2008.

ORGANIZAÇÃO DAS NAÇÕES UNIDAS. Assembleia Geral das Nações Unidas. Transformando nosso mundo: a agenda 2030 para o desenvolvimento sustentável, 2015. Disponível em: https://nacoesunidas.org/pos2015/agenda2030/. Acesso em 09.04.19.

PALMA, Juliana Bonacorsi de. *Sanção e acordo na administração pública.* São Paulo: Malheiros, 2015.

TRIBUNAL DE CONTAS DOS MUNICÍPIOS DO PARÁ. Resolução Administrativa nº 007/2016/TCM/PA, de 18 de fevereiro de 2016. Disponível em: http://twixar.me/csNK. Acesso em 28.04.19.

16. Acordos Administrativos: Transação Tributária e Cláusula Compromissória de Arbitragem em Incentivos Fiscais

CLÁUDIO CAIRO GONÇALVES

INTRODUÇÃO

Conforme já se disse, a passagem do Estado Totalitário da Idade Média para o Estado Democrático de Direito do século XX, fez com que se implementasse um modelo que acolhe, exige e estimula uma crescente participação dos indivíduos, das comunidades e das organizações civis no envolvimento com as questões de natureza pública, havendo maior espaço para a intervenção popular nas decisões políticas[1].

Tudo isto implica em diversas transformações político-jurídicas, que precisam ser examinadas, como forma de compreensão dos acordos administrativos, fenômeno que circunda a convivência social atual.

1. Atualidades sobre os acordos administrativos

Na seara de atuação administrativa, em desdobramento daquela crescente participação dos sujeitos (de direitos e obrigações) que lidam com a administração pública, em decréscimo das atividades unilaterais

---

[1] Ver o nosso: *O Princípio da Consensualidade no Estado Democrático de Direito – Uma Introdução*, in RDA 232, Rio de Janeiro: Editora Renovar. Abr./Jun. 2003, p. 105/114.

e ascensão das atividades bilaterais do Estado (falsa luta entre ato administrativo x contrato administrativo[2]), os acordos administrativos, além de representarem um movimento tendente à contratualização das relações do Estado com os particulares, fazendo com que se observe efetivamente o contrato administrativo como fenômeno atual do direito econômico[3], passam também por implicar diversos aspectos de um direito administrativo sancionador. Como exemplo, os fatos ocorridos nos últimos anos da vida jurídico-institucional brasileira[4], trazem a figura dos *Acordos de* Leniência, que para Sebastião Tojal e Igor Tamasauskas, são considerados novos instrumentos do direito administrativo sancionador, como evolução de uma atuação administrativa participativa, respaldada na consensualidade, entendida esta como *participação ativa dos particulares na Administração Pública*.

Diane do exercício das respectivas competências pelos órgãos de controle e *accountability*, alguns estudos demonstram que, nos Acordos de Leniência, no Brasil, como a legislação que trata da matéria (Lei 12.846/2013) ainda é recente, em *ambiente institucional multiagência*, de competências superpostas (CGU, TCU, AGU, MPF, CADE), estão ficando comprometidas as regras e princípios vinculados à segurança jurídica, boa fé e confiança legítima na celebração de Acordos de Leniência (Tojal e Tamasauskas, Gustavo Justino de Oliveira, Rafael Schwind).

Gustavo Justino de Oliveira, tratando dos problemas da "multiagência" no Brasil, sugere alteração na lei anticorrupção, para introduzir um

---

[2] Na forma preconizada por Ricardo Marcondes Martins, conforme o seu *Teoria (Neo) Constitucional do Ato Administrativo*, p. 147/168. In: DI PIETRO, Maria Sylvia Zanella; MOTTA, Fabrício (orgs.). *O Direito Administrativo nos 30 anos da Constituição*. Belo Horizonte-MG: Editora Fórum, 2018.

[3] Conferir o nosso *Contrato Administrativo – Tendências e Exigências Atuais*. Belo Horizonte: Fórum, 2007, v.l. p. 179.

[4] *V.g.*, AP-STF nº 470 (Caso do "Mensalão"); "Operação Lava Jato" (Atuação de Forças Tarefas do MPF e PF para investigação de fatos e processamento de ações penais e medidas cautelares perante o STF e Justiça Federal do Paraná no caso do "Petrolão"); INQs-STF no 3980, 4325, 4326, 4327 (apuram formação e atuação de organizações criminosas no caso do "Petrolão" a partir de partidos políticos); ADI-STF nº 5526 (discute a necessidade de submeter ao Congresso Nacional, em 24 horas, sanções como prisão preventiva e medidas cautelares, quando aplicadas contra parlamentares); INQs-STF nºs 4430 e 4437 (apuram o pagamento de vantagens para aprovação de Medidas Provisórias e tratam da atuação de parlamentares no processo legislativo)(http://www.stf.jus.br/portal/principal/principal.asp.), acessado em 15/10/2017.

comitê administrativo envolvendo todos os órgãos de controle e *accountability*, como foro de celebração do Acordo de Leniência, além de sugerir, em casos extremos e específicos, a adoção de medida judicial para obrigar todos os órgãos de controle a sentarem na mesa para assinatura do Acordo de Leniência.

Na mesma linha mas em caráter mais específico, Rafael Schwind, em relação à possibilidade de celebração de acordos, transação e conciliação nas ações de improbidade administrativa, quanto a alguns preceitos da Lei de Improbidade (*v.g.*: art. 17, §1º da Lei 8.429/92), defende a necessidade de atualização da interpretação e compatibilização com concepções mais recentes e adequação às alterações do ordenamento jurídico, considerando inaplicáveis, *in absolucto*, a indisponibilidade do interesse público e a concepção da punição como tratamento adequado.

Em caráter complementar, no contexto histórico de 2017, Caio Farah traz a questão sobre o choque de legalidade proporcionado ao Brasil com a Operação Lava Jato, chamando a atenção para a importância dos Acordos de Leniência e Delações Premiadas como novas ferramentas para enfrentar a existente corrupção estrutural (modeladora das relações entre Estado e empresas), chamando atenção para o paradigma da Suprema Corte dos EUA (*Brown versus Board of Education*, 1954), em que se incentivou e determinou a implementação da prática judicial em Cortes Inferiores da chamada "*execução complexa*", para além da aplicação típica da lei, como direito de desagregar e desestabilizar relações e costumes arraigados, com aplicação em escolas, prisões e hospitais.

Outro candente assunto, é o emprego da conciliação em matéria tributária como estratégia para reduzir os estoques da dívida ativa, promover arrecadação tributária e atrair o contribuinte para uma participação na solução do conflito.

O direito tributário, como disciplina jurídica da soberana atividade tributária do Estado[5], possuidora das facetas da fiscalidade (interesse meramente arrecadatório) e a da extrafiscalidade (interesse de regular preços, acesso a mercados e estimular comportamentos econômicos), rege o ingresso de receitas tributárias, principal forma de financiamento

---

[5] Atividade tributária do Estado, na lição de Celso Ribeiro Bastos, como atividade estatal derivada, voltada para a obtenção impositiva de recursos necessários para custear as despesas, quando estas não podem ser atendidas pelo próprio patrimônio estatal (1991: 98).

das atividades estatais, possui diversos aspectos jurídicos específicos, dada a extraordinária evolução deste ramo da ciência jurídica, que compreende o conceito de tributo, as limitações constitucionais ao poder de tributar (normas princípiológicas), os aspectos obrigacionais do crédito tributário, a forma de constituição, suspensão e extinção do crédito tributário, as garantias e privilégios do crédito tributário, a responsabilidade tributária e as garantias processuais do contribuinte.

Em mesmo sentido, a atualidade e importância da possibilidade de aplicação do instituto da arbitragem na resolução de conflitos decorrentes das relações jurídicas da administração pública têm trazido um interessante debate sobre características e limites de sua adoção em matéria de direito administrativo e até mesmo em direito tributário e financeiro,

Neste aspecto, procurar dar vazão à discussão sobre a temática, com ênfase na análise de procedimentos administrativos concessivos de incentivos fiscais poderem estar vinculados a cláusulas compromissórias, constitui-se em tentativa de ampliar os limites e definir os respectivos requisitos e peculiaridades de aplicação da arbitragem na resolução de conflitos decorrentes das relações jurídicas da administração pública, bem como evidenciar as possíveis vantagens da aplicação do instituto arbitral na promoção de investimentos em infraestrutura, tão necessários ao desenvolvimento do Brasil.

Contudo, não se pode deixar de oferecer reflexões específicas sobre o estágio de evolução do instituto da arbitragem em matéria de resolução de conflitos, visto como integrante da categoria dos MASCs[6], que cumpre função específica e precípua na colmatação de algumas espécies de litígios.

Na definição de Marçal Justen Filho, a *arbitragem consiste na composição de um litígio por um ou mais sujeitos privados, que são independentes das partes litigantes e cuja decisão produz efeito de coisa julgada e vincula o próprio Estado*[7].

Ou seja, vicejam, em vários ramos do ordenamento jurídico brasileiro, candentes questões vinculadas aos acordos administrativos, que

---

[6] Meios Alternativos de Solução de Conflitos ou Meios Adequados de Solução de Conflitos, vistos por Galanter como instrumentos em que atores corporativos adotam *"os Meios Alternativos de Solução de Conflitos para resolução de casos complexos com seus pares, mas ainda mais avidamente para confinar conflitos com seus empregados e consumidores"* (Galanter, 2015, p. 41.).

[7] Revista Brasileira de Advocacia – RBA, nº 1, sem. 1/2016.

merecem ser examinadas em particular, para buscar, com apoio metodológico próprio, compreender o fenômeno que circunda a sociedade atual.

2. A transação tributária

2.1 (In)efetividade da execução fiscal

No âmbito da atividade tributária do Estado, por força da distribuição constitucional de competências tributárias (art. 153 a 156 da Constituição Federal), a Administração Pública exerce a atividade tributária estatal, para fazer ingressar receitas tributárias frente às despesas públicas, promovendo a arrecadação tributária, que pode se dar de duas formas, *espontânea* ou *voluntária* (quando o sujeito passivo da obrigação tributária recolhe espontaneamente o respectivo crédito, muitas vezes antecipando pagamento passível de ulterior homologação) e *forçada* ou *contenciosa* (quando o sujeito passivo da obrigação tributária recolhe o respectivo crédito, mediante o exercício da fiscalização que culmina no lançamento tributário e sua processualização administrativa ou judicial).

A situação que ora importa, é quando a Administração Pública se vê forçada a buscar o Poder Judiciário para reaver os valores impagos (arrecadação tributária contenciosa), fazendo-se necessário o ajuizamento da *execução fiscal*, regida pela Lei Federal nº 6.830/1980. Aqui a lógica do grande litigante se inverte, porque a Administração Pública passa a precisar da máquina judiciária para recuperar o crédito tributário que não ingressou no erário.

Segundo a pesquisa *Custo Unitário do Processo de Execução Fiscal na Justiça Federal* (IPEA: 2011), o custo médio da execução fiscal na Justiça Federal de primeiro grau, composto basicamente pelo fator mão de obra, pode ser expresso pelo valor de: R$ 4.368,00. A partir destes dados, percebeu-se *ausência de visão sistêmica no processamento do executivo fiscal; baixo grau de cooperação entre os atores intervenientes (poderes Judiciário, Legislativo e Executivo e advocacia, pública ou privada)*, revelando sua problemática central, o que remete à necessidade de enfrentamento da discussão sobre o tema. Por outro lado, o Poder Judiciário encontra-se absolutamente abarrotado de execuções fiscais tramitando em seus escaninhos (agora digitais), sem que se tenha uma perspectiva concreta de melhoria da prestação jurisdicional em matéria de executivo fiscal.

Mais atualmente, segundo o Relatório *Justiça em Números 2017 – CNJ*, a maior parte dos processos de execução é composta pelas execuções fiscais, que representam 75% do estoque. Esses processos são os principais responsáveis pela alta taxa de congestionamento do Poder Judiciário, tendo em vista que representam aproximadamente 38% do total de casos pendentes, apresentando congestionamento de 91% em 2016 – a maior taxa entre os tipos de processos constantes daquele Relatório[8].

De acordo com o *PGFN EM NÚMEROS – 2018*, a *Procuradoria-Geral da Fazenda Nacional – PGFN*, órgão *responsável pela gestão da Dívida Ativa da União e do Fundo de Garantia por Tempo de Serviço – FGTS*, precisamente no astronômico valor de R$2.009.003.056.620,38, *referentes a mais de 15 milhões de processos envolvendo 4,5 milhões de devedores*, no exercício 2017, obteve arrecadação de R$26.103.932.823,61, ou seja, 1,29% (um inteiro e vinte e nove centésimos por cento) do total a ser arrecadado.

Daí se infere a inefetividade da execução fiscal, fenômeno que se replica em relação às demais Fazendas Públicas Estaduais e Municipais, pelo que há necessidade de adoção de providências legislativas, de gestão e interinstitucionais.

---

[8] Relatório do CNJ em Números 2018, aponta que *historicamente as execuções fiscais têm sido apontadas como o principal fator de morosidade do Poder Judiciário. O executivo fiscal chega a juízo depois que as tentativas de recuperação do crédito tributário se frustraram na via administrativa, provocando sua inscrição na dívida ativa. Dessa forma, o processo judicial acaba por repetir etapas e providências de localização do devedor ou patrimônio capaz de satisfazer o crédito tributário já adotadas, sem sucesso, pela administração fazendária ou pelo conselho de fiscalização profissional. Acabam chegando ao Judiciário títulos de dívidas antigas e, por consequência, com menor probabilidade de recuperação. Os processos de execução fiscal representam, aproximadamente, 39% do total de casos pendentes e 74% das execuções pendentes no Poder Judiciário, com taxa de congestionamento de 91,7%. Ou seja, de cada cem processos de execução fiscal que tramitaram no ano de 2017, apenas 8 foram baixados. Desconsiderando esses processos, a taxa de congestionamento do Poder Judiciário cairia 9 pontos percentuais, passando de 72% para 63% em 2017. O maior impacto das execuções fiscais está na Justiça Estadual, que concentra 85% dos processos. A Justiça Federal responde por 14%; a Justiça do Trabalho, 0,31%, e a Justiça Eleitoral apenas 0,01%. A maior taxa de congestionamento de execução fiscal está na Justiça Federal (94%), seguida da Justiça Estadual (91%) e da Justiça do Trabalho (87%). A menor é a da Justiça Eleitoral (74%), conforme se verifica na Figura 104. A série histórica dos processos de execução fiscal, apresentada na Figura 102, mostra crescimento gradativo na quantidade de casos pendentes, ano a ano, desde 2009. Os casos novos, após decréscimo em 2015, subiram em 2016 e 2017, em 12,9% e 7,4%, respectivamente. O tempo de giro do acervo desses processos é de 11 anos, ou seja, mesmo que o Judiciário parasse de receber novas execuções fiscais, ainda seriam necessários 11 anos para liquidar o acervo existente.*

No estudo do IPEA, sugere-se as seguintes medidas: *i) compartilhamento efetivo das informações existentes, por exemplo, a respeito do devedor e de seus bens, de modo a tornar mais rápidas e efetivas a citação e a penhora, fases comprovadamente críticas do processo; e ii) promoção de diálogo interinstitucional sobre o fluxo da execução fiscal, visando à construção de soluções que, respeitando o papel desempenhado por cada um dos atores, resultem na integração das organizações e dos fluxos administrativos e processuais da execução fiscal* (IPEA: 2011). Sugere-se também a organização e gestão administrativa da Justiça, para adoção das seguintes providências: *i) formular novos modelos de gestão, com foco em resultados e atentos às peculiaridades do serviço público; ii) criar espaços de discussão e troca de experiências entre magistrados e servidores, que permitam a construção de soluções coletivas e a disseminação de boas práticas; iii) investir na qualidade da informação e em bases de dados consistentes, capazes de produzir relatórios gerencialmente úteis e confiáveis; e iv) profissionalizar a gestão, recorrendo, inclusive, à contratação de servidores com qualificação específica* (IPEA: 2011).

São feitas críticas ao sistema de metas produtivistas, que *além de agravar os problemas de gestão já mencionados, induz à adoção de estratégias que artificializam a obtenção dos produtos que são objeto de mensuração (por exemplo, processos baixados)* (IPEA: 2011). Também são objeto de crítica o modelo administrativo, *sem qualquer compromisso com resultados, atividades como a citação, a penhora, a avaliação e o leilão tornam-se pouco eficazes. Se a citação pessoal válida e imediata, seguida da localização e penhora dos bens, é tão importante para o sucesso do executivo fiscal, como indicam os dados previamente apresentados, a gestão com foco em resultados preocupar-se-ia mais com estratégias de localização do executado e de seus bens que com o mero cumprimento formal das atividades cartorárias que lhes são subjacentes* (IPEA: 2011).

Neste sentido, as Propostas já em debate oscilam entre a reforma mais ou menos profunda da Lei de Execução Fiscal e a descaracterização da natureza judicial do procedimento. Entretanto, outros estudos, que complementem o quadro, são necessários, *tratando detalhadamente de temas como: i) o processo administrativo fiscal; ii) os embargos à execução; iii) os recursos em segundo grau de jurisdição; iv) a efetividade e a eficácia da execução fiscal na Justiça Estadual; e v) os componentes da mão de obra indireta utilizada pelo Poder Judiciário* (IPEA: 2011).

É inerente, portanto, à crise do Poder Judiciário a inefetividade da execução fiscal, também diretamente relacionada ao tema do acesso à

Justiça e da litigância repetitiva, devendo haver, na lição de Boaventura de Sousa Santos, a eclosão e aplicação de um *princípio da cooperação* entre os órgãos jurisdicionais, no curso da metamorfose do Estado, com assunção plena de seu aspecto democrático, para aplicar soluções intra/ /interinstitucionais, admitindo padrões mínimos de cidadania ativa, na formulação de um Estado Articulador, apesar dos instrumentos de convênios de cooperação técnica do direito administrativo brasileiro (*v.g.*: Art. 116 da Lei de Licitações[9]; Art. 1º, § 1º, inciso I do Decreto Federal nº 6.170, de 25 de Julho de 2007[10]) ainda não estarem plenamente aptos a dar cabo desta cooperação, existindo uma lacuna de ferramental procedimental inter/intragovernamental (específico, conjunto e próprio), para equacionamento e solucionamento de conflitos judiciais, na efetivação dos direitos subjetivos públicos no âmbito dos órgãos do Poder Judiciário brasileiro e dos órgãos da Administração Pública direta e entidades da Administração Pública indireta.

2.2 A transação em matéria tributária

Comprovada a inefetividade da execução fiscal, cumpre examinar o emprego da conciliação em matéria tributária como estratégia para reduzir os estoques da dívida ativa, promover arrecadação tributária e atrair o contribuinte para uma participação na solução do conflito.

Em matéria tributária, a conciliação processual pode ser efetivada através do instituto da transação tributária, como forma de buscar a

---

[9] *Art. 116. Aplicam-se as disposições desta Lei, no que couber, aos convênios, acordos, ajustes e outros instrumentos congêneres celebrados por órgãos e entidades da Administração.*

[10] *Art. 1º Este Decreto regulamenta os convênios, contratos de repasse e termos de execução descentralizada celebrados pelos órgãos e entidades da administração pública federal com órgãos ou entidades públicas ou privadas sem fins lucrativos, para a execução de programas, projetos e atividades que envolvam a transferência de recursos ou a descentralização de créditos oriundos dos Orçamentos Fiscal e da Seguridade Social da União.*(Redação dada pelo Decreto nº 8.180, de 2013)
§ 1º Para os efeitos deste Decreto, considera-se:
I – convênio – acordo, ajuste ou qualquer outro instrumento que discipline a transferência de recursos financeiros de dotações consignadas nos Orçamentos Fiscal e da Seguridade Social da União e tenha como partícipe, de um lado, órgão ou entidade da administração pública federal, direta ou indireta, e, de outro lado, órgão ou entidade da administração pública estadual, distrital ou municipal, direta ou indireta, ou ainda, entidades privadas sem fins lucrativos, visando a execução de programa de governo, envolvendo a realização de projeto, atividade, serviço, aquisição de bens ou evento de interesse recíproco, em regime de mútua cooperação;

extinção do crédito tributário, na forma como previsto pelo CTN (Lei Federal 5.172/1966[11]), *in verbis*:

Art. 156. Extinguem o crédito tributário:
(...)
III – a transação;
Art. 171. A lei pode facultar, nas condições que estabeleça, aos sujeitos ativo e passivo da obrigação tributária celebrar transação que, mediante concessões mútuas, importe em determinação de litígio e conseqüente extinção de crédito tributário.
Parágrafo único. A lei indicará a autoridade competente para autorizar a transação em cada caso.

Segundo ensinou Ricardo Lobo Torres, a *transação implica no encerramento do litígio através de ato do sujeito passivo que reconhece a legitimidade do crédito tributário, mediante concessão recíproca da Fazenda Pública. O objetivo primordial da transação é, por conseguinte, encerrar o litígio, tornando seguras as relações jurídicas. O seu requisito essencial é que haja direitos duvidosos ou relações jurídicas subjetivamente incertas. Para que se caracterize a transação torna-se necessária a reciprocidade de concessões, com vista ao término da controvérsia. Renúncia ao litígio fiscal sem a correspectiva concessão é mera desistência, e, não, transação*[12].

No âmbito de uma Política Nacional de Solução de Conflitos, segundo o CNJ[13], *a conciliação é uma política adotada pelo CNJ desde 2006, com a implantação do Movimento pela Conciliação em agosto daquele ano. Anualmente, o Conselho promove as Semanas Nacionais pela Conciliação, quando os tribunais são incentivados a juntar as partes e promover acordos nas fases pré-processual e processual. Por intermédio da Resolução CNJ 125/2010, foram criados os Centros Judiciários de Solução de Conflitos e Cidadania (CEJUSCs) e os Núcleos Permanentes de Métodos Consensuais de Solução de Conflitos (NUPEMEC), que visam fortalecer e estruturar unidades destinadas ao atendimento dos casos de conciliação. Foi criado o índice de conciliação, que surge através do percentual de sentenças e decisões resolvidas por homologação de acordo em relação*

---

[11] Lei Federal que introduziu o Sistema Tributário Nacional e instituiu normas gerais de direito tributário aplicáveis à União, Estados e Municípios, recepcionada pela Constituição Federal, como *status* de Lei complementar (art. 146, III, "a" e "b" da C.F.).
[12] (2001: p. 266)(Grifos no original).
[13] CNJ, *Relatório Justiça em Números 2018: ano-base 2017.*

ao total de sentenças e decisões terminativas proferidas. O indicador utiliza como base de comparação as sentenças e decisões terminativas, sendo considerados os acordos homologados em processos judiciais, não computados os casos em que a conciliação foi pré-processual, tampouco as transações penais ocorridas em Termos Circunstanciados. Mudança recente realizada no módulo de produtividade mensal permitirá medir, a partir de 2018, a conciliação pré-processual (antes do início da ação judicial), contabilizando, também, as audiências de conciliação realizadas (por unidade judiciária e por magistrado).

Por esta via, o emprego da conciliação vem sendo incentivado pelo CNJ[14], bem como sendo difundido e dilargado pelas Administrações Tributárias Federal, Estaduais e Municipais, pelo que é necessário um atencioso exame de sua aplicação, tanto sob o manto da legalidade e do prisma da "indisponibilidade do crédito tributário", mas também com relação à eficiência administrativa e à necessidade de preservar a razoável duração do processo.

Como o direito tributário está calcado precipuamente na existência de lei prévia que estabeleça os elementos constitutivos do tributo (art. 5º, inciso II. art. 150, inciso I da C.F. e art. 3º do CTN), no campo da legalidade[15], tem-se que o crédito tributário, erigido por lei e decorrente do lançamento tributário, por força da ocorrência fática da obrigação tributária (principal ou acessória), só deve ser extinto se a lei assim o autorizar, descrevendo de modo minudente o modo procedimental, os critérios, os requisitos e os limites para sua efetivação, para evitar riscos de caracterização de responsabilidade funcional, de renúncia fiscal e de violação à Lei Complementar 101 (LRF).

---

[14] META 5 – Impulsionar processos à execução (Justiça Estadual, Justiça Federal e Justiça do Trabalho) – Na Justiça Estadual: Estabelecer política de desjudicialização e de enfrentamento do estoque de processos de execução fiscal, até 31/12/2018.

[15] O princípio da *legalidade*, como supedâneo do Estado de Direito, submete a Administração Pública aos preceitos dispostos na lei, evitando os desvirtuamentos concernentes à indiferenciação, outrora existente, entre a vontade da Administração e a vontade do Administrador, sendo que a vontade da Administração se identifica com o quanto estatuído em lei. Com as transformações do Estado e o fortalecimento dos Poderes Executivos, Odete Medauar aponta o fato de que a legalidade passa a ser percebida não somente no seu aspecto formal, mas coadunada com os princípios e fundamentos do Estado Democrático de Direito (art. 1º C.F.), bem assim fazendo com que a legalidade obrigue a própria Administração a cumprir as normas por ela editadas (1999: 138).

Aliás, Priscila Faricelli de Mendonça chega a mencionar a noção de *tributação participativa*, em que a relação entre Estado e administrado (Fisco e Contribuinte) passa *a ser caracterizada por uma nova roupagem que demanda viabilizar melhores diálogos e maior efetividade* (2014: 417), tendo a conciliação como meio eficaz para solução de controvérsias tributárias.

Neste espaldar, novos caminhos podem ser trilhados para a temática da efetividade da arrecadação tributária contenciosa, especialmente no que concerne à etapa de efetivação da arrecadação da receita tributária, pelo que a transação pode ser um roteiro para busca da celeridade, desoneração e especialização das prestação jurisdicional em outros temas tributários e das circunstâncias que envolvem a certeza e liquidez do credito tributário[16]. Neste aspecto, superada a fase da autorização legislativa, o próprio sistema jurídico estaria abrindo as hipóteses para a implementação da transação tributária, mediante a conciliação, do que não se poderia cogitar da indisponibilidade do direito versado.

Em consonância com esta vertente, tramita no Congresso Nacional, o PL nº 5.082-2009, que dispõe *sobre transação tributária, nas hipóteses que especifica, altera a legislação tributária e dá outras providências,* em que se estabelece as *condições e os procedimentos que a União, por meio da Procuradoria-Geral da Fazenda Nacional e da Secretaria da Receita Federal do Brasil, e os sujeitos passivos de obrigação tributária deverão observar para a realização de transação, que importará em composição de conflitos ou terminação de litígio, para extinção do crédito tributário, nos termos dos arts. 156, inciso III, e 171 da Lei nº 5.172, de 25 de outubro de 1966 – Código Tributário Nacional.* No mencionado projeto, a transação *poderá dispor somente sobre multas, de mora e de ofício, juros de mora, encargo de sucumbência e demais encargos de natureza pecuniária, bem como valores oferecidos em garantia ou situações em que a interpretação da legislação relativa a obrigações tributárias seja conflituosa ou litigiosa.* Propõe-se a implantação de um *regime geral da transação*, nas modalidades de *transação em processo judicial; transação em insolvência civil, recuperação judicial e falência; transação por recuperação tributária;* e, *transação administrativa por adesão.* Assim, em que pese o PL nº 5.082-2009 conter alguns pontos polêmicos, é positiva a proposta de tornar permanente a possi-

---

[16] Marcelo Ricardo Escobar recorda a ausência de condições do Estado em gerir satisfatoriamente o monopólio da jurisdição (2017: 208), fazendo com que ressurjam com força esmagadora antigas formas de resolução de conflitos, dentre as quais a conciliação e a arbitragem têm lugar de destaque, também no âmbito tributário.

bilidade de transação tributária. Isto porque, representa, além da promoção da arrecadação tributária, a porta aberta de saída para a solução do litígio.[17]

2.3 Arbitragem e administração pública

Em relação à outra temática proposta, com a passagem do Estado Liberal para o Estado Social[18], em crescente intervenção pública na economia e nas áreas sociais, passou-se a encarecer a implantação de um modelo de exercício do poder político intervencionista. Na sequência histórica, nesta transição do Estado Social para o Estado Pós-Social[19], verifica-se a redução da atividade intervencionista do Estado, com alteração estrutural das funções empreendedoras estatais para assunção de funções regulatórias estatais, tornando-se prática comum da doutrina brasileira e estrangeira entender-se que quanto maior a busca e a obten-

---

[17] Ver a Medida Provisória nº 899, de 16 de outubro de 2019, que dispõe sobre a transação nas hipóteses que específica.

[18] Edvaldo Brito, chamando a atenção para a interpenetração dos objetos da Economia e do Direito, acentuadamente na fase do Estado Social, afirma que houve abalos às estruturas econômicas tradicionais, e que puderam ser firmemente sentidas no plano jurídico mediante determinados reflexos, tais como: *"culto a noções como a de direito subjetivo (...); a de direito subjetivo público (...); a de ordem pública econômica, gerando a crise da noção de serviço público, com o surgimento do Estado-empresário (empresas públicas, sociedades de economia mista), do Estado do bem-estar social (fundações culturais, entidades oficiais de assistência e previdências sociais), do Estado submetido à disciplina jurídica do direito privado; a do contrato como disciplina jurídica das relações sociais, alcançando as excelências da lei: contratos de massa, dentre eles os de adesão; a de boa-fé, pela construção pretoriana, para ajustar a execução das prestações nas obrigações contratuais; as de proteção dos mais fracos economicamente, com os amortecedores da teoria da imprevisão, da onerosidade excessiva, do enriquecimento ilícito, do abuso de direito, a legislação protecionista para o devedor, o trabalhador, o inquilino; a da socialização do risco, com a securitização coletiva da reparação de danos"* (cf. Brito, 1997, p. 262-263). Maria Sylvia Zanella Di Pietro (1999, p. 21), em conformidade com a observação de Juan Carlos Cassagne (1992: 140-141), *verifica que o modelo intervencionista acabou proporcionando superdimensão das estruturas administrativas; regulações abundantes e excessivas das liberdades econômicas e fundamentais; configuração de monopólios legais a favor do Estado; e participação estatal exclusiva ou majoritária no capital de empresas industriais ou comerciais.*

[19] No período em que se verificou que a Administração Pública não tinha mais condições de dar cabo do gigantesco conjunto de demandas sociais, passou-se ao período que Maria João Estorninho chama de "Estado Pós-social". Assim, a partir da busca de uma "tábua de salvação, a Administração Pública procura hoje desesperadamente reencontrar a eficiência, notadamente através de fenômenos de privatização e de revalorização da sociedade civil" (1996, p. 48).

ção do consenso[20], da participação e do envolvimento dos indivíduos, dos grupos e das comunidades em torno das ações estatais, maior será o retorno e as vantagens a serem desfrutadas por todos. Como consequência direta do aprimoramento, instituição e efetivação dos instrumentos democráticos tem-se maior respaldo nas ações do Estado, voltadas para realização precípua de seus fins[21]. Acorre atualmente o fato de que a sociedade, através de suas entidades organizadas, passa a ter um papel fundamental também na verificação do cumprimento do programa constitucional, tanto na persecução do interesse público, através da atuação participativa, que pode ser dividida em atuação participativa direta (exercício de função delegada de Poder público) e atuação participativa indireta (fiscalização), quanto na persecução do interesse geral, em prol de toda coletividade, também prevista no programa jurídico-constitucional e legal [22].

Neste sentido, ganha espaço uma tendência de disciplina jurídica específica das relações negociais da Administração Pública, a partir de uma ótica paritária, como aquela preconizada por Pedro Machete, em que o cidadão, no exercício de seus direitos subjetivos públicos, diante da sua integração jurídica plena na Constituição e no ordenamento jurídico, conjugadamente com a intensificação da subordinação à lei da administração pública, exerce posição jurídica de reciprocidade com o Estado, colocando-se como titular de direitos e deveres (2007: 444).

Assim, o emprego da arbitragem na esfera pública vem justamente ao encontro da necessidade de reger com mais segurança, celeridade, efetividade e especialidade a atividade negocial da administração pública,

---

[20] O elemento semântico denominado "consenso", do latim consensus, que na pragmática da comunicação humana significa consentimento; acordo; opinião geral; anuência". Na acepção da pragmática jurídica, a palavra "consenso" possui a mesma significação de consentimento, que por sua vez, equivale à expressão "ter o mesmo sentir". No âmbito jurídico, é certo que consenso e consentimento equivalem à idéia de manifestação de vontade, aprovação, outorga.
[21] Corroborando o entendimento de que os fins do *Estado* também se realizam com o *Direito* veja-se, sobre as conexões existentes entre *Direito* e *Estado*, Nelson Saldanha, que considera Estado, como sendo *"um meio, em face dos "fins" (ou de valores) que são entretanto fins do direito: na verdade valores que correspondem à própria ordem jurídico-política, em face dos quais se interpretam as ações estatais e as situações jurídicas"* (1986: 37).
[22] Luís Roberto Barroso anota e encarece a fiscalização participativa como poderoso instrumento para a exigência do cumprimento da Constituição e das leis (*O Direito Constitucional e a efetividade de suas normas*. Rio de Janeiro: Renovar, 2002, 6ª edição atualizada, p. 131).

como instituto jurídico que possui consagrada relevância para a resolução de conflitos na esfera privada, com visíveis sinais de plena efetividade na sua prevenção, (re)mediação e solução extrajudicial também na seara de atuação da administração pública.

Sobre a arbitrabilidade dos conflitos envolvendo a administração pública, é certo que já se tem respostas doutrinárias[23][24][25] e jurispruden-

[23] MOREIRA NETO, Diogo de Figueiredo. *Arbitragem nos Contratos Administrativos*. Rio de Janeiro: R. Dir. Adm., 209: 81-90, jul.lset. 1997; PEREIRA, Cesar A. Guimarães. *Arbitragem e a Administração Pública na jurisprudência do TCU e do STJ*. http://www.justen.com.br//informativo. php?&informativo=5&artigo=731..., acesso em 05/05/2018; ARAGÃO, Alexandre Santos de. *A Arbitragem do Direito Administrativo*. Brasília-DF: Revista da AGU, v. 16, n. 03, p. 19-58, jul./set. 2017; TALAMINI, Eduardo. *A (in)disponibilidade do interesse público: consequências processuais (composições em juízo, prerrogativas processuais, arbitragem, negócios processuais e ação monitória) – versão atualizada para o CPC/2015*. Revista de Processo, v. 264, ano 42, p. 83-107, São Paulo: Revista dos Tribunais, 2017. p. 9; MAROLLA, Eugenia Cristina Cleto. *Arbitragem e os contratos da Administração Pública*. Rio de Janeiro: Lume Juris, 2016; SALLES, Carlos Alberto de. *Arbitragem em Contratos Administrativos*. Rio de Janeiro: Forense, 2011; DALLARI, Adilson Abreu. *Arbitragem na concessão de serviço público*. Brasília-DF: Revista de Informação Legislativa, n. 128, out./dez., 1995; GORDILLO, Augustín. *Tratado de Derecho Administrativo*. Belo Horizonte-MG: Del Rey, Tomo 2, 5ª edição, 2003.

[24] Diogo de Figueiredo Moreira Neto já afirmava que toda *a questão do cabimento da arbitragem na órbita interna se reduz, assim, à definição do campo contratual em que a Administração negocia e estatui como qualquer particular, excluídas, portanto, quaisquer cláusulas em que seja prevista a satisfação de um interesse finalístico da sociedade, cometido ao Estado, este sim, indisponível. Mas se qualquer dúvida pudesse ainda pairar sobre este asserto, o advento da Lei nl! 8.987, de 13 de fevereiro de 1995, dispondo especificamente sobre os contratos de concessão e de permissão de serviços públicos, que são irretrucavelmente contratos administrativos típicos, e que, por este motivo, destinam-se a satisfazer diretamente interesses públicos indisponíveis, extingue a controvérsia. Com efeito, entre as cláusulas essenciais dessas modalidades contratuais, com alta densidade de interesse público, ficou prevista a que deve dispor especificamente sobre o foro e sobre o modo amigável de solução das divergências contratuais. Ora, como só há três modos de solucionar amigavelmente controvérsias contratuais: pela mediação, pela conciliação e pela arbitragem, não resta a menor dúvida de que o legislador brasileiro a previu expressamente, embora sem explicitar, como uma das modalidades que devem ser necessariamente adotadas. Com efeito, o dispositivo legal só elenca cláusulas essenciais, não facultativas, de sorte que a eleição de foro e a previsão de algum dos modos amigáveis de solução de divergências contratuais não podem ser omitidas nos contratos de concessão e de permissão de serviços públicos* (*Arbitragem nos Contratos Administrativos*. Rio de Janeiro: R. Dir. Adm., 209: 81-90, jul.lset. 1997).

[25] José dos Santos Carvalho Filho alude que, após *"alguma hesitação a respeito, o referido diploma, alterado pela Lei no 13.129, de 26.5.2015, veio a admitir que a Administração Pública recorra à arbitragem para solucionar conflitos relativos a direitos patrimoniais disponíveis (art. 1º, § 1º). Ficam, portanto, excluídos direitos indisponíveis ou que não tenham natureza patrimonial, hipótese em que o Poder Público terá que recorrer ao Judiciário"* (*Manual de Direito Administrativo*. São Paulo: Atlas, 32ª edição, 2017).

ciais[26] abalizadas sobre diversos aspectos do seu emprego no campo da contratualística público-administrativa, ultrapassando-se os eloquentes debates sobre o conteúdo dos *direitos patrimoniais disponíveis*, inclusive com a recente previsão expressa da lei brasileira (Lei Federal nº 13.129, de 26 de maio de 2015) sobre a possibilidade de emprego do instituto pela administração pública direta e indireta (e mesmo antes, com as diversas previsões normativas pré-existentes em legislações esparsas[27]).

Mas nem sempre foi assim, pois o Tribunal de Contas da União-TCU já proferiu Acórdãos contraditórios[28] [29], ora considerando que *a Lei*

---

[26] RE 71467 – Caso Lage; REsp 606.345 – RS – STJ; AgRg no MS 11.308 – STJ; REsp 612.439 – RS – STJ.

[27] Lei nº 8.987, de 13 de fevereiro de 1995 (Lei de Concessões); Lei nº 9.478, de 6 de agosto de 1997 (Lei da ANP); Lei nº 10.233, de 5 de junho de 2001 (Lei da ANTT); Lei nº 11.079, de 30 de dezembro de 2004 (Lei das PPPs); Lei nº 12.462, de 04 de agosto de 2011 (Lei do RDC); Lei nº 12.815, de 5 de junho de 2013 (Lei dos Portos); Lei nº 13.303, de 30 de junho de 2016 (Leis das Estatais); Lei nº 13.334, de 13 de setembro de 2016 (Lei do PPI); Lei nº 13.448, de 05 de junho de 2017 (Lei da Relicitação).

[28] O Acórdão 584/2003, da 2ª Câmara, cujo relator foi o Min. Ubiratan Aguiar, julgado em sessão do dia 10/04/2003, trouxe a questão da cláusula 47 do contrato examinado, que determina que, no caso de controvérsias relativas a ele, estas devem ser resolvidas por meio de arbitragem, nos termos da Lei nº 9.307/96. Segundo o gestor responsável, tal previsão estaria respaldada na própria Lei nº 9.307/96, uma vez que tratar-se-iam de direitos patrimoniais disponíveis, e também na Lei nº 8.987/95 (artigos 23 e 25) e na MP nº 29/2002 (art. 2º). Acompanhou-se o entendimento da Unidade Técnica de que os argumentos utilizados não devem ser acatados. Em relação à pretensa autorização contida na própria Lei nº 9.307/96, o seu art. 1º determina que poderão ser objeto de solução via arbitral questões envolvendo direitos patrimoniais disponíveis. Não se pode falar em direito disponível quando se trata de fornecimento de energia elétrica, com o objetivo de atender boa parte da população brasileira que estava sofrendo os efeitos do racionamento de energia. E conforme já mencionei, os serviços de energia elétrica são serviços públicos exclusivos do Estado. A própria CBEE só foi criada em função do racionamento de energia. Não se poderia admitir, por exemplo, que ela vendesse a energia contratada com os produtores independentes para empresas fora do país. A energia contratada destinava-se a atender à situação de emergência por que passava a sociedade brasileira. Claramente, portanto, não se estava tratando de direitos disponíveis da empresa.).

[29] Vide Acórdão 587/2003 do TCU (*Inclusão de cláusulas no edital que estipulam a arbitragem para a solução de conflitos o que é incompatível com o ordenamento jurídico brasileiro. A Lei nº 9.307/96, em seu art. 1º, dispõe que "as pessoas capazes de contratar poderão valer-se da arbitragem para dirimir litígios relativos a direitos patrimoniais disponíveis". Segundo entendimento da Secex/RS, o interesse tutelado na relação jurídica que será estabelecida pelo contrato é inquestionavelmente de natureza pública, sendo, portanto, indisponível. Disso decorre serem nulas as cláusulas do edital que determinam a utilizam de arbitragem para a solução de conflitos entre o DNIT e o contratado.*).

nº 9.307, de 23/09/96, é aplicável apenas a direitos patrimoniais disponíveis, ou seja, individuais, sobre os quais os titulares têm direito de disposição, o que não é o caso do contrato administrativo, ora trazendo alguns avanços na discussão com a evolução dos institutos[30].

Depois da Lei Federal nº 13.129, de 26 de maio de 2015, os casos dos conflitos que têm a administração pública como parte restaram definitivamente passíveis de arbitragem, restando intensificar os estudos, afinal de contas, como o instituto da arbitragem volta-se para o solucionamento do conflito de forma mais célere, estável e especializada, devem ser soerguidos critérios para evitar questionamentos que possam (nova-

---

[30] Vide Acórdão 1271/2005 (... *No entanto, este Tribunal em julgado da 2ª Câmara sobre processo envolvendo contratos que a Comercializadora Brasileira de Energia Emergencial – CBEE firmava com produtores independentes de energia, entendeu que o art. 1º da referida Lei, ao estabelecer que a via arbitral estava aberta aos detentores de direitos patrimoniais disponíveis, retirava os contratos administrativos da esfera de incidência de suas disposições, consoante se pode depreender pelo exceto do voto condutor do Acórdão nº 584/2003-2ª Câmara, verbis: "Em relação à pretensa autorização contida na própria Lei nº 9.307/96, o seu art. 1º determina que poderão ser objeto de solução via arbitral questões envolvendo direitos patrimoniais disponíveis. Não se pode falar em direito disponível quando se trata de fornecimento de energia elétrica, com o objetivo de atender boa parte da população brasileira que estava sofrendo os efeitos do racionamento de energia. E, conforme já mencionei, os serviços de energia elétrica são serviços públicos exclusivos do Estado. A própria CBEE só foi criada em função do racionamento de energia. Não se poderia admitir, por exemplo, que ela vendesse a energia contratada com os produtores independentes para empresas fora do país. A energia contratada destinava-se a atender à situação de emergência por que passava a sociedade brasileira. Claramente, portanto, não se estava tratando de direitos disponíveis da empresa". 6.Verifica-se que tese acima transcrita é a defendida pela Secex/RS e que foi também encampada no Acórdão nº 587/2003-Plenário, citado pela unidade técnica. No entanto, sem a pretensão de esgotar o tema, tenho que tal entendimento ainda não se encontra consolidado. 7.Primeiro, porque não se configura plena convergência no posicionamento que o próprio E. STF tende a adotar. Nesse sentido, é de colacionar a seguinte manifestação do Ministro Maurício Corrêa, inserta no RE 248869 (in Informativo STF nº 319): "8. A indisponibilidade de determinados direitos não decorre da natureza privada ou pública das relações jurídicas que lhes são subjacentes, mas da importância que elas têm para a sociedade. O interesse público de que se cogita é aquele relacionado à preservação do bem comum, da estabilidade das relações sociais, e não o interesse da administração pública em sentido estrito. Daí reconhecer-se ao Estado não só o direito, mas o dever, de tutelar essas garantias, pois embora guardem natureza pessoal imediata, revelam, do ponto de vista mediato, questões de ordem pública". 9.Entendo, assim, que se possa aguardar nova manifestação desta Corte de Contas sobre o assunto, após o que o entendimento sobre o tema estará mais consolidado. A meu ver, essa circunstância não impede que o processo possa ser encerrado, pois nada mais se constata nos autos que obste seu arquivamento. Ademais, não há indício de que a cláusula da arbitragem tenha sido utilizada na execução do contrato TT-00-106/2004, que, de acordo com a peça de fl. 135, não teve recursos empenhados no corrente exercício.*).

mente) travar o emprego da arbitragem na solução de conflitos decorrentes de relação jurídico-contratual com a administração pública.

Quanto à questão da (in)disponibilidade do direito versado na arbitragem em que a administração pública é parte (arbitrabilidade objetiva), convém dilucidar, de início, que existem atividades estatais *soberanas* (em relação às quais há um núcleo essencial irrenunciável, indisponível e inalienável) e atividades estatais *negociais* (em relação às quais há um espaço residual derivado passível de disposição)[31], pelo que, neste espaço de atuação negocial é passível que seja objeto de arbitragem os chamados *direitos patrimoniais disponíveis da administração pública*.

Carlos Alberto de Salles traceja um arguto panorama dos principais aspectos sobre o tema, na medida em que, não somente afasta as ideias da *indisponibilidade absoluta do interesse público* e a da existência de *reserva de jurisdição*, mas também propugna (acertadamente) que a indisponibilidade dos bens públicos seja vista como exceção, enquanto que a disponibilidade é a regra, podendo ser apenas *condicionada* (a requisitos materiais ou formais) (ex.: proteção de bens de incapazes e dos bens públicos). A seu turno, na sua visão, a indisponibilidade pode ser *material* (por natureza) (ex.: meio ambiente e direitos de personalidade) ou *normativa* (ex.: competência processual e comunicação de prisão), não se podendo cogitar de uma expansão desmesurada e abrangente do instituto a toda e qualquer relação jurídica da Administração (2011: 287).

Daí a aceitabilidade da arbitragem nas relações negociais do Estado, como forma de empreender maior segurança, celeridade, efetividade e especialidade à atividade negocial da administração pública.

Para indicar os pontos mais agudos do debate atual do tema da arbitragem na administração pública, é relevante registrar o recente estudo de Gustavo Justino de Oliveira, que elenca as principais controvérsias em voga sobre as especificidades da arbitragem na administração pública, tais como: *Publicidade e transparência; Participação de amicus curiae; Arbitragem de direito e não por equidade; Seleção e vinculação da Câmara de Arbitragem; Inaplicabilidade da Lei Federal 8.666/1993 ao repasse de recursos para*

---

[31] Esta noção decorre da lição de Diogo de Figueiredo Moreira Neto, para quem as atividades desenvolvidas pelo Estado podem ser classificadas em atividades-fim (como sendo aquelas que estão vinculadas aos interesses primários), que envolvem toda a coletividade, e as atividades-meio (como sendo aquelas que estão vinculadas aos interesses secundários), que envolvem atividades de gestão de estrutura operacional, pessoal bens, créditos e débitos.

custeio da arbitragem: uma nova forma de relacionamento entre a Administração Pública e as câmaras de arbitragem; Execução do laudo arbitral (Especificidades do processo arbitral envolvendo a Administração Pública. São Paulo: Enciclopédia Jurídica da PUC-SP, Tomo Direito Administrativo e Constitucional, Edição 1, Abril de 2017).

2.4 Arbitragem em direito tributário

Em claros sinais de força argumentativa, sob as óticas econômica e jurídica, aliada à proficiência de resultados em outros países, a arbitragem na atividade tributária estatal passa a ser discutida em caráter mais nítido, especialmente sobre os limites e alcance do instituto na seara dos ingressos públicos. Na medida em que avança o emprego da arbitragem nos contratos administrativos, uma vez que a Lei nº 13.129/2015 assim disciplinou, surgem também discussões doutrinárias sobre arbitrabilidade objetiva nos escaninhos do direito tributário[32].

Neste espaldar, novos caminhos podem ser trilhados para a temática da efetividade da cobrança tributária, especialmente no que concerne à etapa de acertamento do crédito tributário, pelo que a arbitragem pode ser um roteiro para busca da celeridade, desoneração e especialização das circunstâncias que envolvem a certeza e liquidez do credito tributário. Marcelo Ricardo Escobar recorda a ausência de condições do Estado em gerir satisfatoriamente o monopólio da jurisdição, fazendo com que ressurjam com força esmagadora antigas formas de resolução de conflitos, dentre as quais a arbitragem tem lugar de destaque, também no âmbito tributário (2017: 208).

A experiência de Portugal pode ser considerada inspiradora para a institucionalização da arbitragem em matéria tributária no Brasil. A Lei 64-B/2011, de 30 de dezembro, introduziu o Regime Jurídico da Arbitragem Tributária (RJAT), com as seguintes características principais: arbitragem como direito potestativo do contribuinte; instituição do Centro de Arbitragem Administrativa (CAAD), como associação privada, para dirimir litígios tributários antes de concluídos definitivamente

---

[32] Ver Escobar, Marcelo Ricardo. *Arbitragem Tributária no Brasil.* Coimbra: Almedina, Coleção Teses, 2017; Piscitelli Tathiane; Mascitto Andréa; Mendonça Priscila Faricelli de (Orgs.). *Arbitragem Tributária – Desafios Institucionais Brasileiros e a experiência Portuguesa.* São Paulo: Revista dos Tribunais, 2018.

os procedimentos administrativos de acertamento dos créditos tributários; limitação à apreciação dos atos de legalidade na constituição do tributo; existência de caráter jurisdicional na decisão que examina o caso; resolução de casos pendentes anteriormente à edição da lei; apreciação de questão de fato ou de direito sobre liquidação do crédito; recorribilidade excepcionalíssima das decisões arbitrais; indicação dos árbitros, em regime de rodízio, pelo CAAD.

De acordo com Escobar, a *introdução da arbitragem tributária em Portugal visou três objetivos principais: (i) reforçar a tutela eficaz dos direitos e interesses legalmente protegidos dos sujeitos passivos; (ii) imprimir maior celeridade na resolução de litígios que opõem a administração tributária ao sujeito passivo; e, (iii)reduzir a pendência de processos nos tribunais administrativos e fiscais* (2017: 213).

Quanto à competência, dilucida Escobar que houve opção por um elenco exaustivo das matérias apreciáveis pelo CAAD, abrangendo a declaração de ilegalidade: *(i) de liquidação de tributos; (ii) da autoliquidação; (iii) de retenção na fonte; (iv) dos pagamentos por conta; (v) de atos de determinação de matéria tributável; (vi) de atos de determinação de "matéria colctável"; (vii) atos de fixação de valores patrimoniais* (2017: 2014).

Escobar ainda traz informações relevantes sobre a resolutividade dos casos, no sentido de que 58,8% dos casos foi decidido favoravelmente aos contribuintes e o prazo médio de tramitação dos procedimentos foi de quatro meses e quatro dias (2017: 2016).

No Brasil, já se pode entrever alguns exemplos da existência da arbitragem tributária, mesmo que com restrição da aplicação do instituto a determinadas matérias ou áreas específicas. Pode-se fixar, de logo, a previsão da Lei Complementar 73/1993, que abriu espaço para a instituição da Câmara de Conciliação e Arbitragem da Administração Federal (CCAF) através da Portaria AGU nº 118, de 1º de fevereiro de 2007, que dispôs em caráter provisório *sobre a conciliação entre órgãos e entidades da Administração Federal, no âmbito da Advocacia-Geral da União* e da Portaria nº 1.281, de 27 de setembro de 2007, que *dispôs sobre o deslinde, em sede administrativa, de controvérsias de natureza jurídica entre órgãos e entidades da Administração Federal, no âmbito da Advocacia-Geral da União*, ali prevendo expressamente sobre arbitragem envolvendo entidades da administração pública federal, sem qualquer ressalva ao campo tributário. Ademais, deve-se mencionar a Convenção das Nações Unidas sobre Contratos de Compra e Venda Internacional de mercadorias de 1980, promulgada pelo Decreto nº 8.327/2014, em que o conceito de "mercadoria" é distinto da legislação tributária interna, o que pode ocasionar inadimplemento contratual nos casos regidos pela espécie, situações estas que serão dirimidas mediante atuação de juiz ou tribunal arbitral (arts. 45-3 e 61-3).

A dinamização da aplicação e emprego dos instrumentos de solucionamento adequado de conflitos parece efetivar-se de modo perene no texto constitucional através da PEC 108/2015, de autoria do Senador Vicentinho Alves, cujo teor se encaminha para prever que o *Estado estimulará a adoção de métodos extrajudiciais de solução de conflitos*[33].

---

[33] Eis a justificativa da PEC 108/2015: *O aumento progressivo de processos judiciais e a falta de estrutura do Poder Judiciário têm demonstrado que o direito fundamental de acesso à Justiça, na prática, é ineficaz.*
São alarmantes os dados do Conselho Nacional da Justiça a respeito da excessiva carga de trabalho do Poder Judiciário, a saber:
– Em 1990, no âmbito da Justiça federal, trabalhista e estadual, foram instauradas mais de 5 milhões de ações;
– Em 2000, o número de ações propostas foi de 12 milhões.
– Em 2010, os processos ajuizados superaram os 24 milhões.
No cômputo geral, os processos acumulados em 2010 eram aproximadamente de 84,3 milhões; em 2011, esse número saltou para 90 milhões; e, em 2013, já foram registrados aproximadamente 120 milhões.
É extreme de dúvida que a estrutura do Poder Judiciário, apesar do enorme esforço feito pelos seus integrantes, não tem condições para acompanhar esse crescimento vertiginoso dos conflitos judiciais. É da cultura da sociedade brasileira o culto ao litígio, justamente pela ausência de espaços institucionais voltados à comunicação de pessoas em conflito.
Nessa senda, para tornar efetivo o direito fundamental de acesso à Justiça, é preciso que o Estado fomente a utilização de meios extrajudiciais de solução de conflitos, como a conciliação, a mediação e a arbitragem.
É verdade que leis recentes se preocupam com isso. O novo Código de Processo Civil (CPC), por exemplo, prestigiou os métodos extrajudiciais ao enfatizar a necessidade de se adotar a autocomposição como um dos meios mais céleres e eficazes de resolução de conflitos (art. 3º, entre outros).
Não é por acaso que o art. 334 do novo CPC tornou obrigatória a audiência de conciliação antes da contestação da contraparte. E foi mais além ao deixar em aberto a possibilidade de serem utilizados "outros métodos de solução consensual de conflitos" (§ 3º do art. 3º).
Em sede constitucional, porém, esses temas estão presentes apenas implicitamente. O propósito desta Proposta de Emenda à Constituição é o de homenagear esses meios alternativos de solução de conflitos e erigi-los à categoria de norma constitucional de conteúdo principiológico, reforçando a necessidade de sua prática mais intensa em âmbito judicial e extrajudicial.
No Direito Comparado, é importante lembrar que a ideia de criação do Sistema Multiportas (Multi--door Courthouse System) surgiu nos Estados Unidos em 1976 em uma conferência proferida pelo professor Frank Sander, da Faculdade de Direito de Harvard, inspirado na insuficiência do Poder Judiciário

ACORDOS ADMINISTRATIVOS: TRANSAÇÃO TRIBUTÁRIA E CLÁUSULA COMPROMISSÓRIA...

Tramitam também o PL 5.082-2009, que dispõe *sobre transação tributária, nas hipóteses que especifica, altera a legislação tributária e dá outras providências* e o PLP 469-2009, que altera e *acrescenta dispositivos à Lei nº 5.172, de 25 de outubro de 1966 – Código Tributário Nacional* (CTN), entre eles, institui o laudo arbitral como hipótese de extinção do crédito tributário, na forma da lei.

Como o direito tributário está calcado precipuamente na existência de lei prévia que estabeleça os elementos constitutivos do tributo (art. 5º, inciso II. art. 150, inciso I da C.F. e art. 3º do CTN), a perspectiva concreta de implantação definitiva da arbitragem tributária no Brasil depende de iniciativas *de lege ferenda* do Congresso Nacional para estabelecer as normas gerais de direito tributário (art. 146, inciso III da C.F.) e também para disciplinar procedimentos e competências em matéria de arbitragem para os tributos federais, bem como das Assembleias Legislativas estaduais e Câmaras de Vereadores municipais, para disciplinar procedimentos e competências em matéria de arbitragem para os respectivos tributos estaduais e municipais.

Isto porque, na órbita da de implantação definitiva da arbitragem tributária no Brasil, as alterações legislativas são imprescindíveis para afastar qualquer mácula de insegurança jurídica ou de ilegalidade nos procedimentos arbitrais. Andréa Mascitto elenca que, sob a perspectiva do Fisco, são diversas as preocupações institucionais e individuais dos agentes públicos, *que passam pelo risco de caracterização de responsabilidade funcional, caracterização de renúncia fiscal e violação à Lei Complementar 101 (LRF), não interrupção dos prazos decadencial par a constituição do crédito tributário (em caso de procedimento arbitral pré-constituição do crédito tributário) e prescricional para efetiva execução do crédito (em caso de procedimento arbitral posterior à sua constituição), dentre outras como a obrigatoriedade e/ou possibilidade de participação de terceiros e, em especial, do Ministério Público("MP") nos procedimentos.* Sob a perspectiva do contribuinte, Mascitto registra que, *além da segurança na previsão expressa e específicas da extinção do crédito tribu-*

americano em atender ao crescente número de demandas. Trata-se de um sistema que disponibiliza várias opções (várias "portas") de solução de conflitos alternativamente ao Poder Judiciário. No Brasil, em que o Poder Judiciário está sobrecarregado de processos, o desenvolvimento de "portas" alternativas de solução de conflito é fundamental.
Por essas razões, reivindico o apoio de todos os nobres membros do Congresso Nacional à aprovação da presente proposição".

tário pela sentença arbitral, seria importante que fossem supridas lacunas, tais como a dúvida sobre *se o procedimento arbitral suspende ou não a exigibilidade do tributo que discuta, se o prazo para eventual recuperação de tributos pagos indevidamente ou a maior se iniciaria após findo processo arbitral em que vencedor, se a arbitragem engloba inclusive a discussão do crédito tributário constituído em definitivo, após a inscrição em dívida ativa, ou de casos em que ele nem mesmo foi constituído* (Requisitos Institucionais para a Arbitragem entre Fisco e Contribuinte no Brasil: Necessidade de Norma Geral, in: Arbitragem Tributária – Desafios Institucionais Brasileiros e a experiência Portuguesa. São Paulo: Revista dos Tribunais, 2018, p. 83).

Em síntese, conforme a observação de Andréa Mascitto, os aspectos que devem dominar a agenda legislativa de implantação da arbitragem tributária no Brasil podem ser elencados no seguinte rol: alteração das normas do CTN que versam sobre suspensão e extinção do crédito tributário (arts. 151 e 156); alteração das normas do CTN que versam sobre transação tributária (art. 171); alteração das normas do CTN que versam sobre decadência e prescrição (art. 173 e 174); alteração das normas do CTN que versam sobre repetição de indébito (art. 168); alteração das normas do CTN que versam sobre compensação tributária (art. 170-A); alteração das normas da Lei de Execução Fiscal (Lei 6.830/1980) que versam sobre as hipóteses de discussão da dívida ativa tributária (art. 38); previsão legal nova sobre Câmaras arbitrais competentes para administrar Tribunais arbitrais, requisitos para indicação ou designação de árbitros, qualificação das matérias arbitráveis, eventuais limitações materiais e de valores, afastamento da possibilidade de julgamento por equidade, disciplina da publicidade e transparência fiscal, fixação de prazos, procedimentos e questões de prova.

Rita Dias Nolasco e Osvaldo Antonio de Lima elencam outros grandes desafios para a implantação da arbitragem em matéria tributária no Brasil, tais como: *quando pode ser proposta; definir como será realizada a escolha do Centro de Arbitragem que atenda as exigências do interesse público; a inviabilidade de arbitragem* **ad hoc**; *definir a forma de realizar a escolha de um árbitro-presidente, terceiro neutro e imparcial, comprovadamente especializado na matéria objeto da arbitragem; evitar lesão ao princípio da igualdade; prever a impossibilidade de julgamento por equidade; definir a respeito da publicidade parcial ou total das sentenças arbitrais; definir como será realizada a execução das decisões arbitrais e das liminares; enfrentar os problemas decorrentes de eventual falta de* *uniformidade das decisões arbitrais; analisar a viabilidade da arbitragem em razão do alto custo (Arbitragem Tributária: A Experiência Portuguesa e os Desafios para sua implantação no Brasil, in: Arbitragem Tributária – Desafios Institucionais Brasileiros e a experiência Portuguesa.* São Paulo: Revista dos Tribunais, 2018, p. 113).

Poder-se-ia acrescentar também a necessidade de disciplina jurídica sobre igualdade tributária e decisões arbitrais (art. 150, inciso II da C.F), para prever, por exemplo: a necessidade e modo de vinculação das decisões arbitrais aos precedentes judiciais; a necessidade e modo de vinculação das decisões arbitrais a casos análogos ou similares julgados perante a respectiva Câmara arbitral competente para administrar os Tribunais arbitrais; a necessidade e modo de vinculação da administração pública tributária a decisões arbitrais a casos análogos ou similares julgados perante a respectiva Câmara arbitral competente para administrar os Tribunais arbitrais.

Em verdade, esta questão possui vínculos com a sistemática trazida com o CPC/2015, que instituiu regime de precedentes (art. 927 CPC/2015), cujos limites e extensão precisam ser equacionados para evitar que as decisões arbitrais extrapolem as fronteiras definidas anteriormente pelos órgãos do Poder Judiciário, especificamente nas arbitragens *de direito*, afastada a possibilidade do funcionamento de arbitragem *por equidade* em procedimentos arbitrais de que faz parte a administração pública.

Na reflexão trazida por Guilherme Rizzo Amaral, *não está o arbitro vinculado aos precedentes por conta da (inexistente) aplicação direta de dispositivos do CPC.2015 à arbitragem, mas pela vontade das partes que deram ao arbitro a missão de **julgar conforme o direito*** (grifos no original)(*O controle dos precedentes na arbitragem tributária. in: Arbitragem Tributária – Desafios Institucionais Brasileiros e a experiência Portuguesa.* São Paulo: Revista dos Tribunais, 2018, p. 292).

Finalmente, uma questão que merece abordagem é a existência dos Conselhos Administrativos de Fazenda nas searas federal, estaduais e municipais, que precisariam coexistir ou serem aproveitados no sistema tributário brasileiro, mesmo em face da implantação da arbitragem tributária, em razão da vasta e considerável experiência de apreciação e resolução de conflitos tributários adquirida por anos de funcionamento, também pela utilidade e eficiência com que possam ser aproveitados pela estrutura administrativa existente e ainda, pela necessidade de evitar sobreposição de estruturas de julgamento do conflito.

2.5 Arbitragem em incentivos fiscais

Para tratar da arbitragem em incentivo fiscais, é necessário gizar, primeiro, sobre a disciplina constitucional da Ordem Econômica, que oferece uma estruturação deontológica para a temática, traçando em seu bojo fundamentos, objetivos(fins) e princípios[34], previstos no art. 170, intróito do Capítulo I do Título VII da Constituição Federal.

Neste sentido, a Ordem Econômica é fundada na *valorização do trabalho humano* e na *livre iniciativa*. A inclusão da *valorização do trabalho humano* como fundamento da ordem econômica corresponde à intenção do legislador constituinte em priorizar o trabalho, no jogo do processo produtivo. Situa o trabalho humano como o fator produtivo mais importante, na condição de *elemento causador* do próprio processo produtivo. Assim entende Eros Roberto Grau (1997: 221), citando José Afonso da Silva, pois a prevalência do trabalho na ordem econômica, faz reportá-lo *"como prioridade sobre os demais valores da economia de mercado"*.

Por outro lado, a inserção da *liberdade de iniciativa* como fundamento da ordem econômica faz inferir-se que se trata da "liberdade econômica". Preceitua, inclusive, o parágrafo único do artigo 170 que é assegurado a todos o livre exercício de qualquer atividade econômica, independentemente de autorização de órgãos públicos, salvo nos casos previstos em lei[35]. A *liberdade de iniciativa* outorgada aos componentes de uma determinada *sociedade* confere, através de uma inter-relação política, social e econômica entre o ente estatal e os corpos sociais, a possibilidade de realizarem os anseios fundantes de prosperidade, progresso e desenvolvimento. Nisso, em parte, reside a legitimidade das normas de conteúdo econômico, dado que é a sociedade que tem capacidade de

---

[34] Sobre o tema, convém registrar que Washington Peluso Albino de Souza (1989: 31) faz importantes considerações para distinguir *fundamentos* de *princípios,* tomando a primeira categoria como *"causa no sentido de razão de ser"* e a segunda como *"o ponto de partida de um processo qualquer."*

[35] José Afonso da Silva (1996, p. 725), assevera que a liberdade de iniciativa econômica envolve a *"liberdade de indústria e comércio ou liberdade de empresa e a liberdade de contrato"*, sendo princípio – ou fundamento (!?), do liberalismo econômico. De outra parte, *toma como legítima quando exercida no interesse da justiça social.*

mensurar e oferecer a exata medida para que o legislador incorpore ao sentido da norma, determinada dose de liberdade.

Com respeito aos fins da Ordem Econômica, exsurge do preceito constitucional em exame (art. 170) que o fim colimado pela ordem econômica é o alcance da *justiça social*. Os ditames da justiça social são postulados que se entreveem perante a ordem capitalista, para amenizar o conflito, que lhe é inerente, entre capital e trabalho.

Em seguimento, enfocando o tema do presente estudo, um marco constitucional se ergue a partir da previsão do artigo 173 da Constituição Federal de 1988, em que se estipula expressamente que *ressalvados os casos previstos na Constituição, a exploração direta de atividade econômica pelo Estado só será permitida quando necessária aos imperativos da segurança nacional ou a relevante interesse coletivo, conforme definidos em lei*. Tal previsão faz inferir-se que a exploração direta de atividade econômica por parte do Estado é exceção, somente podendo se apresentar na circunstância de imperativo à segurança nacional ou a relevante interesse coletivo, conforme definição legal. Percebe-se aqui uma clara opção constitucional pelo princípio da subsidiariedade em matéria econômica, uma vez que só através dos reclames do interesse coletivo ou da segurança nacional é que é permitido ao Estado o exercício de atividade econômica.

Após, é de se mencionar que o artigo 174 dispõe que como *agente normativo e regulador da atividade econômica, o Estado exercerá, na forma da lei, as funções de fiscalização, incentivo e planejamento, sendo este determinante para o setor público e indicativo para o setor privado*. De acordo com esta dispositividade, depreende-se que a atividade econômica direta do Estado é vista como excepcional, reportando-se à sua atuação normativa, compreendendo as atividades de fiscalização, e reguladora, compreendendo as atividades de incentivo e planejamento[36].

Assim, em matéria econômica, quando o Estado desempenha atividades de fiscalização e incentivo (intervenção indireta), atua sob o regime de direito público econômico, investido do caráter de poder público, e, de outra forma ainda, quando desenvolve atividades de exploração direta de atividade econômica (intervenção direta), por imposição ou autorização constitucional, atua preponderantemente sob regime de direito privado econômico, em plena igualdade de condições com os particulares.

---

[36] Cf. Eros Grau (ob. cit., 135).

De forma bastante didática, Eros Grau, a partir da consideração do direito brasileiro, classifica as técnicas de atuação do Estado na economia como sendo:

"1- atuação na economia: 1'- atuação por absorção, quando o Estado assume, em regime de monopólio, o controle dos meios de produção e/ou troca de determinado setor; 1"- atuação por participação, quando o Estado assume parcialmente (em regime de concorrência com agentes do setor privado) ou participa do capital de agente que detém o controle patrimonial de meios de produção e/ou troca; 2- atuação sobre a economia: 2'- atuação por direção, que ocorre que o Estado exerce pressão sobre a economia, estabelecendo normas de comportamento compulsório para os agentes econômicos; 2"- atuação por indução, que ocorre quando o Estado dinamiza instrumentos de intervenção em consonância e na conformidade das leis que regem o funcionamento dos mercados" (1995 b, 62).

Neste aspecto, os incentivos fiscais encontram-se no âmbito da atuação estatal sobre a economia, por indução, promovendo comportamentos econômicos em prol da coletividade.

Em continuidade, é necessário situar a matéria no campo do direito financeiro. Neste aspecto, o direito financeiro, como disciplina jurídica da atividade financeira do Estado, que rege o ingresso de receitas, sua gestão e o dispêndio público[37], possui diversas peculiaridades jurídicas relacionadas às normas princípiológicas, às classificações da receita pública (ex.: tributárias e não tributárias; originárias, derivadas e transferidas; definitivas e provisórias) às classificações da despesa pública (ex.: ordinárias e extraordinárias; de capital e de custeio), ao regime jurídico constitucional e legal dos orçamentos públicos, à transparência e responsabilidade fiscal, regime de pagamento de dívidas públicas (regime de precatórios), operações de crédito e empréstimos públicos.

Os incentivos fiscais estão inseridos na atividade tributária do Estado, possuindo a faceta da extrafiscalidade (interesse de regular preços, acesso a mercados e estimular comportamentos econômicos). O emprego da extrafiscalidade vem sendo intensificado pelas administrações tributárias através de incentivos fiscais, como forma de promoção de desenvolvimento econômico, através de leis que preveem sua

---

[37] Atividade financeira do Estado, na lição de Regis Fernandes de Oliveira, como ação estatal *na obtenção de receitas, em sua gestão e nos gastos para desenvolvimento das funções estatais* (2006: 78).

implementação, ficando o gestor público adstrito aos requisitos legais para sua concessão[38 39].

Portanto, excluindo-se a arbitragem tributária que já foi analisada anteriormente, para examinar a aplicação da arbitragem em matéria de incentivos fiscais, é necessário fixar o critério do enfoque que será emprestado à análise. Assim, a arbitragem em incentivos fiscais seria aplicável nas situações em que há relação jurídica do particular com a administração pública, surgida através de algum tipo contratual, podendo-se afirmar que, o campo dos incentivos fiscais é vasto para a implementação da arbitragem, justamente porque: (i) aspecto das receitas públicas, já que envolve a indução de certas atividades econômicas (incentivos fiscais), mediante contratação com o poder público, através de adesão a programas estatais de promoção de desenvolvimento econômico; (ii) aspecto das despesas públicas, na medida em que acaba se tornando gasto público com a desoneração tributária de certas atividades econômicas (renúncia fiscal).

Em verdade, incentivos fiscais e renúncia fiscal são aspectos de um mesmo fenômeno, pois, se de um lado, importam em iniciativa de estímulo a certas atividades econômicas através da desoneração, do outro, caracteriza a perda de arrecadação, em caráter eminentemente extrafiscal.

Sobre os incentivos fiscais, tem-se que mencionar o *Demonstrativo dos Gastos Tributários – PLOA* do Ministério da Fazenda (2018), que tem por objetivo *estimar a perda de arrecadação decorrente da concessão de benefícios de natureza tributária (gastos tributários) e, desse modo, dar maior transparência às*

---

[38] Ver AI 360461/MG – MINAS GERAIS, cujo Relator foi o Min. Celso de Mello: *Ementa RECURSO EXTRAORDINÁRIO. IPI. CONCESSÃO DE BENEFÍCIOS. ALÍQUOTAS REGIONALIZADAS. LEI 8.393/91. DECRETO 2.501/98. ADMISSIBILIDADE. 1. Incentivos fiscais concedidos de forma genérica, impessoal e com fundamento em lei específica. Atendimento dos requisitos formais para sua implementação. 2. A Constituição na parte final do art. 151, I, admite a 'concessão de incentivos fiscais destinados a promover o equilíbrio do desenvolvimento sócio-econômico entre as diferentes regiões do país. 3. A concessão de isenção é ato discricionário, por meio do qual o Poder Executivo, fundado em juízo de conveniência e oportunidade, implementa suas políticas fiscais e econômicas e, portanto, a análise de seu mérito escapa ao controle do Poder Judiciário. Precedentes: RE 149.659 e AI138.344-AgR. 4. Não é possível ao Poder Judiciário estender isenção a contribuintes não contemplados pela lei, a título de isonomia (RE 159.026). 5. Recurso extraordinário não conhecido."*

[39] Ricardo Lobo Torres afirma que os *objetivos intervencionistas e regulatórios do Estado se instrumentalizam através do fenômeno da extrafiscalidade, não possuindo esta uma finalidade em si mesma, seja no aumentar, seja no diminuir o valor dos tributos para inibir ou incentivar a atividade econômica* (2001: 5).

políticas fiscais e aos tratamentos diferenciados existentes, bem como subsidiar os formuladores de políticas públicas e possibilitar aos cidadãos visualizar a alocação dos recursos públicos e a distribuição da carga tributária.

O mencionado *Demonstrativo*, a partir da caracterização da função fiscal (meramente arrecadatória) e da função extrafiscal (indutora de comportamentos e sem feição arrecadatória) da tributação, indica atividades como, *compensar gastos realizados pelos contribuintes com serviços não atendidos pelo governo, compensar ações complementares às funções típicas de Estado desenvolvidas por entidades civis, promover a equalização das rendas entre regiões e/ou incentivar determinado setor da economia,* se constituem no chamado "gasto tributário", como as desonerações que *irão se constituir em alternativas às ações políticas de Governo, ações essas que têm como objetivo a promoção do desenvolvimento econômico ou social, não realizadas no orçamento, mas, sim, por intermédio do sistema tributário.*

Segundo o Demonstrativo, os critérios de definição do "gasto tributário", levando em conta as similaridades com a metodologia da OCDE, consistem na verificação de que as *desonerações tributárias em questão devem possuir objetivos similares aos das despesas públicas* (possuindo uma lógica orçamentária associada) e que estas *desonerações apresentam-se como sendo um desvio da "estrutura normal da tributação". São sempre de caráter não geral.*

A Receita Federal do Brasil adotou então o conceito: *Gastos tributários são gastos indiretos do governo realizados por intermédio do sistema tributário, visando a atender objetivos econômicos e sociais e constituem-se em uma exceção ao sistema tributário de referência, reduzindo a arrecadação potencial e, consequentemente, aumentando a disponibilidade econômica do contribuinte.*

Além disto, uma das questões mais tormentosas do direito tributário brasileiro, é a denominada *guerra fiscal* entre os entes federativos sub-nacionais, relacionada especialmente à necessidade de promoção de desenvolvimento econômico local e regional (política industrial e descentralização da produção) em seus territórios[40][41][42][43], tendo

---

[40] Art. 150 (...)

§ 6º *Qualquer subsídio ou isenção, redução de base de cálculo, concessão de crédito presumido, anistia ou remissão, relativos a impostos, taxas ou contribuições, só poderá ser concedido mediante lei específica, federal, estadual ou municipal, que regule exclusivamente as matérias acima enumeradas ou o correspondente tributo ou contribuição, sem prejuízo do disposto no art. 155, § 2º, XII, g. (Redação dada pela Emenda Constitucional nº 3, de 1993).*

Art. 155 (...)

em vista a histórica e recalcitrante ausência de atuação da União Federal em relação ao atendimento dos arts. 3º, inciso III e 170, inciso VI da Constituição Federal.

O fenômeno da *guerra fiscal* decorre dos renhidas disputas e acirrados conflitos políticos e federativos, pelo que, com a retomada dos investimentos estrangeiros a partir da década de 1990, houve a sua intensificação em prol da viabilização destes investimentos, em que os entes federativos em que estão localizadas as unidades produtoras concedem renúncia de receita de ICMS, fazendo com que os entes federativos de

§ 2º O imposto previsto no inciso II atenderá ao seguinte:
(...)
XII – cabe à lei complementar:
(...)
g) regular a forma como, mediante deliberação dos Estados e do Distrito Federal, isenções, incentivos e benefícios fiscais serão concedidos e revogados.

[41] Lei Complementar nº 24, de 7 de janeiro de 1975, recepcionada pelo texto constitucional vigente, é o desdobramento normativo do art. 155, § 2º, XII, "g", na medida em que *dispõe sobre os convênios para a concessão de isenções do imposto sobre operações relativas à circulação de mercadorias, e dá outras providências,* prevê que *as isenções do imposto sobre operações relativas à circulação de mercadorias serão concedidas ou revogadas nos termos de convênios celebrados e ratificados pelos Estados e pelo Distrito Federal,* e que *a concessão de benefícios dependerá sempre de decisão unânime dos Estados representados; a sua revogação total ou parcial dependerá de aprovação de quatro quintos, pelo menos, dos representantes presentes* (ar. 2º).

[42] Ver também a disciplina da Lei Complementar 101/2000 (LRF) sobre incentivos fiscais: *Art. 14. A concessão ou ampliação de incentivo ou benefício de natureza tributária da qual decorra renúncia de receita deverá estar acompanhada de estimativa do impacto orçamentário – financeiro no exercício em que deva iniciar sua vigência e nos dois seguintes, atender ao disposto na lei de diretrizes orçamentárias e a pelo menos uma das seguintes condições: I – demonstração pelo proponente de que a renúncia foi considerada na estimativa de receita da lei orçamentária, na forma do art. 12, e de que não afetará as metas de resultados fiscais previstas no anexo próprio da lei de diretrizes orçamentárias; II – estar acompanhada de medidas de compensação, no período mencionado no caput, por meio do aumento de receita, proveniente da elevação de alíquotas, ampliação da base de cálculo, majoração ou criação de tributo ou contribuição. § 1º A renúncia compreende anistia, remissão, subsídio, crédito presumido, concessão de isenção em caráter não geral, alteração de alíquota ou modificação de base de cálculo que implique redução discriminada de tributos ou condições, e outros benefícios que correspondam a tratamento diferenciado.*

[43] E ainda a disciplina da Lei Complementar 160, de 7 de agosto de 2017, que, além de outros temas, *dispõe sobre convênio que permite aos Estados e ao Distrito Federal deliberar sobre a remissão dos créditos tributários, constituídos ou não, decorrentes das isenções, dos incentivos e dos benefícios fiscais ou financeiro-fiscais instituídos em desacordo com o disposto na alínea "g" do inciso XII do § 2º do art. 155 da Constituição Federal e a reinstituição das respectivas isenções, incentivos e benefícios fiscais ou financeiro-fiscais, altera a Lei Complementar no 24, de 7 de janeiro de 1975.*

destino da mercadoria, tenham que suportar o crédito, não cobrado na origem, sujeitando-se ao financiamento do empreendimento no ente federativo concedente. É que os Estados brasileiros, na busca por atração de investimentos nacionais e estrangeiros, para o desenvolvimento econômico local e regional nos respectivos territórios, utilizam incentivos fiscais de forma unilateral, em dissonância com o quanto previsto na Lei Complementar 24/75.

Por isto, o Supremo Tribunal Federal tem adotado a tese da inconstitucionalidade de incentivos fiscais que não tenha observado o disposto na Lei Complementar 24/1975, através do julgamento de diversas ações diretas de inconstitucionalidade[44]. Chegou a ser sugerida pelo Min. Gilmar Mendes a Proposta de Súmula Vinculante Nº 69, cujo conteúdo é o seguinte: *Qualquer isenção, incentivo, redução de alíquota ou de base de cálculo, crédito presumido, dispensa de pagamento ou outro benefício fiscal relativo ao ICMS, concedido sem prévia aprovação em convênio celebrado no âmbito do CONFAZ, é inconstitucional.*

---

[44] O Acórdão da ADI 4635 menciona diversas ADIs, como precedentes, em relação à irregularidade de incentivos fiscais concedidos ao arrepio da Lei Complementar 24/75, tais como: (a) concessão de isenções (ADI 260/SC, Rel. Min. ILMAR GALVÃO – ADI 286/RO, Rel. Min. MAURÍCIO CORRÊA – ADI 1.247/PA, Rel. Min. DIAS TOFFOLI – ADI 1.308/RS, Rel. Min. ELLEN GRACIE – ADI 1.522-MC/RJ, Rel. Min. SYDNEY SANCHES – ADI 2.155-MC/PR, Rel. Min. SYDNEY SANCHES – ADI 2.376/RJ, Rel. Min. MARCO AURÉLIO – ADI 2.377-MC/MG, Rel. Min. SEPÚLVEDA PERTENCE – ADI 2.439/MS, Rel. Min. ILMAR GALVÃO – ADI 2.688/PR, Rel. Min. JOAQUIM BARBOSA – ADI 3.312/MT, Rel. Min. EROS GRAU – ADI 3.702/ES, Rel. Min. EROS GRAU – ADI 3.794/PR, Rel. Min. JOAQUIM BARBOSA); (b) reduções de base de cálculo (ADI 84/MG, Rel. Min. ILMAR GALVÃO – ADI 2.548/PR, Rel. Min. GILMAR MENDES – ADI 4.152/SP, Rel. Min. CEZAR PELUSO – ADI 4.457/PR, Rel. Min. MARCO AURÉLIO); (c) reduções de alíquota (ADI 1.587/DF, Rel. Min. OCTAVIO GALLOTTI – ADI 2.021-MC/SP, Rel. Min. MAURÍCIO CORRÊA – ADI 3.246/PA, Rel. Min. AYRES BRITTO – ADI 3.413/RJ, Rel. Min. MARCO AURÉLIO – ADI 3.674/RJ, Rel. Min. MARCO AURÉLIO – ADI 3.936-MC/PR, Rel. Min. ROSA WEBER); (d) outorga de créditos presumidos (ADI 902-MC/SP, Rel. Min. MARCO AURÉLIO – ADI 1.999-MC/SP, Rel. Min. OCTAVIO GALLOTTI – ADI 2.157-MC/BA, Rel. Min. MOREIRA ALVES – ADI 2.352-MC/ES, Rel. Min. SEPÚLVEDA PERTENCE – ADI 2.458- -MC/AL, Rel. Min. ILMAR GALVÃO – ADI 3.664/RJ, Rel. Min. CEZAR PELUSO – ADI 3.803/PR, Rel. Min. CEZAR PELUSO); (e) dispensa de obrigações acessórias (ADI 2.906/RJ, Rel. Min. MARCO AURÉLIO); (f) diferimento do prazo para pagamento (ADI 1.179/SP, Rel. Min. CARLOS VELLOSO) e (g) cancelamentos de notificações fiscais (ADI 2.345/SC, Rel. Min. CEZAR PELUSO).

Diante deste caótico quadro, com o propósito de pôr fim à *guerra fiscal* que o Congresso Nacional aprovou a Lei Complementar nº 160, de 7 de agosto de 2017, que dispôs *sobre convênio que permite aos Estados e ao Distrito Federal deliberar sobre a remissão dos créditos tributários, constituídos ou não, decorrentes das isenções, dos incentivos e dos benefícios fiscais ou financeiro-fiscais instituídos em desacordo com o disposto na alínea "g" do inciso XII do § 2º do art.* 155 da Constituição Federal e a reinstituição das respectivas isenções, incentivos e benefícios fiscais ou financeiro-fiscais; e altera a Lei nº 12.973, de 13 de maio de 2014. Assim, foi instituído um regime de convalidação dos benefícios ficais existentes com possibilidade de prorrogação dos prazos de validade por até 15(quinze) anos.

Na medida em que a Lei Complementar nº160/2017 ainda não possa ser considerada a solução para a *guerra fiscal*[45] e para minorar as distorções do sistema de incentivos fiscais do direito tributário estadual brasileiro, poder-se-á vislumbrar a hipótese em que a arbitragem seja inserida nas legislações tributárias que concedem tais benefícios, como forma de prevenir e dirimir conflitos no âmbito de sua aplicação. Isto porque, a maioria absoluta das entidades federativas estaduais institui programas de incentivos fiscais à produção local, mediante a obrigatoriedade de atendimento de certos requisitos (contrapartida), trazendo a índole contratual dos programas.

Assim, tanto a União Federal quanto os Estados da Federação brasileiros, poderiam optar pela inclusão de previsão de instituição de cláusulas compromissórias para dirimir conflitos em matéria de incentivos fiscais, como forma de ampliar os mecanismos de atração de investimentos através de maior segurança jurídica no ambiente regulatório e racionalidade à perda de arrecadação decorrente da concessão de benefícios de natureza tributária, sem falar na celeridade com que eventuais conflitos poderiam ser dirimidos.

Considera-se simplesmente desastrosa, para ambas as partes e especialmente para o interesse público (primário e secundário) que uma determinada relação jurídica decorrente de incentivos fiscais concedidos, seja objeto de judicialização, com apreciação do mérito sem especialização, sem celeridade, sem segurança jurídica e sem estabilidade.

---

[45] ADI 5.902 proposta pelo Estado do Amazonas, questiona dispositivos da Lei Complementar 160/2017, sob argumento de que violam o pacto federativo trazem prejuízos para a Zona Franca de Manaus.

Em verdade, a arbitragem em matéria de incentivos fiscais, a princípio, não necessitaria de alterações legislativas em caráter de normas gerais de direito tributário (art. 146, inciso III da C.F.), podendo estar prevista na lei complementar prevista na alínea "g" do inciso XII do § 2º do art. 155 da Constituição Federal, como medida para maior uniformidade de tratamento ou para atendimento do quanto previsto no art. 22, inciso I da Constituição Federal.

O instituto da arbitragem em matéria de incentivos fiscais assemelha-se aos casos de arbitragem em contratos públicos, situação que já se encontra bastante avançada em termos de sua aplicação, e, para melhor assimilação por parte dos investidores interessados em usufruir dos programas de atração de investimentos, necessitaria de previsão das leis instituidoras de incentivos fiscais de competência dos respectivos entes tributantes, como forma de previsão das relações jurídicas, direitos, deveres e procedimentos decorrentes da instituição da cláusula compromissória.

Como o Brasil é um pais que necessita intensamente de investimentos em infraestrutura pública, tal como reconhecido pela legislação brasileira que disciplinou o Regime Diferenciado de Contratação (RDC), que veio para o ordenamento jurídico brasileiro através da Lei nº 12.462, de 04 de agosto de 2011[46][47], inicialmente como objeto de aplicação nas

---

[46] *Art. 1º É instituído o Regime Diferenciado de Contratações Públicas (RDC), aplicável exclusivamente às licitações e contratos necessários à realização: I – dos Jogos Olímpicos e Paraolímpicos de 2016, constantes da Carteira de Projetos Olímpicos a ser definida pela Autoridade Pública Olímpica (APO); e II – da Copa das Confederações da Federação Internacional de Futebol Associação – Fifa 2013 e da Copa do Mundo Fifa 2014, definidos pelo Grupo Executivo – Gecopa 2014 do Comitê Gestor instituído para definir, aprovar e supervisionar as ações previstas no Plano Estratégico das Ações do Governo Brasileiro para a realização da Copa do Mundo Fifa 2014 – CGCOPA 2014, restringindo-se, no caso de obras públicas, às constantes da matriz de responsabilidades celebrada entre a União, Estados, Distrito Federal e Municípios; III – de obras de infraestrutura e de contratação de serviços para os aeroportos das capitais dos Estados da Federação distantes até 350 km (trezentos e cinquenta quilômetros) das cidades sedes dos mundiais referidos nos incisos I e II; IV – das ações integrantes do Programa de Aceleração do Crescimento (PAC)(Incluído pela Lei nº 12.688, de 2012)*
V – das obras e serviços de engenharia no âmbito do Sistema Único de Saúde – SUS. (Incluído pela Lei nº 12.745, de 2012) VI – das obras e serviços de engenharia para construção, ampliação e reforma de estabelecimentos penais e unidades de atendimento socioeducativo; (Redação dada pela Medida Provisória nº 678, de 2015) VII – ações no âmbito da Segurança Pública.(Incluído pela Medida Provisória nº 678, de 2015) VI – das obras e serviços de engenharia para construção, ampliação e reforma e administração de estabelecimentos penais e de unidades de atendimento socioeducativo; (Incluído pela Lei nº 13.190, de 2015) VII – das ações no âmbito da segurança pública; (Incluído pela Lei nº 13.190, de 2015) VIII – das obras e serviços de engenharia, relacionadas a melhorias na mobilidade urbana ou

obras dos Jogos Olímpicos e Paraolímpicos de 2016, Copa das Confederações da Federação Internacional de Futebol Associação – Fifa 2013 e da Copa do Mundo Fifa 2014 e de infraestrutura aeroportuária, assim como também possui premente necessidade de infraestrutura privada, nos moldes dos crescentes incentivos fiscais que têm sido empregados para a atração de novos empreendimentos econômicos privados (inclusive internacionais), tem-se uma diversidade de áreas e subáreas de atuação pública e privada, que demanda crescente aporte de recursos, que só através de maior segurança, celeridade, efetividade e especialidade à atividade negocial da administração pública e da livre iniciativa, pode ser alcançada.

É de se dizer que o emprego da arbitragem em matéria de incentivos fiscais mostra-se possível, na medida em que, além de ser compatível com a órbita constitucional vigente, auxilia na efetivação dos princípios da legalidade, impessoalidade, moralidade, publicidade e eficiência aplicáveis à administração pública direta e indireta de qualquer dos Poderes da União, dos Estados, do Distrito Federal e dos Municípios.

Acrescente-se também que a crescente demanda por aporte de recursos (inclusive internacionais), em âmbito nacional, regional e local, sempre vai demandar o emprego de programas de incentivos fiscais, na medida das ingentes desigualdades regionais existentes no país. Ou seja, trata-se de um caminho necessário a ser percorrido pelos poderes públicos.

Portanto, a implantação do instituto da arbitragem em matéria de incentivos fiscais é um caminho possível e necessário, que merece ser considerado, de modo que se torne realidade, ultrapassando as fronteiras de sua aplicação na esfera do direito administrativo, mas alcance o próprio direito financeiro e tributário brasileiros.

Conclusões

À guisa de conclusão, constatada a inefetividade da execução fiscal, que visa a extinção dos litígios tributários pelo pagamento, surge como válido

ampliação de infraestrutura logística; e (Incluído pela Lei nº 13.190, de 2015) IX – dos contratos a que se refere o art. 47-A; (Incluído pela Lei nº 13.190, de 2015) X – das ações em órgãos e entidades dedicados à ciência, à tecnologia e à inovação. (Incluído pela Lei nº 13.243, de 2016)
[47] Ver também as Leis 12.722/2012; Lei 12.815/2013; Lei 12.833/2013; Lei 12.865/2013; Lei 12.873/2013; Lei 12.983/2014.

o emprego da conciliação processual em matéria tributária, através da transação tributária, como forma de buscar a extinção do crédito tributário (art. 156, inciso III c/c art. 171 do CTN), sendo que as soluções pré-processuais, processuais e gerenciais demandam ampla integração institucional entre os atores envolvidos e a cooperação interinstitucional do direito administrativo ainda carece de ferramental procedimental inter/intragovernamental (específico, conjunto e próprio), para equacionamento e solucionamento de conflitos judiciais, na efetivação dos direitos subjetivos públicos no âmbito dos órgãos do Poder Judiciário brasileiro e dos órgãos da Administração Pública direta e entidades da Administração Pública indireta.

Por outro lado, é certo que são evidentes as vantagens da aplicação do instituto arbitral na promoção de investimentos em infraestrutura pública e privada, tão necessários ao desenvolvimento econômico sustentável do Brasil. No campo tributário, estariam atendidos os aspectos relacionados à racionalidade do sistema tributário, no âmbito da solução dos conflitos, para efeito de proporcionar maior efetividade da arrecadação tributária, tão necessária à (co)existência estatal. Através de incentivos fiscais, encontram-se dinamizadas diversas iniciativas de empreendimento econômico, restando reforçadas através do emprego da arbitragem, instituto internacionalmente reconhecido como mecanismo de aceleração do crescimento econômico. Tanto no caso da arbitragem tributária, como no caso da arbitragem em incentivos fiscais, estão presentes diversos percalços e desafios institucionais, especialmente legislativos.

Todavia, em face da atualidade do tema dos acordos administrativos, o esforço intelectual da doutrina brasileira, em grande medida responsável pela procedimentalização permanente da transação tributária e pelo incremento da aplicação da arbitragem no âmbito público, representando avanços consideráveis e inquestionáveis à consolidação dos institutos no país, será recompensado com o reconhecimento social de sua importância, na construção de instituições confiáveis e aprimoradas, capazes de garantir o desenvolvimento econômico historicamente esperado e culturalmente merecido pelo povo brasileiro.

REFERÊNCIAS

AMARAL, Guilherme Rizzo. *O controle dos precedentes na arbitragem tributária.* in: *Arbitragem Tributária – Desafios Institucionais Brasileiros e a experiência Portuguesa.* PISCITELLI Tathiane; MASCITTO Andréa; MENDONÇA Priscila Faricelli de (orgs.). São Paulo: Revista dos Tribunais, 2018, p. 285/298.

ARAGÃO, Alexandre Santos de. *A Arbitragem do Direito Administrativo.* Brasília-DF: Revista da AGU, v. 16, n. 03, p.19-58, jul./set. 2017.

BARROSO, Luís Roberto. *O Direito Constitucional e a efetividade de suas normas.* Rio de Janeiro: Renovar, 2002, 6ª edição atualizada.

BASTOS, Celso Ribeiro. *Curso de Direito Financeiro e de Direito Tributário.* São Paulo: Saraiva, 1991.

BRASIL. CONSELHO NACIONAL DE JUSTIÇA-CNJ. *Relatório Justiça em Números 2018: ano-base 2017.* Brasília: CNJ, 2018.

BRASIL. INSTITUTO DE PESQUISA ECONÔMICA APLICADA-IPEA; CONSELHO NACIONAL DE JUSTIÇA-CNJ. *Custo unitário do processo de execução fiscal na Justiça Federal.* Relatório final da pesquisa *Custo unitário do processo execução fiscal da União.* Coord. Alexandre dos Santos Cunha. Pesquisadores: Alexandre dos Santos Cunha, Bernardo Abreu de Medeiros, Elixa Sardão Colares, Luseni Cordeiro de Aquino e Paulo Eduardo Alves da Silva. Brasília: IPEA/CNJ, 2011.

BRASIL. PGFN. *PGFN EM NÚMEROS.* Brasília: PGFN, 2018.

BRASIL. *Demonstrativo dos Gastos Tributários – PLOA.* Brasília: Ministério da Fazenda, 2018.

BRITO, Edvaldo. *Aspectos Jurídicos da Democracia Participativa como uma Revisão do Processo Decisório.* Revista da Faculdade de Direito da UFBa, Salvador: [s.n.], 1996, XXXVI v., nº 50, p. 115-131.

_____. *A atuação do estado no domínio econômico.* In: MARTINS, Ives Gandra (Coord.). *Desafios do Século XXI.* São Paulo: Pioneira, 1997b. p. 261-277.

CASSAGNE, Juan Carlos. *Derecho Administrativo.* 4. ed. amp. Y act. Buenos Aires: Abledo-Renot, 1993. t. I.

DALLARI, Adilson Abreu. *Arbitragem na concessão de serviço público.* Brasília-DF: Revista de Informação Legislativa, n. 128, out./dez., 1995.

DI PIETRO, Maria Sylvia Zanella. *Parcerias na Administração Pública: concessão, permissão, franquia, terceirização e outras formas.* 3. ed. rev. e ampliada. São Paulo: Atlas, 1999.

ESCOBAR, Marcelo Ricardo. *Arbitragem Tributária no Brasil.* Coimbra: Almedina, Coleção Teses, 2017.

ESTORNINHO, Maria João. *A fuga para o direito privado: contributo para o estudo da atividade de direito privado na Administração Pública.* Coimbra – Portugal: Almedina, 1996. (Colecção Teses).

GALANTER, Marc. "Acesso à justiça"em um mundo de capacidade social em expansão. Tradução: João Erberhardt Francisco, Maria Cecília de Araújo Asperti e Susana Henriques da Costa. Revista Brasileira de Sociologia do Direito, Porto Alegre, ABraSD, v. 2, n. 1, p. 37-49, jan./jun., 2015.

GONCALVES, Cláudio Cairo. *O Princípio da Consensualidade no Estado Democrático de Direito – Uma Introdução*, in RDA 232, Rio de Janeiro: Editora Renovar. Abr./Jun. 2003, p. 105/114.

_____. *Contrato Administrativo – Tendências e Exigências Atuais*. Belo Horizonte: Fórum, 2007, v.1.

GORDILLO, Augustín. *Tratado de Derecho Administrativo*. Belo Horizonte-MG: Del Rey, Tomo 2, 5ª edição, 2003.

GRAU, Eros Roberto. *A ordem econômica na Constituição de 1988*. 3. ed. São Paulo: Malheiros, 1997.

_____. *O discurso neoliberal e a teoria da regulação*. In: CAMARGO, Ricardo Antonio Lucas (Org.). *Desenvolvimento econômico e intervenção do Estado na ordem constitucional*. Porto Alegre: S. A. Fabris, 1995b.

JUSTEN FILHO, Marçal. *Administração Pública e Arbitragem: o vínculo com a Câmara de Arbitragem e os Árbitros*. Revista Brasileira de Advocacia – RBA, nº 1, sem. 1/2016, http://bdjur.stj.jus.br/jspui/handle/2011/104671, acesso em 22/09/2018.

MACHETE, Pedro. *Estado de Direito Democrático e Administração Paritária*. Coimbra: Editora Almedina, 2007.

MAROLLA, Eugenia Cristina Cleto. *Arbitragem e os contratos da Administração Pública*. Rio de Janeiro: Lume Juris, 2016.

MASCITTO Andréa. *Requisitos Institucionais para a Arbitragem entre Fisco e Contribuinte no Brasil: Necessidade de Norma Geral*, in: *Arbitragem Tributária – Desafios Institucionais Brasileiros e a experiência Portuguesa*. PISCITELLI Tathiane; MASCITTO Andréa; MENDONÇA Priscila Faricelli de (orgs.). São Paulo: Revista dos Tribunais, 2018, p. 79/86.

MARTINS, Ricardo Marcondes. *Teoria (Neo) Constitucional do Ato Administrativo*, p. 147/168. *In*: DI PIETRO, Maria Sylvia Zanella; MOTTA, Fabrício (orgs.). *O Direito Administrativo nos 30 anos da Constituição*. Belo Horizonte-MG: Editora Fórum, 2018.

MENDONÇA, Priscila Faricelli de. *Conciliação Tributária na Justiça Federal frente à Natureza Indisponível do Crédito Tributário*. In GABBAY e TAKAHASHI (Org). Desenho de sistemas e mecanismos consensuais de solução de conflitos na Justiça Federal. Brasília: Gazeta Jurídica, 2014.

MEDAUAR, Odete. *Direito Administrativo Moderno*. São Paulo: Editora Revista dos Tribunais, 1999, 3ª edição revista e atualizada.

MOREIRA NETO, Diogo de Figueiredo. *Arbitragem nos Contratos Administrativos*. Rio de Janeiro: R. Dir. Adm. 209: 81-90, jul.lset. 1997.

OLIVEIRA, Gustavo Justino de. *Especificidades do processo arbitral envolvendo a Administração Pública*. São Paulo: Enciclopédia Jurídica da PUC-SP, Tomo Direito Administrativo e Constitucional, Edição 1, Abril de 2017, https://enciclopediajuridica.pucsp.br/verbete/49/edicao-1, acesso em 18/05/2018).

_____.*A Arbitragem e as Parcerias Público-Privadas*. Rio de Janeiro: R. Dir. Adm., 241: 241-271, Jul./Set. 2005.

_____. *A insegurança jurídica das empresas e os acordos de leniência na legislação anticorrupção brasileira*. Migalhas. ISSN 1983-392X – 29 de maio de 2017, acesso em 10 de junho de 2018.

OLIVEIRA, Regis Fernandes de. *Curso de Direito Financeiro*. São Paulo: Revista dos Tribunais, 2006.

PEREIRA, Cesar A. Guimarães. *Arbitragem e a Administração Pública na jurisprudência do TCU e do STJ*. http://www.justen.com.br//informativo.php?&informativo=5&artigo=731..., acesso em 05/05/2018.

RODRIGUEZ, Caio Farah. *Lava Jato e o choque de legalidade no país*. Folha de São Paulo: São Paulo-SP. 02 de julho de 2017.

SCHWIND, Rafael Wallbach. *Possibilidade de celebração de acordos, transações e conciliações nas ações de improbidade*. Revista Síntese Direito Administrativo: São Paulo-SP. n. 141, Ano XII, 2017.

SALDANHA, Nelson. *O Poder Constituinte*. São Paulo-SP: Editora Revista dos Tribunais, 1986, Reedição.

SALLES, Carlos Alberto de. *Arbitragem em Contratos Administrativos*. Rio de Janeiro: Forense, 2011.

SILVA, José Afonso da. *Curso de direito constitucional positivo*. 11. ed. rev. São Paulo: Malheiros, 1996.

SOUZA, Washington Peluso Albino de. A experiência brasileira de Constituição Econômica. *Revista de Informação Legislativa*, Brasília, ano 26, n. 102, abr./jun. 1989.

TOJAL, Sebastião Botto de Barros; TAMASAUSKAS, Igor Sant'anna. *A leniência anticorrupção: Primeiras aplicações, suas dificuldades e alguns horizontes paro instituto*. In: Maria Thereza de Assis Moura; Pierpaolo Cruz Bottini. (Org.). Colaboração Premiada. 1ed.São Paulo: Thomson Reuters – Revista dos Tribunais, 2017, v. 1, p. 237-254.

TORRES, Ricardo Lobo. *Curso de Direito Financeiro e Tributário*. 14. ed. Rio de Janeiro: Renovar, 2001.

17. Concertação Urbanística: Propostas para a Resolução de Conflitos no Âmbito do Conjunto Residencial Graciosa (Município de Pinhais-PR)

MARCELA ROZA LEONARDO ZEN IMBELLONI

INTRODUÇÃO

O Estado em rede compõe a nova forma de organização do Estado e da Administração Pública. Essa organização, fundamenta-se, dentre outras características atribuídas por Oliveira e Schwanka[1], na "descentralização, (...) cooperação, gestão integrada e compartilhada entre órgãos e entidades administrativas" e caracteriza a contemporânea forma de administrar do século XXI.

De modo complementar, emerge a Governança pública, onde os vínculos são criados baseados em um processo de negociação, cooperação e confiança firmados entre os cidadãos, administração pública, entidades privadas e organizações do terceiro setor[2].

---

[1] OLIVEIRA, Gustavo Justino de; SCHWANKA, Cristiane. A Administração Consensual como a nova face da Administração Pública no Séc. XXI: fundamentos dogmáticos, formas de expressão e instrumentos de ação. **Revista da Faculdade de Direito da Universidade de São Paulo**, São Paulo, v. 104, p. 303-322, jan./dez. 2009. p. 307.

[2] OLIVEIRA, Gustavo Justino de; SCHWANKA, Cristiane. A Administração Consensual como a nova face da Administração Pública no Séc. XXI: fundamentos dogmáticos, formas de

Disso tudo, decorre um modelo pautado na Administração consensual, que visa a resolução de conflitos de interesses públicos e privados e inclui os cidadãos na tomada de decisões[3]. Como expressão desta Administração, destaca-se a concertação administrativa, que surge para resolver conflitos baseados em "instrumentos como os acordos administrativos"[4].

Objetivando demonstrar essa inovadora forma de administrar, se inicia o presente trabalho, tendo por base a obra do Prof. Gustavo Justino de Oliveira e Cristiane Schwanka[5].

Neste viés reformador, emerge a concertação urbanística que se caracteriza pela consensualidade na atividade de organização do espaço urbano, em que o Poder Público deixa de impor a sua vontade e passa a tomar decisões em conjunto com os diversos setores da sociedade[6].

Este trabalho pretende demonstrar de que forma a concertação urbanística e instrumentos como o acordo administrativo podem ser utilizados para resolver o conflito instaurado há mais de 30 anos no loteamento Conjunto Residencial Graciosa (Município de Pinhais-Pr).

1. Transformação do Estado e da Administração Pública no século XXI

O Estado social e democrático, passa por transformações estruturais neste século XXI. Referidas transformações implicam em modificações na Administração Pública que deixa a função central de execução, para

---

expressão e instrumentos de ação. **Revista da Faculdade de Direito da Universidade de São Paulo**, São Paulo, v. 104, p. 303-322, jan./dez. 2009. p. 309-310.

[3] OLIVEIRA, Gustavo Justino de; SCHWANKA, Cristiane. A Administração Consensual como a nova face da Administração Pública no Séc. XXI: fundamentos dogmáticos, formas de expressão e instrumentos de ação. **Revista da Faculdade de Direito da Universidade de São Paulo**, São Paulo, v. 104, p. 303-322, jan./dez. 2009. p. 309-311.

[4] OLIVEIRA, Gustavo Justino de; SCHWANKA, Cristiane. A Administração Consensual como a nova face da Administração Pública no Séc. XXI: fundamentos dogmáticos, formas de expressão e instrumentos de ação. **Revista da Faculdade de Direito da Universidade de São Paulo**, São Paulo, v. 104, p. 303-322, jan./dez. 2009. p. 305.

[5] OLIVEIRA, Gustavo Justino de; SCHWANKA, Cristiane. A Administração Consensual como a nova face da Administração Pública no Séc. XXI: fundamentos dogmáticos, formas de expressão e instrumentos de ação. **Revista da Faculdade de Direito da Universidade de São Paulo**, São Paulo, v. 104, p. 303-322, jan./dez. 2009.

[6] LEVIN, Alexandre. Concessões Urbanísticas. **Enciclopédia Jurídica da PUCSP, tomo II: direito administrativo e constitucional**, São Paulo, 1.ed. abr. 2017. p. 03.

assumir a regulação de tais atividades, visando conformá-las em obrigações típicas do Direito Administrativo[7].

Diversas são as teorias que buscam explicar o papel do Estado neste atual cenário, entretanto, assim como destacam Oliveira e Schwanka[8], o pensamento de Norberto Bobbio é essencial para iniciar essa análise ao afirmar que "o Estado de hoje está muito mais propenso a exercer uma função de mediador e de garante, mais do que a de detentor do poder de império[9]".

As incumbências de um Estado mediador, nas palavras de Gustavo Justino de Oliveira e Cristiane Schwanka:

> Passam a conferir eficácia aos canais de participação e interlocução com os indivíduos e grupos sociais, mas com eles interagir, instituindo vínculos robustos e duradouros. Além disso, cumpre destacar que a principal tarefa da Administração mediadora passa a ser a de compor conflitos envolvendo interesses estatais e interesses privados, definitivamente incluindo os cidadões no processo de determinação do interesse público, o qual deixa de ser visto como um monopólio estatal. Estes aspectos estão inseridos em um contexto de Estado em rede e de Governança Pública, manifestado em fenômenos como a concertação administrativa e a contratualização administrativa, e exercido por meio de instrumentos como os acordos administrativos, a conciliação e a transação administrativa[10].

A utilização destes instrumentos passam a ser essenciais para a celeridade e eficácia na resolução de conflitos que se arrastam por anos sem

---

[7] BITENCOURT NETO, Eurico. Transformações do Estado e a Administração Pública no século XXI. **Revista de Investigações Constitucionais**, Curitiba, vol. 4, n.1, p. 207-225, jan./abr. 2017. p. 208-209.
[8] OLIVEIRA, Gustavo Justino de; SCHWANKA, Cristiane. A Administração Consensual como a nova face da Administração Pública no Séc. XXI: fundamentos dogmáticos, formas de expressão e instrumentos de ação. **Revista da Faculdade de Direito da Universidade de São Paulo**, São Paulo, v. 104, p. 303-322, jan./dez. 2009. p. 304.
[9] BOBBIO, Norberto. **Estado, governo e sociedade**. 4.ed. Rio de Janeiro: Paz e Terra, 1987. p. 26.
[10] Apud OLIVEIRA, Gustavo Justino de; SCHWANKA, Cristiane. A Administração Consensual como a nova face da Administração Pública no Séc. XXI: fundamentos dogmáticos, formas de expressão e instrumentos de ação. **Revista da Faculdade de Direito da Universidade de São Paulo**, São Paulo, v. 104, p. 303-322, jan./dez. 2009. p. 305.

qualquer definição e abarrotam o Poder Judiciário com demandas que poderiam ser resolvidas com a mediação.

Adiante será demonstrado de que forma a concertação e os acordos administrativos podem ser utilizados para composição de conflitos entre interesses estatais e privados.

1.1 Estado em rede e a governança pública

O conceito de *"Estado em rede"*, concebido por Manuell Castells, surge a partir das inúmeras tranformações ocorridas, principalmente nos anos finais de 1960 e começo de 1970, que vão caracterizar a *"Era da Informação"*[11].

As redes funcionam como estrutura de decisões estatais, e, conforme ensina Eurico Bittencourt Neto, "significam a interação de organizações, públicas e privadas, fazendo com que as características do mercado, de organização hierárquica ou de modelos colaborativos se combinem[12]".

No que se refere às redes administrativas, o mesmo autor explica que:

> (...) estas se formam pela conexão de diferentes unidades, para permutar informações ou compartilhar recursos, tendo como base o procedimento administrativo. Também as redes público-privadas têm ganhado destaque, tanto no que concerne às relações com entidades privadas sem fins lucrativos, na prestação de serviços públicos, quanto no que se refere à entidades que atuam no mercado[13].

No sentido de complementar o Estado em rede, surge a Governança pública, com a finalidade principal, nas palavras de Gustavo Justino de Oliveira e Cristiane Schwanka "de alcançar a estabilidade das insti-

---

[11] Apud OLIVEIRA, Gustavo Justino de; SCHWANKA, Cristiane. A Administração Consensual como a nova face da Administração Pública no Séc. XXI: fundamentos dogmáticos, formas de expressão e instrumentos de ação. **Revista da Faculdade de Direito da Universidade de São Paulo**, São Paulo, v. 104, p. 303-322, jan./dez. 2009. p. 306.

[12] BITENCOURT NETO, Eurico. Transformações do Estado e a Administração Pública no século XXI. **Revista de Investigações Constitucionais**, Curitiba, vol. 4, n.1, p. 207-225, jan./abr. 2017. p. 216.

[13] BITENCOURT NETO, Eurico. Transformações do Estado e a Administração Pública no século XXI. **Revista de Investigações Constitucionais**, Curitiba, vol. 4, n.1, p. 207-225, jan./abr. 2017. p. 216.

tuições políticas e sociais por meio do fortalecimento do Estado de Direito e do fortalecimento da sociedade civil, mediante o fomento de uma participação e um pluralismo de dimensões múltiplas"[14].

E, continua Gustavo Justino de Oliveira:

> Vínculos são criados mediante prévio e necessário processo de negociação, em que são discutidas as bases sobre as quais serão firmados acordos e contratos. O conteúdo desses ajustes será objeto do entendimento, do consenso entre as partes; será o resultado das concessões e dos intercâmbios realizados no transcurso do processo de negociação que antecedeu ao compromisso[15].

Sob a ótica da ciência política, a Governança pública está associada a uma mudança na gestão política. Ao novo modelo somam-se a negociação, a comunicação e a confiança. Assim, explica Leo Kissler e Francisco Heidemann:

> Aqui a governança é entendida como uma alternativa para a gestão baseada na hierarquia. Em relação à esfera local, ela significa que as cidades fortalecem cada vez mais a cooperação com os cidadãos, as empresas e as entidades sem fins lucrativos na condução de suas ações. A cooperação engloba tanto o trabalho conjunto de atores públicos, comunitários e privados, quanto também novas formas de transferência de serviços para grupos privados e comunitários. A governança local, como configuração regional da governança pública, é, assim, uma forma autônoma (*self-organizing*) de coordenação e cooperação, por meio de redes interorganizacionais, que podem ser formadas por representantes de organizações políticas e administrativas, associações, empresas e sociedades civis, com ou sem a participação estatal[16].

---

[14] OLIVEIRA, Gustavo Justino de; SCHWANKA, Cristiane. A Administração Consensual como a nova face da Administração Pública no Séc. XXI: fundamentos dogmáticos, formas de expressão e instrumentos de ação. **Revista da Faculdade de Direito da Universidade de São Paulo**, São Paulo, v. 104, p. 303-322, jan./dez. 2009. p. 308.

[15] OLIVEIRA, Gustavo Justino. **Contrato de Gestão**. São Paulo: Revista dos Tribunais, 2008. p. 27-28.

[16] KISSLER, Leo; HEIDEMANN, Francisco. Governança pública: novo modelo regulatório para as relações entre Estado, mercado e sociedade? *Revista de Administração Pública, Rio de Janeiro, v.40, n.3, mai./jun. 2006. Disponível em: http://dx.doi.org/10.1590/S0034-76122006000300008. Acesso em setembro de 2018.*

Com base nestes fundamentos, a Administração Consensual é que melhor se harmoniza com os novos desafios decorrentes da transformação do Estado e da Administração pública no século XXI.

1.2 Administração consensual

A administração consensual pode ser definida como a aplicação de técnicas negociais desenvolvidas por órgãos e entidades da administração pública. Estas podem ser aplicadas com a participação exclusiva destes órgãos e entidades, ou ainda abranger a participação da iniciativa privada e de organizações do terceiro setor[17].

Esta administração valoriza a gestão baseada no "acordo, na negociação, na cooperação, na colaboração, na conciliação e na transação", conforme explica Gustavo Justino de Oliveira e Cristiane Schwanka[18].

Diogo de Figueiredo Moreira Neto assevera que "pela consensualidade, o Poder Público vai além de estimular a prática de condutas privadas de interesse público, passando a estimular a criação de soluções privadas de interesse público, concorrendo para enriquecer seus modos e formas de atendimento[19]".

Continua o mesmo autor:

> É inegável que o consenso como forma alternativa de ação estatal, (...) contribui para aprimorar a governabilidade (eficiência), propicia mais freios contra os abusos (legalidade), garante a atenção de todos os interesses (justiça), proporciona decisão mais sábia e prudente (legitimidade), evitam os desvios morais (licitude), desenvolve a respon-

---

[17] OLIVEIRA, Gustavo Justino de; SCHWANKA, Cristiane. A Administração Consensual como a nova face da Administração Pública no Séc. XXI: fundamentos dogmáticos, formas de expressão e instrumentos de ação. **Revista da Faculdade de Direito da Universidade de São Paulo**, São Paulo, v. 104, p. 303-322, jan./dez. 2009. p. 309.

[18] OLIVEIRA, Gustavo Justino de; SCHWANKA, Cristiane. A Administração Consensual como a nova face da Administração Pública no Séc. XXI: fundamentos dogmáticos, formas de expressão e instrumentos de ação. **Revista da Faculdade de Direito da Universidade de São Paulo**, São Paulo, v. 104, p. 303-322, jan./dez. 2009. p. 310.

[19] MOREIRA NETO, Diogo de Figueiredo. Novos institutos consensuais da ação administrativa. **Revista de Direito Administrativo**. Rio de Janeiro, v. 231, p. 129-156, jan./mar. 2003. p. 156.

sabilidade das pessoas (civismo) e torna os comandos estatais mais aceitáveis e facilmente obedecidos (ordem)[20].

Nesta mesma toada, Odete Medauar destaca ao tratar de consensualismo que:

A Administração volta-se para a coletividade, passando a conhecer melhor os problemas e as aspirações da sociedade. A Administração passa a ter atividade de mediação para dirimir e compor conflitos de interesses entre várias partes ou entre estas e a Administração. Daí decorre um novo modo de agir, não mais centrado sobre o ato como instrumento exclusivo de definição e atendimento do interesse público, mas como atividade aberta à colaboração dos indivíduos. Passa a ter relevo o momento do consenso e da participação[21].

Destarte, a Administração consensual é o modo de atuação do Estado em rede e uma das formas de expressão desta administração é a concertação administrativa, que servirá de base para as proposições deste trabalho.

2. Concertação Administrativa

Como formas de expressão da Administração consensual, destacam-se a concertação administrativa e a contratualização administrativa[22].

Por questões metodológicas, abordaremos neste trabalho apenas a concertação administrativa.

De acordo com García de Enterría, citado por Gustavo Justino de Oliveira e Cristiane Schwanka, concertação administrativa é um fenômeno "em que a Administração renunciaria ao emprego de seus

---

[20] MOREIRA NETO, Diogo de Figueiredo. Novos institutos consensuais da ação administrativa. **Revista de Direito Administrativo.** Rio de Janeiro, v. 231, p. 129-156, jan./mar. 2003. p. 145.

[21] MEDAUAR, Odete. **O direito administrativo em evolução.** 2.ed. São Paulo: Revista dos Tribunais, 2003. p. 211.

[22] OLIVEIRA, Gustavo Justino de; SCHWANKA, Cristiane. A Administração Consensual como a nova face da Administração Pública no Séc. XXI: fundamentos dogmáticos, formas de expressão e instrumentos de ação. **Revista da Faculdade de Direito da Universidade de São Paulo**, São Paulo, v. 104, p. 303-322, jan./dez. 2009. p. 314.

poderes com base na imperatividade e unilateralidade, aceitando realizar acordos com os particulares destinatários da aplicação concreta desses poderes, ganhando assim uma colaboração ativa dos administrados...[23]".

O concerto pode ser entendido como um acordo entre duas ou mais partes e a concertação remete a um processo decisório do Estado de Direito, num cenário de conflitos de interesses. A administração concertada, entende Eurico Bitencourt Neto, "tende a se procedimentalizar, no âmbito das vinculações jurídico-constitucionais da função administrativa, a fim de que os processos de negociação e busca de consensos sociais se desenvolvam sob o pálio da transparência, da igualdade, da imparcialidade e das demais imposições da juridicidade[24]".

De acordo com o Gustavo Justino de Oliveira:

> Na concertação não há uma relação de subordinação entre a Administração e as entidades parceiras, pois subjacente a ela reside um processo de negociação para a composição de eventuais dissensos entre as partes, aspecto que pressupõe o reconhecimento da autonomia dos parceiros envolvidos. Daí empregar-se comumente a locução Administração paritária para caracterizar essa forma de administrar, fundada em módulos negociais[25].

A concertação valoriza a Administração contratual, incluindo os diversos tipos de acordos[26].

Insta ressaltar que a concertação administrativa, portanto, está pautada em acordos administrativos firmados entre a administração pública

---

[23] FERNÁNDEZ, Tomás-Ramón; GARCÍA DE ENTERRÍA, Eduardo. **Curso de derecho administrativo**. 9. ed., v. 1., Madrid: Editorial Civitas, 1999. p. 661 apud OLIVEIRA, Gustavo Justino de; SCHWANKA, Cristiane. A Administração Consensual como a nova face da Administração Pública no Séc. XXI: fundamentos dogmáticos, formas de expressão e instrumentos de ação. **Revista da Faculdade de Direito da Universidade de São Paulo**, São Paulo, v. 104, p. 303-322, jan./dez. 2009. p. 314.

[24] BITENCOURT NETO, Eurico. **Concertação Administrativa Interorgânica**: direito administrativo e organização no século XXI, [s.l.]: Almedina, 2017. p. 191-193.

[25] OLIVEIRA, Gustavo Justino. **Contrato de Gestão**. São Paulo: Revista dos Tribunais, 2008. p. 37.

[26] BITENCOURT NETO, Eurico. **Concertação Administrativa Interorgânica**: direito administrativo e organização no século XXI, [s.l.]: Almedina, 2017. p. 193.

e particulares, objetivando composição de conflitos de interesses e remetendo a um processo decisório próprio do Estado.

Feitas estas considerações gerais, necessário se faz tecer alguns apontamentos acerca da concertação urbanística, matéria de grande relevância para desenvolvimento deste trabalho.

O urbanismo concertado é um método urbanístico que se caracteriza pela consensualidade na organização do espaço urbano. Na execução de sua função urbanística, explica Alexandre Levin, "o Poder Público deixa de impor a sua vontade à sociedade e passa a tomar decisões em conjunto com os diversos setores representativos da sociedade. A imperatividade estatal dá lugar à concertação de interesses públicos e privados[27]".

A Lei Federal 10.257/2001 – Estatuto da Cidade, em seu art. 2º, inciso II, incorpora as diretrizes do urbanismo concertado, ao prever como um dos princípios do direito urbanístico a cooperação entre os governos, a iniciativa privada e os demais setores da sociedade no processo de urbanização, em atendimento ao interesse social.

Entretanto, pode-se dizer que o grande marco da concertação urbanística está previsto na Lei Federal 13.465/2017, que dispõe acerca da regularização fundiária rural e urbana no Brasil.

Em seu art. 10, mencionada Lei elenca os objetivos da regularização fundiária urbana – Reurb, a serem observados pela União, Estados, Distrito Federal e Municípios e em seu inciso V, estabelece o dever de estimular à resolução extrajudicial de conflitos, em reforço à consensualidade e à cooperação entre Estado e sociedade.

Outrossim, referida Lei previu a possibilidade de os Municípios criarem câmaras de prevenção e resolução administrativa de conflitos, no âmbito da administração local, inclusive mediante celebração de ajustes com os Tribunais de Justiça estaduais, as quais deterão competência para dirimir conflitos relacionados à Reurb, mediante solução consensual (art. 34).

Assim sendo, o norte, para a regularização fundiária, nas palavras de Vicente Amadei, Alberto Pedroso e Ralpho Monteiro Filho, "é agregar forças de entes públicos, sociais, políticos e empresariais, bem como o empenho de assistentes sociais, engenheiros, urbanistas e profissionais

---

[27] LEVIN, Alexandre. Concessões Urbanísticas. **Enciclopédia Jurídica da PUCSP, tomo II: direito administrativo e constitucional**, São Paulo, 1.ed. abr. 2017. p. 03.

do direito, para a regularização fundiária de comum acordo, sem necessidade de intervenção judicial, facilitando e agilizando, o processo[28]".

Com base no princípio de fomento à consensualidade, à cooperação e à solução extrajudicial, explicam os mesmos autores que:

> Procura-se evitar, ao máximo, os conflitos de interesses, quer no núcleo do assentamento informal, quer com o proprietário e titulares de outros direitos reais da área em regularização, quer com seus vizinhos, quer entre entes e órgãos públicos, buscando, inclusive, caso apareça alguma desavença, abrir canais extrajudiciais de composição amigável, tal como no âmbito da administração municipal, (...).
>
> Ademais, desse princípio também se colhe a extrajudicialização dos processos de regularização fundiária, significando que ela, a princípio, deve se operar por inteiro fora do poder judiciário, sem necessidade de prestação jurisdicional ou de decisões administrativo-judiciais de juízes corregedores (...)[29].

Assim sendo, a concertação de interesses se traduz na colaboração entre todas as pessoas de direito público, de modo consensual, para a elaboração e formação de um plano urbanístico[30].

Alexandre Levin, em brilhante explanação, explica ainda que:

> A consensualidade no exercício da função urbanística deve corresponder à participação de todos os setores da sociedade naquilo que envolve a matéria urbanística, sob a direção do Poder Público. (...)
>
> Aliás, a participação dos administrados – destinatários das decisões a serem tomadas pela Administração Pública – é uma das premissas da administração consensual ou concertada. (...)

---

[28] AMADEI, Vicente de Abreu; PEDROSO, Alberto Gentil de Almeida; MONTEIRO FILHO, Ralpho Waldo de Barros. **Primeiras impressões sobre a Lei nº 13.465/2017**. São Paulo: Associação dos Registrados Imobiliários de São Paulo-ARISP, p. 30. Disponível em http://www.arisp.com.br/lei_n13465_2017.pdf Acesso em 18 de setembro de 2018.

[29] AMADEI, Vicente de Abreu; PEDROSO, Alberto Gentil de Almeida; MONTEIRO FILHO, Ralpho Waldo de Barros. **Primeiras impressões sobre a Lei nº 13.465/2017**. São Paulo: Associação dos Registrados Imobiliários de São Paulo-ARISP, p. 30. Disponível em http://www.arisp.com.br/lei_n13465_2017.pdf Acesso em 18 de setembro de 2018.

[30] BARBOSA, Olavo Sachetim. Contratos urbanísticos no direito português: A análise da aplicação do princípio da concorrência consagrado na Diretiva da União Europeia 2014/24/UE aos contratos de execução e aos contratos para planeamento. **Revista Digital de Direito Administrativo**, São Paulo, vol. 5, n. 2, p. 364-391, 2018. p. 369.

Em conclusão: as ações em matéria urbanística devem ser coordenadas pelo Poder Público, ainda que contem com a participação da iniciativa privada. Para tanto, é imprescindível a autuação dos órgãos técnicos especializados da Administração para orientar o processo decisório que definirá os rumos da operação[31].

Ainda de acordo com mesmo autor:

A Constituição Federal e o Estatuto da Cidade determinam que o Estado seja o condutor do processo de ordenamento do espaço urbano, a garantir a supremacia do interesse público sobre o particular e a aplicação dos princípios que devem reger a função urbanística, não obstante seja possível realizar esse processo por meio de concertação com iniciativa privada.
O controle da atividade urbanística pelo Poder Público, ainda que não exercido diretamente, visa evitar que os instrumentos de direito urbano sejam manipulados por grupos cujos interesses não coincidam com o interesse coletivo. A utilização indevida dessas técnicas pode resultar na degradação do meio ambiente urbano, especialmente em decorrência da aplicação descontrolada de instrumentos que pressupõem o aumento dos índices construtivos das áreas sujeitas às intervenções[32].

Para Alexandre Levin, a concertação urbanística deve ocorrer com a condução do poder público no processo de ordenamento territorial, conforme dispõe o art. 30, VIII e art. 182 da Constituição Federal, bem como a Lei Federal 10.257/2001 – Estatuto da Cidade, e, mais recentemente a Lei Federal 13.465/2017, com o intuito precípuo de evitar a manipulação de grupos que não levam em consideração os interesses da coletividade, especialmente no que tange ao meio ambiente.

---

[31] LEVIN, Alexandre. **Operação urbana consorciada**: concertação público-privada para a justa distribuição dos benefícios decorrentes da atividade urbanística. São Paulo, 2014. 234 f. Tese (Doutorado). Pós-Graduação em Direito, Pontifícia Universidade Católica de São Paulo. p. 69-71.

[32] LEVIN, Alexandre. **Operação urbana consorciada**: concertação público-privada para a justa distribuição dos benefícios decorrentes da atividade urbanística. São Paulo, 2014. 234 f. Tese (Doutorado). Pós-Graduação em Direito, Pontifícia Universidade Católica de São Paulo. p. 72.

Uma das técnicas ou método negocial a ser utilizado na concertação administrativa e na concertação urbanística é o acordo administrativo, que constitui o instrumento de ação da Administração consensual. Neste sentido, explica Gustavo Justino de Oliveira:

> o acordo administrativo visa disciplinar (i) relações entre órgãos e entidades administrativas e (ii) relações entre a Administração Pública e os particulares, empresas e organizações da sociedade civil, cujo objeto é o desenvolvimento programado de uma atividade administrativa sob um regime de cooperação ou de colaboração entre os envolvidos (bilateralidade ou multilateralidade), a partir de bases previamente negociadas, podendo o ordenamento jurídico conferir efeitos vinculantes aos compromissos eventualmente firmados[33].

Ernesto Sticchi Damiani citado por Gustavo Justino de Oliveira e Cristiane Schwanka, ao tratar do acordo sustenta que:

> ... antes de ser uma categoria jurídica o acordo é uma categoria lógica, dado que tal categoria juridiciza-se em *species* distintas, (...) nos acordos administrativos, está em evidência o interesse público, sendo juridicamente indiferente o aspecto da patrimonialidade. (...) O acordo publicístico não mais é encarado como espécie do gênero contratual, mas o contrato é visto como espécie positivada, de conteúdo patrimonial, do gênero acordo (categoria lógica geral), diversa de outra espécie positivada, qual seja, a dos acordos administrativos[34].

Complementando, Ernesto Sticchi Damiani propõe um quadro sistemático do qual faria parte:

> (i) a noção lógica de acordo, entendida como "expressão do consenso de vários sujeitos em torno de um determinado objeto" (ii) a noção

---

[33] OLIVEIRA, Gustavo Justino. **Contrato de Gestão**. São Paulo: Revista dos Tribunais, 2008. p. 252.
[34] DAMIANI, Ernesto Sticchi. **Attività amministrativa consensuale e accordi di programma**. Milano: Giuffrè, 1992. p. 112-113 apud OLIVEIRA, Gustavo Justino de; SCHWANKA, Cristiane. A Administração Consensual como a nova face da Administração Pública no Séc. XXI: fundamentos dogmáticos, formas de expressão e instrumentos de ação. **Revista da Faculdade de Direito da Universidade de São Paulo**, São Paulo, v. 104, p. 303-322, jan./dez. 2009. p. 317.

lógico-jurídica de acordo, por meio da qual "ao consenso formado uma norma jurídica reconhece efeito vinculante" (iii) a noção de contrato, compreendido como "acordo cujo objeto são relações patrimoniais", e finalmente (iv) a noção de acordo administrativo, "ato bilateral por meio do qual a Administração pública atua, exercendo poderes não negociais, tendo por objeto relações de direito público[35]".

Gustavo Justino de Oliveira assevera ainda que "os acordos administrativos como instrumentos de ação pública disciplinados por lei remontam ao menos ao Decreto-lei 200/67, (...). De lá para cá, (...) foram surgindo diversos outros tipos de acordos administrativos, nominados e inominados, geradores de direitos, deveres e obrigações entre órgãos e entes públicos entre si, ou entre estes e os particulares"[36].

No sistema legislativo nacional, há diversas regras que privilegiam a utilização dos acordos administrativos, dentre elas destacam-se[37]:

(i) O compromisso de ajustamento de conduta, previsto no §6º do art. 5º da Lei Federal nº 7.347/85 (Ação Civil Pública);

(ii) Acordos no âmbito da execução dos contratos administrativos, nos termos da Lei Federal nº 8.666/93, 8.987/95, 11.079/04, 11.107/05;

(iii) Acordos diversos no âmbito do CADE, nos termos da Lei Federal nº 12.529/11;

---

[35] DAMIANI, Ernesto Sticchi. **Attività amministrativa consensuale e accordi di programma**. Milano: Giuffrè, 1992. p. 112-124 apud OLIVEIRA, Gustavo Justino de; SCHWANKA, Cristiane. A Administração Consensual como a nova face da Administração Pública no Séc. XXI: fundamentos dogmáticos, formas de expressão e instrumentos de ação. **Revista da Faculdade de Direito da Universidade de São Paulo,** São Paulo, v. 104, p. 303-322, jan./dez. 2009. p. 317-318.

[36] OLIVEIRA, Gustavo Justino. Convênio é acordo, mas não é contrato: contributo de Hely Lopes Meirelles para a evolução dos acordos administrativos no Brasil. In: WALD, Arnoldo; JUSTEN FILHO, Marçal; PEREIRA, Cesar Augusto Guimarães (Org). **Direito Administrativo na atualidade:** Estudos em homenagem ao centenário de Hely Lopes Meirelles (1917-2017) Defensor do Estado de Direito. São Paulo: Malheiros, 2017. p. 523.

[37] OLIVEIRA, Gustavo Justino de; SCHWANKA, Cristiane. A Administração Consensual como a nova face da Administração Pública no Séc. XXI: fundamentos dogmáticos, formas de expressão e instrumentos de ação. **Revista da Faculdade de Direito da Universidade de São Paulo,** São Paulo, v. 104, p. 303-322, jan./dez. 2009. p. 318.

(iv) Estímulo à solução consensual de conflitos, conforme §3º do art. 3º e art. 174 da Lei Federal nº 13.105/15- Novo Código de Processo Civil;
(v) Lei de mediação entre particulares e autocomposição de conflitos no âmbito da administração pública, nos termos da Lei Federal nº 13.140/2015;
(vi) Lei de regularização fundiária, nos termos da Lei Federal 13.465/2017;
(vii) Lei Introdução as Normas do Direito Brasileiro que incluiu, por meio da Lei Federal nº 13.655/2018, a possibilidade da administração firmar compromisso com particulares, com intuito de eliminar irregularidade, incerteza jurídica ou situação contenciosa na aplicação do direito público, conforme art. 26 e ss.

Demonstrada a importância e o arcabouço doutrinário e legal dos meios consensuais para a resolução de conflitos, cumpre analisar adiante o estudo de caso proposto no presente trabalho e de que forma a concertação urbanística pode ser utilizada para resolver o conflito que perdura há mais de 30 anos.

3. Loteamento Conjunto Residencial Graciosa

3.1 Histórico

O loteamento Conjunto Residencial Graciosa está localizado no Município de Pinhais – PR, cidade integrante da Região Metropolitana de Curitiba.

Com área de 1.287.688,00m², integra a bacia do Rio do Meio, afluente do Rio Iraí que forma o Rio Iguaçu, cujas águas servem para o abastecimento público de Curitiba e Região Metropolitana.

O loteamento é composto de capões de araucárias, vegetação nativa, lagos, nascentes e cursos d'água, além de várias espécies raras da flora e fauna[38].

---

[38] MUNICÍPIO DE PINHAIS (Org). **Conjunto Residencial Graciosa**. Pinhais-PR, 2011. p. 01-14. p.02

Quando da sua aprovação em 02 de setembro de 1965, o projeto previu 2.142 lotes, sendo a maioria com 408,00m² – alta densidade populacional – e traçados que não respeitaram as áreas de preservação permanente, os maciços florestais, as nascentes e cursos d'água ali existentes[39].

Após a aprovação do loteamento, iniciaram a venda dos lotes a particulares e ao todo foram comercializados cerca de 1.277 lotes, no decorrer das décadas de 1970 e 1980.

Entretanto, com o intuito de proteger as áreas mananciais da bacia do Alto Iguaçu, o Estado do Paraná, em 1980, passou a restringir o direito de uso dos lotes localizados no Conjunto Residencial Graciosa, mediante a edição do Decreto Estadual nº 2964/80, que declarou de interesse e de proteção especial as áreas da bacia do Alto Iguaçu que compõe os mananciais e recursos hídricos da Região Metropolitana de Curitiba.

Objetivando adequar seu zoneamento, o então Município de Piraquara (anteriormente à emancipação de Pinhais que ocorreu em 1992) editou a Lei Municipal nº 12/1980, estabelecendo como densidade média uma habitação/ha, tendo seus usos regulados pela Lei Municipal nº 62/1982 (que dispôs sobre o zoneamento na Zona de Preservação Urbana)[40].

Diante da legislação estadual e da adequação que o Município teve que fazer em seu zoneamento, ficou estabelecido como densidade para a região uma habitação para cada 10.000m². Assim, os lotes inicialmente aprovados com 408,00m², não mais se conformavam com a legislação urbanística e ambiental ora proposta.

Ainda durante a década de 1980, houve esforços conjuntos entre a Companhia de Saneamento do Paraná – Sanepar, a Companhia de Habitação do Paraná – Cohapar o então Município de Piraquara, no intuito de transferir a propriedade de lotes particulares para o poder público, sendo efetivadas permutas entre os entes públicos e alguns proprietários particulares. No ano de 1999 o Decreto Municipal nº 272/1999 declarou de utilidade pública, para fins de desapropriação pela Companhia

---

[39] MUNICÍPIO DE PINHAIS (Org). **Conjunto Residencial Graciosa**. Pinhais-PR, 2011. p. 01-14. p. 03.
[40] MUNICÍPIO DE PINHAIS (Org). **Conjunto Residencial Graciosa**. Pinhais-PR, 2011. p. 01-14. p. 08.

de Saneamento do Paraná – Sanepar, 163 lotes, destinando-os à proteção ambiental da Barragem do Rio Iraí. Entretanto, a maioria dos lotes continuou de propriedade dos particulares[41].

Em 1992, antes da emancipação de Pinhais, a Lei Municipal nº 105 do Município de Piraquara criou o programa especial de preservação das áreas de mananciais de abastecimento público de água, concedendo isenção de impostos, taxas e serviços incidentes sobre os imóveis ali especificados, tendo em vista que os lotes não poderiam ser ocupados pelos proprietários.

No final de 1992, o Estado do Paraná editou o Decreto Estadual 1.963/1992, e declarou esta e outras áreas de utilidade pública para fins de desapropriação, com intuito de proteger os mananciais do Alto Iguaçu. Entretanto, referida desapropriação nunca foi efetivada pelo Governo do Paraná[42]. Neste período, iniciaram as primeiras ocupações irregulares na região.

O Decreto Municipal nº 134/1994 já do Município de Pinhais, alterado pela Lei Municipal nº 361/99, criou a Área de Proteção Ambiental Municipal do Iraí, com o objetivo de assegurar a proteção dos ecossistemas da Floresta Ombrófila Mista Montana, campos de inundações, matas ciliares, campos naturais e capões de araucária, onde se encontravam os últimos remanescentes da biota regional e espécies raras e ameaçadas de extinção, além de controlar o uso do solo e estabelecer critérios de ocupação da área[43].

Em 1996, com a edição do Decreto Estadual nº 1.753, foi instituída a Área de Proteção Ambiental na área de manancial da bacia hidrográfica do Rio Iraí – APA Estadual do Iraí – com o objetivo de proteger e conservar a qualidade ambiental e os sistemas naturais ali existentes, em especial a qualidade e quantidade da água para fins de abastecimento público. Este Decreto foi alterado pelos Decretos Estaduais 2.200/2000, 11.660/2014 e 9.920/2018.

---

[41] MUNICÍPIO DE PINHAIS (Org). **Conjunto Residencial Graciosa**. Pinhais-PR, 2011. p. 01-14. p. 09.
[42] MUNICÍPIO DE PINHAIS (Org). **Conjunto Residencial Graciosa**. Pinhais-PR, 2011. p. 01-14. p. 08.
[43] MUNICÍPIO DE PINHAIS (Org). **Conjunto Residencial Graciosa**. Pinhais-PR, 2011. p. 01-14. p. 08.

Consumou-se, ainda mais, o interesse público na preservação da área com a edição da Lei Estadual nº 12.248/1998, que criou o sistema integrado de gestão e proteção aos mananciais da Região Metropolitana de Curitiba. Esta Lei foi regulamentada pelo Decreto Estadual nº 808/1999, alterado pelos Decretos Estaduais 4.466/2001 e 9.189/2010, que tratam da Unidade Territorial de Planejamento de Pinhais, e o Decreto Estadual nº 3.411/2008 que dispõe sobre a delimitação das Áreas de Interesse de Mananciais de Abastecimento Público para a Região Metropolitana de Curitiba[44].

No intuito de adequar a legislação municipal às disposições da Lei Estadual nº 12.248/98, o Município de Pinhais editou a Lei nº 346/1999, dispondo sobre o Zoneamento da Unidade Territorial de Planejamento – UTP de Pinhais. Atualmente, a Lei Municipal nº 1233/2011, que dispõe sobre o Zoneamento, o Uso e a Ocupação do Solo Urbano do Município de Pinhais, absorveu integralmente o disposto na legislação estadual[45].

Assim, como não foi possível à implantação do loteamento e sua ocupação pelos proprietários devido às restrições legais impostas pelo Estado do Paraná, a área vem sendo ocupada irregularmente ao longo dos anos.

Em levantamento realizado pelo Município em 1998, foram cadastradas 11 famílias que residiam na região[46].

Em 2001 foi firmado acordo entre o Município de Pinhais e os ocupantes, em audiência conciliatória realizada pelo Juizado Especial Criminal de Pinhais nos Autos de Ação Criminal nº 401/2001, ficou acordado que permaneceriam, a título precário na área e até final decisão da ação, apenas as 25 (vinte e cinco) famílias que residiam no local[47].

No ano de 2003 o Município de Pinhais ajuizou ação de reintegração de posse em face de moradores da área, cujos Autos nº 156/2003 encontram-se pendentes de julgamento.

---

[44] MUNICÍPIO DE PINHAIS (Org). **Conjunto Residencial Graciosa**. Pinhais-PR, 2011. p. 01-14. p. 08.
[45] MUNICÍPIO DE PINHAIS (Org). **Conjunto Residencial Graciosa**. Pinhais-PR, 2011. p. 01-14. p. 09.
[46] Conforme levantamento realizado pela Secretaria Municipal de Meio Ambiente, entre os dias 08 e 09 de dezembro de 1998. Cadastro original arquivado no Município.
[47] MUNICÍPIO DE PINHAIS (Org). **Conjunto Residencial Graciosa**. Pinhais-PR, 2011. p. 01-14. p. 11.

Em 2005, ação conjunta entre o Município, Sanepar, Cohapar e COMEC realizou o levantamento "*in locu*", que resultou no Cadastro Socioeconômico em que foram identificadas e devidamente cadastradas 56 edificações no local[48].

Devido à complexidade da questão e seu constante agravamento, em 2010 no intuito de subsidiar discussões acerca de soluções possíveis para o tema, o Município de Pinhais contratou estudo de viabilidade técnica e econômica para readequação do loteamento, no qual restaram delineadas três propostas de arranjo institucional voltadas a viabilizar propostas urbanísticas. Entretanto, as soluções propostas não restaram viáveis economicamente[49].

Ainda no ano de 2010, em reunião promovida pelo Centro de Apoio Operacional das Promotorias dos Direitos Constitucionais – Ministério Público do Paraná, com a participação do Município de Pinhais e ocupantes da área, restou acordado que as famílias a serem consideradas em eventual processo de readequação do Conjunto Residencial Graciosa seriam as 56 famílias que efetivamente residiam na área no ano de 2005[50].

No ano de 2011 foi assinada a "Carta de Princípios Cooperativos pela Água na Região Metropolitana de Curitiba – RMC", a qual teve por pressuposto a conjugação de esforços para a manutenção das áreas de mananciais da RMC, demonstrando que se as ações institucionais ficarem restritas ao espaço territorial dos municípios haverá grande dificuldade para a gestão dos recursos hídricos[51].

Diante do histórico, verifica-se que há um expressivo arcabouço legislativo estadual e municipal no intuito de proteger e preservar as regiões de mananciais do Alto Iguaçu, visando à conservação da água para abastecimento público de Curitiba e Região Metropolitana.

---

[48] MUNICÍPIO DE PINHAIS (Org). **Conjunto Residencial Graciosa**. Pinhais-PR, 2011. p. 01-14. p. 11.
[49] MUNICÍPIO DE PINHAIS (Org). **Conjunto Residencial Graciosa**. Pinhais-PR, 2011. p. 01-14. p. 11.
[50] MUNICÍPIO DE PINHAIS (Org). **Conjunto Residencial Graciosa**. Pinhais-PR, 2011. p. 01-14. p. 11.
[51] MUNICÍPIO DE PINHAIS (Org). **Conjunto Residencial Graciosa**. Pinhais-PR, 2011. p. 01-14. p. 11.

3.2 Atual cenário do Conjunto Residencial Graciosa

Considerando a complexidade, bem como a interdisciplinaridade na preservação das áreas que integram a Área de Proteção Ambiental – APA do Iraí e a Unidade Territorial de Proteção – UTP de Pinhais e devido ao crescente número de ocupações irregulares e dos danos ambientais ocorridos nesta região, em 2017, foi instituída por meio da Portaria Conjunta nº 003/2017, a Comissão de Fiscalização Integrada[52] dos servidores municipais, com intuito de restringir o avanço das ocupações e conter os danos ambientais.

As constantes fiscalizações ocorridas no Conjunto Residencial Graciosa resultaram somente em 2017 e 2018, na aplicação de 32 (trinta e duas) autuações ambientais, o que significa aproximadamente R$144.000,00 (cento e quarenta e quatro mil reais) em multas por crimes ambientais, mais de 20 autuações urbanísticas, decorrentes de novas edificações ou aumento das edificações já existentes, sem a autorização do poder municipal. Além da proposição de 21 ações judiciais pelo Município em face dos ocupantes, sendo 09 demolitórias, 11 decorrentes de crimes ambientais e 01 *ad perpetuam rei memoriam*.

Importante destacar ainda que quando conversado com os ocupantes da área, os quais são devidamente orientados por advogados e representados por Associação legalmente constituída, todos possuem o mesmo discurso: que preservam o meio ambiente e impedem novas ocupações na região.

Entretanto, na prática, não é isso que se observa, como se pode verificar no quadro abaixo, o número de edificações só cresce a cada fiscalização, o que demonstra que os ocupantes continuam a parcelar irregularmente o solo e a vender ilegalmente parte das áreas irregularmente ocupadas, agravando ainda mais a caótica situação.

Em 2018, por meio de foto aérea realizada pelo site Google Earth, constatou-se a existência de mais de 104 edificações neste local[53].

---

[52] Um agradecimento especial a todos os membros integrantes da equipe de fiscalização que com dedicação, empenho e absoluto profissionalismo fazem o seu melhor para garantir a proteção ambiental e, por consequência, contribuem para a preservação das águas e do abastecimento público de Curitiba e Região Metropolitana.

[53] Earth, Google. Disponível em: https://earth.google.com/web/@-25.4056495,-49.13188699,924.55852925a,1833.2361152d,35y,0h,0t,0r. Acesso em 13 de setembro de 2018.

ANO	1998	2001	2005	2018
Número Edificações	11	25	56	+104

Diferentemente do que ocorreu em 1998, em que as 11 famílias cadastradas pelo Município desenvolviam atividades agrícolas e de criação de animais, hoje o que se verifica na região, em sua maioria, são chácaras de recreação para lazer nos finais de semana, sendo algumas edificações consideradas de alto padrão, como por exemplo a existência de um haras.

Os ocupantes em grande parte são empresários e pessoas que possuem outros imóveis na cidade, sendo que em alguns casos, os imóveis são habitados somente por caseiros ou estão sempre fechados, o que caracteriza a finalidade da ocupação somente para fins recreativos.

Um levantamento realizado em 2018 pela Secretaria Municipal de Assistência Social, com base nos cadastros realizados na área, constatou que apenas 19 famílias que ocupam o Conjunto Residencial Graciosa são beneficiárias de programas sociais do governo, ou seja, são famílias que a princípio utilizam o imóvel para fins de moradia.

Outro ponto que merece destaque são os proprietários particulares que compraram os lotes quando da aprovação do loteamento e que desde a década de 1980 não podem ocupar ou construir em seus imóveis. São 1.277 proprietários que diariamente procuram os departamentos da Prefeitura Municipal em busca de informações e cobram uma solução para o caso.

Inclusive no início de 2018, estes proprietários constituíram uma Associação, com intuito de buscar junto aos órgãos competentes uma resolução definitiva para questão.

Além dos 1.277 lotes de propriedade particular, a Sanepar é proprietária de 186 lotes, a Cohapar é proprietária de 618 lotes e o Município de Pinhais é proprietário de 61 lotes, além de toda a área destinada ao arruamento na aprovação do loteamento.

Cumpre destacar ainda que o Município em inúmeras tentativas solicitou à Sanepar e a Cohapar que seus lotes fossem transferidos para o patrimônio municipal, com intuito de tornar toda a área pública e com isso melhorar gestão e fiscalização do local, contudo, nunca houve efetividade nestas tratativas.

Assim sendo, o atual cenário do Conjunto Residencial Graciosa, em síntese, é o seguinte:
1) Os ocupantes irregulares possuem discurso de que preservam ambientalmente a região e cuidam para que não haja novas ocupações, entretanto, o que se verifica na prática é o aumento de edificações a cada fiscalização, sendo que somente nos meses de agosto a outubro de 2018 foram constatadas 4 novas edificações, além do parcelamento irregular e da comercialização ilegal de áreas e edificações;
2) Os proprietários particulares que compraram os lotes e nunca puderam ocupá-los buscam ser indenizados pelo Estado do Paraná que declarou a área de utilidade pública em 1992, porém, nunca efetivou a desapropriação. Este inclusive foi um dos motivos pelos quais os proprietários não intentaram ações de reintegração de posse na época que a área começou a ser irregularmente ocupada, pois tinham a intenção de serem indenizados e de transferir a propriedade dos lotes ao Governo do Estado.
Atualmente, ao que tudo indica, dificilmente estes proprietários serão indenizados, uma vez que o Governo do Estado não possui recursos financeiros para esta finalidade.
3) As proprietárias Sanepar e a Cohapar, até o momento não adotaram nenhuma medida efetiva para cuidar dos seus lotes, para combater o crescente número de ocupações irregulares e nem para prevenir os constantes crimes ambientais causados pelos atuais ocupantes.
4) O Município, apesar das tratativas junto aos órgãos do Governo do Estado para resolução da questão e do esforço dos fiscais integrantes da Comissão Integrada de Fiscalização, vê a pressão por ocupação se acentuar dia a dia, o que resulta no desmatamento, na degradação da área, em novas ocupações irregulares e diversos crimes ambientais que resultam em imensuráveis danos ao meio ambiente.

Diante destas circunstâncias, é premente a necessidade de atuação dos poderes públicos e dos particulares para evitar que esta situação se agrave ainda mais, devendo juntos buscar uma solução definitiva para este conflito.

Por este motivo, o presente trabalho visa com base na concertação urbanística, apresentar algumas propostas para a resolução do conflito existente no Conjunto Residencial Graciosa, passível de ser firmada por intermédio do acordo administrativo.

Entretanto, antes de apresentar mencionadas propostas, faz-se mister expor o caso do Parque Municipal Augusta – Município de São Paulo, por ser considerado um caso pioneiro e paradigmático de concertação urbanística.

3.3 Caso Parque Municipal Augusta – Município de São Paulo, como paradigma da concertação urbanística

A Promotoria de Justiça do Patrimônio Público e Social de São Paulo, o Município de São Paulo, a empresa Albatroz – Investimentos Imobiliários e a empresa Flamingo Investimentos Imobiliários, com anuência e interveniência da Samorcc – Sociedade de Amigos, Moradores e Empreendedores do Bairro Cerqueira Cesar, Consolação e Jardins (*amicus curiae*), do Movieco Movimento Ecológico (*amicus curiae*), da Amacon – Associação de Moradores e Amigos do Bairro da Consolação e Adjacências (*amicus curiae*) realizaram um acordo administrativo, em agosto de 2018.

O objetivo do acordo foi a autocomposição do conflito, com a possibilidade de dois imóveis serem destinados à implantação do "Parque Municipal Augusta", sendo que as partes vêm discutindo alternativas com vistas à autocomposição e resolução definitiva das diversas questões tratadas nos autos de ação civil pública.

A autocomposição foi elaborada com base no Código de Processo Civil (art. 334, § 11) e na Lei Federal nº 13.140/2015 (art. 32), restando acordadas as condições e obrigações, livremente ajustadas pelas Partes, tais como:

a) as empresas Albatroz e Flamingo, na qualidade de proprietárias, (com direito de transferência de potencial construtivo), transferirão por doação ao Município os imóveis, com o propósito de que sobre eles se implante o Parque Municipal Augusta;

b) Além da Escritura de Doação dos Imóveis, as empresas Albatroz e Flamingo, como contrapartida aos pedidos formulados pelo Ministério Público nos autos da Ação Civil Pública, executarão obras e pagarão a quantia em dinheiro ao Município, até o total de R$ 9.850.000,00 (nove milhões, oitocentos e cinquenta mil reais), da seguinte forma:

i) R$ 6.250.000,00 (seis milhões e duzentos e cinquenta mil reais), mediante obrigação de fazer, consistente na realização de serviços necessários à implantação pelas empresas Albatroz e Flamingo, diretamente ou por intermédio de empresa especializada por elas contratada, do Parque Municipal Augusta, incluindo o restauro dos bens tombados ("Portaria" e "Edificação Remanescente do Antigo Colégio des Oiseaux", conforme projeto elaborado, plantas e memorial descritivo), incluindo-se o enriquecimento da área verde, no necessário manejo arbóreo e sua respectiva compensação ambiental, tudo devidamente acompanhado pelo CAEx – Centro de Apoio Operacional à Execução e um técnico (Engenheiro ou Arquiteto) independente, sendo que o termo de aceite e recebimento será de responsabilidade exclusiva da Secretaria Municipal do Verde e do Meio Ambiente.

As obras de implantação do Parque Municipal Augusta serão iniciadas após a emissão da Declaração de Potencial Construtivo Passível de Transferência e dentro de 60 (sessenta) dias, contados da data em que se entregar às empresas Albatroz e Flamingo os necessários projetos executivos e as respectivas licenças urbanística e ambiental devidamente aprovados.

O prazo para conclusão das obras de implantação do Parque será de 18 (dezoito) meses, contados a partir de 60 dias da entrega às empresas dos projetos executivos e das respectivas licenças devidamente aprovadas.

ii) R$ 2.000.000,00 (dois milhões de reais), em moeda corrente e com destinação específica para manutenção temporária (estimada em 2 anos, contados do termo de aceite e recebimento), pelo Município, por si ou por terceiro, do Parque Municipal Augusta;

iii) R$ 1.600.000,00 (um milhão e seiscentos mil reais), em moeda corrente e com destinação específica para implantação, pelo Município, em obras da Secretaria Municipal de Assistência e Desenvolvimento Social (SMADS), devidamente demonstradas nos autos.

Cada empresa, responderá, em partes iguais (50% cada), pela execução das obras do Parque Augusta e do Boulevard Gravataí, pelo pagamento em moeda corrente da quantia em valor certo e determinado (R$ 3.600.000,00), cabendo exclusivamente ao Município empregá-lo na manutenção do Parque Municipal Augusta e na implantação das demais obras, estas sob a fiscalização do Ministério Público, a ser realizada pelo CAEx – Centro de Apoio Operacional à Execução.

A partir da transmissão definitiva da posse dos imóveis, o Município passará a responder, com exclusividade, pelos encargos que sobre eles recaem, inclusive por sua guarda e conservação.

Registrada a doação dos imóveis, o Município emitirá, em favor das empresas Albatroz e Flamingo, 4 (quatro) Declarações de Potencial Construtivo Passível de Transferência, sendo uma para cada empresa em cada um dos imóveis, obedecidos, seus quinhões na propriedade de cada um dos imóveis.

Referido acordo foi protocolado no dia 10 de agosto de 2018 na Justiça de São Paulo[54] e no dia 04 de outubro de 2018 a juíza o homologou e julgou extinta a ação civil pública com resolução do mérito.

Diante disso, fica demonstrado que é possível a utilização de acordos administrativos mediante a autocomposição entre o poder público, empresas particulares e entidades da sociedade civil com objetivo de implantação de um parque com intuito maior de preservar o meio ambiente.

Com base neste acordo, serão demonstradas adiante algumas propostas para resolução do conflito existente no Conjunto Residencial Graciosa, por meio da concertação urbanística.

3.4 Propostas para resolução do conflito no Conjunto Residencial Graciosa por meio da concertação urbanística

Diante do que foi apresentado, verifica-se que a concertação urbanística, a priori, se demonstra como um importante instrumento para a resolução de conflito, podendo ser instrumentalizada por meio de acordo administrativo.

A concertação urbanística é um método que se caracteriza pela consensualidade na organização do espaço urbano. As ações urbanísticas coordenadas pelo Poder Público, devem conter a participação da iniciativa privada, sendo ainda imprescindível a autuação dos órgãos técnicos especializados da Administração para orientação deste processo decisório.

Possui fundamento legal na Lei Federal nº 7.347/85, Lei Federal 10.257/2001 – Estatuto da Cidade e mais recentemente na Lei Federal 13.465/2017.

---

[54] Autos nº 1017163-55.2016.8.26.0053 em trâmite na 13ª Vara da Fazenda Pública da Comarca da Capital do Estado de São Paulo.

Neste sentido, com base na consensualidade, propõe-se para a resolução do conflito no Conjunto Residencial Graciosa, a utilização da concertação urbanística por meio de um acordo administrativo a ser firmado entre o poder público, a iniciativa privada e as entidades sem fins lucrativos, mediante os seguintes critérios iniciais:

a) **Partes envolvidas**: Município de Pinhais, Sanepar, Cohapar, Associação dos proprietários particulares – proprietários da área e a Associação dos ocupantes.

b) **Objetivo**: preservação e proteção dos mananciais que formam a bacia do Alto Iguaçu, bem como a proteção dos ecossistemas da Floresta Ombrófila Mista Montana, dos campos de inundações, das matas ciliares, dos campos naturais, dos capões de araucária, remanescentes da biota regional e espécies raras e ameaçadas de extinção, além do controle do uso do solo.

c) Órgão técnico especializado na formulação e fiscalização do cumprimento do acordo: Ministério Público do Paraná – Promotoria de Justiça de Pinhais com o acompanhamento do Centro de Apoio Operacional das Promotorias de Justiça – CAOP de Proteção ao Meio Ambiente.

d) **Instrumento de acordo**: Compromisso de Ajustamento de Conduta, previsto no §6º do art. 5º da Lei federal nº 7.347/85 (Lei de Ação Civil Pública).

e) **Proposta para utilização da área**: considerando a necessidade de proteção e preservação dos mananciais; considerando a natureza jurídica do meio ambiente que é definida como bem de uso comum do povo com interesses difusos, na medida em que pessoas indeterminadas estão unidas para sua proteção; e, ainda, considerando que toda a população tem dever de proteger e preservar e tem também o direito de desfrutar do local em igualdade de condições com os demais, propõe-se a reversão do uso da área.
Assim sendo, sugere-se a implantação de um Parque no local em parceria entre os poderes públicos e os particulares, para assegurar a sustentabilidade dos recursos naturais ali existentes e manter os ecossistemas naturais desta região.
Entretanto, para que isso seja possível, será necessária a realização de concessões recíprocas de todas as partes envolvidas, visando o

fim comum que é a proteção e preservação dos mananciais e do meio ambiente.

f) **Unidade de conservação de uso sustentável**: sugere-se que o Parque a ser implantado seja declarado Área de Proteção Ambiental, pois atualmente apenas a parte em que estão localizados os lotes de propriedade da Sanepar é legalmente declarada como APA.

Nos termos do art. 15 da Lei Federal 9.985/00, que institui o Sistema Nacional de Unidades de Conservação da Natureza, a APA se caracteriza pela extensa área, dotada de importantes atributos para a qualidade de vida e o bem-estar das populações, tendo como objetivos básicos proteger a diversidade biológica, disciplinar o processo de ocupação e assegurar a sustentabilidade do uso dos recursos naturais, podendo ser constituída por terras públicas ou particulares. Requisitos estes que serão plenamente atendidos com a implantação do Parque.

g) **Deveres e direitos das partes**: considerando que não há por parte do poder público recursos para a realização de desapropriações ou ainda qualquer espécie de indenização aos proprietários particulares ou aos ocupantes, necessária será uma articulação conjunta para que todos sejam igualmente atendidos neste propósito maior.

Deste modo, propõem-se os seguintes compromissos iniciais, passíveis de ajustes entre as partes:

1. Compromisso do Município de Pinhais em adotar as medidas administrativas e legais para a reversão do uso da área para instituição de um Parque no Conjunto Residencial Graciosa;
2. Compromisso do Município de Pinhais em declarar o Parque como Área de Proteção Ambiental – APA.
3. Compromisso do Município de Pinhais, da Sanepar e da Cohapar em elaborar projeto urbanístico para aprovação do Parque junto aos órgãos competentes;
4. Compromisso do Município de Pinhais, da Sanepar e da Cohapar em prever no projeto áreas de estacionamento, lanchonete e lojas e outros equipamentos que serão particularmente administrados pelas Associações de proprietários particulares e pela Associação

dos ocupantes, e cujos recursos arrecadados serão repartidos entre todos os proprietários e todos os ocupantes como forma de indenização.
Devendo ainda a gestão de referidos recursos ser fiscalizada pelo Ministério Público do Estado.
5. Compromisso da Cohapar em realocar as 19 famílias que são assistidas pela Assistência Social e comprovadamente hipossuficientes, desde que atendam aos critérios de estabelecidos pela Companhia para serem beneficiárias de habitação de interesse social;
6. Compromisso da Associação dos ocupantes em liberar a totalidade da área para implantação do Parque;
7. Compromisso do Município de Pinhais, da Sanepar e da Cohapar em executar o projeto de implantação do Parque;
8. Compromisso da Associação dos proprietários particulares e da Associação dos ocupantes em realizar a correta gestão dos espaços destinados à sua administração e a repassar adequadamente os recursos arrecadados a quem de direito.

Estas são algumas proposições para iniciar o processo de negociação entre as partes, visando, por derradeiro, a concertação urbanística da área e como consequência a resolução amigável de um conflito fundiário que perdura há mais de 30 anos.

Conclusões

Com a evolução do Estado em rede e da Governança Pública, uma nova forma de se administrar se apresenta baseada na administração consensual, tendo por referência a negociação, o acordo, a cooperação, a colaboração, o diálogo, a bilateralidade, ou ainda, a multilateralidade. Como forma de expressão desta consensualidade, a concertação administrativa surge para resolução de conflitos fundada na negociação e participação de todos os interessados.

Com base neste fundamento, emerge a solução consensual dos conflitos também no âmbito urbanístico, por meio da concertação urbanística que se propõe como uma alternativa possível e viável de ser implementada.

Neste sentido, a consensualidade no exercício da função urbanística corresponde à participação de todos os setores da sociedade (poder público, empresas e entidades sem fins lucrativos) naquilo que envolve a matéria urbanística.

Com base nesta lógica, a Lei Federal 13.465/2017, ao tratar da regularização fundiária urbana, dispôs como objetivo a ser observado pela União, Estados, Distrito Federal e Municípios o de estimular a resolução extrajudicial de conflitos, em reforço à consensualidade e à cooperação entre Estado e sociedade (art.10, V).

Referida norma, estabeleceu ainda a prerrogativa aos Municípios de criar câmaras de prevenção e resolução administrativa de conflitos, no âmbito da administração local, inclusive mediante celebração de ajustes com os Tribunais de Justiça estaduais, para dirimir conflitos relacionados à Reurb, mediante solução consensual (art.34).

Diante disso, vê-se que o atual arcabouço legislativo nacional prima pela consensualidade na resolução dos conflitos, podendo esta se dar pela concertação administrativa ou urbanística mediante a utilização de acordos administrativos.

Exemplo disso é o caso pioneiro e paradigmático de concertação urbanística realizado pelo Município de São Paulo, para a criação do Parque Municipal Augusta, cujo acordo administrativo envolvendo o poder público, empresas e entidades sem fins lucrativos, resolveu consensualmente e colocou fim a um conflito que perdurou por três décadas.

Neste mesmo contexto, o objetivo do presente trabalho, foi sugerir propostas para a para resolução do conflito fundiário existente no Conjunto Residencial Graciosa, utilizando a concertação urbanística, mediante a formalização de um acordo administrativo.

Para isso, opinou-se pela reversão do uso da área pelo poder público para a instituição de um parque, com a finalidade precípua de proteção dos mananciais e a possibilidade de todos os cidadãos desfrutarem das belezas naturais ali existentes, em igualdade de condições.

No entanto, a consensualidade neste caso só será possível se houver o empenho de todas as partes envolvidas e o esforço orquestrado pelo Ministério Público para que o acordo seja harmônico e brilhantemente cumprido por todos.

Quem ganha com isso são os cidadãos atendidos pelo abastecimento público de água de Curitiba e Região Metropolitana e, obviamente, o meio ambiente.

REFERÊNCIAS

AMADEI, Vicente de Abreu; PEDROSO, Alberto Gentil de Almeida; MONTEIRO FILHO, Ralpho Waldo de Barros. Primeiras impressões sobre a Lei nº 13.465/2017. São Paulo: Associação dos Registrados Imobiliários de São Paulo-ARISP. Disponível em http://www.arisp.com.br/lei_n13465_2017.pdf Acesso em 18 de setembro de 2018.

BARBOSA, Olavo Sachetim. Contratos urbanísticos no direito português: A análise da aplicação do princípio da concorrência consagrado na Diretiva da União Europeia 2014/24/UE aos contratos de execução e aos contratos para planeamento. Revista Digital de Direito Administrativo, São Paulo, vol. 5, n. 2, p. 364-391, 2018.

BITENCOURT NETO, Eurico. Concertação Administrativa Interorgânica: direito administrativo e organização no século XXI, [s.l.]: Almedina, 2017.

BITENCOURT NETO, Eurico. Transformações do Estado e a Administração Pública no século XXI. Revista de Investigações Constitucionais, Curitiba, vol. 4, n.1, p. 207-225, jan./abr. 2017.

BOBBIO, Norberto. Estado, governo e sociedade. 4.ed. Rio de Janeiro: Paz e Terra, 1987.

Earth, Google. Disponível em: https://earth.google.com/web/@-25.4056495,--49.13188699,924.55852925a,1833.2361152d,35y,0h,0t,0r. Acesso em 13 de setembro de 2018.

KISSLER, Leo; HEIDEMANN, Francisco. Governança pública: novo modelo regulatório para as relações entre Estado, mercado e sociedade? Revista de Administração Pública, Rio de Janeiro, v.40, n.3, mai./jun. 2006. Disponível em: http://dx.doi.org/10.1590/S0034-76122006000300008. Acesso em setembro de 2018.

LEVIN, Alexandre. Concessões Urbanísticas. Enciclopédia Jurídica da PUCSP, tomo II: direito administrativo e constitucional, São Paulo, 1.ed. abr. 2017.

LEVIN, Alexandre. Operação urbana consorciada: concertação público-privada para a justa distribuição dos benefícios decorrentes da atividade urbanística. São Paulo, 2014. 234 f. Tese (Doutorado). **Pós-Graduação em Direito, Pontifícia Universidade Católica de São Paulo.**

MEDAUAR, Odete. O direito administrativo em evolução. 2.ed. São Paulo: Revista dos Tribunais, 2003.

MENDOZA, Xavier; VERNIS, Alfred. El Estado relacional y la transformación de las administraciones públicas. In: LONGO, Francisco; TAMYKO, Ysa (eds.). Los escenarios de la gestión pública del siglo XXI. Barcelona: Belsaterra, 2008. p. 37-62.

MOREIRA NETO, Diogo de Figueiredo. Novos institutos consensuais da ação administrativa. Revista de Direito Administrativo. Rio de Janeiro, v. 231, p. 129-156, jan./mar. 2003.

MUNICÍPIO DE PINHAIS (Org). Conjunto Residencial Graciosa. Pinhais-PR, 2011. p. 01-14.

NEVES, Cleuler Barbosa das; FERREIRA FILHO, Marcílio da Silva. Dever de consensualidade na atuação administrativa. RIL Brasília, Brasília, ano 55, n. 218, p. 63-84, abr./jun. 2018.

OLIVEIRA, Gustavo Justino. Contrato de Gestão. São Paulo: Revista dos Tribunais, 2008.

OLIVEIRA, Gustavo Justino de; SCHWANKA, Cristiane. A Administração Consensual como a nova face da Administração Pública no Séc. XXI: fundamentos dogmáticos, formas de expressão e instrumentos de ação. Revista da Faculdade de Direito da Universidade de São Paulo, São Paulo, v. 104, p. 303-322, jan./dez. 2009.

OLIVEIRA, Gustavo Justino. Convênio é acordo, mas não é contrato: contributo de Hely Lopes Meirelles para a evolução dos acordos administrativos no Brasil. In: WALD, Arnoldo; JUSTEN FILHO, Marçal; PEREIRA, Cesar Augusto Guimarães (Org). Direito Administrativo na atualidade: Estudos em homenagem ao centenário de Hely Lopes Meirelles (1917-2017) Defensor do Estado de Direito. São Paulo: Malheiros, 2017. p. 516-527.

THOMÉ, Romeu. Manual de Direito Ambiental. 5.ed. Salvador: Editora JusPodivm, 2015.

18. Análise dos Modelos de Regulamentação sobre Acordos Administrativos no Direito Comparado[1]

CAIO DE SOUZA LOUREIRO
CHRISTIANA BEYRODT CARDOSO
GUSTAVO JUSTINO DE OLIVEIRA
JÔNATAS HENRIQUES BARREIRA
LETICIA LINS DE ALENCAR
NEWTON ANTONIO PINTO BORDIN
SÍLVIA HELENA JOHONSOM DI SALVO
WILSON ACCIOLI DE BARROS FILHO

INTRODUÇÃO

Embora a praxe de negociação e celebração de acordos administrativos seja comum em diversos países do mundo, verifica-se que o regramento conferido pelos ordenamentos jurídicos é variável. Juliana Bonacorsi de Palma identifica dois modelos distintos de tratamento normativo aos acordos, a saber: "modelo de previsão normativa difusa" e "modelo de previsão normativa por permissivo genérico".[2] No primeiro caso, para

---

[1] Este trabalho foi elaborado em decorrência de estudos realizados no âmbito da disciplina Acordos Administrativos, ministrada pelo Professor Doutor Gustavo Justino de Oliveira, do Programa de Pós-Graduação da Faculdade de Direito da Universidade de São Paulo – USP, no primeiro semestre de 2019.

[2] De acordo com Juliana Bonacorsi de Palma, "a consensualidade pode estar dispersa pelo ordenamento jurídico quando disciplinada em diversas normas que versam sobre os dife-

que seja cabível, em determinada circunstância, a realização de acordos, é necessário que haja fundamento normativo expresso, enquanto que, na segunda, a sua utilização é amplamente admitida, haja vista a existência de fundamento genérico para tanto.

O presente estudo tem por objetivo avaliar especificamente, em matéria de acordos, a legislação da Itália, dos Estados Unidos da América, da França, da Espanha, de Portugal e da Alemanha com o objetivo de identificar os principais aspectos definidos pela legislação aplicável aos acordos administrativos, dentre eles o modelo adotado por cada um deles, à luz da classificação proposta por Juliana Bonacorsi de Palma.

1. O regime dos acordos administrativos na Itália

No Direito estrangeiro,[3] mais precisamente no ordenamento jurídico italiano, país em que o acordo administrativo é já bastante sedimentado, a realidade dos acordos é de compatibilidade contratual. Girolamo Sciullo leciona que "entre acordo e contrato não há diferença de gênero, no máximo o primeiro é espécie do segundo".[4]

A Itália é considerada um dos principais berços da "Administração por acordos",[5] tendo vigente em seu ordenamento, desde 1990, a Lei n. 241 de 1990, conhecida como Lei de procedimento,[6] cujo art. 11.1 prevê

---

rentes instrumentos de atuação administrativa consensual, assim como os casos em que esta estaria a atuar de forma concertada. Trata-se de um modelo de previsão normativa difusa da atuação administrativa consensual, marcada pela pontualidade de suas prescrições. (...) Já, o modelo de previsão normativa por permissivo genérico é marcado pela presença de um permissivo autorizativo genérico à Administração Pública para que celebre acordos administrativos" (Sanção e Acordo na Administração Pública, 2015, p. 235).

[3] Para compreensão do regime de acordos em outros ordenamentos estrangeiros, principalmente italiano, alemão e espanhol, cf.: OLIVEIRA, Gustavo Henrique Justino de. Contrato de gestão. São Paulo: Revista dos Tribunais, 2008; ALFONSO, Luciano Parejo. Los Actos Administrativos Consensuales en el Derecho Español. A&C Revista de Direito Administrativo e Constitucional, Belo Horizonte, ano 3, n. 13, jul./set. 2003.; SOUZA, Luciane Moessa de. Meios consensuais de solução de conflitos envolvendo entes públicos e a mediação de conflitos coletivos. Tese (Doutorado em Direito). 2010. 607 f. Centro de Ciências Jurídicas da Universidade Federal de Santa Catarina, Universidade Federal de Santa Catarina, Florianópolis.

[4] SCIULLO, Girolamo. Teoria e dogmatica degli accordi amministrativi. In: MATTEUCCI, Stefano Civitarese; FREDERICO, Lorenzo del. Azione amministrativa ed azione impositiva tra autorità e consenso. Milano: FrancoAngeli, 2010, p. 40.

[5] OLIVEIRA, Gustavo Henrique Justino de. Contrato...Op. cit., p. 119.

[6] Massimo Basilavecchia assevera haver um valor cultural na Lei n. 214 de 1990. (BASILAVECCHIA, Massimo. Autorità e consenso: un confronto tra azione amministrativa e azione impo-

expressamente a possibilidade de a Administração Pública, visando ao atendimento mais eficiente do interesse público, firmar acordos administrativos com as partes interessadas para determinar o conteúdo discricionário da decisão administrativa final.[7]

O art.11.1 revela o grande peso normativo dos acordos no Direito italiano. Desde que não prejudicados interesses de terceiros, a norma autoriza a realização de acordos integrativos ou substitutivos de procedimento. Portanto, à semelhança do Direito alemão, pode-se dizer desde logo ser o sistema italiano do tipo normativo por permissivo legal. Os aspectos consensual, dialético e negocial são bastante evidentes e reforçados no regime italiano.[8]

A demonstração da feição contratual do acordo administrativo italiano está no art. 11.2 da comentada Lei, segundo o qual, serão aplicados aos acordos, salvo disposição expressa em contrário, os princípios do Código Civil em matéria de obrigações e contratos.[9] Quanto a isto, Girolamo Sciullo explica que por meio da Lei n. 214 de 1990 a contra-

---

sitiva. In: MATTEUCCI, Stefano Civitarese; FREDERICO, Lorenzo del. Azione amministrativa ed azione impositiva tra autorità e consenso. Milano: FrancoAngeli, 2010, p. 25).

[7] No original: "1. In accoglimento di osservazioni e proposte presentate a norma dell'articolo 10, l'amministrazione procedente può concludere, senza pregiudizio dei diritti dei terzi, e in ogni caso nel perseguimento del pubblico interesse, accordi con gli interessati al fine di determinare il contenuto discrezionale del provvedimento finale ovvero in sostituzione di questo." Disponível em: http://www.handylex.org/stato/l070890.shtml. Acesso em 21 de setembro de 2017.

[8] Segundo o art. 11.1-bis do mesmo diploma legal, a autoridade criará um calendário para se reunir com o destinatário do acordo. No original: "1-bis. Al fine di favorire la conclusione degli accordi di cui al comma 1, il responsabile del procedimento può predisporre un calendario di incontri cui invita, separatamente o contestualmente, il destinatario del provvedimento ed eventuali controinteressati." Disponível em: http://www.handylex.org/stato/l070890.shtml. Acesso em 21 de setembro de 2017.

[9] No original: "2. Gli accordi di cui al presente articolo debbono essere stipulati, a pena di nullità, per atto scritto, salvo che la legge disponga altrimenti. Ad essi si applicano, ove non diversamente previsto, i princìpi del codice civile in materia di obbligazioni e contratti in quanto compatibili. Gli accordi di cui al presente articolo devono essere motivati ai sensi dell'articolo 3." Disponível em: http://www.handylex.org/stato/l070890.shtml. Acesso em 21 de setembro de 2017. De acordo com Girolamo Sciullo a dedução óbvia disto seria a natureza jurídica privatista dos acordos administrativos italianos. (SCIULLO, Girolamo. Teoria... Op. cit., p. 40). Cf.: PATTI, Loredana. Gli accordi tra i privati e la pubblica amministratizione. Tese (Doutorado em Direito). 2011. 230 f. Facoltà di Scienze Politiche, Università degli Studi di Catania, Catania, Itália, p. 35.

tualidade na Itália foi erigida a princípio geral da ação administrativa, ao lado da publicidade e da motivação.[10]

Na Itália e, principalmente, na Alemanha, o pensamento contratual foi muito intenso. O regime italiano sofreu forte inspiração do ordenamento alemão que, desde a década de 70 do século XX, possui Lei disciplinando o uso do contrato de direito público em espaços até então ocupados exclusivamente pelo ato administrativo. Há, naquele regime, o reconhecimento da fungibilidade entre ato administrativo e contrato de direito público,[11] sendo autorizado ao agente público se valer, quando oportuno e conveniente, da forma consensual do contrato em detrimento do modelo autoritário do ato administrativo.[12]

Pela maturidade adquirida ao longo de anos de discussão, muitos dos debates travados hoje no Brasil a respeito da contratualização da ação pública já foram vencidos pela doutrina europeia. Como exemplo, na Itália não há mais campo de diálogo doutrinário para quem insiste em negar a forma negocial e contratualizada do poder administrativo, flexibilizado em alguns casos para conciliar as prerrogativas da Administração Pública com os direitos fundamentais do particular, à bem de melhor conformar os interesses públicos aos interesses privados.[13]

Nada obstante o forte avanço estrutural-dogmático dos acordos administrativos na Europa, os estudiosos ainda não conseguiram explicar a compatibilização entre o regime jurídico administrativo com a liberdade relacional conferida pelos contratos. Dito de outro modo, é discussão ainda presente no regime italiano a adaptação necessária da relação jurídica pautada no consenso e na negociação com os princípios informadores do regime jurídico administrativo.[14] O motivo está na evidência de que a relação jurídica público-privada é, antes de tudo, administrativa e,

---

[10] SCIULLO, Girolamo. Teoria...Op. cit., p. 36.
[11] KIRKBY, Mark Bobela-Mota. Contratos sobre o exercício de poderes públicos. Coimbra: Coimbra Editora, 2011, p. 148 e 181.
[12] Da mesma forma, na Itália. Cf.: GARDINI, Gianluca. Azione amministrativa e azione impositiva tra autorità e consenso. In: MATTEUCCI, Stefano Civitarese; FREDERICO, Lorenzo del. Azione amministrativa ed azione impositiva tra autorità e consenso. Milano: FrancoAngeli, 2010, p. 18.
[13] GIANNINI, Massimo Severo. El Poder Publico: Estados y Administraciones Publicas. Madrid: Civitas, 1991, p. 149; KIRKBY, Mark Bobela-Mota. Op. cit., p. 145, 185 e 186.
[14] KIRKBY, Mark Bobela-Mota. Op. cit., p. 59.

como tal, necessita estar subsumida aos contornos do Direito Administrativo.[15]

Assim, questões como a conformidade entre os princípios da igualdade, impessoalidade, legalidade e transparência com o instrumento contratual da ação pública despontam como indefinidas pela doutrina italiana.[16] Do mesmo modo, o tema da extensão do objeto público do acordo administrativo é ainda uma incógnita para alemães e italianos, alguns defendendo ampla generalidade à forma contratual de ação pública e outros restringindo o seu espaço para o procedimento administrativo preparatório do ato, vinculando o consenso ao regime dos atos administrativos.[17]

O regime italiano de acordos administrativos não parece tão aberto quanto se propaga. Embora bastante evoluído em aspectos dogmático-normativos, denota-se um ranço hierarquizante e assimétrico entre as partes pública e privada, na medida em que o legislador permitiu, no art. 11.4 da citada Lei n. 241 de 1990, a retirada unilateral da Administração Pública do acordo por motivo de interesse público. A abertura e a generalidade desta previsão legal demonstram haver uma reserva de autoridade no direito italiano em matéria de acordos, na medida em que, pela interpretação objetiva do dispositivo, sempre que se entender haver prejuízo para o interesse público (mesmo os mais vagos e imprecisos), poderá a Administração encerrar o acordo e resolvê-lo por perdas e danos.

O resquício de autoridade é percebido também pelo conteúdo normativo do art. 1.1-bis da referida Lei italiana, segundo o qual "a Administração Pública, ao adotar ato de natureza consensual, age segundo a norma de direito privado, salvo exceção legal".[18] Em outras palavras, quis dizer o legislador que quando prescindir de suas prerrogativas, a Admi-

---

[15] Ibidem, p. 58. Nas palavras do citado autor: "a Administração não pode ter a pretensão de ir mais longe do que aquilo que a lei lhe permite pelo facto de amparar a sua actuação no consenso obtido (ou imposto) do particular". (Idem).

[16] Ibidem, p. 144.

[17] Ibidem, p. 170 a 175.

[18] No original: "1-bis. La pubblica amministrazione, nell'adozione di atti di natura non autoritativa, agisce secondo le norme di diritto privato salvo che la legge disponga diversamente." Disponível em: http://www.handylex.org/stato/l070890.shtml. Acesso em 21 de setembro de 2017.

nistração Pública italiana deverá adotar o regime jurídico de Direito privado. O questionamento crítico a respeito desta colocação legal se dá quanto à falta de elementos jurídico-normativos, inseridos no próprio regime jurídico do acordo administrativo, voltados à tutelar os direitos do particular acordante. Considerando a relação jurídica paritária inaugurada pelo acordo administrativo, não há motivo para o seu regime jurídico não delinear os direitos e as garantias do sujeito privado, transferindo equivocadamente a proteção para o Direito Civil.

É preciso atenção da doutrina brasileira para não cometer o mesmo equívoco da Lei italiana ao prever, de maneira tão aberta e incondicionada, o exercício de direito potestativo à Administração Pública, parte de um acordo. Tal medida poderá causar sequelas graves na negociação e também na confiança relacional das partes, com riscos à segurança, estabilidade e legitimidade do acordo administrativo.[19]

2. O regime dos acordos administrativos nos Estados Unidos da América

A negociação e celebração de acordos administrativos é disciplinada pela lei federal de processo administrativo americana, a *Administrative Procedure Act* ("APA"), editada em 1946, que trata, de um modo geral, sobre procedimentos voltados à edição de atos normativos (*rule making*) e à adjudicação (*adjudication*) conduzidos pela Administração Pública federal norte-americana.[20] Desse modo, embora de aplicação restrita aos órgãos entidades integrantes da estrutura da Administração Pública federal, entendemos possível afirmar que é adotado o "modelo de previsão normativa por permissivo genérico" pelo direito norte-americano, haja vista o caráter geral desta lei.

Ao tratar sobre processos adjudicatórios, isto é, aqueles que tenham por objetivo a emissão de uma "order" (decisão final de caráter cautelar, afirmativo, negativo ou declaratório) pela Administração Pública, a APA

---

[19] Há na própria doutrina italiana quem defenda a incompatibilidade entre o exercício de poderes administrativos com a essência negocial dos acordos administrativos, condenando o uso de prerrogativas unilaterais pelo Poder Público. Cf.: PATTI, Loredana. Op. cit., p. 52 a 55.

[20] Em resumo, nos termos da Section 2, (a), estão excluídos do âmbito de aplicação da lei, entre outros, o Congresso, os tribunais, territórios ou o distrito de Columbia, órgãos que possuam como membros pessoas que representem as partes ou organizações envolvidas em disputas e tribunais militares.

prevê a possibilidade de, em meio ao procedimento, as partes interessadas apresentarem propostas de acordo ou de ajustamento de conduta (Section 5, b).[21]

Nesta lei, não há restrição quanto às matérias que poderão ser transacionadas. Sendo assim, considerando a existência de previsão genérica, ao que parece, a intenção do legislador é, de fato, no sentido de permitir sua realização no âmbito de quaisquer processos adjudicatórios.

Vale destacar que, além da previsão genérica para a realização dos acordos, a APA prevê a possibilidade de acordos serem realizados em casos nos quais haja discussão quanto à anulação, suspensão ou revogação de licenças. Nestes casos, a decisão final que a decrete não poderá ser proferida antes que seja oportunizada ao eventual interessado a oportunidade de demonstrar sua regularidade ou de se comprometer a regularizar sua situação, ou seja, de ajustar sua conduta aos requisitos legais (Section 9, b).[22]

As audiências realizadas no âmbito de procedimentos adjudicatórios devem ser conduzidas de maneira imparcial pelos agentes públicos responsáveis por presidi-la (Section 7, a). Tais agentes possuem poderes para conduzir as audiências nas quais serão realizadas as tratativas voltadas à realização de acordos entre as partes envolvidas (Section 7, b, 6).[23]

É interessante notar que a APA prevê a possibilidade de quaisquer pessoas que sofrerem algum tipo de prejuízo em virtude da atuação dos órgãos e entidades da Administração Pública federal socorrerem-se da

---

[21] Section 5. (...) (b). Procedure – The agency shall afford all interested parties opportunity for (1) the submission and consideration of facts, arguments, **offers of settlement, or proposals of adjustment** where time, the nature of the proceeding, and the public interest permit, and (2) to the extent that the parties are unable so to determine any controversy by consent, hearing, and in conformity with section 7 and 8" (grifos nossos).

[22] "Section 9. In the exercise of any power or authority (...) (b) Licenses (...) Except in cases of willfulness or those in which public health, interest or safety requires otherwise, no withdrawal, suspension, revocation, or annulment of any license shall be lawful unless, prior to the institution of agency proceedings therefor, facts or conduct which may warrant such action shall have been called to the attention of the licensee by the agency in writing and the licensee **shall have been accorded opportunity** to demonstrate or **achieve compliance with all lawful requirements**" (grifos nossos).

[23] "Section 7. (...). (b). Hearing powers – Officers presiding at hearings shall have authority, subject to the published rules of the agency and within its powers, to (...) (6) hold conferences for the settlement or simplification of the issues by consent of the parties".

via judicial (*right of review*), nos termos da Section 10, a.[24] Isso poderá ocorrer, exemplificativamente, nos casos em que seja constatada postura arbitrária ou abusiva (Section 10, e, B, 1 e 4). Tal pode se dar, a nosso ver, em situações nas quais a Administração Pública se negue a celebrar acordo com determinado interessado em situação idêntica a outra em que a solução consensual tenha sido adotada.

No tocante à publicidade dos processos decisórios da administração pública federal norte-americana, a Public Law No. 94-409, editada em 1976, ao introduzir disposições no United States Code, prevê, como regra, a necessidade de as reuniões nas quais órgãos e entidades governamentais tomem parte serem abertas ao público (§ 552b., b). No conceito de "reuniões", incluem-se aquelas agendas cujas deliberações determinem ou resultem em condução conjunta ou disposição dos assuntos relacionados ao respectivo órgão ou entidade (§ 552b., a, 2). Sendo assim, parece-nos incluído no conceito de "meetings" a apreciação de eventuais acordos por parte da administração pública.

A regra da publicidade dos atos comportará exceções em situações específicas. A título exemplificativo, isso poderá ocorrer em casos nos quais a divulgação das informações puderem privar a parte envolvida do direito de obter um julgamento justo ou imparcial (§ 552b., c, 7, B) – o que, eventualmente, poderia ocorrer na hipótese de frustração das negociações para a celebração de um acordo administrativo no âmbito de processo adjudicatório. Uma segunda hipótese em que a restrição ao acesso público seria cabível é aquela que envolva interesses do órgão ou entidade pública discutidos no âmbito de ações judiciais ou a disposição de ato adjudicatório (§ 552b., c, 10).[25] Nos casos em que se entender

---

[24] "Section 10. (...) (a) Right of review – any person suffering legal wrong because of any agency action, or adversely affected or aggrieved by such action within the meaning of any relevant statute, shall be entitled to judicial review thereof".

[25] "§ 552b. Open meetings. (...) (c) Except in case where the agency finds that the public interest requires otherwise, the second sentence of subsection (b) shall not apply to any portion of an agency meeting, and the requirements of subsections (d) and shall not apply to any information pertaining to such meeting otherwise required by this section to be disclosed to the public, where the agency properly determines that such portion or portions of its meeting or the disclosure of such information is likely to – (...) (7) disclose investigatory records compiled for law enforcement purposes, or information which if written would be contained in such records, but only to the extent that the production of such records or information would (...) (B) deprive a person of a right to a fair trial or an

necessário que a reunião ocorra de forma restrita, sem acesso ao público, deverá haver votação entre os membros da agência, cujos motivos para tanto deverão ser explicitados. A despeito de a reunião não ser aberta a público, a legislação prevê a necessidade de o órgão ou entidade manter em seus arquivos registros com o conteúdo da reunião (§ 552b., f).

Por fim, esta lei prevê a possibilidade de regulamentação, por parte dos órgãos e entidades, com relação a tais procedimentos (§ 552b., g). Além disso, eventuais abusos ou ilegalidades cometidas por parte da administração pública com o objetivo de restringir o acesso às reuniões estarão sujeitos ao controle judicial, que pode determinar que os registros de determinada reunião sejam disponibilizados aos eventuais interessados (§ 552b., h).

Diante do acima exposto, depreende-se que, embora já bastante antiga, a legislação norte-americana trouxe, a partir de uma perspectiva procedimental, as linhas gerais para a celebração de acordos administrativos pela sua Administração Pública federal, o que, certamente, foi determinante para assegurar a celebração de acordos de forma segura, previsível e em respeito aos direitos dos administrados.

3. O regime dos acordos administrativos na França

No âmbito do direito administrativo francês, não há cláusula genérica instituidora de possibilidade de celebração de acordos entre a administração pública e administrados. Nesse aspecto, de acordo com a terminologia de Juliana Bonacorsi de Palma,[26] a consensualidade presente na França seria, a nosso ver, exemplo do "modelo de previsão normativa difusa", conforme demonstrado a seguir.

De uma sucinta evolução normativa histórica, percebe-se que, no texto original da Lei 2000/321, referente aos direitos dos cidadãos no relacionamento deles junto à administração pública, não foram localizados aspectos específicos de consensualidade. No máximo, verificou-se,

---

impartial adjudication; (...) (10) specifically concern the agency's issuance of a subpoena, or the agency's participation in a civil action or proceeding, an action in a foreign court or international tribunal, or an arbitration, or the initiation, conduct or disposition by the agency of a particular case of formal agency adjudication pursuant to the procedures in section 554 of this title or otherwise involving ta determination on the record after opportunity for a hearing".

[26] *Op. cit*, p. 235.

nos arts. 34[27] e 35[28], a possibilidade de exercício de direito de escolha de regime de trabalho aplicável, na hipótese de pessoal administrativo contratado anteriormente à publicação dessa lei, por prazo indeterminado, no âmbito da administração francesa.

Em contrapartida, na Lei 2013/1005, que possibilitou ao governo buscar mecanismos para a simplificação do relacionamento entre cidadãos e administração pública, verifica-se avanços na temática da consensualidade. Nesse aspecto, no art. 1º[29], há previsão genérica acerca dos efeitos do *silêncio da administração*. Pelo dispositivo mencionado, em regra[30], o transcurso do prazo sem a manifestação formal da administração acerca do pedido formulado implicaria o deferimento da solicitação. Embora essa temática não seja de consensualidade "estrita", ela denota uma flexibilização das prerrogativas públicas – traço este essencial para

---

[27] "Article 34. I.-Les agents non titulaires de l'Etat et de ses établissements publics à caractère administratif, en fonctions à la date de publication de la présente loi et qui n'ont pas été recrutés en application des articles 3,4 ,6 et 27 de la loi nº 84-16 du 11 janvier 1984 portant dispositions statutaires relatives à la fonction publique de l'Etat, bénéficient d'un contrat à durée indéterminée lorsqu'ils assurent: (...) II.-Les personnels mentionnés au I ci-dessus peuvent demander que le contrat de travail sur la base duquel ils ont été engagés soit un contrat de droit privé soumis aux dispositions du code du travail. Les intéressés disposent d'un délai d'un an à compter de la date de publication de la présente loi pour présenter leur demande. Le bénéfice des dispositions du présent paragraphe leur est reconnu à compter de la date de leur engagement initial".

[28] "Article 35. I. – Les agents non titulaires des collectivités territoriales et des établissements publics en relevant mentionnés à l'article 2 de la loi nº 84-53 du 26 janvier 1984 portant dispositions statutaires relatives à la fonction publique territoriale, en fonctions à la date de publication de la présente loi, qui n'ont pas été recrutés en application de l'article 3 et des trois derniers alinéas de l'article 38 de la loi nº 84-53 du 26 janvier 1984 précitée, et qui assurent: (...) II. – Les agents non titulaires mentionnés au I ci-dessus peuvent demander que le contrat de travail sur la base duquel ils ont été engagés soit un contrat de droit privé soumis aux dispositions du code du travail. Les intéressés disposent d'un délai d'un an à compter de la date de publication de la présente loi pour présenter leur demande. Le bénéfice des dispositions du présent paragraphe leur est reconnu à compter de la date de leur engagement initial".

[29] "Article 1. I. – La loi nº 2000-321 du 12 avril 2000 relative aux droits des citoyens dans leurs relations avec les administrations est ainsi modifiée: (...) 2º L'article 21 est ainsi rédigé: « Art. 21.-I. – Le silence gardé pendant deux mois par l'autorité administrative sur une demande vaut décision d'acceptation".

[30] Há várias exceções, como nos casos de atos complexos e de decisões colegiadas, bem como para situações com efeitos financeiros (v. 1º a 5º de referido inciso I).

o desenvolvimento de ambiente adequado para a negociação e celebração de acordos.

No art. 3º dessa Lei 2013/1005[31], há expressa autorização a que o governo adote código para disciplinar o relacionamento entre cidadãos e a administração pública francesa. Nessa autorização, há disposição específica para que, em relacionamentos *não contenciosos*, o governo francês possa alterar as regras para reforçar a participação do público na elaboração dos atos administrativos e trazer garantia contra as mudanças regulamentares que possam afetar situações ou projetos em curso.

Essas duas temáticas – entre outras – foram retomadas pela Lei 2014/1545, referente à simplificação e ao esclarecimento do direito e do processo administrativo, que, no artigo 9.I, autorizou o governo a disciplinar modalidade de acordo voltado à ampliação da segurança jurídica do administrado: trata-se da possibilidade de solicitação de manifestação formal da administração pública acerca de interpretação da aplicação de norma jurídica[32]. Ocorre que essa disposição *não* pode ser interpretada como "modelo de previsão normativa por permissivo genérico",[33] uma vez que, na sequência, há a restrição temática dessa

---

[31] "Article 3. II. – Ce code regroupe et organise les règles générales relatives aux procédures administratives non contentieuses régissant les relations entre le public et les administrations de l'Etat et des collectivités territoriales, les établissements publics et les organismes chargés d'une mission de service public. Il détermine celles de ces règles qui sont applicables aux relations entre ces administrations et entre ces administrations et leurs agents. Il rassemble les règles générales relatives au régime des actes administratifs. Les règles codifiées sont celles qui sont en vigueur à la date de la publication de l'ordonnance ainsi que, le cas échéant, les règles déjà publiées mais non encore en vigueur à cette date. III. – Le Gouvernement est autorisé à apporter aux règles de procédure administrative non contentieuse les modifications nécessaires pour: (...) 3º Renforcer la participation du public à l'élaboration des actes administratifs; 4º Renforcer les garanties contre les changements de réglementation susceptibles d'affecter des situations ou des projets en cours".

[32] "Article 9. (...) 1º De permettre à une autorité administrative, au sens de l'article 1er de la loi nº 2000-321 du 12 avril 2000 relative aux droits des citoyens dans leurs relations avec les administrations, d'accorder, à une personne qui le demande, une garantie consistant en une prise de position formelle, opposable à l'administration, sur l'application d'une norme à sa situation de fait ou à son projet. Cette garantie a pour objet de prémunir le demandeur d'un changement d'interprétation ou d'appréciation de l'administration qui serait de nature à faire naître une créance de l'administration à son encontre, à l'exposer à des sanctions administratives ou à compromettre l'obtention d'une décision administrative postérieure nécessaire à la réalisation de son projet".

[33] PALMA, Juliana Bonacorsi de. Op. cit, p. 235.

modalidade de manifestação da administração pública a algumas matérias, como: código do consumidor, código do patrimônio e código geral da propriedade das pessoas jurídicas de direito público[34]. No artigo 9.II, a norma de 2014 apresenta algumas exigências relacionadas ao processo administrativo que dará ensejo à decisão concertada, como aspectos relacionados à instrução processual. Destaque-se também que a Lei 2014/1545, ao disciplinar temáticas urbanísticas, inseriu, no artigo 14[35], a necessidade de prévio consentimento de comunidades relacionadas à elaboração de planos locais de urbanismo.

Verifica-se que a legislação francesa consultada não estabelece permissivo genérico à celebração de acordos administrativos relacionados a particulares. Em contrapartida, nota-se a ocorrência de progressiva *abertura à participação* na tomada de decisões públicas, seja por meio, por exemplo, da atribuição de efeitos ao silêncio administrativo; ou mediante a solicitação de interpretação acerca da aplicação de normativos em abstrato, ampliando a segurança jurídica do administrado.

4. O regime dos acordos administrativos na Espanha

Conforme adianta Juliana Palma (2015, p. 235), o ordenamento jurídico-administrativo espanhol adota, no tocante aos acordos administrativos, o modelo de "previsão normativa por permissivo genérico". Este permissivo genérico está positivado no artigo 86 da Lei 39/2015, que dispõe sobre o Procedimento Administrativo Comum a todas Administrações Públicas e, que, portanto, estabelece normas gerais do processo administrativo.

[34] "Les garanties mentionnées aux 1º et 2º ne peuvent concerner que l'application des dispositions du code du travail, du code rural et de la pêche maritime, du 5 code de la consommation, du code du patrimoine, du code général de la propriété des personnes publiques, des dispositions relatives aux impositions de toute nature ou aux cotisations sociales ainsi que des codes et dispositions spécifiques à l'outre-mer dans les domaines couverts par ces codes".

[35] "Article 14. (...) « II bis.-Un établissement public de coopération intercommunale compétent en matière de plan local d'urbanisme, de document en tenant lieu ou de carte communale peut décider, le cas échéant après accord de la commune concernée, d'achever toute procédure d'élaboration ou d'évolution d'un plan local d'urbanisme, d'un document en tenant lieu ou d'une carte communale, engagée avant la date de sa création ou du transfert de cette compétence. « Le premier alinéa du présent II bis est applicable à la métropole de Lyon".

O artigo 86 da lei mencionada, no parágrafo 1, firma que as Administrações Públicas podem "celebrar acordos, pactos, convênios ou contratos" tanto com pessoas de direito público quanto de direito privado, dispondo, em vista disto, tanto sobre a negociação de acordos com particulares, quanto sobre a concertação interadministrativa.[36]

Ao continuar a redação deste parágrafo, o legislador espanhol previu expressamente a possibilidade de a Administração Pública firmar os acordos "sempre que não sejam contrários ao ordenamento jurídico nem versem sobre matérias não suscetíveis de transação e tenham por objeto satisfazer o interesse público". Desta forma, a lei espanhola, em relação aos acordos, adotou regime de vinculação negativa à lei formal de forma explícita, uma vez que conferiu discricionariedade à Administração Pública para atuar da forma como entender pertinente ao interesse público, desde que a lei não proíba.[37]

O permissivo genérico define, no parágrafo 2 complementado pelo parágrafo 5, cláusulas essenciais aos acordos administrativos, quais sejam: a) identificação das partes; b) amplitude pessoal, funcional e territorial; c) prazo de vigência (parágrafo 2); d) quantia e modo de indenização, nos casos que envolvam responsabilidade patrimonial (parágrafo 5). Em relação à publicidade, a lei confere discricionariedade ao administrador para "publicar ou não conforme sua natureza e às pessoas que forem destinadas" (Artigo 86, parágrafo 2).

Nos casos de competência direta de Conselho de Ministros ou de órgão equivalente das Comunidades Autônomas, há exigência de aprovação expressa destas autoridades (Alínea 3).

Em relação à participação democrática, não há previsão no permissivo genérico de qualquer tipo de audiência pública em casos de relevância social, nem dispõe sobre a manifestação de terceiros interessados

---

[36] Eurico Bittencourt Neto define concertação interadministrativa como aquela que "envolve os acordos firmados entre pessoas jurídicas estatais, pertencentes ao aparato jurídico-público", podendo estes acordos abranger pessoas pertencentes da Administração direta e/ou indireta (BITTENCOURT NETO, Eurico, 2017, p. 199).

[37] A concepção adotada pela lei espanhola está em acordo com a perspectiva de Juliana Bonacorsi Palma, quando a autora escreve sobre vinculação negativa à lei formal na celebração de acordos administrativos: "No tema da consensualidade reconhece-se a vinculação negativa à lei formal. Como consequência, é discricionária a decisão do Poder Público de disciplinar em norma a atuação administrativa concertada para que possa satisfazer as finalidades públicas por meio de acordos administrativos" (*Op. cit.*, p. 273).

especificamente em relação aos acordos. Há, na lei, por exemplo, previsão de audiências públicas no procedimento de elaboração de normas (artigo 133), mas não há disposição expressa especificamente em relação aos acordos no artigo 86.

Embora o permissivo genérico abra margem ampla para realização dos mais diversos tipos de acordos, o artigo 86, no parágrafo 1, prevê expressamente a pactuação de acordos administrativos substitutivos, uma vez que declara que os acordos poderão ser "finalizadores dos processos administrativos". Em consonância com esta disposição, o artigo 114, parágrafo 1, alínea d, da mesma lei, estabelece que põem fim à via administrativa "os acordos, pactos, convênios ou contratos" que sejam finalizadores de procedimentos.

5. O regime dos acordos administrativos em Portugal

Nos termos da classificação proposta por Juliana Bonacorsi de Palma (2015, p. 235), pode-se dizer que a lei geral que trata do procedimento administrativo de Portugal, Código de Procedimento Administrativo (Decreto-lei n. 4/2015, de 07 de janeiro de 2015), encontra-se um permissivo genérico para a realização de acordos e de ajustes envolvendo as autoridades administrativas.

A Lei nº 42/2014 de 11 de julho que autorizou o Governo Português a aprovar o novo Código do Procedimento Administrativo estatuiu que as disposições do novo Código são aplicáveis à conduta de quaisquer entidades, independentemente da sua natureza, adotada no exercício de poderes públicos ou regulada de modo específico por disposições de direito administrativo e institui como princípios gerais da atividade administrativa a colaboração com os particulares e a participação.

Consagra acordos endoprocedimentais[38] através dos quais, no âmbito da discricionariedade procedimental, o órgão competente para a decisão final e os interessados podem convencionar os termos do procedimento tudo para obter a eficiência, a economicidade e a celeridade da atividade administrativa, incluindo o seu conceito e modalidade, a sua

---

[38] Segundo a classificação de KIRKBY, os acordos endoprocedimentais são aqueles celebrados no decurso de um procedimento administrativo que pode ser: 1. acordos dirigidos a definição consensual da parte ou totalidade do conteúdo discricionário do ato administrativo final do procedimento. 2. Acordos de tramite procedimental integrativos de procedimento (KIRKBY, Mark Bobela-Mota, 2011, p. 280).

instituição, os atos praticados na conferência procedimental, sua realização, audiência dos interessados e conclusão da conferência.

Prevê o direito de audiência prévia dos interessados, o modo do seu exercício, a notificação para a audiência, incluindo o projeto de decisão e demais elementos necessários para que os interessados possam conhecer todos os aspetos relevantes para a decisão, em matéria de fato e de direito. Consagra ampla participação das partes interessadas na legislação e na realização de acordos para solução de controvérsias.

O Decreto-lei n. 4/2015 de 07 de janeiro de 2015, começou por incluir o princípio da boa administração, indo ao encontro ao que era sugerido pelo direito comparado, com essa ou outra designação, e a sugestões da doutrina. Integraram-se nesse princípio os princípios constitucionais da eficiência, da aproximação dos serviços das populações e da desburocratização (artigo 5º).

Concedeu maior densidade ao princípio da colaboração com os particulares (art. 11).

Chega a reconhecer, a partir de uma visão mais moderna do direito administrativo, quando da identificação dos sujeitos da relação jurídica procedimental, o paralelismo entre particulares e Administração, como simultâneos titulares de situações jurídicas subjetivas que disciplinam as situações da vida em que ambos intervêm no âmbito do procedimento administrativo.

No nº 2 do artigo 57º, além de se deixar absolutamente claro o caráter jurídico dos vínculos resultantes da contratação de acordos endoprocedimentais, configura-se uma possível projeção participativa procedimental da contradição de pretensões de particulares nas relações jurídico administrativas multipolares ou poligonais.

A matéria das Secções I e II, capítulo II, é tratada sob uma perspectiva procedimental, que coloca em paralelo a Administração, os particulares e as pessoas de direito privado em defesa de interesses difusos, como simultâneos titulares de situações jurídicas subjetivas que disciplinam as situações da vida em que todos intervêm e que são objeto das relações jurídicas procedimentais.

Trouxe em suas justificativas, que a democratização do procedimento importa que os particulares e a Administração nele apareçam face a face, enquanto titulares de situações subjetivas ativas e passivas recíprocas. Isso não significa uma igualização, porque, ao passo que os particulares detêm direitos, a Administração exerce um poder público. Mas os particulares não são reduzidos a objeto daquele poder, nem meramente afetados, positiva ou negativamente, pelo modo como sobre eles se refletem as consequências da respetiva concretização. Pelo contrário, a par de efeitos materiais, existem efeitos jurídicos, bem como pretensões de estofo jurídico quanto ao modo do respetivo exercício.

De outro lado já previa o Código dos Contratos Públicos (CCP), aprovado pelo Decreto-Lei n. 18/2008, de 29 de janeiro, uma margem de livre decisão para regulação de procedimentos de natureza de procedimentos pré-contratuais públicos, com um permissivo genérico para a realização de acordos, notadamente no art. 1.6 que dispõe:

> Artigo 1 item. 6 – Sem prejuízo do disposto em lei especial, reveste a natureza de contrato administrativo o acordo de vontades, independentemente da sua forma ou designação, celebrado entre contraentes públicos e co-contratantes ou somente entre contraentes públicos, que se integre em qualquer uma das seguintes categorias:
> a) Contratos que, por força do presente Código, da lei ou da vontade das partes, sejam qualificados como contratos administrativos ou submetidos a um regime substantivo de direito público;
> b) Contratos com objecto passível de acto administrativo e demais contratos sobre o exercício de poderes públicos;
> c) Contratos que confiram ao co-contratante direitos especiais sobre coisas públicas ou o exercício de funções dos órgãos do contraente público;
> d) Contratos que a lei submeta, ou que admita que sejam submetidos, a um procedimento de formação regulado por normas de direito público e em que a prestação do co-contratante possa condicionar ou substituir, de forma relevante, a realização das atribuições do contraente público.

Assim, por referido dispositivo mesmo as entidades instrumentais da Administração Pública ficam sujeitas às regras dos procedimentos pré-contratuais públicos, sujeitando a aplicação para qualquer pessoa coletiva que, independentemente da sua natureza pública ou privada, tenha sido criada especificamente para satisfazer necessidades de interesse geral, sem carácter industrial ou comercial, e que seja financiada maioritariamente pelas entidades adjudicantes do sector público administrativo tradicional.

Em relação aos procedimentos pré-contratuais, o CCP já previu desde 2008: ajuste direto. (art. 28), negociação (art. 29) com publicação prévia de anúncio, concurso público, concurso limitado por prévia qualificação e diálogo concorrencial(art. 30); introduz uma maior exigência ao nível da qualificação dos candidatos, em sede de concurso limitado e de procedimento de negociação, criando dois modelos de qualificação: (i) o modelo simples, que corresponde à verificação do preenchimento de requisitos mínimos de capacidade técnica e de capacidade financeira fixados no programa do procedimento; e (ii) o modelo complexo, que assenta num sistema de seleção de um número pré-definido de candidatos qualificados segundo o critério da maior capacidade técnica e financeira, através da utilização de um rigoroso modelo de avaliação das respectivas candidaturas; aposta nas novas tecnologias de informação; acolhe a quase totalidade das mais recentes novidades introduzidas pelas diretivas comunitárias em matéria de contratação pública, de entre as quais se destacam: o procedimento de diálogo concorrencial, os leilões electrónicos, os acordos quadro, as centrais de compras e os sistemas de aquisição dinâmicos.

Prevê que procedimento de diálogo concorrencial pode ser adoptado quando o contrato a celebrar, qualquer que seja o seu objeto, seja particularmente complexo, impossibilitando a adopção do concurso público ou do concurso limitado por prévia qualificação. (art. 30 do DL 18/2008).

A adopção do procedimento de diálogo concorrencial destina-se, assim, a permitir à entidade adjudicante debater, com os potenciais interessados na execução do contrato a celebrar, os aspectos carecidos de definição.

O CCP acolhe também a figura do acordo quadro (artigos 251 a 259) a celebrar pelas entidades adjudicantes, isolada ou conjuntamente, com uma única entidade (quando se encontrem suficientemente especificados todos os aspectos da execução dos contratos a celebrar ao seu abrigo) ou com várias entidades (quando o acordo quadro tenha por objeto a aquisição futura de diferentes lotes ou quando os aspectos da execução dos contratos a celebrar ao seu abrigo não estejam todos contemplados ou não se encontrem suficientemente especificados).

O CCP prevê ainda que as entidades adjudicantes possam criar centrais de compras (art. 260 a 266), igualmente sujeitas às disposições

CPP, destinadas a, dentre outras possibilidades, celebrar acordos quadro, também designados por contratos públicos de aprovisionamento, que permitam a posterior formação de contratos ao seu abrigo, por ajuste direto, por parte das entidades adjudicantes.

Como se observa do texto de Suzana Tavares da Silva,[39] hoje a administração por compromissos é uma realidade em Portugal, existindo um fenômeno de desconstrução do direito administrativo, com uma perda de centralidade do princípio da legalidade formal, atenção à interesses e a existência de um contratualismo generalizado da administração pública, que a traz mais próxima dos cidadãos.

6. O regime dos acordos administrativos na Alemanha

A Lei Alemã do Procedimento Administrativo (*Verwaltungsverfahrengesetz – VwVfG*), de 1976, foi um diploma influenciador na Europa continental, notadamente, no direito português: primeiro, no Código de Procedimento Administrativo, de 1991, e, recentemente, no novo Código de Procedimento Administrativo, de 2015.

No âmbito do Direito Português, digna de nota foi a incorporação do modelo do *contrato de direito público* alemão, a permitir contratos cujo objeto poderia ser instrumentalizado via ato administrativo (art. 57), bem assim, de acordos endoprocedimentais (art. 127), isto é, realizados no bojo de um procedimento administrativo.

A edição da VwVfG consagra o desenvolvimento de uma teoria de Estado, na Alemanha, cuja origem remonta ainda ao final do século XIX e início do século XX, com autores destacados na teoria administrativista (von Stein, Mayer, Laband, Jellinek e Forsthoff, dentre outros). Essa doutrina ascende ao cabo da unificação do Estado alemão e da superação da busca incessante de liberdade e unidade, que acompanhou a formação do Estado alemão, durante todo o século XIX.[40] A concepção dessa construção doutrinária é forte na regulação da atividade estatal, vinculando a sua atuação à regência da lei. A partir da década de 60, do séc. XX, o estudo do Estado se abre à complexidade recém demandada

---

[39] TAVARES DA SILVA, Suzana, *A nova dogmática do Direito Administrativo. O Caso da administração por compromissos*, pág. 942 e pág. 896.

[40] Michael Stolleis revela que, nesse período, forte na concepção do Rechtsstaat, isto é do Estado baseado na Lei, a academia alemã viu florescer o Direito Constitucional e surgir a discussão de um Direito Administrativo (*A history of Public Law in Germany*, 2013, p. 8).

da Administração, que, para atender a contento à plêiade de novas funções e necessidades dela reclamada, viu ampliar as suas estruturas orgânicas e experimentou uma evolução da administração por autoridade, complementada por uma administração infraestrutural e constitutiva.[41] O estopim para a edição da VwVfG foi o 43º Congresso de Juristas Alemães, no qual se convencionou a necessidade de uma codificação do Direito Administrativo Procedimental, vinculada à nova realidade do Estado.[42] Feita essa introdução, passa-se aos principais pontos da VwVfG.

Em primeiro lugar, a lei não alcança regulamentos administrativos, atendo-se ao procedimento de formação do ato ou do contrato administrativo, destacados no §9º da VwVfG, onde se define o conceito de procedimento administrativo[43].

Outra observação importante diz com a ausência de formalismo, elevada à regra geral pelo §10º da Lei, a consagrar não apenas a inexistência de uma forma padrão, como também os preceitos da *simplicidade, oportunidade e celeridade*[44]. Contudo, é relevante mencionar que, a despeito da regra geral, a própria VwVfG contempla diversas exceções, nas quais há um procedimento formal especificamente previsto no texto legal.[45]

A promessa (*Zusage*) feita pelo agente público recebe caráter vinculativo pelo § 38 da VwVfG, que atribui efeitos jurídicos à promessa formalizada por escrito pela autoridade administrativa, no sentido da prática – ou não prática – de um ato, no futuro.

Uma vez assumida pelo agente, atendida a forma escrita e, quando necessário, a audiência prévia de interessados, a promessa se reveste de vontade vinculativa desse agente, sujeitando-se, ademais, à normativa estabelecida pela VwVfG para a nulidade, anulação e revogação do

---

[41] CORREIA, Jorge Alves; ISENBERG, Andreas. *Lei Alemã de Processo Administrativo*, p. 13.

[42] *Idem ibidem*, p. 15-16.

[43] Para efeitos do disposto na presente Lei, entende-se por procedimento administrativo toda a atuação das autoridades administrativas que visa produzir efeitos jurídicos externos e tem como fim a verificação dos pressupostos, a preparação e a emissão de um ato administrativo ou a celebração de um contrato administrativo; ele abrange a emissão do ato administrativo ou a celebração do contrato administrativo. (tradução por CORREIA; ISENBERG, 2016, p. 35).

[44] O procedimento administrativo não se encontra sujeito a formas determinadas, salvo quando normas legais disponham o contrário; o procedimento deve ser desenvolvido de acordo com os critérios de simplicidade, oportunidade e celeridade. (tradução por CORREIA; ISENBERG, 2016, p. 35).

[45] *Idem ibidem*, p. 36.

ato administrativo. A única forma de desvinculação da promessa ocorre quando as "circunstâncias de facto ou de direito se alterarem, após a assunção da promessa, de tal modo que a autoridade, em face do conhecimento da alteração superveniente, não a teria assumido ou não a poderia ter assumido por razões de direito"[46].

O permissivo para a celebração de acordos é dado, de modo genérico, pelos §§ 54 e 55 da VwVfG, que versam sobre o *contrato de direito público*. Aqui, cumpre esclarecer que o diploma alemão adota uma concepção ampla de contrato administrativo, que extrapola a noção tradicional de um contrato patrimonial, sinalagmático (previsto de modo específico pelo § 56). Nesse sentido, o § 54[47] encerra, expressamente, o contrato como um substituto do ato administrativo, isto é, permite-se que a produção de uma ação administrativa originalmente sujeita à feição unilateral do ato possa ser substituída por uma decisão concertada, com a participação do particular. Em termos mais específicos, o § 55[48] consigna o *contrato de transação*, substituto do ato administrativo e que se destina

---

[46] (1) Uma promessa assumida pela autoridade competente no sentido de praticar ou não praticar posteriormente um certo ato administrativo (promessa administrativa) deve revestir a forma escrita a fim de produzir efeitos jurídicos. Se, antes da prática do ato administrativo prometido, for necessária, por força de uma disposição lega, a audiência de interessados ou a intervenção de uma outra autoridade ou órgão colegial, a promessa apenas pode ser assumida após a audiência dos interessados ou após a intervenção daquela autoridade ou daquele órgão colegial. (2) É aplicável, por analogia, à ineficácia da promessa o § 44, sem prejuízo da frase 1 da alínea (1); à ratificação de vícios na audiência de interessados e na intervenção de outras autoridades ou órgãos colegiais, os números 3 a 5 da alínea (1) e a alínea (2) do § 45; à anulação, o § 48; à revogação, o § 49, sem prejuízo da alínea (3). (3) A autoridade deixa de se encontrar vinculada à promessa quando as circunstâncias de facto ou de direito se alterarem, após a assunção da promessa, de tal modo que a autoridade, em face do conhecimento da alteração superveniente, não a teria assumido ou não a poderia ter assumido por razões de direito.

[47] Pode, através de contrato, constituir-se, modificar-se ou extinguir-se uma relação jurídica no âmbito do direito público, salvo quando outra coisa resultar de disposições legais. Em particular, a autoridade, em vez de emitir um ato administrativo, pode celebrar um contrato de direito público com aquele que, de outro modo, seria o destinatário do ato administrativo. (tradução por Correia; Isenberg, 2016, p. 73-74).

[48] Pode ser celebrado um contrato de direito público na acepção da frase 2 do § 54, através do qual uma incerteza sobre a apreciação razoável de uma situação de facto ou de direito se elimina por cedências recíprocas ('Vergleich' – transação), se a autoridade considerar, segundo discricionariedade adequada, que o recurso à transação é conveniente para pôr termo ao estado de incerteza. (tradução por Correia; Isenberg, 2016, p. 74).

a sanear disputas e incertezas sobre uma situação de fato ou de direito, mediante cessões recíprocas entre as partes. A decisão pela transação cabe à Administração, que poderá adotar esse expediente após juízo discricionário que demonstre a conveniência da sua utilização.

Vê-se, portanto, que a Alemanha adotou o modelo de permissivo genérico (conforme a classificação Juliana Bonacorsi de Palma) para a celebração de acordos administrativos, pressupondo uma autorização de caráter geral e não por meio de disposições difusas.[49]

REFERÊNCIAS

ALFONSO, Luciano Parejo. Los Actos Administrativos Consensuales en el Derecho Español. A&C Revista de Direito Administrativo e Constitucional, Belo Horizonte, ano 3, n. 13, jul./set. 2003.

BASILAVECCHIA, Massimo. Autorità e consenso: un confronto tra azione amministrativa e azione impositiva. In: MATTEUCCI, Stefano Civitarese; FREDERICO, Lorenzo del. Azione amministrativa ed azione impositiva tra autorità e consenso. Milano: FrancoAngeli, 2010.

BITTENCOURT NETO, Eurico. Concertação administrativa interorgânica. São Paulo: Almedina, 2017.

CORREIA, Jorge Alves; ISENBERG, Andreas. Lei Alemã de Processo Administrativo. Guias de leitura e anotações. Coimbra: Almedina, 2016.

GARDINI, Gianluca. Azione amministrativa e azione impositiva tra autorità e consenso. In: MATTEUCCI, Stefano Civitarese; FREDERICO, Lorenzo del. Azione amministrativa ed azione impositiva tra autorità e consenso. Milano: FrancoAngeli, 2010.

GIANNINI, Massimo Severo. El Poder Publico: Estados y Administraciones Publicas. Madrid: Civitas, 1991.

KIRKBY, Mark Bobela-Mota. Contratos sobre o exercício de poderes públicos. Coimbra: Coimbra Editora, 2011.

SOUZA, Luciane Moessa de. Meios consensuais de solução de conflitos envolvendo entes públicos e a mediação de conflitos coletivos. Tese (Doutorado em Direito). 2010. 607 f. Centro de Ciências Jurídicas da Universidade Federal de Santa Catarina, Universidade Federal de Santa Catarina, Florianópolis.

OLIVEIRA, Gustavo Henrique Justino de. Contrato de gestão. São Paulo: Revista dos Tribunais, 2008.

PALMA, Juliana Bonacorsi de. Sanção e acordo na Administração Pública. São Paulo: Malheiros, 2015.

---

[49] PALMA, Juliana Bonacorsi de, 2015, p. 235.

PATTI, Loredana. Gli accordi tra i privati e la pubblica amministratizione. Tese (Doutorado em Direito). 2011. 230 f. Facoltà di Scienze Politiche, Università degli Studi di Catania, Catania, Itália.

SCIULLO, Girolamo. Teoria e dogmatica degli accordi amministrativi. In: MATTEUCCI, Stefano Civitarese; FREDERICO, Lorenzo del. Azione amministrativa ed azione impositiva tra autorità e consenso. Milano: FrancoAngeli, 2010.

STOLLEIS, Michael. A history of Public Law in Germany. 1914-1945. Oxford: Oxford University Press, 2004.

TAVARES DA SILVA, Suzana, A nova dogmática do Direito Administrativo: o Caso da administração por compromissos. In: Gonçalves, Pedro (Org.). Estudos de contratação pública – I. Coimbra: Coimbra Editora, 2008, p. 893-942.

PARTE II
Os Acordos Administrativos na Prática

PARTE II
Os Acordos Administrativos na Prática

1. Acordo entre Bancos e Poupadores
– Prática Vencedora do Prêmio Innovare

CHRISTIANA BEYRODT CARDOSO
DANIEL SANTA BÁRBARA ESTEVES
JÔNATAS HENRIQUES BARREIRA
NEWTON ANTÔNIO PINTO BORDIN

1. Contextualização e Narrativa do Caso

No final dos anos 1980 e início dos anos 1990, foram implementados pela União diversos planos econômicos voltados à estabilização econômica e à contenção da inflação, dentre eles os Planos Cruzado, Bresser, Verão, Collor I e Collor II. Desde meados dos anos 1990, passaram a se avolumar as ações judiciais propostas em nome de titulares de cadernetas de poupança daquele período, com o propósito de reaver dos bancos diferenças entre os índices de correção monetária aplicados às cadernetas de poupança, seguindo o quanto determinado nos referidos planos e o índice inflacionário real dos mesmos períodos.

Os autores dessas demandas sustentam que os referidos planos, a pretexto de reformar padrões monetários, desfiguraram artificialmente os indexadores de atualização da moeda, com o propósito de reduzir a dívida pública (atualizada pelos referidos indexadores) e beneficiar as instituições financeiras, que se apropriaram dos rendimentos reais dos poupadores. Em contrapartida, os bancos defendem que se limitaram a cumprir as determinações legais editadas à época, não podendo ser responsabilizados por eventuais prejuízos causados pelo Estado, na condição de definidor da política financeira.

2. Da disputa, dos atores principais e do posicionamento das partes em juízo

A maior parte das demandas coletivas foi proposta por entidades de defesa do consumidor, com duas naturezas distintas: (i) ações ordinárias para a defesa dos interesses ou direitos individuais homogêneos, nos termos do art. 82, IV do Código de Defesa do Consumidor, e (ii) ações civis públicas, fundamentadas no art. 5º, V, da Lei n. 7.347/1985. Após o decurso do período prescricional para a propositura de novas demandas, encontravam-se no Judiciário mais de um milhão de ações individuais e coletivas[1], formando o caso que foi referido como o "maior episódio de litigiosidade repetitiva de nossa história[2]".

Após mais de vinte anos de trâmite das ações pelos tribunais brasileiros, tanto as instâncias ordinárias como o Superior Tribunal de Justiça (STJ) passaram a consolidar entendimento favorável aos poupadores. No âmbito do Supremo Tribunal Federal (STF), diversas decisões reiteraram o entendimento de que "as normas infraconstitucionais que modificaram os rendimentos da caderneta de poupança não podem atingir contratos de adesão, firmados entre poupador e estabelecimento bancário"[3].

Diversas ações transitaram em julgado e passaram a ser executadas pelas entidades de defesa do consumidor e por poupadores individuais. Em contrapartida, pelo menos 4 ações coletivas chegaram ao STF via

---

[1] Vide VITORELLI, Edilson. Acordo coletivo dos planos econômicos e por que ele não deveria ser homologado. **Jota**, [S.l.], 15 jan. 2018. Disponível em: https://www.jota.info/artigos/acordo-coletivo-dos-planos-economicos-e-por-que-ele-nao-deveria-ser-homologado-16012018. Acesso em: 30 mar. 2019.

[2] Trecho do voto do Min. Rel. Ricardo Lewandowski na decisão de homologação de acordo na ADPF n. 165/DF (BRASIL. Supremo Tribunal Federal. Arguição de Descumprimento de Preceito Fundamental 165 Distrito Federal. Relator: Min. Ricardo Lewandowsky. **Diário Oficial de Justiça**, Brasília, DF, 15 fev. 2018, p. 9).

[3] Página 1 do Parecer n. 1958 da PGR, apresentado nos autos da ADPF n. 165/2009. Nos termos do Parecer, "A questão está de tal forma pacificada no STF que as decisões a respeito do tema são tomadas monocraticamente (...)" (BRASIL. Ministério Público Federal. Procuradoria-Geral da República. Parecer 1958 PGR. **Diário Oficial de Justiça**, Brasília, DF, 13 abr. 2010, p. 1).

Recursos Extraordinários, todas definidas para julgamento em sede de repercussão geral: (1) RE 591.797, Rel Min. Dias Toffoli, que diz respeito a valores não bloqueados do Plano Collor I; (2) RE 626.307, Rel. Min. Dias Toffoli, referente a expurgos inflacionários decorrentes dos Planos Bresser e Verão; (3) RE 631.363, Rel. Min. Gilmar Mendes, sobre a correção monetária de valores bloqueados pelo Banco Central do Brasil no contexto do Plano Collor I; e (4) RE 632.212, Rel. Min. Gilmar Mendes, relativo aos expurgos inflacionários do Plano Collor II.

Em 2009, a Confederação Nacional do Sistema Financeiro Nacional ingressou com a Arguição de Descumprimento de Preceito Fundamental 165, arguindo fundamentalmente que as normas que alteram a política monetária incidem imediatamente sobre os contratos em execução, não se sobrepondo às mesmas as limitações do ato jurídico perfeito e do direito adquirido. Deduz, ainda, a pretensão de ver solucionada suposta divergência jurisprudencial a respeito do tema.

Embora respeitáveis autores (cabendo citar Ives Gandra da Silva Martins[4] e Edilson Vitorelli, 2018) e a própria Procuradoria-Geral da República[5] entendam que referida divergência deixou de existir menos de 10 anos após a propositura da ação, fato é que as controvérsias veiculadas em 4 Recursos Extraordinários adquiriram status de casos sujeitos a julgamento com efeito de repercussão geral.

Para mais além do contingente de ações que passaram a ocupar a pauta do Judiciário, o caso despertava atenções e opiniões em virtude das cifras que eventual julgamento em favor dos poupadores poderia atingir. Em Nota Técnica apresentada em memoriais do Banco Central do Brasil à PGR, o BCB chama a atenção para o potencial impacto macroeconômico do caso, sustentando que eventual posicionamento definitivo do Judiciário em desfavor dos bancos poderia resultar em custo de R$105 bilhões (com data-base de 2008), dos quais 1/3 recairia sobre a Caixa Econômica Federal, o que representaria três vezes o patrimônio líquido dessa instituição financeira.

---

[4] MARTINS, Ives Gandra da Silva. ADPF 165: Política Monetária versus o Direito de Propriedade. **Justiça & Cidadania**, Rio de Janeiro, 9 jun. 2014. Disponível em: https://www.editorajc.com.br/adpf-165-politica-monetaria-versus-o-direito-de-propriedade/. Acesso em: 30 mar. 2019.

[5] Parecer n. 1958 da PGR, apresentado nos autos da ADPF n. 165/2009.

3. Da solução encontrada para a composição do litígio

Em dezembro de 2017, ao termo de um processo de mediação realizada pela Advocacia-Geral da União, o Instituto Brasileiro de Defesa do Consumidor (IDEC), a Frente Brasileira pelos Poupadores (FEBRAPO), a Federação Brasileira de Bancos (FEBRABAN), a Confederação Nacional do Sistema Financeiro (CONSIF) e, ainda, outras instituições, firmaram transação amigável, na qual os bancos se comprometeram a pagar aos poupadores os valores correspondentes aos Expurgos Inflacionários de Poupança relativos aos Planos Econômicos Bresser, Verão e Collor II, tendo como contrapartida a extinção das ações judiciais individuais daqueles que aderirem ao instrumento negocial. As partes pactuaram que, no tocante ao Plano Collor I, não deveria haver pagamento algum.

Diversas reportagens a respeito do referido acordo dão conta de que seu pagamento importará custos da ordem de R$ 12 bilhões para o conjunto dos bancos[6]. Entretanto, não há referência no instrumento de Acordo Coletivo quanto ao percentual de desconto negociado entre as associações de defesa dos consumidores e as instituições financeiras, ou seja, qual é a diferença entre os valores pedidos pelas associações e os montantes finalmente acordados.

Não se encontram informações a respeito de audiências públicas, convites aos poupadores para acompanhar reuniões de negociação, ou outros meios de participação ao longo do referido processo.

4. Do modelo jurídico adotado e detalhes do acordo

O acordo coletivo foi homologado pelo STF nos autos da ADPF 165 e também dos Recursos Extraordinários 631.363, 632.212, 591.797 e 626.307. Nas mesmas decisões homologatórias, os respectivos processos foram sobrestados por 24 meses, período definido no Acordo para que os interessados fizessem sua adesão. O STF, no entanto, advertiu que, ao homologar o acordo, não estava chancelando nenhuma tese ou interpretação dada à lei, mas tão somente resolvendo um incidente processual, com a finalidade de proporcionar maior efetividade à tutela jurisdi-

---

[6] Vide STF homologa acordo dos planos econômicos. **Migalhas**, [S.l.], 1 mar. 2018. Disponível em https://www.migalhas.com.br/Quentes/17,MI275457,41046-STF+homologa+acordo+dos+planos+economicos. Acesso em: 30 mar. 2019.

cional[7]. O Banco Central do Brasil e a Procuradoria-Geral da República se manifestaram favoravelmente à homologação do acordo.

Dentre as cláusulas discutidas na homologação do acordo na ADPF, estão as subcláusulas 8.1. e 8.2.[8], que preveem que a adesão individual de poupadores deverá ocorrer em até 24 meses contados da homologação pelo STF, e que depois desse prazo os litígios individuais nos quais não tenha havido adesão ficarão sujeitos ao prosseguimento normal.

Argumentou-se que as cláusulas 8.1. e 8.2. seriam uma punição e um instrumento compulsório aos poupadores individuais que não aderissem ao acordo, uma vez que haveria a suspensão por 24 meses das ações individuais. O STF, todavia, na homologação no âmbito da ADPF, interpretou as cláusulas no sentido de que estas não previam a suspensão das ações durante o prazo de adesão ao acordo, mas tão somente estipulavam que, após 24 meses, não seria mais possível aderir ao acordo.

5. Consequências do Acordo

As entidades participantes do acordo foram agraciadas com o Prêmio Innovare, porque puseram fim a mais de 1 milhão de ações judiciais dis-

---

[7] BRASIL. Supremo Tribunal Federal. Arguição de Descumprimento de Preceito Fundamental 165 Distrito Federal. Relator: Min. Ricardo Lewandowsky. **Diário Oficial de Justiça**, Brasília, DF, 15 fev. 2018, p. 6-7.

[8] Cláusula Oitava – DA VIGÊNCIA DO ACORDO
8.1. A adesão individual de poupadores deverá ocorrer em até 24 (vinte e quatro) meses contados da implementação da condição suspensiva tratada em 6.3, acima.
8.2. Decorrido o prazo estabelecido no item anterior, os litígios individuais nos quais não tenha havido adesão a este ACORDO pelo respectivo autor ficam sujeitos ao prosseguimento normal das demandas para solução judicial que vier a ser adotada, sem, contudo, sofrer os efeitos deste ACORDO.
O subitem 6.3 faz referência ao subitem 6.2, cuja redação é a que segue:
Cláusula Sexta – DA INSTRUMENTALIZAÇÃO DO ACORDO
(...)
6.2. O instrumento que corporifica os termos deste ACORDO, após assinado pelas Partes, será levado para homologação pelo Supremo Tribunal Federal e, após a publicação de tal decisão, este ACORDO será: a) levado a registro perante o Cartório do 1º Ofício de Notas e Protesto de Títulos de Brasília, situado na Capital Federal, em até 48 (quarenta e oito) horas; e b) apresentado nos autos das ações civis públicas aqui referidas, para homologação e para que produza os efeitos de direito.
6.3. Os efeitos deste ACORDO ficam suspensos até que haja a decisão do Supremo Tribunal Federal mencionada em 6.2, acima.

cutindo perdas de poupadores nos planos econômicos. Segundo a página do Instituto Innovare, "a inovação deste acordo foi a possibilidade de toda a categoria jurídica de poupadores se ver representada por entidades como o Instituto Brasileiro de Defesa do Consumidor (Idec) e a Frente Brasileira Pelos Poupadores (Febrapo) e encontrar, após as sessões de mediação, uma proposta alçada por todos os bancos negociantes, supervisionados pelas autoridades regulatórias do setor"[9].

Não obstante a homologação do acordo e o consequente sobrestamento, por 24 meses, de ações relacionadas aos expurgos inflacionários, há informação, de novembro de 2018, de que houve baixa adesão aos termos da homologação, o que não teria tingido sequer 15% dos poupadores aptos a realizarem a opção negociada plurilateralmente.

6. Questões-problema do Caso

1. O acordo respeitou o princípio da representação adequada?

   1.1. No âmbito da negociação, teria havido adequada representação formal? As instituições negociadoras respeitaram os pressupostos de legitimidade na condução das tratativas?

2. O STF, ao sobrestar os processos quando da homologação do acordo, considerou as consequências práticas dessa decisão (art. 20 da LINDB)?

"Art. 20. Nas esferas administrativa, controladora e judicial, não se decidirá com base em valores jurídicos abstratos sem que sejam consideradas as consequências práticas da decisão.
Parágrafo único. A motivação demonstrará a necessidade e a adequação da medida imposta ou da invalidação de ato, contrato, ajuste, processo ou norma administrativa, inclusive em face das possíveis alternativas."

3. É admissível a celebração de acordo em processo constitucional em sede de controle de constitucionalidade abstrato, haja vista o caráter objetivo deste processo?

---

[9] INOVARE. Acordo Nacional entre Poupadores e Bancos sobre os Planos Econômicos. Qual a principal inovação da sua prática? **Instituto Inovare**, Rio de Janeiro, [S.d.]. Disponível em: https://www.premioinnovare.com.br/praticas/acordo-nacional-entre-poupadores-e-bancos-sobre-os-planos-economicos. Acesso em: 30 mar. 2019.

4. Considerando que:

i) a lei de mediação dispõe "Art. 1º Parágrafo único. Considera-se mediação a atividade técnica exercida por **terceiro imparcial** sem poder decisório, que, **escolhido ou aceito pelas partes**, as auxilia e estimula a identificar ou desenvolver soluções consensuais para a controvérsia."
ii) a lei de mediação dispõe que "Art. 2º A mediação será orientada pelos seguintes princípios:
I – **imparcialidade do mediador;**
II – **isonomia entre as partes;**
III – oralidade;
IV – informalidade;
V – **autonomia da vontade das partes;**
VI – busca do consenso;
VII – confidencialidade;
VIII – boa-fé."
iii) que o acordo dispõe que a AGU conduziu trabalho de mediação.
iv) que a AGU atuou nas ações na defesa da União, na medida em que os maiores devedores nas ações de expurgos inflacionários sobre cadernetas de poupança eram a Caixa Econômica Federal e o Banco do Brasil, controlados pela União.

4.1 Poderia a AGU validamente atuar como mediadora do conflito?

5. O Ministro Gilmar Mendes em novembro de 2018 determinou a suspensão nacional dos processos sobre cobrança de diferenças de correção monetária em depósitos de poupança decorrentes de expurgos inflacionários relacionados aos Planos pelo período de 24 meses, mesmo período que os poupadores têm para decidir se aderem ao acordo coletivo homologado em fevereiro de 2018 nos autos do Recurso Extraordinário (RE) 632.212, tudo diante da argumentação do Banco do Brasil e **da AGU** que trouxeram aos autos os argumentos de que **o prosseguimento das liquidações e do cumprimento das sentenças têm desestimulado a adesão dos poupadores, refletindo o insignificante número de adesões pelos clientes do BB**, bem como que isto prejudica o objetivo do acordo, que é garantir o direito dos cidadãos, e facilitar o pagamento da dívida pelas instituições financeiras e manter a estabilidade do Sistema Financeiro Nacional.

5.1. Pode-se afirmar que a decisão de suspender os processos está alinhada ao princípio norteador da mediação previstos em lei da autonomia da vontade das partes?

5.2. Pode-se afirmar que, com o sobrestamento dos processos, foi respeitado no caso o princípio constitucionalmente garantido de acesso à justiça, previsto no art. 5º, XXXV, da CF, mesmo que entendido como acesso à ordem jurídica justa?

5.3. Ao retomar, em 2009, texto clássico contrário aos ADRs, Owen Fiss argumentou que haveria uma restrição ao uso do poder judicial para que o juiz insistisse na realização de um acordo entre as partes[10]. Em que medida as decisões dos Min. Mendes e Toffoli, de sobrestarem por 24 meses as ações judiciais em curso, para incentivarem a adesão ao acordo, extrapolou o exercício da função judicial?

6. Para Samuel Issacharoff e Robert Klonoff, a evolução das *class actions* e a atuação de escritórios especializados nesses litígios, indicam que os ADRs oferecem algum *valor* de justiça nas sociedades de massa, ao pacificar controvérsias que poderiam ser objeto de uma infinidade de ações individuais no sistema judicial[11].

6.1. Em que medida esse acordo de poupadores representou uma *pacificação* quanto aos litígios existentes, considerando-se a relativamente baixa adesão, o fato de ter sido celebrado passados cerca de 30 anos do primeiro dos planos econômicos impugnados e com a maior parte das ações *já* nas instâncias superiores do Judiciário brasileiro?

---

[10] "Judges sit to try cases and to make findings of fact and conclusions of law. Only after hearing witnesses, examining the relevant documents, and sorting out the truth of the lawyers' claims about the facts and law does a judge have a basis to declare what justice requires: to determine whether the law has been violated and if so, what remedy should be imposed. The strictures of public reason not only confer authority, but also limit it, and thus ban the use of judicial power to insist upon, or even promote, settlement in the way that Judge Green did. Such activity is beyond the authority that rightly belongs to the judiciary" (Fiss, Owen M. The history of an idea. **Fordham Law Review**, New York, v. 78, p. 106, 2009).

[11] Issacharoff, Samuel; Klonoff, Robert H. The Public Value of Settlement. **Fordham Law Review**, New York, v. 78, n. 3, p. 1179, 2009.

6.2. Nesse mesmo artigo, referidos autores indicam que, nos EUA, com o avanço das práticas relacionadas a soluções negociadas de conflitos, haveria indicativos de que a desvantagem econômica dos requerentes, que seria aspecto que os forçaria a um acordo (na argumentação de FISS, 1984), teria sido revertida em benefício deles, em razão do aperfeiçoamento da atuação de escritórios especializados nesse tipo de representação. E no caso dos poupadores brasileiros?

7. A suposta falta de um procedimento de negociação, com audiências públicas e efetiva participação dos consumidores, pode ser considerada suprida pela não-obrigatoriedade do acordo, na medida em que a adesão ao mesmo pelos poupadores é voluntária?

8. O subitem 7.4.2 do acordo[12] estabelece a divisão de honorários sucumbenciais, para o cumprimento de sentença de ação civil pública, entre o patrono da ação de cumprimento e a FEBRAPO, o que restou homologado pelo STF. Até que ponto o acordo poderia criar obrigações para terceiros que não participaram do ajuste *como interessados* e, portanto, não estiveram minimamente representados?

REFERÊNCIAS

BRASIL. Ministério Público Federal. Procuradoria-Geral da República. Parecer 1958 PGR. Diário Oficial de Justiça, Brasília, DF, 13 abr. 2010. Disponível em: http://redir.stf.jus.br/paginadorpub/paginador.jsp?docTP=TP&docID=530763&prcID=2665693#. Acesso em: 30 mar. 2019.

BRASIL. Ministério Público Federal. Procuradoria-Geral da República. Parecer Nº 35/2018 – AJC/SGJ/PGR. Diário Oficial de Justiça, Brasília, DF, 19 jan. 2018.

---

12 7.4.1. Os valores dos honorários sucumbenciais serão pagos ao advogado patrono do processo movido pelo poupador habilitado, à razão de 10% (dez por cento). Esses honorários serão adicionais aos valores apurados, conforme o subitem 7.2, e serão pagos diretamente ao patrono da causa, que deverá indicar, na habilitação, a conta para depósito.
7.4.2. Em caso de execução/cumprimento de sentença de ação civil pública, metade dos honorários previstos em 7.4.1 serão cedidos à FEBRAP pelo advogado patrono da referida execução/cumprimento de sentença, tendo em conta o trabalho realizado na fase de conhecimento da respectiva ação coletiva e o disposto em 2.1.12. Dessa forma, metade dos honorários previstos em 7.4.1 será pago diretamente ao advogado patrono da execução/cumprimento de sentença, e a outra metade será paga, por conta e ordem desse, diretamente à FEBRAPO.

Disponível em: http://redir.stf.jus.br/paginadorpub/paginador.jsp?docTP=-TP&docID=14301546&prcID=2665693#. Acesso em: 7 maio 2019.

BRASIL. Supremo Tribunal Federal. Arguição de Descumprimento de Preceito Fundamental 165 Distrito Federal. Relator: Min. Ricardo Lewandowsky. Diário Oficial de Justiça, Brasília, DF, 15 fev. 2018. Disponível em: http://redir. stf.jus.br/paginadorpub/paginador.jsp?docTP=TP&docID=14340582&prcID=2665693&ad=s#. Acesso em: 30 mar. 2019.

BRASIL. Supremo Tribunal Federal. Arguição de Descumprimento de Preceito Fundamental 165 Distrito Federal. Instrumento de Acordo Coletivo. Diário Oficial de Justiça, Brasília, DF, 11 dez. 2017. Disponível em: http://www.stf.jus. br/arquivo/cms/noticiaNoticiaStf/anexo/RE591797minuta.pdf. Acesso em: 30 mar. 2019.

BRASIL. Supremo Tribunal Federal. Recurso Extraordinário 591.797 São Paulo. Decisão Monocrática. Min. Dias Toffoli. Diário Oficial de Justiça, Brasília, DF, 18 dez. 2017. Disponível em: http://www.stf.jus.br/arquivo/cms/noticiaNoticiaStf/anexo/RE591797homologado.pdf. Acesso em: 30 mar. 2019.

BRASIL. Supremo Tribunal Federal. Recurso Extraordinário 632.212 São Paulo. Decisão Monocrática. Relator: Min. Gilmar Mendes. Diário Oficial de Justiça, Brasília, DF, 5 fev. 2018. Disponível em: http://redir.stf.jus.br/paginadorpub/paginador.jsp?docTP=TP&docID=14310601&prcID=3978950&ad=s#. Acesso em: 30 mar. 2019.

FISS, Owen M. The history of an idea. Fordham Law Review, New York, v. 78, p. 101-108, 2009.

INOVARE. Acordo Nacional entre Poupadores e Bancos sobre os Planos Econômicos.Qual a principal inovação da sua prática? Instituto Inovare, Rio de Janeiro, [S.d.]. Disponível em: https://www.premioinnovare.com.br/praticas/acordo-nacional-entre-poupadores-e-bancos-sobre-os-planos-economicos. Acesso em: 30 mar. 2019.

ISSACHAROFF, Samuel; KLONOFF, Robert H. The Public Value of Settlement. Fordham Law Review, New York, v. 78, n. 3, p. 1177-1202.

MARTINS, Ives Gandra da Silva. ADPF 165: Política Monetária versus o Direito de Propriedade. Justiça & Cidadania, Rio de Janeiro, 9 jun. 2014. Disponível em: https://www.editorajc.com.br/adpf-165-politica-monetaria-versus-o-direito-de-propriedade/. Acesso em: 30 mar. 2019.

STF homologa acordo dos planos econômicos. Migalhas, [S.l.], 1 mar. 2018. Disponível em https://www.migalhas.com.br/Quentes/17,MI275457,41046-STF+homologa+acordo+dos+planos+economicos. Acesso em: 30 mar. 2019.

VITORELLI, Edilson. Acordo coletivo dos planos econômicos e por que ele não deveria ser homologado. Jota, [S.l.], 15 jan. 2018. Disponível em: https://www.jota.info/artigos/acordo-coletivo-dos-planos-economicos-e-por-que-ele-nao-deveria-ser-homologado-16012018. Acesso em: 30 mar. 2019.

A) Apêndice
QUADRO COMPARATIVO DOS PRINCIPAIS ARGUMENTOS TRAZIDOS NA ADPF 165

Manifestações	Argumentos
Representantes de Poupadores que se manifestaram nos autos	a) Os poupadores não podem ser compelidos a aderir o acordo nem a esperar o prazo de suspensão de 24 meses pactuado pelas partes no acordo[13]. b) Falta de audiências públicas e de participação dos advogados dos poupadores no procedimento que culminou na celebração do acordo[14].
Procuradoria-Geral da República	a) O acordo evita tumulto das instituições financeiras envolvidas que ocorria pela determinação do imediato pagamento dos "elevadíssimos valores" das indenizações[15]. b) O acordo atende aos interesses dos poupadores e das instituições financeiras, uma vez que garante aos poupadores o recebimento das indenizações e permite às instituições financeiras que "mensurem o montante devido e usufruam de formas facilitadas de pagamento"[16].
Banco Central do Brasil	a) O acordo "evita a materialização de risco sistêmico, ao limitar o resultado de um cenário relevante de risco legal que a afeta simultaneamente os maiores conglomerados financeiros nacionais". b) O acordo "previne eventuais resultados adicionais de capital para risco operacional para cobrir perdas futuras com demandas coletivas de expurgos inflacionários em poupança, permitindo aos bancos aumentar a oferta de crédito".

---

[13] BRASIL. Supremo Tribunal Federal. Arguição de Descumprimento de Preceito Fundamental 165 Distrito Federal. Relator: Min. Ricardo Lewandowsky. Diário Oficial de Justiça, Brasília, DF, **15 fev. 2018, p. 4, 5 e 6**.
[14] Ibid., p. 6.
[15] BRASIL. Ministério Público Federal. Procuradoria-Geral da República. Parecer Nº 35/2018 – AJC/SGJ/PGR. Diário Oficial de Justiça, Brasília, **DF, 19 jan. 2018, p. 5.**
[16] Ibid.

	c) O acordo "mitiga os riscos das instituições financeiras, que tiveram a oportunidade de estimar os efeitos do acordo coletivo sobre seus balanços na fase de negociações, e elimina as principais incertezas que afetam o cálculo de suas obrigações". d) O acordo "satisfaz a pretensão dos poupadores que, em demandas individuais ou coletivas, tomaram medidas judiciais tempestivas, antes do exaurimento dos prazos prescricionais previstos na legislação, com base em precedentes judiciais". e) O acordo "mobiliza os recursos registrados nas contas de provisões e depósitos judiciais das instituições financeiras, transferindo-os substancialmente aos poupadores, com efeitos positivos sobre a atividade econômica". f) O acordo "elimina uma das principais causas de litígio entre as instituições financeiras e seus clientes e, além disso, contribui para a diminuição do número de processos em curso no Poder Judiciário"[17].
Min. Ricardo Lewandowsky na decisão que homologou o acordo	a) O STF, ao homologar o acordo, não chancela qualquer interpretação dada à lei, mas tão somente resolve incidente processual, com o fim de conferir maior efetividade à prestação jurisdicional[18]. b) A ausência de norma permissiva não afasta a viabilidade do acordo, uma vez que é permitido aos entes privados fazer tudo que a lei não proíbe, conforme o princípio da legalidade[19]. c) A interpretação correta do acordo não impõe a suspensão das ações durante o prazo de adesão. O acordo apenas dispõe que, decorrido o prazo de 24 meses, não será mais possível aderir ao acordo[20].

[17] Ibid., p. 3.
[18] BRASIL. Supremo Tribunal Federal. Arguição de Descumprimento de Preceito Fundamental 165 Distrito Federal. Relator: Min. Ricardo Lewandowsky. Diário Oficial de Justiça, Brasília, DF, **15 fev. 2018, p. 6-7.**
[19] Ibid., p. 7.
[20] Ibid., p. 10.

	d) O procedimento de celebração do acordo respeitou o princípio da representatividade adequada, uma vez que o acordo foi pactuado por "entidades com um relevante histórico de defesa dos interesses de seus associados e com notório interesse e participação em ações coletivas relativas ao tema dos planos econômicos heterodoxos"[21].

[21] Ibid., p. 11-12.

2. O "Não-acordo" da Linha 17 do Metrô de São Paulo

Caio de Souza Loureiro
Leticia Lins de Alencar
Pedro Ivo Biancardi Barboza

1. Considerações preliminares

O caso em questão gravita em torno de problemas constatados durante a execução de contrato administrativo, firmado entre a Companhia do Metropolitano de São Paulo ("Metrô") e o Consórcio Monotrilho Integração ("Consórcio"), cujo objeto envolve a implantação de monotrilho para a Linha 17 – Ouro – do Metrô de São Paulo ("Linha 17").

Por entender que o Metrô incorreu em descumprimentos contratuais que culminaram na inviabilização de prosseguimento da execução contratual, *duas* das empresas integrantes do Consórcio, quais sejam, construtoras Andrade Gutierrez Engenharia S.A. ("AG") e CR Almeida S.A. Engenharia e Obras ("CRA"), ajuizaram ação voltada à rescisão do contrato, cumulada com pedido de recomposição das perdas e danos. Durante a tramitação da referida ação judicial, as partes envolvidas na ação negociaram acordo, cuja homologação foi, no entanto, indeferida pelo Poder Judiciário.

Sendo assim, conforme será demonstrado após descrição das circunstâncias fáticas envolvidas (item II), uma série de questões se colocam no tocante à legitimidade, direitos envolvidos, limites para a celebração de acordos e, também, para o exercício do controle jurisdicional de sua validade (item III).

2. Narrativa do caso

Em 13 de julho de 2011, foi firmado o Contrato Administrativo nº 4220921301 ("Contrato"), entre o Metrô e o Consórcio Monotrilho Integração, integrado pelas construtoras Andrade Gutierrez Engenharia S.A. ("AG") e CR Almeida S.A. Engenharia e Obras ("CRA") e, também, pela SCOMI Engineering Bhd ("SCOMI") e MPE – Montagens e Projetos Especiais S.A. ("MPE").

Por meio de tal ajuste, foi contratada pelo Metrô a "implantação de sistema monotrilho, incluindo o projeto, as obras civis, a fabricação, o fornecimento de sistemas e material rodante, contemplando uma frota de 24 trens" para a Linha 17 (Cláusula 1ª do Contrato). As atividades deveriam ser realizadas em 3 (três) trechos distintos, a saber:

a) **Trecho 1:** trecho Estação Vila Paulista (exclusive) – Estação Morumbi CPTM (inclusive), incluindo pátio, enlace e trecho até a Estação Congonhas (inclusive);

b) **Trecho 2:** trecho Estação Morumbi CPTM (exclusive) – Estação São Paulo – Morumbi (inclusive);

c) **Trecho 3:** trecho Estação Jabaquara (inclusive) – Estação Vila Paulista (inclusive).

Devido à complexidade envolvida no escopo das obras, sua execução foi dividida entre as consorciadas, de modo que, algumas delas (AG e CRA) executariam o **escopo civil** (obras de engenharia civil e equipamentos físicos a elas relacionados) e as demais (SCOMI e MPE) se encarregariam de fornecer os **sistemas e material rodante**.

O prazo de vigência do Contrato era de 42 (quarenta e dois) meses, contados da data de sua assinatura e a data limite para a conclusão das diferentes atividades envolvidas seria contada a partir da emissão de diferentes Ordens de Serviço ("OS"). De acordo com o Contrato, o Metrô deveria, em até 45 dias contados da assinatura do Contrato, emitir a OS-1 (Projeto Executivo de Obra Civil), a OS-6 (Projeto Executivo de Sistemas e a OS-11 (Projetos e Especificações de Material Rodante) (subcláusula 4.1.2). Para outras OS, o prazo de emissão seria contado a partir da data das OS indicadas anteriormente e, também, da apresentação de projetos pelo Consórcio (projeto executivo de obra civil/sistema ou projetos e especificações de material rodante) (Anexo 4-A do Contrato).

Após a emissão das OS de cada Trecho, caberia ao Consórcio apresentar "os Cronogramas específicos de projeto civil e de implantação da obra civil; e, ainda, os Cronogramas específicos de projeto, fabricação e implantação de sistemas e material rodante" (subcláusula 4.3.). No entanto, os prazos previstos em referidos cronogramas deveriam observar os limites previamente definidos nas cláusulas contratuais. De toda forma, o Contrato contemplava, expressamente, a possibilidade de os prazos contratuais serem "prorrogados nas hipóteses estabelecidas na lei licitatória vigente" (subcláusula 4.9).

No decorrer da execução contratual, uma série de eventos ocorreram e acabaram por culminar, de um lado, na **prorrogação dos prazos** para a execução de atividades (Trecho 1) e, de outro, na **suspensão unilateral de prazos** para a execução de frentes não liberadas pelo Metrô (Trechos 2 e 3).

Com efeito, foram firmados termos aditivos ao Contrato com o objetivo de prorrogar o prazo para a execução das atividades e de, em alguns deles, modificar os valores devidos ao Consórcio (Aditivos nºs 003/2013, 008/2015 e 11/2015).[1] Além disso, por meio de diferentes comunicados encaminhados pelo Metrô ao Consórcio, foi informada a suspensão parcial e temporária da execução contratual dos Trechos 2 e 3 (vide fls. 1081 dos autos do Processo nº 1050088-41.2015.8.26.0053, "Processo").

As circunstâncias envolvidas em tais prorrogações e suspensões de prazo geraram conflitos entre as partes. Na própria via administrativa, o Consórcio formulou pedidos de (i) renegociação do Contrato (com o objetivo de revisar cronogramas relativo à execução dos Trechos 2 e 3, valores e outras obrigações contratuais), (ii) reequilíbrio econômico-financeiro e, também, (iii) suspensão total do Contrato (buscando, com isso, não somente de suspensão das atividades relacionadas aos Trechos

---

[1] Por meio do Terceiro Aditivo, firmado em 30 de agosto de 2013, os valores pactuados contratualmente foram majorados no montante de R$84.625.440,52 e foi prorrogado o prazo de vigência do Contrato. Com a assinatura do Oitavo Aditivo, datado de 08 de maio de 2015, o prazo de vigência foi ampliado para até 27 de março de 2016, devendo a execução dos serviços ser concluídas até 08 de novembro de 2015. Por fim, pelo Décimo Primeiro Aditivo, assinado em 07 de dezembro de 2015, o prazo foi, unilateralmente, prorrogado, passando o término de sua vigência para o dia 26 de fevereiro de 2018 e a execução das atividades deveria ser concluída em 08 de outubro de 2017. Além disso, por meio deste aditivo, foi prorrogado o prazo de suspensão dos serviços para os Trechos 2 e 3 até o dia 31 de dezembro de 2016.

2 e 3, mas também as do Trecho 1). No entanto, tais investidas não surtiram os efeitos esperados.

Por tal razão, em 4 de dezembro de 2015, as consorciadas responsáveis pela execução das obras civis (AG e CRA) optaram por submeter o conflito à apreciação do Poder Judiciário por meio de ação voltada à rescisão do contrato (fundada no art. 78, XIII, XIV e XVI da Lei nº 8.666/93)[2], cumulada com pedido de recomposição das perdas e danos. Tal demanda foi movida em face do Metrô e das demais consorciadas (SCOMI e MPE), que, por não terem concordado com o ajuizamento da ação, foram colocadas como rés pelas autoras.

De acordo com as Construtoras (autoras da ação), os atos praticados pelo Metrô, no âmbito da gestão contratual, teriam culminado na "absoluta inviabilização fática, técnica, jurídica e financeira da continuidade de execução das obras pelas Autoras", além da "majoração, a cada dia, dos prejuízos verificados pelas Autoras" (fls. 16 e 17 dos autos do Processo). Coloca-se que os danos emergentes suportados foram da ordem de, aproximadamente, R$202.433.983,13, devido aos atrasos e suspensão. Além disso, aponta-se que tais suspensões somavam, aproximadamente, 422 dias à época do ajuizamento da ação e estariam configurando, na prática, supressão do escopo contratual em montante superior ao admitido em lei (art. 65, § 1º, da Lei 8.666/1993), já que correspondente a 52,2% do seu objeto.

Na visão do Metrô, porém, o pleito não se sustentava, pois, conforme alegado em sua Contestação, apresentada em agosto de 2017, "não há culpa da Administração, nem justificativa plausível para pagamento de indenizações decorrentes da execução do contrato por inexistir qual-

---

[2] "Art. 78. Constituem motivo para rescisão do contrato: XIII - a supressão, por parte da Administração, de obras, serviços ou compras, acarretando modificação do valor inicial do contrato além do limite permitido no § 1º do art. 65 desta Lei; XIV - a suspensão de sua execução, por ordem escrita da Administração, por prazo superior a 120 (cento e vinte) dias, salvo em caso de calamidade pública, grave perturbação da ordem interna ou guerra, ou ainda por repetidas suspensões que totalizem o mesmo prazo, independentemente do pagamento obrigatório de indenizações pelas sucessivas e contratualmente imprevistas desmobilizações e mobilizações e outras previstas, assegurado ao contratado, nesses casos, o direito de optar pela suspensão do cumprimento das obrigações assumidas até que seja normalizada a situação; (...) XVI - a não liberação, por parte da Administração, de área, local ou objeto para execução de obra, serviço ou fornecimento, nos prazos contratuais, bem como das fontes de materiais naturais especificadas no projeto".

quer desequilíbrio econômico-financeiro em desfavor dos demandantes" (fls. 2066 dos autos do Processo). Coloca-se que não existe comprovação dos prejuízos alegadamente sofridos e que tampouco estão configurados eventos imprevisíveis, capazes de ensejar desequilíbrio, já que o contratado possuía prévia ciência e possuía "livre e completa gestão contratual"[3] (fls. 2087 dos autos do Processo). Além disso, não teria havido supressão do escopo contratual relativo aos Trechos 2 e 3, mas tão somente suspensão da sua execução.

Um resumo dos argumentos utilizados pelas Construtoras, Autoras da ação, e pelo Metrô, em sua defesa, encontra-se juntado ao Apêndice I.

As demais consorciadas (SCOMI e MPE), que se figuraram como rés na ação, apresentaram contestação questionando a legitimidade das Construtoras para ingressarem com a demanda, haja vista que não houve consentimento das demais consorciadas, o que, em função das cláusulas do Termo de Constituição de Consórcio,[4] seria necessário.

Antes mesmo da apresentação de contestação pelos réus da ação, em maio de 2016, havia sido negociada minuta de acordo entre todas as partes envolvidas na ação, ou seja, todas as consorciadas e, também, o Metrô (fls. 1422 até 1431 dos autos do Processo). Os principais objetivos da celebração do acordo seria assegurar a continuidade da execução do objeto contratual, afastando-se, portanto, a sua rescisão. No acordo, contudo, as partes optaram por não solucionar *todas* as questões colocadas na exordial sobre desequilíbrio econômico-financeiro do Contrato.

---

[3] Como a execução das obras relativas a cada trecho estava condicionada à emissão de OS e as OS relativas aos Trechos 2 e 3 ainda não haviam sido emitidas, o Metrô coloca, em sua defesa que, "sem as Ordens de Serviço abertas e o conhecimento prévio dos problemas que estavam ocorrendo, principalmente nos Trechos 2 e 3, seria irresponsabilidade técnica, administrativa e econômica do Consórcio contratar todo o pessoal de mão de obra direta e indireta, sem garantia de seu uso. Se assim o fez foi por sua conta e risco, tendo em vista que sua mobilização somente deve ocorrer após a emissão das Ordens de Serviço" (p. 2086 dos autos do Processo).

[4] Item 5.1, *in verbis*: "5.1 A ANDRADE GUTIERREZ é a empresa líder do CONSÓRCIO ("LÍDER"), a quem caberá relacionar-se com o CLIENTE em nome do CONSÓRCIO, em todos os assuntos relacionados com o CONTRATO PRINCIPAL, durante a execução do EMPREENDIMENTO, sendo vedado à líder a tomada de quaisquer decisões ou medidas que importem em assunção de compromissos para o CONSÓRCIO ou para as CONSORCIADAS, modificação de suas obrigações contratuais ou renúncia de algum direito, sem que tenha sido prévia e expressamente autorizado para tanto pelas outras CONSORCIADAS".

Além disso, também não houve reconhecimento de responsabilidades (seja do Metrô, seja das Consorciadas).

Entre outras medidas, a proposta de acordo previa: **(i)** supressão de parte do objeto do Contrato, consistente em projetos e obras civis de construção dos trechos 2 e 3 e de parcela do trecho 1 da Linha 17 (superior aos 25% do valor inicial do Contrato); **(ii)** pagamento de, aproximadamente, R$ 57.000.000,00, em razão de recomposição do equilíbrio econômico-financeiro, e manutenção e operação de canteiro de obras pelas requerentes, e outros R$7.828.143,49 para pagamento de medições já processadas, diferenças de reajuste e valores de reembolso das contas de concessionárias de serviços públicos devidas; **(iii)** retirada das Construtoras (AG e CRA) e da MPE do Consórcio, com assunção de suas posições contratuais pela URBAN e SCOMI; **(iv)** previsão de que o acordo não impediria que quaisquer das partes do Consórcio pleiteassem o pagamento de despesas outras pelo Metrô em razão do reequilíbrio e que não foram incluídas no acordo, o que, supostamente, seria da ordem de R$160.000.000,00; **(vi)** o acordo também não implicaria em renúncia do Metrô de aplicar eventuais multas aplicadas em face de quaisquer das consorciadas em função de descumprimentos de obrigações contratuais, sendo estabelecido um teto de R$111.422.839,61 para tanto; **(v)** proibição à aplicação de pena de suspensão temporária e declaração de inidoneidade à AG e CRA; **(vi)** desistência da ação, no que se refere a parte dos pedidos e renúncia de pretensões não excepcionadas pelo acordo.

Quando levado ao judiciário, o pedido de homologação foi indeferido. Considerou a magistrada que, devido ao relevante *"interesse público, os elevadíssimos valores do ajuste, bem como a ausência de qualquer parâmetro de razoabilidade do acordo entabulado, notadamente em face da ausência de oferta de contestação pelas rés, aliado ao fato de que este Juízo, por óbvio, não dispõe de conhecimento mínimo para aferir as circunstâncias de caráter estritamente técnico consignadas no acordo, imprescindível se faz a realização de perícia judicial como medida prévia a eventual homologação do acordo"* (fls. 1459). O objetivo de referida perícia seria, sobretudo, averiguar a "existência de desequilíbrio econômico-financeiro do contrato em detrimento das autoras" (fls. 1460).[5] Nesta ocasião, foi envolvido o Ministério Público

---

[5] Posteriormente, em março de 2018, foi proposta nova perícia pelo Judiciário, que fixou como pontos controvertidos os seguintes aspectos: "1. A efetiva ocorrência de desequilíbrio

na demanda, para atuar na condição de *custos legis*, haja vista o interesse público envolvido.

Observa-se, *in casu*, que a magistrada não define o interesse público, conquanto se valha da frequente invocação do princípio da indisponibilidade do interesse público para demonstrar, em seu raciocínio, que a consensualidade não seria um efetivo meio de satisfação das finalidades públicas colocado à disposição da Administração Pública ao lado da tradicional forma de atuação administrativa por meio de atos administrativos imperativos e unilaterais.

Ao que parece, a questão que se coloca reside na matriz jurídico-administrativa, ainda defendida por muitos juristas, que condiciona a ação da administração à tradicional utilização de meios adjudicatórios para a solução dos seus conflitos, mesmo quando esses se apresentem menos eficientes do que qualquer solução consensual.

Por conta disto, em julho de 2017, foi indeferida a homologação do acordo. Na decisão, considerou-se que a proposta de acordo é "ilegal e prejudicial ao erário público" (fls. 2004 dos autos). Pontuou a magistrada que não foi apresentado "à perícia um único documento capaz de demonstrar o desequilíbrio econômico" (fls. 1981). Considerou-se que o acordo acaba por provocar "alteração dos critérios de remuneração contratualmente previstos", não havendo "lei que autorize a pretensão das partes" (fls. 1980). Além disso, apontou-se que são inválidos os "critérios empregados pelas autoras no acordo, porquanto arrimados em meras estimativas e presunções", que culminaria, na hipótese de homologação do acordo, em "majoração do percentual de pagamento do trecho 01, que é o único a ser remunerado" (fls. 1983 até 1991). Colocou-se que as vantagens a serem auferidas pelo Metrô seriam questionáveis (fls. 1997), que era nula a disposição do Metrô no sentido de não aplicar penalidades de inidoneidade e de suspensão do direito de contratar (fls. 2000), além de ter sido considerada ilegal a retirada de empresas

econômico-financeiro do contrato que se consubstancia em cerne do litígio (danos emergentes da petição inicial), que não tenha sido compensado em eventuais aditivos); 2. A culpa pelos atrasos na obra e a viabilidade de construção dos trechos 2 e 3 do Monotrilho, bem como a existência de cronograma para o início das obras respectivas; 3. A existência de danos materiais para as autoras, consistentes nos lucros cessantes descritos na inicial, e os respectivos valores, em caso positivo; 4. O valor dos custos de eventual desmobilização do canteiro de obras" (fls. 4282 a 4285).

do consórcio e a entrada de terceiro (fls. 2000). Por fim, devido aos termos do acordo, a magistrada sugeriu a "apuração de eventual prática de ato de improbidade administrativa por parte de todos os envolvidos" (fls. 2006).

Tal decisão foi mantida, em segunda instância, ocasião em que o TJ/SP ponderou, ainda, que "inviável se mostra qualquer tipo de homologação de transação envolvendo direito patrimonial público quando indisponível à mingua de autorização legislativa específica nesse sentido" (fls. 4454 dos autos do Processo). A decisão revisora reiterou, portanto, predileção pelo conceito de indisponibilidade de direitos, mesmo quando a utilização de solução consensual apresentava-se mais razoável e eficiente. Observe-se, que no caso em tela, houve, ainda, a interveniência do Estado, por intermédio da Procuradoria Geral do Estado, que possui atribuição de manifestação previa em todos os acordos e compromissos de ajustamento de conduta, por força do Decreto n. 52.201, de 26 de setembro de 2007.

A seguir, em primeira instância, a magistrada *a quo* fixou, como pontos controvertidos, a comportar dilação probatória, os seguintes: 1. A efetiva ocorrência de desequilíbrio econômico financeiro do contrato que se consubstancia em cerne do litígio(danos emergentes da petição inicial), que não tenha sido compensado em eventuais aditivos; 2. A culpa pelos atrasos na obra e a viabilidade de construção dos Trechos 02 e 03 do Monotrilho, bem como a existência de cronograma para o início das obras respectivas; 3. A existência de danos materiais para as autoras, consistentes nos lucros cessantes escritos na inicial, e os respectivos valores, em caso positivo; 4. O valor dos custos de eventual desmobilização do canteiro de obras.

Todavia, indeferiu audiência requerida pelas autoras com o perito, para sanear os pontos controvertidos nas perícias apresentadas, em detrimento da continuidade do serviço público, da ordem pública, da eficiência e do interesse público.

Fato é que o Metrô rompeu o contrato, solicitando sua rescisão unilateral. Essa decisão, por certo, será causa de mais litígio – administrativo e judicial. Somar-se-á às diversas ações judiciais e procedimentos administrativos em curso, nos quais, cada parte, sustenta os argumentos que transitam em torno da responsabilidade pelo atraso na obra, dos prejuízos incorridos e de eventuais indenizações por perdas e custos adjacentes. Em termos de conclusão do empreendimento – afinal, evento relevante ao interesse público que motivou a contratação – há pouca certeza sobre o momento em que finalmente irá ocorrer, mas, certamente, com atraso ainda maior ao prazo inicialmente previsto.

APÊNDICE I
– Síntese dos argumentos trazidos pelas Construtoras (CRA e AG) e pelo Metrô –

Em resumo, além da alegação de omissão do Metrô, os principais argumentos apontados pelas autoras da ação e, posteriormente, contestados pelo Metrô, são:

	Argumento das Construtoras (Autoras da ação)	Defesa do Metrô (Réu da ação)
Atrasos no cronograma contratual (por culpa do Metrô?)	De acordo com o Contrato, o Metrô era responsável pela obtenção de licenças ambientais, porém não cumpriu essa obrigação da forma originalmente prevista, o que impediu a execução de obras e intensificou os atrasos. Para o Trecho 1, a licença foi obtida de forma fragmentada, o que atrasou o início das obras civis, enquanto que as licenças dos Trechos 2 e 3 não haviam sido emitidas até o ajuizamento da ação, impedindo sua execução.	O Metrô coloca que instaurou os processos voltados à obtenção de licença ambiental de forma tempestiva para toda a extensão da Linha 17. Ocorre que tal processo depende não somente do Metrô, mas também do órgão ambiental. Em relação ao Trecho 1, coloca-se que mesmo que a licença tivesse sido emitida antes, não teria havido diferença, porque o Consórcio apenas apresentou o projeto sob sua responsabilidade após a obtenção da licença ambiental de instalação (fls. 2076 dos autos do Processo). Para os trechos 2 e 3, as licenças ambientais ainda não foram emitidas, porém a emissão das respectivas OS dependem da execução de atividades a cargo de outros órgãos ou entidades públicas, não podendo ser imputado eventual atraso ao Metrô.
	Houve demora, por parte do Metrô, na execução de desapropriações de áreas voltadas à implantação da Linha 17. Essa circunstância gerou atraso nas obras do Trecho 1, "diante da inviabilidade de execução dos projetos executivos de áreas ainda não desapropriadas" e de "descontinuidade das frentes de serviços até a completa liberação de ocupações irregulares" (fls. 27 e 28 dos autos do Processo). Para os Trechos 2 e 3, "os atrasos no processo de desapropriação ainda estão a impactar a execução de projetos para a implantação da via", pois as áreas destes trechos não foram liberadas ainda (fls. 28 dos autos do Processo).	Defende o Metrô que o argumento não procede pelo fato de que a execução de parte das obras "independia, em um primeiro momento de desapropriações" (fls. 2079). Para os casos em que se fazia necessária a desapropriação, "o Metrô abria dois processos, sendo um de desapropriação e outro de reintegração de posse". Houve atraso, no entanto, em função de determinações judiciais impostas durante a realização destas atividades, que levaram o Metrô a firmar convênio com a CDHU. De toda forma, o Metrô considera que "os pontos acima mencionados que poderiam ter impactado na obra, não implicaram descontinuidade dos serviços" (fls. 2080).

	O Metrô atrasou a licitação voltada à contratação da execução das estações de do pátio de trens do Trecho 1. Em decorrência desta situação havia "um total de 9.317 (...) metros não liberados, ou equivalente a aproximadamente 45% da extensão total de via contratada" (fls. 26 dos autos do Processo), o que teria provocado reflexos financeiros negativos para as Autoras da ação.	O Metrô coloca que o contrato executado com o objetivo de executar obras das 8 Estações do Trecho 1 e do Pátio de Manobras independe da execução do Contrato. "[A] licitação das estações e do Pátio Água Espraiada se deu de forma independente da Via Principal e seus cronogramas também" (fls. 2075).
	De acordo com as autoras, teria havido atraso, por parte do Metrô, na realização de aditivo contratual para incorporar mudanças na metodologia construtiva no trecho EMAE, que se mostraram necessárias devido à existência da rede de 345 kV da CTEEP.	Em relação a este ponto, coloca-se que "a rede de 345 KV da CTEEP encontra-se instalada no mesmo local desde a década de 1970, sendo devidamente informada na licitação como interferência, não havendo prévia definição de que seria removida para a instalação das fundações dos pilares da via operacional" (fls. 2083). Aponta-se que a responsabilidade pelo desenvolvimento do projeto executivo seria do Consórcio e que o Metrô o orientou a "desenvolver alternativas de projetos e de metodologias construtivas" (fls. 2084).
Fatos imprevisíveis/da administração/ do príncipe	Como a ciclovia situada próxima à linha ferroviária da CPTM teve que ser interditada, o Ministério Público notificou o Metrô a fim de que fosse concebida e implantada solução alternativa para a travessia de ciclistas. Tal circunstância tornou, de acordo com as Autoras, inviável a continuidade da execução de obras pelo Consórcio.	Em relação à travessia de ciclistas, o Metrô alega que "em nenhum momento as obras do local foram paralisadas em razão da execução da ciclovia alternativa, já que houve convivência das Vans com a obra, pelo período de execução da ciclovia alternativa" (fls. 2085).
	Vários outros eventos (como, por exemplo, a descoberta de rede de 24.5 kV implantada pela CPTM que deveria ser compatibilizada com vala técnica projetada) resultaram na "descontinuidade dos trabalhos desenvolvidos pelas frentes de serviço, de modo a causar impactos não apenas sobre o prazo contratual, mas também sobre o planejamento inicialmente considerado pelo Consórcio quando da formulação da proposta econômica apresentada ao Metrô" (fls. 33 dos autos do Processo).	Segundo o Metrô, coloca-se que ele "desenvolveu junto à CPTM uma solução técnica para não gerar qualquer descontinuidade. Essa solução, que era de pleno conhecimento do Consórcio, foi o remanejamento provisório dos cabos lançados ao longo da via da CPTM. Assim, essa medida permitiu a plena execução das obras sem qualquer interrupção, sendo a execução da vala técnica definitiva devidamente prevista no aditivo nº 03" (fls. 2085).

3. Acordo sobre o "Parque Augusta"[*]

ALEX BONINI
BRUNO MENEZES BRASIL
EVIAN ELIAS
IGOR SANT'ANNA TAMASAUSKAS
MILTON FUJIMOTO
SÍLVIA HELENA JOHONSOM DI SALVO

ESTUDO DE CASO[**]

1. Contextualização e Narrativa

A questão material subjacente ao caso denominado **PARQUE AUGUSTA**[1] reflete a demanda da sociedade paulistana por qualidade de vida urbana, dentre outras questões, pela viabilização de áreas verdes e de lazer como contraponto ao adensamento da cidade.

---

[*] Ao Professor Gustavo Henrique Justino de Oliveira o agradecimento dos alunos matriculados na disciplina "Acordos Administrativos" (DES 5866), do Departamento de Direito do Estado, Programa de pós-Graduação *Stricto Sensu*, semestre 1/2019.
[**] Estudo de Caso apresentado em Workshop na Disciplina *Acordos Administrativos* da pós-Graduação da Faculdade de Direito da Universidade de São Paulo – São Paulo/Capital, semestre 1/2019. Por: Alex Bonini, Bruno Brasil, Evian Elias, Igor Sant'Anna Tamasauskas, Milton Fujimoto, Silvia H. P. G. J. di Salvo.
[1] Trata-se de uma área composta por dois imóveis matriculados sob nº 12.952 e 12.953, do 5º Ofício de Registro de Imóveis da Capital-SP.

Matéria de direito em discussão analisa a possibilidade de incorporadores imobiliários edificarem em propriedade cuja matrícula traz como encargo a manutenção da área verde existente no seu interior, destinada pela Municipalidade para a constituição do chamado "Parque Municipal Augusta" e tombada por meio da Resolução 23/CONPRESP/2004[2] – Conselho Municipal de Preservação do Patrimônio Histórico, Cultural e Ambiental da Cidade de São Paulo.

Trata-se de área que encerra um total de 23.733m2 composta por dois imóveis, cujas matrículas imobiliárias nºs 12.952 e 12.953, estão vinculadas ao 5º Cartório de Registros de Imóveis da Capital do Estado de São Paulo, sendo que na segunda delas há averbação com restrições de cunho ambiental[3].

1.1 Da Disputa e Atores Principais

Estabeleceu-se um confronto de posições entre a **sociedade civil organizada**, ladeada pelo **Ministério Público do Estado de São Paulo**, e, por outro, a pretensão de *incorporadores imobiliários* em erguer torres de edifícios habitacionais em terrenos situados no quadrilátero formado

---

[2] Fonte: https://www.prefeitura.sp.gov.br/cidade/upload/c031b_23_T_Antigo_Colegio_Des_Oiseaux.pdf (acesso em 04.05.2019)

[3] Av.5 – M. 12.953/5º CRI – ficha 03 (continuação da ficha 02 verso) consta a existência de "(... Termo de Compromisso de 04.09.1986, firmado com a Prefeitura do Município de São Paulo, representada por seu Prefeito, Dr. Jânio da Silva Quadros, nos termos do item I, do art. 39 do Decreto-lei nº 9, de 31.12.1969, a mesma adquirente e requerente Consolação Hotéis e Turismo S/A, em reti-ratificação do termo de compromisso de 29.08.1975, celebrado entre a mesma Prefeitura e a primitiva titular de domínio do imóvel empresa TEIJIN do Brasil Imp. E Exp. Ltda., se obrigou a cumprir e respeitar as seguintes condições no tocante à edificação e uso do imóvel matriculado: ... B) a manter, em toda a sua integralidade, a área verde existente preservando-a, ampliando-a e submetendo-a a tratamento adequado, de acordo com as mais modernas técnicas e concepção paisagística, isolando-a, inclusive, para a sua proteção durante a construção; ...". https://esaj.tjsp.jus.br/pastadigital/abrirPastaProcessoDigital.do?nuProcesso=1017163-55.2016.8.26.0053&cdProcesso=1H00094EI0000&cdForo=53&baseIndice=INDDS&nmAlias=PG5JMDS&tpOrigem=2&flOrigem=P&cdServico=190101&acessibilidade=false&ticket=29f5f9cdrbXDUsGCpBRZGso7DbaRQP0ciU9v3jTQY9CCy4IUZbNOKN4F0xYudKlvB70MqOw%2B24TgnFAM7cFTnpElur%2Bk8m8uHYKEq9vnBjyvkQg%2Fd2Uzp%2BGny%2BKR%2BYOwE4ZYwx65w7OX4pS93VVORsBZpiHhBJhukReAZVN0TXLT5xLC%2Bl7YWqFsBQcY0A4ovqkoL0tPvnLftTJLnaHc24J%2BBbudFG9yTlkwH%2B6dCQ5F2WOmSMweX4JwtTjiYZu9eJmkykdpu%2FktspvotrAfLjeWjRI9Puz95qu7%2BADSAGA6mMKoUaquiC8tyQyHPl1Qp – fls. 1201 a 1207 dos autos da ACP 1017163.55-2016.8.26.0053 (acesso em 05.05.2019).

pelas Ruas Caio Prado, Augusta e Marquês de Paranaguá encerrando uma área total de 23.733m2, próxima ao centro da cidade de São Paulo, Estado de São Paulo.

Do lado da *sociedade organizada*, apresentaram-se **MOVIECO** – Movimento Ecológico e Cure o Mundo; **SAMORCC** – Sociedade de Amigos, Moradores e Empreendedores do Bairro Cerqueira César, Consolação e Jardins, e **AMACON** – Associação de Moradores do Bairro da Consolação e Jardins, entidades civis de natureza associativa com capacidade processual para defesa de interesses difusos.

Por outro lado, a *Câmara de Vereadores* aprovou projeto de lei[4], de iniciativa do Legislativo paulista, promulgado pelo Poder Executivo em sessão de 27.11.2013, o qual recebeu o número de **Lei nº 15.941, de 23/12/2013**, a qual **"dispõe sobre a criação do *Parque Municipal Augusta"***. Todavia, cumpre esclarecer que a implementação pela Municipalidade não ocorreu, diante da alegada carência de recursos.

Pelo lado privado, os Grupos de Incorporadores **Setin** e **Cyrella** (respectivamente pelas suas SPE's **FLAMINGO** Investimentos Imobiliários Ltda. e **ALBATROZ** Investimentos Imobiliários Ltda.), proprietários dos imóveis em questão, buscaram seu interesse em erguer o empreendimento imobiliário.

O **CONPRESP** – Conselho Municipal de Preservação do Patrimônio Histórico, Cultural e Ambiental da Cidade de São Paulo, por sua vez, aprovou a pretensão dos incorporadores.

Conflito instalado, o **Poder Judiciário** foi instado a se manifestar, considerando a propositura das seguintes ações:

a) em 16.08.2013 – Ação Popular – **Silvio Rodrigues x Municipalidade de São Paulo e Outros** – 13ª Vara da Fazenda Pública – autos nº 0032086-11.2013.8.26.0053[5];

---

[4] Projeto de Lei nº 345/06, dos Vereadores Aurélio Nomura – PSDB, Juscelino Gadelha – PSB, Cel. Camilo – PSD, CEL. Telhada – PSDB, Floriano Pesaro – PSDB, Gilson Barreto- PSDB, Mário Covas Neto – PSDB, Patrícia Bezerra – PSDB, Ricardo Nunes – PMDB, Ricardo Young – PPS e Toninho Vespoli– PSOL. Fonte: https://leismunicipais.com.br/a/sp/s/ sao-paulo/lei-ordinaria/2013/1594/15941/lei-ordinaria-n-15941-2013-dispoe-sobre-a-criacao--do-parque-municipal-augusta-e-da-outras-providencias-2013-12-23-versao-compilada (acesso em 04.05.2019)

[5] https://esaj.tjsp.jus.br/cpopg/show.do?processo.codigo=1H0005PKN0000&processo.foro=53&uuidCaptcha=sajcaptcha_e902762700f049469f1f880fbe4a70e6 (acesso em 04.05.2019)

b) em 04.06.2014 – Ação Civil Pblica – **MOVIECO x Flamingo e Outros** – 29ª Vara Cível da Comarca da Capital – autos nº 1052212-84.2014.8.26.0100[6];

c) em 16.03.2015 – Ação Popular – **Gilberto Tanos Natalini x Municipalidade de São Paulo e Outros** – 10ª Vara da Fazenda Pública – autos nº 1009214-14.2015.8.26.0053[7];

d) em 14.04.2016 – Ação Civil Pública – *Promotoria de Justiça do Patrimônio Público e Social* do Ministério Público do Estado de São Paulo **x Municipalidade de SP e Outros** – 13ª Vara da Fazenda Pública – autos 1017163-55.2016.8.26.0053[8].

---

[6] https://esaj.tjsp.jus.br/cpopg/show.do?processo.codigo=2S000D06C0000&processo.foro=100&uuidCaptcha=sajcaptcha_e902762700f049469f1f880fbe4a70e6 (acesso em 04.05.2019)

[7] https://esaj.tjsp.jus.br/cpopg/show.do?processo.codigo=1H0007OOY0000&processo.foro=53&uuidCaptcha=sajcaptcha_e902762700f049469f1f880fbe4a70e6 (acesso em 04.05.2019)

[8] https://esaj.tjsp.jus.br/cpopg/show.do?processo.codigo=1H00094EI0000&processo.foro=53&uuidCaptcha=sajcaptcha_e902762700f049469f1f880fbe4a70e6&gateway=true (acesso 04.05.2019)

ACORDO SOBRE O "PARQUE AUGUSTA"

O Quadro-síntese nº 1 ilustra os principais atores do caso e seus interesses em conflito:

\multicolumn{7}{c}{DIREITOS (INTERESSES EM CONFLITO)}
INCORPO-RADORES[1]	MINISTÉRIO PÚBLICO	ASSOCIA-ÇÕES[2]	MUNICÍPIO DE SÃO PAULO	COMPRESP	CÂMARA DE VEREADORES	AUTORES POPULARES
Direito de Propriedade	Direito de defender o interesse difuso ao meio ambiente saudável	Direito a defender o interesse da coletividade ao meio ambiente saudável e à preservação do patrimônio histórico cultural	Direito de preferência na aquisição da área	Direito de deliberar sobre o atendimento à preservação do patrimônio histórico e cultural do Município de São Paulo	Direito de legislar sobre a criação de áreas verdes detinadas a Parques	Direito de obrigar através de provimento judicial o poder público e/ou particulares a reverem atos lesivos ao interesse público
Direito de Construir	Direito de defender o interesse difuso à preservação do patrimônio histórico e cultural da sociedade		Direito de ordenar e restringir o uso e ocupação do solo em razão dos interesses da coletividade			
Direito de exercício da Livre Iniciativa	Direito de estabelecer políticas públicas		Direito de desaprorpriar[5]			

1 – FLAMINGO (SETIN Empreendimentos Imobiliários Ltda.) e ALBATROZ (CYRELA Construtora Ltda.)
2 – MOVIECO (Movimento Ecológico), SAMORC
3 – O CONPRESP (Conselho Municipal de Preservação do Patrimônio Histórico, Cultural e Ambiental da Cidade de São Paulo) aprovou a edificação pretendida pelos incorporadores mediante compensação ambiental e conservação do remanescente do Colégio des Oiseaux.
4 – A Câmara de Vereadores aprovou projeto de lei, sancionado pelo Poder Executivo (Lei n. 15.941, de 23/12/2013), que criou o Parque Augusta, mas cuja implementação pela Municipalidade não foi bem-sucedida diante da carência de recursos.
5 – Embora a Municipalidade tenha declarado 2 vezes (1970 e 2008) a área como de utilidade pública para fins de desapropriação, esta nunca chegou a ser desapropriada em razão da carência de recursos do Município de São Paulo.

(Quadro-síntese nº 1: atores e seus interesses em conflito)

O Quadro-síntese nº 2 ilustra dados principais das ações judiciais:

AZUIZA-MENTO/ DATA	DISTRIBUIÇÃO	NATU-REZA	ASSUNTO	PARTES AUTOR	PARTES RÉU	Status em 05.05.2019*
	AÇÕES JUDICIAIS						
16.08.2013	13ª VFP	0032086-11.2013.8.26.0053	Ação Popular	Meio Ambiente	Silvio Rodrigues	Municipalidade SP CMSP ALBATROZ	Baixa definitiva 15.04.2019
04.06.2014	29ª V. Cv. (Dependência 13ª VFP)	1052212-84.2014.8.26.0100/ (Dependência 0032086-11.2013.8.26.0053) ---------- Agravo de Instrumento 2116910-91.2014.8.26.0000	Ação Civil Pública	Obrigações	MOVIECO CUREo MUNDO	ALBATROZ FLAMINGO	Pedido IMPROCEDENTE, extinção com resolução mérito, tornando definitiva decisão que determinou o fechamento do portão de acesso ao imóvel pelo público.
16.03.2015	10ª. VFP	1009214-14.2015.8.26.0053	Ação Popular	Meio Ambiente	Gilberto Natalini	Municipalidade SP – CONPRESP-DPH ALBATROZ FLAMINGO	Extinção sem julg. Mérito – Embargos Decl. rejeitados public. 28.02.2019

| 14.04.2016 | 13ª. VFP | 1017163-55.2016.8.26.0053 | Ação Civil Pública | Responsabilidade da Administração | Promotoria de Justiça do Patrimônio Público e Social do MP-SP Interes: amicus curiae MOVIECO SAMMORC Associação Moradores e Amigos do Bairro Consolação e Adjacências | Prefeitura SP ALBATROZ fLAMINGO | Autocomposição e homologação em Juízo. Trânsito em julgado em 27.11.2018. MP instado a se manifestar sobre pedido Municipalidade para destinação recursos havidos em decorrência do Acordo. Em 30.04.2019 Ofício juntado. |

Observações: ** O statusdo andamento dos autos processuais aqui apresentado está atualizado até a data de 05.05.2019. Todavia, o Seminário que deu origem a este Estudo de Caso foi realizado em Abril/2019. Portanto, algumas informações não foram objeto de análise e comentários. Fonte: esaj.tjsp.jus.br (acesso 05.05.2019)

(Quadro-síntese nº 2: atores e seus interesses em conflito)

1.2 Do Posicionamento das Partes em Juízo

As ações objetivaram, em síntese, o quanto segue:

a) Ação popular (**Silvio Rodrigues**) – pautou-se na concessão de ordem judicial para implementar o "Parque Augusta", tendo-se em vista que o Decreto expropriatório nº 9.238/1970[9] encontrava-se em vias de caducidade;

---

[9] Decreto nº 9238, de 30 de dezembro de 1970, (Revogado pelo Decreto nº 10.954/1974), "Declara de utilidade pública imóvel necessário para a preservação de áreas verdes e funcionamento de instituições culturais." https://leismunicipais.com.br/a/sp/s/sao-paulo/decreto/1970/923/9238/decreto-n-9238-1970-declara-de-utilidade-publica-imovel-necessario-para-a-preservacao-de-areas-verdes-e-funcionamento-de-instituicoes-culturais (acesso em 05.05.2019)

b) Ação Civil Pública (**MOVIECO**) – atém-se à questão principal da abertura dos portões do espaço que entende público. Nos autos do Agravo de Instrumento nº 2116910-91.2014.8.26.0000, ação promovida pelas associações MOVIECO Movimento Ecológico e Cure o Mundo – autos n. 1052212-84.2014.8.26.0100, da 29ª Vara Cível da Capital, foi autorizada a abertura dos portões do terreno matrícula 12.953, porém a liminar perdeu sua eficácia porque a ACP foi julgada improcedente. O pedido teve por lastro: a) o caráter público da área, segundo Termo de Compromisso firmado em 1986, entre a Prefeitura do Município de São Paulo e as proprietárias dos imóveis, averbado na matrícula 12.953/5ºCRI; b) a Resolução 23/CONPRESP/2004 – Conselho Municipal de Preservação do Patrimônio Histórico, Cultural e Ambiental da Cidade de São Paulo;
c) Ação civil pública (**MP-SP**) – A ação pretendeu a implantação do Parque Augusta. As entidades da sociedade civil MOVIECO, SAMMORC e AMACON atuaram nos autos da ACP promovida pelo MP como *amicus curiae*;
d) Ação popular promovida (Gilberto Natalini) requereu a retirada dos tapumes que foram colocados no entorno da área de interesse e tombada, alegando que o fechamento não se deu em virtude de obras, mas para impedir acesso da população no interior e, ainda, que a ocupação do passeio público (calçada) com tapumes atentava contra a segurança dos pedestres.

Outros fatos notórios ainda ocorreram e demandaram tutela jurisdicional, tal como medida de reintegração de posse, considerando que **Ativistas** adentraram no imóvel fechado, mantiveram a posse e uso por 40 (quarenta) dias, vindo a promover *shows* nesse período.[10]

Consta ainda que entidades de moradores juntaram abaixo assinado com mais de 30 mil assinaturas[11].

---

[10] Fonte: https://brasil.elpais.com/brasil/2015/03/04/politica/1425486632_591073.html, acesso em 06.05.2019
[11] Fonte: https://noticias.uol.com.br/ultimas-noticias/agencia-estado/2015/03/21/manifestantes-fazem-abracaco-em-terreno-do-parque-augusta.htm

1.2.1. Da Ação Civil Pública promovida pela Promotoria de Justiça do Patrimônio Público e Social do MP-SP

Nos autos do processo Ministério Público Estadual aponta violações e consequências, dentre elas:

a) Indenização pelo fechamento dos portões, em 30.12.2013 que dão acesso à área verde, além de multa e até perda do terreno pela má conservação do local;
b) a falta de conservação da vegetação; lixo, entulho e árvores caídas no local; abandono como atitude intencional de destruição da área verde, remoção de exemplares arbóreos;
c) descumprimento ao Termo de Compromisso da Av. 5, M.12.953/5º CRI do artigo 225, CF/88; seja pelo casal CONDE, seja pela empresa PATROPI Estacionamentos, Locatária, seja pelos atuais proprietários e demandados em juízo;
d) violação à obrigação de fazer *propter rem* (em razão da coisa) e à natureza de interesse público e privado atrelados simbioticamente;
e) vício de legalidade e de legitimidade do Alvará em face da incidência do Princípio da Não-Regressão (ou da proibição de retrocesso);
f) dano moral coletivo causado pelas agressões aos interesses transindividuais;
g) reconhecimento de cláusula penal e indenização correspondente ou entrega da área tal qual oportunamente averbada na matrícula e conforme mapa com medidas geométricas da área verde;
h) condenação solidária das demandadas FLAMINGO e ALBATROZ à perda do valor correspondente à área verde ou à perda da própria área verde do terreno de matrícula 12.953/5º CRI;
i) condenação solidária de FLAMINGO e ALBATROZ por danos morais coletivos de até R$ 500.000,00 (quinhentos mil Reais), desde 30.12.2013, data fechamento dos portões do terreno – matrícula 12.953, até a efetiva abertura, admitida compensação da multa referente à área verde e por danos morais coletivos quando da aquisição ou desapropriação pelo Município;
j) atribuições ao Município para receber e cuidar da área verde, caso não venha a integrar o polo ativo; condenação dos demandados às custas e despesas processuais, dispensados os honorários advocatícios por não cabimento;

k) possibilidade de nova demanda judicial de lavra da Promotoria de Justiça do Meio Ambiente da Capital vir a ser promovida;
l) pedido de realização de audiência de tentativa de conciliação, na forma do art. 250, IV, do Código de Processo Civil de 2015.

A Prefeitura do Município de São Paulo, após citada, manifestou-se pela neutralidade seja quanto ao polo ativo, tanto quanto passivo. O MP/SP, oportunamente, se manifesta alegando que o silêncio da Administração a coloca no polo passivo da demanda.

Ainda em relação à Municipalidade, a mudança de agente político (gestor municipal), chamou a nova tentativa de conciliação em juízo, tendo sido cogitado pela Municipalidade (Governo João Dória), destinar às demandadas FLAMINGO e ALBATROZ bem público localizado no Bairro de Pinheiros, o qual chegou a ser periciado, porém a negociação não foi levada adiante haja vista contaminação do solo e custos envolvidos.

As partes autoras se manifestaram a favor de designação de audiência de tentativa de conciliação, todavia sem abrir mão da destinação da área para a implantação do Parque Augusta.

As demandadas, em Juízo, questionaram o valor da causa estipulada e alegaram em desfavor do MP/SP: distribuição por prevenção da Representação à 4ª Promotoria do MP, em ofensa ao princípio do promotor natural; desvio de conduta; ativismo; atuação como substituto processual defendendo, em nome próprio, interesses alheios; maior intransigência do que as partes envolvidas, a despeito do empenho dos Magistrados que conduziram as audiências; ingerência no exercício de competência discricionária que cabe à Administração na gestão de recursos; ausência de elementos nos autos que justifiquem que o melhor interesse público destina-se à criação de um parque do que à saúde, educação ou creches e unidades escolares; errônea interpretação das sanções/consequências em caso de descumprimento do Termo de Compromisso averbado na matrícula do imóvel matrícula 12.953/5º CRI.

1.3 Da Solução encontrada para a composição do litígio

A solução encontrada para a composição do litígio foi a celebração de um "Termo de Autocomposição" (Lei Federal nº 13.140/2015, art. 32 e CPC 15, art. 342, §11), mediante a utilização de instrumento urbanístico previsto no art. 35, do Estatuto da Cidade (Lei Federal 10.257/2001)[12], ou seja, a *Transferência do Direito de Construir*, bem como no Plano Diretor do Município (Lei Municipal 16.050/2014).

Ao longo das negociações duas posições se mostraram inderrogáveis pelas partes:

  a) não cessão por parte das entidades da sociedade civil e do Ministério Público de dar à área outra destinação que não a de Parque Municipal;

  b) impossibilidade da Municipalidade de dispor de outros recursos para a implantação do Parque Augusta.

Por fim, foi aventada proposta voltada à elaboração e expedição do termo de Potencial Construtivo da área sobre a qual versa a ação (matrícula 12.953/5º CRI)).

Em 19.08.2016 a Municipalidade se manifestou para informar que a competência para o processamento de transferência de potencial construtivo seria da Secretaria Municipal de Desenvolvimento Urbano – SMDU, estando os imóveis em área passível de aplicação do instrumento da transferência de potencial construtivo de 3.322,62m2, nos termos dos artigos 124, 126 e 127 da Lei Municipal 16.050/2014 – PDE.

1.4 Do Modelo Jurídico Adotado

Inicialmente, os empreendedores e a Municipalidade firmaram um Protocolo de Intenções, envolvendo a possibilidade de permuta de imóveis

---

[12] Lei nº 10.257 de 10 de Julho de 2001 – Regulamenta os arts. 182 e 183 da Constituição Federal, estabelece diretrizes gerais da política urbana e dá outras providências. **Art. 35.** Lei municipal, baseada no plano diretor, poderá autorizar o proprietário de imóvel urbano, privado ou público, a exercer em outro local, ou alienar, mediante escritura pública, o direito de construir previsto no plano diretor ou em legislação urbanística dele decorrente, quando o referido imóvel for considerado necessário para fins de: I – implantação de equipamentos urbanos e comunitários; II – preservação, quando o imóvel for considerado de interesse histórico, ambiental, paisagístico, social ou cultural; III – servir a programas de regularização fundiária, urbanização de áreas ocupadas por população de baixa renda e habitação de interesse social. § 1º A mesma faculdade poderá ser concedida ao proprietário que doar ao Poder Público seu imóvel, ou parte dele, para os fins previstos nos incisos I a III do caput. § 2º A lei municipal referida no caput estabelecerá as condições relativas à aplicação da transferência do direito de construir. https://jus.com.br/artigos/71605/transferencia-do-direito-de-construir (acesso em 04.05.2019)

e contraprestações, não abrindo mão de homologação judicial, não obstante o acordo pudesse ser concluído na esfera extrajudicial, deixando claro o Juízo que seu campo de competência estaria restrito à estrita legalidade dos atos bem como a equivalência de valores. O MP/SP anuiu com essa iniciativa.

Nessa empreitada, os trabalhos foram divididos em 2 (duas) fases, sendo a primeira delas a nomeação de perito e abertura de prazo às partes para indicação de assistentes técnicos, o que foi feito, bem como a formulação de quesitos, inclusive pelo Juízo; em um segundo momento caberia às partes fazer a indicação pormenorizada das contrapartidas.

Essa primeira tentativa de celebração de acordo restou frustrada, dentre outros, ante problemas relacionados a passivos ambientais no imóvel ofertado como contrapartida pela Municipalidade, devidamente apontados em perícia realizada nos autos.

Ato contínuo, restou celebrado "Termo de Autocomposição" englobando as ações judiciais existentes sobre o "Parque Augusta", com fundamento na Lei Federal nº 13.140/2015, art. 32[13] e no art. 334[14], §11, do Código de Processo Civil de 2015.

---

[13] Art. 32. A União, os Estados, o Distrito Federal e os Municípios poderão criar câmaras de prevenção e resolução administrativa de conflitos, no âmbito dos respectivos órgãos da Advocacia Pública, onde houver, com competência para: I – dirimir conflitos entre órgãos e entidades da administração pública; II- avaliar a admissibilidade dos pedidos de resolução de conflitos, por meio de composição, no caso de controvérsia entre particular e pessoa jurídica de direito público; III – promover, quando couber, a celebração de termo de ajustamento de conduta. §1º – O modo de composição e funcionamento das câmaras de que trata o caput será estabelecido em regulamento de cada ente federado. §2º – A submissão do conflito às câmaras de que trata o caput é facultativa e será cabível apenas nos casos previstos no regulamento do respectivo ente federado. §3º – Se houver consenso entre as partes, o acordo será reduzido a termo e constituirá título executivo extrajudicial. §4º – Não se incluem na competência dos órgãos mencionados no caput deste artigo as controvérsias que somente possam ser resolvidas por atos ou concessão de direitos sujeitos a autorização do Poder Legislativo. §5º – Compreendem-se na competência das câmaras de que trata o caput a prevenção e a resolução de conflitos que envolvam equilíbrio econômico-financeiro de contratos celebrados pela administração com particulares.

[14] Art. 334. Se a petição inicial preencher os requisitos essenciais e não for o caso de improcedência liminar
do pedido, o juiz designará audiência de conciliação ou de mediação com antecedência mínima de 30 (trinta) dias, devendo ser citado o réu com pelo menos 20 (vinte) dias de antecedência....
§ 11. A autocomposição obtida será reduzida a termo e homologada por sentença.

1.5 Detalhes do Acordo

O acordo celebrado nos autos da ação civil pública promovida pelo Ministério Público do Estado de São Paulo contou com a participação dos principais atores envolvidos, acima destacados, além da abertura de possibilidade de assinaturas de pessoas interessadas, na qualidade de testemunhas.

Concluída a fase de avaliação dos bens que compõem a área do Parque Augusta (matrículas 12.952 e 12.953, ambas do 5º CRI), uma vez esclarecidos os quesitos e homologado o valor avaliado, as empresas FLAMINGO e ALBATROZ manifestaram em Juízo o interesse na doação dos imóveis à Municipalidade, condicionada à apresentação da documentação complementar (Anexo II, Decreto Municipal 58.289/2018), além da realização de benfeitorias, voltadas à implantação de Parque, em consonância com disposições do Quadro 7 da Lei Municipal 16.050/2004, informando ainda que dívidas de IPTU, e débitos decorrentes de multas ambientais seriam devidamente quitados, nos termos do TACs nºs 036/DECONT-G/2017 e 044/DECONT-G/2017 celebrados com a Secretaria Municipal do Verde e do Meio Ambiente; ciência das restrições de tombamento; condicionamento à assinatura da escritura após trânsito em julgado das decisões judiciais que homologar o acordo nos autos do processo n. 1017163-55.2016.8.26.0053; após registro da Doação, expedição em 15 (quinze) dias da Declaração de Potencial Construtivo passível de Transferência; condicionamento à desistência dos processos administrativos municipais de aprovação (nºs 2002-0.176.230-3 e 2002-0.176.233-8) apenas quando expedida a Declaração de Potencial Construtivo passível de Transferência.

Pela Municipalidade, esta se manifestou pela utilização imediata do valor (US$ 23,600.000.00), que se encontravam vinculados e eram alvo de requerimento pelo Ministério Público para que estes pudessem constar no orçamento 2019, com finalidade de uso na construção e implantação do Parque Augusta, esclarecendo que o valor teria por destinação o emprego em obras de construção e equipamentos da Secretaria Municipal de Educação (Creches, CEUS, EMEI, etc).

1.6 Consequências do Acordo

Restou estabelecido o seguinte cronograma para o cumprimento das obrigações previstas no acordo:

1.	Formalização da autocomposição nos autos da presente ACP e de pedido de extinção por perda de objeto nos das AP Silvio Rodrigues e AP Gilberto Tanos Natalini	Nesta data
2.	Protocolo do requerimento junto à Municipalidade de São Paulo de "Declaração de Potencial Construtivo Passível de Transferência" com Doação dos Imóveis ("Requerimento de TDC"), com ressalvas, pelas empresas ALBATROZ e FLAMINGO (direito de protocolo e celebração da presente autocomposição e respectiva homologação)	A ocorrer dentro de 3 (três) dias, contados da presente data
3.	Homologação judicial da presente autocomposição nos autos desta ACP e extinção das AP Silvio Rodrigues e AP Gilberto Tanos Natalini	A ocorrer
4.	Resolução definitiva do IC-PJMAC entre as empresas ALBATROZ e FLAMINGO e o Promotor de Justiça presidente do citado procedimento investigatório	A ocorrer
5.	Trânsito em julgado da decisão homologatória da presente autocomposição, abrangendo o processo da presente ACP, e das decisões extintivas dos processos da AP Silvio Rodrigues e da AP Gilberto Tanos Natalini	A ocorrer
6.	Lavratura da Escritura de Doação dos Imóveis, com pagamento simultâneo do IPTU em aberto e solução, via TAC, das multas ambientais, com transmissão da posse direta dos Imóveis, acompanhada de um laudo conjunto e circunstanciado de seu estado atual, inclusive com levantamento atualizado cadastral das árvores existentes	A ocorrer, após os atos 3, 4 e 5
7.	Registro da Escritura de Doação dos Imóveis	A ocorrer
8.	Emissão da Declaração de Potencial Construtivo Passível de Transferência, *em um total de quatro, uma para cada empresa (ALBATROZ e FLAMINGO), referentemente a cada um dos Imóveis*, potencial este calculado de acordo com as regras do PDE/14, seguindo o procedimento previsto no Decreto municipal nº 58.289, de 26 de junho de 2018	A ocorrer
9.	Aprovação, pela Municipalidade, dos projetos básico e executivo e obtenção de todas as licenças urbanísticas e ambientais para o PARQUE MUNICIPAL AUGUSTA para sua implantação pelas empresas ALBATROZ e FLAMINGO, tendo por base o estudo preliminar da compilação de cinco (5) projetos de associações e arquitetos e apresentados publicamenteSECRETARIA DO VERDE E MEIO AMBIENTE, oriundo da	A ocorrer
10.	Pagamento parcelado pelas empresas ALBATROZ e FLAMINGO em moeda corrente do valor de R$ 3.600.000,00	A ocorrer

Em 05.10.2018 foi disponibilizada no DJE, considerando-se data da publicação 08.10.2018 a sentença judicial de homologação do Termo de Autocomposição, tendo o trânsito em julgado ocorrido em 27.11.2018.[15]

2. Questões-Problema do Caso

2.1. Natureza do Acordo

Há uma aparente inexistência de normas procedimentais/processo administrativo (no âmbito do Município) especificamente relacionada com a solução de controvérsias de natureza ambiental/urbanística. De qualquer modo, considerando a vinculação expressa (Item 7 do ACORDO) ao disposto no Art. 32 da Lei Federal 13.140/2015 (competência das câmaras de prevenção e resolução administrativa de conflitos) e, ademais, assumindo que *in casu* não houve atuação do referido órgão (não se tem notícias de sua existência) não restaria suficientemente indicada eventual INADEQUAÇÃO do procedimento no sentido de inobservância dos vetores do "devido processo"?

Poderia ser solucionado, por meio da noticiada autocomposição, o objeto da referida Ação Civil Pública, mesmo diante do disposto pelo inciso II, parágrafo 4º do artigo 334 do CPC?

2.2. Conteúdo do Acordo

Importante parte da transação, objeto do ACORDO, é a transferência do potencial construtivo. Ainda que esta transferência tenha assento na lei, em que medida as áreas urbanas passíveis de receber esse potencial, acima dos limites que seriam legalmente permitidos, estariam sendo estranguladas?

Considerando que não se sabe quando ocorrerá eventual negociação de transferência e onde, caberia com base na participação popular, gestão popular e audiências públicas discutir com a sociedade local, destinatária do ônus de suportar, o cabimento da viabilidade do interesse pretendido?

---

[15] https://esaj.tjsp.jus.br/cpopg/show.do?processo.codigo=1H00094EI0000&processo.foro=53&uuidCaptcha=sajcaptcha_23d0b6fdd66347bb9b9788027db2f108 (acesso em 05.05.2019)

Havendo sinalização de potencial inobservância do "interesse público" (em que pese a consensualidade albergada no Art. 334§11 do CPC) estaria a autocomposição em estudo sujeita à revisão judicial (rescisória, ação popular, etc.)?

2.3. Legitimidade do Acordo

Em conflitos de dimensões alargadas, haverá elementos da sociedade civil e da iniciativa privada que são interessados no conflito, dada a sua repercussão na esfera do indivíduo ou do grupo interessado. Dessa forma, o sistema de gerenciamento de conflitos deveria ser capaz de atender a essa demanda. Estes interesses foram atendidos? Quais seriam os parâmetros para atendimento destes interesses? Poderíamos utilizar os parâmetros da Portaria AGU n. 910, de 04 de julho de 2008 ou Portaria AGU n. 527, de 14 de abril de 2009?

A participação do Ministério Público como autor da Ação Civil Pública prejudica ou compromete sua necessária presença no feito como fiscal da lei, conforme estabelece o art. 3º, parágrafo 2º da Lei 13.140/2015?

A participação da Promotoria de Justiça do Patrimônio Público e Social firmou acordo de natureza complexa e multidisciplinar, sem um diálogo e envolvimento de demais Promotorias Especializadas, como por exemplo a do Meio Ambiente e a de Habitação e Urbanismo. Isto poderia trazer consequências futuras ante a ausência de outras pessoas legitimadas a participar em razão da matéria e competência?

O fato de ter havido um primeiro acordo, entre MP, Municipalidade e construtoras, para a permuta de imóveis, não sugere um déficit de participação da sociedade – até por conta das críticas dos ativistas quanto à forma de implantação do Parque Augusta?

Por outro lado, como fica a questão de responsabilidade do Estado (objetiva), acaso acolhida integralmente a proposta de participação dos ativistas (p.e., na formação do próprio parque, com plantio de árvores etc., com riscos a acidentes aos ativistas e aos demais frequentadores)?

2.4. Efetividade do Acordo

Pelo que vimos, a implantação do Parque Augusta consumirá diversas etapas, todas acompanhadas pelo Judiciário. Como fica a imparcialidade do juiz no acompanhamento do ACORDO, que provavelmente necessitará não apenas de conferência de cumprimento de etapas, mas reajustamento de obrigações para adequação à realidade?

Deveria o próprio órgão do MP fiscalizar o cumprimento integral dos termos do ACORDO, homologado pelo Poder Judiciário e propor eventuais ajustes a este, visando adequá-lo a novas situações que surgirem com o tempo?

A alternativa que se vislumbra poderia ser a criação de um comitê de acompanhamento para garantia da efetividade do ACORDO? Qual seria a natureza deste comitê? Deliberativa ou decisória?

Com relação ao objeto do ACORDO, atinente à transferência do direito de construir e do estoque de potencial construtivo, quais os mecanismos de controle (de quem quer que seja a titularidade ou que lhe faça as vezes) quanto ao impacto Urbanístico, ambiental e viário? Seria de rigor monitoramento frequente e estudo de viabilidade da transferência no momento concreto, sem ferir o ACORDO firmado?

No texto analisado, a PJPPS/MP-SP sinaliza com a possibilidade de eventual propositura de ACP pela Promotoria de Justiça do Meio Ambiente da Capital. Acordo homologado em juízo pode vir a ser discutido em situação futura, caso órgão(s) que também seria(m) competente(s) em razão da especialização entendesse(m) ter(em) sido alijado(s) das discussões?

3. Conclusões

O Seminário foi apresentado em workshop no mês de março de 2019.

Posteriormente ao seminário deu-se, em 06.04.2019, a assinatura do acordo realizado entre a Municipalidade de São Paulo e as empresas proprietárias dos terrenos Setin e Cyrela, onde estima-se seja entregue à população, até 2020, o Parque Municipal Augusta. A título de complemento, a nota é aqui inserida.

ANEXO I
Portaria AGU n. 910, de 04 de julho de 2008

PORTARIA Nº 910, DE 4 DE JULHO DE 2008 Estabelece procedimentos para a concessão de audiências a particulares no âmbito da Advocacia-Geral da União e dos órgãos a ela vinculados. O ADVOGADO-GERAL DA UNIÃO, no uso das atribuições que lhe conferem os incisos I e II do parágrafo único do art. 87 da Constituição Federal, e tendo em vista o disposto no Decreto nº 4.334, de 12 de agosto de 2002, resolve: Art. 1º Esta Portaria disciplina as audiências concedidas a particulares por agentes públicos em exercício na Advocacia-Geral da União e nos órgãos a ela vinculados previstos no art. 17 da Lei Complementar nº 73, de 10 de fevereiro de 1993. Parágrafo único. Para os fins desta Portaria, considera-se: I – agente público todo aquele que, por força de lei, contratoou ato jurídico, detenha atribuição de se manifestar ou decidir sobre ato ou fato sujeito a sua área de atuação; e II – particular todo aquele que, mesmo ocupante de cargo ou função pública, solicita audiência para tratar de interesse privado seuou de terceiros. Art. 2º O pedido de audiência será dirigido ao agente público competente, por telefone ou por escrito, por meio do serviço de protocolo, de fac-símile, de e-mail, indicando: I – a qualificação do requerente; II – o endereço, o e-mail e o número de telefone e do facsímile do requerente; III – data e hora em que pretende ser ouvido e, quando for o caso, as razões da urgência; IV – o assunto a ser abordado; V – o interesse do requerente em relação ao assunto a ser abordado; VI – o número dos autos do processo administrativo ou judicial relacionado ao assunto a ser abordado, se for o caso; e VIII – a qualificação de acompanhantes e o interesse destes no assunto. §1º O representante de terceiro deve instruir a solicitação e comparecer à audiência com a respectiva procuração; § 2º A audiência deve tratar de assunto relacionado a competência ou atribuição institucional da unidade. § 3º O pedido de audiência para fins jornalísticos deve ser dirigido à Assessoria de Comunicação Social. Art. 3º A audiência, sempre com caráter oficial, deve atendera os seguintes requisitos: I – realizar-se preferencialmente na sede do órgão público; II – realizar-se em dia útil, no horário normal de funcionamento do órgão público, podendo ser concluída após esse horários e, a critério do agente público, o adiamento for prejudicial ao seu curso regular ou causar dano ao interessado ou à Administração Pública; III – o órgão público deve manter registro específico de cada audiência, com cópia da solicitação, relação das pessoas presentes e relatório dos assuntos tratados; IV – o agente público deve estar acompanhado de, no mínimo, outro agente público. Parágrafo único. Na audiência realizada fora do órgão público, o agente público pode dispensar o acompanhamento de outro agente público, sempre que entender desnecessário em função do assunto a ser tratado. Art. 4º A observância pelo particular do estabelecido nesta Portaria não gera direito a audiência. Art. 5º Esta Portaria não se aplica: I – à Ouvidoria-Geral da AGU, em razão de suas atribuições institucionais; e II – às hipóteses de atendimento direto ao público. Art. 6º Fica aprovado o anexo a esta Portaria, contendo o formulário que servirá como referência no preenchimento das informações necessárias aos pedidos de audiência. Art. 7º Fica revogada a Portaria/AGU nº 637, de 27 de agosto de 2002. Art. 8º Esta Portaria entra em vigor na data de sua publicação. JOSÉ ANTONIO DIAS TOFFOLI FORMULÁRIO PARA SOLICITAR AUDIÊNCIA (Portaria/AGU nº de de de 2008) 1. QUALIFICAÇÃO DO AGENTE PÚBLICO (com quem se solicita a audiência) 1.1 Nome:_____
_____ 1.2 Cargo ou função pública: _____
1.3 Departamento:_____1.4 Telefone (trabalho): _____ 2. QUALIFICAÇÃO DO PARTICULAR (requerente da audiência) 2.1 Nome: _____
_____ 2.2 RG: _____ 2.3 CPF: _____
2.4 Endereço: _____ 2.5 Telefone (residência): _____ 2.6 Telefone (celular): _____ 2.7 Telefone (trabalho): _____ 2.8 E-mail: _____ 3. QUALIFICAÇÃO DO REPRESENTADO (caso o particular solicite audiência no interesse de terceiro) 3.1 Nome: _____

3.2 RG: _____ 3.3 CPF: _____
3.4 Endereço: _____ 3.5 Telefone
(residência): _____ 3.6 Telefone (celular): _____ 3.7 Telefone (trabalho):
_____ 3.8 E-mail: _____ 4. QUALIFICAÇÃO DO
ACOMPANHANTE 4.1 Nome:_____
_____ 4.2 RG: _____ 4.3 CPF: _____
4.4 Endereço: _____ 4.5 Telefone
(residência): _____ 4.6 Telefone (celular): _____ 4.7 Telefone (trabalho):
_____ 4.8 E-mail: _____ 4.9 Interesse do acompanhante no
assunto: _____
_____ 5. AUDIÊNCIA 5.1 Assunto: _____
_____
_____
_____ 5.2 Interesse do particular ou do representado em relação ao
assunto: _____
_____
_____ 5.3 Número dos autos do processo
administrativo ou judicial relacionado ao assunto, se existente: _____
_____ 5.4 Data e horário em que pretende ser recebido em
audiência: _____ 5.5. Razões do pedido de urgência na designação da audiência
(se for o caso): _____
_____,_____ (local) (data) assinatura do
particular * Este texto não substitui a publicação oficial.

ANEXO II
Portaria AGU n. 527, de 14 de abril de 2009

PRESIDÊNCIA DA REPÚBLICA ADVOCACIA-GERAL DA UNIÃO PORTARIA Nº 527, DE 14 DE ABRIL DE 2009 Disciplina a realização de audiências e consultas públicas em processos administrativos que estejam sob apreciação dos órgãos da Advocacia-Geral da União – AGU e da Procuradoria-Geral Federal – PGF, cujo objeto verse sobre matéria de alta complexidade, com repercussão geral e de interesse público relevante. O ADVOGADO-GERAL DA UNIÃO, no uso das atribuições previstas no inciso I do 4º da Lei Complementar nº 73, de 10 de fevereiro de 1993, e Considerando que a representação judicial e extrajudicial da União e o exercício das atividades de consultoria e assessoramento do Poder Executivo Federal competem exclusivamente à Advocacia Geral da União e aos seus órgãos vinculados, conforme determina o art. 131 da Constituição Federal; Considerando que essas atividades podem envolver matérias de alta complexidade, com repercussão geral e de interesse público relevante; Considerando que haverá hipóteses em que a manifestação ou o depoimento de pessoas com experiência e autoridade em determinadas matérias far-se-á relevante para a atuação desta Advocacia Geral da União e de seus órgãos vinculados; e Considerando que os arts. 31 e 35 da Lei nº 9.784, de 29 de janeiro de 1999, permitem a realização de consultas e audiências públicas no âmbito dos processos administrativos, como instrumentos de auxílio e subsídio nas tomadas de decisão da Administração, resolve: Art. 1º Poderão ser convocadas audiências ou consultas públicas nos processos administrativos que envolvam matéria de alta complexidade, com repercussão geral e de interesse público relevante, sob apreciação da Advocacia-Geral da União – AGU e da Procuradoria Geral Federal – PGF. Parágrafo único. A providência prevista no caput deste artigo tem por objetivo obter as manifestações por escrito ou os depoimentos de pessoas com experiência e autoridade na matéria objeto do processo administrativo. Art. 2º O órgão de execução interessado deverá submeter à analise do seu órgão de direção superior da AGU ou da PGF solicitação devidamente fundamentada para a realização das audiências ou das consultas públicas. Art. 3º As audiências ou consultas públicas serão convocadas pelos dirigentes dos órgãos de direção superior da AGU ou da PGF. Parágrafo único. A competência prevista no caput poderá ser delegada. Art. 4º A audiência pública deverá observar, além do disposto na Lei nº 9.784, de 29 de janeiro de 1999, o seguinte procedimento: I – divulgação no Diário Oficial da União e no sítio da Advocacia-Geral da União da data, horário e local da audiência pública, bem como da matéria a ser debatida e a fixação de prazo para a indicação das pessoas a serem ouvidas; II – disponibilização no sítio da Advocacia-Geral da União dos documentos necessários para a realização da audiência pública; III – seleção das pessoas que serão ouvidas; IV – fixação das listas dos habilitados e o tempo que cada um disporá para se manifestar sobre o tema ou questão objeto da audiência pública; e V – registro em ata dos trabalhos da audiência pública a ser juntados aos autos do processo administrativo, quando for o caso. § 1º Ao dirigente do órgão de direção superior da AGU ou da PGF, ou a quem delegar poderes, caberá presidir as audiências públicas e determinar os procedimentos previstos nos incisos deste artigo. § 2º Os casos omissos serão resolvidos pelas autoridades previstas no § 1º Art. 5º A consulta pública deverá observar, além disposto na Lei nº 9.784, de 1999, o seguinte procedimento: I – divulgação no Diário Oficial da União e no sítio da Advocacia-Geral da União da matéria objeto da consulta pública, bem como do local, horário e o prazo para o recebimento das manifestações por escrito dos interessados; II – disponibilização no sítio da Advocacia-Geral da União dos documentos necessários para a realização da consulta pública; e III – juntada das manifestações por escrito, que devem limitar se ao tema ou questão objeto da consulta pública, aos autos do processo administrativo, quando for o caso. § 1º O dirigente do órgão de direção superior da AGU ou da PGF, ou a quem delegar poderes, caberá coordenar a consulta pública e poderá, de ofício ou a pedido, após o encaminhamento das manifestações por escrito dos interessados, realizar reunião para discuti-las. § 2º Os casos omissos serão resolvidos pelas autoridades previstas no § 1º Art. 6º Os resultados obtidos na audiência ou consulta pública serão publicados no sítio da Advocacia-Geral da União. Art. 7º O dirigente do órgão de direção superior da AGU ou da PGF, ou a quem delegar poderes, poderá convidar para audiência ou consulta pública, além dos órgãos ou entidades administrativas, especialistas na matéria em discussão. Art. 8º Fica revogada a Portaria nº 1.830/AGU de 22 de dezembro de 2008. Art. 9º Esta Portaria entra em vigor na data da sua publicação. JOSÉ ANTONIO DIAS TOFFOLI D.O.U., 15/04/2009 – Seção 1, pág. 3

ANEXO III
Resolução CONPRESP 23/2004[16]

Prefeitura do Município de São Paulo Secretaria Municipal de Cultura Departamento do Patrimônio Histórico Conselho Municipal de Preservação do Patrimônio Histórico, Cultural e Ambiental da Cidade de São Paulo
RESOLUÇÃO 23/04
O Conselho Municipal de Preservação do Patrimônio Histórico, Cultural e Ambiental da Cidade de São Paulo – CONPRESP, no uso de suas atribuições legais e nos termos da Lei no 10.032, de 27 de dezembro de 1985, alterada pela Lei no 10.236, de 16 de dezembro de 1986, e de acordo com a decisão unânime dos Conselheiros presentes à 332 o Reunião Extraordinária, realizada em 14 de dezembro de 2004, e
CONSIDERANDO a dimensão e a diversidade arbórea e arbustiva do lote e a avifauna existentes nesta região escassa de área verde; e
CONSIDERANDO que ali se localizava o antigo Palacete Uchoa, posteriormente ampliado e onde se instalou o Colégio Des Oiseaux; escola tradicional construída na la década do século XX e demolida na década de 60 e da qual atualmente permanece pequena edificação remanescente e portaria;
RESOLVE:

---

[16] https://www.prefeitura.sp.gov.br/cidade/upload/c031b_23_T_Antigo_Colegio_Des_Oiseaux.pdf (acesso em 05.05.2019).

ACORDO SOBRE O "PARQUE AUGUSTA"

Artigo 1º – TOMBAR na área do antigo Colégio Des Oiseaux, correspondendo aos imóveis sitos à Rua Marquês de Paranaguá no 115 e Caio Prado no 232 (Setor 10, Quadra 14, Lote 438), e Rua Marquês de Paranaguá no 217 com Rua Augusta no 344, (Setor 10, Quadra 14, Lote 131), os seguintes elementos:
1 – O conjunto de espécies arbóreas e arbustivas que integram a área do bosque (lote 438) e os exemplares isolados (lotes 438 e 131), conforme Anexo I;
2 – As edificações remanescentes que integraram o conjunto arquitetônico do antigo Colégio Des Oiseaux (lote 438), conforme planta anexa:
a) Edificação secundária do antigo colégio, preservando os elementos arquitetônicos originais externos como envasaduras, cobertura, revestimentos e a sua volumetria.
b) Portaria da Rua Caio Prado, compreendendo portões e muros.
Artigo 2º – Ficam definidas as seguintes diretrizes para ocupação do lote 438 que integra a área tombada:
I – Qualquer construção na área deverá prever um recuo mínimo de 10 metros por toda extensão de seu perímetro lindeiro ao bosque.
II – A altura máxima para construção na área livre do lote será de 36 (trinta e seis) metros, medidos do ponto médio da testada na Rua Caio Prado até o ponto mais alto da cobertura;
Artigo 3º – Ficam definidas as seguintes diretrizes para ocupação do lote 131 que integra a área tombada:
I – A altura máxima para construção na área livre do lote será de 45 (quarenta e cinco) metros, medidos do ponto médio da testada na Rua Augusta até o ponto mais alto da cobertura;
Artigo 4º – Os projetos de desdobro e remembramento, assim como de demolição, construção, reforma e regularização dependerão de exame, orientação e deliberação prévia do Conpresp;
Artigo 5º – Ficam definidos os lotes no 323 (Rua Marquês de Paranaguá, 111) e 199 (Rua Caio Prado, 102), como área envoltória deste tombamento e portanto, quaisquer interferências nos mesmos deverão obter a prévia análise deste Conselho;
Artigo 6º – Fica autorizada a inscrição deste bem no Livro de Registro respectivo, de acordo com o Item V, do Artigo 9º, da Lei Nº 10.032/85, para os devidos e legais efeitos.
Artigo 7º – Esta Resolução passa a vigorar a partir da data de sua publicação no Diário Oficial do Município de São Paulo.
São Paulo, 14 de dezembro de 2004
Fernando José Martinelli – Presidente -CONPRESP

Não foi publicada planta.

ANEXO I – BOSQUE

FAMÍLIA	ESPÉCIE	NOME POPULAR	No IDENTIF.
Anacardiaceae	Mangifera indica L	Manga	04
Araucariaceae	Araucaria abgustifolia (Bertol.) Kuntze	Pinheiro do Paraná	01
Araucariaceae	Araucaria bidwillii Hook	Araucária-da-Austrália	12
Bignoniaceae.	Jacaranda Mimosifolia D Don	Jacarandá-mimoso	17
Bombacaceae	Chorisia speciosa A. St..-Hil	Paineira	04
Cecropiaceae	Cecropia pachystachya Trécul	Embaúba	03
Cupressaceae	Cupressus sp	Cipreste	04
Lauraceae	Persea americana Mill	Abacateiro	16
Leguminosae	Holocalyx balansae Micheli	Alecrim-de-campinas	03
Leguminosae	Machaerium sp	Jacarandá	03
Leguminosae	Tipuana tipu (Benth)	Kuntze Tipuana 01	01
Leguminosae	-	-	02
Magnoliaceae	Magnolia grandiflora L	Magnólia-branca	01
Melastomataceae	Tibouchina granulosa Cogn.	Quaresmeira	01
Meliaceae	Aglaia odoratta	Loureiro Aglaia	15
Meliaceae	Cedrela fissilis Vell	Cedro	02
Moraceae	Artocarpus heterophyllus Lam	Jaca	08
Moraceae	Ficus auriculata Loureiro	Figueira -de-jardim	01
Moraceae	Ficus elastica Roxb	Falsa-seringueira	02
Moraceae	Morus nigra L	Amoreira	09
Myrtaceae	Eucalyptus sp.	Eucalipto	03
Myrtaceae	Eugenia involucrata DC	Cereja-do-rio-grande	01
Myrtaceae	Eugenia uniflora L	Pitanga	27
Myrtaceae	Psidium guajava L.	Goiabeira	01
Myrtaceae	Syzygium cuminii (L.) Skeels	Jambolão	63
Myrtaceae	Syzygium jambos (L.) Alston	Jambo	02
Palmae	Acrocomia aculeata (Jacq.) Lodd. ex Mart	Macaúba	03
Palmae	Archontophoenix cunninghamiana (H. Wendl.) H. Wendl. & Drude	Seafórtia	01
Palmae	Dypsis lutescens H. Wendl	Areca-bambu	03
Palmae	Livistona chinensis (Jacq.) R. Brown	Palmeira-de-leque-da china	08
Palmae	Phoenix sp	Tamareira	02

ACORDO SOBRE O "PARQUE AUGUSTA"

FAMÍLIA	ESPÉCIE	NOME POPULAR	No IDENTIF.
Palmae	Syagrusromanzoffiana (Cham.) Glassman	Jerivá	13
Palmae	Syagrus sp.	Palmito amargoso	01
Palmae	Pinus sp.	Pheiro	04
Pittosporaceae	Pittosporum undulatum Vent.	Pitósporo	23
Rosaceae	Eriobotrya japonica (thunb.) Lindl	Néspera	17
Rubiaceae	Coffea arabica L	Café	03

PLANTAS JOVENS DO ESTRATO ARBÓREO, NO BOSQUE:

FAMÍLIA	ESPÉCIE	NOME POPULAR
Bombacaceae	Chorisia speciosa A.St. Hil.	Paineira
Euphorbiaceae	Alchornea sidifolia Müll. Arg.	Tapiá-guaçu
Leguminosae	Holocalyx balansae Micheli	Alecrim-de-campinas
Meliaceae	Aglaia odorata	Loureiro Aglaia
Moraceae	Morus nigra L.	Amoreira
Oleaceae	Ligustrum lucidum Aiton	Alfeneiro
Palmae	Archontophoenix cunninghamiana (H. Wendl.) H. Wendl. & Drude	Seafórtia
Palmae	Livistona chinensis (Jacq.) R. Brown	Palmeira-de-leque da-china
Pittosporaceae	Pittosporum undulatum Vent.	Pitósporo
Rosaceae	Eriobotrya japonica (Thunb.) Lindl.	Néspera
Rubiaceae	Coffea arabica L.	Café

EXEMPLARES ARBÓREOS ISOLADOS, FORA DO BOSQUE:

FAMÍLIA	ESPÉCIE	NOME POPULAR	No IDENTIF.
Bignoniaceae	Jacaranda mimosifolia D. Don.	Jacarandá-mimoso	02
Cycadaceae	Cycas circinalis L.	Cicas	01
Lauraceae	Persea americana Mill	Abacateiro	03
Leguminosae	Caesalpinia peltophoroides Benth.	Sibipiruna	01
Moraceae	Ficus elastica Roxb.	Falsa-seringueira	04
Moraceae	Ficus luschnatiana (Miq.) Miq.	Figueira-mata-pau	01
Myrtaceae	Psidium guajava L.	Goiabeira	02
Myrtaceae	Syzygium cuminii (L.) Skeels	Jambolão	02
Oleaceae	Ligustrum lucidum Aiton	Alfeneiro	06
Palmae	Phoenix sp.	Tamareira	01
Palmae	Syagrus sp.	Palmito-amargoso	01

APÊNDICE I

Cronologia da edificação/ocupação a partir do ano de 1902:

1902	É edificado o Palacete Uchôa sobre o solo do imóvel matrícula 12.952 (Transcrição 17.942, de 02/07/1941, sem informação da área, sendo de supor que tinha 11.733m2).
21/03/1907	a Associação Instrutora da Juventude Feminina arrematou em hasta pública ambos os imóveis, matrículas n. 12.952 e 12.953
de 1907 a 1967	funciona no local o *Colégio Des Oiseaux*.
16/05/1969	parte do imóvel foi adquirido por CLELTA – Cedro do Líbano Empreendimentos Ltda, com escritura definitiva datada de 22/11/1968. (Transcrição 64.342, 5º CRI)
1970	é publicado o Decreto municipal expropriatório n. 9.238/1970, assinado pelo então Prefeito Paulo Maluf, cujo valor de indenização à Associação jamais foi pago e a transferência ao patrimônio público também jamais ocorreu
1974	o prédio onde funcionou o *Colégio des Oiseaux* foi propositalmente demolido e remanesce alguma construção
03/12/1975	o terreno é vendido à sociedade TEIJIN do Brasil Importação e Exportação (Transcrição 103.337).
29/08/1975	*Termo de Compromisso* firmado entre a TEIJIN do Brasil e a Municipalidade de São Paulo estabelecem normas a serem observadas quanto ao aproveitamento do terreno, edificações e características, inclusive registro imobiliário dos compromissos assumidos, sob pena de sanções
05/09/1975	é feita a Av.4/12.953 para constar as condições e normas do Termo (Transcrição n. 113.583). *Dentre as obrigações assumidas estão: item 1.b) manter em toda integralidade, a área verde existente (...); e) a permitir a utilização da área verde pelo público (...)*
11/12/1975	a área é transferida a título de *conferência* à sociedade Consolação Hotéis e Turismo S.A. (Transcrição n. 113.583).
29/09/1977	é iniciada a matrícula 12.953/5. CRI – tendo sido atribuída ao terreno uma área de 16.133m2, portanto aumentada em 4.400m2, enquanto o imóvel matriculado sob n. 12.952 sofreu redução em 4.400m2
04/09/1986	é firmado Termo de Reti-Ratificação entre a Consolação Hotéis e Turismo Ltda. e a Municipalidade de São Paulo, tendo sido inserida a Av5/12.953, sendo que aquela se obrigou a cumprir e respeitar as condições de edificação e uso do imóvel, mantidas as restrições do Termo de 29/08/1975 – Av4/12.953
16/09/1996	TEIJIN DO BRASIL transmite por venda, a ARMANDO CONDE e LINDA LILLY CONDE, a propriedade do imóvel (Av. 11/matrícula 12.952)
14/09/2002	Ofício 1.107/SP-SÉ/GAB/2012 é averbado na matrícula – direito de preferência à Prefeitura de São Paulo. Na mesma data, o casal CONDE adquire o imóvel matrícula 12.953, por R$ 3.956.250,00
18/08/2008	Decreto Municipal n. 49.922/2008 declara de utilidade pública, para serem desapropriados judicialmente ou adquiridos mediante acordo, os imóveis particulares situados no Distrito da Consolação, **necessários à implantação de parque municipal**, contidos na área de 24.000m2, em perímetro delimitado no ato

ACORDO SOBRE O "PARQUE AUGUSTA"

2008	o CONPRESP aprova (p.a. 2008-0.011.655-7) na área do "Parque Augusta" a construção de 3 (três) edifícios (2 residenciais e 1 comercial), mediante compensação ambiental e conservação do remanescente do *Colégio des Oiseaux*
2012	Decreto n. 53.020, de 09/03/2012 do Município de São Paulo declara de utilidade pública os dois terrenos que formariam o "Parque Municipal Augusta". A implementação da desapropriação não ocorre.
30/09/2013	ARMANDO CONDE e esposa LINDA LILLY CONDE alienam o imóvel matrícula 12.952 (R$ 27.325.816,00) e 12.953 (R$ 36.870.847,00) às empresas FLAMINGO (SETIN Empreendimentos Imobiliários Ltda.) e ALBATROZ (CYRELA Construtora Ltda.), com cláusula de retrovenda caso, em 24 (vinte e quatro) meses as adquirentes não lograssem êxito na aprovação dos empreendimentos de interesse, sendo 2 (dois) residenciais e um comercial
2013	Lei Municipal n. 15.941, de 23/12/2013, decorrente de PL da CMSP – Prefeito Fernando HADDAD, institui o "Parque Municipal Augusta", composto pelos terrenos das matrículas 12.952 e 12.953. Ação de desapropriação não foi proposta por falta de recursos
27/02/2015	603ª Reunião ordinária, o CONPRESP aprova projeto das empresas FLAMINGO e ALBATROZ, em substituição ao projeto de 2008, para a construção de 3 (três) edifícios, cada um cerca de 45m. altura. A ACP do MPSP denuncia a edificação de uma das torres no terreno sob *judice* e ao lado das árvores tombadas e das principais construções históricas, remanescentes do *Colégio des Oiseaux* (matr. 12.953)
	Negociações começam a ser feitas até que as partes e atores envolvidos chegam a uma solução, cujo acordo é homologado nos autos da ACP, vindo a ocorrer posteriormente a doação, pela Setin e Cyrela à Prefeitura de São Paulo dos imóveis matrículas nºs 12.952 e 12.953 – 5ºCRI. Em contrapartida, as Incorporadoras recebem certificado de transferência de potencial construtivo
06/04/2019	Prefeito de São Paulo, Bruno Covas, assina junto com os representantes das construtoras Setin e Cyrela o Termo de Transferência do terreno do Parque Augusta para o Município.[10]

---

[17] https://www1.folha.uol.com.br/cotidiano/2019/04/bruno-covas-assina-escritura-do-futuro-parque-augusta-em-sp.shtml (acesso em 05.05.2019).

ACORDOS ADMINISTRATIVOS NO BRASIL

APÊNDICE II
Acervo de Imagens

Décadas de 1910 a 1970: Colégio Des Oiseaux

Fonte: https://biblioteca.ibge.gov.br/visualizacao/fotografias/GEBIS%20-%20RJ/sp39420.jpg

1977: Compra do Terreno pela Construtora Teijin

Fonte: http://m.acervo.estadao.com.br/noticias/acervo,era-uma-vez-em-sp-colegio-des-oiseaux-,11116,0.htm

ACORDO SOBRE O "PARQUE AUGUSTA"

2014: Projeto Imobiliário das Construtoras Setin e Cyrela

AUGUSTA VERDE
Dois projetos foram elaborados por construtoras; ambos preservam a vegetação nativa

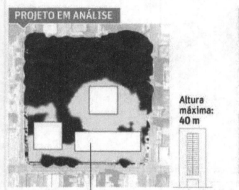

Prédios serão construídos em terreno de 24 mil m² no bairro Cerqueira César

Fonte: https://www1.folha.uol.com.br/cotidiano/2014/04/1436598-parque-augusta-pode-abrir-em-meio-a-obras-de-
-empreendimento-imobiliario.shtml

ACORDOS ADMINISTRATIVOS NO BRASIL

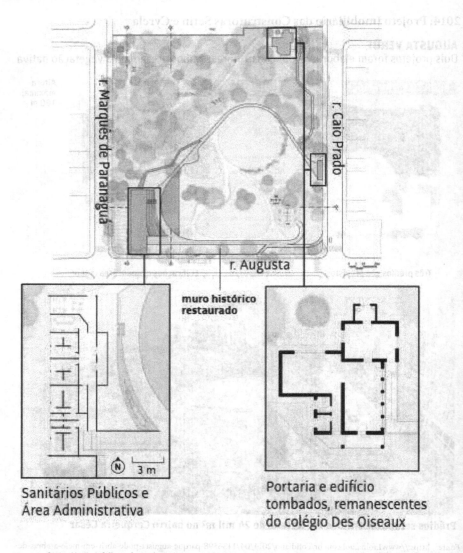

Fonte: https://www1.folha.uol.com.br/cotidiano/2018/10/sem-projeto-parque-augusta-precisa-de-aval-do-patrimonio-historico.shtml

2019: Imagem dos terrenos doados à Prefeitura de São Paulo pelas Incorporadoras Setin e Cyrela para a construção do "Parque Augusta".

A contrapartida da Municipalidade de SP: Certificado de potencial construtivo passível de transferência.

https://www1.folha.uol.com.br/cotidiano/2019/04/bruno-covas-assina-escritura-do-futuro-parque-augusta-em-sp.shtml (acesso em 05.05.2019).

"ACORDO SOBRE O 'PARQUE AUGUSTA'"

2019: imagem dos terrenos doados à Prefeitura de São Paulo pelas incorporadoras Setin e Cyrela para a construção do "Parque Augusta".

A contrapartida à Municipalidade de SP: Conteúdo de potencial construtivo passível de transferência.

Fonte: https://www1.folha.uol.com.br/cotidiano/2019/04/após-acordo-com-setin-e-cyrela-parque-augusta-tem-area-ocupada-em-sp.shtml. Acesso em: 06.2019.

4. Acordos no Direito Antitruste Brasileiro (CADE e Lei Federal nº 12.529/2011)

ALEXANDRE AUGUSTO OLMACHT
BIANCA SOARES SILVA CORREIA
JOÃO EDUARDO LOPES QUEIROZ
KAÍQUE JACINTO C. ALMEIDA
OTÁVIO RIBEIRO LIMA MAZIEIRO
PAULO JOSÉ RAMALHO ABE
THIAGO GUIMARÃES DE BARROS COBRA

1. Considerações Preliminares

O caso em estudo trata especificamente de *"Termo de Compromisso de Cessação de Prática"* ("**TCC**"), celebrado entre a empresa *"AU Optronics Corp."* ("**AU Optronics**"), alguns de seus executivos e o *Conselho Administrativo de Defesa Econômica* ("**CADE**"), no âmbito de Processo Administrativo nº 08012.011980/2008-12, instaurado para apuração da existência de suposto cartel internacional no mercado de transistores de película fina para painéis de cristal líquido, cujos produtos, cartelizados, teriam sido adquiridos por clientes situados no território nacional.

Desse modo, após a contextualização do sistema de acordos no direito antitruste brasileiro e da descrição das circunstâncias fáticas envolvidas no caso, uma série de problemáticas se colocam, especialmente no tocante à natureza jurídica do **TCC** firmado e a procedimentalização adotada pelo CADE para a celebração desse tipo de acordo e, também, os efeitos decorrentes dessa modalidade negocial.

2. Breve Contextualização sobre os Acordos no Direito Antitruste Brasileiro

No âmbito de atuação do Conselho Administrativo de Defesa Econômica, a atual sistemática dos Acordos Administrativos é fruto de intenso aperfeiçoamento legislativo ocorrido ao longo das últimas duas décadas, em harmonia com as práticas adotadas pelos Estados Unidos, Alemanha, França e Canadá[1].

Dentro do atual sistema, existe hoje expressa disposição legal sobre três modalidades de Acordos Administrativos[2], a saber: *i)* Acordos de Leniência; *ii)* Acordos em Atos de Concentração; e *iii)* Termos de Compromisso de Cessação. É sobre essa última modalidade que se ocupa o presente trabalho.

No Brasil, antes mesmo de qualquer previsão legal sobre a possibilidade de celebração de **Acordos de Leniência**, o **Termo de Compromisso de Cessação** já era utilizado no âmbito de atuação do **CADE**. Contudo, ao longo dos anos, o regramento do **TCC** sofreu importantes modificações.

Desde sua concepção, a Lei Federal nº 8.884/1994 dedicava um capítulo exclusivo ao *"Compromisso de Cessação"*[3], estabelecendo: *i)* os legiti-

---

[1] AZEVEDO, Paulo Furquim de; HENRIKSEN, Alexandre Lauri. **Cartel Deterrence and Settlements:** The Brazilian Experience. EESP FGV, Jul. 2010.

[2] Nos termos da Lei Federal nº 12.529/2011 e do Regimento interno do CADE.

[3] Art. 53. Em qualquer fase do processo administrativo poderá ser celebrado, pelo CADE ou pela SDE ad referendum do CADE, compromisso de cessação de prática sob investigação, que não importará confissão quanto à matéria de fato, nem reconhecimento de ilicitude da conduta analisada.

§ 1º O termo de compromisso conterá, necessariamente, as seguintes cláusulas:

a) obrigações do representado, no sentido de fazer cessar a prática investigada no prazo estabelecido;

b) valor da multa diária a ser imposta no caso de descumprimento, nos termos do art. 25;

c) obrigação de apresentar relatórios periódicos sobre a sua atuação no mercado, mantendo as autoridades informadas sobre eventuais mudanças em sua estrutura societária, controle, atividades e localização.

§ 2º O processo ficará suspenso enquanto estiver sendo cumprido o compromisso de cessação e será arquivado ao término do prazo fixado, se atendidas todas as condições estabelecidas no termo respectivo.

§ 3º As condições do termo de compromisso poderão ser alteradas pelo CADE, se comprovada sua excessiva onerosidade para o representado e desde que não acarrete prejuízo para terceiros ou para a coletividade, e a nova situação não configure infração da ordem econômica.

mados para celebração; *ii)* as hipóteses de cabimento; *iii)* os requisitos mínimos para formalização; e *iv)* os efeitos decorrentes da celebração.

A Lei nº 8.884/1994 sofreu sua primeira importante alteração, através da Lei Federal nº 10.149/2000, que introduziu os Acordos de Leniência no âmbito do sistema antitruste e modificou sensivelmente a disciplina dos Compromissos de Cessação, **cuja celebração passou a ser vedada no caso dos processos administrativos instaurados para apuração da prática de carteis**[4].

Nos anos seguintes, a experiência de países como Canadá, Estados Unidos, Alemanha e França[5] demonstrou que, a exemplo dos Acordos de Leniência, os *"Compromissos de Cessação"* poderiam ser utilizados como importante ferramenta de investigação e repressão aos Cartéis. Em um movimento de alinhamento às práticas que já eram adotadas por esses outros países, foram então implementadas no Brasil novas importantes reformas legislativas.

Especificamente com relação ao **Compromisso de Cessação**, destaque para a Lei nº 11.482/2007, que reestabeleceu em nosso ordenamento, a possibilidade de celebração de TCCs nos casos em que apurada a prática de cartel[6].

§ 4º O compromisso de cessação constitui título executivo extrajudicial, ajuizando-se imediatamente sua execução em caso de descumprimento ou colocação de obstáculos à sua fiscalização, na forma prescrita no art. 60 e seguintes.

[4] Com a inclusão do § 5º ao art. 53, da Lei Federal nº 8.884/1994, assim redigido: "O disposto neste artigo não se aplica às infrações à ordem econômica relacionadas ou decorrentes das condutas previstas nos incisos I, II, III e VIII do art. 21 desta Lei".

[5] AZEVEDO, Paulo Furquim de; HENRIKSEN, Alexandre Lauri. **Cartel Deterrence and Settlements:** The Brazilian Experience. EESP FGV, Jul. 2010.

[6] Art. 16. O art. 53 da Lei n. 8.884, de 11 de junho de 1994, passa a vigorar com a seguinte redação:
"Art. 53. Em qualquer das espécies de processo administrativo, o Cade poderá tomar do representado compromisso de cessação da prática sob investigação ou dos seus efeitos lesivos, sempre que, em juízo de conveniência e oportunidade, entender que atende aos interesses protegidos por lei.
§ 1º Do termo de compromisso deverão constar os seguintes elementos:
I – a especificação das obrigações do representado para fazer cessar a prática investigada ou seus efeitos lesivos, bem como obrigações que julgar cabíveis;
II – a fixação do valor da multa para o caso de descumprimento, total ou parcial, das obrigações compromissadas;
III – a fixação do valor da contribuição pecuniária ao Fundo de Defesa de Direitos Difusos quando cabível.

As alterações introduzidas pela Lei nº 11.482/2007 deram ensejo a questionamentos com relação aos requisitos mínimos exigidos para a celebração de TCCs, especialmente a obrigatoriedade de confissão de participação nas práticas investigadas[7], circunstância que motivou a alteração do próprio regimento interno do CADE (através da emenda regimental 01/2007), que passou a prever a obrigatoriedade de reconhecimento de culpa do compromissário nos casos em que fosse celebrado acordo de leniência. Para os demais casos (onde não houvesse acordo de leniência), a exigência de reconhecimento de culpa ficava a critério do CADE[8].

§ 2º Tratando-se da investigação da prática de infração relacionada ou decorrente das condutas previstas nos incisos I, II, III ou VIII do caput do art. 21 desta Lei, entre as obrigações a que se refere o inciso I do § 1º deste artigo figurará, necessariamente, a obrigação de recolher ao Fundo de Defesa de Direitos Difusos um valor pecuniário que não poderá ser inferior ao mínimo previsto no art. 23 desta Lei.
§ 3º A celebração do termo de compromisso poderá ser proposta até o início da sessão de julgamento do processo administrativo relativo à prática investigada.
§ 4º O termo de compromisso constitui título exclusivo extrajudicial.
§ 5º O processo administrativo ficará suspenso enquanto estiver sendo cumprido o compromisso e será arquivado ao término do prazo fixado se atendidas todas as condições estabelecidas no termo.
§ 6º A suspensão do processo administrativo a que se refere o § 5º deste artigo dar-se-á somente em relação ao representado que firmou o compromisso, seguindo o processo seu curso regular para os demais representados.
§ 7º Declarado o descumprimento do compromisso, o Cade aplicará as sanções nele previstas e determinará o prosseguimento do processo administrativo e as demais medidas administrativas e judiciais cabíveis para sua execução.
§ 8º As condições do termo de compromisso poderão ser alteradas pelo Cade se comprovar sua excessiva onerosidade para o representado, desde que a alteração não acarrete prejuízo para terceiros ou para a coletividade.
§ 9º O Cade definirá, em resolução, normas complementares sobre cabimento, tempo e modo da celebração do termo de compromisso de cessação." (NR)
[7] SAMPAIO, Patrícia Regina Pinheiro. A Utilização do Termo de Compromisso de Cessação de Prática no Combate aos Cartéis. Revista de Direito Administrativo, FGVRJ, v. 249, 2010.
[8] A partir de então o Regimento Interno do CADE passou a contar com a seguinte previsão: Art. 129-G – Nos casos em que houver sido celebrado acordo de leniência pela SDE, o compromisso de cessação deverá necessariamente conter reconhecimento de culpa por parte do compromissário. Nos demais casos, a exigência da confissão de culpa ficará a critério do CADE.

Foi somente no ano que 2011 que o *"Sistema Brasileiro de Defesa da Concorrência"* sofreu sua maior reestruturação, com a entrada em vigor da Lei Federal nº 12.529/2011.

Dentro desse novo marco legislativo, o TCC passou a contar com regramento mais claro, existindo expressa previsão sobre as hipóteses de cabimento, legitimados para proposição, elementos mínimos (ou cláusulas obrigatórias) e seus efeitos.

Além disso, em reforço, o CADE reformulou seu Regimento Interno, com a definição de competências, o estabelecimento de requisitos mínimos e a previsão de procedimento específico para a celebração dos TCCs.

Foi justamente dentro do contexto legislativo atual que celebrado o *"Termo de Compromisso de Cessação de Prática"* analisado nesse trabalho.

3. Narrativa do Caso

O presente caso iniciou-se pela extinta Secretaria de Direito Econômico (SDE), sob a forma de uma "averiguação preliminar sigilosa" instaurada *ex officio*, em dezembro de 2008, para averiguação da existência de suposto cartel internacional com potenciais efeitos no ordenamento econômico brasileiro, especificamente no mercado de Painéis de Cristal Líquido com Transistores de Película Fina ("TFT-LCD"), entre 2001 e 2006.

As investigações objetivavam a identificação de possíveis condutas de cartelização pelas empresas Chunghwa Picture Tubes Ltd., Hitachi Ltd.; Koninklijke Philips Electronics N.V./ Royal Philips Electronics N.V./ Philips Components, LG Display America Inc. (LG EUA), LG Display Co. Ltd. (LG), LG Electronics Inc.; LG Philips LCD Co., NEC Corp., Samsung Electronics Corporation, Sharp Corporation (Sharp) e Thomson S/A.

As razões para a investigação decorreram de notícias internacionais que apontavam para a existência de investigações, em várias jurisdições, acerca das referidas empresas e, de outra sorte, relataram a celebração de acordos de confissão de prática de cartel[9] perante autoridades de defesa da concorrência nos EUA, pelas empresas e respectivos executivos da Sharp, Chunghwa, LG, e LG EUA. As empresas envolvidas teriam

---

[9] Dentre os quais, os que acompanham esse trabalho como anexos.

concordado em fixar o preço dos painéis de TFT-LCD, usados em monitores para PC, laptops, TVs e outros produtos em todos os países do mundo, mediante trocas de informações comercialmente sensíveis como oferta, demanda e planos de expansão, em reuniões bilaterais ou multilaterais nos chamados *"crystal meetings"*. Ademais do pagamento de multa às empresas, cinco executivos da LG e Chunghwa tiveram de cumprir penas privativas de liberdade.

Em 07/12/2009, foi publicado o Despacho nº 931, por meio do qual a Presidência do CADE acolheu a Nota Técnica da Coordenação-Geral de Análise de Infrações nos Setores de Agricultura e Indústria (CGAI) e determinou a instauração de processo administrativo para a investigação de suposto cartel internacional no mercado de painéis de TFT-LCD em face de Chunghwa Picture Tubes Ltd., Hitachi Displays, Ltd., LG Display Co. Ltd., Samsung Electronics Coporation, Sharp Corporation, Epson Imaging Devices Corporation, Hsueh-Lung "Brian" Lee, Chih--Chun "C.C." Liu, Chieng-Hon "Frank" Lin, Chang Suk Chung e Bock Kwon.

Ainda em sede de Averiguação Preliminar, recomendou o arquivamento das acusações com relação a Hitachi Ltd., Koninklijke Philips Electronics N.V./ Royal Philips Electronics N.V./Philips Components, LG Display America Inc., LG Electronics Inc., LG Philips LCD Co., NEC Corp. e Thomson S.A., por insuficiência de indícios de infração à ordem econômica.

Após a instauração do Processo Administrativo, notícia publicada pelo Departamento de Justiça dos EUA (DOJ) informou que uma das empresas investigadas pelo CADE confessara sua participação nas condutas, com pagamento de multa ao DOJ. Por essa razão, em 17/12/2009 a Chi Mei Optoelectronics foi incluída no polo passivo do PA e, em 17/12/2010, a mesma empresa firmou Acordo de Leniência Parcial, previsto no art. 35-B, § 4º, inciso II, da Lei 8.884/1994, na medida em que a proposta de acordo foi apresentada ao CADE após o seu conhecimento da infração noticiada.

No decorrer do feito, diversas jurisdições estrangeiras investigaram a participação das Representadas na prática de ilícitos concorrenciais no mercado de TFT-LCD. Foram juntadas aos autos informações sobre investigações nos EUA, União Europeia, Coréia do Sul, China, Canadá, México e Japão.

Em 02/08/2011, o polo passivo do Processo Administrativo passou a contar com 125 pessoas físicas e 14 pessoas jurídicas, oportunidade em que foi realizado o desmembramento do feito, a fim de que outro processo fosse formado apenas para as pessoas físicas residentes no exterior e que, até então, não haviam sido formalmente notificadas. Após tal determinação, o polo passivo do presente feito passou a abranger as seguintes pessoas, a saber:

i. AU Optronics Corporation, "AUO", empresa constituída sob as Leis de Taiwan e sediada em 1, Li Hsin Road 2, Hsinchu Science Park, Hsiunchu, Taiwan. Foi formada em setembro de 2001 pela fusão da Acer Display Technology, Inc. com a Unipac Optoelectronics Corporation. Em outubro de 2006, incorporou a Quanta Displays Inc.

ii. Chunghwa Picture Tubes Ltd., "Chunghwa" ou "CPT", empresa constituída sob as Leis de Taiwan e sediada em 1127, Heping Rd., Bade City, Taoyuan, Taiwan.

iii. Epson Imaging Devices Corporation, "Epson", (atual Seiko), empresa constituída sob as Leis do Japão e pertencente ao Grupo Epson, sediada em 6925 Toyoshina Tazawa, Azumino-shi, Nagano-len, Japão.

iv. Hannstar Display, Inc., "Hannstar", empresa constituída sob as leis da República da China, sediada em Songzhi Road, 1, 26º andar, Distrito de Xinyi, Taipei 110, Taiwan.

v. Hitachi Display, Inc., "Hitachi" (atual Japan Display Inc.), empresa constituída sob as leis do Japão, sediada na 3-7-1, Nishi-shinbashi, Minato-ku, Tóquio, Japão.

vi. Innolux Corporation, "ChiMei" (antiga ChiMei Optoelectronics), empresa constituída sob as Leis de Taiwan e sediada em 160, kesuye Rd. Jhunan Science Park, Miaoli County 350, Taiwan.

vii. LG Display Co. Ltd., "LGD", (antiga LG Philips LCD Co., Ltd.), joint venture estrangeira constituída a partir de julho de 1999 entre LG Electronics, Inc. e Koninklijke Philips Electronics N.V.

viii. LG Electronics, Inc., "LGE"; empresa cosntituida sob as Leis da Coreia do Sul e sediada em LG Twin Towers, 20 Yoido-dong, Youngdungpo-gu, Seoul, Republica da Coréia. 150- 721.

ix. LG Electronics Taiwan Taipei CO., Ltd., "LGETTT" ou, conjuntamente com LGE e LGD, "LGD", empresa constituída sob as Leis de Taiwan e sediada em m 7F, N. 47, Lane 3, Jihu Road, NeiHu District, Taipei, Taiwan.

x. Quanta Display Inc., "QDI", empresa constituída sob as Leis de Taiwan, foi adquirida pela AU Optronics, passando a integrar seu grupo.
xi. Samsung Electronics Co., Ltd., "SEC", empresa constituída sob as Leis da Coreia do Sul e sediada em Samsung Electronics Bldg, 1320-10, Seocho 2-dong, Seochogu, Seul, República da Coréia.
xii. Samsung Electronics Taiwan Co. Ltd., "Samsung Taiwan" ou, conjuntamente com a SEC, "Samsung", sediada em 10F, No. 399, Rui Guang Road, Nei Hu District, Taipe, Taiwan.
xiii. Sharp Corporation, "Sharp", empresa constituída sob as Leis do Japão e sediada em 22-22 Negaike-cho, Abeno-ku, Osaka 545.8522, Japão.

No decorrer da tramitação do processo, os Representados levantaram um grande número de preliminares processuais para contestar a tramitação do feito, todas elas respondidas pela extinta SDE e pela Superintendência-Geral, bem como indeferidas por ocasião do julgamento[10].

Além do Acordo de Leniência firmado com a empresa **Chi Mei Optoelectronics** e seus executivos, o Processo Administrativo contou com diversos Compromissos de Cessação de Conduta (TCCs), em que os Representados assumiram explicitamente obrigações atinentes, em síntese, à cessação da conduta discutida nos presentes autos, ao reconhecimento de participação na conduta apurada, à colaboração nas investigações e ao recolhimento de contribuições ao Fundo de Defesa dos Direitos Difusos. Foram eles:

i. AU Optronics Corp e Quanta Displays Inc., com adesão posterior de "Steven" Shiu Lung Leung, Yian "Joanne" Chen, Kevin Lin, Chang, Kai-Hsiang, Wong, Jia-Fam "Morris Wong", Chang Kuei Chih "Irene Chang", Tsann Rong "Hubert" Lee, Hui "Kuma" Hsiung, e Hsuan Bin Chen.
ii. Hannstar Display Corp.

---

[10] A análise mais aprofundada das preliminares arguidas pode ser realizada a partir da versão pública da decisão anexada ao presente estudo.

iii. Samsung Electronics Co., Ltd. e Samsung Electronics Taiwan Co., Ltd.
iv. LG Display Co., Ltd.
v. Chunghwa Picture Tubes, Ltd.
vi. Japan Display Inc. (nova denominação da Hitachi Displays Ltd.)

Para o julgamento do feito no mérito, as evidências e comprovações basearam-se nos resultados das investigações internacionais acima mencionadas, nas provas e colaborações trazidas pelos signatários do Acordo de Leniência e compromissários dos Termos de Compromisso de Cessação de Prática, bem como pela análise da conduta tipificada entre os concorrentes de fixação de preços, alocação de mercado, estabelecimento dos níveis de produção e troca de informações sensíveis, condutas que presumem efeitos econômicos negativos.

Com base nessas provas, o Tribunal do CADE entendeu pela configuração do denominado cartel clássico (ou cartel hardcore), considerada infração grave à concorrência, com a imposição das condenações descritas no "item V".

4. Aspectos do Termo de Compromisso de Cessação de Prática Analisado

Dentre os diversos acordos firmados pelo **CADE** nos autos do Processo Administrativo nº 08012.011.980/2008-12, selecionamos para esse estudo, o *"Termo de Compromisso de Cessação de Prática"* celebrado com a empresa "**AU OPTRONICS CORP.**" e alguns de seus executivos.

A celebração do Termo teve início com a proposta apresentada pela "***AU OPTRONICS CORP.***" em 09 de fevereiro de 2015 e nos termos das disposições contidas no Regimento Interno do CADE então em vigor, o Requerimento foi autuado em incidente apartado (Processo nº 08700.001448/2015-50)[11].

---

[11] Artigo 179, § 2º, do RICADE em vigor na ocasião: O requerimento de termo de compromisso, independentemente de os autos do processo principal estarem em trâmite na Superintendência-Geral ou no Tribunal, será autuado de forma autônoma.

Após a instauração de procedimento específico (Requerimento de TCC), foi determinada a abertura do **período de negociações**[12] e em seguida apresentada a proposta final do Termo de Compromisso[13].

Em 29/10/2015, a **Superintendência Geral do CADE** manifestou-se pela homologação do **TCC**, ocasião em que analisou tanto a presença dos *"Requisitos Legais e Regimentais para Celebração do TCC"*, quanto a *"Conveniência e Oportunidade da Proposta"*.

Nos termos da Nota Técnica nº 98/2015, os **"Requisitos Legais e Regimentais para Celebração do TCC"** foram analisados à luz das disposições contidas no artigo 85, da Lei Federal nº 12.529/2011 e 185, do Regimento Interno do **CADE**, que estabelecem: **i)** a obrigação de cessação da prática ; **ii)** o recolhimento de contribuição ao Fundo de Defesa dos Direitos Difusos ("FDD"); **iii)** a fixação de multa por descumprimento; **iv)** o reconhecimento de participação; e **v)** a colaboração com as investigações, tanto nos autos do processo administrativo nº 08012.011980/2018-12, quanto nos autos do processo nº 08012.008871/2011-13 (desmembrado em relação a todas as pessoas físicas residentes e domiciliadas no exterior).

Já a *"Conveniência e Oportunidade"* na celebração do Acordo foram examinadas pela Superintendência levando-se em consideração: **i)** a utilidade da colaboração; e **ii)** a suficiência do valor proposto a título de contribuição pecuniária.

Por meio do despacho nº 309/2015, a Presidência do CADE adotou idêntica linha de análise realizada pela Superintendência e determinou a remessa da proposta do **TCC** para homologação pelo Plenário do **CADE**.

Em 25/11/2015 foi realizada a 76ª Sessão Ordinária de Julgamento pelo Plenário do CADE, com o acolhimento do despacho da Presidência nº 309/2015 e a consequente homologação da proposta de **TCC**.

O Termo de Compromisso de Cessão de Prática Homologado contou com as seguintes principais cláusulas:

> *Cláusula Primeira*: objeto e abrangência, com expressa previsão de que o acordo objetivava a preservação e proteção das condições concorrenciais no mercado de transistores de película fina para painéis de cristal líquido;

---

[12] Conforme regra estabelecida pelo artigo 181 do RICADE então em vigor.
[13] § 4º, do artigo 181, RICADE então em vigor: Após concluído o período de negociação, o Conselheiro-Relator concederá prazo de 10 (dez) dias para o proponente apresentar proposta final de termo de compromisso.

Cláusula Segunda: Exigência de reconhecimento da participação na conduta investigada por parte dos Compromissários;
Cláusula Terceira: Obrigações dos compromissários, com exigência de recolhimento de contribuição pecuniária ao Fundo de Defesa dos Direitos Difusos; cooperação plena e permanente com o CADE em todos os aspectos da investigação; abstenção da prática de qualquer das condutas investigadas e adoção de medidas para que as condutas não voltem a ocorrer;
Cláusula Quarta: Suspensão e arquivamento do processo administrativo.
Cláusula Quinta: Escopo do termo de compromisso.
Cláusula Sexta: Possibilidade de adesão de pessoas físicas
Cláusula Sétima: Procedimento para declaração de descumprimento e penalidades aplicáveis
Cláusula Oitava: Execução Judicial
Cláusula Nona: Publicação dos termos do Acordo; e
Cláusula Décima: Disposições para notificações entre as Partes.

5. Decisão final proferida no processo administrativo – efeitos do termo de cessação analisado

Paralelamente aos inúmeros acordos firmados, o Processo Administrativo prosseguiu com relação aos demais representados, com a inauguração da fase instrutória e posterior julgamento pelo Tribunal Administrativo do CADE.

Em sessão realizada em 27/02/2.019, foi proferida decisão por meio da qual o Tribunal condenou duas empresas e dezessete pessoas físicas, não signatárias do Acordo de Leniência, e que não firmaram Compromissos de Cessação[14] ao pagamento de multa pecuniária (R$ 27,3 milhões), e determinou o arquivamento com relação àqueles cuja participação nas práticas não foi devidamente comprovada[15].

---

[14] Hannstar, ChiMei, Jau-Yan ("J.Y.") Ho, Hsing-Tsung ("H.T.") Wang, Wen-Hung ("Amigo") Huang, Chih-Hsuan ("Tim") Wang, Chien-Erh ("C.E.") Wang, Chih-Hsuan ("James") Yang, Cheng-Han ("Mark") Chin, Chen-Lung ("C.L.") Kuo, Ying Ju ("Irine") Chen, Shao-Yin ("Sam") Chiang, Ai Hashimoto, Po-Chang ("Edward") Hung, Satoshi Maekawa, Todd Middleton, Eric Raymond, Tsutomomu Sugiyama e Junichi Ishii, ao pagamento de multas;
[15] Seiko Epson Corporation (antiga Epson Imaging Devices Corporation), Sharp Corporation, Li Yi ("L.Y.") Chen, Ren Shawn Kuo, Jia-Yu Ong, Pao-Chih ("Graphic Kuo") Hung,

Em conclusão, o Conselheiro Relator do caso, Mauricio Oscar Bandeira Maia, entendeu que: " (...) o conluio operou entre 2001 e 2006" e que "o cartel afetou a concorrência e causou prejuízos tanto às empresas nacionais que adquiriram o produto das representadas em escala mundial, quanto aos consumidores brasileiros que compraram monitores e notebooks com esta tecnologia. "

Com relação aos compromissários dos **Termos de Compromisso de Cessação de Prática**, a decisão administrativa desdobrou-se em duas consequências:

i) arquivamento do feito em relação às Representadas que já haviam cumprido integralmente as obrigações assumidas nos Termos de Compromisso de Cessação[16]; e

ii) Suspensão do processo com relação às empresas que ainda estavam em processo de cumprimento das obrigações assumidas por meio dos respectivos Termos de Compromisso de Cessação[17].

Para o caso específico do TCC analisando, em virtude da assunção de obrigação de colaboração com instrução no processo administrativo nº 08012.008871/2011-13 (cujo objeto é a investigação da prática das mesmas condutas por outras pessoas com domicílio do exterior), o Tribunal do CADE entendeu pela suspensão do processo (e não arquivamento), até *"cumprimento integral das obrigações previstas nos Termos de Compromisso de Cessação celebrados com o CADE"*.

6. Questões-Problema do caso

1. Diante da narrativa do caso e da evolução do regramento legal a respeito dos TCCs, considerando tratar-se de Processo Administrativo instaurado para apuração de infrações no âmbito concor-

---

Chun-Hua ("C.H.") Hsu, Fong-Peng ("Forrest") Lin, Wen-Jui ("Gavin") Wu, Hsiu-Chuan ("Clare") Li e Shigeji Narisawa.

[16] (LG Display Co., Ltd., LG Electronics Inc. (LEG), LG Electronics Taiwan Taipei Co., Ltd. (LGETT) e Japan Display Inc (sucessora da Hitachi Displays, Ltd.).

[17] Chunghwa Picture Tubes, Ltd.; Samsung Electronics Co., Ltd,; Samsung Electronics Taiwan Co., Ltd.; AU Optronics, Corp (sucessora da Quanta Display, Inc.); Chang Kuei Chih; David Lee; H. S. Kim; Harry Cho; Hsuan Bin Chen; Sonia Chen; Hui Hsiung; Jia-Fam Wong; J. S. Rho; Kai-Hsiang Chang; Kevin Lin; Michael Hanson; Sang Wan Lee; Shiu Lung Leung; Tsann Rong Lee; W. H. Hong; Yian Chen.

rencial supostamente cometidas entre os anos de 2001 e 2006, indaga-se:
   a. É possível a formalização de Acordo pela Administração Pública com base na Lei 12.529/2.011?
   b. Os TCCs formalizados podem ser utilizados como meio de obtenção de provas aptas a embasar a condenação dos representados que não celebraram acordos?
   c. Terceiros investigados no âmbito do processo possuem interesse e/ou legitimidade para questionar a regularidade do acordo sobre este enfoque?
2. A procedimentalização prevista pela legislação e a seguida pelo CADE no caso em comento é suficiente para garantir eventual controle de legalidade do acordo (no âmbito de transparência, publicidade, igualdade de oportunidade)?
3. Levando em consideração o objeto do acordo e seus efeitos, qual a funcionalidade do Termo de Compromisso de Cessação em análise? Acordo por Adesão? Acordo Integrativo ou Acordo Substitutivo? É possível seu enquadramento em uma funcionalidade mista?
4. Os acordos celebrados no âmbito do CADE devem possuir como parâmetro de análise de sua eficiência a contribuição para a investigação? Considerando o início da apuração em 2008, a celebração do TCC em 2015 e o julgamento em 2019, o acordo em análise se mostrou eficiente para investigação e deslinde do processo?
5. Em comparação com as práticas adotadas por outros órgãos da Administração, o "acompanhamento da execução" está satisfatoriamente estabelecido no acordo analisado? A Cláusula 4.2 do TCC seria suficiente para esse propósito?

7. Relação de Anexos[18]

1. Termo de Compromisso de Cessação de Prática celebrado entre AU OPTRONICS, CORP. e o CADE
2. Nota Técnica – SG/CADE – Recomendação de Homologação do TCC
3. Despacho – Presidência CADE – Recomendação de Homologação do TCC

[18] Disponíveis em: https://1drv.ms/f/s!At9KY3DOe76sgn6AhNa-DrZmMJph

4. Resultado da Sessão de Julgamento – Tribunal CADE – Homologação do TCC
5. Cópia Integral do Requerimento de TCC (Processo Administrativo)
6. Anexo 06 – Regimento Interno do CADE em Vigor na data de Celebração do TCC (2015)
7. Cópia Integral do Processo Administrativo (Primeira Parte)
8. Cópia Integral do Processo Administrativo – Apuração de Cartel (Segunda Parte)
9. Parecer MPF- Mérito do Processo ADM
10. Publicação – Resultado da Sessão de Julgamento – Tribunal CADE – Mérito
11. Acordo – US x ChiMei
12. Acordo US x Epson
13. Acordo US x HannStar
14. Acordo US x Hitachi
15. Acordo US x LG Display
16. Notícia – Autoridade Antitruste Chinesa – Cartel de LCD
17. Notícia – Autoridade Antitruste Europeia – Cartel de LCD

5. Conciliação CCAF NUP: 00895.000385/2017-34 de 2018 – Repasse de Recursos Públicos ao Hospital São Paulo da Unifesp

Christiana Beyrodt Cardoso
Elisa Eidt
Pedro Ivo Biancardi Barboza
Sílvia Helena Johonsom Di Salvo

1. Narrativa do caso

1.1 Relatório

Trata-se de suspensão de repasses à Universidade Federal de São Paulo ("Unifesp"), relativo ao Programa Nacional de Reestruturação de Hospitais Universitários Federais ("REHUF"), em virtude da publicação no DOU das Portarias nº 1.093 e 1.094, em 28.04.2017 pelo Ministério da Saúde ("MS"), que não incluiu o Hospital São Paulo, Hospital Universitário daquela instituição, no rol dos Hospitais Federais destinatários dos Recursos, num contexto em que a Unifesp estava em tratativas junto ao Governo Federal sobre a situação econômica do HSP/HU/Unifesp.

Para poder participar do REHUF, o Hospital deve ter natureza de Hospital Universitário Federal, atuar nas searas de ensino, pesquisa e extensão e assistência à saúde, sendo que nesta última destinar a integralidade dos leitos ao Sistema Único de Saúde – SUS. Desse modo, em razão de seu regime jurídico, o "formato" do Hospital São Paulo não corresponderia àquele exigido no artigo 4º da Lei nº 8.080, de 1990, para fins de integração ao Sistema Único de Saúde, na medida em que não oferta a totalidade de sua capacidade instalada ao Sistema, conforme exigido pelo artigo 2º §2º, II, do Decreto nº 7.082, de 2010, que elenca requisitos para participação no REHUF.

Por essas razões, foi solicitado à Câmara de Conciliação e Arbitragem (CCAF), no âmbito da Advocacia Geral da União (AGU), a instauração de procedimento de conciliação para solução da controvérsia.

Foram partes no Procedimento de Resolução Consensual de Conflitos instaurado a Universidade Federal de São Paulo ("UNIFESP"), o Hospital São Paulo ("HSP"), Escola Paulista de Medicina ("EPM"), Procuradoria-Feral Federal ("PGF"), o Ministério da Saúde ("MS"), o Ministério da Educação (MEC) e a Empresa Brasileira de Serviços Hospitalares ("EBSERH").

1.1.1. Escopo fático

Criado por meio do Decreto nº 7.082, de 27 de janeiro de 2010, o Programa Nacional de Reestruturação dos Hospitais Universitários Federais ("REHUF") define diretrizes e objetivos para a reestruturação e revitalização dos hospitais universitários federais integrados ao Sistema Único de Saúde (SUS). Por meio do programa, buscam-se criar condições materiais e institucionais para que os hospitais possam desempenhar plenamente suas funções em relação às dimensões de ensino, pesquisa e extensão e de assistência à saúde da população.

Os objetivos específicos do Programa dizem respeito à instituição de mecanismos adequados de financiamento compartilhados entre as áreas da educação e da saúde; à melhoria dos processos de gestão; à adequação da estrutura física; à recuperação e modernização do parque tecnológico; à reestruturação do quadro de recursos humanos; e ao aprimoramento das atividades hospitalares vinculadas ao ensino, pesquisa e extensão, bem como à assistência à saúde, com base em avaliação permanente e incorporação de novas tecnologias em saúde.

Nesse sentido, entende-se que o regime jurídico de direito público é condição imperativa para integrar o Sistema e, consequentemente, para a participação no REHUF.

No caso em tela, temos que Hospital São Paulo é mantido e gerido pela Sociedade Paulista para o Desenvolvimento ("SPDM"), associação civil privada sem fins lucrativos, de natureza filantrópica, reconhecida como de utilidade pública federal, estadual e municipal. A instituição obedece, concomitantemente, aos estatutos da SPDM e da UNIFESP. Há que se ponderar que o HSP foi criado em 1936, em conjunto com a Escola Paulista de Medicina – EPM, para ser seu hospital universitário, sendo que posteriormente a EPM foi federalizada e transformada na UNIFESP e o HSP manteve sua natureza jurídica de ente de direito privado, embora tenha continuado a ser o hospital de ensino da UNIFESP.

Ocorre que a Escola Paulista de Medicina, fundada em 1933 e composta por uma escola de medicina e um hospital de ensino, foi dividida em 1956 em dois entes distintos, quais sejam, uma escola de medicina pública federal e um hospital de ensino privado, com a obrigação legal de ceder seus leitos à prática médica dos estudantes do ente público. desde então, a relação entre as duas entidades é regulada pelo disposto na Lei nº 2712/56, bem como por convênios entre SPDM e UNIFESP, estando atualmente em vigor o Acordo de Cooperação firmado no ano de 2014.

Vai daí que em 2008, por intermédio da Portaria Interministerial nº 3.195/2008, o Ministério da Saúde e o Ministério da Educação conferiram ao Hospital São Paulo, tendo a SPDM como mantenedora, o credenciamento como Hospital de Ensino da UNIFESP, reforçando o vínculo existente desde 1956, num sistema híbrido de repercussão na atualidade entre as duas instituições. Isto porque a EPM (hoje UNIFESP), converteu-se em um ente federal, e a SPDM manteve-se como ente privado, proprietária do Hospital São Paulo.

Em 2010, a Portaria Interministerial n. 883, de 05/07/10, exarada em conjunto pelos Ministérios da Saúde, Educação e Planejamento, Orçamento e Gestão, regulamentou Decreto nº 7.082, de 27 de janeiro de 2010, e estabeleceu sua aplicação ao HSP, incluindo-o expressamente no REHUF.

Após, em 2014, o Ministério da Educação instituiu um Grupo de Trabalho para avaliar a possibilidade de o hospital universitário da Unifesp ser integrado à empresa pública EBSERH – Empresa Brasileira de Serviços Hospitalares. Citado Grupo de Trabalho concluiu pela inviabilidade da jurídica de tal incorporação, em especial porque, além de uma complexidade administrativa significativa para sua efetivação (iniciativa federal de desapropriação e/ou dação em pagamento, expressivo patrimônio físico para sua operacionalização), e da solução de continuidade de vários processos administrativos e assistenciais advindos do processo de federalização, a relação histórica entre a SPDM e UNIFESP na gestão do Hospital São Paulo tinha avaliação positiva ao longo dos anos em que se fez e se desenvolveu. O próprio gigantismo estrutural e a excelência dos serviços prestados pelo Hospital São Paulo ao longo do período em que foi conduzido pela SPDM em conjunto com a UNIFESP, condição que só produziu benefícios à sociedade paulista brasileira como hospital de referência assistencial e como centro de formação de profissionais de saúde, é um indicador da qualidade da gestão e do arranjo bem sucedido que dirigiu a instituição desde sua criação, há mais de 80 anos.

Em 2015, foi exarado o Acórdão 756/2015-TCU, oriundo do processo 013.912/2012-7, em cujo âmbito encontra-se relatório de auditoria realizada no Ministério da Saúde, no Ministério da Educação, na Secretaria de Estado da Saúde de São Paulo (SES-SP), na Secretaria Municipal de Saúde de Porto Alegre, no Hospital das Clínicas da Faculdade de Medicina da Universidade de São Paulo (HCFMUSP), no Hospital São Paulo (HSP) e no Hospital de Clínicas de Porto Alegre (HCPA), e que determinou fosse apurado se a gestão de atendimentos privados em hospitais de natureza pública tem resultado na *"possível ocorrência de nível diferenciado de qualidade entre os atendimentos públicos e privados, a exemplo de facilidade ou preferência de agendamento de consultas e estrutura específica de instalações, equipamentos e leitos".* A finalidade do trabalho era identificar a existência de diferença na qualidade dos serviços prestados por hospitais de natureza pública, integrantes do SUS, aos usuários da rede privada, e de que forma a receita obtida estava sendo gerida em benefício das instituições.

Conforme parágrafo 21 do Acórdão, *"hospitais de natureza pública, neste trabalho, são aqueles de natureza jurídica de direito público, bem como os de natureza privada vinculados a instituições de natureza pública, e mantidos predominantemente por recursos públicos".* Com base neste entendimento, e respaldado no Relatório de Auditoria do Departamento Nacional de Auditoria do SUS ("DENASUS") nº 9557/2010, o TCU entendeu que atendimento particulares eram realizados no HSP.

Em 02/05/2017, o Ministério da Saúde publicou no Diário Oficial da União as Portarias nº 1.093 e 1.094, de 28/04/2017, que estabeleciam o montante de recursos financeiros pactuados pelo Ministério da Saúde, o Ministério da Educação, o Ministério do Planejamento, Desenvolvimento e Gestão, e a Empresa Brasileira de Serviços Hospitalares (EBSERH), a serem destinados aos Hospitais Universitários Federais – no total de R$ 155.321.368,05 e de R$ 33.812.360,28, respectivamente –, e que não contemplaram o Hospital São Paulo (HSP/HU/UNIFESP) no rol dos Hospitais Universitários Federais destinatários dos recursos, destinados à implementação do REHUF.

In casu, o MS procedeu à suspensão do benefício por conta da impossibilidade de um mesmo hospital ser considerado privado para fins de recebimento de isenções tributárias relacionadas à concessão do Certificação de Entidades Beneficentes de Assistência Social na Área de Educação (CEBAS) e público para fins de inclusão no REHUF, recebendo recursos orçamentários do programa.

Por sua vez, a UNIFESP ressaltou que foi surpreendida com a suspensão do repasse do REHUF sem ter sido notificada previamente, tendo havido flagrante violação do princípio do contraditório. Ademais, ressalta que Hospital São Paulo é Hospital Universitário, constituído de forma híbrida e histórica em Acordo de Cooperação entre a Unifesp e a SPDM – Associação Paulista para o Desenvolvimento da Medicina, e que encontra-se cedido para o interesse público de desenvolver o ensino, a pesquisa e a assistência, tanto pela Lei 2.712/56, quanto pelo Termo de Cessão do Direito Real de Uso firmado no referido Acordo. A Universidade explicitou igualmente o agravamento da situação financeira do HSP com a suspensão do repasse das verbas federais.

Registre-se a existência de recomendação do Ministério Público Federal ("MPF") no sentido da imediata destinação de recursos ao HSP, nos termos das normas do Programa, dado que a forma abrupta como foi suspenso o recurso federal da REHUF ao hospital, sem o devido processo legal, além de violar os princípios do contraditório e da ampla defesa, violou a confiança nas instituições republicanas, uma vez que não a medida impediu qualquer planejamento orçamentário para readequação a demanda. Doutro giro, considerou o *Parquet* Federal que a Portaria Federal n. 883/2010, que incluiu o HSP no REHUF, foi expedida conjuntamente pelos Ministérios da Saúde, Educação e Planejamento, Orçamento e Gestão, e que eventual suspensão do repasse de verba só poderia ser feita por ato conjunto desses Ministérios, ouvido o Conselho Gestor do REHUF e respeitado do devido processo legal.

1.1.2. Reuniões de conciliação

Em 06/10/2017 foi realizada a primeira reunião e depois de intenso debate, foram dados os seguintes encaminhamentos:
- Intenção de entendimento e conciliação sobre nova unidade de ensino, pesquisa e assistência já em fase final de construção. Prazo: 6 meses a 1 ano para o pleno funcionamento;
- A UNIFESP apresentará proposta para o recebimento de recursos federais no período entre 2017 e o início das atividades da unidade de saúde acima referida. visando o equacionamento dos danos causados pela suspensão dos repasses do REHUF.

Em 20/10/2017 foi realizada a segunda reunião e após debates, foram dados os seguintes encaminhamentos:
- Há consenso entre todos os presentes que, atendidos todos os requisitos das normas (decreto, portaria do programa, etc.) regentes do REHUF, é possível que o novo hospital da UNIFESP passe a figurar como beneficiário do programa.
- Quanto ao período de transição compreendido desde a suspensão dos repasses do REHUF em maio de 2017 até a entrega da unidade do prédio novo que está sendo construído, necessária a presença de representante do Ministério da Saúde com poder decisório sobre os assuntos tratados.

Em 01/11/2017 foi realizada a terceira reunião e após debates, foram dados os seguintes encaminhamentos:
- Há consenso entre todos os presentes que, atendidos todos os requisitos das normas (decreto, portaria do programa, etc.) regentes do REHUF, é possível que o novo hospital da UNIFESP passe a figurar como beneficiário do programa.
- Quanto ao período de transição compreendido desde a suspensão dos repasses do REHUF em maio de 2017 até a entrega da unidade do prédio novo, ficou ajustado o seguinte :
  - o A UNIFESP/HSP/SPDM junto com a Secretaria de Saúde do Estado de São Paulo apresentarão plano operativo ao Ministério da Saúde destacando e detalhando os números da necessidade de recursos para o funcionamento do hospital, com a finalidade de um novo pacto com o gestor local;

- o O Ministério da Saúde analisará a proposta apresentada pela UNIFESP/SES, enviando equipe in loco, para conseguir atestar a necessidade do hospital;
- o A partir dessa análise, atestadas as necessidades do hospital, e havendo acordo com o Estado de São Paulo, haverá repactuação do contrato da SES/SP com o Hospital São Paulo.
- o O Ministério da saúde a partir do acordo e da respectiva repactuação promoverá o ajuste do valor dos repasses entre o MS e o Estado de São Paulo, gestor do SUS. Os repasses não contemplarão período retroativo.

Em 12/12/2017 foi realizada a quarta reunião, e foi informado pela reitora da Unifesp que houve reunião privada com a Secretaria Estadual da Saúde, onde foi discutido plano operativo do MS para o HSP. Contudo a proposta foi rejeitada pois já há plano aprovado. O MEC liberou valores para despesas com HSP em caráter compensatório emergencial. A UNIFESP informou que continuam suspensos os pagamentos dos recursos REHUF.

Quanto ao item 1 de reunião há consenso entre todos os presentes representantes dos órgãos/entidades federais que atendidos todos os requisitos das normas (decreto. portaria do programa, etc.) o novo hospital deve passar a figurar como beneficiário do programa. Desta forma, foi firmado o "Termo Conciliação n.° 5/2017/CCAF/CGU/AGU-BMC, de 12 de dezembro de 2017, submetido a análise da Advogada-Geral da União, para homologação.

1.1.3. Prosseguimento e encaminhamentos finais

Em 18/12/2018 foi proferida nota da AGU encaminhando a parte controvertida para arbitramento.

Em 09/02/18 foi juntada nota 008/2018 da UNIFESP/ PGF/AGU em alegações finais, que relata que havia nos autos proposta apresentada pela UNIFESP que compreendia duas partes:
1) a conclusão do novo hospital universitário (HU2), que se encontra em fase avançada de obras, até junho de 2018, cujo imóvel pertence à Unifesp e – de forma incontroversa – preencherá todos os requisitos para a Universidade figurar entre os entes beneficiários do Programa REHUF;

2) a apresentação de proposta contendo regras de transição, que incluiriam providências que o Ministério da Saúde entendesse necessárias para a liberação imediata dos recursos do Programa REHUF destinados ao Hospital São Paulo (hospital universitário da Unifesp).

Como visto, foram realizadas 4 reuniões sobre o caso na CCAF entre os meses de agosto e dezembro de 2017, tendo-se chegado à conclusão de que era necessário cindir a solução do assunto em duas frentes: a primeira em relação à inclusão do Hospital São Paulo II, que será entregue até o final do 1º semestre de 2018, no REHUF (ponto em que houve convergência de interesses, tendo-se elaborado o termo de conciliação acima referido); a segunda em relação aos meses de maio de 2017 até a efetiva entrada do HSP II no REHUF, em meados de 2018, sem cobertura de repasses de recursos do referido programa, por ter havido a suspensão preventiva do Hospital São Paulo do rol de entidades universitárias de saúde contempladas nas portarias ministeriais (ponto em que persistiu a divergência de entendimento jurídico entre a UNIFESP e os Ministérios da Saúde e da Educação, ensejando, pois, a sugestão de arbitramento no ponto pela Exma. Sra. Advogada-Geral da União).

Assim, seguiu o conflito para arbitramento com relação a segunda parte, sendo que o Ministério da Saúde indicou a possibilidade de realizar aportes financeiros ao Hospital São Paulo no âmbito da contratualização existente com o Gestor Local do Sistema Único de Saúde, adotando-se, para esse hospital, os critérios de produtividade aplicáveis aos demais hospitais filantrópicos não universitários.

A Unifesp, contudo, rejeitou essa proposta porque entendeu que ela representava a própria negação da natureza universitária do hospital. Ademais, a proposta também não foi aceita pelo gestor estadual do contrato SUS do Hospital São Paulo, dado que esses critérios que o Ministério da Saúde pretendia aplicar destinavam-se a hospitais que não realizam atividades de ensino e pesquisa conjuntamente com a atividade de assistência à saúde da população, atuações estas que são próprias das instituições de ensino e a razão da criação do REHUF. Portanto, a proposta apresentada pelo Ministério da Saúde estaria excluindo definitivamente o Hospital São Paulo (hospital universitário da UNIFESP) do Programa. Neste sentido, reiterou seus pedidos iniciais e juntou parecer do Ministério Público Federal recomendando a inclusão do hospital no REHUF, requerendo, por fim, a nulidade da decisão do Ministério da Saúde.

Em 04/07/18 foi realizada audiência de mediação para esclarecimento da matéria e novas tratativas foram restabelecidas, as quais culminaram com acordo firmado em 27/09/2018, com o reconhecimento do papel do Hospital de São Paulo como entidade na qual são desenvolvidas atividades de ensino e pesquisa da UNIFESP. Dessa forma, faria jus ao recebimento de recursos, fisse por meio de convênios, fosse por termo de execução descentralizada. Foi acordado que o termo de conciliação seria submetido à homologação.

Em resumo, nas reuniões do CCAF, foi apresentada proposta da criação de uma unidade de ensino, pesquisa e assistência, já em fase final de construção, feita entre UNIFESP, MS e EBSERH, para ser incluída no REHUF, cujo plano operativo detalhando números para funcionamento do hospital seria demonstrado pela UNIFESP e pela Secretaria de Saúde de São Paulo ("SES"), bem como proposta para o recebimento de recursos federais no período entre 2017 e o início do exercício das atividades do HSP, visando equacionar os danos causados pela suspensão do repasse.

Porém, remanesceu a controvérsia jurídica entre a entidade e os órgãos referidos sobre a permissão ou não do recebimento concomitante de valores relativos ao REHUF e à isenção tributária relacionada às entidades com certificado CEBAS. Desse modo, restou estabelecido pela Advocacia Geral da União ("AGU") como tema central da controvérsia a inclusão ou não do HSP no REHUF, dependendo a Administração Pública Federal desta definição para que pudesse, a partir da solução encontrada em arbitramento, cuidar do caso.

1.2. Posições dos interessados

1.2.1. *UNIFESP*

Em 07/07/2017 a UNIFESP tomou a iniciativa do procedimento mediativo no âmbito da CCAF, cujo objetivo era a reconsideração de suspensão e regularização de repasses dos recursos destinados ao hospital universitário da UNIFESP pelo Ministério da Saúde, já que não o incluiu no rol de Hospitais Universitários Federais destinatários dos recursos do Programa REHUF.

Alegou, em síntese: i) não haver sido assegurado prévio contraditório, que foi violado o devido processo legal; ii) ter sido indicado fato inexistente como razão de decidir nas portarias que efetivaram o repasse de recursos do Programa para as demais instituições sem contemplar o Hospital Universitário da Unifesp; III) não poder o Ministério da Saúde, unilateralmente, excluir o Hospital Universitário da Unifesp do rol de beneficiários do REHUF, que se caracteriza como programa interministerial (Portaria Interministerial ME/MS/MPOG n° 883, de 5 de julho de 2010); iv) agravamento da crise financeira do Hospital Universitário da Unifesp, a qual já havia levado ao cancelamento de cirurgias e internações eletivas e à restrição de atendimento do pronto-socorro apenas aos casos de urgência e emergência, e que, por essas razões, o Hospital Universitário da UNIFESP, com capacidade instalada de 753 leitos, estava atuando com aproximadamente a metade.

1.2.2. Ministério da Saúde – MS

Suspendeu o repasse dos recursos da Universidade Federal de São Paulo (Unifesp) relativo ao Programa Nacional de Reestruturação dos Hospitais Universitários Federais (REHUF), por meio Portarias n. 1093 e 1094, de 28/04/2017, ao não incluir o Hospital São Paulo (hospital da UNIFESP) no rol de hospitais beneficiários.

A origem da suspensão foi o entendimento de que não haveria permissão para o recebimento concomitante de valores relativos ao REHUF e à isenção tributária relacionada às entidades com certificado CEBAS. A cerficação CEBAS obtida pela SPDM, utilizando-se da produção do HSP, desqualificava o hospital para o Programa REHUF, em razão do não atendimento do artigo 2º, inciso II, do Decreto nº 7.082/2010.

Questiona a construção e entrega de novo prédio em 2018, isto é, se este: (i) seria um hospital e universitário; (ii) teria CNES (cadastro nacional de estabelecimento de saúde; (iii) seria contratualizado com o gestor local do SUS. Tais questionamentos se devem ao fato de que a UNIFESP entregaria novo prédio que não atenderia aos requisitos das normas regentes do REHUF; logo, não seria mais beneficiário do programa.

O MS não aceitou o pagamento retroativo do repasse, bem como não concordou com proposta de novo plano operativo pela UNIFESP.

1.2.3. Ministério da Educação – MEC

MEC é um dos ministérios que editou Portaria Interministerial MEC/MS/MP 883/2010 que regulamenta o REHUF. Logo, seria também parte gestora do REHUF.

Pela Portaria MPDG nº 274, de 16 de agosto de 2017 e pela Nota de Liberação nº 2017NL006744, o MEC liberou R$ 10,8 milhões em limite de empenho adicional para a Universidade Federal de São Paulo (UNIFESP). Os recursos foram liberados em atendimento à solicitação da reitoria da UNIFESP e seriam aplicados ao HSP tanto para o atendimento à população no próprio hospital universitário, quanto para a regular continuidade dos programas de ensino e pesquisa da área da saúde da UNIFESP, na graduação e pós-graduação, bem como nas atividades de residência médica e multiprofissional.

O MEC ainda se comprometeu a submeter ao Comitê Gestor do REHUF a apreciação de inclusão do Hospital Universitário 2 (o prédio cujas finalidades estavam sendo questionadas pelo MS).

1.2.4. Empresa brasileira de serviços hospitalares – EBSERH

Apresentou parecer opinativo que é inconclusivo sobre o encaminhamento jurídico da matéria. Opinou somente que "considerando a legislação pernente e os documentos acostados aos autos, constata-se que o Hospital São Paulo consta na Portaria do Programa REHUF, mesmo ostentando natureza privada, e presta serviço público de saúde no âmbito do SUS e também a pacientes particulares." Opina ainda que "quanto à recomendação encampada pelo Ministério da Saúde, Ministério da Educação e Ministério do Planejamento, referente a providências para a alteração legislava da Portaria nº 883/2010, a fim de excluir o Hospital São Paulo do artigo 1º, §1º, e do Anexo I, entendemos que referida iniciava é de competência daqueles órgãos ministeriais."

1.3. Delineamento dos acordos

Inicialmente, houve a celebração de um Termo de Conciliação Parcial, em 12 de dezembro de 2017, em que as partes envolvidas se limitaram a estabelecer um protocolo de intenções, no sentido de que a Unifesp submetesse ao MS e ao MEC a documentação necessária para inclusão de nova unidade do Hospital Universitário de São Paulo no Programa Nacional de Reestrutração dos Hospitais Universitários Federais – REHUF.

Uma vez que não houve solução consensual em relação à continuidade do repasse de verbas à UNIFESP, o caso seria encaminhado para elaboração de parecer (na verdade, de arbitramento, conforme prevê o art. 36, §1º da Lei nº 13.140/2015). Contudo, a conciliadora designada para tal mister, após novas conversas com representantes do MS, vislumbrou possibilidade de solução consensual para o conflito, que seria preferível ao arbitramento. Segundo o registro do procedimento, datado de 04 de julho de 2018, o Ministério da Saúde aventou a possibilidade de aporte de recursos ao Hospital São Paulo, via contrato SUS, para custeio de assistência de alta e média complexidade, compensando-se, de forma parcial, a exclusão do referido hospital do REHUF. A UNIFESP manifestou concordância com esta proposta, desde que ocorresse a manutenção, nos próximos anos, do apoio orçamentário do MEC, como compensação pela suspensão dos recursos do REHUF. Neste mesmo registro, a conciliadora questionou quanto ao andamento de ação civil pública ajuizada pelo MPF. Por fim, foi concedido prazo para que o MEC se manifestasse quanto à condição colocada pela UNIFESP.

No dia 19 de setembro de 2018 foi agendada nova reunião, para minuta do novo termo de acordo. No dia 27 de setembro, houve a revisão da minuta do acordo, com o comprometimento dos representantes presentes na sessão de providenciarem as homologações dos respectivos Ministros de Estado. A conciliação restou ajustada nos seguintes termos:

> *Cláusula Primeira* – *MS aumenta o valor da contratualização do Hospital São Paulo para R$ 6 milhões, com contrapartida da Secretaria do Estado de Saúde no valor de R$ 3 milhões. Já houve pactuação prévia entre o MS e a SES.*
>
> *Cláusula Segunda* – *MEC reconhece o Hospital São Paulo como entidade em que se desenvolvem atividades de ensino e pesquisa da Unifesp, razão pela qual pode fazer jus ao recebimento de recursos deste Ministério.*
>
> *Cláusula Terceira* – *A UNIFESP desiste dos questionamentos jurídicos feitos às Portarias do MS relativas ao REHUF 2017 e 2018.*
>
> *Cláusula Quarta* – *Na hipótese de a UNIFESP voltar a receber recursos do REHUF, o valor do teto da contratualização será reduzido.*
>
> *Cláusula Quinta* – *o cumprimento dos compromissos presentes no termo de conciliação é de responsabilidade dos órgãos e entidades públicas envolvidas.*
>
> *Cláusula Sexta* – *A CCAF, ao tomar conhecimento do descumprimento dos termos do acordo, encaminhará o assunto aos órgãos competentes da AGU, para adoção das medidas pertinentes.*

Cláusula Sétima – o termo será submetido à homologação da Advogada-Geral da União.

Por fim, restou consignado que o procedimento conciliatório no âmbito da CCAF é de natureza voluntária, sendo que os compromissos assumidos e eventuais descumprimentos são de responsabilidade originária de cada ente ou órgão signatário.

Após homologação, foi também consignado que o termo de conciliação serviria de título extrajudicial, conforme disposto no art. 20, parágrafo único, da Lei nº 13.140/2015.

Em seguida à confecção do termo de conciliação, verifica-se no expediente que foram adotadas as diligências para a homologação dos respectivos Ministros. Primeiro, a autorização do MS no que diz respeito ao aoumento do teto financeiro, conforme estipulado na cláusula primeira do acordo. Em seguida, a homologação do MEC.

No despacho que encaminhou o termo de conciliação para a devida homologação, são trazidos os seguintes argumentos: que em nenhum momento foi colocado em negociação a controvérsia jurídica em relação à legalidade do Hospital São Paulo, na condição de entidade privada, receber recursos provenientes do REHUF, mesmo que por intermédio da Unifesp; que a autocomposição na CCAF não tem como objetivo a solução de controvérsias jurídicas, mas sim de gerar opções para o deslinde do conflito, de modo a melhor atender ao interesse público, sob a perspectiva da legalidade, celeridade, economicidade de vantajosidade; que a solução amistosa se apresentou para atender de forma mais excelente o interesse público, pois mais vantajosa em termos de custos (evita a judicialização); que o procedimento da conciliação respeitou o contraditório e a ampla defesa.

No despacho de encaminhamento para homologação pelo Consultor-Geral da União à Advogada-Geral da União, consta a ressalva de que o termo de conciliação elaborado pela CCAF não dá quitação nem tampouco atesta a legalidade do recebimento de recursos do REHUF pelo Hospital São Paulo, concomitantemente às isenções tributárias relacionadas ao CEBAS, pois se trata de questão que deverá ser analisada pelos respectivos Ministérios (Educação e Saúde). Em 12 de novembro de 2018, o termo é homologado pela Advogada-Geral da União.

2. Questões-problema do caso

2.1. Natureza do acordo
2.1.1. Considerando que havia urgência, foi escolhido o melhor método de resolução de conflito?
2.1.2. Os valores relacionados ao direito à saúde, que é indisponível e consubstanciado em políticas públicas de estado e de governo, são passíveis composição no caso em tela?
2.1.3. Há legitimidade do MS para suspender unilateralmente os repasses do REHUF ao HSP?

2.2. Questões sobre a figura do conciliador
2.2.1. O papel da conciliadora foi decisivo para se chegar à redação do termo de acordo? A concentração, na pessoa da conciliadora, de competência para conciliar e para elaborar o parecer de arbitramento influenciaria na condução do procedimento de autocomposição?
2.2.2. Daria para afirmar-se que houve imparcialidade e independência do mediador/conciliador?
2.2.3. Poderia a AGU validamente atuar como mediadora/conciliadora do conflito no âmbito da CCAF no presente caso?

2.3. Legitimidade do acordo
2.3.1. A conciliação realizada poderia influir em uma decisão de arbitramento? Isto compromete a imparcialidade?
2.3.2. Trata-se de conflito relativo à área da saúde, em que uma parcela do HSP está destinada à iniciativa privada. Estes representantes seriam em tese partes interessadas no conflito, dada a sua repercussão na esfera do indivíduo ou do grupo interessado. Estes interesses foram atendidos? Especialmente pensando nos parâmetros da Portaria AGU n. 910, de 04 de julho de 2008 ou Portaria AGU n. 527, de 14 de abril de 2009?
2.3.3. A recomendação apresentada pelo Ministério Público Federal ao Ministério da Saúde, para implementação do repasse em 10 dias sob pena da adoção de medidas legais,

pode ser considerada um ato de "arm-twisting" no bojo do processo mediativo?

2.3.4. Poderia se afirmar que no presente procedimento foram respeitados os princípios da mediação? Considerando-se que a lei de mediação dispõe que "Art. 2º A mediação será orientada pelos seguintes princípios: I – **imparcialidade do mediador;** II – **isonomia entre as partes**; III – oralidade; IV – informalidade; V – **autonomia da vontade das partes**; VI – busca do consenso; VII – confidencialidade; VIII – boa-fé."

2.4. Efetividade do acordo

2.4.1. Haveria mais efetividade se o próprio órgão responsável pelo procedimento da conciliação (no caso da CCAF) se responsabilizasse pelo acompanhamento do cumprimento do acordo e pela adoção de medidas acaso constatado o descumprimento?

2.4.2. O acordo celebrado, ao não adentrar na questão de fundo que originou a controvérsia, tem potencial para prevenir novas discussões a respeito do repasse (ou ausência de repasse) das verbas ao Hospital de São Paulo?

Anexo I

Autos do procedimento CCAF NUP: 00895.000385/2017-34 DE 2018
Link para acesso ao arquivo:
https://www.dropbox.com/s/1f0bw3aw3wfxjgn/UNIFESP%20E%20MPDG.pdf?dl=0

6. Estudo de Caso Envolvendo Aspectos Urbanísticos e Ambientais: Acordo Administrativo Voltado ao Encerramento das Atividades de Distribuidoras em Mucuripe, Fortaleza/CE

Alex Bonini
Evian Elias
Leticia Lins de Alencar
Milton Fujimoto

Introdução

No presente capítulo, será explorado caso cuja discussão perpassa aspectos de direito material urbanístico e ambiental. A situação trata sobre negociação de acordo com o objetivo de colocar fim à atividade de empresas do setor de distribuição de combustíveis que atuam em região portuária na cidade de Fortaleza, devido a supostos riscos à segurança, ao meio ambiente e a eventual descumprimento da legislação urbanística municipal.

Há mais de 30 anos, empresas atuantes no setor de petróleo e gás realizam suas atividades na área do Porto de Mucuripe, no Município de Fortaleza, Estado do Ceará. De acordo com informações constantes no Plano Mestre do Porto de Mucuripe,[1] a Lubnor, a Nacional Gás, a

---

[1] Secretaria de Portos da Presidência da República – SEP/PR; Universidade Federal de Santa Catarina – UFSC; Laboratório de Transportes e Logística – LABTRANS. *Plano Mestre: Porto do Mucuripe*. Florianópolis, 2015, p. 11.

Liquigás, a BR Distribuidora, a Raízen Combustíveis S.A. e a Petrolusa, possuem tanques de armazenagem instalados nesta região. Apesar disso, desde 2003, vem sendo discutido o encerramento das atividades destas empresas e a transferência de suas instalações para nova área, pertencente ao Estado do Ceará, no Complexo Industrial e Portuário do Pecém ("CIPP").

Os esforços para promover o efetivo encerramento dessas atividades na área de Mucuripe têm sido movidos por dois diferentes atores institucionais. De um lado, o Ministério Público do Estado do Ceará ("MP/CE") que, devido ao recebimento de denúncias de irregularidades, instaurou inquérito civil e, em 25 de maio de 2015, ajuizou a Ação Civil Pública nº 0158936-59.2015.8.06.0001, em trâmite perante a 4ª Vara da Fazenda Pública da Justiça Estadual do Ceará, com o objetivo de promover o efetivo encerramento das atividades de parte das empresas atuantes na região de Mucuripe ("ACP"). De outro, o Poder Executivo estadual, por meio da edição de atos normativos e da ação de órgãos e entidades integrantes da sua estrutura, tem atuado com o objetivo de efetivamente deslocar as operações das distribuidoras atuantes em Mucuripe para o CIPP.

A seguir, apresentaremos aspectos gerais da consensualidade na legislação ambiental e urbanística para, na sequência, trazer panorama geral do caso para que se possa visualizar a problemática envolvida na celebração do acordo.

1. Aspectos gerais da consensualidade na legislação ambiental e urbanística

A Constituição Federal de 1988 ("CF/88") buscou conferir ampla proteção aos bens jurídicos tutelados pelo direito ambiental e urbanístico.

Uma forma de fazê-lo foi, justamente, por meio da atribuição de competência legislativa concorrente à União, aos Estados e ao Distrito Federal para estabelecer normas sobre direito urbanístico, proteção do meio ambiente, responsabilidade por danos causados ao meio ambiente e a bens e direitos de valor artístico, estético, histórico, turístico e paisagístico (art. 24, I, VI e VIII). Além da previsão de competências legiferantes, a CF/88, ao tratar sobre as competências materiais, estabeleceu ser de competência comum da União, dos Estados, do Distrito Federal e dos Municípios, entre outras medidas, a proteção ao meio ambiente e o combate à poluição em qualquer de suas formas (art. 23, VI). Além disso, em capítulos específicos, a CF/88 disciplinou os pormenores relativos à política urbana, detalhando competências e instrumentos de ação (art. 182), e, também, trouxe regras específicas voltadas à preservação e proteção do meio ambiente (art. 225).

A partir das disposições constitucionais, diferentes diplomas normativos foram editados pelos diferentes entes federados com o objetivo de cumprir as diretrizes e concretizar os objetivos traçados no texto constitucional.

Alguns destes diplomas incorporaram dispositivos que têm por objetivo permitir a adoção de instrumentos consensuais na gestão pública. Neste sentido, a Lei Federal nº 10.257/2001 ("Estatuto da Cidade"), ao estabelecer normas gerais de direito urbanístico e com o objetivo de permitir a gestão democrática da cidade, prevê a possibilidade de o poder público realizar "debates, audiências e consultas públicas", "conferências sobre assuntos de interesse urbano nos níveis nacional, estadual e municipal", e admite a "iniciativa popular de projeto de lei e de planos, programas e projetos de desenvolvimento urbano" (art. 43). Em matéria ambiental, a Lei Complementar nº 140/2011 traz a possibilidade de os diferentes entes federativos valerem-se de "convênios, acordos de cooperação técnica e outros instrumentos similares com órgãos e entidades do Poder Público" (art. 4º, II). No caso de processos sancionatórios decorrentes de condutas e atividades lesivas ao meio ambiente, há autorização específica na Lei Federal nº 9.605/1998 para que órgãos ambientais firmem termo de compromisso voltado à correção de atividades de pessoas físicas ou jurídicas responsáveis pela construção, instalação, ampliação e funcionamento de estabelecimentos e atividades utilizadores de recursos ambientais, considerados efetiva ou potencialmente poluidores (art. 79-A).

Antes mesmo da promulgação da CF/88, a Lei Federal nº 7.347/1985 ("Lei da Ação Civil Pública"), já previa a possibilidade de os órgãos públicos legitimados para a propositura de ações civis públicas celebrarem termos de ajustamento de conduta com os eventuais interessados, a fim de adequarem suas ações às exigências legais, mediante cominações (art. 5º, § 6º). Com a edição da Lei Federal nº 13.105/2015 ("CPC") e da Lei Federal nº 13.140/2015 ("Lei de Autocomposição"), ganhou impulso a utilização da consensualidade para a resolução de conflitos público-públicos e público-privados.

A despeito da regulamentação existente, do próprio desenho constitucional conferido a assuntos envolvendo direito ambiental e urbanístico depreende-se que são diversos os entes federados envolvidos na regulamentação, implementação e execução da política urbana e, também, na adoção de medidas voltadas à proteção ao meio ambiente. Isso, além de tornar complexa, por vezes, a compreensão dos papéis e atribuição de cada ente federado, faz com que haja uma espécie de sobreposição de competências para a aplicação dos mecanismos previstos na legislação e na resolução de conflitos verificados em concreto, aspecto este que poderá ser explorado em discussões acadêmicas a partir da análise do caso em estudo.

2. Narrativa do caso

Em 2003, o MP/CE recebeu denúncia de irregularidades nas atividades desenvolvidas por empresas distribuidoras de combustíveis na área do Porto de Mucuripe. De acordo com a denúncia, as empresas estariam descumprindo normas da Lei Municipal nº 7.987/1996, que disciplina o uso e ocupação do solo no Município de Fortaleza. Embora a denúncia não tenha especificado o dispositivo legal que, em tese, estaria sendo violado, o MP/CE deu início a procedimentos investigatórios com o objetivo de apurar eventuais irregularidades na atuação das empresas envolvidas e instou-as a se manifestar acerca da denúncia.

Neste mesmo ano, foi editado o Decreto Estadual nº 27.280/2003 pelo Poder Executivo estadual, com o objetivo de *incentivar* o encerramento das atividades das distribuidoras sediadas em Mucuripe. Na motivação deste ato normativo, apontou-se o papel do Poder Público no sentido de defender e preservar um meio ambiente ecologicamente equilibrado (arts. 24, VI e VIII, e 225, V, da CF/88) e a "gradual elevação da densidade populacional na zona urbana do Porto do Mucuripe, na Capital do Estado", o que faz com que a permanência dos tanques de armazenagem de combustíveis derivados de petróleo se mostre incompatível "pelo alto risco potencial de acidente de gravíssimas proporções".

Este decreto previu a possibilidade de concessão de benefícios para empresas que celebrassem "protocolo de ajuste" com a Administração Pública Estadual (art. 1º). Em meio aos incentivos que poderiam ser concedidos, encontra-se a disponibilização de áreas pela Companhia de Desenvolvimento do Ceará ("CODECE") e infraestrutura de apoio (art. 2º). Além disso, estabeleceu que as empresas que não assinassem "protocolo de ajuste" não fariam "jus a qualquer benefício" e que seriam adotadas as medidas necessárias para a "compulsória transferência dos estabelecimentos".

Ao serem notificadas a respeito da instauração do inquérito civil, empresas investigadas apresentaram justificativas e comprovaram a sua regularidade, por meio de determinados documentos, como, por exemplo, suas licenças ambientais e autorizações de funcionamento expedidas pelos órgãos estaduais e municipais competentes. Por esta razão, inquéritos voltados à apuração de irregularidades envolvendo tais empresas foram arquivados após homologação por parte do Conselho Superior do MP/CE (fls. 368 dos autos da ACP).

Nesse ínterim, em 2012, foi editado o Decreto Estadual nº 31.034 prevendo que as sociedades empresárias que celebrassem "termo de compromisso" com a Administração Pública estadual fariam jus ao recebimento de área adequada situada no CIPP, podendo permanecer no Porto de Mucuripe até 31 de dezembro de 2014, de forma que as demais, que não firmassem acordo com o Estado, seriam retiradas compulsoriamente de Mucuripe (art. 3º).

A única distribuidora que efetivamente celebrou acordo com o Estado do Ceará, com fundamento no Decreto Estadual nº 31.034/2012, foi a SP Indústria e Distribuidora de Petróleo Ltda. ("SP Distribuidora"). Isso ocorreu por meio da assinatura do termo de compromisso, em 30 de julho de 2013 (fls. 872 e 873 dos autos da ACP), e, posteriormente, de Protocolo de Intenções com o Estado do Ceará, em dezembro de 2014, com a interveniência do Conselho Estadual de Desenvolvimento Econômico ("CEDE"), da Agência de Desenvolvimento do Estado do Ceará ("ADECE") e a CEARÁPORTOS (fls. 597-560 dos autos da ACP). Em linhas gerais, o Protocolo de Intenções previu a manutenção do modelo operacional atualmente utilizado em Mucuripe, em que as distribuidoras têm seus tanques de uso privativo instalados em terrenos acessíveis à sua ordem, conectados ao píer de granéis líquidos, realizando suas operações de desembarque sem a dependência de nenhum intermediário obrigatório.[2]

---

[2] De acordo com a subcláusula 1.1.1 do Protocolo de Intenções, o objetivo do ajuste é firmar "o compromisso das Partes de colaborarem para que as atividades de movimentação e

Na medida em que as demais distribuidoras não firmaram o referido "termo de compromisso", o inquérito civil foi desarquivado pelo MP/CE, em função de novo pedido de intervenção apresentado em 24 de abril de 2015. De acordo com informações recebidas pelo MP/CE, tais empresas continuariam exercendo suas atividades na área do Porto de Mucuripe, a despeito do decurso do prazo previsto no Decreto Estadual nº 31.034/2012, que havia previsto que elas não poderiam permanecer nesta área após 31 de dezembro de 2014 (art. 1º).[3]

Em função disso, o MP/CE ajuizou Ação Civil Pública, em 25 de maio de 2015, em face do Estado do Ceará, da Raízen Combustíveis (que assumiu, a partir de 2011, as operações da Shell e Esso na localidade) e da Petrobrás Distribuidora.[4] Por meio dela, o MP/CE objetiva a condenação de tais empresas na obrigação de não fazer, "consistente em não dar continuidade às atividades de recebimento, armazenagem e expedição de combustíveis no Porto do Mucuripe" e a condenação do

armazenagem de derivados de petróleo e biocombustíveis da SP Distribuidora, atualmente localizada no Mucuripe, venham a ser realizadas no Porto do Pecém, mediante a formalização de um contrato entre a Cearáportos e a SP Distribuidora, ou empresa de sociedade de propósitos específicos que esta venha a constituir, que assegure a esta última o regular desenvolvimento em área específica do Porto do Pecém, de atividades de movimentação e armazenamento de derivados de petróleo e biocombustíveis, em quantidade compatível com, inicialmente, entre 30.000 m³ (trinta mil metros cúbicos) e 45.000 m³ (quarenta e cinco mil metros cúbicos) de capacidade estática de tancagem, podendo chegar a 250.000 m³ (duzentos e cinquenta mil metros cúbicos), capacidade esta a ser alcançada em até 12 (doze) anos contado do início da operação".
Neste Protocolo de Intenções, é prevista a obrigação de o Estado do Ceará ceder área para referida empresa. Conforme se depreende da subcláusula 1.2, "as instalações para a movimentação e armazenagem de derivados de petróleo e biocombustíveis a ser utilizado pela SP Distribuidora devem ser implantadas numa área mínima de 10 hectares, cujo imóvel é de propriedade do Estado do Ceará" (fls. 598-599).
[3] "Art. 1º. As sociedades empresárias instaladas na área do Porto do Mucuripe, em Fortaleza – CE, indicada no Anexo Único deste Decreto, com estabelecimentos de base para recebimento, armazenagem e expedição de combustíveis líquidos claros e de gás liquefeito de petróleo – GLP, não poderão permanecer na atual localização **após 31 de dezembro de 2014**, podendo transferir seus estabelecimentos para nova área adequada, disponibilizada no Complexo Industrial e Portuário do Pecém – CIPP, nos municípios cearenses de Caucaia e de São Gonçalo do Amarante".
[4] Diferentemente do que ocorreu com a Raízen Combustíveis, o inquérito civil referente à Petrobrás Distribuidora, instaurado em 2003, sequer havia sido arquivado, pois, de acordo com o MP, esta empresa não havia comprovado a regularidade do seu licenciamento.

ESTUDO DE CASO ENVOLVENDO ASPECTOS URBANÍSTICOS E AMBIENTAIS

Estado do Ceará na obrigação de fazer, "consistente em promover todas as medidas necessárias para impedir que as empresas demandadas exerçam, no Porto do Mucuripe, as atividades de recebimento, armazenagem e expedição de combustíveis, tudo em observância à legislação atinente à espécie, mais especificamente ao que dispõe o Decreto nº 31.034/2012" (fls. 15 dos autos da ACP).

O MP/CE aponta, na exordial, que a regulamentação ambiental aplicável exige licença ambiental para que sejam construídos e operados empreendimentos capazes de causar degradação ambiental (art. 2º da Resolução CONAMA 237/97). Esta mesma Resolução prevê a suspensão ou o cancelamento da licença ambiental quando houver "violação ou inadequação de quaisquer condicionantes ou normas legais" (art. 19, I). Sendo assim, na visão do MP/CE, na medida em que o prazo previsto no Decreto nº 31.034/2012 foi descumprido e esse ato normativo tinha por objetivo precípuo a preservação do meio ambiente:

> "(...) as sociedades empresárias instaladas na área do Porto do Mucuripe, com estabelecimentos de base para recebimento, armazenagem e expedição de combustíveis líquidos claros e de gás liquefeito de petróleo – GLP, encontram-se em pleno funcionamento com licenças de operação despidas de validade, violando sobremaneira legislação ambiental aplicável" (Petição Inicial, fls. 10 dos autos do Processo).

Em 03 de julho de 2015, o Estado do Ceará apresentou contestação (fls. 433 – 441 dos autos da ACP). Em sua defesa, informou que não estaria sendo omisso no sentido de promover as transferências dos parques de tancagem localizados no Porto de Mucuripe. Alegou que inúmeras alternativas estariam sendo cogitadas para viabilizar a efetivação da transferência das distribuidoras, mas, devido ao surgimento de acontecimentos extraordinários, novos estudos acabaram tendo que ser realizados com o objetivo de promover o desenvolvimento do CIPP a fim de que fosse possível receber tais empresas. De toda forma, informou o Estado do Ceará que "(...) o Estado já vem adotando as medidas cabíveis para transferir as unidades de tancagem do Porto do Mucuripe para o Retroporto do Porto do Pecém" (fls. 441).

A ACP, desde o momento de seu ajuizamento, teve relevante repercussão local e levou inúmeros agentes setoriais atuantes na região a se manifestarem nos autos. Neste sentido, a Ipiranga Produtos de Petróleo

S.A. ("Ipiranga") apontou seu interesse no feito, haja vista que possui contrato de cessão de espaço com uma das distribuidoras envolvidas na demanda, e requereu seu ingresso na condição de terceira interessada. A SP Distribuidora, por sua vez, requereu ao Juízo seu ingresso no processo na qualidade de litisconsorte passiva necessária, haja vista que possuiria base compartilhada com a Raízen. Por fim, a Companhia Docas do Estado do Ceará ("CDC"), sociedade de economia mista vinculada à Secretaria de Portos da Presidência da República, na qualidade de autoridade portuária do Porto Organizado de Mucuripe, solicitou seu ingresso na ação na qualidade de *amicus curiae*, tendo se manifestado contrária ao prosseguimento da demanda.[5]

O MP/CE não se opôs ao ingresso da Ipiranga e da SP Distribuidora no feito. Contudo, rechaçou a admitir que a CDC figurasse como *amicus curie*. Isso porque, na visão do MP/CE, a CDC "é uma sociedade de economia mista, que tem por objeto realizar a administração e a exploração comercial do Porto de Fortaleza (Porto do Mucuripe), restando certo seu interesse econômico na causa e revelando seu ingresso nos autos o verdadeiro intuito, qual seja, defender seus próprios interesses, o que obstaria sua participação como 'amigo da corte'" (fls. 623).

Apesar da apresentação de defesa pelo Estado do Ceará e de inúmeros agentes setoriais terem manifestado interesse no feito desde antes da propositura da ACP, em março de 2015, o MP/CE e as partes interessadas na demanda vinham avaliando a viabilidade de celebração de acordo com o objetivo de equacionar a questão do encerramento e transferência das atividades das distribuidoras para o CIPP. Embora no

---

[5] Na visão da CDC, a ACP deveria ser extinta sem resolução de mérito. Aponta-se que "o parque de tancagem no Porto do Mucuripe está sendo utilizado por mais de 30 anos e não houve nenhum acidente de grandes proporções" (fls. 511). Além disso, que os riscos apontados pelo MP/CE podem ser mitigados pela realização de manutenções periódicas e investimentos, não sendo necessária a desmobilização das distribuidoras ao Pecém – que sequer contaria com licença ambiental até o momento do ajuizamento da ação (fls. 511- 512). Aponta-se que o encerramento das atividades de tais empresas produziria efeitos sociais negativos, haja vista que centenas de empregos desapareceriam na região. A CDC reputou necessária a observância de princípios constitucionais, como o da proporcionalidade, democracia, informação e publicidade dos atos na paralização das atividades das distribuidoras e transferência ao Pecém, sugerindo que "os anseios são meramente comerciais e, portanto, camuflados face o ajuizamento da presente demanda" (fls. 513), pois possivelmente especulações imobiliárias poderiam ter motivado as denúncias (fls. 514).

início das tratativas as distribuidoras estivessem sendo envolvidas, após novembro de 2015 o MP/CE passou a negociar diretamente com o Estado do Ceará, por intermédio da Secretaria Estadual de Infraestrutura ("SEINFRA").

Em 08 de novembro de 2016, o MP/CE encaminhou nova minuta do acordo para as distribuidoras, com modificações substanciais em relação àquelas discutidas nas tratativas em que tais empresas participaram (fls. 797 dos autos da ACP).

Em resposta ao ofício encaminhado pelo MP/CE, a Petrobrás Distribuidora S.A. indicou sua discordância em relação aos termos propostos no acordo, haja vista que "um projeto dessa envergadura demanda um estudo técnico que deve contemplar aspectos operacionais, jurídicos, sociais, ambientais e econômicos, para avaliação de impactos não só para as signatárias, mas também para o erário público e para toda a sociedade, que pode sofrer consequências, inclusive, com eventual desabastecimento" (fls. 805).

A Raízen Combustíveis também se recusou a assinar o TAC na forma imposta pelo MP/CE. Tal distribuidora afirmou que as "alterações realizadas na minuta proposta tornam demais onerosas obrigações imputadas às sociedades empresárias que se encontram instaladas no Porto de Mucuripe, valendo especial destaque ao exíguo prazo para desmobilização" (fls. 804 dos autos da ACP). Reiterou, em sua resposta, a necessidade de aumento do prazo de desmobilização, pela necessidade de licenciamento ambiental e urbanístico e, inclusive, devido à "absoluta ausência de informações atualmente disponibilizada sobre o modelo de negócio a ser definido pelo Estado para a implementação das instalações" (fls. 804).

De acordo com informações extraídas da Contestação apresentada pela Raízen, na última versão do termo de compromisso, (i) "foi retirada do Governo do Estado do Ceará a responsabilidade pela implementação de uma série de obras de infraestrutura fundamentais para o processo de transferência das instalações das distribuidoras para o CIPP"; (ii) "foram subtraídos os parágrafos terceiro (que dispõe sobre a certificação da entrega das obras de responsabilidade do Estado) e quinto (que permite investimentos na atual área de tancagem em Mucuripe) previstos na Cláusula 3.1.1 da Minuta de Novembro de 2015, o que causa séria insegurança jurídica no período de transição e transferência das atividades";

(iii) "foi reduzido sensivelmente o prazo para desmobilização da estrutura em Mucuripe (Cláusula 3.2), de 24 (vinte e quatro) meses para somente 3 (três) meses, ignorando a logística necessária para a transferência e construção de toda a estrutura de uma base de distribuição de combustíveis de Mucuripe para o CIPP".

Dessa forma, por não concordarem com os termos das alterações implementadas na minuta, Raízen Combustíveis e Petrobrás Distribuidora se recusaram a assinar o termo de compromisso.

A despeito de as distribuidoras rés da ACP não terem participado desta etapa de negociações, o referido acordo foi assinado entre Estado do Ceará e o MP/CE, com a interveniência da SEINFRA e da CEARÁPORTOS, em 25 de novembro de 2016, sob a denominação de Termo de Ajustamento de Conduta ("TAC"), e requereram a homologação judicial do acordo.

De acordo com a petição submetida à apreciação do juízo, aponta-se que "após exaustivos encontros mantidos entre as partes, restou confeccionado um ajustamento de conduta subscrito pelo MP e Estado do Ceará (...), sendo certo que as demais demandadas manifestaram, o propósito de não participação do acordo entabulado e devidamente subscrito por quem de direito" (fls. 554). Com isso, requerem que o Juízo dê "plena ciência" às distribuidoras (Raízen Combustíveis S.A. e Petrobrás Distribuidora S.A.) em relação aos termos do acordo.

Neste acordo, o Estado do Ceará assumiu a obrigação de, resumidamente, (i) viabilizar a implantação de infraestrutura necessária para a transferência das atividades no CIPP; (ii) realizar o licenciamento ambiental do CIPP, (iii) editar e publicar novo decreto restabelecendo prazo para que as distribuidoras de Mucuripe transfiram seus estabelecimentos para área adequada que indicar, condicionando o prazo de permanência à conclusão das obrigações assumidas pelo Estado. A fim de que fosse viabilizado o cumprimento de tais obrigações, figuraram-se como intervenientes do TAC a SEINFRA e a CEARÁPORTOS.

Embora as empresas rés da ACP (Raízen, Petrobrás e BR) não tenham assinado o acordo, a cláusula 2.2. deste instrumento prevê que "as empresas signatárias deste TAC terão pleno conhecimento do desenvolvimento das obras, (...) e estas se obrigam a iniciar suas desmobilizações de seus ativos instalados no Porto do Mucuripe, redirecionando-o ao CIPP, em concordância com o avanço físico das obras gerais de infraestrutura que ali são realizadas, de maneira a que possibilite iniciar suas operações no CIPP, no prazo máximo de 3 (três) meses, contados da efetiva conclusão das obras de infraestruturas gerais de montante" (fls. 564). Além disso, não figuraram como partes ou intervenientes ao TAC as demais empresas que solicitaram seu ingresso no feito na qualidade de parte, terceira interessada ou *amicus curiae* (Ipiranga, SP Distribuidora e CDC).

Vale destacar que, após a juntada do referido acordo nos autos da ação, a SP Distribuidora apresentou manifestação apontando seu entendimento no sentido de que a homologação do TAC seria uma "providência inadequada" (fls. 920). Na visão desta empresa, uma série de pontos relevantes foram desconsiderados pelo acordo apresentado pelo MP e Estado do Ceará. Isso porque o MP/CE havia sido alertado, por ela, de que o acordo deveria contemplar uma "indicação clara dos imóveis no Pecém para onde deveriam ser compulsoriamente transferidas as distribuidoras" e a possibilidade "de adequação provisória das instalações no Mucuripe" até que fosse viável a transferência (fls. 908). Além disso, a SP Distribuidora havia levado ao conhecimento do MP/CE e do Estado do Ceará o fato de que já havia sido firmado termo de compromisso entre ela e o Estado do Ceará, tal como previsto no Decreto Estadual nº 31.034/2012, que deveria ser respeitado. Apesar disso, o acordo firmado foi desconsiderado pelo novo acordo firmado pelo Estado do Ceará e MP, que "ignora direitos normativa e contratualmente já assegurados à SP Distribuidora" (fls. 920).

O fato de as empresas rés da ação não terem figurado como partes no acordo apresentado chamou a atenção do Juízo. Em abril de 2017, houve manifestação judicial no sentido de que a homologação do acordo seria possível. Porém, como o instrumento foi assinado apenas entre o MP e um dos réus da ação (o Estado do Ceará), foi solicitada a intimação do Promotor de Justiça e do Procurador do Estado para que "providenciem a subscrição dos representantes legais das pessoas jurídicas Raízen Combustíveis S.A., Petrobrás Distribuidora S.A. e Petróleo Brasileiro S.A. (...), a fim de que se possa dar seguimento à homologação do referido termo" (fls. 637).

Tais empresas vinham se negando a assinar o acordo em função dos motivos expostos anteriormente. Deste então, o Governo do Estado do Ceará vem estudando alternativas para viabilizar o desenvolvimento do

CIPP para a realização de operações portuárias que envolvam a movimentação e armazenagem de combustíveis líquidos. As obras voltadas à execução de tal empreendimento, no entanto, até o momento, não foram iniciadas.

Apesar disso, em 21 de novembro de 2018, foi editado o Decreto Estadual nº 32.883, com o objetivo de estabelecer novo prazo para a transferência das distribuidoras situadas em Mucuripe ao CIPP. Tal medida, conforme se depreende dos *considerandos*, seria mandatória para que se possa "favorecer os Interesses Públicos econômicos e ambientais relativos". Este ato normativo prevê que as distribuidoras situadas em Mucuripe "não poderão permanecer na atual localização após a efetiva conclusão das obras de infraestrutura gerais de montante no Porto do Pecém" (art. 1º). Além disso, coloca-se que as empresas que, "até 15 dias após publicação desse decreto, assinarem Termo de Compromisso com o Estado do Ceará, para transferência de que trata o artigo antecedente, poderão manter e/ou ampliar temporariamente o seu atual parque de tancagem no Porto do Mucuripe, em Fortaleza/CE,[6] enquanto não houver as efetivas condições de transferência do Parque de Tancagem para Pecém" (art. 2º).

O modelo do referido Termo de Compromisso foi anexado ao decreto em referência e, em uma de suas cláusulas, consta, expressamente, a obrigação de a distribuidora interessada: "ratificar, sem ressalvas, o TAC e requerer a sua homologação, nos autos acima identificados, no prazo de até 10 (dez) dias, contados a partir da assinatura deste instrumento" (cláusula 2.1, "a").

---

[6] Na motivação deste ato normativo (rol de "considerandos"), consta que houve "posicionamento positivo, mediante Parecer, da Superintendência Estadual de Meio Ambiente do Ceará (SEMACE), contido nos autos do Processo Administrativo nº 2633877/2017, em que, em tese, realça a viabilidade ambiental da manutenção e ampliação temporária do Parque de Tancagem existente no Porto do Mucuripe, em Fortaleza/CE, sem prejuízo da análise individual dos Projetos de cada Sociedade Empresária interessada, enquanto não houver as efetivas condições de transferência do Parque de Tancagem para Pecém". Além disso, também teria havido "posicionamento positivo, mediante Parecer, da Secretaria de infraestrutura, em que se assevera a possibilidade de manutenção e ampliação temporária do Parque de Tancagem existente no Porto do Mucuripe, em Fortaleza/CE, enquanto não houver as efetivas condições de transferência do Parque de Tancagem para o Pecém".

Referências

TJ/CE, Ação Civil Pública nº 0158936-59.2015.8.06.0001, em trâmite perante a 4ª Vara da Fazenda Pública.

7. Termos de Compromisso e Acordos de Supervisão do BACEN e na CVM (Lei federal n. 13.506/17)

JÔNATAS HENRIQUES BARREIRA
NEWTON ANTÔNIO PINTO BORDIN

INTRODUÇÃO

O trabalho tem por tema os Acordos no âmbito da CVM e do Banco Central do Brasil (BACEN). No entanto, pelo fato dos acordos serem ainda, conforme se verá, muito recentes no BACEN, a CVM se mostra mais viável para estudo, não só pela quantidade de casos que podem ser eleitos, mas também pela experiência que a CVM já possui na celebração destes pactos, o que permitiria, em tese, um aprimoramento institucional e de procedimento ao longo dos anos.

Assim, o presente estudo de caso refere-se a termo de compromisso recentemente celebrado no âmbito da Comissão de Valores Mobiliários (CVM), autarquia em regime especial que, desde 1997, foi autorizada a fazer uso desse tipo de acordo em processos administrativos sancionadores.

Antes da apresentação direta do caso concreto, faz-se necessária uma contextualização normativa dos acordos no âmbito da CVM e do BACEN e, depois, ainda, uma contextualização das normas internas que regem o procedimento na CVM. Assim, a partir da compreensão dessas bases, será possível analisar o caso em sua completude.

1. Contextualização normativa dos acordos na esfera de atuação do BACEN e da CVM

A Comissão de Valores Mobiliários (CVM) foi criada pela Lei nº 6.385/76 para exercer diversas competências, como a de fiscalizar as atividades e os serviços do mercado de valores mobiliários, a de fiscalizar e inspecionar as companhias abertas e a de regulamentar matérias previstas nessa lei e na Lei das Sociedades Anônimas (Lei nº 6.404/76).

Na redação original da Lei nº 6.385/76, o artigo 11, ao elencar as penalidades aplicáveis aos infratores dessa lei, da Lei de Sociedades Anônimas e das normas editadas pela própria autarquia, não estabelecia a possibilidade de celebração de acordos substitutivos. Essa possibilidade surgiu por meio da Lei n. 9.457/97, que estabeleceu que a CVM poderia suspender, *em qualquer fase*, o processo administrativo instaurado para apuração de infrações, se o indiciado ou acusado assinasse termo de compromisso, assumindo as obrigações de cessar a prática de atividades ou atos considerados ilícitos pela CVM e de corrigir as irregularidades apontadas, inclusive indenizando os prejuízos[1].

Sendo assim, há previsão em lei setorial para termos de compromisso na CVM há 22 anos, motivo pelo qual essa autarquia celebrou, desde esse momento, mais de 500 (quinhentos) ajustes[2], nos quais se deixou de instaurar ou se suspendeu processo sancionador, com a obtenção de indenização pelos prejuízos causados pelos agentes de mercado signatários do compromisso.

Recentemente, foi editada a Lei Federal nº 13.506/17, que dispõe sobre o processo administrativo sancionador no âmbito de atuação do BACEN e da CVM. Esse diploma legal, em seu art. 11, estabeleceu a possibilidade de celebração de termo de compromisso pelo BACEN, à semelhança do que já existia na CVM.

---

[1] Art. 11, §5º, com redação da Lei nº 9.457/97, redação hoje não mais vigente:
Art. 11. (...)
§ 5º A Comissão de Valores Mobiliários poderá suspender, em qualquer fase, o procedimento administrativo, se o indiciado ou acusado assinar termo de compromisso, obrigando-se a: I – cessar a prática de atividades ou atos considerados ilícitos pela Comissão de Valores Mobiliários; II – corrigir as irregularidades apontadas, inclusive indenizando os prejuízos.

[2] Na última consulta realizada ao site da CVM, na data de 29 de maio de 2019, constatou-se a existência de 563 de termos de compromisso celebrados disponíveis na *internet*. A consulta atualizada pode ser realizada no seguinte endereço: <http://www.cvm.gov.br/termos_compromisso/index.html>.

Além disso, criou também o Acordo Administrativo em Processo de Supervisão, no art. 30. Essa forma de ajuste visa extrair a confissão da prática de infração às normas legais ou regulamentares do BACEN, com extinção da ação punitiva ou redução da penalidade aplicável, tendo como contrapartida a cooperação efetiva, plena e permanente, para a apuração de fatos investigados[3].

Em relação à CVM, a Lei nº 13.506/17 trouxe novas alterações à Lei nº 6.385/76, modernizando o processo administrativo sancionador e o

---

[3] Art. 30. O Banco Central do Brasil poderá celebrar acordo administrativo em processo de supervisão com pessoas físicas ou jurídicas que confessarem a prática de infração às normas legais ou regulamentares cujo cumprimento lhe caiba fiscalizar, com extinção de sua ação punitiva ou redução de 1/3 (um terço) a 2/3 (dois terços) da penalidade aplicável, mediante efetiva, plena e permanente cooperação para a apuração dos fatos, da qual resulte utilidade para o processo, em especial:
I – a identificação dos demais envolvidos na prática da infração, quando couber;
II – a obtenção de informações e de documentos que comprovem a infração noticiada ou sob investigação.
§ 1º A proposta de acordo administrativo em processo de supervisão permanecerá sob sigilo até que o acordo seja celebrado.
§ 2º O acordo de que trata o caput deste artigo somente poderá ser celebrado se forem preenchidos, cumulativamente, os seguintes requisitos:
I – a pessoa jurídica for a primeira a se qualificar com respeito à infração noticiada ou sob investigação;
II – o envolvimento na infração noticiada ou sob investigação a partir da data de propositura do acordo cessar completamente;
III – o Banco Central do Brasil não dispuser de provas suficientes para assegurar a condenação administrativa das pessoas físicas ou jurídicas por ocasião da propositura do acordo; e
IV – a pessoa física ou jurídica confessar participação no ilícito, cooperar plena e permanentemente com as investigações e com o processo administrativo e comparecer, sob suas expensas, sempre que solicitada, a todos os atos processuais, até seu encerramento.
§ 3º O requisito previsto no inciso I do § 2º deste artigo não se aplica às pessoas físicas.
§ 4º A pessoa jurídica que não cumprir apenas o disposto no inciso I do § 2º deste artigo poderá celebrar acordo administrativo em processo de supervisão, hipótese em que poderá beneficiar-se exclusivamente da redução de 1/3 (um terço) da penalidade a ela aplicável.
§ 5º A celebração do acordo administrativo em processo de supervisão pelo Banco Central do Brasil suspenderá o prazo prescricional no âmbito administrativo com relação ao proponente signatário.
§ 6º O acordo administrativo em processo de supervisão celebrado pelo Banco Central do Brasil, atinente à prática de infração às normas legais ou regulamentares cujo cumprimento lhe caiba fiscalizar, não afeta a atuação do Ministério Público e dos demais órgãos públicos no âmbito de suas correspondentes competências.
§ 7º A decisão sobre a assinatura do acordo administrativo em processo de supervisão pelo Banco Central do Brasil, nos termos deste artigo, será tomada por órgão colegiado previsto em seu regimento interno.

termo de compromisso. Com essa reforma, o permissivo referente aos termos de compromisso ficou com a seguinte redação:

> Art. 11. (...)
> §5º A Comissão da Valores Mobiliários, após análise de conveniência e oportunidade, com vistas a atender ao interesse público, poderá deixar de instaurar ou suspender, em qualquer fase que preceda a tomada da decisão de primeira instância, o procedimento administrativo destinado à apuração de infração previstas nas normas legais e regulamentares cujo cumprimento lhe caiba fiscalizar, se o investigado assinar termo de compromisso no qual se obrigue a:
> I – cessar a prática de atividades ou atos considerados ilícitos pela Comissão de Valores Mobiliários;
> II – Corrigir as irregularidades apontadas, inclusive indenizando os prejuízos.

Ademais, a Lei Federal nº 13.506/17 passou a permitir que a CVM celebre com interessados acordos de supervisão, possibilidade esta que se encontra pendente de regulamentação interna naquela autarquia[4].

Nesse contexto, em razão da existência há mais de duas décadas de termo de compromisso no âmbito da CVM, o qual foi apenas atualizado pela Lei nº 13.506/17, optou-se pela seleção de caso ocorrido nesta autarquia, para fins deste estudo. Como será visto a seguir, embora haja restrição na divulgação de informações relacionadas à instrução processual, o caso selecionado apresenta peculiaridades interessantes, não relativas à temática material específica do ajuste: a presença de sociedade de economia mista (a São Paulo Turismo S.A. – SPTuris); a instauração do processo sancionador em face da pessoa jurídica de direito público controladora de referida estatal (o Município de São Paulo – PMSP), bem como do diretor-presidente da empresa; o indeferimento inicial dos dois termos de compromisso solicitados: um pela PMSP e outro pelo diretor-presidente; a tentativa do Município de transformar a multa (obrigação de dar) sugerida nas negociações do acordo em obrigação de fazer.

---

[4] Art. 34. Aos processos administrativos sancionadores conduzidos no âmbito da Comissão de Valores Mobiliários aplica-se, no que couber, o disposto no § 3º do art. 19 e nos arts. 21, 22, 24, 25, 29, 30, 31 e 32 desta Lei, observada regulamentação editada pela Comissão de Valores Mobiliários.

2. O Procedimento para celebração de termo de compromisso na CVM

Conforme exposto, a possibilidade de celebração de termo de compromisso está prevista no §5º do art. 11 da Lei nº 6.385/76, tendo o procedimento para isso sido regulamentado internamente pela Autarquia, por meio da Deliberação CVM nº 390, de 8 de maio de 2001[5].

A mencionada deliberação dispõe que o interessado poderá apresentar proposta escrita de termo de compromisso à CVM (art. 7º da Deliberação CVM nº 390/01). O prazo para formalização desta proposta tem como termo final o prazo para a apresentação de defesa no processo administrativo sancionador (art. 7º, §1º da Deliberação CVM nº 390/01).

Sendo a proposta de termo de compromisso apresentada durante o processo administrativo, esta será encaminhada à Coordenação de Processos Administrativos (CCP). No entanto, se a proposta for realizada ainda na fase de investigação preliminar, será encaminhada à Superintendência responsável pela investigação. Depois disso, a Procuradoria Federal Especializada[6] da CVM é ouvida, oferecendo parecer acerca da legalidade da celebração do acordo nos termos da proposta apresentada (arts. 7º, §§5º e 6º). Em seguida, a proposta do termo de compromisso é submetida ao Comitê de Termo de Compromisso que tem por atribuição apresentar parecer sobre a oportunidade e sobre a conveniência da celebração do acordo (art. 8º).

O Comitê de Termo de Compromisso[7] pode, discricionariamente, antes da elaboração do parecer, realizar negociação com o proponente

---

[5] Essa regulamentação foi sucessivamente alterada pelas seguintes Deliberações CVM nº 486/05, 657/11 e 759/16.

[6] A Procuradoria Federal Especializada junto à CVM integra a estrutura da Procuradoria-Geral Federal, vinculada à Advocacia-Geral da União. Compete à Procuradoria-Geral Federal a representação judicial e extrajudicial das autarquias e fundações públicas federais (Lei 10.480/02, art. 10). À Procuradoria Federal Especializada junto à CVM, por sua vez, compete representar judicial e extrajudicialmente a CVM, exercer atividades de consultoria e assessoria jurídicos aos órgãos da CVM e realizar a apuração da liquidez e certeza dos créditos, de qualquer natureza, inerentes às atividades da CVM (BRASIL. Comissão de Valores Imobiliários. Procuradoria Federal Especializada. Disponível em: <http://www.cvm.gov.br/menu/acesso_informacao/institucional/sobre/pfe.html>. Acesso em: 26 maio 2019.

[7] O Comitê de Termo de Compromisso é composto pelos titulares da Superintendência-Geral (SGE), Superintendência de Fiscalização Externa (SFI), Superintendência de Relações com Empresas (SEP), Superintendência de Relações com o Mercado e Intermediários

do acordo, oferecendo as contrapropostas que entender adequadas (art. 8º, §4º). O prazo para essa negociação é de 180 dias, podendo o proponente, ao final das negociações, aditar o texto da proposta inicial, no prazo que o Comitê assinalar (§5º).

Por fim, a competência para proferir decisão final sobre a aceitação ou não da proposta do termo de compromisso é conferida ao Colegiado da CVM[8] (art. 3º).

Em resumo, pode-se organizar o procedimento nos seguintes tópicos, de forma ordenada:
1. Formalização da proposta por iniciativa do interessado;
2. Encaminhamento à:
   a) Coordenação de Processos Administrativos, se proposto durante o trâmite de processo administrativo;
   b) Superintendência responsável pela investigação, se proposto na fase de investigação preliminar;
3. Apresentação de parecer pela Procuradoria Federal Especializada, acerca da legalidade da proposta apresentada;
4. Encaminhamento ao Comitê de Termo de Compromisso que apresentará parecer sobre a conveniência e oportunidade na celebração do termo proposto, mas que poderá também negociar os termos do acordo proposto, facultando ao proponente aditá-lo antes da submissão ao Colegiado da CVM.
5. Decisão do Colegiado da CVM pela aceitação ou pela rejeição do termo de compromisso.

(SMI), Superintendência de Normas Contábeis e Auditoria (SNC) e Superintendência de Processos Sancionadores (SPS), conforme Portaria CVM/PTE nº 71/05 com redação dada pela Portaria CVM/PTE nº 66/08.

[8] "O Colegiado da CVM é formado pelo Presidente e quatro Diretores e "se reúne, semanalmente, em sessão reservada, para analisar as matérias de competência da Autarquia, inclusive sobre as questões decididas pelas suas diversas áreas executivas, atuando como órgão máximo de deliberação" (BRASIL. Comissão de Valores Imobiliários. Reuniões do Colegiado. Disponível em: <http://www.cvm.gov.br/decisoes/index.html>. Acesso em: 26 maio 2019).

A descrição do site está consonância com o art. 6º da Lei n. 6.385/76 que estabelece que a CVM é administrada por um Presidente e quatro Diretores, nomeados pelo Presidente da República, depois de aprovados pelo Senado Federal.

3. Caso analisado

3.1. Das supostas infrações cometidas

O núcleo do direito material ventilado no caso estudado diz respeito aos artigos 239[9] e 240[10] da Lei das Sociedades Anônimas (Lei nº 6.404/76). O primeiro dispositivo referido impõe a obrigação de as companhias de economia mista assegurarem obrigatoriamente à minoria o direito de eleição de ao menos um dos conselheiros no Conselho de Administração. O artigo 240, por sua vez, exige a participação de um membro eleito pelos minoritários no Conselho Fiscal da sociedade de economia mista.

No caso concreto, os acionistas minoritários detentores de ações na SPTuris, apresentaram reclamação à CVM relatando que tiveram tolhido seu direito de eleger um representante no Conselho de Administração e um membro para o Conselho Fiscal. A SPTuris teria se negado a conceder a vaga ao conselheiro escolhido pelos acionistas minoritários por entender que os arts. 239 e 240 não seriam aplicáveis a ela. Nesse contexto, os acionistas minoritários pediram à CVM que fosse realizada nova assembleia geral para que fosse ratificada a composição do Conselho de Administração e Conselho Fiscal e aplicadas sanções aos responsáveis pelas irregularidades.

Respondendo à reclamação, a SPTuris e o Município de São Paulo arguiram que as eleições dos membros forem realizadas de forma regular e que os arts. 239 e 240 das Lei das Sociedades Anônimas seria inaplicável, porque a SPTuris não seria uma sociedade de economia mista. Os fundamentos para isso seriam dois: (*i*) primeiramente, o fato de o Município possuir 95,794% das ações representativas do Capital e de os reclamantes possuírem meros 0,007%; além disso, (*ii*) o Município apontou que a Companhia fora criada por assembleia geral de consti-

---

[9] Art. 239. *As companhias de economia mista terão obrigatoriamente Conselho de Administração, assegurado à minoria o direito de eleger um dos conselheiros, se maior número não lhes couber pelo processo de voto múltiplo.*
Parágrafo único. Os deveres e responsabilidades dos administradores das companhias de economia mista são os mesmos dos administradores das companhias abertas.

[10] Art. 240. *O funcionamento do conselho fiscal será permanente nas companhias de economia mista; um dos seus membros, e respectivo suplente, será eleito pelas ações ordinárias minoritárias e outro pelas ações preferenciais, se houver.*

tuição, com capital privado, em 1968, tendo a PMSP ingressado como controladora posteriormente, por meio da Lei Municipal n. 8.180/74, que autorizou a Municipalidade a participar da Companhia como acionista privado. Dessa forma, a SPTuris não foi criada como sociedade de economia mista e, portanto, não teria adquirido posteriormente essa qualidade.

A Superintendência de Relações com Empresas, responsável pela apuração das infrações, entendeu que não prosperavam as alegações trazidas pela Companhia e que o Controlador (o Município de São Paulo) seria responsável por abuso de poder de controle, nos termos dos arts. 116, parágrafo único[11], 239 e 240 da Lei das Sociedades Anônimas. Além dele, também deveria ser responsabilizado o diretor-presidente da empresa, em razão de os fatos terem ocorrido em Assembleia por ele presidida, por infração aos arts. 128[12], 239 e 240 da mesma lei.

3.2. Das primeiras propostas de celebração de termo de compromisso

Em decorrência da instauração do processo administrativo sancionador, tanto o Município de São Paulo, quanto o diretor-presidente da empresa apresentaram propostas de termo de compromisso à CVM.

O Município de São Paulo, representado por seu Prefeito, apresentou proposta em que sugeriu a obrigação de, no prazo de 90 dias, contados da celebração do acordo, "eleger um membro titular do Conselho de Administração e outro do Conselho Fiscal e respectivo suplente, indicados pelos acionistas minoritários" (Cláusula 1ª). Além disso, a Prefeitura paulistana se comprometeu a "respeitar a indicação feita pelos sócios minoritários", desde que os membros eleitos preenchessem os requisitos da Lei de Estatais (Lei Federal nº 13.130/16, arts. 17, 20 e 26) e da própria Lei das Sociedades Anônimas (Cláusula 2ª).

---

[11] *Art. 116. Entende-se por acionista controlador a pessoa, natural ou jurídica, ou o grupo de pessoas vinculadas por acordo de voto, ou sob controle comum, que:*
(...)
Parágrafo único. O acionista controlador deve usar o poder com o fim de fazer a companhia realizar o seu objeto e cumprir sua função social, e tem deveres e responsabilidades para com os demais acionistas da empresa, os que nela trabalham e para com a comunidade em que atua, cujos direitos e interesses deve lealmente respeitar e atender.

[12] *Art. 128. Os trabalhos da assembléia serão dirigidos por mesa composta, salvo disposição diversa do estatuto, de presidente e secretário, escolhidos pelos acionistas presentes.*

Na minuta de Termo de Compromisso apresentada pelo diretor-presidente da empresa, há a estipulação de obrigações para si no sentido de "salientar em todas as próximas assembleias a necessidade de se respeitar o direito dos acionistas minoritários" (Cláusula 1ª) e de, no prazo de 90 dias, contados da publicação do acordo no Diário Oficial da União, "convocar assembleia geral para eleição de um membro titular do Conselho de Administração e outro do Conselho Fiscal e respectivo suplente, eleito pelos acionistas minoritários" (Cláusula 2ª).

Ocorre que a Procuradoria Federal Especializada, ao ser consultada no procedimento, apresentou parecer contrário à celebração do acordo, afirmando que haveria óbice legal em razão da ausência de "proposta indenizatória à CVM pelos danos difusos causados ao mercado de capitais".

Na sequência, o Comitê de Termo de Compromisso, se reuniu e decidiu por negociar as condições das propostas apresentadas. Dessa forma, o órgão pediu que fossem aprimoradas as propostas. Ao Município, o Comitê sugeriu a inclusão de obrigação pecuniária no valor de R$ 500.000,00, a ser paga em parcela única, de modo a indenizar os danos coletivos e difusos ao mercado, e, ainda, a inclusão de obrigação de fazer, qual seja, a de permitir a realização da eleição pelos acionistas minoritários, na próxima assembleia geral ordinária, de um membro titular do Conselho de Administração e outro do Conselho Fiscal. Ao diretor-presidente, sugeriu a inclusão da obrigação pecuniária de pagar R$250.000,00, em parcela única, com o fim de indenizar os mesmos direitos tutelados, além da obrigação de incluir na pauta da próxima assembleia geral ordinária a realização da eleição pelos acionistas minoritários.

O Município, por meio de procuradora investida na função de assessora técnica, afirmou a impossibilidade de aceitação da proposta de pagamento, em razão da necessidade de previsão da despesa em orçamento, o que demanda programação prévia. Além disso, sustentou que não houve danos coletivos e difusos ao mercado financeiro, uma vez que a Companhia em questão é empresa estatal com "volume insignificante de negociação de ações" e que, portanto, não interferiria no mercado de ações. O Município afirmou aceitar substituir a obrigação pecuniária (obrigação de dar) pela realização de palestra sobre a Lei das Estatais ou assunto relacionado ao Mercado de Capitais (obrigação de fazer).

O diretor-presidente também rejeitou o aprimoramento proposto pelo Comitê, afirmando não dispor de recursos para arcar com a obrigação pecuniária sugerida pelo órgão.

Nesse contexto, em razão do parecer da Procuradoria Federal Especializada e pela não aceitação de aprimoramento das propostas, o Comitê de Termo de Compromisso opinou pela rejeição das propostas de termo de compromisso dos dois acusados, o que foi acolhido pelo colegiado da CVM.

3.3. A nova proposta de Termo de Compromisso apresentada pelo diretor-presidente da empresa

Posteriormente à deliberação do colegiado, contrária à celebração dos ajustes, o diretor-presidente da empresa reformulou proposta de termo de compromisso, (i) informando que foi realizada nova Assembleia, com a eleição de representantes indicados pelos acionistas minoritários; e (ii) comprometendo-se a pagar R$ 15.000,00 à CVM, a título de indenização por danos eventualmente causados ao mercado de capitais.

A proposta foi aceita pelo Relator, que a considerou conveniente e oportuna, uma vez que houve decisões da CVM quanto à ilegitimidade ativa de presidentes de Assembleias para as violações do art. 128 da LSA, de forma que não teria efeito paradigmático nova análise da temática pelo Colegiado, além de envolver custos injustificados.

A cláusula 8ª do termo de compromisso determina o arquivamento do processo sancionador, uma vez cumprida a obrigação pactuada, após isso ser atestado por superintendência específica da autarquia.

Foi localizada petição do diretor-presidente informando à autarquia a realização tempestiva do recolhimento do valor convencionado.

3.4. A nova proposta de Termo de Compromisso apresentada pelo Município de São Paulo

No relatório e voto favoráveis à celebração de termo de compromisso com o diretor-presidente da empresa, há menção à última proposta apresentada pela PMSP, a qual, ao que consta, não foi ainda objeto de deliberação.

Por meio dessa proposta, o Município reiterou o entendimento de impossibilidade de aceitação de multa pecuniária (obrigação de dar), mas, tendo em vista a anterior rejeição à obrigação de fazer proposta (palestra relacionada ao mercado de capitais), sugeriu a promoção de iniciativas de educação financeira voltadas, aparentemente, ao ensino fundamental, o que estaria alinhado com os objetivos estratégicos da CVM.

Nesse aspecto, o encaminhamento proposto pelo Relator foi no sentido de aprofundamento das discussões entre a CVM, por meio de seu Comitê de Termo de Compromisso, e a Municipalidade, para a verificação das medidas relacionadas à educação financeira que poderiam ser utilizadas em compensação pelos danos causados ao mercado de capitais.

Questões

1) A Lei de Processo Administrativo Federal (Lei nº 9.784/99) reconhece como legitimados os interessados que têm direitos ou interesses que possam ser afetados pela decisão a ser adotada (art. 9º, inciso II). Em contrapartida, a Deliberação CVM nº 390/01 somente reconhece ao investidor lesado a condição de colaborador, não possuindo legitimidade processual (art. 10, §1º)[13].
   a) Até que ponto a disciplina interna da CVM contraria o disposto na lei geral de processo administrativo federal?
   b) O fato de ser uma autarquia em regime especial ensejaria o entendimento de existência de um processo administrativo específico, que somente admitiria a aplicação subsidiária da Lei nº 9.784/99?

2) O §5º do art. 11 da Lei da CVM, na atual redação, possibilita a celebração de termo de compromisso *após a análise de conveniência e oportunidade*. Considerando-se que, ao longo de mais de 20 anos,

---

[13] Art. 10. Na hipótese de existência de danos a investidores, a CVM poderá, a seu critério, notificá-los, para que forneçam maiores informações no que disser respeito à quantificação do valor que poderá vir a ser-lhes pago, a título de reparação, no bojo da celebração de termo de compromisso a ser celebrado com o pretenso causador do dano.
§1º A participação do investidor lesado, nos termos do artigo antecedente, não lhe confere a condição de parte no processo administrativo, e deverá limitar-se à prestação de informações relativas à extensão dos danos que tiver suportado e ao valor da reparação.
§2º A manifestação do investidor lesado será levada em consideração pelo Colegiado da CVM na apreciação da proposta de celebração de compromisso.

foram estabelecidos mais de 500 acordos sob a égide desse dispositivo:
   a) Estaria já materializado um direito à celebração do acordo?
   b) Seria dispensável a análise de conveniência e oportunidade em casos de possibilidade de acordo?
   c) Esse quantitativo de acordos no período aumentaria a segurança jurídica dos administrados, em atendimento ao disposto no art. 30 da LINDB[14]?

3) O procedimento regulamentado pela própria CVM é adequado aos fins do termo de compromisso?
   a) O procedimento garante a representação adequada dos interessados?
   b) A partir do caso estudado e do procedimento estabelecido pela autarquia, pode-se dizer que há negociação no âmbito dos processos administrativos sancionatórios da CVM?

4) Os acordos são: (*i*) negociados por Comitê especificamente criado para essa finalidade; (*ii*) analisados por órgão de assessoramento técnico-jurídico; e (*iii*) decididos pelo Colegiado da autarquia, que pode recomendar novas negociações.
   a) Essa procedimentalização garante ao administrado maior impessoalidade e imparcialidade na análise do processo?

5) No caso estudado, seria aplicável análise de Teoria dos Jogos, considerando-se que:
   a) a CVM acolheu a argumentação da PMSP, de impossibilidade de aceitação de multa pecuniária;
   b) o Relator reconheceu que não seria aplicável ao presidente da Assembleia penalidades relacionadas aos arts. 239 e 240 da LSA.

6) O orçamento municipal pode ser, de fato, um impeditivo para a celebração de acordos, quando estes envolverem contraprestação pecuniária?

---

[14] *Art. 30. As autoridades públicas devem atuar para aumentar a segurança jurídica na aplicação das normas, inclusive por meio de regulamentos, súmulas administrativas e respostas a consultas. Parágrafo único. Os instrumentos previstos no caput deste artigo terão caráter vinculante em relação ao órgão ou entidade a que se destinam, até ulterior revisão.*

7) A postura da CVM no acordo com o diretor-presidente configura *arm-twisting* ou *by-pass*?

ANEXOS

BRASIL. Comissão de Valores Mobiliários. Colegiado da CVM. Voto do Diretor Relator Henrique Balduino Machado Moreira. Disponível em: http://www.cvm.gov.br/export/sites/cvm/noticias/anexos/2018/20181024_PAS_CVM_SEI_19957008704_2017_14_TC_voto_diretor_henrique_machado.pdf. Acesso em: 28 maio 2019.

BRASIL. Comissão de Valores Mobiliários. Comitê de Termo de Compromisso. Parecer no Processo Administrativo Sancionador CVM SEI 19957.008704/2017-14. Disponível em: http://www.cvm.gov.br/export/sites/cvm/noticias/anexos/2018/20180828_PAS_CVM_SEI_19957008704_2017_14_parecer_comite_termo_de_compromisso.pdf. Acesso em: 28 maio 2019.

REFERÊNCIAS

BRASIL. Comissão de Valores Mobiliários. Deliberação CVM nº 390, de 8 de maio de 2001. Disponível em: <http://www.cvm.gov.br/export/sites/cvm/legislacao/deliberacoes/anexos/0300/deli390.pdf>. Acesso em: 29 maio 2019.

BRASIL. Comissão de Valores Mobiliários. Portaria CVM/PTE nº 71, de 17 de agosto de 2005. Disponível em: <http://www.cvm.gov.br/export/sites/cvm/menu/acesso_informacao/institucional/comites/Portaria-PTE-71-05-ComiteTC.pdf>. Acesso em 29 maio 2019.

BRASIL. Comissão de Valores Mobiliários. Procuradoria Federal Especializada. Disponível em: <http://www.cvm.gov.br/menu/acesso_informacao/institucional/sobre/pfe.html>. Acesso em: 26 maio 2019.

BRASIL. Comissão de Valores Mobiliários. Reuniões do Colegiado. Disponível em: <http://www.cvm.gov.br/decisoes/index.html>. Acesso em: 26 maio 2019.

BRASIL. Comissão de Valores Mobiliários. Termos de Compromisso Celebrados. Disponível em: <http://www.cvm.gov.br/termos_compromisso/index.html>. Acesso em: 29 maio 2019.

BRASIL. Lei nº 13.506, de 13 de novembro de 2017. Dispõe sobre o processo administrativo sancionador na esfera de atuação do Banco Central do Brasil e da Comissão de Valores Mobiliários; altera a Lei nº 6.385, de 7 de dezembro de 1976, a Lei nº 4.131, de 3 de setembro de 1962, a Lei nº 4.829, de 5 de novembro de 1965, a Lei nº 6.024, de 13 de março de 1974, a Lei nº 7.492, de 16 de junho de 1986, a Lei nº 9.069, de 29 de junho de 1995, a Lei nº 9.613, de 3 de março de 1998, a Lei nº 10.214, de 27 de março de 2001, a Lei nº 11.371, de 28 de novembro de 2006, a Lei nº 11.795, de 8 de outubro de 2008, a Lei nº 12.810, de 15 de maio de 2013, a Lei nº 12.865, de 9 de outubro de 2013, a Lei nº 4.595, de 31 de dezembro de 1964, o Decreto nº 23.258, de 19 de outubro de 1933, o Decreto--Lei nº 9.025, de 27 de fevereiro de 1946, e a Medida Provisória nº 2.224, de 4 de setembro de 2001; revoga o Decreto-Lei nº 448, de 3 de fevereiro de 1969, e dispositivos da Lei nº 9.447, de 14 de março de 1997, da Lei nº 4.380, de 21 de agosto de 1964, da Lei nº 4.728, de 14 de julho de 1965, e da Lei nº 9.873, de 23 de novembro de 1999; e dá outras providências. Planalto, Brasília, DF, 13 nov. 2017. Disponível em: <http://www.planalto.gov.br/ccivil_03/_ato2015-2018/2017/lei/L13506.htm>. Acesso em: 29 maio 2019.

BRASIL. Lei nº 6.385, de 7 de dezembro de 1976. Dispõe sobre o mercado de valores mobiliários e cria a Comissão de Valores Mobiliários. Planalto, Brasília, DF, 7 dez. 1976. Disponível em: <http://www.planalto.gov.br/ccivil_03/leis/l6385.htm>. Acesso em: 29 maio 2019.

8. Estudo de Caso: Acordos de Leniência na Lei Federal n. 12.846/13

Bruno Menezes Brasil
Caio de Souza Loureiro
Daniel Santa Bárbara Esteves
Igor Sant'Anna Tamasauskas

1. Situação pré-Lei 12.846/13

A Lei n. 12.846, de 1º de agosto de 2013, a Lei Anticorrupção, instituiu no ordenamento jurídico brasileiro a possibilidade de celebração de acordo de leniência para endereçar a resolução de conflitos relacionados à prática de atos ilícitos em desfavor da Administração nacional ou estrangeira. Essa lei foi editada no esteio de reformas legislativas voltadas ao reforço do ambiente de enfrentamento ao crime organizado, como a Lei n. 12.850, de 02 de agosto de 2013, que define o crime de organização criminosa e estabelece a possibilidade de celebração de acordo de colaboração premiada entre autores de crimes e o Estado, possibilitando o escambo entre informações e bens de origem criminosa, de um lado, e redução substantiva de pena, por outro.

Embora se tratasse de uma prática já com mais de década de vigência em matéria antitruste, a Lei Anticorrupção rompeu um paradigma na compreensão sobre como o Brasil resolvia as violações ao erário e a princípios regentes do Estado, no plano cível-administrativo. Tal compreensão, tão arraigada na doutrina, vinha – e ainda vem – estampada na proibição prevista no art. 17, §1º da Lei n. 8.429/92, a Lei de Improbidade Administrativa.

Nota-se que a doutrina brasileira mais tradicional sobre improbidade administrativa é firme nesse sentido, inclusive negando a possibilidade de acordo em inquérito civil, como se vê em Pazzaglini, Rosa e FAZZIO:

> *É possível promover a transação em inquérito civil instaurado para apuração de ato de improbidade administrativa lesivo ao erário (art. 10 da Lei Federal nº 8429/92), com esteio no art.5º e 6º, da Lei Federal nº 7.347/85? A resposta é negativa.*

Mais adiante, esses mesmos autores concluem, explicitando a motivação para considerar a proibição – justamente a indisponibilidade do interesse público:

> *A proibição é lógica, à medida que tais formas de composição pressupõem disponibilidade do interesse controvertido, do próprio direito material. Ora, o Ministério Público não tem disponibilidade sobre o patrimônio Público ou sobre a moralidade administrativa.*

Todavia, no âmbito criminal, a experiência com transação já era matéria corrente. DIPP, em obra sobre o assunto, faz um histórico legislativo sobre colaboração, destacando que a primeira norma a tratar do tema no país foi a Lei n. 7.492/86 (Lei de Crimes contra o Sistema Financeiro, art. 25, §2º). Quatro anos mais tarde, a Lei de Crimes Hediondos (Lei n. 8.072/90, art. 8º, *caput* e parágrafo único) e também a Lei n. 8.137/90, e, em 1995, a Lei 9.034, que tratava das organizações criminosas, também previram a possibilidade de colaboração. Em 1999, a Lei de Proteção às Testemunhas (Lei n. 9.807/99) inovou ao prever a possibilidade de perdão judicial ao acusado colaborador. Por fim, a Lei de Tóxicos (Lei n. 11.343/06) autoriza a aplicação do instituto como forma de redução de pena.

No âmbito da improbidade administrativa, contudo, a regra da proibição se impunha. Algumas autoridades buscaram estabelecer um paralelo entre os regimes criminal e de improbidade e estabelecer *cláusulas* em acordos de colaboração para conferir proteção ao colaborador quanto a ações de improbidade. A posição da jurisprudência, naquilo que ficou conhecido por "Operação Caixa de Pandora", seguiu na linha proibitiva:

ESTUDO DE CASO: ACORDOS DE LENIÊNCIA NA LEI FEDERAL N. 12.846/13

Não há como aplicar, analogicamente, os benefícios da delação premiada e do perdão judicial nos casos de ações nas quais se debatem a existência de atos de improbidade administrativa, eis que se tratam de institutos específicos da esfera penal. A indisponibilidade do patrimônio público e do interesse público primário obstam a aplicação, em sede de ação de improbidade administrativa, do "perdão judicial" decorrente de celebração de Acordo de Delação Premiada. (TJDFT, APC 2011.0110453902)

Todavia, influenciada pela crescente *consensualidade* no direito em geral, e no direito administrativo em particular, corrente de pensamento vem admitindo a utilização do instrumento também em questões envolvendo improbidade administrativa. FARIA, então integrante do Ministério Público do Estado de São Paulo, e atualmente desembargador do Tribunal de Justiça do mesmo Estado, asseverou:

Vigora hoje na lei de improbidade o princípio da proporcionalidade na fixação da pena. Assim, o art. 12, caput, reza que: "Independentemente das sanções penais, civis e administrativas previstas na legislação específica, está o responsável pelo ato de improbidade sujeito às seguintes cominações, que podem ser aplicadas isolada ou cumulativamente, de acordo com a gravidade do fato:..."(Caput com redação determinada pela Lei 12.120/2009).

Ora, quem colabora de maneira importante com a investigação deve ter a pena diminuída, atenuada, ou até mesmo ser aplicado o perdão judicial, de acordo com a participação no ato de improbidade administrativa. A colaboração de agente público subordinado que muitas vezes atua a mando de superior hierárquico deve ser considerada pelo operador do direito, de maneira a estabelecer-se claramente sanção menor ou o perdão judicial que se pretende conceder ao colaborador.

Em outra hipótese, celebrada antes da vigência da Lei Anticorrupção, no âmbito da denominada "Operação Sanguessuga", admitiu-se a possibilidade de transação com efeitos na improbidade administrativa:

Afinal, deve-se levar em conta a medida da sanção e a sua finalidade de proteção do bem jurídico. O Estado abdicará de punir integralmente um dos infratores, aceitando premiá-lo, em troca de informações que auxiliarão na elucidação do fato. E a finalidade de qualquer processo é descobrir a verdade dos fatos para que o juiz possa aplicar a decisão mais justa no caso concreto.

Assim, a utilização da delação premiada, para fixação de sanção mínima, redução ou até afastamento de algumas das sanções, além de poder contribuir com as investigações e a instrução processual, mostra-se princípio de equidade e de igualdade jurídica, já que, em diversas outras situações legais, a renúncia ao direito constitucional de manter-se em silêncio converte-se em benefícios, com redução expressiva da sanção imposta. (5a VF Vitória, autos n. 2006.50.01.009819-5)

Esses dois casos representam tentativas de pessoas físicas se valerem da resolução consensuada em tema de improbidade administrativa, uma malsucedida e outra bem-sucedida. Quanto às pessoas jurídicas, a admissão da solução consensual foi estabelecida com clareza pela Lei Anticorrupção, como se analisará no tópico seguinte.

2. Interregno entre vacatio legis e regulamentação da Lei Anticorrupção: Acordos MPF

Com o advento dos artigos 16 e 17 da Lei Anticorrupção, instituiu-se a possibilidade de transação entre Administração e ofensor da moralidade administrativa. Confiram-se os dispositivos:

Art. 16. A autoridade máxima de cada órgão ou entidade pública poderá celebrar acordo de leniência com as pessoas jurídicas responsáveis pela prática dos atos previstos nesta Lei que colaborem efetivamente com as investigações e o processo administrativo, sendo que dessa colaboração resulte:

I – a identificação dos demais envolvidos na infração, quando couber; e

II – a obtenção célere de informações e documentos que comprovem o ilícito sob apuração.

§ 1º O acordo de que trata o caput somente poderá ser celebrado se preenchidos, cumulativamente, os seguintes requisitos:

I – a pessoa jurídica seja a primeira a se manifestar sobre seu interesse em cooperar para a apuração do ato ilícito;

II – a pessoa jurídica cesse completamente seu envolvimento na infração investigada a partir da data de propositura do acordo;

III – a pessoa jurídica admita sua participação no ilícito e coopere plena e permanentemente com as investigações e o processo administrativo, comparecendo, sob suas expensas, sempre que solicitada, a todos os atos processuais, até seu encerramento.

2º A celebração do acordo de leniência isentará a pessoa jurídica das sanções previstas no inciso II do art. 6º e no inciso IV do art. 19 e reduzirá em até 2/3 (dois terços) o valor da multa aplicável.

ESTUDO DE CASO: ACORDOS DE LENIÊNCIA NA LEI FEDERAL N. 12.846/13

§ 3º O acordo de leniência não exime a pessoa jurídica da obrigação de reparar integralmente o dano causado.

§ 4º O acordo de leniência estipulará as condições necessárias para assegurar a efetividade da colaboração e o resultado útil do processo.

§ 5º Os efeitos do acordo de leniência serão estendidos às pessoas jurídicas que integram o mesmo grupo econômico, de fato e de direito, desde que firmem o acordo em conjunto, respeitadas as condições nele estabelecidas.

§ 6º A proposta de acordo de leniência somente se tornará pública após a efetivação do respectivo acordo, salvo no interesse das investigações e do processo administrativo.

§ 7º Não importará em reconhecimento da prática do ato ilícito investigado a proposta de acordo de leniência rejeitada.

§ 8º Em caso de descumprimento do acordo de leniência, a pessoa jurídica ficará impedida de celebrar novo acordo pelo prazo de 3 (três) anos contados do conhecimento pela administração pública do referido descumprimento.

§ 9º A celebração do acordo de leniência interrompe o prazo prescricional dos atos ilícitos previstos nesta Lei.

§ 10. A Controladoria-Geral da União – CGU é o órgão competente para celebrar os acordos de leniência no âmbito do Poder Executivo federal, bem como no caso de atos lesivos praticados contra a administração pública estrangeira.

Art. 17. A administração pública poderá também celebrar acordo de leniência com a pessoa jurídica responsável pela prática de ilícitos previstos na Lei no 8.666, de 21 de junho de 1993, com vistas à isenção ou atenuação das sanções administrativas estabelecidas em seus arts. 86 a 88.

A Lei Anticorrupção contudo, deixou ao regulamento a tarefa de estabelecer os parâmetros que impactam no sancionamento, consoante a disciplina do art. 7º, parágrafo único. Em razão desse fato, no plano do Poder Executivo federal, a lei não foi aplicada enquanto não regulamentada.

E, a despeito de longos 180 dias de *vacatio legis*, a regulamentação somente veio a lume em 18 de março de 2015, mediante o Decreto n. 8.420, mais de ano depois da vigência da lei.

Havia em curso operação de investigação de desvios praticados no âmbito da Petrobras, com diversos acordos de colaboração premiada celebrados no plano criminal sem que se estabelecesse proteção às pessoas jurídicas cujos executivos ou acionistas se dispusessem a contribuir com as autoridades em troca de benefícios penais.

Nesse esteio, o Ministério Público Federal, por intermédio de sua 5ª Câmara de Coordenação e Revisão, responsável por temas relacionados ao patrimônio público, passou a admitir a inserção de cláusulas em acordos de colaboração premiada, e colocando seu beneplácito, como se colhe no seguinte exemplo:

> *Considerando, além da fundamentação legal apontada no expediente supra citado e nos Termos de Colaboração Premiada, que as disposições da nova Lei 12.846, de 2013, compõem um microssistema sancionatório estabelecendo o acordo de leniência como ferramenta extrajudicial no campo da responsabilização de índole civil, na linha do que já prevê a Lei 12.850, de agosto de 2013, na esfera penal, e considerando, ainda, a legitimidade do Ministério Público para celebrar termos de ajustamento de conduta, nos termos do artigo 5º, §6º, da Lei 7.347, de 1985, a Câmara resolve homologar, no campo da improbidade administrativa, os acordos de colaboração premiada encaminhados por meio do Ofício nº 3823/2015 – PRPR/FT, firmados com ********.*[1]

O primeiro acordo de leniência foi homologado pela 5ª CCR/MPF em 01.12.2014. Outros se seguiram e, conforme o quadro extraído do sítio do MPF, extraem-se mais de duas dezenas de acordos de leniência, dos quais apenas um não recebeu homologação.

Ato contínuo, a mesma 5ª Câmara de Coordenação e Revisão instituiu, em 25 de outubro de 2016, um Grupo de Trabalho para realizar estudos, roteiros e manuais acerca do tema "Acordos de Leniência e Colaboração Premiada". Esse grupo foi convertido em Comissão Permanente de Assessoramento, mediante a Portaria n. 7ª, de 25 de agosto de 2017.

Pela Portaria 5ª CCR n. 26, de 19 de março de 2018, estabeleceu-se um regramento para subsidiar a atuação do procurador natural em orientações e em atuações conjuntas em temas relacionados à solução consensuada.

Ao lado dessas iniciativas, o MPF editou amplo estudo acerca do assunto (Estudo Técnico n. 01/2017) e também orientação aos procuradores da república sobre procedimentos preparatórios para a celebração de acordos de leniência segundo o modelo do MPF (Nota Técnica n. 01/2017).

---

[1] Fonte: http://www.mpf.mp.br/atuacao-tematica/ccr5/revisao/atas-de-reunioes/atas-de-reuniao-2015/ata-de-sessao-ordinaria-no-852.pdf, acesso em 07.05.2019

3. Atuação inicial da CGU

A partir da regulamentação da Lei Anticorrupção, mediante o Decreto n. 8.420/2015, a Controladoria Geral da União passou a estabelecer detalhamento para a sua atuação, o que se deu mediante a Portaria n. 910, que, nos artigos 27 a 37 detalhou os procedimentos para a proposta, negociação e celebração de acordos de leniência com o Poder Executivo Federal.

A aplicação das disposições da Portaria n. 910 encontrou resistências internas do próprio Poder Executivo, tendo-se em vista que a atribuição para atuar judicialmente é deferida à Advocacia Geral da União, e um acordo de leniência possui indiscutíveis repercussões judiciais.

4. Ingresso da AGU nas discussões

Muito embora parte das empresas envolvidas na Operação Lava Jato tenha celebrado seus respectivos Acordos de Leniência com o MPF, a AGU passou a propor ações de improbidade inclusive contra tais empresas. Obteve medidas cautelares de indisponibilidade de bens e pugnou pela condenação das referidas empresas em patamares superiores aos valores constantes dos acordos, sob a alegação de que o acordo não havia sido firmado com a autoridade competente, nos termos da Lei Anticorrupção, e de que o acordo não conferiu quitação pelos danos ocasionados, restando margem a sua discussão pela via da ação de improbidade.

Em um dos casos, a Construtora Norberto Odebrecht chegou a obter decisão de 1ª instância na Justiça Federal de Curitiba/PR afastando o bloqueio de seus bens, cabendo transcrever trecho da decisão que ilustra o ponto de vista do magistrado.

'O Estado, ou melhor, a Administração Pública é una, e sua subdivisão, ainda que sob o prisma da independência funcional de seus agentes, deve levar em conta que o administrado não pode ficar à mercê de conflito de atribuições internas à pessoa política com quem mantém relações, quer de natureza contratual, quer de natureza legal. Nesse contexto, ao celebrar o acordo de leniência, o Ministério Público Federal age em prol do interesse primário – e não secundário – da Administração Pública, que, no caso, pertence à União. Assim, defendendo interesses em nome da pessoa política – o que não se assimila à advocacia prestada a ente público – soa, no mínimo, contraditório a insurgência da Advocacia-Geral da União contra o cumprimento do acordo, cujo fim precípuo é, justamente, facilitar o ressarcimento do dano. Assim, manter o bloqueio implicaria negar eficácia a acordo celebrado com base em legislação técnica, por mera dissidência entre órgãos que compõem o Estado em si (unitariamente concebido), dando ensejo, no mais, a comportamento contraditório por parte da Administração Pública: *nemo potest venire contra factum proprium.*

(...)

O Estado brasileiro sói ser a Hidra de Lerna e não o Leviatã de Hobbes. Os particulares expendem esforço hercúleo para lidar com as múltiplas e imprevisíveis cabeças que brotam infinitamente desse monstro. Porém, em alguns momentos o cotidiano esquizofrênico do nosso Estado deve ceder passo à racionalidade e a sua ratio existendi – [2]prover segurança nas relações intersubjetivas – prevalecer altaneira. Ocasiões em que se faz história e não apenas tange-se a rotina como devir enfadonho.

(...)

Do ponto de vista dos particulares, o Ministério Público da União e a Advocacia Geral da União são indistinguíveis, são o ente União e não o pulmão esquerdo e o direito de um organismo. O particular transacionou com o ente, não com os órgãos. Por isso, a transação entre o Ministério Público Federal e as pessoas que representam o conjunto de Empresas Odebrecht é válido, vigente, imperativo, alcançando todos os órgãos da União, mesmo os que manifestam resistência.

Entretanto, tal decisão foi revertida em 2ª instância, em acórdão que reconhece que a celebração de acordo com autoridade diversa daquela definida pela Lei n. 12.846/2013 não isenta a empresa de responder civilmente pelos ilícitos praticados, inclusive com as medidas cautelares:

"No acordo de leniência, *embora a lei aponte como legitimada a CGU, faz-se necessária a participação de todos os órgãos envolvidos (Ministério Público, Advocacia Pública, Tribunal de Contas) para que a responsabilização seja única e integral.*

[2] 1ª Vara Federal de Curitiba/PR. AÇÃO CIVIL DE IMPROBIDADE ADMINISTRATIVA Nº 5025956-71.2016.4.04.7000/PR, Decisão proferida pelo Juiz Federal FRIEDMANN ANDERSON WENDPAP, em 24/03/2017, pag. 7.

ESTUDO DE CASO: ACORDOS DE LENIÊNCIA NA LEI FEDERAL N. 12.846/13

Contata-se, dessa maneira, vício no acordo de leniência sob exame, o que, entretanto, não leva à nulidade do ato negocial, pela possibilidade de ratificação pela CGU, ou re-ratificação, com participação dos demais entes, levando-se em conta o aspecto a seguir examinado, qual seja o ressarcimento ao erário e a multa.

Afasta-se a nulidade absoluta do negócio jurídico também em respeito ao princípio da segurança jurídica e da proteção da confiança, conforme acima mencionado. O acordo de leniência firmado não pode ser uma armadilha para a empresa que recebe o lenitivo.

(...)

Em princípio, portanto, a empresa deverá permanecer na ação de improbidade, aguardando-se eventual ratificação ou re-ratificação do Acordo de Leniência, persistindo o interesse no bloqueio dos bens, não porque o MP não pode transacionar sobre as penas, como referiu a decisão anterior, mas porque o Acordo de Leniência possui vícios que precisam ser sanados para que resulte íntegra sua validade, gerando os efeitos previstos naquele ato negocial.

Diante da constatação de que o acordo de leniência implica possível transação sobre prerrogativas judiciais, a AGU entendeu-se competente para negociar em conjunto com a CGU. Essa atuação se resolveu mediante a edição de uma Portaria Conjunta CGU/AGU (Portaria n. 2278/2016), que estabeleceu etapas importantes para o processo de negociação, como a constituição de uma comissão que conduzirá as discussões com a pessoa jurídica candidata a leniente, com membros de ambos os ministérios, atuando sob a coordenação da Secretaria-Executiva da CGU.

Outro ponto interessante na procedimentalização das discussões é a previsão de um memorando de entendimentos entre candidata a leniente e os órgãos públicos, cuja principal função é garantir um ambiente de troca de informações, com um mínimo de segurança jurídica, a fim de permitir o avanço das negociações do acordo de leniência.

Esse memorando, regra geral, possui compromissos de não se instaurar expedientes de responsabilização enquanto perdurarem as negociações (ou suspendê-los se já houverem sido instaurados), obrigar a empresa a prestar as informações necessárias à efetiva análise das autoridades quanto à conveniência de uma solução consensual e, na hipótese de insucesso nas negociações, expressamente impedir que os servidores integrantes da comissão de negociação participem de eventuais processos de responsabilização. A última previsão é uma garantia adicional à candidata a leniente quanto à não utilização de informações trocadas no processo de negociação.

A solução de se editar uma portaria conjunta CGU e AGU foi o que permitiu o avanço significativo das negociações de acordos de leniência no plano do Poder Executivo Federal, conferindo maior estabilidade e segurança a todos os envolvidos, não somente aos servidores envolvidos nas tratativas, mas também aos particulares interessados na celebração das avenças. Com efeito, em lugar de se sujeitar a uma ampla revisão por parte da AGU ao final de um processo de negociação longo e complexo, os acordos passavam a ser moldados segundo seu entendimento durante todo o processo. A edição da portaria interministerial foi uma *solução negociada* entre os órgãos para possibilitar *soluções negociadas* com acusados de violação da Legislação Anticorrupção.

5. Papel do TCU

A atuação do Tribunal de Contas da União nesse campo ainda não se encontra totalmente pacificada em razão da indefinição do papel institucional da Corte em termos de competências para a celebração de acordos, bem como dos limites revisionais de acordos celebrados por outros órgãos ou entidades da Administração.

Ao menos até o momento não há intenção mais concreta da Corte celebrar acordos diretamente com os particulares por ela investigados. Contudo, mesmo que essa pretensão ainda não tenha se confirmado, resta saber se a Corte de Contas possuiria competência para a celebração desse tipo de acordos. Essa indagação demanda uma análise mais complexa da legislação regente sobre o tema.

O *caput* do art. 16 da Lei nº 12.846/2013, ao prever o acordo de leniência, estipula que a celebração desses acordos compete à "autoridade máxima de cada órgão ou entidade pública", em processo administrativo – ou investigações – instaurado para a apuração da prática de atos previstos na aludida Lei. Alude-se, genericamente, àquele órgão ou entidade com competência investigatória e sancionatória relacionada aos atos atentatórios à Administração Pública, arrolados no art. 5º da Lei nº 12.846/2013.

De outro lado, há de se considerar que o § 10º do art. 16 delimita à competência para a celebração de acordos, no âmbito do "Poder Executivo federal" à CGU, o que poderia se contrapor à pretensão de celebrar tais acordos diretamente com o TCU, também ele encarregado da atuação de órgãos e entidades da Administração Federal.

Numa interpretação literal do dispositivo limitador do § 10º, poder-se-ia sustentar que a restrição de competência alcançaria apenas os órgãos e entidades do Executivo da União, que delegariam a prerrogativa de celebração de acordos à CGU. Tal limitação, é possível cogitar, não alcançaria o TCU, órgão estranho ao Executivo e, portanto, não alcançado pelo § 10º.

É bem verdade que essa interpretação mais extensiva das competências para a celebração do acordo de leniência poderia ser questionada, mas, se assim o for, também é questionável a competência do Ministério Público Federal para a celebração desses acordos, tendo em conta que, *in casu*, seu papel na repressão de ilícitos praticados contra a Administração é semelhante ao do TCU, sendo, no entanto, até mais restrito, já que o *Parquet* não possui competência executória para a aplicação de sanções, ao contrário do TCU.

Outro argumento contrário à celebração de acordos de leniência pelo TCU seria válido caso a Medida Provisória nº 703 tivesse sido convertida em lei. É que a aludida medida legislativa incluía no art. 16, § 14º, delimitando ao TCU competência restrita para apurar eventual reparação do dano provocado pelo ilícito praticado pelo particular e que não fosse suficientemente capturado pelo acordo de leniência. Contudo, a perda de vigência da MP caducou essa previsão, pelo que não há vedação expressa na legislação para que o TCU exerça papel de negociador de acordos de leniência.

A discussão sobre a possibilidade de o TCU celebrar acordos de leniência pode ser travada, para além da seara da legalidade, no âmbito da eficiência, preceito igualmente relevante para o tratamento dos acordos administrativos. Nesse aspecto, a questão dialoga com o segundo ponto de inflexão sobre a participação do TCU nos acordos de leniência: a revisão dos acordos celebrados por entes da administração pública ou pelo Ministério Público.

Explica-se.

O contexto dos acordos de leniência no TCU está longe de ser favorável à segurança jurídica e eficácia desses acordos. A uma, pois o Tribunal, longe de avocar a negociação da leniência na estreita delimitação da sua competência sancionatória, nos termos da sua Lei Orgânica, arvorou-se numa fiscalização *a priori*, pretendendo participar e influenciar a negociação dos acordos – não apenas da reparação do dano – em outros órgãos e entidades da Administração. A duas, porque, quando não logra essa participação, tem atuado frontalmente contra os acordos celebrados, a ponto de um dos ministros declarar publicamente haver um "cartel da leniência", defendendo "pena de morte" para as celebrantes.

A intromissão da Corte de Contas na leniência foi institucionalizada inicialmente pela Instrução Normativa nº 74/2015, e posteriormente pela Instrução Normativa nº 83/2018, que não apenas reitera a competência para verificar a reparação integral do dano, mas alude que é da competência do TCU a análise da "legalidade, legitimidade e economicidade" do acordo de leniência, "nos termos do art. 70 da Constituição Federal". Dessa premissa, a IN estabelece todo o instrumental para assegurar a participação ativa da Corte nas negociações do acordo de leniência[3].

---

[3] Art. 1º A autoridade celebrante dos acordos de leniência objeto desta instrução normativa deverá, em até cinco dias úteis, informar ao Tribunal de Contas da União a instauração de processo administrativo específico de reparação integral do dano de que trata o art. 13 da Lei 12.846/2013, bem como de procedimento administrativo para celebração de acordo de leniência, previsto no art. 16 do referido diploma legal.
Art. 2º O Tribunal de Contas da União poderá requerer, a qualquer tempo, a fim instruir os processos de controle externo, informações e documentos relativos às fases do acordo de leniência;
§ 1º Nenhum dos documentos de que trata ocaputpoderá ser sonegado ao Tribunal de Contas da União, nos termos do art. 42 da Lei 8.443, de 1992;
§ 2º No âmbito do Tribunal de Contas da União, sob pena de falta grave, as autoridades e servidores que tiverem acesso aos documentos, relativos a acordos de leniência, deverão zelar pela confidencialidade das informações, sendo a eles aplicado procedimento que lhes assegure o sigilo.
Art. 3º A fiscalização do Tribunal de Contas da União sobre os acordos de leniência seguirá, no que couber, o rito das demais ações de controle e será realizada de acordo com as diretrizes do Plano de Controle Externo, considerando os critérios de risco, materialidade e relevância.
Art. 4º As autoridades celebrantes do acordo de leniência poderão ser responsabilizadas pela inclusão de cláusulas ou condições que limitem ou dificultem a atuação do Tribunal de Contas da União, bem como a eficácia e a execução de suas decisões, nos termos da Lei 8.443, de 1992.

ESTUDO DE CASO: ACORDOS DE LENIÊNCIA NA LEI FEDERAL N. 12.846/13

A possibilidade de o TCU negociar acordos de leniência foi discutida em diversos eventos internos do Tribunal, e mesmo em sessões de julgamento de contas de contratos com ilícitos investigados ou reconhecidos por empresas em acordos com o MPF ou com a CGU. Contudo, tal debate, que ocorre ao menos desde 2015, conduziu a maioria dos Ministros à conclusão de não caber à Corte de contas a celebração de acordos, devendo o Tribunal, pela missão institucional determinada pela Constituição Federal, reservar-se o papel de fiscalização dos acordos firmados pelo poder executivo e de julgamento das contas dos contratos envolvidos em tais acordos.

Ainda não são totalmente conhecidos os efeitos da pretensão do TCU, em se imiscuir na negociação dos acordos de leniência e, além disso, responsabilizar eventualmente o agente público envolvido na negociação. Contudo, é possível cogitar dos efeitos adversos dessa situação: não fosse apenas pela dificuldade inerente de se ter mais um ator envolvido na negociação, a atuação do TCU até aqui tem se mostrado extremamente adversa aos acordos de leniência.

A despeito da relevância do papel institucional do TCU, é preciso delimitar a atuação da Corte de modo racional e, principalmente, com apreço à segurança jurídica e com os objetivos do acordo de leniência – distantes que são da quebra das empresas ou de arrecadação desmedida de recursos por parte do Estado sobre o particular celebrante do acordo.

De qualquer forma, é possível identificar mais duas discussões relevantes em relação à atuação da corte de contas em relação aos casos com acordos de leniência. A primeira delas diz respeito propriamente à competência para a fiscalização dos acordos. De forma geral, os membros do Tribunal fundamentam sua própria competência invocando o art. 71, inciso II, da Constituição Federal, que atribui ao órgão o julgamento das contas dos "administradores e demais responsáveis por dinheiros, bens e valores públicos da administração direta e indireta" (...) "e as contas daqueles que derem causa a perda, extravio ou outra irregularidade de que resulte prejuízo ao Erário".

Parágrafo único. Estão abrangidas pelo disposto no caputas cláusulas que impeçam ou dificultem a execução judicial dos títulos executivos constituídos pelas deliberações do Tribunal de Contas da União.

A segunda discussão se relaciona às prerrogativas reservadas às empresas celebrantes de acordo de leniência com o a União em relação às sanções de competência do TCU, mais precisamente se tais empresas estariam a salvo das referidas sanções, como a decretação de inidoneidade e à multa do art. 57 da Lei nº 8.443/92 (Lei Orgânica do TCU). Nos julgamentos ao longo dos últimos anos, a maioria dos ministros tem mantido duas grandes premissas: (a) as empresas celebrantes de acordo de leniência com o MPF ou com a CGU devem ter um tratamento mais favorecido que as empresas participantes de ilícitos e que não tenham acordo com as autoridades. Entretanto, não se pode identificar um entendimento pacífico de quais devam ser as benesses reservadas às empresas lenientes; e (b) as empresas que adotem postura de colaboração com o tribunal devem receber sanções premiais, com a atenuação das cominações pelos ilícitos praticados, como redução temporal da pena de inidoneidade, isenção de multa, parcelamento do pagamento do débito e não aplicação de solidariedade com os demais participantes dos ilícitos. Todavia, não está definido que medidas serão tidas como suficientes para configurar efetiva colaboração, e tampouco sua correspondência com as possíveis sanções premiais.

6. Acordos celebrados

Apesar de fragmentado e ainda em implantação, o regime de leniência anticorrupção no Brasil vem rendendo resultados. Ainda não se pode falar claramente na existência de um programa claramente definido, embora o MPF tenha conferido passos concretos em relação à iniciativa, mediante o Estudo Técnico n. 01/2017 e a Nota Técnica n. 02/2017.

No âmbito do MPF, foram os seguintes acordos levados à homologação pela 5ª Câmara de Coordenação e Revisão[4]:

---

[4] Fonte: http://www.mpf.mp.br/atuacao-tematica/ccr5/coordenacao/colaboracoes-premiadas-e-acordos-de-leniencia/copy_of_colaboracoes-premiadas-e-acordos-de-leniencia, acesso em 07.05.2019.

ESTUDO DE CASO: ACORDOS DE LENIÊNCIA NA LEI FEDERAL N. 12.846/13

ACORDOS DE LENIÊNCIA – PEDIDO DE HOMOLOGAÇÃO

Procedimento	Unidade	Tipo	Interessado	Situação
Ofício nº 9523/2014/ PRPR/FT FORÇA TAREFA LAVA-JATO	PR/PR	ACORDO DE LENIÊNCIA	SOG Óleo e Gás S/A, Setec Tecnologia S/A, Projetec Projetos e Tecnologia Ltda, Tipuana Participações Ltda, PEM Engenharia Ltda. E Energex Group Representação e Consultoria LTDA.	Homologado (848ª Sessão – 01/12/2014)
Ofício nº 6753/2015 – PRPR/FT FORÇA TAREFA LAVA-JATO	PR/PR	ACORDO DE LENIÊNCIA	Construções e Comércio Camargo Corrêa – CCCC	Homologado (876 Sessão – 24.08.2015)
Ofício nº 8175/2015 (PR-PR-00036352/2015) FORÇA TAREFA LAVA-JATO	PR/PR	ACORDO DE LENIÊNCIA	Carioca Christiani – Nielsen Engenharia S/A	Homologado (885ª Sessão – 20.10.2015)
Ofício nº 8680/2015 (PR-PR-00038421/2015) FORÇA TAREFA LAVA-JATO	PR/PR	ACORDO DE LENIÊNCIA	Mullen Lowe Brasil Publicidade Ltda (Borghi Lowe Propaganda e Marketing Ltda.) e FCB Brasil Publicidade e Comunicação Ltda.	Homologado (890ª Sessão – 18.11.2015)
Ofício nº 252/2016 – PRPR/FT FORÇA TAREFA LAVA-JATO	PR/PR	ACORDO DE LENIÊNCIA	Andrade Gutierrez Investimentos em Engenharia S/A	Homologado (902ª Sessão – 30/03/2016)
Inquérito Civil nº 1.30.001.001111/2014-42	PR/RJ	ACORDO DE LENIÊNCIA	SBM Offfshore e SBM Holding Inc. S.A	Não-homologado (923ª Sessão – 01.09.2016)
Procedimento Preparatório nº 1.22.005.000369/2016-25	PRM/Montes Claros/MG e NCC/RJ	ACORDO DE LENIÊNCIA	SIGNUS do Brasil Comércio de Materiais Hospitalares Ltda., SIGNUS do Brasil Comércio, Importação e Exportação de Materiais Ltda.	Homologado (935ª Sessão – 23.11.2016)

Procedimento Administrativo nº 1.00.000.019436/ 2016-92 FORÇA TAREFA LAVA-JATO	PR/PR	ACORDO DE LENIÊNCIA	Braskem S.A.	Homologado (938ª Sessão – 15.12.2016)
Procedimento Administrativo nº 1.00.000.019193/2016-92 FORÇA TAREFA LAVA-JATO	PR/PR	ACORDO DE LENIÊNCIA	Odebrecht S.A.	Homologado (938ª Sessão – 15.12.2016)
Procedimento Administrativo nº 1.00.000.000608/2017-35 FORÇA TAREFA LAVA-JATO	PR/PR	ACORDO DE LENIÊNCIA	VRG Linhas Aéreas S/A (Gol Linhas Aéreas S/A)	Homologado (942ª Sessão – 16.02.2017)
Procedimento Administrativo nº 1.00.000.002363/ 2017-81 FORÇA TAREFA LAVA-JATO	PR/PR	ACORDO DE LENIÊNCIA	Rolls-Royce plc	Homologado (942ª Sessão – 16.02.2017)
Procedimento Administrativo nº 1.00.000.002362/ 2017-36	PR/PR	ACORDO DE LENIÊNCIA	NM – Engenharia *Rescindido (1021ª Sessão – 27/11/2018)*	Homologado (959ª Sessão – 01/06/2017)
Procedimento Extrajudicial nº 1.00.000.011085/ 2017-52	PGR	ACORDO DE LENIÊNCIA	União Norte Fluminense Engenharia e Comércio Ltda. e União Norte Construções e Participações Ltda.	Homologado (966ª Sessão – 24/08/2017)
Procedimento Extrajudicial nº 1.16.000.000393/ 2016-10	PR/DF	ACORDO DE LENIÊNCIA	J&F Investimentos S.A. (holding do Grupo JBS)	Homologado (966ª Sessão – 24/08/2017)
Procedimento Extrajudicial nº 1.34.001.001469/ 2016-98	PR/SP	ACORDO DE LENIÊNCIA	Bilfinger Maschinenbau GMBH & CO KG.	Homologado (969ª Sessão – 06/09/2017)
Procedimento Administrativo nº 1.25.000.003382/ 2017-55	PR/PR	ACORDO DE LENIÊNCIA	Keppel Fels Brasil S/A.	Homologado (990ª Sessão – 05/04/2018)

Procedimento Administrativo nº 1.30.001.000144/2018-07	PR/RJ	ACORDO DE LENIÊNCIA	Getinge AB, Maquet do Brasil Equipamentos Médicos Ltda. e Maquet Cardiopulmonary do Brasil Indústria e Comércio Ltda	Homologado (996ª Sessão – 17/05/2018)
Procedimento Administrativo nº 1.23.000.000654/2018-11	PRM/Pará	ACORDO DE LENIÊNCIA	Andrade Gutierrez Investimentos em Engenharia S/A	Homologado (996ª Sessão – 17/05/2018)
Procedimento Extrajudicial nº 1.14.000.000460/2018-24	PR/BA	ACORDO DE LENIÊNCIA	Odebrecht Engenharia e Construção Internacional S/A e CADE *	Homologado (1006ª Sessão – 30/08/2018)
Procedimento Extrajudicial nº 1.30.001.003998/2017-56	PR/RJ	ACORDO DE LENIÊNCIA	----------------------	Homologado (1011ª Sessão – 27/09/2018)
Procedimento Extrajudicial nº 1.16.000.002311/2018-25	PR/DF (MPF e CADE)	ACORDO DE LENIÊNCIA	Construções e Camargo Corrêa S.A.	Homologado (1021ª Sessão – 27/11/2018)
Procedimento Extrajudicial nº 1.30.001.002374/2018-01	PR/RJ	ACORDO DE LENIÊNCIA	Bozano	Homologado (1023ª Sessão – 08/12/2018)
Procedimento Extrajudicial nº 1.30.001.001111/2014-42	PR/RJ	ACORDO DE LENIÊNCIA	SBM *Offfshore* e SBM Holding Inc. S.A	Homologado (3ª Extraordinária – 14/12/2018)
Procedimento Extrajudicial nº 1.25.000.004899/2018-42	PR/PR	ACORDO DE LENIÊNCIA	Rodonorte Operação Lava Jato Operação Integração II	Homologado (12ª Sessão – 28/03/2019)
Procedimento Extrajudicial nº 1.17.003.000202/2017-25	PRM/São Mateus/ES	ACORDO DE LENIÊNCIA	Granebert Mineração Eireli EPP	Homologado (14ª Sessão – 11/04/2019)

A Controladoria Geral da União e a Advocacia Geral da União lograram assinar seis acordos de leniência[5], sendo de se notar que o primeiro

---

[5] Fonte: http://www.cgu.gov.br/noticias/2019/04/cgu-e-agu-passam-a-divulgar-os-termos--dos-acordos-de-leniencia, acesso em 07.05.2019.

deles foi alcançado em julho de 2017, quase 4 anos após a edição da Lei nº 12.846/2013:

Data	Empresa	Valor
Dezembro/2018	Andrade Gutierrez*	R$ 1,49 bilhão
Julho/2018	SBM Offshore	R$ 1,22 bilhão
Julho/2018	Odebrecht*	R$ 2,72 bilhões
Abril/2018	MullenLowe e FCB Brasil*	R$ 53,1 milhões
Agosto/2017	Bilfinger	R$ 9,8 milhões
Julho/2017	UTC Participações S/A*	R$ 574 milhões
	Total de Ressarcimento:	R$ 6,06 bilhões

* Empresas investigadas no âmbito da Operação Lava Jato

7. O Acordo IPG (Borghi Lowe/FCB)

O Interpublic Group of Companies-IPG é uma holding norte-americana que possui inúmeras empresas na área de comunicação ao redor do mundo. Aqui no Brasil, dentre outras, IPG controla as agências de publicidade Borghi Lowe e FCB Brasil.

Apesar de possuir um sistema global de integridade, um dos diretores de Borghi Lowe em Brasília envolveu-se em ilícitos relacionados a fraudes em licitações com órgãos públicos.

A agência Borghi Lowe foi surpreendida, em abril de 2015, com a deflagração da 11ª fase da Operação Lava Jato, que teve por alvo a busca e apreensão de documentos em sua sede, bem como a prisão preventiva de seu diretor, Ricardo Hoffmann.

Logo na sequência, a Borghi Lowe procurou as autoridades e conseguiu a celebração de um acordo de leniência com o Ministério Público Federal em 16 de outubro de 2015. Basicamente, o acordo partiu de uma construção interpretativa de diversos textos normativos que permitiu uma compreensão para superar a vedação do art. 17, §1º da Lei de Improbidade Administrativa.

Por esse acordo, o MPF garantiu proteção às pessoas jurídicas signatárias do acordo (Borghi Lowe e FCB), dado o seu envolvimento em atos ilícitos, estendendo também proteção a pessoas físicas que tenham se enredado com a prática dos referidos atos.

Esse acordo com o MPF foi reconhecido como válido pela AGU, mesmo antes da celebração de ajuste similar com CGU, eis que em 15 de dezembro de 2016, foi ajuizada ação de improbidade que não incluiu as empresas no polo passivo da demanda, sob a justificativa de que havia o acordo com MPF já celebrado e uma negociação em curso com a CGU.

Paripassu às negociações com MPF, a empresa manteve negociações com o Poder Executivo Federal, junto à Controladoria Geral da União e a Advocacia Geral da União.

Previamente à celebração do acordo com a CGU, o TCU manifestou-se favoravelmente a sua realização através do Acórdão 545/2018, tendo, contudo, determinado as seguintes adequações na minuta:

a) Inclusão de dispositivo que estabeleça o comprometimento das proponentes em identificar os benefícios auferidos indevidamente, como contrapartida dos ilícitos constantes no "histórico dos atos lesivos", bem como a correspondente conduta irregular praticada por outros agentes públicos, cujos atos também se configurem como ilícitos;

b) Alteração dos subitens 1.4 e 1.4.1 da minuta do acordo, de forma que passe a constar que a responsabilidade solidária do grupo controlador se restringe à obrigação de pagamento de multa e reparação integral

O acordo com CGU/AGU foi celebrado em 13 de abril de 2018 e baseou-se no acordo com MPF, como um "acordo-espelho", a fim de possibilitar a satisfação de todos os órgãos de controle legitimados a adotar algum tipo de atuação pelos fatos ilícitos identificados.

Até o presente momento, não se conhece questionamento administrativo ou judicial quanto à celebração do acordo em comento, tampouco acerca de desrespeito aos seus termos pelos órgãos de controle.

Referências

Asfor Rocha, Cesar. Breves Reflexões Críticas sobre a Ação de Improbidade Administrativa. Ribeirão Preto: Migalhas, 2012.

Azevedo, David Teixeira de. A colaboração premiada num direito ético. Boletim IBCCRIM, São Paulo, v. 7, n. 83, p. 5-7, out. 1999.

Badaró, Gustavo Henrique Righi Ivahy. Processo penal. Rio de Janeiro: Campus Elsevier, 2012.

BECHARA, Fábio Ramazzini. Colaboração premiada segundo o projeto de lei das organizações criminosas. Boletim IBCCRIM, São Paulo, v. 20, n. 233, p.4-5, abr. 2012.

BITTAR, Walter Barbosa. Delação premiada: direito estrangeiro, doutrina, jurisprudência. Rio de Janeiro: Lumen Juris, 2011.

BORGES, Alice Gonzalez. Considerações sobre o futuro das cláusulas exorbitantes nos contratos administrativos. Revista do Advogado n. 107.

BRITO SANTOS, Carlos Frederico. Improbidade administrativa. Rio de Janeiro: Forense, 2002.

BUSATO, Paulo César. Comentários à lei de organização criminosa: lei 12.850/2013, São Paulo: Saraiva, 2014.

CARVALHO, Natália Oliveira de. A delação premiada no Brasil. Rio de Janeiro: Lumen Juris, 2009.

DIPP, Gilson. A "delação" ou colaboração premiada: uma análise do instituto pela interpretação da lei. Brasília: IDP, 2015.

FARIA, Antonio Celso Campos de Oliveira. Colaboração premiada e lei de improbidade administrativa. Disponível em:
<http:// www.mpsp.mp.br/portal/page/portal/Congresso%2520PatPublico/ Teses/COLABORA%25C3%2587%25C3%25830%2520%2520PREMIADA%2520E%2520LEI%2520DE%2520IMPROBIDADE%2520ADMINISTRATIVA.docx+&cd=1&hl=pt-BR&ct=clnk&gl=br>. Acesso em: 30 jun 2015.

FAZZIO Jr., Waldo. Improbidade administrativa e crimes de prefeitos. São Paulo: Atlas, 2000.

FERNANDES, Antonio Scarance; ALMEIDA, José Raul Gavião de; Moraes, Maurício Zanoide de (Coord.). Crime Organizado: aspectos processuais. São Paulo: Editora Revista dos Tribunais, 2009.

GARCIA ESPAÑA. El premio a la colaboración con la justicia, especial consideración a la corrupción administrativa. Granada: Editoral Comares, nº 72, 2006.

GRECO FILHO, Vicente. Comentários à lei de organização criminosa: lei n. 12.850/13. São Paulo: Saraiva, 2014.

HAGE Sobrinho. Jorge. Lei n. 12.846/2013: Lei da empresa limpa. RT 947/37.

MARQUES, Antonio Sergio Peixoto. A colaboração premiada: um braço da justiça penal negociada. Revista Magister de Direito Penal e Processual Penal, Porto Alegre, v. 10, n. 60, p.32-66, jun./jul. 2014.

MARQUES NETO, Floriano Azevedo. Do contrato administrativo à administração contratual. Revista do Advogado 107.

MARTINS, Fernando Rodrigues. Controle do patrimônio público. 4ª ed. São Paulo: RT, 2010.

MARTINEZ, Ana Paula. Desafios do Acordo de Leniência da Lei nº 12.846/2013. Revista do Advogado n. 125.

MOREIRA, Rômulo de Andrade. A nova lei de organização criminosa: Lei n. 12.850/2013. Revista Magister de Direito Penal e Processual Penal, Porto Alegre, v. 10, n. 55, p.42-56, ago./set. 2013.

NIETO GARCIA, Alejandro. Derecho administrativo sancionador. Madrid: Tecnos, 2012.

NOBRE JUNIOR, Edilson Pereira. Sanções administrativas e princípios de direito penal. Revista de Direito Administrativo. v. 1, n. 219, Rio de Janeiro, Renovar, 2000.

OSÓRIO, Fábio Medina. Direito administrativa sancionador. 3ª ed. São Paulo: RT, 2009.

_____. Direito administrativo sancionador e direito penal: quais os limites do *ius puniendi* estatal na repressão aos atos de improbidade administrativa. Revista Ibero Americana de Ciências Penais, vol. 1, n. 1, 2000.

_____. Teoria de improbidade administrativa: má-gestão pública, corrupção, ineficiência. São Paulo: Revista dos Tribunais, 2007.

PAZZAGLINI F., Mário; ROSA, Márcio Elias; FAZZIO Jr, Waldo. Improbidade administrativa: aspectos jurídicos da defesa do patrimônio público. 4ª ed., São Paulo: Atlas, 1999.

PENTEADO, Jaques de Camargo. Delação premiada. In: COSTA, José de Faria; SILVA, Marco Antonio Marques da. Direito penal especial, processo penal e direitos fundamentais: visão luso-brasileira. São Paulo: Quartier Latin, 2006. 1215 p. ISBN 85-7674-140-7. p.627-659.

PEREIRA, Frederico Valdez. Compatibilização constitucional da colaboração premiada. Revista CEJ, Brasília, v. 17, n. 59, p.84-99, jan./abr. 2013.

PEREIRA, Frederico Valdez. Delação Premiada: legitimidade e procedimento – aspectos controvertidos do instituto da colaboração premiada de coautor de delitos como instrumento de enfrentamento do crime organizado – revista e atualizada de acordo com a Lei 12.850/13. 2ª ed. Curitiba: Juruá Editora, 2014.

PEREIRA, Frederico Valdez. Valor probatório da colaboração processual (delação premiada). Revista Brasileira de Ciências Criminais, São Paulo, v. 17, n. 77, p.175-202, mar./abr. 2009.

PEREZ, Adolfo Carretero; SANCHEZ, Adolfo Carretero. Derecho administrativo sancionador. Madrid: Editoriales de Derecho Reunidas, 1995.

PINTO, Ronaldo Batista. A colaboração premiada da Lei nº 12.850/2013. Revista Magister de Direito Penal e Processual Penal, Porto Alegre, v. 10, n. 56, p.24-29, out./nov. 2013.

SOBRANE, Sérgio Turra. Improbidade administrativa: aspectos materiais, dimensão difusa e coisa julgada. São Paulo: Atlas, 2010.

TOJAL, Sebastião Botto de Barros. Eficácia de acordo de leniência exige atuação orgânica entre instituições. Consultor Jurídico, ago 2017. Disponível em: <https://

www.conjur.com.br/2017-ago-21/tojalacordo- leniencia-exige-atuacao-organi-ca-entre-instituicoes>. Acesso em: 29/09/2018.

TURCATO COSTA, Adriano. Acordo de leniência. Âmbito Jurídico, Rio Grande, XVII, n. 121, fev. 2014. Disponível em: <http://www.ambito-juridico.com.br/site/index.php /?n_link=revista_artigos_leitura&artigo_id=14475&revista_caderno=16>. Acesso em abr 2015.

VASCONCELLOS, Vinícius Gomes de; REIS, Erica do Vale. Justiça criminal premial: introdução à regulamentação jurídica da delação premiada no ordenamento brasileiro e às alterações da lei nº 12.850/2013. Revista Magister de Direito Penal e Processual Penal, Porto Alegre, v. 11, n. 62, p.31-49, out./nov. 2014.